다빈치
프로젝트

코리아 환타지
다빈치 프로젝트

초 판 발 행 일 | 2017년 6월 25일

지 은 이 | 황창섭
펴 낸 이 | 황창섭
편 집 | 김지혜
디자인 · 삽화 | 황창섭

펴 낸 곳 | 도서출판 황율
출 판 등 록 | 제386-2016-000081호
주 소 | 경기도 부천시 소사로 168
전 화 | 032-208-7523
팩 스 | 070-7301-7526
이 메 일 | goldfire1111@gmail.com
ⓒ 황창섭 2017

총 판 | 가나북스 www.gnbooks.co.kr
전 화 | 031) 408-8811(代)
팩 스 | 031) 501-8811

ISBN 979-11-960385-3-3

코리아 환타지

다 빈 치
프로젝트

황창섭 저

차 례

제2부
인간 영욕의 한계

차 례

제3부
해가 기울면 어둠이 내린다

차 례

제6부
사상 최대의 음모

끝맺음 말

머 리 말

....

　현재 우리가 살고 있는 지구는 「지구 온난화」라는 큰 중병으로 인하여 여러 가지 고통을 당하고 있습니다. 그 고통 중 하나는 북극과 남극에 쌓여 있는 빙하가 녹아 해수면이 점점 높아지고 있다는 것입니다. 그 문제를 두고 나는 만약 빙하가 녹아서 해수면이 높아지는 사태를 막으려면 빙하가 녹아서 흘러내린 물의 양만큼 그물을 다른 곳에 담아 두면 될 것 아닌가 하는 생각을 해보았습니다. 그렇다면 그 많은 양의 물을 어디에다 담아두면 될까요? 저 먼 우주로 보내 버릴까요? 그건 너무 어려운 일이지요. 그렇다면 어떤 큰 그릇에 담아 두어야 한다는 이야기인데 어디가 좋을까요? 바로 사막이지요. 바로 아프리카에 있는 넓고 황량한 사막에 「카스피 해」보다 더 넓은 바닷물 호수를 만드는 것이에요. 언뜻 생각하면 불가능해 보이기도 하고 얼토당토않은 허무맹랑한 이야기 같지만 조금만 깊게 생각해 보면 충분히 가능성이 있는 이야기입니다. 우선 모래라는 것은 물과 섞여 있을 때면 샌드 펌프로 빨아들일 수가 있습니다. 따라서 인공 바닷물 호수를 만들고자 하는 어느 한곳만 댐을 쌓아두고 물 펌프로 바닷물을 빨아올려 작은 인공 바닷물 호수를 먼저 만들어 이곳에 샌드 펌프를 설치하여 그곳 모래와 물을 빨아들여 넓은 모래 둑을 쌓아가면 의외로 적은 비용으로 사막 한가운데 아주 큰 인공 바닷물 호수를 만들 수 있을 것입니다. 그런데 왜 하필이면 아프리카의 사막일까요? 다들 알다시피 아프리카의 사막지대에는 비가 거의 오지 않습니다. 대서양에서 만들어진 비구름이 아프리카로 다가오면 아프리카 사막 지대에서 내뿜는 열기 때문에 비구름이 아프리카에 도달하지 못하고 다른 곳으로 가버리기 때문이지요. 그래서 막상 비가 와야 될 아프리카 사막에는 비가 오지 않고 대신 다른 지역에서는 폭우가 쏟아져 버리는 흔히 말하는 엘니뇨 현상이 일어나 버리기 때문이지요. 그리고 사막의 모래가 바람에 날려 초원을 덮어버리니 사막은 점점 더 넓어지고 있는 것입니다. 그런데 만약 방금 이야기했듯이 아프리카 사막 지역이 카스피 해보다 더 큰 호수로 변한다면 어떤 결과가 일어날

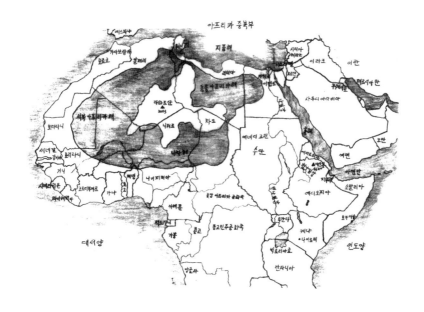

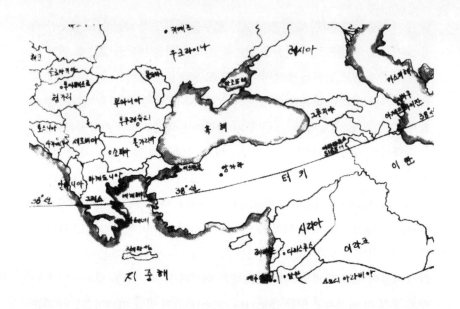

까요. 아마도 아프리카는 풍부한 강수량과 따뜻한 기후로 인해 곧 사막이 밀림으로 변화하게 될 것입니다. 사실 이 지구상에는 우리가 잘 알고 있는 이스라엘의 사해라던가 볼리비아의 우유니 호수 등 염분이 아주 높은 호수가 많이 있습니다. 그리고 그런 해수 호를 필요로 하는 곳이 지구상에는 아주 많이 있습니다. 예를 들어 미국의 데스밸리, 황사의 근원지인 중국 몽골의 고비 사막 호주 남부의 그레이트빅토리아 사막 등을 꼽을 수가 있겠지요. 그런데 왜 뜬금없이 책머리에 이런 해괴한 이야기부터 먼저 시작할까요? 그것은 바로 여러분 자녀들의 방벽에 되도록이면 큼직한 세계지도 한 장을 붙여 놓으라고 말씀드리고 싶어서입니다. 자라나는 아이들, 청소년들이 세계지도를 보고 있는 동안만큼은 무한한 상상력의 세계로 빠져들기 때문입니다. 그리고 벽에 붙어 있는 큼직한 세계지도 앞에 온 가족이 함께 모여 생소한 나라, 혹은 생소한 도시를 누가 빨리 찾나 내기도 해보고 미시시피 강의 원줄기는 어디서 시작이 되고 있나? 황하강과 양자강의 사이가 가장 가까운 곳은 어디일까?

적도를 따라 지구를 한 바퀴 빙 돌아가면 어떤 나라 어떤 강 어떤 도시와 만날 수 있을까? 만약 우리나라 남북이 통일이 된다면 목포에서 출발한 기차가 유럽의 어디까지 갈 수 있을까? 등등의 과제를 가지고 세계지도를 바라보고 있을 때면 여러분의 자녀들은 무한한 상상의 세계로 들어갈 수 있을 것입니다. 이 소설의 첫 시작도 바로 세계지도에서부터 시작이 되었습니다. 내가 고등학교 1학년 때인가 하는 어느 날 세계지도를 가만히 보고 있던 중 성경에서 말하는 노아의 방주가 마지막 안착한 곳이 지금의 터키 아라라트 산이고 그 아라라트 산맥이 희한하게도 우리나라 삼팔선과 일치하고 있는 것을 발견하고서 그때부터 언젠가는 이런 사실을 주제로 소설을 써보아야겠다고 마음을 먹은 후 줄곧 그 꿈을 품고 있다가 지금 비록 환갑 진갑이 지난 늦은 나이지만 결국 이렇게 한 권의 장편 소설이 탄생될 수 있었던 것입니다. 제가 이 책을 통하여 독자 여러분께 꼭 드리고 싶은 이야기는 우리나라는 좁은 면적에 너무나 많은 인구가 살아가고 있는 인구 밀도가 아주 높은 나라입니다. 이런 현실 속에서 우리가 살아날 수 있는 곳은 저 망망한 바다 건너 세계로 세계로 뻗어 나가는 방법이 최선의 방법일 것이며 그 시작점이 바로 세계지도임을 다시 한 번 강조하는 바입니다.

이 소설은 우리 민족의 '통일'을 주제로 한 판타지아적인 소설입니다. 그리고 우리 민족이 왜 하루 빨리 통일을 해야 하는지 어떻게 통일을 해야 하는지 통일 후 우리의 정책은 어떠해야 하는지 등등의 줄거리를 다루고 있습니다. 저는 우리 민족이 하루빨리 통일이 이루어지기를 기원하는 마음으로 이소설을 썼습니다. 부디 하루빨리 그날이 오기를 기원합니다. 감사합니다.

2017. 5

저자 황 창 섭 올림

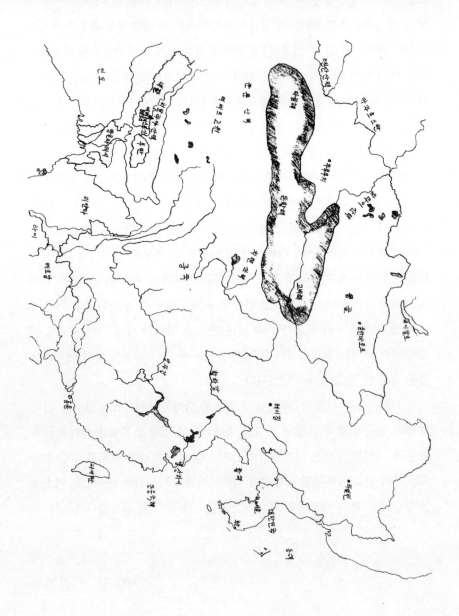

제1부
천지가 처음 창조되던 날

군사 재판

....

정두한 사형·이등병 강등·전 재산 몰수·땅·땅·땅!
노태후 사형·이등병 강등·전 재산 몰수·땅·땅·땅!
전효용 사형·이등병 강등·전 재산 몰수·땅·땅·땅!
장제동 사형·이등병 강등·전 재산 몰수·땅·땅·땅!

그리고 얼마 후 하나회 회원 666명 중 국가 전복 및 내란 음모의 주동자 30여 명의 사형이 집행되었다.

똥물 도시

....

이상한 냄새가 코를 찔렀다. 온 도시가 시궁창 냄새로 가득했고 하수도에서는 폐수가 계속 역류하고 있었다. 큰 거리에도 작은 거리에도 뒷골목에도 폐수가 점점 차오르기 시작 하였다. 그런데 가만히 보니 폐수나 오수만 있는 것이 아니라 누런 똥 덩어리도 함께 둥둥 떠다니고 있었다. 둥둥 떠다니는 누른 똥 덩어리에서 뿜어 대는 악취는 그나마 열대야 때문에 잠 못 들어 하는 시민들을 더욱 고통스럽게 만들고 있었다.

그때 온 도시가 갑자기 캄캄해졌다. 일순간 온 도시가 불빛 하나 없는 깜깜한 도시로 변해 버렸다.

흡혈귀

....

둥그런 보름달이 온 세상을 환하게 밝혀주고 있는 무더운 여름 어느 날 밤. 서울 중심가에 있는 한 소방서의 벽시계가 막 열시를 조금 넘겨 가리키고 있을 무렵, 갑자기 고요한 정적을 깨며 전화 벨소리가 요란스럽게 울렸다. 본능적으로 한 소방관이 재빠르게 수화기를 들었다. 순간 수화기에서 다급한 여자의 목소리가 들려 왔다.

"사람이 죽어가고 있어요. 빨리 좀 도와주세요! 빨리요!"

당직 소방관은 즉각적으로 심상치 않은 사태가 발생했음을 짐작했으나 침착한 목소리로 말했다.

"자, 흥분하지 마시고 차분히, 정신을 차리고 말씀해 주세요. 우선 그곳 위치가 어딥니까?"

"예, 000빌라 00동 5층 옥상이에요. 빨리 와서 좀 도와주세요!"

다시금 소방관이 물었다.

"환자가 어떻게 아프세요?"

"아프기는요! 사람이 죽어가고 있다니깐요. 빨리 와서 좀 도와주세요. 빨리요!"

그리고 전화는 끊겼다.

즉각 비상벨이 울렸고 대기 중이던 구급 요원들이 119 구급차를 타고 찢어지는 듯한 사이렌 소리를 내뿜으며 출동을 하였다. 차가 현장에 도착하자 한 구급 요원이 쏜살같이 튀어나와 옥상으로 올라가는 계단으로 뛰어올라갔다. 일단 인공호흡만이라도 시키기 위해서였다. 조금 후 또 다른 구급 요원이 환자 이송용 간이 침대를 메고 그 뒤를 따라 올라갔다. 먼저 뛰어오른 구급 요원이 옥상으로 통하는 문을 열고 올라서니 저쪽 옥상 끝 모퉁이에 하얀 소복을 입은 한 여인의 뒷모습이 보였다. 좀 더 가까이 가서 살펴보니 여인의 긴

〈흡혈귀〉

머리카락은 몹시 헝클어져 있었고, 그녀의 거친 숨소리는 구급 요원을 오싹하게 만들었다. 바짝 다가가서 무슨 일이냐고 물어보는 순간 여인이 '휙'하며 돌아서서 핏기 어린 눈으로 노려보았다. 여인의 입에서는 붉은 피가 뚝뚝 떨어지고 있었고, 옥상 바닥에는 또 다른 한 여인이 숨을 헐떡이며 반듯이 누워 있는데 그 여인의 입술과 목에도 역시 붉은 피가 흥건히 젖어 있었다. 그 광경을 보는 순간, 구급 요원은 너무 놀란 나머지 그 자리에 쓰러져 버렸다. 한편, 간이침대를 메고 힘겹게 5층 옥상으로 오른 두 번째 구급 요원도 옥상에 올라서는 순간 아연실색을 하고 말았다. 하얀 소복의 머리카락을 길게 늘어뜨린 흡혈귀가 먼저 올라간 동료 구급 요원을 바닥에 눕혀놓고는 그의 입에서 피를 빨아먹고 있는 것이 아닌가. 그리고 그 옆에는 다른 한 여인이 입과 목에 피투성이가 된 채 숨을 헐떡이며 누워 있고…… 순간 두 번째 구급 요원의 머릿속에는 불현듯이 영화에서나 볼 수 있는 드라큘라나 몬스터, 흡혈귀 등의 모습이 떠올랐다. 하얀 소복의 흡혈귀가 두 번째 구급 요원을 향하여 '휙' 돌아보는데 길게 늘어뜨린 머리카락 속으로 흡혈귀의 핏빛 눈이 날카롭게 쏘아보고 있었고, 입술에서는 핏방울이 뚝뚝 떨어지고 있었다. 그 모습을 보는 순간 두 번째 구급 요원은 자신도 누워있는 여인이나 먼저 온 동료 구급

요원처럼 될지도 모른다는 생각이 들어 '걸음아 나 살려라' 하고 급히 도망을 치며 생각하였다. '이 일은 119가 해결할 수 있는 일이 아니구나, 빨리 경찰에 연락을 해야지.' 그는 급히 무전기로 본부에 이 사실을 알렸다. 잠시 후 비상 사이렌 소리와 함께 서너 대의 경찰차가 황급히 도착하더니 열댓 명의 경찰관이 황급하게 내려 옥상으로 우르르 올라갔다. 그들의 얼굴은 몹시 굳어 있었고 모두들 권총을 굳게 잡고 있었다. 때 아닌 밤중에 소방서 구급차와 여러 대의 경찰차가 울려 대는 비상 사이렌 소리에 주민들이 잠옷 바람으로 우르르 모여들었고, 어떤 이는 무슨 일인가 싶어 창밖으로 고개를 내밀며 바라보는 순간 '탕! 탕! 탕!' 하고 옥상에서 몇 발의 총성이 울렸다. 그러자 구경나왔던 주민들은 기겁을 하고는 각자 집 안으로 들어가 버렸다. 그리고 또다시 몇 발의 총성이 울려 퍼졌다.

2006년 3월 11일 땅굴 재판

....

서기 2003년 3월, 경기도 연천군 백학면 구미리의 한 야산 중턱에서 마을 주민 이창근 씨는 이상한 소리를 들었다. 그 소리는 자기가 딛고 서 있는 땅속에서 들려오고 있었다. 귀를 땅에 대고 들어보니 무슨 폭탄이 터지는 소리와 함께 총소리 같기도 하고 혹은 굴착기가 땅을 팔 때 내는 에어해머의 기계 소리 같은 것이 들려오는 것이었다. 처음에는 자기가 혹시 잘못 듣지나 않았을까하는 의구심도 있었으나 이후 계속되는 소리를 확인한 그는 불현 듯 '땅굴'이라는 생각이 뇌리를 스쳤다. 그리고 그는 곧 바로 그 사실을 군부대에 신고하였다.

신고를 접수한 국방부는 곧바로 땅굴 전문가와 지질학 전문가를 동원하여 이창근 씨가 지적한 일대를 샅샅이 조사하기 시작하였다. (참고로 국방부는 남침용 땅굴 최초 발견자에게는 1억 원 이상의 포상금을 지급하도록 하는 내부 규정을 운영해오고 있음)

얼마 후, 국방부는 '땅굴 전문가와 지질학 전문가 및 최신 장비를 동원하여 연천군 백학면 구미리 일대를 철저히 조사하였으나 북한이 남침용 땅굴을 파고 있다는 어떤 근거를 발견하지 못하고 단지 자연 동굴만 몇 개 존재하고 있다'라고 발표를 하였다. 그리고 이창근 씨에게 포상금을 지급하지 않았다. 그러자 이에 불복한 이창근 씨는 땅굴 진상 규명 연대를 구성하고 곧바로 법원에 정식 소송을 제기 하였다.

이후 꼭 3년 만인 2006년 3월 11일 서울중앙지법 민사 92 단독 곽상현 판사는, '2003년 경기도 연천군 백학면 구미리 일대에서 땅굴을 발견했는데 포상금을 주지 않은 것은 부당하다.'며, '국가는 땅을 절개(切開)하여 의혹을 해소하라.'는 조정안을 양측에 제시하였다. 또한 '국방부는 원고 이창근 씨가 지켜보는 가운데 인공 동굴인지 자연 동굴인지 확인하라'라고 주문했다. 이 조정안에 대해 국방부 측이 2주 내에 이의를 제기하지 않을 경우 이번 조정안은 확정이 되는 것이었다. 또한 불복할 경우 정식 소송을 거쳐 판결하게 되어 사법부의 최종 판단이 늦춰질 수도 있다. 그러나 국방부 측에서는 '자연 동굴이 확실한 만큼 이의를 제기할 방침'이라고 밝혔다.

곽 판사는 조정안에 대해 '연천군 일대 동굴이 진짜 북한의 남침용 땅굴이라면 국가 안보에 심각한 위협이 될 수 있다. 따라서 의혹을 불식시키려면 땅을 파서 실체를 확인하는 것 외에 다른 방법이 없다. 물론 절개 공사비가 1억 5천만 원 정도 예상이 되고, 동굴 일대가 군사 보호 지역이어서 민간인이 땅을 파는 게 사실상 불가능하기 때문에 국방부에서 절개 공사를 통하여 확인하여야 한다.'라고 발표하였다.

땅굴 논란은 SBS TV에서도 방영이 되었다. 바로 이창근 씨가 '북한이 파놓은 남침용 땅굴이 연천군 일대에 있다'라고 제보하면서 이 사건이 본격적으로 부각되기 시작하였다. SBS 측은 '휴전선 남쪽 12km에 위치한 연천군 백학면 지하 39m 지점에 북한이 판 것으로 추정되는 땅굴이 발견되었다.'라고 보도했다. 당시 한나라당은 '정부가 만약 땅굴의 존재를 알고도 은폐했다면 국민에게 큰 죄악을 저지른 것'이라고 주장했다. 이에 따라 국방부는 곧 군 땅굴 전문 요원 등으로 구성된 20여 명의 조사단을 현장에 보내 조사를 벌인 뒤 '인공 땅굴이라는 어떤 흔적도 없다.'라고 해명을 하였다. 그러나 땅굴 진상 규명 시민 연대는 '김대중 정부와 현 정부(참여 정부)가 북한과의 관계가 악화되는 것을 걱정해 땅굴 존재를 숨겨왔다.'며 땅굴 진상 규명 운동을 벌였던 것이다.

그러면 과연 이 사태의 진실은 무엇일까? 이창근 씨가 거짓신고를 한 것일까? 아니면 국방부의 조사가 미흡하였을까? 혹은 국방부가 진실을 은폐한 것일까?

조선민주주의 인민공화국

....

2011년 9월 9일, 평양 만경대 기념관에서는 조선민주주의 인민공화국 창립 제63주년 기념행사가 거행되고 있었다. 단상에는 노동당 간부, 국방 위원회 위원, 최고 인민 회의 위원, 내각의 고위직 간부 대부분이 자리하고 있었으며, 특히 호위사령부의 간부와 인민 무력성 산하의 총참모부장, 보위사령부장, 총정치국장, 간부국장, 후방총국 국장 등 군 고위 간부들이 대거 참석하고 있었다. 행사장 참석 인원 역시 인민들 중에 선발된 자들을 비롯하여 노동당원, 노동자, 노동적위대원, 학생, 붉은 청년근위대원 등등이 참석하고 있었다.

또한 단상 좌우 옆에는 조선인민 군악대와 조선인민 공훈합창단, 조선인민군 협주단이 자리하여 기념행사에 필요한 역할을 담당하고 있었다. 기념행사는 별 이상 없이 차분하게 진행되어 가고 있었다. 그러나 대부분의 사람들이 그러하듯이 이번 행사에 과연 김정일 국방위원장이 참석할지, 하지 않을지 궁금해 하고 있었다. 왜냐하면 김정일 위원장의 건강이 아주 좋지 않다는 소문이 무수히 떠돌고 있었기 때문이었다.

이윽고 주위가 일순간 쥐 죽은 듯이 조용해지고 약간 초췌하면서도 긴장된 듯한 표정의 김정일 위원장이 군중 앞에 모습을 드러내었다. 연단에서도 연하에서도 박수 소리와 함께 '김정일 장군님 만세!'라는 외침이 끝없이, 끝없이 이어져 갔다.

멈출 것 같지 않던 함성이 잠잠해질 무렵 김정일 위원장은 조용히 마이크 앞에 입을 갖다 대었다. 순간 식장 안은 무언가 모를 긴장감이 엄습해 오는 것 같았다. 사실 여느 행사에서 김정일은 군중들에게 손을 흔들며 특유의 무표정한 모습으로 박수 몇 번 치는 것으로 끝났는데 오늘은 그렇지않았던 것이었다. 오랜만에 군중 앞에 모습을 드러내는 것만으로도 대단한 일이었는데 연설을 하고자 마이크 앞에 서는 자체가 모두에게 충분히 긴장감을 갖게 하였던 것이다. 김정일 역시 무척이나 긴장된 표정으로 천천히 입을 열기 시작하였다. 순식간에 식장 안은 얼음장보다 더 차갑고 정적만 감도는 엄숙한 분위기가 되었다.

'친애하는 조선민주주의 인민공화국 인민 여러분!' 지금으로부터 63년 전 바로 오늘 이 시간에 우리의 위대한 수령님이셨던 김일성 장군님은 일본군의 침략을 물리치고 이 땅 위에 우리 조선민주주의 인민공화국을 탄생시켰습니다. 저 악랄했던 일본군들의 침략에 항거하여 만주 벌판에서, 황량한 시베리아 광야에서 추위와 배고픔의 고통을 참고 이기며, 그들과 맞서 싸우시던 김일성 장군님께서는 드디어 일본의 침략군을 물리치시고 오직 인민들을 위한 공화국을 건립하였습니다. 그리고 어언 육십여 년이라는 세월이 흘렀습니다. 그동안 우리인민들은, 우리 노동자들은 우리 공화국을 강성 조국으로 건설하려고 무수한 땀으로 부단한 노력을 기울여 왔습니다. 그러나 지금 우리가 살고 있는 이 세계는 우리가 힘이 없고 우리가 우리 스스로를 지켜낼 능력이 없으면 언제라도 강대국으로부터 침략을 당할 수가 있으며, 따라서 우리를 지켜주고 보호해 줄 수 있는 나라는 그 어디에도 없습니다. 오직 우리 스스로만이 우리를 지켜주고 보호해 줄 수 있는 것입니다. 이제 우리 공화국은 우리 스스로를 지켜나갈 수 있는 막강한 군대가 있습니다. 충성스럽고도 자랑스러운 전사 여러분들이 있습니다. 이제 우리는 어떤 외침을 당하더라도 그들을 물리치고 격퇴할 수 있는 막강한 무기도 있습니다. 많은 인민들과 노동자, 과학자들의 노력으로 미사일도 만들었습니다. 인간이 만들어낸 무기 중 가장 공포스러운 핵폭탄도 순수한 우리의 기술로 만들었습니다. 아울러 자랑스러운 우리 인민군 전사들은 우리 조국이 어떤 침략을 당한다 할지라도 능히 물리치고 격퇴할 수 있는 막강한 능력을 보유하게 되었습니다. 오늘날 우리 공화국이 이렇게 강성 조국이 되기까지에는 우리 인민 여러분들의 노력과 희생이 밑바탕이 되었다는 것은 두말할 나위가 없는 사실입니다. 따라서 우리 공화국은 지금까지 이 공화국 건설을 위하여 희생하며 살아왔던 인민 여러분들이 좀 더 잘 살 수 있는……'

계속하여 연설이 이어지는 순간 마이크가 꺼졌고 한창 연설을 하던 김정일 위원장이 약간 주춤하면서 좌우로 고개를 돌리는 순간, 몇 발의 총성이 울림과 동시에 김정일이 그 자리에 쓰러졌다. 그 때 군중 속에서 누군가가 한 손에 권총을 든 채 외쳐 대었다.

"우리의 영원하신 영웅 김일성 수령님을 살해한 자가 누구냐? 바로 저……."

그 순간 무수히 많은 총성과 함께 그 사내는 그 자리에서 쓰러져 버렸고, 연단 아래 있던 많은 무리가 연단 위로 우르르 몰려들었다. 그리고 계속하여 식장 안은 수많은 총소리와 함께 피비린내로 가득하였다.

　그날 밤 온 세계는 평양에서 들려오는 이상하면서도 확실치 않은 소식으로 인하여 잔뜩 긴장하고 있었다. 밤늦게 백악관에서 이 소식을 보고받은 미국 대통령은 혼자 중얼거렸다.

　"내가 지금 유령 나라 이야기를 들었나?"

1961년 4월 16일 동독라이프치히

....

　1961년 4월, 동독 라이프치히에서 일어난 어느 한 조선인의 슬픈 사연을 알고 있는가? 참으로 이해할 수 없는 일이다. 제2차 세계 대전을 일으킨 같은 전범국으로써 독일은 동서로 갈라진 분단국이 되었는데 같은 전범국인 일본은 왜 분단국이 되지 않았는가? 전쟁 중에 소련군이 일본에 들어가지 않아서 인가? 그러나 분명히 쏘련도 1945년 8월 8일 일본에 대하여 선전포고를 하지 않았던가? 또한 1904년 러·일 전쟁으로 인하여 러시아의 함대가 서해안에서 일본 함대에게 참패를 당하고 일본에 대패함으로써 러시아 역시 중국 이상으로 일본에 대하여 적개심을 갖고 있지 않았던가? 더구나 일본은 러시아와 영원한 적국이었던 독일과는 연합 동맹을 맺은 나라가 아니었던가?

　이런 저런 이유는 다 제쳐두고라도 더욱 이상한 것은 전쟁을 일으키지도 않았고, 오히려 일본 침략으로부터 막대한 피해와 고통을 당한 한반도 조선은 왜 남북으로 나누어진 분단국가가 되어 버렸는가? 소련이나 미국 때문인가? 아니면 이승만이나 김일성 때문인가? 결국 약소민족의 설움이란 말이던가? 모든 원인을 다 제쳐 두고 남북 분단으로 인하여 상처 입은 우리 한민족이 겪은 고통을 어찌 말로 다 표현할 수가 있단 말인가! 이 통탄의 한반도에 살고 있는 우리 한민족은 정녕 바보보다 못한 민족이란 말인가! 아! 이 아둔한 민족이여! 이 어리석은 민족이여! 삼팔선으로 인하여 우리 민족이 겪은 이 불행들을 어찌 말이나 글로써 다 표현할 수 있단 말인가! 6·25전쟁으로 인하여 민족과 민족이, 형제와 형제가, 아비와 아들이 서로 죽이고 죽이는 어처구니없는 참상이 이 지구상의 어디에 또 있단 말인가! 전쟁이 끝난 후에도 그나마 같은 남쪽에 살면서도 서로의 생사를 몰라 가슴팍에 손바닥보다 작은 사진 한 장을 붙이고 '누가 이 사람을 모르시나요?'라고 울부짖으며 남편을 찾아, 아내를 찾아 잃어버린 아들, 딸을 찾아 미친 사람처럼 헤매고 다녔던 사람들의 심정은 어떠하였겠는가?

저 넓은 광장 바람벽에 헤어진 가족을 찾고자 누더기처럼 덕지덕지 붙어있는 애타는 사연들을 우리는 똑똑히 보지 않았던가! 그나마 다행히 수십년 만에 만난 사람은 반가움과 사무침에 부둥켜안으며 울었고 그러지 못한 사람은

<베를린 장벽: 1990년 10월 동독과 서독이 통일된 후 분단의 상징이었던 베를린 장벽의 일부를 기념적으로 대한민국 수도 서울 중심부에 옮겨놓았다.>

서러움과 안타까움에 발걸음을 돌리며 눈물짓지 않았던가! 이제 전쟁이 끝난 지도 어언 오십 년 하고도 훨씬 더 세월이 흘렀건만 전쟁으로 인한 이별의 아픔은 이 땅이 아닌 해외에서도 계속 되고 있다.

여러분은 동경 올림픽 때 일어난 금단이 사건을 알고 있는가? 레슬링 선수 역도산이 왜 아무도 모르게 술잔을 기울이며 혼자 눈물짓고 있었는지 그 사연을 아는가? 그리고 그 이별의 아픔은 지구 반대편에 있는 동독의 라이프치히에서도 계속되고 있었다.

그러니까 휴전 협정이 끝난 다음해인 1954년 9월, 북한에 살고 있는 아주 잘 생기고 명석한 청년 홍옥근 씨는 그의 명석함과 성실함으로 인하여 동독으로 유학을 보내는 특별 해외 유학단 100여 명 가운데 한 사람으로 선발되었다. 그리고 그의 슬픔은 그때부터 시작되었다. 그는 함께한 동료들과 1954년 9월 동독의 라이프치히에 도착하여 곧바로 그곳 예나 대학 화학부에 입학하게 되었다. 그리고 1년 후 자신보다 세 살 아래인 아름다운 독일 여인 레나테를 만나 서로 사랑하게 되었고, 1960년 4월, 그녀와 결혼까지 하게 되었다. 그리고 1년 후 레나테 홍은 아들 현철(독일 명 페터 홍)을 낳았고, 또한 둘째까지 임신하게 되었다. 그러나 북한 정부의 강제 소환령에 의하여 홍옥근은 임신 중인 사랑하는 아내와 두 살배기 아들을 남겨두고 1961년 4월 16일 혼자 북한으로 가는 열차에 몸을 실었다. 그리고 이후 그들은 영원히 만날 수 없는 슬픈 운명의 주인공이 되었다.

당시 독일은 제2차 세계 대전 후 동독과 서독으로 나누어진 분단국이었는데, 많은 동독인들이 철조망을 넘어 민주국가인 서독으로 탈출을 감행하였고, 이때 북한에서 동독으로 유학 온 유학생 몇 명이 서독으로 탈출을 하였는데 이를 계기로 북한 당국은 동독 유학생 전원을 소환하게 되었던 것이다. 홍옥근 역시 소환 명령을 받고 사랑하는 아내와 아들 남겨둔 채 눈물겨운 생이별을 해야 했다.

남·북 정상회담

....

　2000년 6월 13일 오전 10시 30분 평양, 이런 일이 가능한 것일까? 155마일 휴전선을 가운데 두고 양측에서 중무장을 한 이백여 만 명의 군인이 팽팽한 긴장감 속에 서로 총부리를 겨누고 있고, '앗차!' 하는 순간에 서로가 백만 발 이상의 포탄을 퍼부을 수 있고, 서로가 중요한 전략적 위치를 향하여 수천 발의 미사일이 당장이라도 목표를 향하여 날아갈 수 있고, 수천대의 탱크와 수백 대의 최신예 전투기들이 명령만 떨어지면 언제라도 출격할 준비가 되어 있고, 각종 중·대형 군함들이 밤낮을 가리지 않고 검푸른 바다 위 어디론가를 이리저리 바삐 움직이고 있고, 어디에 숨어 있는지 알 수 없는 잠수함들까지도 깊은 바다 속에서 숨바꼭질을 하고 있는 냉엄하고도 엄연한 현실에서 상대방의 국가 원수가 적국의 심장부에 들어가서 적국 원수의 영접을 받으며 적국 의장대 사열을 받는 것이 가능한 일인가?

　2000년 6월13일, 경상도 출신인 대한민국 대통령은 공군 1호기에 몸을 실었다. 서울 공항을 출발한 대통령 전용기는 맑게 갠 서해 상공에서 햇볕에 반짝이는 바다 물결의 눈부신 환영을 받으며 드디어 오전 10시 30분 평양 순안 공항에 안착하였다. 그리고 전라도 출신인 북한 김정일 국방위원의 지극한 환대를 받으며 붉은 카펫을 따라 인민군 의장대와 군악대의 사열을 받았다. 그리고 두 정상은 승용차에 올라 숙소인 백화원 영빈관으로 향하였다.

　이 날 두 정상이 타고 있던 승용차는 완벽한 자동차였다. 누가 폭파할 수도 없고, 엿들을 수도 없는. 그리고 신문기자도 TV카메라도 통역관도 없는, 물론 운전기사조차도 엿들을 수 없는, 완벽한 두 사람만의 시간과 장소였다. 그곳에서 약 1시간 동안 그들은 어떤 이야기를 나누었을까? 그리고 1시간 후 오전 11시45분 두 정상은 백화원 영빈관에 도착하였다.

창세기 · 천지가 처음 창조되던 날

....

　태초에 하나님이 천지를 창조하시니라. (창세기 1장 1절) 땅이 혼돈하고 공허하며 흑암이 깊음 위에 있고 하나님의 신(神)은 수면에 운행하시니라. (2절) 하나님이 빛을 창조하시고 빛을 어둠과 나누사 빛을 낮이라 칭하시고 어둠을 밤이라 칭하시니 이는 첫째 날이니라. (5절) 하나님이 가라사대 물 가운데 궁창이 있어 물과 물로 나뉘게 하라 하시고 하나님이 궁창을 하늘이라 칭하시니 이는 둘째 날이라. (8절) 하나님이 가라사대 천하의 물이 한 곳으로 모이고 뭍이 드러나라 하시매 그대로 되니라. 하나님이 풀과 채소와 씨 가진 열매 맺는 나무를 만드시니 이는 셋째 날이라. (13절) 하나님이 가라사대 하늘의 궁창에 광명이 있어 주야를 나뉘게 하라 하시고 두 광명을 만들어 큰 광명으로 낮을 주관하게 하시고 작은 광명으로 밤을 주관하게 하시며 또 별들을 만드시니 이는 넷째 날이니라. (19절) 하나님이 가라사대 물들은 생물을 번성케 하라. 땅 위 하늘의 궁창에는 새가 날으라 하시고 하나님이 큰 물고기와 물에서 번성하여 움직이는 모든 생물을 그 종류대로 날개 있는 모든 새를 창조하시니 하나님이 가라사대 우리의 형상을 따라 우리의 모양대로 우리가 사람을 만들고 그 바다의 물고기와 공중의 새와 육축과 온 땅과 땅에 기는 모든 것을 다스리게 하라 하시고 하나님이 자기 형상, 곧 하나님의 형상대로 사람을 창조하시되 남자와 여자를 창조하시고 하나님이 그들에게 복을 주시며 그들에게 이르시되 생육하고 번성하여 땅에 충만하라. 땅을 정복하라. 바다의 물고기와 공중의 새와 땅에 움직이는 모든 생물을 다스리라 하시니라. 이는 여섯째 날이니라. (창세기 1장 31절) 천지와 만물들이 다 이루니라. 하나님의 지으시던 일이 일곱째 날이 이를 때에 마치니 그 지으시던 일이 다하므로 일곱째 날에 안식하시니라. (창세기 2장 3절)

여호와 하나님이 동방의 에덴에 동산을 창설하시고 그 지으신 사람을 거기 두시고 여호와 하나님이 그 땅에서 보기에 아름답고 먹기에 좋은 나무가 나게 하시니 동산 가운데에는 생명나무와 선악을 알게 하는 나무도 있더라. 여호와 하나님이 그 사람에게 명하여 가라사대 동산 각종 나무의 실과는 내가 임의로 먹되 선악을 알게 하는 나무의 실과는 먹지 말라. 네가 먹는 날에는 정녕 죽으리라 하시니라. (창세기 2장 17절)

여호와의 지으신 들짐승 중에 뱀이 가장 간교하더라. 뱀이 여자에게 가로되 너희가 선악을 알 줄을 하나님이 아심이니라. 여자가 그 나무를 본즉 먹음직도 하고 보암직도 하고 지혜롭게 할 만큼 탐스럽기도 한 나무인지라 여자가 그 실과를 따먹고 자기와 함께 한 남편에게도 주매 그도 먹은지라. (창세기 3장 6절) 여호와 하나님이 뱀에게 이르시되 네가 이렇게 하였으니 네가 모든 육축과 들의 모든 짐승보다 더욱 저주를 받아 배로 기어 다니고 종신토록 흙을 먹을지어다. (창세기 3장 14절)

또 여자에게 이르시되 내가 네게 잉태하는 고통을 더하리니 네가 수고하고 자식을 낳을 것이며, 너는 남편을 사모하고 남편은 너를 다스릴 것이니라 하시고 아담에게 이르시되 땅은 너로 인하여 저주를 받고 너는 종신토록 수고하여야 그 소산을 먹으리라. 땅이 네게 가시덤불과 엉겅퀴를 낼 것이라. 너의 먹을 것은 밭의 채소인 즉 네가 얼굴에 땀이 흘러야 식물을 먹고 필경 흙으로 돌아가리니 그 속에서 네가 취함을 입었음이라. 너는 흙이니 흙으로 돌아갈 것이니라 하시니라. (창세기 3장 19절)

이것은 아담의 계보를 적은 책이니라. 하나님이 사람을 창조하실 때에 하나님의 모양대로 지으시되 (창세기 5장 1절).

아담은 백삼십 세에 자기의 모양 곧 자기의 형상과 같은 아들을 낳아 이름을 셋이라 하였고. (창세기 5장 3절)

아담은 셋을 낳은 후 팔백 년을 지내며 자녀들을 낳았으며 (창세기 5장 4절).

그는 구백삼십 세를 살고 죽었더라 (창세기 5장 5절). 셋은 백오 세에 에노스를 낳았고 (창세기 5장 6절) 에노스를 낳은 후 팔백칠 년을 지내며 자녀들을 낳았으며 (창세기 5장 7절) 그는 구백십이 세를 살고 죽었더라 (창세기 5장 8절) 에노스는 구십 세에 게난을 낳았고 (창세기 5장 9절) 게난을 낳은 후 팔백십오 년을 지내며 자녀들을 낳았으며. (창세기 5장 10절) 그는 구백오 세를 살고 죽었더라. (창세기 5장11절)

게난은 칠십 세에 마할랄렐을 낳았고 (창세기5장 12절) 마할랄렐을 낳은 후 팔백사십 년을 지내며 자녀들을 낳았으며 (창세기 5장 13절) 그는 구백구십삼 세를 살고 죽었더라. (창세기 5장 14절) 마할랄렐은 육십오 세에 야렛을 낳았고 (창세기 5장 15절) 야렛을 낳은 후 팔백삼십 년을 지내며 자녀를 낳았으며 (창세기5장16절) 그는 팔백구십오 세를 살고 죽었더라. (창세기 5장 17절) 야렛은 백육십이 세에 에녹을 낳았고 (창세기5장 18절) 에녹을 낳은 후 팔백 년을 지내며 자녀들을 낳았으며 (창세기 5장 19절) 그는 구백육십이 세를 살고 죽었더라. (창세기 5장 20절)

에녹은 육십오 세에 므두셀라를 낳았고 (창세기 5장 21절) 므두셀라를 낳은 후 삼백 년을 하나님과 동행하며 자녀들을 낳았으며(창세기 5장 22절), 그는 삼백육십오 세를 살았더라(창세기 5장 23절). 에녹이 하나님과 동행하더니 하나님이 그를 데려가심으로 세상에 있지 아니하였더라. (창세기 5장 24절)

므두셀라는 백팔십칠 세에 라멕을 낳았고 (9창세기 5장 25절) 라멕을 낳은 후 칠백팔십이 년을 지내며 자녀를 낳았으며 (창세기 5장 26절) 그는 구백육십구 세를 살고 죽었더라. (창세기 5장 27절)

라멕은 팔백십이 세에 아들을 낳고 (창세기 5장 28절) 이름을 노아라 하여 이르되 여호와께서 땅을 저주하심으로 수고롭게 일하는 우리를 이 아들이 안위하리라 하였더라. (창세기 5장 29절) 라멕은 노아를 낳은 후 오백구십오 년을 지내며 자녀들을 낳았으며(창세기 5장 30절) 그는 칠백칠십칠 세를 살고 죽었더라. (창세기 5장 31절)

노아는 오백 세 된 후에 셈과 함과 야벳을 낳았더라. (창세기 5장 32절)

대홍수

....

아담 후예들의 삶은 풍요로웠다. 하늘을 나는 새들 중 가장 크고 가장 아름답고 한번 태어나면 삼천 년을 산다는 불멸의 새(피닉스)는 그들이 살고 있는 맑고 깨끗한 계곡에 백 년마다 한 번씩 알들을 낳았고 하늘을 덮을 만큼 웅장하고 푸르른 백향목은 끝없이 넓게 펼쳐지고 있었다. 그런가 하면 백향목의 향긋한 진액은 땅속으로 남몰래 스며들어가 천년을 묵으면서 아름다운 보석으로 변했고, 그 보석에선 흑진주와 같은 버섯이 부끄러운 듯이 피어올랐다. 그리고 그 버섯의 씨앗은 불멸의 새(피닉스)가 낳은 알 속으로 살포시 들어가 백년을 지낸 후 그 알과 함께 새로운 생명으로 싹텄으니 그 모양은 마치 백향목 가지 위에 쌓인 새하얀 눈송이와도 같았더라.

그리고 아담의 후예들은 그것을 〈만나〉라고 불렀고 그들은 그 〈만나〉를 먹으며 풍요롭게 살아가고 있었다. 그들은 병마의 고통에 시달리지도 않았고 늙지도 않았으며 칠백 수까지 자식을 생산하였고, 팔백 수가 넘도록 사랑을

※ **창세기의 열두 지파**

르우벤, 시므온, 유다, 단, 납달리, 갓, 아셀, 잇사갈, 스불론, 베냐민, 에브라임, 므낫세

※ **요한계시록의 열두 지파**

유다, 르우벤, 갓, 아셀, 납달리, 므낫세, 시므온, 레위, 잇사갈, 스불론, 요셉, 베냐민

※ 창세기에 엄연히 존재하던 단족이 요한계시록에는 왜 사라져버렸을까? 과연 단족은 어디로 갔을까?

나누었으며 그들 대부분은 구백 수 넘게 살았더라.

그러나 그들은 점점 타락하여 갔으며 그들의 왕성한 정욕은 밤낮을 가릴 줄 몰랐고 드디어는 내 아내와 남의 아내를 구별할 줄 몰랐고, 내 남편과 남의 남편 가릴 것 없이 밤낮으로 음욕을 즐겼으며 남자가 남자와, 여자가 여자와 서로 음욕을 즐겼고 심지어는 인간과 동물이 서로 음욕 하는 가운데 행하는 그 악을 즐겼으니, 마침내 여호와 하나님의 분노를 사기에 충분하였더라.

여호와께서 사람의 죄악이 세상에 가득 찼고 그 마음의 모든 생각과 계획이 항상 악할 뿐임을 보시고 땅 위에 사람 지으셨음을 한탄하사 마음에 근심하시고 가라사대 나의 창조한 사람을 내가 쓸어버리되 사람으로부터 육축과 기는 것과 공중의 새까지도 그렇게 하리니 이는 내가 그것을 지었음을 한탄함이니라 하시니라(창세기 6장 7절).

그리고 그 시대에 살고 있는 사람 중 가장 선한 의인 곧 노아와 그의 가족들만 방주 안으로 피신하게 하시고 온 세상을 홍수로 쓸어버리기로 작정하셨더라. 노아가 방주의 문을 닫기 전 하나님께서는 땅 위에 있는 모든 동물 한 쌍과 하늘에 나는 모든 새들 한 쌍을 방주 안으로 불러 모으시매 그러나 그 불멸의 새(피닉스)는 불러들이지를 않았더라. 이는 사람들이 지은 죄악에 대한 대가이더라. 노아 육백 세 되던 해 이월 십칠일이라.

그 날에 큰 깊음의 샘들이 터지며 하늘의 창들이 열려 사십 주야를 비가 쏟아졌더라(창세기 7장 12절). 온 땅은 큰 홍수로 덮였다. 산도 계곡도 울창하던 백향목 숲도 만나도 홍수에 휩쓸려 버렸고, 이 땅 위에 남은 것은 아무 것도 없이 오직 물만 보일 뿐이었다. 그 때 불멸의 새(피닉스) 한 쌍이 날아와 알 낳을 곳을 찾았으나 알 낳을 곳을 찾기는커녕 앉아 쉴 만한 곳도 찾을 수가 없었다. 그 새 한 쌍은 한참을 하늘에서 빙빙 헤매다 하는 수없이 해뜨는 곳을 향하여 날아가기 시작하였다. 무작정 해 뜨는 곳을 향하여, 오직 해 뜨는 곳을 향하여 날아가기 시작하였다. (현재의 위치상으로 북위; 38도선을 따라 동쪽으로) 그리고 동쪽 끝 어디엔가 높은 산을 찾았다. 그 불멸의 새(피닉스)한 쌍은 이제 지칠 대로 지쳐 그 산등성이 위에 앉았다. 그리고 알 낳기 적당한 곳을 찾아 이리저리 헤매고 있었다. 그러나 그런 적당한 자리는 쉽게 찾을 수가 없었다. 이윽고 한참을 헤매던 그 새 한 쌍은 깊고 큰 동굴 하나를 찾아내고는 지친 몸을 이끌고 그 동굴 속으로 들어가 버렸다. 그리고 그 후로는 아무도 땅 위에서 그 새를 볼 수가 없었다.

노아 육백일 년 정월 곧 그달 일일에 지면의 물이 걷힌지라. 노아가 방주 뚜껑을 제치고 본 즉, 지면에 물이 걷혔더니 이월 이십칠 일에 땅이 말랐더라(창세기 8장 14절). 하나님이 노아에게 말씀하여 가라사대 너는 네 아내와 네 아들들과 네 자부들로 더불어 방주에서 나오라 하니 노아가 그 아들들과 그 아내와 그 자부들과 함께 나왔고 땅 위의 동물 곧 모든 짐승과 모든 기는 것과 모든 새도 그 종류대로 방주에서 나왔으니 그곳이 곧 아라랏트 산이더라(창세기 8장 4절/지금의 터키 동북쪽 북위 38도 선상에서 산맥을 형성하고 있는 아라랏트 산, 해발5,165m).

하나님이 노아와 그 아들들에게 복을 주시며 그들에게 이르시되 생육하고 번성하여 땅에 충만 하라(창세기 9장 1절)하셨고 홍수 후에도 노아가 삼백오십 년을 더 지내었고 향년이 구백오십 세에 죽었더라(창세기 9장 29절). 방주에서 나온 노아의 아들들은 셈과 함과 야벳이며, 함은 가나안의 아비라.

노아의 이 세 아들로 좇아 백성이 온 땅에 퍼지니라(창세기 9장 19절). 이세 아들은 하늘의 만나를 먹고 자란 마지막 세대더라. 이 아들들은 그들이 먹던 만나에 대하여 그들 자손에게 상세히 이야기하였고 그들 자손은 사방 각지로 흩어졌더라. 그리고 그 만나의 이야기는 노아의 후예들에 의하여 온 세상 사방으로 퍼져 길이길이 전설로 이어졌더라. 그리고 그 후예들 중 단족(檀族)이라고 불리던 한 무리는 무작정 해 뜨는 쪽으로 향하여 나아갔다.

홍익인간

(弘益人間 / 기원전 2333년)

....

이 불멸의 새(피닉스)가 날아간 그곳에 단군(檀君)이라고 불리던 한 성인(聖人)이 홀연히 나타나 나라를 세웠으니 그 나라 이름은 조선(朝鮮)이라 하였다. 그리고 그 성인은 나라의 건국이념을 '홍익인간'이라고 하였다.

진시황제

(秦始皇帝 / 기원전 236년, 진왕정 11년)

....

진왕(훗날 진시황제)이 선왕 장양왕(莊襄王)의 서거로 인하여 13세의 어린 나이로 태자 영정(瀛政)에서 진왕으로 즉위한지도 어언 11년이 흘렀다. 그러나 진왕은 어린 나이에도 불구하고 주위를 둘러싸고 있는 여러 나라들과의 전쟁에서 매번 승리를 거두었다.

먼저 조나라의 중요 요새인 진양성을 탈취하였고(BC 246년), 위나라의 20성을 탈취하여 진동군을 설치하였으며(BC 242년), 초나라·조나라·위(魏)나라·한나라·위(韋)나라 이 다섯 나라가 연합하여 공격하는 것을 함곡관에서 보기좋게 격파하는 쾌거도 이루어냈던 것이었다(BC 241년). 더구나 이 함곡관의 승리로 인하여 초나라는 수도를 수춘으로 옮겨야 하는 수모를 당하였으니(BC 241년), 이 함곡관의 승리야말로 진나라로써는 그 세력의 막강함을 온 천하에 알릴 수 있는 큰 승리였던 것이다. 그러나 여전히 진나라 주위에는 초·조·한·위(魏)·위(韋)·연·제등 소위 춘추전국 칠웅의 나라들이 항상 진나라를 위협하

<진시왕>

고 있었고, 그 외에 대(帶)나라와 이미 멸망한 동주의 잔존 세력도 호시탐탐 기회를 노리고 있었다. 그러나 그 중에 가장 위협적인 존재는 역시 한(韓)나라였다. 이 한나라는 여전히 그 세력이 막강하여 한을 제외한 다른 나라들이 그들의 힘을 다 합쳐도 한나라를 당할 수 없을 정도의 큰 힘을 가지고 있는 나라였다. 그리고 그 한나라는 대륙의 한 중심에 위치하여 전략적으로도 무척 중요한 곳이었다. 즉 진나라로서는 그 한나라를 점령해야만 초나라·조나라·연나라 등을 침공할 수가 있었다.

그런 한(韓)나라가 진왕에게 사신을 보낸 것이었다. 그리고 진왕은 그 한나라 사신과 대면하게 된 것이다. 물론 그 자리에는 진나라의 정위(廷慰:승상이나 어사, 대부 등의 위치와 동열인 지위의 이름)인 이사(李斯)와 요가(姚賈)도 함께 배석하여 진왕을 알현하였다. 그러나 한 가지 놀라운 사실은 한나라에서 보내 온 사신이 다름 아닌 당대 최고의 학자요, 당시 최고의 법가(法家)요, 훗날 한비자(韓非子)라는 책으로 명성을 높인 당대 최고의 학자인 제자백가의 한사람 한비(韓非)가 사신으로 왔던 것이었다. 따라서 진왕조차도 사신으로 온 한비를 경솔히 대할 수 없었던 인물이었다.

바로 그 한비가 입을 열었다.

"폐하! 저희 한나라 환혜왕께서는 더 이상 진나라와 다투기를 원치 않고 있사옵나이다. 오히려 폐하의 진나라와 저희 한나라가 힘을 합쳐 다른 나라들의 침입을 격퇴하고자 하는 것이 저희 왕의 뜻이 옵니다. 저는 바로 저희 환혜왕이 이런 간절한 뜻을 폐하께 전하고자 폐하를 찾아뵙게 된 것입니다. 부디 저희 왕의 뜻을 받아주시옵기를 청원하는 바이오니 통촉하여 주시옵소서."

사신 한비의 말이 끝나자 진왕은 속으로 코웃음을 짓고 있었다. 그리고는 사신 한비를 향하여 입을 열었다.

"그대 한나라 환혜왕의 뜻은 참으로 가상하나 그 뜻이 진심인지 아닌 지를 짐은 알 수가 없구료. 내 무슨 수로 그대 왕과 그대의 진심을 알 수가 있겠는가?"

그러자 곧장 사신 한비가 입을 열었다.

"당연히 폐하께서는 그런 의심이 들 것이옵니다. 그러나 폐하의 그 의심을 능히 사라지게 할 수 있는 가장 고귀한 예물을 소신이 준비하여 왔습니다. 받아주시옵소서!"

사신 한비가 입으로는 분명히 그렇게 말하였으나 한비의 손에는 아무것도 가진 것이 없었고 더구나 몸종 한 명, 호위병 한 명 없이 혼자 맨몸으로 온 한비가 진왕 앞에 내놓을 수 있는 것이라고는 아무것도 없어 보였다.

이를 의아하게 여긴 진왕이 한비에게 물었다.

"그래, 그대가 짐에게 주겠다고 하는 그 귀한 예물이 무엇이며 어디에 있는고?"

그러자 한비는 잠시 머뭇거리면서 입을 열었다.

"폐하! 아뢰옵기 황송하오나 제가 폐하께 드릴 예물은 너무나 고귀한 것인지라 주위 사람들을 잠시 피케 하여 주시옵소서. 오직 폐하 한 분만이 직접 보셔야 하는 예물이온지라……."

이 말은 들은 진왕은 잠시 무언가를 생각하는 듯하더니 이내 옆에 있던 이사와 요가에게 일렀다.

"다들 잠시 자리를 비켜주시오."

순간 이사와 요가가 동시에 섬찟 놀라는 표정을 지으며 진왕을 향하여 읊조렸다.

"폐하! 이 자를 어찌 믿을 수 있사옵나이까? 이 자가 흑심이라도 품고 폐하를 해하고자 할지 어찌 아옵니까? 이자를 믿지 마소서!"

이렇게 외쳤다. 그러자 진왕이 껄껄 웃으면서 이사를 보고 말하였다.

"이봐요, 이 정위. 한나라에서 온 이 사신은 세상이 다 아는 학자요, 이 시대 최고의 도선이요, 법가의 대가인 한비가 아니요. 이런 덕망 있는 문신이 감히 품속에 비수라도 품고 있을 것이라고 생각하시오?"

하고는 다시 한 번 껄껄껄 웃음을 지었다. 그제야 이사와 요가는 뭔가 미심적은 표정을 지으면서 못마땅한 모습으로 그 자리를 피하였다.

두 사람이 물러난 후 한비가 조용히 진왕을 향하여 입을 열었다.

"폐하! 제가 폐하께 드릴 예물이라는 것은 다름이 아니오라 바로 사람이 먹으면 불로장생할 수 있다는 불로초와 감로주이옵니다. 폐하께서도 아시다시피 우리 한나라에는 많은 도선사(道仙士)가 있습니다. 흔히들 신선이라고도 합니다. 우리 한나라에 신선이 많은 이유는 우선 대륙의 정기를 받아 흐르고 있는 장강이 있고, 그 장강의 뿌리가 되는 맑고 깊은 강들이 수없이 많이 있으며, 대장부의 호방함을 안고 있는 포양호가 있고, 이 거대한 호수와 강들을 끼고 있는 황산, 노산과 함께 신선들만 살고 있다는 무릉도원이 있어 가히 신선들이 거하기에는 천하제일의 땅인지라 우리 한나라에 신선들이 많이 있음은 조금도 이상할 것이 없사옵니다. 하온즉 한나라 땅에는 신선이라 불리는 자가 몇 명이나 되는지 알 길이 없고 그 신선들이 세수가 몇 수나 되는지 알고 있는 자가 없사오나 혹 누구는 이백 수라고 하기도 하고 혹 누구는 이미 삼백 수를 넘었다하는 자도 있다고 하옵니다."

누가 들어도 황당하고 믿어지지 않는 이 요상한 한비의 이야기를 진왕은 두 눈을 부릅뜨고 귀를 곧추세우고 침을 꿀꺽 삼키면서 온 신경을 집중하여 듣고 있었다. 사실 진왕은 늙는다는 것이 두려웠다. 병드는 것도 싫었다. 오래오래 이 땅에서 부귀영화를 누리며 살고 싶었다. 그리고 이 세상에서 해야 할 일도 너무나 많이 쌓여 있었다. 천하 통일도 이루어야 하고, 북방 오랑캐들의 침략을 막을 수 있는 큰 성도 쌓아야 하고, 천하 각지로 뻗어나갈 수 있는 도로도 건설하여야 하고, 대운하를 건설하여 문물 교역을 원활하게 하여야 하고…….

이런 모든 일들을 완성하려면 먼저 그 자신이 병들지 않아야 하고, 늙지도 않아야 하는 것이 기본이거늘 한갓 인간으로 태어나 가슴 속에 품은 뜻을 다 이루기 전에 어찌 눈을 감을 수 있으리오! 그러기 위해서는 불로장생 할 수 있는 불로초나 전설에서 나오는 감로주 같은 것을 찾아야 하고, 그리고 이 세상 어디엔가는 그런 것이 있을 것 이라고 믿고 있었고, 그래서 불로장생이니 불로초니 하는 이야기만 나오면 진왕은 흥분이 되고 곧 그 불로장생할 수 있는 불로초나 감로주가 언젠가는 틀림없이 자기 손에 들어 올 수 있으리라는 확신을 하고 있었다. 아울러 진왕은 불로장생에 대하여 광적인 집착력을 갖고 있었던 터였다.

그런데 지금 한나라 사신인 한비가 바로 그 불로장생을 할 수 있다는 전설 속의 불로초 이야기를 하고 있는 것이 아닌가! 한비가 누구인가? 온 천하가 다 알고 있는 학자요 법가(法家)의 대가 아닌가? 그리고 또 일국의 운명을 짊어지고 온 사신이 아닌가! 이런 자가 어찌 감히 상대국의 왕 앞에서 거짓말을 할 수가 있으랴! 진왕의 마음은 점점 더 흥분이 되어 갔다. 그리고 한비의 말은 계속 이어져 갔다.

"하오나 안타깝게도 그 신선들은 대부분 은둔자들인지라 아무나 쉽게 그들을 접할 수 없사오나 다행히 소신은 그들 중 몇몇을 직접 접할 수 있는터라 그들과 자주 우주 만물의 근본을 논하고, 천둥과 번개의 근원을 이야기하고, 인간의 본질을 논하고, 하늘과 태양과 별들의 천리(天理)를 이야기할 수 있는 기회가 많이 있나이다. 그 와중에서 인간이 늙지도 않으며 병들지도 않고 팔백수가 되어도 여인을 품에 안을 수 있으며, 죽기는 하되 구백 세까지 살 수가 있는 그 전설 속의 불로초가 이 땅 어디엔가는 존재하고 있음을 알았고, 지금은 그 불로초가 어디에 있는지 확실히 알고 있는 자가 있는지라 폐하께서 원하시오면 그 자를 통하여 불로초를 구하심이 어떠한지를 아뢰옵나니 깊이 통촉하여 주시기를 간구하옵니다.”

진왕은 다시 한 번 침을 꿀꺽 삼키면서 한비에게 물었다.

“그래? 그럼 그 불로초가 있는 곳이 어디라 하던고?”

이에 한비가 대답하기를,

“저희 나라에 살고 있는 서시(徐市)라는 자의 말에 따르오면, 그 불로초가 있는 곳이 대륙의 동쪽 끝에서 바닷길로 삼 일간 밤낮으로 건넌 후 새 땅이 나오는 곳의 동쪽 끝이라고 하는데 그 땅의 북쪽 끝은 폐하의 진나라와 적대 관계에 있는 연나라와 연결이 되어 있고 동쪽, 남쪽, 서쪽은 바다로 둘러싸여 있어 태양이 솟아오른 후 그 태양이 대륙으로 오기 전에 꼭 그 땅을 먼저 거쳐야 하오매 그 땅의 이름이 조선이라 하옵니다. 따라서 태양의 정기를 맨 먼저 접하는 곳인지라 그곳의 풍광은 수려하기가 말로 나타낼 수 없고, 더욱이 그곳 중에도 가장 아름답고 장엄한 높은 산이 한 곳이 있는데 그 산의 풍광이 너무 아름다운지라, 누구나 그곳에 한번 들어가면 도무지 나오고 싶은 마음이 없어진다 하옵고, 그래서 그 산 안에는 많은 신선들이 살고 있으며 그 신선들은 바로 그 곳에서만 피어나는 불로초를 먹고 지낸다고 하옵니다.”

진왕은 이제 한비의 그 말 속에 완전히 몰입되었기에 이미 그의 눈앞에는 신선들의 모습이 아른거렸고, 이미 자기도 그 신선들과 함께 거니는 것 같은 환상 속으로 빠져 버렸다.

“아니 그곳이 얼마나 아름답기에 그토록 신선들이 많이 있단 말인가? 그리고 그 불로초라는 것은 어떻게 생겼으며 감로주라는 것은 또 무엇인가? 좀 더 상세히 말해 보아라!”

한비의 말은 조금도 거침없이 이어졌다.

“그곳의 풍광을 말씀 드린다면 한나라 여산, 황산이 아름답다고 하나 그곳의 아름다움에는 반도 이르지 못하고 무릉도원이 신선들의 안주청이라고 하나 그곳은 오히려 이 땅에서는 볼 수 없는 완전한 천상의 세계라 하옵니다. 그곳에는 일만 이천 개가 넘는 산봉우리가 있어 신선들이 구름을 타고 이 봉우리, 저 봉우리 넘나들고 있으며, 그 곳의 기기묘묘한 풍광은 사시사철 그 모습을 달리해 동기(冬期)에 본 사람의 말과 하기(夏期)에 본 사람과의 말이 다르고, 춘기(春期)에 본 사람의 말과 추기(秋期)에 보는 사람의 말이 마치 서로 다른 산을 보고 온 것 같은 말을 하고 있어 산은 똑같은 산이로되 그 이름이 네 개나 된다고 하옵니다. 또한 그 산속 깊은 곳에는 신선들만이 찾아갈 수 있는 깊은 동굴이 있는데 들어가는 곳은 비록 좁아한 사람이 들어가기에도 부족한 듯해 보이나 입구에서 십만 보만 들어가면 장강보다 큰 강이 흐르는 별천지가 있는데 그 주위는 온통 보석과 황금으로 꾸며져 있고, 그 큰 강 주위에 불로초라고 하는 것이 숲을 이루고 있다고 하옵니다. 그런데 그 동굴 속에는 봉황(鳳凰)이라는 황금빛의 큰 새가 있는데 그 봉황이 그 별천지를 다스리고 있으며, 그 봉황은 바로 불로초만 먹고 살기에 한 번 태어나면 삼천 년을 산다고 하옵나이다.

하오나 정작 더 중요한 것은 그 봉황은 백 년마다 한 번씩 동굴 깊은 곳에 알을 낳는데 불로초의 씨앗이 바로 봉황의 알 속으로 들어가서 새로운 영물(靈物)로 다시 잉태하여 자라는 즉 그것은 식물도 아니요, 동물도 아니옵고, 아래는 봉황 형상이요, 위에는 불로초라. 이것이야말로 영약 중의 영약이요. 아래 형상은 흑진주처럼 검은 보석과 같이 반짝이나 속살은 백설같이 희고 고와 보는 이로 하여금 절로 감탄이 나올 지경이고, 위의 형상은 마치 백향목 위에 쌓인 눈의 형상이라, 그 향내는 사향(麝香)이라. 그 향이 만보나 흘러가 그 별천지는 향으로 가득하여 그 냄새만으로도 백수는 더 향유할 수 있다고 하

※ **전국 시대**(BC 402~ BC 221)**의 제자백가**(諸子百家)

　묵자, 오자, 열자, 순자, 맹자, 노자, 장자, 전병, 신도, 상앙, 신불해, 한비자, 공손룡, 송형, 손빈, 추연

나이다. 바로 그것을 신선들은 숙면충(熟眠蟲)이라고도 하고 또 어떤 신선은 영마고(靈麤姑)라고도 하는데 대부분 신선들은 그것을 동충하초(冬蟲夏草)라 하나이다. 그리고 이 동충하초로 담근 술이 바로 감로주인데 이 술을 먹은 자 역시 동충하초를 먹은 자와 같아진다 하나이다.”

한비의 말을 듣고 있던 진왕의 눈빛은 이미 붉게 타오르고 있었고, 그의 입술은 무언가를 향한 갈망으로 꼭 차 있었으며 두 주먹은 굳게 쥐어져 있었다. 잠시 침묵이 흐른 뒤 진왕은 천천히 단상 아래로 내려와 한비의 두 손을 움켜잡으면서 간곡히 말했다.

“이보게 한비! 한시도 지체 말고 어서 그 서시라는 자를 이곳으로 불러오게. 그리고 이 문제를 함께 다시 한 번 의논하도록 하세. 그리고 오늘 그대가 짐에게 한 이야기들은 절대로 다른 누구에게도 발설하지 마시게. 자! 어서 사람을 보내어 하루속히 서시라는 자를 이곳으로 모셔오도록 하게.”

이사(李斯)와 한비(韓非)

....

진왕의 명에 의하여 밖으로 나간 정위 이사는 그의 심복인 요가와 함께 불편한 심기를 안고 객 문 밖 의자에 앉아 진왕과 한비의 이야기가 끝나기만을 기다리고 있었다. 그러나 한참이 지났음에도 불구하고 진왕과 한비의 이야기는 끝이 없는 듯 보였다. 진왕과의 독대 시간이 길다는 것은 그만큼 중요한 이야기를 하고 있다는 것이 아닌가. 이사는 내심 불편한 심기를 안고 기다리고 있을 수밖에 없었다.

그러면 진나라 정위의 벼슬을 하고 있는 이사(李斯)라는 이 사람은 누구이며, 지금 진나라 왕과 독대를 하고 있는 한비라는 사람과 이사와는 어떤 관계인가? 일찍이 이사는 초나라의 상채(上蔡 : 지금 하남성의 상채)출신으로 어린 시절 지방 향리에서 문서를 담당하는 하급 관리였다. 그는 명석하기도 하였지만 야심 또한 커서 관직을 과감히 버리고 당시 최고의 유학자인 순자(荀子 : BC298~235/전국시대의 사상가, 조나라 사람, 초난릉현의 현령을 지냄, 성악설의 제창자, 저서 순자가 있음)의 문하에 들어가 사사하였다.

바로 이 때 같은 문하생인 한비를 만났으며 이후로 십여 년 간을 순자의 문하생으로 함께 하였다. 그러나 십여 년 동안 모든 면에 있어서 한비는 항상 이사 자신보다 앞서 있었고 인품·인격 면으로도 월등히 나은 고로 다른 사제들도 이사보다는 항상 한비를 더 존경하고 그를 따랐다. 때문에 이사로서는 한비에게 정(情)보다는 원(怨)이 많았고, 친근감 보다는 열등감이 더 많이 쌓여 있었다. 결국 이사는 순자의 문하를 떠나 혈혈단신으로 진나라에 들어와 온갖 역경을 헤치고 여불위(呂不韋 : BC?~235/위나라 복양 즉 지금의 하남성 복양 사람으로 진시왕의 실제 아버지. 진시왕의 아버지는 흔히 장양왕으로 불리는 선왕 자초이지만 사실 진시왕을 출산한 여인은 여불위의 애첩 조희(趙姬)로서 자초의 아내가 되기 석 달 전에 이미 여불위에 의해 훗날 진시황제가 된 영정을 잉태하고 있었고 자초의 아내가 된 후 열 달 만에 영정을 출산하였다. 결국 진시왕의 친아버지는 선왕이신 장양왕 자초가 아니라 여불위였고, 진시왕인 영정은 잉태 후 십삼 개월 만에 출산이 되었으니 진시왕은 그 태생부터가 다른 사람과는 특이하다고 할 수가 있다.)의 수하에 들어가 그의 신임을 얻은 후에는 드디어 진시왕으로부터도 신임을 얻어 마침내 승상과도 어깨를 견줄 만한 정위의 자리에까지 이르게 된 것이었다. 이제 이러한 과거의 인연을 갖고 있는 이사와 한비는 근 이십여 년 만에 진나라 왕궁에서 다시 만나게 되었던 것이었다.

진왕과 한비의 독대 시간이 길어지면서 이사의 마음은 점점 더 불안해지기 시작하였다. '도대체 무슨 이야기를 하길래 이렇게 시간이 오래 걸리는 것일까? 한비는 무슨 꿍꿍이와 속셈을 가지고 한나라 사신의 몸으로 이 나라에 들어왔을까? 한비가 준비하였다고 하는 그 예물이라는 것은 도대체 무엇일까?'

41
천지가 처음 창조되던 날

한참 혼란스러운 생각으로 깊은 상념에 빠져 있을 때 환관으로부터 접견실로 들어오라는 명을 받았다. 진왕의 표정은 몹시 흥분된 상태였고 한비는 무표정한 채로 단 아래 서 있었다. 진왕이 약간 엄숙한 표정으로 입을 열었다.

"이 정위, 여기 온 한나라 사신인 한비 공자는 당분간 우리 진나라에 머물 것이요. 그동안 이 정위와 함께 여러 가지 나라 안팎의 문제들을 서로 토의하고 의논도 해보시오."

그러면서 진왕은 환관에게 명하였다.

"환관은 들어라. 그대는 한나라 사신이 궁에 머무른 동안 조금도 불편함이 없도록 하라."

이 때 정위 이사가 진왕께 아뢰었다.

"폐하, 아뢰옵기 황공하오나 여기 한나라 사신으로 온 한비는 소신과는 순자 문하에서 십여 년 간을 함께 한 동문으로서의 인연이 있사오니 오늘 밤만은 이 자를 저의 사가로 모시고 싶습니다. 비록 저의 사가가 누추하오나 귀빈을 모시는데 부족함이 없도록 성의를 다할 것이오며 또한 호형호제로서 오랜만에 서로 회포도 나눌 겸 우의를 다지고자 하오니 허락하여 주시옵소서."

이에 진왕이 한비를 쳐다보며 말하였다.

"오호! 두 사람 사이에 그런 연이 있는고? 그러면 한비 그대의 뜻은 어떠한고?"

이에 한비가 대답했다.

"정위 이사의 말이 일리가 있는 듯하옵니다. 소신 또한 오랜만에 옛 동문배와 함께 어우르고자 하는 뜻이 있사오니 그리 하도록 허락하여 주시옵소서."

그리고 이사와 한비는 나란히 정위 이사의 사가로 향하였다. 그러나 정위 이사의 머릿속에는 끊임없는 생각으로 가득 차 있었다.

'도대체 진왕과 한비와의 사이에 무슨 이야기가 오고 갔단 말인가? 그리고 진왕에게 바쳤다는 고귀한 예물이란 무엇이며, 그것은 어디에 있단 말인가?'

축객령과 간축객서

....

참으로 말하건대, 이 몸 이사가 오늘날 이 낯선 땅 진나라에서 정위라는 벼슬을 하기까지 얼마나 많은 고통과 시련이 있었던가! 타국 사람으로 서진이라는 나라에 혈혈단신으로 들어와 온갖 역경을 헤치며 오늘 이 자리에 앉지 않았던가!

바로 지난해 만 하더라도 축객령(逐客令 / 진나라 정왕 10년 (BC 237년)에 진왕은 진나라 왕족들과 대신들의 간청으로 타국 출신으로 진나라에서 벼슬을 하고 있는 자는 모두 추방한다는 영(令)을 발표하였고, 이사 역시 추방의 1차 대상 인물이 되었던 것이었다. 그러나 사실은 이사의 승승장구를 지켜보던 왕족과 대신들이 이사를 추방하고자 진왕에게 진언한 것으로 축객령 자체가 이사를 노린 것이었다)의 반포로 인하여 이 몸 이사도 진으로부터 추방을 당해야 하는 위기에 처하지 않았던가!

다행히 이 몸이 간축객서(諫逐客書 / 타국 출신 인사 축출에 대한 간언 즉 축객령에 대한 상소문으로써 이사가 친히 작성하여 진왕에게 올린 글이 바로 그 유명한 간축객서이며 그 내용은 〈옛날 목공(穆公)은 융(戎)의 유여(由余)완(宛)의 백리해(百里奚), 송(宋)의 건숙(蹇菽), 진(晉)의 비표(丕豹)와 공손지(公孫支)를 맞아들여 서융(西戎)의 패자(霸者)가 되었고 효공(孝公)은 상앙(上仰)을 중용하여 지금 진(晉)나라의 영토가 천리 길이나 되는 강대국으로 번영했으며 혜완은 장의(張儀)의 연횡책(連橫策)을 써서 6국의 합종(合縱)을 해체시켜 진나라에 복종하게 했습니다. 또 소양왕(昭養王)은 범휴를 중용해 원교근공책(遠交近攻策)으로 진나라의 제업(帝業)을 이룩했습니다. 만약 이 네 사람을 타국인이라 하여 중용하지 않았다면 오늘과 같이 강대한 진(秦)나라는 없었을 것입니다. 태산은 한 줌의 흙이라도 양보하지 않았기에 그만큼 클수 있고 바다는 작은 물줄기도 들어오는 것을 거절하지 않았기에 깊을 수 있으며(泰山不讓土壤 故能成其大 河海不擇細流 故能就其深) 임금은 한 사람의 백성이라도 물리치지 않아야 그 덕을 밝힐 수 있습니다. 그런데 지금 들어온 인재를 물리치고 외객을 추방하려는 것은 원수에게 군사를 더하여 주고, 그들에게 큰 곳간을 내어주며, 안으로는 인재 부족함을 당할 것이고, 밖으로는 원한을 크게 할 것이니 어떻게 나라가 편하기를 바라며 천하를 통일하는 위업을 이룰 수 있겠습니까?)) 이사의 이 상소로 그의 존재를 새롭게 인식한 진왕은 축객령을 철회하고 오히려 그를 정위(政尉)로 임명하였다. 어쨌건 절대 절명의 위기를 최선의 기회로 바꾸는 이사의 처세 능력이야말로 참으로 칭찬받을 만한 능력이었다. 참으로 말하건대 아 몸이 이간축객서로 간언하여 타국인 출신자들의 추방을 이

<이사李斯>

한 몸으로 다 막아내지 않았던가! 그런데 이제 이 몸과는 늘 경쟁하던 한비라는 자가 느닷없이 나타나 진왕의 마음을 사로잡고 있으니 이 일을 어찌해야 하는고? 이 몸이 목숨을 걸고 길을 닦아 놓으니 한비가 비단을 깔고 그 길로 가고 있구나. 내 기어이 그자의 숨은 속셈을 밝혀내고 그자의 약점을 찾아내어 기필코 그의 숨길을 끊어 놓으리라!

이사는 마음속으로 이렇게 굳게 다짐하였으나 한비로부터는 그 어떤 누설도 들을 수가 없었다.

깊고 깊은 밤, 진왕과 이사는 왕 침소 옆 내방(內房)에서 아주 중요한 논의를 하고 있었다. 진왕이 깊게 생각해본즉 한비의 말이 흥미롭고 구미가 당기기에는 충분하였으나, 그러나 뭔가 미심쩍은 것이 있다고 생각한 진왕은 결국 그가 가장 믿고 신임하는 이사에게 모든 사실을 말하고 그 대책을 이사와 단둘이 의논하게 되었다. 진왕의 이야기는 계속 이어져갔다.

"여보게 이 정위, 지금까지 내가 한 이야기가 바로 한비와 나눈 얘기들일세. 이 정위는 이 일을 어떻게 생각하고 있는가? 또 한비가 우리 진나라에 사

신으로 들어온 진정한 이유가 무엇이라고 생각하나? 과연 한비 그자의 말대로 우리 진나라와 한나라가 서로 화친하도록 하는 것이 그의 목적이란 말인가? 어디 이 정위의 생각을 한번 이야기 해보게나."

진왕의 말을 들은 이사는 한참을 무엇인가 곰곰이 생각하는 것 같더니 이윽고 조용히 입을 열었다.

"폐하, 소신으로서는 아직까지 한비라는 자가 우리 진나라 사신으로 온 목적이 무엇인지 확실히 모르겠사오나 한 가지 확실한 것은 그의 말대로 단지 우리 진나라와 한나라의 화친 때문인 것만은 아닌 듯싶사옵니다. 분명히 화친 이외의 어떤 다른 목적을 가지고 온 것은 확실하온데 그 다른 목적이 무엇인지는 아직 알 수가 없사옵니다. 또 한 가지 그 불로초라는 것에 대하여 말씀을 드린다면 지금까지 소신도 소위 도선이니, 도사니, 신선이니 하는 사람을 몇 명 대면한 적이 있고, 또 그 진원지가 어디인지 확실치는 않으나 이 세상 어딘가에는 불로초라는 것이 분명히 있다는 소문을 자주 들은 바가 있습니다. 물론 그중에는 참인 것도 있고, 거짓도 많이 있겠사오나 제가 느끼는 바로는 그 많은 소문 중 한 가지 공통된 점은 그 불로초가 있다고 하는 곳이 동쪽 땅 끝, 즉 해가 제일 먼저 뜨는 곳 어디라고 하는 것과 그곳이 천하 절경이고 도인들이 많이 기거하고 있다는 사실이 그들의 한결같은 공통된 이야기임을 미루어 보아 한비의 그 말이 전혀 거짓이라고 볼 수는 없는 듯하옵니다. 따라서 소신의 생각으로는 일단 출중한 사람 몇 명을 선발하여 서시라는 자와 함께 비밀리에 탐색 대를 보내 보는 것이 좋을 듯하옵니다. 단 한비에게는 만약 서시(徐市)가 불로초를 찾아내지 못하고 실패를 하였을 경우에는 그 책임을 어떻게 감당할 것인지를 필히 확답을 들어보아야 할 것이라고 생각 하옵니다."

이사의 이런 대답에 진왕은 크게 만족하며 이사에게 다시 입을 열었다.

"역시 짐이 믿을 사람은 이 정위 밖에 없구료. 이보시게 이 정위, 이제 이정위가 이 일을 책임지고 진행하시오. 사람을 선발하는 일에서부터 세부 계획까지 이 정위가 책임을 지고 처음부터 끝까지 잘 마무리하도록 하시오. 그리고 이 일이 끝날 때까지는 한비를 사신으로서 잘 대접하도록 하시오.”

진왕의 이 말을 듣고 정위 이사는 회심의 미소를 지으며 마음속으로 이렇게 되뇌었다.

‘한비 그대여, 그대는 이제 내 손바닥 안으로 들어왔구나!’

이사는 즉시 세부 계획을 작성하기 시작하였다. 그러나 불행스럽게도 진(秦)나라는 대륙의 제일 서쪽에 위치하고 있었음으로 진(秦)의 수도인 함양을 출발하여 대륙 동쪽 끝 해안으로 나가 다시 바다를 건너 조선이라는 땅에서 불로초를 찾아 그것을 다시 수도 함양으로 가지고 온다는 것은 참으로 어려운 일인 듯 보였다. 우선 진나라의 북동쪽으로는 위·조·연나라가 있고 중앙 동쪽으로는 한나라·제나라가 버티고 있었으며 남동쪽으로는 거대한 초나라가 있었으니 그 모든 나라들의 장막을 헤치고 간다는 것이 가장 어려운 문제였던 것이었다. 그러나 이사는 이 어려움을 극복하기 위해 고심에 고심을 다한 끝에 정말 그럴듯한 방안을 생각해내게 되었다. 그것은 바로 원정대를 두 개로 만들어서 첫 원정대는 목표 지점을 조선과 같은 방향에, 그리고 같은 바다 건너에 있는 왜(倭)나라로 출발하는 것이었다.

그 첫 번째 원정대는 ‘우선 진나라 왕이 중한 병환을 입어 거동을 못하고 있음으로 치료 약초를 구하고자 왜(倭)나라로 간다.’는 소문을 전국 각지에 퍼뜨리고 그 원정대의 인원은 나이가 이제 막 열 살이 넘은 삼천 명의 소년소녀들로 구성하여 상대국으로 하여금 그 원정대가 전투력이 전혀 없는, 다시 말해 순수하게 오직 약초를 구하러가는 것임을 만방에 알려 상대국 병사들로 하여금 두 번째로 보낼 진짜 불로초를 찾으러 조선으로 가는 원정대를 보호하기 위한 연막 책략이었다 (성동격서 : 聲東擊西).

그런데 첫 번째 원정길은 청강(淸江 : 혹은 장강 즉 양쯔강)을 따라가야 하는데 그 청강 줄기가 바로 한(韓)나라의 중심부로 흐르고 있었던 것이었다. 이사는 이

<전국시대 지도>

점을 은근히 걱정하고 있었던 것이다. 그래서 이사는 그 첫번째 원정대를 이끄는 총지휘관의 이름을 서시(徐市)로 바꾸었던 것이다.

그리고 기록에는 혼돈을 피하기 위하여 서불(徐市)로 기록을 하였고, 또 다른 기록에는 서복(徐福)으로 기록되기도 하였던 것이었다(참고 : 市 = 저자 시(5획), 市 = 슬포(앞치마)불 자임(4획)).

이사의 이 모든 세부 원정 계획을 들은 진시왕은 몹시 흡족하여 즉시 모든 것을 이사의 계획대로 실행에 옮기도록 명하였다. 그리고 연막전술로 출발한 1차 원정대가 출발한 얼마 후, 그러니까 기원전 235년 진왕 정12년 어느 날, 진왕 어전에는 한나라 사신인 한비와 그가 데려온 도선(道仙) 서시(徐市), 그리고 정위 이사가 손수 추천하여 선발한 노생(盧生), 후생(後生)이 이사와 함께 진왕 앞에 진지하고도 긴장된 표정으로 서 있었다. 진왕은 천천히 그리고 엄숙하게 입을 열었다.

"그대, 서시는 들어라. 이제 동방으로 갈 채비는 다 갖추어졌도다. 짐은 그대가 참 도인(道人)으로서 탁월한 영력으로 그대에게 맡겨진 소명을 조금도 부족함이 없이 잘 수행하리라 믿는다. 물론 예상치 못한 많은 난관도 있을 것이다. 그러나 그 모든 것을 다 극복하고 그대가 맡은 소명을 완수하였을 때는 그대가 감히 감당할 수 없는 부귀영화를 줄 것이니 그리 알라."

그리고 연이어 한비를 향하여 단호한 어조로 말했다.

"그대, 한비에게 묻노라. 그대가 제안한 이 일들이 물론 저 서시로 인하여 잘 이루어질 줄 믿노라. 그러나 만에 하나 저 서시가 소임을 다하지 못하고 환궁하였을 경우 그대 한비는 어떤 행태를 할 것인고?"

진왕의 이런 질문에 한비는 마치 기다리고 있었다는 듯이 비장한 표정으로 입을 열었다.

"폐하, 아뢰옵기 황송하오나 소신이 이미 아뢰었듯이 저 서시 도인은 분명히 삼 년 안에 폐하께서 내려주신 그 소명을 틀림없이 이행할 것임을 소신은 확신하고 있사옵나이다. 아울러 소신은 이 약조가 이루어질 때까지 폐하의 궁을 떠나지 않을 것이며, 만에 하나 저 서시 도인이 빈손으로 환궁한다거나 아니면 삼 년 안에 환궁치 못하고 소식이 없으면 그 때는 제 스스로 폐하 어전에서 제 목숨을 끊을 것이며, 그렇지 못할 경우 폐하께서 소신의 숨길을 끊으시옵소서. 다시 한 번 아뢰옵건대 약속드린 삼 년에서 하루만 늦어도 소신은 폐하의 처분을 추호의 원망 없이 받아들이겠사오니 그리 여겨 주시옵소서!"

한비의 이 말을 들은 진왕은 매우 흡족한 표정을 지었으나 한비와 마주하고 있던 이사의 표정에는 알 수 없는 야릇한 미소가 흘렀고, 그 찰나(刹那)를 한비 역시 놓치지 않고 예리한 눈빛으로 곁눈질하고 있었다.

동방 원정

·············

　기원전 235년(진왕 정12년) 서시(徐市), 노생(盧生), 후생(後生) 세 사람은 드디어
불로초가 있다는 동쪽을 향하고 있었다. 서시는 한비에 의하여 천거된 인물
이었으나 노생과 후생은 어떤 인물인가? 당연히 이사에 의하여 특별히 선발
된 인물로서 이사의 심복 중에 참 심복인 인물들이었다.

　특히 이 두 사람은 무공이 아주 뛰어난 자들로써 가히 천리 길 안에서는 이
들을 당할 자가 없었으며, 더욱이 이들은 피로써 의형제를 맺은 자니 그 사이
가 돈독함은 이루 말할 수 없기에 이 두 사람이 힘을 합쳐 무공을 발휘하면 능
히 군사 일백 수는 감당할 수 있는 자들이었다. 물론 그들은 지금까지 그들을
돌보아주고 그들의 후원자가 되어준 정위 이사에 대한 충성심도 지극하기에
이사로서는 늘 그들을 신임하여 왔던 것이다. 특히 이번 원정에 선발되어서
는 진왕으로부터 받은 하사금 이외에도 이사로부터 막대한 선보상을 받았기
에 그들은 진왕의 형식적인 어명보다는 이사의 흑막적인 밀명을 더욱 중히
여기고 있었던 것이었다. 그러면 그들은 정위 이사로부터 어떤 밀명을 받았
는가?

　첫째로, 불로초를 찾을 때까지는 추호도 흐트러짐 없이 서시의 명령에 절
대 순종하라는 것이었고, 둘째로는 불로초를 찾았을 경우든, 불로초를 찾지
못하였을 경우든 지체 말고 서시를 처치해 버리라는 밀명을 받았으며, 셋째
로는 불로초를 찾았을 경우에는 그들이 수도 함양에 도착하기 전에 그 사실
을 이사 자신이 먼저 알 수 있도록 극비리에 다른 사람을 먼저 보내라는 것이
었다. 넷째로는 수도 함양에 도착하는 날짜는 필히 삼 년을 넘기라는 것이었
고, 마지막으로는 만약 불로초를 찾지 못하였을 경우에는 서시를 처치한 후
진나라로 돌아오지 말고 제나라에 피신하여 있으면서 이사의 다른 명을 기다

리고 있으라는 것이었다.

이윽고 그 세 사람은 불로초를 구하기 위한 긴 여정의 첫걸음을 떼기 시작하였다. 그들은 육로보다는 황강을 이용한 수로를 택하였다. 육로는 길을 잃어버릴 수도 있고 또 조나라의 군사들과 마주칠 우려도 있었으므로 긴 여행에는 수로가 어쩌면 가장 편안한 길이었을 것이다. 그들은 아주 작은 조각배를 타고 강물을 따라 한없이, 한없이 동으로, 동으로 향하였다.

몇 백 일 동안 강줄기를 따라 동으로 향하던 그들은 드디어 제남(濟南)땅에 이르러서는 육로를 통하여 산동으로 방향을 옮긴 후 산동의 바다 끝인 연대와 위해(威海)를 거쳐 대륙의 제일 끝자락인 성산각(成山角)에 이르렀다.

그들은 그곳에서 조금도 지체하지 않고 작은 돛단배 하나에 몸을 의지한 채 동으로의 항해를 시작하였다. 사흘 밤낮을 항해한 후 드디어 한수라고 하는 큰 강어귀에 이르렀다. 그러나 그들은 계속 강을 따라 뱃길로 내륙을향한 후 큰 강 두 개가 합쳐지는 세 갈래 강 길에 다다랐을 때 그들은 북동쪽으로 향하고 있는 임수라는 강줄기를 타고 올라갔다. 작은 돛단배는 때로는 바람을 안고 때로는 노를 저으며 힘겹게 강줄기를 따라 오르고 오르기를 한참 후 더 이상 뱃길로 오르는 것이 힘들었기에 고랑포(高浪浦)라고 불리는 곳에서 내린 후 그들은 한숨을 돌리었다.

실로 지금까지 온 길도 보통 먼 곳이 아니었을진대 또 앞으로 가야 할 길은 얼마나 멀꼬! 멀리 눈을 들어 보니 이곳 고랑포의 경관은 또 어떤고! 깎아지른 듯 솟아 있는 절벽 아래 유유히 흐르는 이 강물을 보라. 세상만사 다 잊어버리고 그저 이곳에서 몇 달 푹 쉬었으면 좋으련만, 이 세 사람의 팔자가 그리 넉넉하지 못하니 할 수 없는 일 아닌고⋯⋯ 다시금 나그네의 바쁜 걸음을 또 옮겨야 되지 않겠는가!

그들은 강줄기를 따라 발걸음으로 계속 오르다가 미산이라 불리는 곳에서 강둑을 넘고 올라 육로 길로 발걸음을 옮겼다. 그리고 그들은 육로를 따라 동으로, 동으로 한없이 걸어가고 있었다. 며칠 밤낮을 가리지 않고 동으로 향하던 그들 앞에 또다시 큰 강이 나타났다. 그들은 지체치 않고 강줄기를 타고 오르고 오르기를 한없이 계속한 후 피모개를 지나 건솔을 넘어 두타연에 이르러서야 멀리 구름 위에 솟아 있는 큰 산을 바라볼 수가 있었다. 그리고 그 세 사람은 저 높은 산이 바로 그들이 찾고 있던 명산이요, 그들의 목적지임을 이심전심으로 알 수가 있었다.

노생, 후생
....

이윽고 그들은 높디높은 산을 오르고 올라 마침내 신선들이 살고 있다는 명산으로 들어서게 되었다. 과연 그 산은 그 어디에서도 볼 수 없는 절경이었기에 노생과 후생 두 사람은 탄성을 지르기도 전에 그들을 압도하고 있는 대자연의 장엄하고도 감탄스러운 기개(氣槪)에 눌려 아무 말도 못하고 정신이 먼저 몽롱해져 가고 있음을 그들 스스로가 느끼고 있었던 것이었다.

그러나 서시는 놀라울 정도로 냉정하였다. 지금까지 줄곧 세 사람이 여정을 같이 하면서 보아왔던 그런 평범한 노인네가 결코 아니었던 것이다. 사실 지금까지 노생과 후생 두 사람은 비록 이사의 명에 의해서 서시에게 순종하는 자세로 임하여 왔지만 마음 한 구석으로는 늘 그를 업신여기고 있었으며 또 한편으로는 얼마 있지 않으면 한 칼에 목숨을 잃을 그런 노인이었기 때문에 오히려 측은한 마음조차 가지고 있었던 것이었다.

그런데 막상 그들이 명산 안으로 발을 들여놓는 순간부터는 전혀 딴사람이 된 듯해 보였다. 우선 그의 눈빛부터가 지금까지와는 전혀 달랐다. 그의 눈빛은 사냥감을 찾는 독수리의 날카로운 안광(眼光)처럼 차갑게 번득거렸고 그의 표정은 전장에 임하는 장수의 표정보다 더 냉정해 보였다. 더욱이 그의 발걸음은 너무나 가볍고 경쾌하여 무공으로 단련된 노생, 후생 두 사람 모두가 그의 뒤를 따르기에도 벅찼던 것이었다. 그러나 무엇보다도 노생, 후생 두 사람을 깜짝 놀라게 한 것은 그 노인네 서시의 능숙한 길 안내였다. 온 주위는 어둡고 우중충하며 내리는 빗방울은 굵었다가 다시 가늘어지기를 반복하는 가운데 그 노인네는 마치 이미 길을 알고 있는 사람처럼 너무나 능숙하게 앞장을 서서 가고 있었기에 감히 두 사람이 말 한마디 조차 건넬 겨를도 없이 오직 뒤따르기에 만도 버거운 상황에 이르렀다.

"산자락은 온통 구름으로 가득 차 있었고, 그 구름은 희고 흰 끝없이 넓은 바다를 이루고 있었으며, 그 바다 한가운데 우뚝우뚝 기고만장하게 솟아오른 기기묘묘한 바위기둥은 장엄하다 못해 경외심마저 들게 하였으며, 더더구나 그 절묘하게 솟아오른 바위기둥 꼭대기에 고고하게 버티고 서있는 한 그루의 소나무는 인간 속세에서 아우성거리며 툭탁이다가 올라온 이 초라한 인간들을 비웃기라도 하고 있는 듯하였다.

어찌 이 장엄함을 말로 표현하리요! 어찌 이 거룩함을 글로 나타낼 수 있으리오! 어찌 이 기묘함을 그림으로 옮길 수 있으리오!"

그러나 그것도 잠깐이었다. 앞서가는 노인의 발걸음은 여전히 암사슴처럼 경쾌하였고 이 두 사람은 그 발걸음을 쫓기에도 급급하였다. 이윽고 어느 산등성이에 오른 그 서시 노인은 잠시 발걸음을 멈추더니 그도 또한 이 장엄한 풍광에 몰입된 것 같은 감동스런 표정으로 한참을 말없이 주위를 살펴보고 있었다. 그리고 오랜 시간이 흐른 후 서시 노인의 눈길은 여전히 우뚝우뚝 고고히 솟아오른 기묘한 바위기둥을 응시한 채 조용히 입을 열었다.

"여보게 노생 그리고 후생, 자네 두 사람은 이곳에서 열흘간만 머무르고 있도록 하게. 바로 저 뒤편에 조금만 동굴이 있으니 그곳에서 여독을 풀며 열흘만 지내도록 하세."

이게 무슨 소리인가? 한치 앞도 보이지 않는 첩첩산중에서 오직 서시 노인네 뒷모습만 바라보며 허겁지겁 따라온 노생, 후생 두 사람 아닌가? 그런데 갑자기 이곳에서 열흘 동안을 기다리고 있으라니, 이게 무슨 날벼락 같은 소리인가! 그러나 어찌하랴. 노생이,

"그게 무슨 소리요?"

하고 입을 여는 순간, 서시 노인은 그 날렵한 발걸음으로 벌써 짙은 구름 사이로 이미 사라지고 있었다. 실로 눈 깜짝할 사이에 벌어진 일이라 두 사람은 할 말을 잃고 서로 멍하니 얼굴만 바라보고 있었다.

후생이 먼저 입을 열었다.

"형님, 이제 우리는 어떡해야 하우?"

"어떡하긴 어떡해! 기다리는 수밖에 없지. 내 생각에는 저 노인네가 거짓말할 것 같지는 않아. 일단 잠자리부터 찾아보자고."

이튿날, 고요한 산중의 아침 적막을 찢으며 귀신에게 흘리기라도 한 듯이 허겁지겁 달려오는 후생의 모습이 보였다. 그리고 숨찬 목소리로 외쳤다.

"형님, 형님! 빨리 좀 나와 보시오. 어서 빨리요. 저것 좀 보시오!"

후생을 따라 황급히 달려 나온 노생의 눈앞에는 실로 기이한 모습이 펼쳐져 있었다.

"저게 도대체 무슨 모습인고? 저게 도대체 어쩐 일인고?"

두 사람은 한동안 아무 말도 못하고 그들의 눈앞에 펼쳐져 있는 장관에 그저 놀라고 놀랄 뿐이었다.

온 천지는 새하얀 구름바다로 덮여 있고 구름바다 저편에는 이제 막 솟아오르는 붉디붉은 태양이 이글거리는 표정으로 온 천하를 바라보고 있는데 구름바다 위로 우뚝우뚝 솟아오른 바위기둥은 햇빛을 받아 더욱더 고고한 모습

을 보이고 햇살이 구름에 반사되어 흐르는 광채는 차라리 온 몸을 전율케 하는 거룩한 향기이더라. 그 향기가 빛살을 타고 흘러가는 곳이 어디이더뇨? 바로 저기 저 절벽 위에 우뚝 솟은 한 그루의 소나무를 향하여 당연한 듯이 흘러가고 있더라. 그 소나무 아래 있는 하얀 점 하나는 또 무엇인고? 하늘에서 내려온 한 마리의 학이더냐? 학이 아니라면 무엇으로 보이는고? 하늘로 오르다 지쳐 잠시 머무는 천상 선녀의 하얀 치마폭이던가? 이도 아니고 저도 아니면 그것이 과연 무엇이란 말인가? 오호라! 오호라! 이제야 알겠도다. 하늘을 지나다가 이곳 황홀경에 취해 갈 길을 잃고 주저앉은 천둥 번개 아니더냐?

신선
....

실로 놀라운 장관이었다. 지금까지 그들과 함께 긴 여정을 같이 하였던 서시 노인이 바로 저 높은 고봉 위에 올라 앉아있진 않은가? 처음에는 하잘 것 없어 보이는 평범한 노인인지라 얕잡아 보기도 하고 또 한편으로는 측은하기까지 보였던 서시 노인이 아니었던가? 물론 명산에 들어온 후부터는 예사롭지 않은 노인이라고 짐작은 하였지만 그래도 그렇지, 노인의 몸으로 어떻게 저 높은 바위기둥의 절벽 꼭대기에 올랐단 말인가? 그리고 거기서 무엇을 하고 있단 말인가? 그리고 저 서시 노인의 무공은 얼마나 강하단 말인가? 어쩌면 무공의 도를 한참 넘어 신선의 경지에라도 다다랐단 말인가? 이런저런 생각이 들었다.

이 몸 노생과 내 아우 저 후생도 소싯적부터 일찍 무공으로 단련된 몸 아니었던가? 우리 두 사람이 힘을 합치면 천하에 무서울 것이 그 무엇이던가? 우리 앞을 막아설 자가 이 땅 위에 누구이던가? 그러한 우리가 이제 이곳에 와

서 저 높은 곳에 한 마리의 학처럼 도도히 앉아 있는 서시 노인을 바라보고 있
자니 우리의 모습이 어찌 이리도 초라해 보이는가? 그러나 어쩌랴, 이곳에서
우리 두 사람이 할 수 있는 일이라고는 아무것도 없는 것을! 우리가 할 수 있
는 것이라고는 오직 저 서시 노인의 말대로 열흘간을 기다리고 있을 수밖에
없구나!

서시 노인은 여전히 미동도 않은 채 자세 하나 흐트러짐 없이 앉아 있었다.
그리고 시간은 흐르고 또 흘렀다. 이윽고 해가 기울고 달이 오르매 달빛 아래
비춰진 하얀 서시를 홀로 둔 채 그들은 잠을 청하였다.

이튿날 아침, 어제 아침과 똑같이 다급한 목소리로 후생이 뛰어 들어 왔다.

"형님! 어서 나와 보시오. 저것 좀 보시오!"

후생의 다급한 목소리를 듣는 즉시 노생은 온 몸에 전율을 느끼며 뛰어 나
갔다. 그리고 후생이 손으로 가리키는 곳을 바라보았다.

"오! 맙소사, 저건 또 누구인고!"

서시 노인이 앉아 있는 맞은편 바위
기둥 절벽 꼭대기에는 또 한 명의 흰 옷
입은 노인이 앉아 있는 것이 아닌가?
그의 얼굴은 눈이 시릴 정도로 새하얀
백발의 머리카락과 언뜻 보아도 열 장(
杖)은 넘을 법한 긴 수염과 흰 도포 자락
이 함께 바람에 흔들리고 있었고 그의
한 손에 쥐고 있는 큼직하고도 기다란
지팡이조차도 외경스럽게 보여 졌던
것이다.

'저 노인은 누구인가? 어디서 온 노
인인가? 서시와는 이미 대면한 적이 있

단 말인가? 저 노인은 또 저기서 무얼 하고 있단 말인가? 저 노인의 세수(歲壽)는 또 얼마나 된단 말인가? 지금까지 서시는 저 노인을 기다리고 있었단 말인가?'

후생이 조용히 중얼거리듯 말했다.

"저 노인이 우리가 말로만 듣던 신선(神仙)이로구나!"

그 말을 들은 노생은 말 대신 고개만 끄덕거렸다. 서시와 그 노인은 천상에서 서로 마주보고 앉아 있었다. 저 두 노인이 서로 눈을 뜨고 있는지 혹은 눈을 감고 있는지는 알 길이 없으나 노생이 보기로는 분명히 두 사람은 이심전심으로 무언가 교감을 이루고 있다는 것만은 확실해 보였다.

시간은 흐르고 또 흘렀다. 여전히 두 노인은 같은 자세로 서로 마주하고 있었으며, 인적 없는 산속은 두려움을 느낄 정도로 적막감만 감돌고 있었다. 과연 저 두 노인은 언제까지 저렇게 있을 것인가? 그리고 시간은 흐르고 또 흐르고 있었다.

노생이 조용한 음성으로 후생에게 물었다.

"이보게 아우, 저 서시 노인이 우릴 남겨두고 이곳을 떠난 지가 며칠이나 된 것 같은가?"

"이보시오. 형님! 이 아우는 이미 날짜 잃어버린 지가 언제인지 모르겠소. 그리 묻는 형님은 여태껏 무얼 하셨소? 우리 이러지 말고 그냥 서시 노인이 올 때까지 꼼짝 말고 기다리기나 합시다."

노생이 다시 말을 이었다.

"하긴 뭐 지금으로서 우리가 할 수 있는 일이 딱히 무엇이 있겠나? 그냥 아우 말대로 꼼짝없이 기다려나 봄세."

또 하루가 시작되었다. 두 사람은 여느 때와 마찬가지로 오늘도 두 노인네를 지켜보고 있었다. 여전히 구름은 바다를 이루고 있었고 오늘따라 바위기둥 절벽 위에 서 있는 소나무의 기개가 더욱 도도한 듯 보였다.

바로 그 때였다. 실로 천지가 개벽하는 것 같은 일이 벌어졌다. 지금까지 조용히 앉아 있던 백발의 신선 노인이 천천히 자리에서 일어서더니 양팔을 벌리면서 하늘을 향하여 주문이라도 읊으려는 듯하였다. 그리고 얼마후 온 천지를 휘감고 있던 구름들이 서서히 한 곳으로 휘몰아치더니 드디어 거대한 구름 기둥으로 변하면서 하늘을 향해 치솟고 있었다. 그 모습 그 장관에 이미 얼이 빠져 버린 두 사람은 감히 혀를 굴려 말하는 것조차 잊어버렸다.

구름과 바람은 점점 더 세차게 소용돌이치고 있었고 그럴수록 더욱 더 굵어지는 구름 기둥은 하늘에 큰 구멍이라도 뚫을 기세로 위로, 위로 치솟고 있었다. 그런 와중에도 서시 노인은 자세 하나 흐트러지지 않고 그대로 있었고, 신선 노인은 여전히 한 손에는 지팡이를 든 채 양팔을 벌리고 하늘을 우러러 보고 있었다. 구름 기둥은 계속 저쪽 끝에 있는가 싶더니 어느새 신선 노인이 있는 쪽으로 바위기둥을 거세게 잡아 삼키듯 휘몰아쳤다. 그리고는 어느새 그 높은 바위기둥도, 소나무도, 신선 노인도 아무것도 보이지 않았다. 그리고 그 구름 기둥은 다시금 천천히 서시 노인이 있는 절벽 바위기둥으로 서서히 향하고 있는 것이 아닌가? 노생과 후생이 또렷이 볼 수 있는 그 큰 구름 기둥은 신선 노인을 삼킨 후 서서히 서시 노인을 향하고 있었다. 그리고는 조금 전과 마찬가지로 서시 노인도 그리고 그 바위기둥도 구름 기둥이 순식간에 삼켜버렸다.

그 순간 후생이 외쳤다

"형님! 저 괴물이 우리 쪽으로 오고 있어요! 빨리 피해야 돼요!"

후생의 말이 끝나기도 전에 주위의 나뭇가지가 세차게 흔들렸고 바윗덩어리가 산 중에서 계곡으로 구르기 시작하였다. 두 사람은 본능적으로 굴속으로 몸을 숨겼다. 비록 굴속이라고는 하나 구름 기둥이 휘몰아치는 소리는 우레와 같았고 이윽고 굴 입구에서부터 세찬 바람이 덮쳐 왔다. 두 사람은 굴속 큰 바위 뒤에 죽은 듯이 엎드려 있었다. 세찬 바람이 뒤덮으며 토해내는 소리는 어떻게 들으면 귀신의 울음소리 같기도 하고 또 어떻게 들으면 늑대들의 울부짖는 소리인 듯하였다. 어느 순간 바람이 세차게 굴속으로 밀려들어오는 듯싶더니 이번에는 굴속의 모든 것을 밖으로 빨아내고 있는 것 아닌가? 한순간 옷자락이 나부끼며 바람 속으로 빨려드는 듯싶더니 이번에는 양귀의 고막이 찢어지는 것과 같은 느낌이 들었다. 그러더니 머릿속에서 부터 이상한 소리가 울려 왔고, 이내 정신이 몽롱하여 왔다. 두 사람은 혼신의 힘을 다해 바위를 잡고 버티었다. 그리고 얼마의 시간이 흘렀다.

　한참 후 두 사람이 정신을 차렸을 때는 주위 모두가 고요하게 잠잠해졌고, 무슨 기척 하나 없이 놀라울 정도로 조용하였다. 그래도 두 사람은 감히 일어서지 못하고 한참을 더 그 자리에 꼼짝 않고 그대로 있었다. 노생은 가만히 생각해 보았다. '이 무슨 조화란 말인고! 이 무슨 해괴한 일이란 말인고! 우리가 있는 곳이 과연 사람이 살고 있는 땅 위란 말인가? 지금 내가 꿈을 꾸고 있는 것인가? 아니면 내가 딴 세상에라도 왔단 말인가? 서시는 어찌되었을꼬? 그 신선 노인은 어떻게 되었을꼬? 굴속에 숨어 있는 우리가 이렇게 큰 고통을 당했을진대 그 바위기둥 꼭대기에 있던 두 사람은 어떻게 되었을꼬? 내가 비록 진나라에서는 그 어느 누구도 나를 당할 자가 없는 이름난 무공을 자랑하는 자이거늘 그 무공이 이곳에서는 아무것도 아니로구나. 내 무공의 강함을 믿고 교만으로 살아왔던 내가 정말 부끄럽고 부끄럽구나. 나와 아우는 동굴 속으로 도망을 쳤거늘 우리가 업신여기던 그 서시 노인은 높디높은 봉우리에서 당당히 있었도다. 앞으로 내 어이 이 부끄러움을 안고 다시 서시 앞에 설 수 있으리오.'

구룡폭포

....

한참 시간이 흐른 후 옆을 가만히 둘러보니 아우 후생이 죽은 듯 엎드려있었다. 가만히 등을 두드리며 노생이 말했다.

"이보게 후생 아우, 이제 일어나보게. 이제는 괜찮은 것 같네. 어서 일어나보게나."

이 말을 들은 후생이 말했다.

"형님! 지금 우리가 살아있는 것 맞소? 여기가 지옥은 아니지요?"

농담 반 진담 반으로 말하며 후생이 부스스 일어나 앉았다.

"자! 아우, 일단 함께 밖으로 나가보세."

그러면서 노생이 먼저 일어섰다. 그리고 두 사람이 밖으로 나오는 순간 그들은 또 한 번 섬뜩 놀라지 않을 수 없었다. 그들 앞에는 서시 노인이 껄껄 웃는 표정을 지으며 바위 턱에 걸터앉아 있는 것이 아닌가!

그리고 두 사람이 서시에게 말을 건네려고 하는 순간 서시는 여전히 웃는 얼굴로 손가락으로 어딘가를 가리키고 있었다. 서시의 손가락이 가리키는 방향으로 눈을 돌리는 순간 두 사람은 동시에 탄성을 질렀다.

"우와! 우와!"

그들은 그들의 눈앞에 새롭게 펼쳐지는 장관에 또 한 번의 놀라움을 금할 길이 없었다.

온 천지를 휘감고 있던 구름이 거짓말처럼 감쪽같이 사라지고 그들 앞에 새롭게 펼쳐진 신천지는 지금까지 볼 수 없었던 풍경들이 신령스런 장관으로 연출됐다. 신비로웠다. 정녕 새로운 세상이었다. 그들 앞 저편 한가운데 신비롭게 나타난 신천지는 지금까지 볼 수 없었던 풍경들이 그들을 더 더욱 놀라게 했던 것이었다. 온통 짙은 초록빛으로 꽉 찬 산들, 그 저편 한가운데 장엄하게 펼쳐진 폭포가 하얀 비단 폭을 산허리에 펼쳐놓은 듯 신비로운 자태로 나타나는 것이 아닌가! 그러면 우리는 지금까지 온통 쌓여있던 구름 때문에 저 폭포를 보지 못했단 말인가? 정말 놀랄 일이로다! 정말 장관이로다! 오호라! 이래서 이 산을 금강산(金剛山)이라고 하는구나!

서시가 두 사람에게 말하였다.

"자! 이제 또 떠나야겠네. 어서 출발할 채비를 하게."

노생이 서시에게 물었다.

"어디로 갈 것이란 말이요?"

이미 떠날 준비를 하고 있던 서시가 대답하였다.

"어디긴 어디야, 바로 저 폭포가 있는 곳이지."

그러고는 벌써 앞장을 서고 있었다. 서로 멍한 채 쳐다보던 두 사람은 더 이상 아무 말 없이 서시 노인 뒤를 따라가고 있었다. 사실 두 사람 마음속으로야 서시에게 물어보고 싶은 것이 한두 가지가 아니었다. 특히 신선 노인에게 관해서도 묻고 싶었고, 그 절벽 꼭대기에는 어떻게 올랐으며 그 세찬 구름 회오리는 어떻게 버티어 냈으며 등등을 묻고 싶었으나 서시 노인은 아예 그럴 틈을 주지 않았던 것이었다.

조금 전 산등성이 위에서 바라보았을 때는 그 폭포 있는 곳이 그렇게 멀게 느껴지지는 않았는데 막상 찾아가려고 하니 그냥 가까운 거리가 아니었다. 때로는 절벽을 기어오르기도 하고, 가시로 가득 찬 덤불을 헤치기도 하고 비좁은 절벽을 기어오르기도 하고 크고 작은 개울을 건너기도 하는데 이미 방향 감각은 잃어버렸고, 오직 앞서가는 저 서시 노인만 놓치지 않으려고 악착같이 두 사람은 뒤따르고 있었다.

다시 평평한 지대가 나오는 듯싶더니 어디선가 우르렁거리는 굉음이 저 멀리서 들려오는 듯하였다. 한참을 더 아름드리 짙은 소나무 숲 사이로 들어가니 오호! 보이는 구나. 바로 저 앞에 우리가 멀리서 보던 그 비단 자락 같이 보이던 폭포가 드디어 우리 눈앞에 나타났구나! 실로 말로 형언할 수 없는 광경이었다. 수백 척의 높은 곳에서 수직으로 떨어지는 엄청난 폭포수는 아래로 내려오면서, 때로는 흩어지기도 하고 조각이 나기도 하고 울부짖는 것 같은 굉음을 내기도 하면서 아래에 있는 소(沼)를 향하여 곤두박질을 치는데, 아래에 있는 하얀 물거품은 내려오는 물줄기를 반기고 있는 것인지 그들과 다투고 있는 것인지 분간을 할 수가 없고, 또한 떨어지는 물줄기를 한참 바라보고 있으니 물줄기가 내려오고 있는 것인지 쳐다보고 있는 사람이 올라가고 있는 것인지 그 또한 알 수가 없더라.

서시 노인도 노생도 그리고 후생도 모두가 넋을 잃은 채 한참이 지난 후였다. 이윽고 서시 노인이 비장한 듯이 두 사람을 쳐다보면서 말했다.

"여보게들, 이제 우리는 지금부터 본격적인 여정이 시작될 것일세. 지금까지와는 비교할 수 없는 위험하고도 험난한 일들이 우리 앞을 가로막고 있을 걸세. 아무쪼록 각자 마음 각오를 단단히 가져야 할 것일세. 우선 첫 관문은 저 폭포를 타고 올라가는 것이네. 자! 이제 쉴 만큼 쉬었으니 나를 따르세."

"아니, 저 높은 폭포 줄기를 타고 올라간다고!"

노생이 혼자서 폭포 줄기를 높이 쳐다보며 중얼거리듯 말했다. 뒤이어 후생이 말을 이었다.

"여보시오 형님, 우리가 놀란 것이 어디 한두 번이요. 가만히 생각해 보시오. 우리가 이 산에 발을 들여놓은 순간부터 지금까지 모든 것이 다 놀랄 일들의 연속 아니었소. 이 아우의 생각으로는 앞으로도 놀랄 일이 한두 가지가 아닐 듯싶소. 어서 저 노인네를 따라가기나 합시다."

이 말을 들은 노생이 또 혼자 중얼거리듯 말하였다.

"그래, 아우 말이 맞네, 암! 아우 말이 맞고. 우리가 무엇을 어쩌겠는가? 자! 따라가 보세."

어느덧 서시 노인은 이미 절벽에 찰싹 달라붙어 위로 오르기 시작하였다.

역시 서시 노인의 몸은 날렵하였다. 이미 그의 몸은 위로 한참 올라가 있지 않은가! 노생, 후생은 힘겹게 그 뒤를 따르고 있었다.

한참이 지난 후 세 사람은 어느 덧 폭포 줄기 중간쯤에 다다랐다. 오른쪽 어깨 바로 옆으로는 폭포수가 내뿜는 회오리바람과 함께 짙은 안개구름을 쏟아 내었고, 쏟아지는 그 안개는 세 사람을 품 안에 삼키었다가 다시 내뱉었다하기를 반복하였다. 아래로 내려다보니 아찔함은 두말할 것이 없음이요, 부글부글 끓어오르는 하얀 물거품은 언제라도 세 사람을 덥석 삼켜버릴 듯 으르릉 대고 있었다.

이 때 서시 노인의 우렁찬 목소리가 들려 왔다.

"아래를 쳐다보지 말고 조심조심 나를 따르시오. 절대로 아래를 쳐다보지 말고 오직 나만 따라오시오!"

하면서 천천히 몸을 오른쪽으로 옮기는데, 오호! 오호! 저 노인네 가는 곳이 어디냐? 저 노인네가 가는 곳이 바로 폭포 가운데로 향하고 있는 것이 아닌가! 이윽고 노인네가 폭포 속으로 들어가는 듯싶더니 순간 그의 모습이 보이질 않았다. 노생이 어찌할 바를 모르고 바위틈을 잡은 채 후들후들 떨고 있는데 폭포 안에서 큰 고함 소리가 들려왔다.

"어서 들어오지 않고 뭐하고 있는 거요. 빨리 이쪽으로 오시오!"

또렷이 들려오는 그 목소리에 정신을 번쩍 차린 노생은 어금니를 꽉 깨물고는 서시 노인이 지나갔던 그대로 움직이기 시작하였다. 어깨 위로는 세찬 물줄기가 온몸을 핥아내고 있었고, 그 물줄기에 쓸려 내려가지 않으려고 전신의 힘을 모아 버티고 있는데 순간 어느 손길이 노생의 목 뒷덜미를 확 낚아채는 듯싶더니 노생 머리는 어느 덧 좁디좁은 굴속으로 빨려들어 갔다. 연이어 서시의 당찬 목소리가 들려왔다.

"빨리 뒤로 들어가시오."

그 말을 들은 노생은 배를 바닥에 깐 채 본능적으로 안으로 기어들어갔다.

신세계

....

얼마 후 세 사람은 좁은 동굴 안에 앉아 있었다. 아니 일어서려 해도 일어설 수도 없는 좁은 동굴이었다. 한 사람이 엎드려야 만이 겨우 들어올 수 있는 동굴 입구 바깥쪽에는 여전히 폭포수가 뚜렷이 보였고 그 물줄기가 내뿜는 굉음 역시 또렷이 들려오고 있었다. 그리고 세 사람은 그 자리에서 깊은 잠속으로 빠져버렸던 것이었다.

얼마나 시간이 흘렀을까? 동굴 입구에서 뿜어 들어오는 폭포 소리와 그 틈새로 아련히 비치는 햇살에 눈을 뜬 노생은 주위를 살펴보았다. 서시 노인의 모습은 보이지 않고 후생은 옆에서 아직도 잠 속에 취해 있었다. 한참 후 멀리서 아련한 횃불 하나가 어른거리더니 이내 서시 노인의 모습이 보였다.

"자! 어서들 나를 따르시오."

서시 노인을 선두로 하여 세 사람은 동굴 속으로 깊이깊이 들어갔다. 동굴은 비스듬히 아래로 향하고 있었는데 깊이 들어가면 들어갈수록 약간씩 넓어지는 듯싶었다. 그리고 그들의 동굴 속 여정은 한없이, 한없이 계속되었다. 동굴이 비스듬히 아래로 향하고 있다는 것 외에 지금 그들은 동서남북의 방향은 아예 구별할 수도 없었다. 송진으로 만든 횃불만이 앞에서 너울거리며 춤을 추고 있고 노생과 후생은 행여 그 불빛을 놓칠세라 부지런히 그 뒤를 뒤쫓아 가고 있었다.

동굴 속을 따라 한없이 들어간 지가 벌써 며칠은 된 듯해 보였다. 드디어 노생이 앞서가는 서시에게 말을 걸었다.

"도대체 우리가 어디까지 언제까지 이런 암흑천지를 헤매야 한단 말이오? 나는 이제 더 이상 도저히 따라갈 수가 없소. 무슨 다른 방도가 없는 것이오?"

부질없는 질문인줄 알면서도 퉁명스럽게 말을 걸었다. 앞서가던 서시가 잠시 발걸음을 멈추고 야트막한 돌 위에 걸터앉으면서 대답을 하였다. 노생과 후생도 아무렇게나 털썩 주저앉았다.

"어차피 우리는 이 길을 계속 나아가야만 하오. 설령 되돌아가고 싶어도 되돌아 갈 수도 없는 처지인 것 같소. 나 역시 이곳이 어디쯤인지도 알 수가 없고 얼마나 더 가야 끝이 날지 그 또한 알 길이 없소. 힘이 들고 지치는 것이야 서로 마찬가지 아니겠소. 모든 것을 하늘에 맡기고 우리 힘이 다할 때까지 나아가 봅시다."

그리고 세 사람은 또다시 앞으로, 앞으로 나아가고 있었다.

그들 앞에 멀리 뭔가 희미한 것이 아른거렸다. 처음에는 보일 것 같더니 보이지 않았고 보이지 않을 것 같더니 다시 보이고, 이러기를 몇 번 반복하더니 드디어는 그 희미한 것이 환한 것으로 또렷이 바뀌었다. 그들의 가슴은 두근거렸고 발걸음은 한층 가벼워졌으며 뭔가 알 수 없는 새로운 세상에 대하여 호기심으로 가득 차기 시작했다.

드디어 그들 앞에 새로운 신천지가 펼쳐졌다. 먼저 그들 눈앞에 펼쳐진 것은 긴 강물이었다. 족히 수백 척은 넘어 보이는 절벽 아래에 긴 강이 흐르고 있었던 것이었다. 어디서부터 흐르는 강인지는 알 수 없으나 절벽에서 아래로 떨어지는 작은 폭포들은 큰 강을 이루고 있고, 그 큰 강은 그야말로 신비로움과 경탄스러움으로 가득 차 있었다. 그리고 온 동굴은 말로 표현할 수 없는 향 내음으로 가득하였다. 지금껏 땅 위에서는 전혀 맡아본적이 없는 이상야릇한 신비스러움으로 가득 찬 향 내음이었다. 그리고 그 양 벽면을 보라 저 벽은 도대체 무엇으로 되어 있길래 저리도 번쩍거리고 있는고. 그 빛깔은 검붉은색으로 마치 활활 타오르는 연옥의 벽면 같지 않은가! 그 검붉은 색 벽면 사이사이로 작은 폭포가 수백 갈래 쏟아져 내리고 있는데 그중 어떤 것은 천장 끝에서부터 수천 길 낭떠러지 아래로 떨어지는 것도 있고 또 어떤 것은 절벽 중간에서부터 떨어지는 것도 있고 또 어떤 것은 바로 세 사람이 서 있는 발

아래에서 떨어지는 것도 있지 않은가! 그렇게 떨어지는 폭포들은 그 아래 강물을 이루고 있고 그 강물은 아래로, 아래로 흘러가고 있는 것이 아닌가! 그러나 그것들보다 더욱 놀라운 것은 바로 천장에 있는 별들이 아니던가?

'이런 땅속에도 별들이 있다니, 참으로 괴이한 일이로다'라고 생각하며 그 신비로운 하늘을 고개를 치켜 쳐다보았는데 좀 더 자세히 쳐다보니 그것은 별이 아니라 천장에서 하늘로 향하여 뚫린 작은 구멍들인데 그 구멍 사이로 빛이 들어오고 있는 것이 아닌가. 그 구멍의 크기는 작은 것은 주먹 크기만한 것에서부터 큰 것은 박통만한 것이 수백 개나 흩어져 있는데 혹 어떤 것은 바깥세상의 빛만 내뿜는 것이 있고, 또 어떤 것은 물줄기와 함께 떨어지는데 그 떨어지는 물방울이 빛살과 어우러져 마치 맑은 보석이 하늘에서 쏟아지는 것 같더라. 그러나 그 구멍의 아래 위 깊이는 감히 짐작을 할 수가 없었다. 세 사람은 그 누구도 감히 말을 꺼내지 못하고 한참을 아래, 위로 바라만 보고 있었다.

한참이 흐른 후 서시가 조용히 입을 열었다.

"자! 우리 정신을 차립시다. 먼저 정신을 차려야만이 앞으로의 일을 순리대로 풀어갈 수가 있을 것 같소."

하면서 서시 스스로가 깊게 호흡을 가다듬었다. 나머지 두 사람도 덩달아 호흡을 가다듬으며 여전히 아래 위를 쳐다보고 있었다. 노생이 입을 열었다.

"어쨌거나 저 아래로 내려가 보아야 할 것 같지 않소."

그러자 후생이 말을 이었다.

"저 깊은 곳으로 내려가는 것도 문제이겠지만 올라오기 또한 어려울 것 같은데요."

그러자 노생이 다시 입을 열었다.

"어차피 이판사판 아닌가. 우리가 저 아래로 내려가지 않는다하더라도 되돌아갈 수도 없는 처지 아닌가. 그럴 바에는 아예 내려가서 저 강물 속에 몸이라도 한 번 푹 담그나 보는 게 낫지 않겠어?"

다시 서시가 입을 열었다.

그리고 세 사람은 다시 한 번 마음을 가다듬고 천천히 아래로 향하였다. 이번에는 후생이 먼저 내려가고 있었고, 다음으로 서시, 노생이 그 뒤를 따랐다. 절벽은 몹시 미끄러웠고 잠시 한눈을 팔다가는 '앗차!' 하는 순간 낭떠러지 아래로 떨어질 처지였다.

한참을 내려가던 중 먼저 내려가던 후생의 찢어지는 것 같은 비명이 들렸다. '으아악!' 외마디 비명 소리와 함께 '퍽!' 하는 소리가 들렸다. 분명 후생이 떨어져버린 것 같았다. 노생은 온 몸에 소름이 끼치는 것 같은 느낌이 었으나 역시 서시 노인은 냉정하고 침착했다. 그리고는 재빠른 몸놀림으로 아래로 내려가고 있는 모습을 노생은 쳐다만 보고 있었다.

한참 후에 노생이 아래로 완전히 내려왔을 때는 이미 서시가 후생의 상처를 돌보고 있었다. 후생을 쳐다보니 잔뜩 찡그린 얼굴에 고통스런 신음을 하고 있는 게 아니가. 어디엔가 큰 상처를 입은 것이 틀림없어 보였다. 그러면서 후생은 찡그린 채 노생을 쳐다보며 말했다.

"글쎄요 형님! 절벽 한가운데 바위틈 구멍에서 시커먼 구렁이 한 마리가 나를 확 덮치더라고요! 얼마나 놀랐는지 그냥 뒤로 떨어지고 말았어요. 정말 큰 뱀이었어요!"

후생은 아직도 두려운 듯이 몸을 도사리며 치를 떨었다. 그 모습을 보며 노생이 말을 걸었다.

"이보게 후생 아우. 자네의 무공이 얼마나 무서운데 그깟 뱀 한 마리 가지고 그 난리를 치는 거야?"

그랬더니,

"형님도 갑작스레 당해보시오. 무공을 쓸 겨를이나 있는지!"

서시 노인이 웃으면서 말했다.

"바닥이 모래였으니 망정이지 까딱하면 큰일 날 뻔했구먼, 아무래도 다리가 부러진 것 같아. 그 외에는 괜찮은 것 같은데."

그러면서 서시 노인은 일단 안심이 된 듯 한숨을 놓으면서 말했다.

"우선은 이곳에서 모두가 당분간 좀 쉬도록 하세. 후생의 뼈 부러진 곳은 잘 맞추어 단단히 묶어 두었으니 열흘 정도 지나면 괜찮아질 걸세."

그러면서 서시 노인 역시 피곤하였던지 스스로 바닥에 몸을 눕혔다. 노생 역시 자기도 모르는 사이에 깊은 잠 속으로 빠져 들었다.

세 사람이 눈을 떴을 때는 하늘의 별들이 더욱 빛을 뿜어내고 있었고 그 중 어떤 빛줄기는 얼굴 위에 직접 와 닿는 것도 있었다. 우리가 이곳에서 얼마나 오래 잠들어 있었을까? 우리가 저 절벽을 타고 내려와 이곳에 온지가 며칠이나 되었을까?

사실 이 세 사람은 신선 노인이 구름 기둥을 만들고 그리고 폭포를 처음보고난 이후부터 지금까지 줄곧 강행군을 하였던 것이다. 그나마 노생이나 후생이 무공으로 단련된 몸이었기에 그 난관을 이겨내고 버티어 왔을지도 몰랐다. 그리고 이 신천지에 무사히 도착함으로써 그들은 어떤 안도감을 느꼈고 그 안도감은 세 사람을 깊은 잠 속으로 빠지게 만들었던 것이다. 고통과 두려움에서 잠시 벗어난 세 사람은 이제 막 그 깊은 잠에서 깨어났던 것이다. 노생이 조용히 입을 열었다.

"이보시오, 서시 노인. 우리가 잠을 얼마나 오래 잔 것 같소? 그리고 오늘이 며칠인 것 같소? 지금 우리가 분명히 꿈을 꾸고 있는 것은 아니지요?"

노생의 밀려오는 의문들을 털어놓을 수 있는 사람은 당연히 서시

<능구렁이>

노인 밖에 없었다. 그러나 이 상황에서 서시 노인인들 마땅한 대답을 할 수 있겠는가?

"글쎄요. 솔직히 나도 이곳이 어딘지는 확실히 모르겠고 또 이미 날짜를 잊어버린 지도 오래된 것 같소. 단지 예측할 수 있는 것은 우리가 찾으려고하는 그 불로초라는 것이 이곳 어디엔가 있을 것이라는 예감이 들기는 하는 것 같소."

두 사람이 이런 이야기를 나누고 있을 때 후생이 놀라는 것 같은 목소리로 말했다.

"형님, 내 다리가 이상한 것 같아요. 아니 이상한 것이 아니라 부러진 내 다리가 벌써 다 나은 것 같아요. 분명히 내가 절벽에서 떨어지면서 다리가 부러졌는데 이상하게 벌써 다 나은 것 같아요!"

하면서 후생이 앉은 채로 자기 다리를 폈다가 오르려 보았다가를 반복해 보였다.

그러자 서시 노인이 말했다.

"맞아, 분명히 후생 자네의 다리가 부러진 것은 사실이야. 내가 내 손으로 부러진 다리를 짝 맞추어 꼭꼭 싸매질 않았던가? 어디 한 번 일어서 보게."

그 말을 들은 후생은 조심스레 일어서기 시작하였다. 그리고는 천천히 한 발짝, 한 발짝 옮기어 보더니 이내 걸음걸이가 빨라진 듯해 보였다. 그리고 곧바로 앉았다 섰다를 하면서 말했다.

"자! 보시오. 분명 부러진 내 다리가 다 나았어요."

그러면서 다시 주저앉더니 '거참 이상하다, 거참 이상하다'라는 말을 몇 번이고 되뇌고 있었다.

연이어 노생이 말했다.

"그러면 우리가 자는 동안에 후생의 다리가 다 나았으니, 아니 그러면 우리가 근 열흘을 잤다는 말인가? 적어도 부러진 다리가 제대로 되려면 열흘은 지

68
다빈치 프로젝트

내야 되는 것이 당연한 것 아닌가? 어디 서시 노인네는 어떻게 생각하시오?"

서시 노인 역시 고개를 갸우뚱 하면서 말했다.

"그러게 말이요. 나 역시 쉽게 이해가 되질 않소만 내가 생각하기에는 바로 이 동굴 속에 흐르고 있는 이 향내인 것 같아. 이 향내가 후생의 상처를 빨리 아물게 할 수 있는 원인인 것 같은 느낌이 들어. 이 향내의 진원이 어딘지는 모르겠지만 아무래도 우리가 찾고 있는 불로초인 것 같은 느낌이 들어. 어찌 보면 좋은 징조가 있을 것 같아. 어쨌거나 다리가 다 나았다니 다행 아닌가! 그건 그렇고 이제 우리 다 같이 이곳을 한번 조사해 봅시다. 그리고 혹 불로초 같은 것이 있나 한번 찾아보도록 합시다. 그것이 제일 중요한 문제가 아니겠소."

황금 계단

....

세 사람은 다시 채비를 차리고 우선 강을 거슬러 올라가 보기로 하였다. 노생이 앞장을 서고 후생과 서시 노인이 그 뒤를 따랐다. 그러나 출발한지 몇 발자국 채 되지도 않았을 무렵 앞장섰던 노생이 멈칫하며 말했다.

"이것 좀 보게! 이것 좀 보게! 이게 무엇인가?"

세 사람이 모여 가만히 쳐다보니 그것은 분명 인골(人骨)인 듯싶었다. 뼈의 상태로 보아 벌써 백 년은 족히 넘어 보이는 인골이었다. 노생이 떨리는 음성으로 나지막하게 중얼거리듯 말했다.

"그러면 우리보다 훨씬 이전에 이곳을 찾아왔던 사람이 있었다는 이야기로군!"

그러자 서시 노인도 동의하듯이 고개만 끄덕이고 있을 때 후생이 역시 조심스럽게 말을 이었다.

"내가 지금까지 말은 안했지만요, 우리가 폭포 절벽을 올라올 때 절벽 중간 바위틈 사이에 오래된 작은 말뚝이 박혀 있는 것을 몇 개나 보았어요. 그 때부터 나는 분명 이 말뚝은 사람이 박아 놓은 것이고 틀림없이 우리보다 먼저 이 절벽을 기어 올라간 사람이 있었다는 생각이 들었어요!"

서시 노인은 계속해서 고개만 끄덕이고 있는데 노생이 다시 말을 이었다.

"참으로 놀랄 일이로다. 도대체 어딘지도 모른 이 깊은 동굴 속에 우리보다 먼저 발을 디딘 사람이 있었다니 참으로 놀랄 일이로다!"

하며 깊은 한숨을 쉬는데 옆에 있는 후생이 말을 받았다.

"참, 형님도 답답하오. 그렇게 이 아우가 뭐랬소. 우리가 폭포 절벽을 오르기 전에 앞으로도 우리 앞에 깜짝 놀랄 일들이 무수히 많이 일어날 것 이라고 이미 말하지 않았소. 아예 그렇게 생각해버려야 오히려 속이 편하지 않겠소! 서시 노인, 그렇지 않소?"

그러자 인골을 유심히 살펴보고 있던 서시 노인이 가볍게 웃는 얼굴로,

"후생의 말이 맞네. 암 맞고말고! 어차피 우리는 우리 앞에 또 어떤 놀랄만한 일들이 일어날지 아무도 알지 못하니 아무튼 각자 마음가짐을 단단히 하도록 하세."

이렇게 말하자 노생 또한,

"허허, 내가 오늘 후생 아우에게 단단히 농(弄)을 당하네 그려!"

하면서 껄껄 웃었다. 그리고 그 이후로 그들은 몇 개의 인골을 더 찾아 내었고, 그 인골들 역시 아주 오래된 듯해 보였다.

그들은 강줄기를 따라 점점 위로 올라가고 있었다. 그런데 올라가면 갈수록 강폭도 좁아지고 천장도 점점 낮아지고 있었다. 또한 그들 앞에는 한두 개의 황금색 기둥이 나타나기 시작하더니 이윽고 수없이 많은 황금색 기둥들이 보이기 시작하였다. 그 기둥들의 대부분은 아래 바닥 쪽에는 넓고 평평하게

시작되었으나 위로 올라갈수록 점점 좁아지는가 싶더니 그 좁아지는 곳에서 기둥이 끝난 것도 있고, 또 어떤 것은 좁아진 자리에서부터 다시 넓어지더니 드디어는 천정 꼭대기까지 붙어 있어 완전한 하나의 기둥을 이루고 있었다.

그런데 그 기둥을 좀 더 자세히 살펴보니 그냥 기둥이 아니라 잔잔한 주름이 겹겹이 쌓인 채 기둥을 이루고 있어 한눈에 보아도 기둥 하나가 만들어지기에는 수천만 년의 세월이 지났음을 쉽게 짐작할 수가 있었다. 벽은 또 어떠한가? 검붉은 적갈색의 벽은 제각기 기기묘묘한 형상을 하면서 아래를 내려다보고 있는데 어떤 것은 사자형상이요, 어떤 것은 거북의 형상이로다. 갑자기 나타난 저 황금 계단은 또 어떠한고! 큰 기둥을 휘감고 있는 저 황금 계단의 끝은 어디인고! 그러나 그 황금 계단은 감히 사람이 올라 갈 상상조차 할 수 없는 형상을 하고 있었다.

"일찍이 이 대륙에 삼황(三皇/중국 고대 전설에 나오는 신. 복희씨, 여와씨, 신농씨)이 있었다고 하나 누가 저 황금 계단을 올라가 보았으리오. 오제(五帝/중국 고대 전설에 나오는 다섯 사람의 성군. 황제. 전욱. 곡. 요. 순)가 있었다고 한들 누가 저보다 더 큰 영화를 누려 보았겠는가? 저 황금 계단 위에는 과연 누가 살고 있을꼬?"

"혹 누가 나더러 이곳을 말로 표현하라고 한다면 내 어찌할꼬. 내 이 세치 혀를 어떻게 굴려야 할고? 세상에 나뒹구는 그 많은 말(語)들 중 과연 어느 말(語)을 끌어 쓰는 것이 좋을꼬? 이 말을 끌어 쓰면 저 말이 아쉽다 할 것이고 저 말을 당겨쓰면 이 말이 서운타 할 것이매, 오호라! 그냥 입 다물고 가만히 있는 것이 상책이로구나. 행여 내 혀 잘못 굴려 그들의 노여움을 사면 어찌할까? 이 말(語)이 앞에서 치고 저 말(語)이 뒤에서 치고 저 사자가 화를 내고 저 거북이 벌떡 일어서면 약하고 약한 이 몸 어찌 감당하리오!"

아무리 세 사람이 다시는 놀라지 말자고 다짐을 했건만 연약한 인간인지라 그 다짐 하나로 어찌 이 대자연을 감당할 수가 있겠던가? 역시 그 세 사람은 오직 인간일 뿐이었다. 서로 약속하며 다짐한 것이 바로 몇 점 전임에도 불구하고 그들의 탄성은 서로 앞서거니 뒤서거니 반복하고 있었다. 이미 그들은 그들이 왜 이곳을 찾아왔는지도 잊어버릴 번 하였고, 그렇게 하기를 며칠을 계속하였는지 그들도 알지 못하였다.

동충하초

....

"자! 이제 우리가 강 상류 쪽으로는 거의 살펴본 것 같으니 다시 하류 쪽으로 내려가 봅시다."

서시의 이 말에도 아랑곳없이 노생, 후생 두 사람은 여전히 주위를 두리번거리고 있었다. 그리고 그들의 발걸음은 이제 하류로 향하고 있었다. 드디어 그들이 처음 도착하였던 곳을 지나 이제부터는 하류로의 여정이 시작되었다. 그런데 하류는 지금까지 본 상류와는 상당히 차이가 났던 것이다. 지금까지 상류는 오직 한 줄기로만 되어 있었는데 하류는 그렇지가 않았다. 그들이 내려가는 방향 좌우로 또 다른 동굴들이 하나 둘씩 보이는 듯싶더니 내려갈수록 그 숫자가 많아지는 것이 아닌가? 그 크기는 한사람이 겨우 들어갈 수 있는 것에서부터 어떤 것은 제법 대여섯 명이 한꺼번에 들어갈 수 있는 상당히 큰 것도 있었으며, 또 어떤 동굴은 거의 천장 벽에 붙어 있는 것도 있고 어떤 것은 몇 척만 언덕을 기어오르면 닿을 수 있는 것도 있고 어떤 것은 바로 걸어 들어갈 수 있는 것도 있었다. 아울러 하늘에 있는 천장 구멍 숫자도 점점 많아지고 있다는 것을 알 수가 있었다.

그러나 가장 다른 것은 벽면이었다.

지금까지는 모든 벽면이 검 붉은색을 이루고 있었으나 점점 검 붉은색의 부분은 좁아지고 황금색 부분이 점점 더 많아지고 있었다. 어느 순간 천천히 흐르는 강물이 점점 세차게 흐르고 있는 것이 아닌가! 그리고 그 강물은 급류를 이루고 있었고 금방이라도 세 사람을 잡아당길 것 같은 기세였다. 그러나 그 급류는 오래가지 못하고 드디어 급류는 곧 커다란 호수를 만들고 있었다.

세 사람은 천천히 조심스럽게 벽면을 따라 아래로 내려가 드디어 호숫가에 이르게 되었다. 돌이켜보니 참으로 기이한 일이었다. 수천 길로 내려온 동굴 속에 하늘의 별이 있고, 폭포도 있고, 강도 있고, 황금 같은 기둥도 있더니 이제는 동굴 속의 호수라, 참으로 신기한 세상이로구나!

세 사람은 천천히 바닥이며 벽을 살펴보고 있는데 서시가 조용히 입을 열었다.

"오호! 이것이 바로 호박(琥珀)이로고. 그래, 이제야 제대로 뭔가 되고 있는 것 같아."

그러면서 서시는 노생, 후생 두 사람을 불러 모은 후 불로초에 대하여 차분히 설명하기 시작하였다.

"지금 보이는 이 검붉고 딱딱한 이것이 바로 호박(琥珀)이라는 보석일세. 이 호박은 바로 소나무 진액이 땅속으로 흘러 들어가 천년이 지나면 이렇게 호박이라는 보석으로 바뀐다네. 지금은 별로 보잘 것 없어 보이지만 이것을 갈고 닦으면 아주 아름답고 은은한 빛깔을 뿜어내는 훌륭한 보석이 된다네. 그런데 소나무 진액이 천 년이 되기 바로 직전, 다시 말해 호박이라는 보석이 되기 직전에 그 중 어떤 것은 마고초(蘑菇草)라는 풀잎이 돋아나게 되는데 이것을 복령(茯笭)이라고 부른다네. 이 복령이 자란 것이 바로 송로마(松露麿)지. 예부터 천하에 가장 값진 음식이 바로 송로마라고 하는 것인데 아주 희귀한 것이라네. 그런데 송로마(松露蘑) 중에 가장 으뜸으로 치는 것이 백송(白松) 혹은 백향목(柏香木)이라고 불리는 것 아래 있는 것이고 그 다음으로 치는 것이 홍송(紅松) 아래 있는 것인데. 홍송이 백송보다 오히려 훨씬 낮다고들 하는 사람도 많다네. 그런데 애석하게도 우리 대륙에는 송목은 많이 있으되 백송도 홍송도 쉽게 찾아볼 수가 없다네."

노생, 후생은 꼼짝도 하지 않고 서시의 말에
귀를 기울이고 있었다. 서시의 이야기는 계속
되고 있었다.

"예부터 내려오는 전설에 의하면 백송은 우
리 대륙 중심부에서 해 지는 끝쪽 바닷가에 있
고 홍송은 대륙에서 해가 뜨는 끝 쪽 바닷가에
있다고 전해지고 있네. 물론 우리 대륙에도 백
송, 홍송이 없는 것은 아니지만 질적인 면에서
는 세찬 바닷바람과 싸우며 자란 것과는 비교
가 되질 않는다네. 자네들은 눈여겨보지 않았

<홍송>

겠지만 우리가 이 금강산에 올라올 즈음 우리 주위에 있는 울창한 소나무들
이 바로 홍송이었다네. 그리고 우리가 동쪽으로 가면 갈수록 확실하게 짙은
홍송을 많이 보아 왔다네."

그러면서 서시 노인은 다시 말을 이어갔다.

"그런데 내가 한 가지 크게 염려되는 것은 분명히 대륙 동쪽 끝 바다 지나
동쪽 끝 바닷가로 알고 있는데 우리는 아직 그 동쪽 끝 바다를 보지 못하였단
말일세. 우리가 삼 일도 채 못 되어서 건너 온 곳도 분명히 바다는 바다일진
대 이곳 금강산에서 보면 그곳은 서쪽 끝이 된다는 이야기란 말일세. 아무튼
그건 그렇다 치고 그러면 불로초는 무엇이냐 하면 동쪽 바다 끝 동굴 속에 봉
황새라고 하는 큰 새가 있어. 그 새는 백 년에 한 번씩 알을 낳는데 송로마에
서 태어난 씨앗이 그 알 속으로 스며들어 가는데 어떤 이는 그 씨앗이 하도 작
아 봉황새 알도 모르게 알 속으로 스며들어간다 하기도 하고, 또 어떤 이는 그
봉황새 알이 스스로 길을 열어준다고도 하는데, 하여튼 송로마 씨앗이 봉황
새 알 속에서 또 천 일을 보내고 나면 이윽고 그 알 속에서 새싹이 틔어 오르

는데, 그 빛깔이 눈송이보다 더 희다고 알려지고 있네. 이것이 바로 불로초라고 하는 것인데 이것을 어떤 이는 동충하초(冬蟲夏草)라고 부르기도 한다네.”

이로써 서시 노인의 말은 끝난 듯싶었다.

뒤이어 노생이 입을 열었다.

“그러면 결국 우리가 찾아야 할 것은 눈송이처럼 하얗게 생긴 그 풀을 찾아야 한다 그 말이군요?”

그러자 서시 노인이 대답했다.

“그래 맞소, 바로 그 하얀 풀을 찾아야 하는 것이오. 그리고 그 풀 밑에는 필히 하얀 알이 붙어 있어야 하는 것이오.”

이 때 후생이 진지한 표정을 지으며 말했다.

“그런데 불로초도 좋고 동충하초도 다 좋은데 그 후에 우리가 바깥세상으로 나가는 곳은 어디에 있소?”

후생의 이 한 마디에 잠시 분위기가 침울해지는 듯싶었는데 서시 노인이 입을 열었다.

“전에도 내가 한 번 이야기하였듯이 분명 이 호수 주위나 아니면 저 많은 동굴 중 어느 한 곳에는 바깥으로 나가는 곳이 있을 것이오. 너무 걱정 하지 말고 힘을 내어 우선 불로초나 찾도록 합시다.”

그리고 세 사람은 다시금 움직이기 시작하였다.

숨 쉬는 호수

....

있었다. 정말 있었다. 그들의 눈앞에는 눈송이처럼 새하얀 풀들이 솟아나 있었다. 그리고 그 새하얀 풀들 밑에는 보기에도 탐나는 새하얀 알이 붙어 있었다. 처음에는 한 송이 두 송이 띄엄띄엄 보이는 듯싶더니 어느새 이쪽 벽면에도 그리고 저쪽 벽면에도 몇 송이가 눈송이처럼 솟아나 있었다. 가만히 보고 있노라니 눈부시도록 새하얀 그 불로초는 언뜻 보기에도 먹음직하여 절로 탐욕을 불러일으키기에 조금도 손색이 없었다.

견물생심이라고 하였던가! 그러나 이것은 엄연히 진시왕의 물건이기에 그들은 오직 보는 것만으로 만족하여야 하였다. 세 사람은 모두 다 자기도 모르는 사이에 침을 꿀꺽 삼켰다. 노생도 후생도 흡족해 있었다. 이렇게 제법 많은 불로초를 구할 수 있다니 실로 꿈만 같았다. 그러나 서시의 마음 한 구석에는 한 가지 크게 걸리는 것이 있었다. 그것은 다름 아닌 봉황새였다. 비록 불로초는 구하였다고 할지언정 그 알을 낳은 봉황새를 보지 못한 것이었다.

"만약 이 알들이 봉황의 알이 아니고 다른 새들의 알들이라면 그것은 불로초가 아니라 그저 평범한 마고초에 불과할지도 모를 일 아닌가? 그리고 만약 그것이 봉황 알이 아니라고 가정한다면 무슨 알일까? 다른 새가 보이는 것도 아니고……."

그 때 서시의 머릿속에 불현 듯 떠오르는 무엇인가가 있었다.

"그렇다, 뱀 알이다! 맞아. 뱀 알이 틀림없어. 후생이 절벽에서 떨어질 때 분명히 뱀을 보았다고 했어. 시커먼 뱀. 그러면 흑 구렁이란 말이 아닌가? 독사라면 새끼를 낳는데 구렁이는 알을 낳지 않는가? 그렇다면 그것은 오히려 인간을 악하게 만들 수도 있는 것 아닐까?"

그 때 노생이 약간 흥분된 어조로 말했다.

"여보시오, 서시 노인. 어이 후생 아우. 모두 이리로 빨리 좀 와보시오."

서시 노인과 후생이 동시에 노생 곁으로 다가갔다.

"형님, 무슨 일이오. 또 우리가 놀랄만한 일이라도 생겼단 말이오?'

후생이 의아한 듯 물었다.

"암! 놀랄 만한 일이 있다마다. 자 보시오! 저 호수 물 표면을 가만히 살펴보시오. 그러면 뭔가 느껴지는 것이 있을 것이오."

노생의 목소리는 상당히 흥분이 되었다. 세 사람은 동시에 호수의 물을 가만히 쳐다보았다. 잠시 후 서시 노인이 조용히 입을 열었다.

"이보게 노생. 참으로 잘 보았네. 나도 이제껏 불로초 찾는 데만 급급하였는데, 이제 가만히 보니 확실히 뭔가 집히는 게 있어. 지금 이 호수로 들어오는 물은 보다시피 양으로 볼 때 상당히 많은 양일세. 그런데 그 많은 물이 빠져나가는 곳은 전혀 보이지가 않아. 그래도 호수의 수면은 늘어나지 않고 항상 그대로 있단 말일세. 그렇다면 물은 호수 바닥 아래 어디로 빠져 나간다는 것인데, 만약 이 호수가 산 중턱에 있다면 이 호수는 호수가 될 수가 없고 그저 지나가는 계곡이 되어야 한다는 말일세. 그런데도 호수를 이루고 있고 물 수면은 계속 똑같은 높이를 유지하고 있으니 이쯤 되면 이 호수의 위치가 어떻게 되어 있다는 것은 자명한 것 아니겠나?"

서시의 말이 끝나자마자 노생이 외쳤다.

"맞아요. 바로 그것예요. 결국 이 호수는 바다와 바로 연결이 되어 있어 이 호수의 표면 높이가 바닷물 높이와 똑같다는 말이에요!"

그러고는 마치 어린아이처럼 마냥 기뻐하는 것 아닌가. 바로 그 때 후생이 큰 소리로 외쳤다.

"저것 봐요. 호수가 숨을 쉬고 있어요!"라면서 손가락으로 호수를 가리켰다. 과연 그 호수는 숨을 쉬고 있었다.

호수의 물 표면을 가만히 보고 있으니 그 전체가 미세하나마 올랐다가 다시 내려가고 또 올랐다가 다시 내려가고 하는 것이 아주 일정한 간격을 두고 반복하는 것이 아닌가! 그 모습이 마치 호수가 규칙적으로 숨을 쉬고 있는 것 같았다.

노생이 큰 소리로 외쳤다.

"맞아. 바다의 파도 때문에 호수가 숨을 쉬고 있는 것이야. 파도가 밀려오면 그 힘 때문에 호수 물이 올라가고 파도가 밀려나가면 호수물이 뒤따라 내려가고 있어!"

　그러면서 노생, 후생 두 사람은 서로 부둥켜 앉고 기뻐 날뛰며 어쩔 줄 몰라 했다. 사실 그랬다. 얼마나 바깥세상으로 나가고 싶은가. 그것은 서시의 심정도 마찬가지였다. 이 세 사람은 그들이 이 굴속으로 들어온 지가 몇날 며칠, 아니 몇 달 몇 년이 된 지도 알지 못했다. 그러니 오죽 바깥세상 구경을 하고 싶으랴. 그러나 문제는 또 있었다. 과연 이 호수에서 바다까지의 거리가 얼마나 되느냐 하는 것이었다. 그들이 물고기가 아닌 이상 무한정 물속을 헤엄칠 수도 없는 일 아닌가?

　드디어 그들은 동굴을 빠져나갈 결심을 하였다. 이미 불로초도 넉넉히 거두어 모아 두었고 이제 마지막 남은 문제는 오직 이 동굴을 빠져나가는 것이었다. 서시가 상세히 계획을 세웠다. 세 사람 중 누구 한 사람에게 먼저 호수 아래로 들어가 바다와 통하는 길을 찾도록 하되, 처음부터 바로 바다로 빠져나갈 길을 찾는 것보다는 중간 중간에 숨을 쉴 만한 굴이나 휴식처를 먼저 찾는 것을 염두에 두라는 것이었다.

　제일 먼저 후생이 호수 아래로 내려갔다. 바다로 빠져나가는 길을 찾는 것이 뜻대로 쉽지만은 않았다. 그러나 며칠, 몇 날을 애쓰고 애쓴 끝에 그들은 바다로 나갈 수 있는 길을 마련하였다.

　호수 아래에는 실로 동굴과 동굴의 연속이었다. 많은 동굴들이 실타래처럼 엉켜 자칫 잘못하면 동굴 아래에서 제대로 길을 찾지 못하고 산송장이 되어 버릴 수 있는 위험 요소가 도사리고 있었다.

　그들은 중간 중간에 숨을 들이킬 수 있는 작은 굴들을 수십 곳 찾아내었고, 그리고 길을 잃지 않도록 확실하게 표시를 하여 두었다. 그러나 역시 제일 어려운 곳은 마지막 끝자락, 즉 바다와 직접 연결된 곳이었다. 왜냐하면 바다와 동굴이 연결된 입구 부분이 너무나 깊게 위치해 있었고 또 그 입구가 너무 비

78
다빈치 프로젝트

좁았기 때문이었다. 그러나 그들이 누구인고! 무공으로 심히 단련된 이들 아니던가?

이제 드디어 대망의 날에 이르렀다. 바로 그들이 한없이 그리던 바깥세상으로 향하는 날이었다. 그들은 그들의 옷을 벗어 소중하고도 소중한 불로초를 한 송이라도 잃어버릴까봐 칡넝쿨 같은 줄기로 꽁꽁 묶어 가져가기에 버거울 정도였다. 이윽고 출발하기 직전 서시가 두 사람을 불러놓고 아주 심각한 어조로 말하였다.

"지금까지 나에게는 두 가지 의문점이 있었네. 그 중 하나는 이미 전에 말했듯이 동쪽 바다를 보지 못했다는 것일세. 그러나 그것은 저 호수로 인하여 이미 해결이 되었네. 그러나 또 한 가지 중요한 것은 저 알을 낳은 새를 보지 못하였다는 것일세. 다시 말해서 봉황새를 내 눈으로 직접 보지 못했다는 것일세."

그러면서 긴 한숨을 내쉰 서시는 다시금 말을 이어갔다.

"만약 우리가 구한 저 불로초가 봉황의 알이 아니라면 어떠하겠는가. 저 불로초는 불로초가 아니라 단지 마고에 불과할 뿐 아니겠는가? 그렇다면 지금까지 우리의 노력은 허사가 아닌가?"

이렇게 말한 서시는 다시 한 번 긴 한숨을 내쉬며 조심스럽게 말을 이었다.

"그래서 내가 자네들에게 하는 말인데 우리 처음부터 다시 한 번 시작 해보면 어떨까? 다시 말해서 봉황이 살고 있는 곳을 한번 찾아보는 것이 어떻겠는가?"

그 말이 끝나자마자 후생이 펄쩍 뛰면서 흥분된 어조로 말했다.

"난 그렇게 못하오. 아니, 이 죽을 고생을 해놓고 또 죽을 고생을 새로 시작하자니 나는 도저히 그리 못하겠소. 나를 죽인다 해도 나는 이제 더 이상 절대로 그렇게 못하겠소. 어서 이곳을 빠져 나가고 싶은 마음밖에 없소."

노생이 그 뒤를 이어 말했다.

"저 불로초 아래 붙어 있는 하얀 알이 봉황의 알이라는 증거도 없지만 그렇다고 봉황의 알이 아니라는 증거도 없지 않소? 그러니 이쯤에서 그냥 돌아가도록 합시다."

이 때 서시 노인은 '구렁이 알'이라는 말을 꺼내고 싶었으나 그냥 두었다. 왜냐하면 이미 분위기가 이들을 설득한다는 것은 어렵다는 판단을 하였기때문이었다.

'그래, 그렇다면 이들이 차라리 저것이 진짜 불로초라고 알고 있는 것이 오히려 속 편하지 않겠나.'

서시가 이런 생각을 하고 있을 때 후생이 다시 말을 하였다.

"형님, 그리고 서시 노인. 난 솔직히 말해서 이제는 불로초라는 말만 들어도 지겹소. 말이야 바른 말이지 나는 더 이상 불로초에는 관심이 없소. 한시바삐 바깥세상을 보고 싶은 마음 외에는 아무 생각이 없소. 빨리 나가기나 합시다."

그리고 그들은 꼬박 삼 일 동안 물속에서 헤엄치며 동굴에서 쉬며 하기를 반복 하였다. 물론 그것은 그들 모두가 대단한 무공의 소유자들이었기에 가능하였으리라.

어느덧 세 사람은 바닷가 모래 위에 편안히 앉아 있었다. 그곳은 안창현 포구(현 강원도 고성군 간성)라 불리 는 곳으로 너무나 넓은 바다가 탁 트여 있었고, 높고 세차게 밀려오는 파도는 그들의 가슴을 너무나 상쾌하게 하였으며, 화사한 햇살하며 싱그러운 바람이 안고 오는 향기는 너무나 따뜻하고 부드러웠다.

그러나 노생과 후생의 마음은 편치가 않았다. 그들은 또 다른 중요한 일을 하여야 하기 때문이었다. 그것은 다름 아닌 이사가 그들에게 내려준 밀명, 즉 서시 노인을 처치하는 일이었다. 그러나 그 일이 쉽지 않을 것이라는 것은 노생, 후생 두 사람 모두 다 잘 깨닫고 있었기 때문이었다. 이미 그들은 서시 노인의 보이지 않는 괴력을 너무나 잘 알고 있으며 오히려 그를 두려워하고 있었던 것이다. 그러나 무엇보다도 그들의 마음을 무겁게 하는 것은 이미 온갖 고초를 겪으면서 서로가 기대고 의지하는 사이에 자신들도 모르게 서시에게 정이 들었던 것이었으며 또한 서시의 인품 역시 훌륭한 인격의 소유자였기에 감히 그를 처치할 마음이 생기질 않았던 것이었다. 그렇다고 정위 이사의 명을 거역할 수도 없는 것 아닌가. 또한 서시를 처치하지 않고서는 이사의 다른 명도 수행할 수 없는 노릇 아닌가. 이래저래 노생, 후생 두 사람의 마음은 무겁기만 하였다.

이윽고 다시금 진(秦)나라로의 귀경이 시작될 무렵이 되었다. 서시가 조용히 입을 열었다.

"이보게 노생, 그리고 후생. 내 말 좀 들어보게나. 여태껏 모두가 고생이 많았네. 이제 우리 이쯤에서 헤어져야 할 것 같네. 나는 이곳에 남아서 저 깊고 깊은 산 속으로 들어가 나머지 여생을 보내고 싶네. 그러니 이제 자네 두 사람은 진나라 왕궁으로 돌아가도록 하세."

두 사람이 감히 말대꾸도 못하고 있는데 서시가 다시 말을 이었다.

"내가 두 사람에게 장담하네만 앞으로 나와 두 사람은 진나라에서는 다시 만날 일이 없을 걸세. 또 그렇게 되어야만이 두 사람이 편하게 돌아갈 수 있지 않겠는가?"

그러면서 껄껄 웃음을 지어보였다.

"아니, 그렇다면 서시 노인께서는 이미 우리가 받은 밀명을 헤아리고 있었단 말이오?"

노생이 난처한 표정을 지으며 물었다. 서시가 여전히 웃으며 대답하였다.

"그런 것쯤이야 너무나 쉽게 예측할 수 있는 것 아니겠는가?"

노생과 후생 두 사람 모두가 고개를 푹 수그린 채 굵은 눈물방울만 뚝뚝 흘리고 있을 때, 여느 때처럼 서시 노인은 벌써 저만치 혼자 사라져 가고 있었다. 노생과 후생은 아쉬움과 서운한 감정을 품에 안은 채 멀어져가는 서시의 뒷모습을 끝까지 바라보고 있었다. 그리고 후생이 노생을 바라보면서 조용히 중얼거렸다.

"형님, 저 서시 노인네도 바로 신선이라고 불리는 사람 중 한 사람이지요."

그러자 노생은 아무 말 없이 고개만 끄덕거렸다. 그리고 두 사람의 귀경길 여정은 시작되었다.

이윽고 두 사람은 수도 함양에 도달하였고, 당연히 이사에게 먼저 들렀다. 그리고 이사는 두 사람의 여정을 상세하게 문도(文圖)로 두 부 작성하여 한 부는 진시왕에게 받치고, 또 한 부는 극비리에 자신이 보관하였다.

한비자

....

기원전 235년(진왕 정12년) 진나라 수도 함양, 서시, 노생, 후생 세 사람이 불로초를 얻기 위하여 동방으로 출발한 후 한비는 그들이 불로초를 구해올 때까지 진나라에 볼모로 잡혀 있는 몸이 되었다. 당연히 그의 처소는 왕궁이었으며, 항상 정위 이사의 하수들로부터 감시를 당하고 있었다.

한비(韓非), 우리에게는 한비자(韓非子)로 더 잘 알려진 이 사람은 과연 무슨 목적을 안고 한나라의 사신 신분으로 진나라에 들어왔단 말인가? 과연 그의 말대로 단순히 한나라와 진나라 사이에 우호 관계를 맺기 위하여 왔단 말인가?

그 당시 한나라는 진나라와의 함곡관 전투에서 대패함으로써 국력이 크게 소진된 상태였다. 그 후 진나라는 초나라, 조나라, 위나라 등은 안중에도 없이 오직 한나라만을 집중 공략하기에 이르렀다. 이에 다급해진 한나라는 결국 한비를 진나라에 사신으로 보내기에 이르렀던 것이었다. 물론 한비는 당시 법가(法家)로서 신불해, 상앙 등과 함께 유명한 학자로서 명성을 떨치고 있

었으나 그 역시 학자이기 이전에 한(韓)나라
에 충성을 다하는 충신이었다. 그리고 한나
라 환혜왕으로부터 진나라에 파견되는 사신
의 책무를 받게 된 것이었다.

　그가 진나라 사신으로 가기 전 환혜왕과
의 의논 내용은 이러했다. 첫째, 어떤 방법
을 강구하더라도 진나라의 공격을 삼 년 정
도는 멈출 수 있도록 해야 한다는 것이었다.
결국 그 삼 년 동안 한나라는 최대한 국가를
안정시키고 군사력을 재정비할 수 있는 시

<한비자>

간적 여유를 갖겠다는 것이었다. 둘째로는 진나라로 하여금 불필요한 대공사
를 시작하게 하여 진나라의 국력을 소모시키자는 작전이었다. 즉 삼 년 동안
한나라는 국력을 늘리는 데 주력하는 반면에 진나라는 국력을 소모할 수 있
는 정책을 쓰도록 하려는 다목적 전략이었다.

　이 두 가지 목표를 달성할 수 있도록 하려면 첫째, 진나라 왕의 성격 파악
과 그가 무엇을 원하고 있는지를 잘 분석하여야만 하였다. 그리고 그 결과 진
왕의 불로장생에 대한 집착이라든가 또 다른 허황된 포부 등을 항상 가지고
있다는 사실을 파악하고 있었던 것이다. 물론 한비는 서시가 불로초를 구하
여 성공적으로 돌아올 수 있다고는 전혀 기대를 하지 않고 있었다. 그러나 일
단은 삼 년 간 진나라가 한나라를 침략하지 않도록 하는데 성공을 한 것이 되
었다. 또한 한비는 왕궁에 머물고 있음으로 해서 진왕과 자주 이야기할 수 있
는 절호의 기회를 갖게 된 것이었다. 물론 삼 년 후 불로초를 구하지 못하였
을 경우에는 죽음까지도 당할 수 있는 상황이 닥칠지도 모르겠지만 일단 삼
년이라는 기간은 그가 남은 임무를 완수하기에는 충분한 시간이었다.

만리장성

....

진왕 왕궁 어전. 진왕 어전 앞에 허리 굽혀 서 있는 한비가 진왕에게 아뢰었다.

"폐하, 소신이 이곳에 와서 폐하의 은덕으로 호강을 받으며 지낸 지가 어언 몇 개월이나 지난 것 같사옵니다. 이렇게 폐하의 은덕을 받으면서도 소신이 폐하께 도움을 드리는 것이 아무것도 없으니 하루하루가 그저 송구스러울 뿐이옵니다. 하온즉 혹 이 몸이 조금이나마 폐하께 도움이 될까하여 지금까지 소신이 뜻 하는 바 몇 가지를 아뢰옵고자 하오니 허락하여 주시옵소서."

이에 진왕이 말했다.

"그래, 그것이 무엇인지 말을 해보시오."

한비가 다시 말을 이었다.

"소신이 보기에는 저 북방에 있는 오랑캐들이 시와 때를 가리지 않고 진나라 변방을 침입하여 폐하의 백성을 괴롭히고 있다는 소문을 누차 들은 바 있사옵니다. 이에 소신이 나름대로 생각해 본 바 오랑캐들이 출몰하는 북쪽 변방에 장성을 쌓는 것이 좋을 듯싶습니다. 장성이라는 것은 쌓을 때는 노고가 많이 들지만 일단 쌓아놓고 나면 최소의 군사만으로도 능히 오랑캐의 침략을 물리칠 수가 있고, 또한 장성을 쌓음으로써 그곳까지는 폐하의 땅이라는 것을 온 천하에 알리는 것이오니 그 장성만으로도 폐하의 위엄을 온 천하에 떨칠 수 있는 아주 좋은 징표가 될 것이라 생각하옵니다!"

이 말을 들은 진왕은 크게 기뻐하며,

"어찌 그대의 생각이 짐의 생각과 그리도 같은 고. 짐 역시 거대한 장성을 쌓아 이 진나라의 위대함과 이 짐의 위용을 만천하에 보이고 싶었다네. 그래, 이 나라와 짐을 위한 또 다른 생각은 없는고?"

하고 물었다. 이에 한비는 거침없이 말을 이어갔다.

"이미 서시와 노생, 후생 세 사람이 폐하의 불로장생을 위해 불로초를 구하러 떠났거늘 소신은 틀림없이 그들이 불로초를 구하여 폐하께옵서 불로장생하실 줄을 굳게 믿사옵나이다. 그러나 아무리 불로초라 한들 그로 인하여 삼백 년 사백 년을 향수할지 모르나 영생은 얻지 못하는 것으로 알고 있사옵나이다."

진왕은 사뭇 진지한 표정이 되었고 한비의 말은 계속 이어졌다.

"하온즉 폐하께서 장차 천하를 통일하시고 이 나라가 천 년 아니 만 년을 이어가게 하시려면 폐하께서 사후에서라도 이 나라를 이끌어 가시는 영적 제왕이 되셔야 하온데 그러려면 사후에도 폐하께서 거처하실 훌륭한 왕궁이 있어야 할 것으로 사료되옵니다. 아울러 그 왕궁은 지금 폐하께서 거처하시는 왕궁보다 더 웅장하여야 하옵고 또한 하루라도 빨리 시작하심이 좋을 듯싶사옵니다."

한비의 말이 끝나자 진왕의 모습은 더욱 심각한 표정이었다. 그리고 중얼거리듯 말했다.

"음! 영생이라, 영원이라, 영적 제왕이라. 그래! 짐이 깊게 한 번 생각해 보겠네!"

참으로 황당한 이야기였다. 누가 들어 보아도 황당무계한 이야기임이 명백한 말이었다.

그러나 보라! 이 황당한 이야기가 엄연한 현실로 이어지고 있는 것 아닌가. 지금도 웅장하게 버티고 있는 저 만리장성을 보라. 가히 놀랍지 않은가! 그리고 역시 오늘날에도 남아 있는 저 거대한 진시황릉(일명 여산릉)을 보라. 그 무덤 안에는 궁전과 누각도 있고 그것들은 각종 진귀한 보석으로 채워져 있으며 수은으로 황하강, 양자강을 만들어 놓았고 천장에는 진주와 수정으로 해와 달과 별까지 만들어 놓지 않았던가! 또한 호위를 하고 있는 만 여 명의 무사와 군마를 보라. 도대체 인간이란 어떤 존재이던가? 도대체 인간의 욕망이란 과연 무엇이던가? 그리고 그 끝은 어디란 말인가?

한비의 이러한 지략으로 그의 계획은 상당히 순조롭게 이루어지는 것 같았다. 그러나 서시와 노생, 후생 세 사람이 불로초를 구하러간 지 꼭 삼 년이 되던 날 밤, 한비의 방에 침입한 정위 이사의 수하들은 한비에게 강제로 독약을 먹여 한비를 살해하였으며, 다음날 이사는 진왕 앞에 이렇게 아뢰었다.

"삼 년이 되어도 불로초의 소식이 없으니 처형이 두려워 아예 스스로 목숨을 끊은 듯싶사옵니다."

이때가 바로 기원전 233년 즉 진왕 14년의 일이며, 한비 나이 47세였다. 그러나 아쉽게도 한비의 이러한 희생에도 불구하고 한비가 죽은 지 삼 년 후, 그러니까 기원전 230년에 한나라는 진왕에 의하여 멸망하고 말았다.

그 이우 진나라는 차례로 조나라를 멸망시켰고(BC 228년), 연이어 연 나라(BC 222년), 제나라(BC 221년)를 멸망시킴으로써 드디어 천하 통일을 이루게 되었고, 진왕은 이제 진시황제가 되었던 것이었다.

※ 송로버섯(松露) 「트러플」

소나무 진액이 땅속으로 스며들어가 약100년 정도 지나서 호박(琥珀)이라는 보석이 되기 직전 생성되는 버섯으로 철갑상어 알, 거위의 간을 비롯한 세계 3대 식품 중의 하나로 꼽는 알 버섯과의 버섯. 유럽에서는 프랑스, 이태리, 스페인 등 지중해 주변에서 매년 11월이면 트러플 축제가 열림. 2005년 11월 이태리에서 국제 경매를 통하여 판매된 최고 가격이 1kg당 약 1억 원에 낙찰된 경우가 있음. 특히 송로버섯만 전문적으로 찾는 잘 훈련된 개 1마리의 가격이 약 천만 원에 이름.

분서갱유

(焚書坑儒 / BC 213)

....

진시왕은 떨리는 손으로 만져 보았다. 이리도 살펴보고 저리도 살펴보며 떨리는 음성으로 입을 열었다.

"오호! 어찌 이리도 탐스러운고! 어찌 이리도 탐스러운고! 이것이 식물인가 동물인가? 어찌 이리도 신비스럽게 생겼는고!"

그리고 노생과 후생을 바라보며 말을 이어갔다.

"내 그대들에게 약속한대로 그대들이 감히 감당할 수 없는 부귀영화를 내리겠노라."

그리고 노생과 후생은 일등 공신으로써 최고의 부귀영화를 누리는 신분이 되었으며 진시왕으로부터 가장 총애 받는, 그리고 가장 신임을 받는 신하가 되었다. 그러나 노생, 후생 두 사람의 심기는 결코 편안하지 못했다. 물론 그 첫 번째 이유는 그들이 가져온 불로초의 진위 여부였다. 그들은 서시의 말대로 그 알을 낳았다는 봉황을 직접 보지 못했기에 그들 스스로 불로초에 대한 확고한 확신이 없었던 것이었다. 그리고 그들의 생활 태도는 서서히 변하고 있었다.

그들은 이제 칼과 창과 무예를 멀리하고 학문에 관심을 기울이기 시작하였다. 그리고 그들의 학문은 점진적으로 로서 유학(儒學)의 길을 걷고 있었다. 그들은 인(仁)을 중시하였고, 정치(政治)의 이(理)를 깨달았으며, 천(天)의 명(命)을 소중하게 생각하였고, 시(詩)·서(書)·예(禮)·덕(德)을 공경하였다. 그러나 진나라의 통치는 그들의 뜻과는 정반대로 나아가고 있었고 계속되는 전쟁과 거대한 토목 공사로 인하여 백성들의 고통은 극으로 치닫고 있었다. 이 와중에서 이사 역시 최고의 직위인 승상에 이르렀고 (BC214), 그의 오만함과 횡포는 하늘 높은 줄 몰랐으니 자연히 두 사람과 이사의 사이도 점점 멀어져만 가고 있었다. 그럼에도 불구하고 진나라는 더욱 왕성하여져서 마침내 천하 통일을 이루었으니(BC 221년) 이제 진왕은 진시황제로 변모하여 온 천하를 통치하는 동시에 그는 더욱 포악해져가고 있음을 노생, 후생은 깨닫고 있었다.

진왕, 아니 이제 진시황제는 천하 통일을 이룬 이 위엄의 모든 것이 불로초에 기인한 것이라고 믿었다. 그러던 어느 날 그도 보통 사람과 마찬가지로 중병에 걸리고 말았다. 병석에 누운 그는 곰곰이 혼자 생각해보았다.

"과연 진짜 불로초를 먹었다면 아프지도 않아야 할 것이고 병들지도 않아야 할 것 아니던가? 그런데 지금 나는 이름도 알 수 없는 병에 걸려 이렇게 자리에 누워 있지 않는가?"

그리고 그는 점차 불로초라는 것에 대하여 의문을 갖게 되었다.

천하 통일이 이룩된 후 이사는 승상이라는 최고의 벼슬에 올라 막강한 권세를 누렸다. 이사는 황제가 천하를 몸소 다스리는 서른여섯 개의 군으로 나라를 구분하고 그 밑에 현을 두어 조직적으로 일사불란하게 천하를 통치하는 제도를 만들었다. 그리고 통일된 천하를 효율적으로 통치하기 위해서 길이의 단위도, 무게의 단위도, 부피의 단위도, 차륜의 폭도 통일을 시켰다. 그리고 통일 전의 봉건 제도를 철저히 없애버리고 강력한 전제 군주 정치를 펼쳐 나가도록 황제를 설득시킴과 동시에 진나라 이전의 모든 통치를 위한 사상들을 모두 지워버려 어떠한 사상도, 어떠한 철학도 진황제의 통치력에 위배되는 것이라면 모두 없애야 한다고 주장하였다.

그에 반하여 노생과 후생을 중심으로 한 유학자들은 군주는 모름지기 백성을 다스림에 있어서 천륜(天綸)과 천리(天理), 인애(仁愛)를 경외하고 인과 덕과 예를 중시하여 수신(修身) 제가(齊家) 치국(治國) 평천하(平天下)를 이룸이 군주의 당위 규범(當爲規範)임을 강조하였다. 이 때 가까스로 병환에서 깨어난 황제는 이사와 노생, 후생 그리고 몇몇의 신하들이 함께한 자리에서 불로초에 관한 진실을 알게 되고 그것이 진짜 불로초가 아닐지도 모른다는 이야기를 듣게 되었다.

이에 진시황제는 당연히 대노하였으며, 아울러 승상 이사에게도 일련의 책임이 있음을 강조하였다. 이에 이사는 이 불로초 사건으로 인하여 자신에게 위기감이 다가오고 있음을 느끼고 있었다.

그러나 이사가 누구인가? 그는 자신에게 완전히 불리한 이 위기를 활용하여 오히려 자신의 정적이었던 유학자들을 제거할 호기로 바꾸고자 또 다른 거대한 음모를 계획하고 있었던 것이었다. 결국 노생, 후생은 아무도 모르게 진나라를 떠나 버렸으며 승상 이사는 노생, 후생이 평소 유학자들과 가까이 하였음을 활용하여 평소 이사 자신의 소신대로 유학 사상의 근간이 되는 모든 서적을 불사를 것을 진언하게 되고 진시황제는 서적을 불태우고 동시에 유학자 460여 명을 생매장시켜버렸으니 이것이 바로 그 유명한 분서갱유(焚書坑儒. BC 213년)사건이었다.

이 일이 있은 얼마 후 진시황제는 제5차 순유(巡遊:천하를 방문함)를 하던 중 사구(沙丘:지금의 하북성 평향 동부)에서 급작스레 병사하였고, 이 사실은 승상 이사, 환관 조고, 둘째아들 호해 등에 의해 수도 함양으로 옮겨질 때까지 비밀에 붙여졌으며, 이후 진시황릉(여산릉)에 묻혔으니(BC 210년) 그의 나이 50세였고, 진왕이 된 지 36년이요, 황제가 된 지 11년 되던 해였다.

'환관 조고' 그는 비록 환관 출신이긴 하지만 그의 영악함은 이사를 훨씬 능가하는 인물이었다. 오죽하였으면 후세 사학자들은 진회 이임보와 함께 그를 중국의 3대 간신이라고 불렀겠는가. 어쨌거나 조고는 진시황제가 5차 순유를 하던 중 황제의 바로 곁에서 시중을 들고 있던 점을 최대한 활용하여 '승상 이사가 진짜 불로초가 있는 문도를 황제 모르게 보관하고 있다가 노생, 후생으로 하여금 스스로 도망치는 것처럼 위장하여 진나라를 떠나 진짜 불로초를 구하러 보냈으며, 이를 빌미로 이사의 정적인 유학자들을 제거하였고, 노생, 후생이 진짜 불로초를 찾아오는 시기에 맞추어 황제를 살해하고자 계획하고 있는 것 같다'라는 거짓 정보를 황제에게 고하였고, 이사에게는 '황제의 순유가 끝나는 대로 황제가 이사를 처형할 것 같다.'는 거짓말을 함으로써 이사의 묵인 아래 황제를 독살하였으며, 결국 조고는 권세를 이사와 함께 공유하는데 성공하였고, 이후 결국 황제의 후계자인 장남 부소를 중상 모략하여 처형하였으며, 힘없는 둘째 아들 호해를 황제로 올려놓고 조고는 낭중관이라는 막강한자리에 올라 모든 권력을 쥐었다.

하지만 황제가 죽을 당시 황제가 소유하고 있던 불로초에 관한 문도(文圖)의 행방을 아는 사람은 아무도 없었다. 이후 조고는 이사와 함께 모의하여 진시황제의 장남인 부소(扶疏)를 죽음으로 몰아넣은 다음 둘째 아들 호해(湖亥)를 제위(帝位)에 올려놓고는 두 사람이 함께 최고의 권세를 누리게 되었다. 그러나 낭중관 조고는 승상 이사에게 역모의 누명을 씌워 함양의 거리 한가운데서 허리가 잘리는 형벌을 가하였고 (BC208년. 이세황제2년), 드디어 그는 최고의 권세를 한 손에 쥐었다. 그러나 그 역시 오래가지는 못하였다. 이사를 죽이고 난 환관 조고는 마침내 이세 황제 호해까지 살해하고, 자영(紫英)을 삼세 황제로 옹립하여 영화를 누렸으나 새로운 왕국인 한(漢)나라 유방에 의해 패하여 이사와 똑같은 방법으로 처형을 당하였으며 이로써 첫 통일 왕국인 진나라는 통일 후 기껏 15년 만에 멸망하게 되었던 것이었으니, 참으로 세상 권세와 부귀영화가 한낱 물거품에 지나지 않음을 깨달을 수 있는 것이다(BC 206).

서시(徐市)

....

기원전 233년(진황 정14년). 동쪽 끝 바닷가 어느 마을. 노생과 후생이 불로초를 가지고 돌아간 후 서시 노인은 한동안 어느 작은 바닷가 마을에서 머무르고 있었다. 그러나 그의 마음속에는 불로초에 대한 미련이 여전히 남아 있었다. 아니, 불로초라기보다는 자기 눈으로 확인하지 못한 그 봉황(鳳凰)이라는 새의 존재였다. 그리고 어느 날 그는 만반의 준비를 갖추고는 다시금 바다 속의 동굴을 찾았다. 이미 한 번 지나왔던 길인지라 별 어려움 없이 다시 그 동굴 속 호수로 들어갈 수가 있었다.

그는 이제 그곳에 널리 피어 있는 불로초에는 전혀 관심이 없었다. 오직 봉황이라는 전설 속의 큰 새를 자기 눈으로 직접 확인해보고 싶은 마음뿐이었다. 호숫가에 도달한 서시는 어떻게 하면 그 봉황을 찾을 수 있을까 곰곰이 생각하여 보았으나 뾰족한 방법이 없는 듯싶었다. 그리고는 우선 발길이 닿기 쉬운 곳부터 샅샅이 찾아보는 방법 밖에 없는 듯싶었다. 그리고 는 우선 발길이 닿기 쉬운 곳부터 하나하나 찾아 나서기 시작하였다. 그러나 그것이 그렇게 수월한 일은 결코 아니었다. 하지만 이대로 주저앉을 수는 없는 노릇이었다.

그의 노력은 계속 되었다. 험한 절벽을 오르고 깊고 어두운 동굴을 헤매다 길도 잃어버려 절망에 빠진 적도 있었고, 아예 포기하고 되돌아갈까하는 생각도 들 때가 있었다. 그렇게 하기를 얼마나 흘렀을까? 이제 그는 지쳐서 쓰러지고 말았다. 정신은 혼미해지고 눈은 가물가물 거렸다. "아! 나는 결국 이렇게 이곳에서 모든 것이 끝나고 마는구나!" 그리고 무거운 그의 눈꺼풀은 자기도 모르는 사이에 아래로 깔리고 있었고, 그의 의식은 가물가물 해져만 갔다.

저기 보이는 저것이 무엇일꼬? 황금색을 띄고 있는 커다란 저것이 무엇일꼬? 아니 저것이 훨훨 날고 있지 않은가? 머리는 붉고 황금색의 긴 날개는 하늘 가운데 너울거리고 있구나. 긴 꼬리는 때로는 하늘을 향해 오르는 듯이 하더니 또 땅으로 너울거리며 잠시 이쪽으로 향하는 듯싶더니 이내 저쪽으로 가는구나. 저 새가 어디로 가는고! 오라! 저 황금 계단 사이로 사라져가는 도다.

서시는 정신을 번쩍 차리며 눈을 떴다. 이것이 도대체 꿈이던가 생시던가.

아니 꿈이면 어떻고 생시면 또 어떤가. 분명히 황금 새가 저 황금 계단으로 올라가고 있는 것을 똑똑히 보지 않았던가! 사실 강 위쪽으로는 동굴이 없었던 것이었다. 여태껏 서시는 아래쪽 양옆 절벽 사이로 무수히 많은 동굴만 열심히 다니고 있었던 것이다. 그런데 그 황금 계단 위쪽에 동굴이 있으리라고는 전혀 생각을 하지 못하였다. 아니 그보다 아래쪽에서는 아무리 쳐다보아도 동굴 같은 것은 전혀 보이질 않았다. 더군다나 그 황금색 계단 위쪽으로는 너무 미끄러워 올라갈 수도 없는 구조이기에 감히 엄두를 낼 수가 없었다. 그러기에 일찌감치 그곳은 당연히 굴도 없고 따라서 조사의 대상도 되지 않았던 것이었다.

이제 그는 새롭게 힘이 솟아나고 있었다. 그리고 그는 새로운 시도를 작정하고 있었다. 저 높이 휘감고 있는 황금 계단 아래부터 돌단을 쌓기 시작하였다. 이 일이 얼마나 많은 시간이 소요될지는 알 수가 없었다. 그러나 분명히 봉황이 있다는 확신을 가지고 시행하는 일인지라 힘이 솟아나고 있었다. 그는 서두르지도 않았다. 그렇다고 절망도 결코 하지 않았다. 그저 하나씩 하나씩 돌계단을 쌓아가고 있었던 것이었다.

이윽고 저 높은 곳까지 돌단이 쌓였을 때, 오호라! 황금 계단 끝자락 큰 기둥 뒤에 큰 동굴 하나가 보이지 않는가! 그래 분명 저 곳 이로고. 그리고 그 동굴로 올라가기 시작하였다. 그리고 서시는 한없이, 한없이 걸어가고 있었다. 아마도 닷새 엿새 정도가 되었다고 생각될 즈음 드디어 서시의 눈 앞에는 새로운 장관이 펼쳐졌던 것이었다. 저쪽 황금 계단이 있는 동굴과 버금가는 또 다른 신천지가 눈앞에 나타났던 것이었다.

서시는 조심스럽게 새로 나타난 긴 강을 따라 아래로, 아래로 걷고 있었다. 그리고는 새로운 큰 호수가 그의 눈앞에 나타났다. 도대체 이곳은 얼마나 많은 동굴이 있단 말인가? 이 호수 역시 저쪽 동굴 호수와 연결이라도 되어 있는 것일까? 그렇다면 이 호수도 바다와 연결이 되어 있단 말인가? 이런 여러

가지 의문을 품은 채 동굴 속을 이리저리 탐색하고 있을 즈음 역시 새하얀 눈송이처럼 닮은 한 송이의 하얀 풀잎 송이를 찾아냈던 것이었다. 그러나 그 하얀 풀잎 송이는 저쪽 것보다 훨씬 더 크고 더욱 탐스러워 보였다. 그리고 그 풀잎 송이 아래에는 아주 큼직한 새하얀 알이 매달려 있었다.

<봉황새>

서시는 흥분되는 마음을 가라앉히며 몇 송이의 흰 풀잎 송이를 더 찾을 수가 있었다. 그래 바로 이 것이야! 이것이 진짜 불로초임에 틀림이 없어! 혼자서 이렇게 외치고 있을 때 저 멀리 황금빛 색깔을 띤 커다란 새 한 마리가 천장 위를 한 바퀴 휙 돌고 있는 것이 아닌가! 서시는 놀라움보다는 경이로운 마음이 먼저 앞서고 있었다. 이 세상에는 저리도 아름다운 새가 있단 말인가! "저것은 새가 아니라 창조주가 우리 인간을 위해 보내신 뭔가 뜻 깊은 선물임에 틀림이 없어." 이렇게 생각한 서시는 자기도 모르는 사이에 그 새를 따라 천천히 강 위쪽으로 걸어가고 있었다.

그런데 강 위쪽으로 올라갈수록 강바닥이 누렇게 변하고 있는 것이 아닌가! 벽면 또한 보라. 저 벽면은 또 어떻게 생겼는고, 저 언덕 사이사이에 누런 층으로 쌓여 있는 저것은 무엇이고. 오라 황금이로고, 황금이로고. 그렇다면 이곳이 황금 동굴 아니던가! 봐. 높은 곳에서부터 뻗어 내린 호박(琥珀)층이 있고 그 호박 층 사이사이에 끼인 황금 층 언덕을 보라. 무수히 많은 저 황금 언덕을 보라. 이만큼의 황금이라면 가히 이 천하를 통째로 사고도 남을 듯싶은 황금이 아닌가! 그 황금들이 쓸려내려 바닥 역시 황금부스러기로 가득 차 있지 않은가! 서시는 정신이 몽롱해짐을 느끼고 있었다. 그러나 다시금 정신을 차리고 황금 새를 찾아 올라갔다.

이윽고 그 황금 새는 어느 한곳에 앉아 있는데 어쩐지 그 모습이 처량해보이지 않는가! 좀 더 다가가서 가만히 살펴보니 이게 무엇인가? 이것이 무엇인가? 그것은 엄청나게 큰 새의 뼈였던 것이다. 그리고 그것은 한 마리의 것이 아니고 두 마리였던 것이다. 이것이 어찌된 일인고, 이것이 과연 어떻게 된 것이란 말인가?

황금색의 그 새는 여전히 높은 천장을 이리저리 날아 다녔다. 서시는 혼자서 곰곰이 생각을 해보았다. 그리고 이렇게 가정을 해보았다. 만약 저기 있는 저 뼈가 지금 날고 있는 황금 새의 어미, 애비라면…… 맞아! 그건 틀림이 없어. 그렇다면 그 어미, 애비 새는 무슨 사유로 인하여 이 동굴 속으로 들어왔다가 저 새를 낳고 죽었어. 그리고 저 새는 혼자 부화를 한 것 일거야, 아니면 어미 새가 먼저 죽든 애비 새가 먼저 죽든 아무튼 누구 한마리가 먼저 죽고 나머지 새가 저 새를 키우다가 또 죽었고, 그렇다면 지금 저 새는 마지막 남은 새란 말인가! 짝이 없으니 설령 알을 낳는다고 해도 부화할 수 없는 알을 낳고 있다는 말이 아닌가? 그리고 부화되지 못하는 그 알은 바로 저 하얀 풀잎 송이로 변해가고 있는 것이로구나. 이렇게 생각을 하니 어쩌면 혼자 남아 있는 새가 측은해 보이기도 하였다. 오라! 저 황금새는 자기가 이 세상 마지막 새인 줄 알고 있는 것이로구나. 그래서 저렇게 슬퍼 보이는구나.

그런데 저 두 마리 새는 어디로 들어왔을까? 또한 왜 이 동굴을 빠져나가지 못하였을까? 글쎄, 아마 들어온 입구가 땅의 노진(怒震)으로 인하여 무너져 막혀 버렸을까? 그렇다면 그것은 조물주 고의적인 의도일지도 몰라. 그러게, 세상사람 모두가 팔백 수 이상을 살아갈 수 있다면 언뜻 생각하기에는 좋을 것 같으나 결코 그렇지만은 않을 것이야. 인간 모두가 오래산다고 해서 결코 좋은 일만 있지는 않을 것이야. 어쩌면 더 좋지 않은 결과가 일어날지도 몰라. 내 일찍이 한비와 함께 순자 문하에 있을 때 성악설(性惡說)에 대하여 논의한 적이 있지 않았던가!

사람은 태어날 때부터 이미 물욕, 성욕, 명예욕 등등 많은 욕망을 안고 태어나지 않았던가! 정도의 차이는 있을지 몰라도 음란함, 사악함, 교활함, 시기심, 질투심 등의 모습을 제각기 안고 있지 않은가! 그런 인간이 모두가 팔백 수 이상을 살아간다면 이 세상은 어떤 모습이 되겠는가!

한참 이런 생각 저런 생각으로 복잡한 심정을 안고 있던 서시는 단호한 결심을 내렸다. 그래! 이런 사실을 나 혼자 알고 있을 수는 없어. 일단 밖으로 나가서 내가 본 이곳의 모든 것을 글로 남겨 두도록 하자. 어차피 나는 이제 늙은 몸, 그러나 이곳의 모든 것들은 이곳에 살아가고 있는 사람들의 것이 아니가? 그리고 이곳 사람들이 활용해야 하는 것 아닌가? 그러려면 이 모든 것을 이곳 사람들이 사용할 수 있도록 이곳의 모든 사실을 글로 남겨 두고 이제 이 몸은 저 금강산으로 들어가 남은 여생을 아름답게 살다가 떠나자.

그러나 또 한 가지 문제가 있었다. 그것은 이제 이곳을 빠져나가는 것이었다. 물론 서시는 나갈 수 있는 길은 알고 있었지만 그것은 너무나 험난한 길이었다.

"분명 내가 들어왔던 길 말고 좀 더 쉬운 길이 있을 거야."

이렇게 생각한 서시는 주위에 흩어져 있는 동굴들을 하나하나 살펴보면서 가장 가능성이 있다고 판단되는 동굴 하나를 찾아내었다. 즉 횃불을 피웠을 때 횃불 불꽃이 가장 세차게 빨려 들어가는 동굴을 선택하였던 것이다. 그리고 또 어두운 동굴 속을 걷고 또 걸었다. 역시나 굴속에서 헤맨 지가 닷새 엿새가 지났을 즈음 드디어 환한 햇살과 함께 바깥세상이 눈앞에 나타났던 것이다.

서시가 좁디좁은 동굴 바깥으로 겨우 얼굴을 내밀고 앞을 쳐다보니 그 앞에는 푸른 강과 푸른 들이 넓디넓게 펼쳐져 있었다. 그리고 서시가 서 있는 그 동굴 입구는 강 옆에 서 있는 절벽의 중간쯤에 위치하고 있었다. 따뜻한 햇살과 싱그러운 바람을 맞으며 서시는 이렇게 생각을 하였다.

"그래, 역시 사람이 살아가야 하는 곳은 바깥세상이야. 저 동굴 속에 아무리 많은 황금이 있고 아무리 좋은 불로초가 있다 한들 이 바깥세상의 따뜻한 햇빛과 맑은 공기, 저 푸른 들판, 저 푸른 강물에 어찌 비할 수 있으랴."

이렇게 생각하고 있을 즈음 서시 눈앞에 펼쳐져 있는 그 모습들이 어디서 한 번 본 듯한 생각이 들었다. 아니, 본 듯한 것이 아니라 틀림없이 보았던 곳이었다. 그 때 그의 머릿속에 불현듯이 생각나는 것이 있었다.

"맞아! 이곳이 바로 고랑포(高浪浦)야. 그래 고랑포가 분명해!

나와 노생, 후생 세 사람이 처음 이곳을 찾아올 때 배에서 내려 처음으로 육로로 바꾸었던 그곳이 바로 이곳이었어. 그때 보았던 높은 절벽이 바로 내가 서있는 이곳이야!"

서시는 정말 놀랍고 놀랄 뿐이었다. 그렇다면 나하고 노생, 후생 세 사람이 처음 육로로 이곳을 지나 동쪽으로 가서 다시 강줄기를 타고 피모개와 두타연을 지나 금강산에 오른 후 그곳에서 동굴을 따라 다시 내려오고, 그리고 동굴 속 호수에서 동해 바다로 빠져나와 그곳에서 노생, 후생과 헤어지고 나서 이 몸은 다시 바다 동굴 속으로 들어가 봉황을 따라서 긴 동굴을 거쳐 황금 동굴에 도달하였고, 그곳에서 다시 서쪽으로 향하는 동굴 속을 지나 이곳까지 왔으니 결국은 땅 위로 갔다가 땅 밑 동굴을 거쳐 다시 이곳 고랑포에 왔다는 이야기 아닌가? 참으로 서시 스스로가 생각해 보아도 놀랄만한 이야기였던 것이었다.

그리고 서시는 지금까지 자기가 지나왔던 길과 자기가 보았던

모든 내용들을 문도(文圖)로 작성하여 품속에 간직한 채 그는 다시 금강산으로 발걸음을 향하였다. 그리고 그 문도는,

"부디 이 문도가 이 땅에 꼭 필요할 때 그리고 이 땅에 꼭 필요한 사람에게 전해지기를 바란다!"

라는 부탁과 함께 어느 신선에게 전하여졌다.

간음한 여인과 가롯 유다

....

AD30년 이스라엘, 이 세상에 온전히 선(善)한 사람이 있을까? 아니면 온전히 악(惡)하다고만 불릴 수 있는 사람 또한 있을까? 그리고 완전한 선과 완전한 악을 구별할 수 있는 기준은 또 무엇일까?

AD30년경 이스라엘에 살고 있는 이 여인은, 남편은 이미 병으로 세상을 떠났고 남은 아이 둘을 데리고 살아가는 가련한 여인이었다. 이 여인의 간절한 소망은 자기와 두 아이를 먹여 살려줄 수 있는 남자만 나타난다면 더이상 바랄 나위없는 것이었다. 그러나 세상의 남자들이 두 아이를 거느린 이 여인을 아내로 맞이하고자 하는 자는 아무도 없었다. 남의 집 빨래도 해보았고 추수가 끝난 남의 집 밭에서 이삭도 주워보고, 어쨌건 그녀가 할 수 있는 일이라곤 해보지 않은 일이 없었다. 그러나 그녀의 그 벌이만으로는 두 아이와 함께 살아가기가 너무나 벅차고 힘겨웠다.

어느 날 부유하게 사는 한 잔칫집에서 심부름꾼으로 일을 하고 있었다. 일이 다 끝난 저녁 무렵, 대가로 받은 음식 보따리를 들고 아이들에게로 갈려고 할 때 그녀는 또 다른 어떤 일을 당해야만 했다. 그 집 남자 주인에게 강제로 이끌려 그의 몸 아래에 깔렸다. 얼마 후 흡족한 표정의 그 사내는 동전 몇 닢

을 던져주며 하는 말이, 힘들고 어려울 때면 고생하지 말고 자기를 찾아오라
는 것이었다.

　이날의 일로 인하여 그녀와 두 아이는 얼마동안 편안히 배부르게 지낼 수
있었다. 그리고 얼마 후에는 그녀 자신도 모르게 그 남자를 찾아 나서게 되었
다. 그녀가 당연한 듯이 찾아나서는 횟수가 늘었고, 처음에 느꼈던 수치심이
나 죄책감은 이제 전혀 찾아볼 수도 없었다. 그러나 그녀에게 가장 무서운 것
이 한 가지 있었으니 그것은 바로 법이라는 것이었다. 도대체 이법(法)이라는
것이 대부분 있는 자들이나 권력을 쥔 자들을 위한 것인 듯싶고, 그것은 예나
지금이나 마찬가지인 듯하였다. 어쨌거나 그 당시의 법은 바로 모세의 율법,
즉 "간음하다 들킨 여자는 돌로 쳐 죽이라."는 무시무시한 율법이었다. 그러
나 어쩌랴! 한 번 들린 맛은 놓칠 수가 없고, 남의 집 빨래를 하거나 이삭 줍는
일, 땔감을 모아 시장에 내다 파는 일 등은 죽기보다 더 하기 싫어져 버렸다.

　어느 날 마을 회관에서 회의가 열렸다. 모세의 율법을 해석하고 그것을 가
르치는 일을 맡고 있는 '서기관'과 율법의 내용을 가르치고 제사를 관장하는
'랍비'와 율법의 내용을 굳건히 지키며 살아가는 것을 철칙으로 삼고 있는 '
바리새인'들이 모여 무언가에 대한 대책 회의를 열고 있었다.

　먼저 랍비가 말문을 열었다.

랍　　비　요즈음 우리 마을에 스스로 하나님의 아들이라고 자칭하며 민심
　　　　　을 흉흉하게 만드는 자가 있다는데 도대체 그것이 어떻게 된 일
　　　　　이요?

바리새인 1　예, 랍비여. 말씀하신대로 그 자는 스스로 하나님의 아들이 라고
　　　　　하기도 하고 때로는 스스로 메시아라 하기도 하며 온 마을을 휘
　　　　　젓고 다닌다고 합니다.

바리새인 2　예, 맞습니다. 그런데 문제는 많은 사람들이 그자의 말을 믿고 따
　　　　　르는 자가 헤아릴 수도 없다고 하니 이 일을 그대로 두고만 볼 수

	없는 일인 듯싶습니다.
바리새인 1	엊그제께만 해도 산 위에서 설교를 하는데 그자의 설교를 듣고 자 하는 이가 오천 명이나 되었다고 합니다.
서 기 관	혹 그자의 발언 중에 율법에 어긋나는 발언을 한 적이 있는가요?
바리새인 3	예, 있습니다. 그자는 노골적으로 안식일을 지키지 않아도 된다고 하고 있답니다. 또한 그자로 인하여 제사장이나 랍비의 권위가 훼손되고 있어 민중들이 제사장을 얕잡아 보기까지 하고 있답니다.
랍 비	그렇다면 당장 그를 잡아다가 응징을 하면 되지 않아요?
바리새인 1	랍비여. 그것이 그렇게 간단한 문제가 아닌 듯싶습니다. 왜냐하면 그를 따르는 자가 수천 명에 이른다고 하니 섣불리 그를 응징하였다가는 오히려 큰 화를 불러일으킬지도 모릅니다.
랍 비	그렇다면 그자가 군중들의 큰 호응을 받고 있는 이유는 무엇이오?
바리새인 3	그는 스스로 하나님의 아들이라고 자칭하고 있고, 그자는 안식일을 지키는 것보다 서로서로 사랑하라, 하는 것을 주요 골자로 설교를 하고 있습니다. 다시 말해 율법을 지키는 것보다 안식일을 지키는 것보다 서로 아끼고 서로의 죄를 용서하고 서로 사랑해야 하는 것을 가장 중점적으로 설교를 하고 있다고 합니다.
랍 비	모세의 율법은 우리 이스라엘 민족이 수천 년간 지키며 내려온 우리 민족의 가장 중요한 율법인데 이것을 지키지 않아도 된다는 것은 우리에게 정면으로 도전을 하고 있다는 것 아니요. 그것을 그대로 내버려둔다는 것은 말도 안 되는 일이지요. 무슨 수를 쓰더라도 그를 그대로 놔두면 안 돼요.
서 기 관	그러나 랍비여. 지금 우리에게는 그런 자를 처벌할 권한이 없습

니다. 그런 권한은 로마군이 갖고 있습니다. 그자를 처벌하려면 먼저 우리가 로마군에게 가서 그들을 설득하여 로마군이 그를 처벌하도록 하여야 합니다.

랍　　비　　그 때까지 어떻게 기다리란 말이오. 그 동안에 그자는 교묘한 술수를 써서 민중을 선동하고 급기야는 모든 민중이 우리에게 등을 돌리고 그자에게로만 향하게 된다면 그 때는 이미 늦은 것 아니오.

　한참을 의논하고 있던 중 어린 목동인 듯한 한 사내가 회당 안으로 들어오면서 숨 가쁜 목소리로 말했다.

사　　내　　선생님들이여. 우리가 지금 대낮에 딴 남자와 간음하는 여자를 현장에서 붙잡았습니다. 어떻게 할까요?

랍　　비　　율법대로 해야지. 그런 나쁜 년은 돌로 치라고 율법에 그렇게 적혀있지 않나! 어서 돌로 쳐 죽이라고 해!

　이때, 서기관이 황급히 나서며 말했다.

서 기 관　　잠깐만 랍비여! 다시 한 번 생각해 봅시다.

　그리고는 그 서기관이 사내를 보며 물었다.

서 기 관　　얘야, 지금 간음하다 잡힌 여자가 어디에 있다고?

사　　내　　예. 지금 그 여인은 저 쪽 길모퉁이에 잡혀 있습니다.

서 기 관　　알았다. 그런데 요즈음 스스로 메시아라고 자칭하면서 길거리에서 설교하며 다니는 자가 지금 혹시 어디에 있는지 알고 있느냐?

사　　내　　예, 알아요. 아까 보니까 동네 입구 우물가 큰 나무 아래서 몇몇 사람과 쉬고 있는 것 같던데요.

서 기 관　　알았다, 얘야. 그 여인을 지금 돌로 치지 말고 곧장 이리로 데리고 오너라.

그리고 그 서기관은 마치 좋은 계획이라도 있는 듯이 모두를 번갈아 보며 이렇게 속삭였다.

서 기 관   랍비여! 그자는 분명 서로 용서하고 서로 사랑하라고 가르친다고 하였습니다. 그런데 모세의 율법에는 간음하다 들킨 여자는 돌로 쳐 죽이라고 되어 있습니다. 만약 우리가 그 여자를 그자에게 데려가서 어떻게 해야 하느냐고 물으면 그자는 어떤 대답을 할 것 같습니까? 만약 그자가 율법대로 돌로 치라고 한다면 그자는 그자신이 했던 말을 스스로 부정하는 꼴이 될 것입니다. 반대로 그자가 그 여자를 용서하라고 말한다면 이는 모세율법을 확실하게 거역하는 행위이니 우리가 그를 붙잡을 확실한 명분이 되는 것입니다. 어쨌거나 그자는 둘 중에 하나를 택하여야 할 입장이니 이것이야말로 그자를 잡아들일 수 있는 좋은 기회 아니겠습니까? 잘만 하면 그자를 먼저 돌로 칠 수 있을 수도 있을 것 같습니다.

얼마 후, 머리카락은 흐트러지고 대충 가린 옷 때문에 속살이 훤히 보이는 한 여인이 억센 사내들의 손에 이끌려 왔다. 그녀의 얼굴에는 이미 두려움을 가득 차 있었고, 곧 그녀에게 닥쳐올 돌 세례를 의식하고 있는지 공포감마저 그녀를 감싸고 있는 듯하였다. 이윽고 회당 아래서 랍비와 서기관, 바리새인들이 엄숙한 표정을 지으며 나오자 그녀는 그들을 바라보는 즉시 냉소적인 이상야릇한 미소를 엷게 띠었다. 그리고 재미난 일인 양 낄낄대는 많은 사람들과 함께 그들은 마을 입구 우물가 큰 나무 그늘 아래로 향하였다. 그곳에는 스스로 하나님의 아들이라고 일컫는 사람이 그의 제자인 듯한 몇 명과 함께 휴식을 취하고 있었다. 무리들 맨 앞에 서 있던 서기관이 메시아라고 자칭하는 사내 앞으로 다가서더니 공손한 몸짓과 표정을 지으며 말하였다.

"선생님이시여. 여기 간음하다가 현장에서 잡힌 여인을 데려 왔습니다. 모

<우물가의 여인>

세의 율법에는 간음하다가 잡힌 여자는 돌로 치라고 하였는데, 선생님이시여! 이 여인을 어찌해야 할까요?"

그 서기관은 예수에게 단순히 '이 여인을 어떻게 해야 할까요?' 라고 물은 것이 아니라 분명히 '모세의 율법에는 간음하다 잡힌 여자는 돌로 치라고 되어 있는데요.' 라는 말을 아주 강조하며 질문하였다. 즉 그 질문은 단순한 질문이 아니라 정치적인 무서운 음모가 깔려 있는 질문이었다. 서기관의 이 질문에 많은 사람들의 시선이 앉아 있는 선생에게로 쏠렸다. 그들의 손에는 이미 몇 개씩의 돌멩이가 쥐어져 있었으며 오직 선생이라는 그 사내의 말이 떨어지기만을 기다리고 있었고, 그 여인의 몸뚱아리는 부들부들 떨면서 땅바닥에 쓰러져 있었다.

한참의 시간이 흘렀음에도 선생은 계속 땅만 바라보고 있었다. 한 손으로는 나뭇가지로 땅바닥에 무엇을 쓰고 있는 듯 보였으나 여전히 말이 없었다. 어느 누군가가 다시 한 번 다그쳐 물으려고 하는 순간 선생은 그제야 주위 사람들을 둘러보며 천천히 입을 열었다.

"너희 중 죄 없는 자가 있으면 이 여자를 돌로 쳐라."

그리고 주위는 너무나 조용했다. 이윽고 한사람, 한사람씩 슬그머니 자리를 뜨기 시작하였다. 랍비도, 바리새인도, 서기관도, 돌멩이를 들고 있던 억센 사내들도 아무도 눈에 띄지 않았고 선생은 아직 땅바닥에 무언가를 쓰고 있었다. 또다시 얼마의 시간이 흐른 후 선생은 그 여인을 향하여 말하였다.

"당신을 심판하려 했던 자들은 다 어디 갔소? 돌을 던진 사람은 아무도 없었소?"

"예, 아무도 없습니다. 선생님."

그 여자는 안도의 한숨을 쉬며 선생을 보고 대답하였다.

"나도 당신의 죄를 묻지 않겠소. 돌아가시오. 그러나 다시는 같은 죄를 범하지 마시오. 그렇게만 하면 큰 축복을 받을 수 있을 것이오."

그리고 선생은 여전히 땅바닥에 무엇인가를 쓰고 있었다(요한복음 8장 3~11절). 그 여인은 땅바닥에 쓰인 글씨의 뜻은 알아볼 수는 없었지만 그 형태는 아직도 머릿속에 선명히 남아있었다.

'人子天',

그러나 랍비나 서기관, 바리새인들의 의지는 집요하였다. 그들은 자기민족 즉 유대(酉大)민족만이 하나님 여호와의 축복을 받을 수 있다는 선택된 민족이라는 의식이 확실하였고, 따라서 하나님의 계시인 모세 율법만이 그들을 지켜줄 수 있다고 확고히 믿고 있었다. 결국 그들은 그 사내의 열두제자 중 한 사람이 가롯 유다를 이용하여 그 사내를 십자가에 못 박혀 죽게 하였다.

가롯 유다. 그는 은 삼십 냥에 눈이 멀어 그의 스승을 배신하였고, 그 스승이 십자가에 못 박혀 처형당하는 모습을 본 순간 그는 그의 잘못을 깨달았다. 그리고 은 삼십 냥을 던져버리고는 자기 스승을 배반한 것보다 더 큰 죄악을 저지르고 말았다(마태복음 27장 3~8절). 그것은 바로 자살이었다.

<가롯 유다의 자살>

여기서 선생이라고 불리었던 '예수.' 그는 생애에 많은 기적을 보여주었다. 특히 그는 삼십팔 년이라는 긴 세월동안 중풍으로 고생하던 한 병자를 고쳐주었다(요한복음 5장 5절). 그리고 '예수'가 사형당한지 꼭 1912년이 지난 어느 날 동방의 한 작은 나라에 삼십팔도선이라는 눈에 보이지도 않는 경계선이 생겼다.

나의 독백 · 다빈치

....

　나의 할아버지도 이 피렌체 공화국의 공증인이었고 나의 아버지 또한 이 피렌체 공화국의 공증인이었으므로 나 역시 당연히 이 공화국의 공증인으로써 안락하고 품위 있는 귀족 생활을 하고 싶었으나 서자(庶子)라는 신분 때문에 공증인은커녕 변변한 일자리 하나 얻지 못하고 이렇게 방랑자의 신세를 면쳐 못하고 있구나. 도대체 왜 서자는 사람대접을 받지 못하고 이렇게 남에게 구박받고 학대받고 손가락질을 당하며 살아야 하는가? 사람으로서 이렇게 살아갈 바에는 차라리 태어나지 않았더라면 좋았을 것을 아니 태어났더라도 길모퉁이에서 아무나 보고 싱글 싱글 웃어대는 저 정신병자와 같은 몸으로 태어났더라면 더 좋았을 것을 아니 정신병자는 아니더라도 악취 나는 뒷골목에 볏짚 한 칸 깔고 자는 저 바보처럼 태어났더라면 더 좋았을 것을 만약 그랬더라면 지금 내 가슴속에서 이글이글 타오르는 이 불덩어리만큼은 없었으리라 하지만 이 가슴속에서 시간이 흐르면 흐를수록 더욱더 이글거리는 이 불덩어리를 어떻게 내 스스로 억제할 수가 없구나. 그러나 오히려 잘 된 일인지도 몰라. 늘 틀에 박혀서 살아가야 하는 고상한 귀족 생활 보다는 이렇게 자유로운 몸으로 늘 내가 꿈꾸어 왔던 화가로서의 꿈을 펼칠 수 있지 않는가. 그리고 또 이렇게 느긋한 마음으로 성경을 읽을 수 있는 여유도 가질 수 있지 않은가. 지금 저기보이는 로마 바티칸 성안에서 검은 두건을 푹 눌러 쓰고 다니는 수도승들이나 신부니 추기경이니 교황이니 하는 자들은 모두가 어쩌면 마귀보다 더 독한 자들일지도 몰라. 도대체 돈으로 면죄부를 살 수 있다고 떠들면서 돈만 긁어 모으고 있는 저들은 도대체 누구란 말인가? 저들은 하루살이는 걸러내고 약대는 꿀꺽 삼키는 자들이 아닌가. 저들은 예수의 만분의 일도 되지 않는 능력을 가지고 양의 탈을 쓴 늑대처럼 설교를 하고도 예수의 천배가 넘는 돈을 챙기고 있구나. 도대체 성경 어디에도 예수가 병자들을 고쳐주고 대가로 돈을 받았다는 문구는 눈을 씻고 보아도 찾을 수가 없구나. 저들은 "부자가 하늘나라에 가는 것은 약대가 바늘귀로 들어가는 것 보다 어렵다"는 예수의 말은 아예 들은 체도 하지 않는구나. 저들이 늘 저렇게 검은 두건을 푹 눌러쓰고 다니는 것은 저들 말대로 되도록 세상일을 적게 보고 예수를 닮은 생활을 하고자 하는 것이 아니라 저들의 죄가 두렵고 부끄러워서 얼굴을 가리고 다니는 것이 아닐까싶도다. 그러나 비록 저들이 그런 어리석고 이중적인 생활을 하는 마귀들일지라도 저들의 손에 들려있는 성경만큼은 진리의 보고이리라. 내 비록 늦은 나이에라도 이렇게 성경을 손에 들고 눈으로 읽고 마음으로 진리를 깨달을 수 있는 하늘의 은혜에 감사와 감사를 드리고 싶구나. 그런데 성경을 읽으면 읽을수록 흥미진진한 일이 한두 가지가 아니구나. 선지자 에스겔이 본것은 과연 무엇일까? "또 생물들의 모양은 타는 숯불과 횃불 같은데 그 불이 생물 사이에서 오르락내리락하며 그 불은 광채가 있고 그 가운데에 서는 번개가 나며 그 생물들은 번개 모양같이 왕래 하더라. 내가 그 생물들을 보니 그 생물들 곁에 있는 땅위에 바퀴가 있는데 그 네 얼굴을 따라 하나씩 있고 그 바퀴 모양과 그 구조는 황옥 같이 보이는데 그 넷은 똑같은 모양을 가지고 있으며 그들의 모양과 구조는 바퀴 안에 바퀴가 있는 것 같으며 (에스겔 1장 13절~16절)" 도대체 이 말의 뜻은 무엇일까? 바퀴 안에 있는 바퀴가 달린 어떤 구조물이 번개와 같은 불을 내뿜으며 하늘을 오르내리는 것은 과연 무엇일까? 과연 인간의 손으로 이런 날아다니는 구조물을 만들어 볼 수는 없을까? 그래 이 성경을 토대로 하여 하늘을 날 수 있는 구조물을 만들어 보아야지. 우선 내 수첩에 기초가 될 수 있는 모형을 스케치해 보아야지. 이름을 무엇으로 할까? 옳지. 비행기 그래 맞아. 하늘을 날 수 있는 구조물이니까 비행기라고 표현하면 그럴듯해. 아니야. 말이 끄는 마차가 달리면 뒤에 달린 팔랑개비가 돌고 그 힘에 의해 다시 마차가 하늘을 날면서 앞으로 나아가고 팔랑개비를 뭐라 표현할까? 그래 낫처럼 생겼으니까 움직이는 낫이 달린 전차 그래 이것도 괜찮군…… 그런데 이보다 더 흥미진진한 것이 있어 아담은 구백삼십 세까지 살았고 셋은 구백십 이 세까지 살았고 에노스는 구백오 세까지 살았고 게난은 구백십 세, 마할랄렐은 팔백 십오 세, 야렛은 구백육십 세까지. 므두셀라는 구백육십구 세까지 살았고…… 과연 인간이 이토록 오래 살았다는 말이 맞는 말일까? 그런데 이렇게 오래도록 산 것이 노아까지란 말이야. 노아가 대홍수 이후에 구백오십세까지 살았는데 노아의 대홍수 이후부터 갑자기 사람들 수명이 이백 세로 뚝 떨어져버렸단 말이야. 그리고 그 이후로 자꾸만 인간 수명이 떨어진단 말이야 아브라함이 백칠십오 세에 죽었고 그 아들 이스마엘은 백삼십칠 세에 죽고 요셉이 백십 세에 죽고 모세는 백이십 세에 죽었으니 그렇다면 노아의 대홍수 사건 때 인간 수명에 관한 분명한 무슨 일이 있었다는 이야기인데 그것이 과연 무엇일까? 그건 그렇고 과연 노아 이전의 사람들은 무엇을 먹고 살았기에 그토록 오래 살 수 있었을까? 사람의 수명이라는 것은 바로 사람이 먹는 음식에 좌우되는 것 아닌가. 그렇다면 노아 이전 사람들은 뭔가 특별한 것을 먹었다는 이야기인데 그것이 무엇일까? 그래 내가 이 문제를 집중적으로 연구를 해보고 사람이 먹으면 적어도 오백 세 이상을 살 수 있는 음식을 한번 발명해 보아야겠어. 그렇게 하자면 우선 인체의 구조부터 확실히 이해를 해야 돼. 그래, 갓 사망한 인간의 시신을 구해서 인간 인체를 하나하나 해부를 해 보아야겠어. 그리고 난 후 인체에 가장 적합한 음식을 연구해 보는 거야.

그렇다면 로마 시대 건축가인 비트루비우스가 쓴 「건축십서」에서 설명한 완전한 인체 황금비율은 무엇을 의미하는 것일까? 인간이 팔다리를 쭉 폈을 때 양손 끝, 양발 끝을 x자로 연결하는 선을 그어보면 그 중심은 배꼽이 되고…… 그래 책 속의 설명대로 한번 스케치를 해보자꾸나. 그러면 이런 것이 혹시나 인간 외적인 모양과 완전한 황금비율을 이루고 있을 때 가장 아름답고 가장 건강하고 그것이 수명하고 연관이 있고…… 그런데 성경에 나오는 「만나」라는 음식은 또 무엇일까? 「보라 내가 너희를 위하여 하늘에서 양식을 비같이 내리리니…… 저녁에는 너희에게 고기를

<비투르 비우스의 황금비율>

주어 먹이시고 아침에는 떡으로 배불리시리니…… 저녁에는 메추라기가 와서 진에 덮이고 아침에는 이슬이 잔 주위에 있더니 그 이슬이 마른 후에 광야 지면에 작고 둥글며 서리같이 가는 것이 있는지라…… 이스라엘 족속이 그 이름을 「만나」라 하였으며 깟씨같이 희고 맛은 꿀 섞은 과자 같았더라 (출애굽기 16장 1절 ~31절)」…… 하나님이 이스라엘 민족을 위하여 하늘에서 직접 음식을 내려 주셨다……. 이것이 과연 과학적으로 볼 때 무엇이었을까? …… 과연 노아 이전의 사람들은 무엇을 먹고 살았을까? …… 어저께 산타마리아노벨라 병원에서 100세 되는 노인을 만나 보았다. 그 노인이 늘 즐겨먹던 음식이 바로 장어라고 했어. 그래 장어

<레오나르도 다빈치>

천지가 처음 창조되던 날

는 보통 80년을 살 수가 있었…… 오병이어…… 떡 다섯개와 생선 두 마리로 먹이셨다? …… 지금 내가 가진 것이라고는 몇 점의 그림과 이 수첩들뿐이구나. 그런데 진정 나의 모든 것은 바로 이 수첩 속에 담겨져 있도다. 해부용 스케치에서부터 그림 연습. 비행기. 하늘을 나는 전차…… 요리법 등등이 모두 다 있도다. 그러나 인간이 오백 세까지 살 수 있는 비법의 연구는 끝내 이루지 못 하였구나. 나의 제자인 프란시스코 멜치(Francesco Melzi)여 나의 이 수첩은 훗날 분명 세상을 위하여 크게 쓰일 날이 오리라. 잘 보관해주기를 바란다.

나의 일기 · 히틀러

....

1903.6.16. 오늘 나의 아버지이신 알로이스 히틀러께서 세상을 떠나셨다. 사생아로 세상에 태어나셔서 어려운 가운데서 세관원으로 열심히 일하시면서 늘 가족을 위해 헌신하셨던 분이었다. 장례 후 아버지의 서재를 정리하다가 보불 전쟁(普佛戰爭) 1870~1871 : 독일 연방의 중심 국가였던 프로이센과 프랑스와의 전쟁. 오트리아를 물리친 비스마르크가 독일 통일의 마지막 걸림돌인 프랑스를 제거하기 위해 벌린 전쟁으로써 프로이센이 승리함으로 프랑스의 나폴레옹 3세는 무너지고 비스마르크는 독일 제국을 건설하

※ **레오나르도 다빈치**(Leonardo da Vinci)

생전에 4000매 이상의 많은 수첩을 남겼다. 그리고 그 수첩은 그의 제자인 멜치가 보관하고 있다가 1570년 멜치가 타계하자 그의 수첩은 뿔뿔이 흩어져 버렸다. 후세에 그의 수첩이 세계 여러 곳에서 발견되었는데 이때 이 수첩을 정리한 사람의 이름이나. 소유자 이름 발견된 장소. 소장기관 등등에 따라 수첩에 이름을 붙였다. 예를 들어 밀라노의 트리블치아노 도서관에 소장중인 것은 트리 블치아노 수첩 가장 방대한 양이 보관된 아타란티코 수첩. 파리 수첩(루브르 박물관). 옥스퍼드 수첩. 윈저 성 수첩 등이 있다.

<히틀러>

였음)에 대해 설명되어 있는 책 한권을 보았다 이 책을 읽고 내가 느낀 것은 우리 독일인은 같은 독일인이면서 왜 오스트리아나 폴란드 등등 여러 각지에 흩어져 살고 있을까 하는 의문이 생겼다. 그리고 내 나름대로 이런 결론을 내렸다. "같은 피를 가진 민족은 같은 국가를 필요로 한다." 였다.

1907. 3.2. 오늘 나는 화가가 되려고 빈에 있는 미술 학교에 응시하였었으나 낙방하고 말았다. 사실 나는 레알 슐레(실업계 중등학교)가 나의 적성에 맞지 않는다는 것을 나 스스로 너무나 잘 알고 있었기에 화가가 되기로 하였으나 결국 화가의 꿈도 이루지 못할 것 같다.

1908.8.8. 나의 어머니이신 시클 그루버께서 오늘 세상을 떠나셨다. 정말 나를 깊이 사랑해 주셨던 어머니마저 세상을 떠나버렸으니 이제 난 세상에 홀로 남은 고아의 신세가 되었다. 부모님이 남겨주신 적은 유산과 고아 연금만으로는 생활하기가 무척 힘이 든다. 이제 나는 변화를 원한다. 그러려면 이곳 린츠를 떠나 큰 도시 빈으로 가야겠다.

1913.5.26. 내 나이 벌써 23세 군에서 징집 영장이 왔다. 그러나 나는 오스트리아ㆍ헝가리 제국의 군인이 되고 싶지는 않다. 그러려면 이곳 빈을 떠나야 한다. 그래, 독일 뮌헨으로 가자.

1914.8.1. 드디어 우리 독일이 러시아에게 선전 포고를 하였다. 이 상황에서 내가 이러고 있을 때가 아닌 것 같다. 우리 독일을 위해 내가 할 수 있는 일이 무엇일까? 맞아 군에 자원입대를 하자.

1914. 11.6 오늘 바이에른 보병 제16예비 연대 플랑드르에 배치를 받았다. 나의 임무는 전령병이다. 생전 처음 2급 철십자 훈장을 받았다. 너무나 자

랑스럽다.

1918.5.10. 전쟁의 생활이 바쁘고 힘들지만 늘 마음은 즐겁다. 오늘 1급철 십자 훈장을 받았다.

1918.8.16. 오늘 우리가 속한 부대가 「아미앵」전투에서 영국군에게 대패를 하였다. 정말 우리 독일로써는 "어두운 하루"였다. 내가 보기에도 우리 독일군이 한심스럽다. 왜 그럴까?

그 이유는 간단하다. 우리 독일군은 누구를 위하여 싸워야 하는지 그리고 왜 목숨을 걸고 싸워야 하는지에 대한 분명한 대상이 없다. 즉 목적 없는 싸움을 하고 있는 것이다. 그리고 신병이 들어오면 그들은 사회의 암울한 소식만 가져온다.

1918.11.11. 결국 우리 독일은 오늘 연합군에게 항복하고 말았다. 그리고 영국. 프랑스 등에 의해 갈기갈기 찢겨진 나라가 되었다. 뼈와 가죽만 남은 독일에게 연합군은 엄청난 전비 보상을 요구하고 있다. 이제 독일군은 완전히 해체가 되어버렸구나. 그러면 나는 어디로 가야하나, 그래, 정치에 입문을 하자 그리고 아사 직전까지 내몰린 이 독일을 다시 일으켜 세우자.

1919.4.13. 참으로 오랜만에 성경을 펼쳐 보았다. 사실 나는 한때 목사가 되리라고 작정한 적도 있었다. 그러나 웬일인지 성경을 읽어보면 읽어볼 수록 자꾸 의문만 더해지는 것 같다. 하나님이 흙으로 첫 인간인 아담과 각종 들짐승과 공중의 각종 새를 지으시고 아담의 갈비뼈로 그의 아내 하와를 지으셨다? 그리고 그녀가 낳은 첫 아들 카인이 동생 아벨을 돌로 쳐 죽였다.

그래서 하나님이 카인을 동산에서 쫓아내셨다. 그런데 이때 등장하는 또 다른 사람들 즉 카인이 만나는 모든 사람들 (창세기 4장 14절~15절)은 과연 누구일까. 지금 세상에는 아담과 하와 그리고 카인 이 세 사람뿐인데 쫓겨난카인은 과연 누구를 만났다는 이야기인가? 그렇다면 아담과 하와 이전에도 에덴동산 바깥 땅 위에는 인간이 살고 있었다는 이야기 아니가? 그렇다면 그들은 과연 누구란 말인가? 혹시 외계에서 온 인간 즉 외계인이 아닐까? 인간이 팔백 세까지 아이를 낳았으며 구백 세까지 살았다고? 그런데 왜 노아의 방주 사건 이후에는 갑자기 수명이 이백 세로 뚝 떨어져 버렸을까? 그리고 모세 시대에는 백 이십 세로 오늘날에 백 세도 제대로 채우지 못하게 되었을까? 십계명 첫 번째가 '살인하지 말라'고 했는데 「미디안」족을 벌할 때는 어른, 아이, 남자, 여자, 모두 다 죽이고 불사르라고 명하였으니 이런 잔인한 분이 하나님이란 말이던가? 또 '간음 하지 말라'고 했는데 다윗의 행태는 어떠했나. 남의 아내 「바쎄바」를 뺏기 위해 자기의 충직한 군인이자 그녀의 남편 「우리야」를 일부러 몇 번이나 최전방 전선으로 보내 죽게 만들고 결국 그 아내인 「바쎄바」를 자기 부인으로 삼은 아주 비겁하고도 비겁한 그런 자를 지금 유대인들은 그를 영웅으로 모시고 다윗의 별이니 하면서 자기 민족의 상징인양 떠받들고 있지 않은가!

　1919.4.15. 오늘 「카를 하우스 호프」라는 친구와 운명적인 만남을 가졌다. 오늘의 이 운명적인 만남은 앞으로 내 인생이 나아갈 방향을 결정하는데 아주 큰 영향을 끼칠 것 같다. 그는 내가 성경을 읽으면서 품었던 모든 의문들은 너무나 시원스럽게 풀어 주었다. 그의 말에 의하면 그는 폴란드의 「루터 비코스」라는 어느 외딴 시골 골짜기에서 하얀 빛이 빛나는 커다란 원반형의 이상한 물체를 보았다고 했다. 그것은 바로 외계에서 온 우주선이었고 그는 외계인들을 만나 지구이외의 다른 별에 살고 있는 생명들의 이야기를 들었다고 했다. 한마디로 우리 독일인들의 조상인 「아리안」민족은 바로 오리온

<카를 하우스 호프>

<외계인>

성좌의 「시리우스」별에 살고 있는 「젠」종족 후손이며 예수 역시 그중의 한 사람이라고 했다. 이 「젠」종족은 지구인들보다 몇천 년은 과학이 앞서 있었고 어느 날 그들은 그들이 만든 우주선을 타고 지구에 와서 마리아라는 여인을 마취시킨 후 그들의 유전자를 마리아의 몸속에 침투시켜서 태어난 아이가 바로 예수라는 것이었다. 그런데 「시리우스」별에는 「젠」종족 외에 또 다른 종족이 있는데 그 종족은 늘 「젠」종족과 다투어 오던 중 그들은 좀 더 일찍 지구에 와서 예수보다 먼저 지구에 종족을 전파하였는데 그 종족이 바로 유대인 이라는 것이었다. 결국 유대인들이 자기들보다 늦게 지구로 온 예수를 죽음에 이르게 하자 「젠」족은 아무도 모르게 다시 마리아의 몸속에 그들의 유전자를 침투시켜서 아이를 낳게 했는데 그 아이들 즉 예수의 형제들 후손이 바로 독일인이라고 했다. 예수가 태어날때 동방 박사가 본 큰 별이 바로 우주선이었고 에스켈이 보았던 바퀴 안에 있는 바퀴가 달린 기계가 번쩍이는 불을 내뿜었던 기계도 바로 외계에서 온 우주선이었고 팔백 세까지 자식을 낳았고 구백세까지 사람이 살 수 있었던 것도 바로 외계에서 온 음식 때문이었으며 그 음식들이 점점 사라지자 인간의 수명도 점점 낮아졌다는 것이었다. 결국 아담도 이브도 카인이 만난 사람들도 모두가 외계인의 후손이었다는 것이다. 역시 그의 말에 따르면 지구에 살고 있는 모든 족속의 인류는 하나도 예외 없이 외계인들의 후손이라고 했다. 하긴 이 지구라는 자체가 처음에는 아무것도 없었고 먼지 하나까지 모두가 외계에서 온 것은 사실 아닌가! 그는 1819년 뮌헨 출신으로서 1908년 일본을 방문하고 난 후부터 동방의 신비주의나 티베트 밀교의 주술들에 큰 관심을 갖고 있던 중 외계인을 만났고 그 외계인들은 그의 몸속에 이상한 칩을 심었고 그리고 그에게 중요한 임무를 주었는데 그 임무는 아리아인 혈통 중 가장 우수한 독일인이 유대인 및 다른 종족을 물리치고 이 지구를 지배할 수 있도록 하는 것이며 자기에게 주어진 첫 번째 임무는 바로 가장 충직한 독일인 한 명을 선정하여 그들 지도자로 만들도록 하라는 것이었다. 그리고 그가 오늘 나와 만난 것은 우연한 만남이 아니라 자기의 철저한 계획 아래 이루어진 만남이라고 했다.

1919.4.16. 하긴 이 땅 위에 사는 우리 독인인. 폴란드인. 슬라브인…… 등등 중 유대인들에게 빚지지 않고 살아가는 사람이 과연 몇 명이나 있단 말인가? 그들이 하늘로부터 선택된 민족이라고 떠들어대는 데는 정말 그런 비겁한 이유가 있었구나. 오늘부터 「카를 하우스 호프」로부터 개인 교습을 받기 시작하였다.

1919.4.18. 정말 그는 훌륭한 선생이다. 아니 신비스러운 인간이다. 박식함도 박식함이려니와 항상 어떤 신비스러움을 품고 있는 듯하다. 내가 그로부터 중점적으로 받는 교육은 사람 마음을 끌어당기는 법. 대중 심리를 끌어들이는 법. 연설문 작성법. 언변술 특히 연설할 때 얼굴 표정에서부터 제스처 손동작 하나하나까지 아주 세밀한 교육을 받았으며 특히 웅장한 음악을 활용하여 대중을 사로잡는 방법도 그중 하나였다. 이제 나는 내 스스로가 천부적인 선동가로 서서히 변해가고 있음을 확신하고 있다.

1919.6.28. 참으로 어처구니가 없다. 이것이 우리 독일에 대한 강제 집행 명령이지 어찌 조약이라고 표현할 수 있단 말인가? 듣기로는 영국, 프랑스가 이미 작성해 둔 조약 문서에 독일은 아무 소리도 못하고 고개만 숙인 채 서명만 했다고 한다. 이제 우리 독일은 저들에 의해 영토는 갈기갈기 찢어졌고 군대는 해체된 것이나 다름없고 결정된 배상금만도 1320억 금 마르크로 결정되었다니 이거야 말로 죽어 엎어진 자의 등 위를 또 다시 밟고 또 밟고 지나가는 구나 프랑스 루이 14세의 호화스러운 침실 「거울의 방」에서 우리 독일

은 눈물만 흘리고 마는구나. 내 언젠가는 이 베르사유 조약(Treaty of Versailles)을 내손으로 북북 찢어 버리고 저 영국. 프랑스를 철저히 짓밟아 오늘 우리 독일 민족의 이 굴욕을 몇 배로 갚아 주리라.

1919.9.12. 오늘 나의 첫 정치 일정이 시작되었다. 뮌헨에 있는 노동당 집회에 참석했다. 대 자본가와 귀족 특권 계급을 배제하고 중간 계급 위주로 애국주의와 반유대주의를 외쳤다. 이제 나의 선동가 기질을 조금씩 조금씩 발휘할 때가 온 것 같다.

1920.3.1. 내 주위에는 늘 「카를 하우스 호프」가 그림자처럼 따라 다녔다. 나는 오늘 나치당에 입당했다. 나의 나치 운동이 시작 되었다. 「카를 하우스 호프」는 나에게 갈고리 십자가 「하이켄 크로이츠」를 당기로 결정할 것을 권하였다. 그리고 이 갈고리 십자가에는 마법의 힘이 존재하며 아리아인의 승리를 보장해줄 것이라고 말했다. '맞아! 내 가슴에 달린 이 꺾어진 철십자야 말로 분노한 예수의 힘이 스며있는 「스와 스티카」임에 틀림없어!'

1923.11.8. 독일의 「바이에른」정부는 영국과 프랑스의 조종을 받고 있는 꼭두각시 정부에 불과해 우리 나치당은 이 정부를 무너트리고 다시금 독일을 일으켜 세워 언젠가는 프랑스와 영국을 물리치고 옛 우리의 영토인 폴란드를 다시 찾고야 말 것이다 오늘 뮌헨의 대규모 집회는 정말 성공적이었어. 이 히틀러의 날이었어.

1923.11.11. 나는 오늘 「바이에른」정부로부터 체포를 당하여 법정에서 5년 형을 선고받고 「란츠 베르크」 감옥에 투옥되었다. 이젠 「바이에른」정부도 나 이 히틀러를 두려워하고 있음이 분명하다. 어찌 보면 감옥 생활이라는 것은 재충전의 시간이다. 그 동안 메모 형식으로 써두었던 나의 자서전 겸 나치 사상의 해설집인 「나의 투쟁(Mein Kampt)」을 정리하고자 한다.

※ **스와 스티카** : 고대 인도인들이 생각하던 태양의 상징을 만(卍)자로 표시한 것.

1924.8.15. 애초에 5년형을 선고 받았으나 9개월만인 오늘 석방되었다.그 동안 정리하였던 「나의 투쟁」출판을 서둘러야 할 것 같다.

1924.11.11. 오늘이 베르사유 조약을 맺은 지 7주년이 되는 날이다. 왜 하필이면 이날을 맞아 「나의 투쟁 1권」을 출판하는지에 대해 의아해하는 사람들이 있는 듯하다. 나 이 히틀러는 단호히 말하건대 우리 나치당은 언젠가는 영국과 프랑스를 물리치고 전 유럽을 지배하는 위대한 아리안족의 나라 독일을 세울 것이다. 오늘 「나의 투쟁 1권」이 바로 그 신호탄이다. 독일인들이여 들어라 오늘 나는 이 책을 통하여 나의 분명한 뜻을 밝힌다. 민족과 민족 사이에 존재하는 불평등은 자연의 당연한 진리이다. 그리고 우리 아리안 민족이 모든 인류 중 유일한 창조적 인종이며 아리안 민족의 계승자인 우리 독일인이 가장 우수한 민족인 것 또한 당연한 진리이다. 국가의 존재란 바로 민족에게 봉사하고 약속을 지키기 위하여 존재하는 것이다. 그러나 지금의 「바이에른」 정부는 이런 국가의 사명을 저 버렸다. 국가가 민족 위에 결코 존재할 수는 없는 것이다. 나는 민주주의를 비난한다. 왜냐하면 꿈속에서나 존재할 수 있는 개인과 개인과의 평등을 아무런 대책 없이 강조하고 민족과 민족과의 평등을 부르짖기 때문이다. 우리는 우리의 눈앞에 있는 현실을 인정할 것은 인정해야 한다. 도대체 이 지구상에 개인과 개인 사이에, 민족과 민족 사이에 완전한 평등을 이루고 있는 곳이 어디에 있단 말인가. 아무리 완벽한 민주 사회라 할지라도 그것은 불가능한 일이다. 호주머니에 많은 돈을 가진 자와 한 푼도 없는 자가 어찌 평등할 수가 있단 말인가? 이런 엄연한 사실을 민주주의가 해결할 수 있단 말인가? 이런 엄연한 사실을 국회 토론이나 국민 투표가 해결할 수 있단 말인가 법과 정의가 혹은 철학이나 종교가 해결할 수 있단 말인가? 그리고 공산주의가 민주주의 보다 더 나쁜 것은 해결할 수도 없는 이런 일들을 그들은 완벽히 해결할 수 있다고 거짓말을 하고 있기 때문이다. 그들은 그들 스스로가 거짓말을 하고 있다는 것을 알고 있고 그리고 그들

의 거짓말을 감추기 위해 아주 교묘하고 교활한 수법으로 또 다른 거짓말을 하고 있지 않은가. 그래서 나는 결코 공산주의자들을 믿지 않는다. 그렇다면 이에 대한 나의 해결책은 무엇인가? 그것은 바로 그 불평등의 폭을 최대한 좁혀 보자는 것이다. 비록 완전하지는 않지만 민족과 민족 간에 존재하는, 개인과 개인과의 사이에 존재하고 있는 그 불평등의 폭을 최대한 좁혀 보자는 것이다. 그러려면 어떻게 해야 하는가? 바로 강력한 통치자, 카리스마가 철철 넘쳐나는 통치자, 절대적인 권위를 부여받은 강력한 통치자 혹은 강력한 어느 한 민족이 이나라를 이 세계를 지배하여야만이 그 문제를 해결 할 수가 있기 때문이다.

1926.01.16. 오늘 친위대(Schutzstaffel)를 설립하였다.

1933.03.05. 오늘 치러진 총선에서 우리 나치당이 43.9%를 얻었다. 이제 권력이 서서히 이 히틀러의 손안으로 들어오고 있다.

1934.08.02. 대통령인 힌덴부르크가 사망하였다. 나의 오랜 꿈이었던 대통령제와 민주 공화제를 폐지할 수 있는 절호의 기회가 왔고 나는 총통 겸 수상으로 취임 하였다. 이제부터다. 이제부터 나에게 주어진 이 권력을 더욱 강화시킴과 동시에 나약한 독일의 산업부터 성장을 시켜야 한다. 힘의 원천은 산업과 과학 기술의 발전에 있다.

1938.02.04. 오늘부터 내가 국방부 장관을 겸임하기로 했다. 베르사유 조약으로 해체된 군부를 다시 일으키고 재무장하여 군부부터 완전히 장악해야 한다.

1939.03.18. 이제 서서히 원수를 갚을 때가 온 것 같다. 유럽 대륙에서 힘을 가진 나라는 독일, 영국, 프랑스, 러시아, 이태리 정도다. 그런데 유감스럽게도 우리 독일은 그 한가운데 있다. 우리의 원수였던 프랑스, 영국이 서쪽에 있고 신흥 대국으로 성장한 러시아가 동쪽에 버티고 있고 한때는 전유럽을 지배하였던 이태리 로마가 남쪽에 자리 잡고 있다. 자칫 잘못하면 우리는 북

쪽에 있는 막다른 골목인 차가운 북해로 내몰릴 수밖에 없는 위치에 있다. 이 것이 우리 독일 민족이 겪어야 할 운명이라면 우리는 이 운명을 이겨내야 한 다. 일단 서쪽에 있는 우리의 원수 프랑스 영국을 쳐부수려면 먼저 동쪽 러시 아와 남쪽 이태리와 화친을 맺어야 하는데 이런 나의 속셈을 눈치 채고 있는 능구렁이 같은 스탈린과 무쏘리니가 전혀 동의를 해주지 않고 있으니 고민이 다. 무슨 좋은 방법이 없을까?

1939.03.19. 오늘 「보헤미아」와 「모라비아」 지역을 우리 독일에 보호령화 하였고 「메메드」 지역을 편입시켰다. 그러나 내 머릿속에는 여전히 스탈린과 무쏘리니를 어떻게 설득시킬까 하는 생각으로 꽉 차 있었다. 오랜만에 카를 하우스 호프가 방문하였다. 그는 이미 나의 모든 고민을 알고 있는 듯해 보였 다. 그는 내 앞에 이상스러운 몇 장의 종이와 음식 보따리를 내밀었다. 그가 내민 몇 장의 종이는 바로 이태리의 레오나르도 다빈치가 죽기 전까지 연구 하던 어떤 음식에 관한 연구 메모지였으며 다빈치의 메모지를 토대로 하여 카를 하우스 호프 스스로가 연구에 연구를 거듭한 결과 만들어진 음식이 바 로 그 보자기 속에 있었다. 그가 내 앞에서 보자기를 풀어헤치고 음식이 담긴 그릇 뚜껑을 여는 순간 이상야릇한 냄새가 진동을 하였고, 그 음식의 생김새 역시 흉측하기 그지없었다. 나는 그의 권유로 음식 한 점을 입속에 넣는 순간 싸 - 하는 냄새와 혀끝에 닿는 자극 때문에 입안이 턱턱 막히는 것 같았으나 억지로 그 음식을 삼키고 나니 한 점 더 먹고 싶은 욕망이 생겼고 결국 나는 그 음식을 모두 깨끗이 먹어 치웠다. 그리고 그에게 음식의 재료는 무엇인지 또 인체에 어떤 효능이 있는지 물어 보았다. 그가 대답하기를 다빈치가 성경 노아 이전 시대에 나오는 인간이 구백세까지 살았다는 내용을 보고 그 역시 인간이 구백 세까지 살 수 있는 음식을 연구하였으며 이 음식이 바로 다빈치 가 연구하던 내용과 최대한 같은 방법으로 만들어진 음식이라고 하였다. 이 어서 내게 말하기를 스탈린과 무쏘리니에게 이 음식을 선물해 보라고 하였고

117
천지가 처음 창조되던 날

그러면 틀림없이 좋은 결과를 얻을 수 있을 것이라고 했으며 나는 이 음식을 최대한 많이 그리고 빨리 만들라고 지시 하였다.

1939.05.22. 카를 하우스 호프가 만든 음식의 효과는 예상외로 빨리 나타났으며 그의 말대로 좋은 결과를 얻었다. 오늘은 참으로 상쾌한 날이다. 무쏘리니가 지켜보는 가운데 독일 외무장관 「요아힘 폰 리벤트로프」와 이태리 외무장관 「갈레아초치아노」가 일명 「강철 조약」이라고 불리는 독·이 불가침 조약에 서명하였다.

1939.08.05. 역시 스탈린은 무쏘리니보다 한수 위인 듯하다. 그러나 스탈린 역시 우리의 보이지 않는 영웅 카를 하우스 호프가 만든 음식 앞에서는 어쩔 수 없었나보다. 오늘 스탈린이 지켜보는 가운데 독일의 리벤트롭과 러시아의 「V.M.모로토프」가 독·소 상호불가침 조약에 서명하였다.

이제 남은 건 오직 서쪽으로, 서쪽으로 진격하는 일만 남았다.

1939.09.01. 위대한 아리안족의 후손들이여! 위대한 독일인들이여! 모두 깨어나라.

모두 깨어나 승리의 횃불을 높이 들어라! 우리 모두 니벨룽겐의 반지(Der Ring des Nibelungen)를 찾으러 떠나자. 지크 프리트여 그대의 어머니가 유산으로 준 검을 뽑아라. 하늘을 나는 새들이여 마(魔)의 불꽃이 있는 저 마법의 성으로 지크프리트를 안내하라. 우리의 황금을 빼앗으려는 「미메」를 죽여라. 우리를 짓밟으려고 하는 구렁이 「파프트」를 죽여라. 그리고 그 곳에서 잠들어 있는 「브린 힐데」를 구출하자. 그리고 아리안족의 새로운 대서사시를 쓰도록 하자! 탄호이저여 일어나 승리의 노래를 불러라.

1940.03.18. 오늘 무쏘리니와 브레 넬 회담을 가졌다. 이제 이탈리아 군대와는 한편이 되었다.

1941.12.07. 우방국 일본이 하와이의 진주만을 기습 공격했다. 그것은 우리 독일의 입장에서 볼 때 언뜻 생각하면 좋은 일 같으나 깊게 생각해 보면 분

명 불행의 시작인 것 같다.

왜냐하면 미국이라는 거인과 우리 독일이 맞닥뜨려야하기 때문이다.

1941.12.08. 기어이 미국이 우리 독일과 이탈리아에 선전 포고를 하였다. 불길한 조짐이다.

1942.11.24. 미국의 페르미가 시카고에서 원자핵분열에 의한 연쇄 반응 실험에 성공했다는 소식을 들었다. 지난해에는 아인슈타인이 미국으로 영구 귀화했다는 소식을 들었는데 뭔가 거대한 물결이 밀려오고 있음을 느낀다. 뭔가 불안하다.

1943.02.15. 스탈린그라드에 진격했던 우리 독일군이 결국은 항복하고 말았다. 영국 프랑스의 공군이 이제 미국공군과 합세하여 우리 독일 모든 도시에 맹폭을 가하고 있다.

1944.06.06. 연합군이 기어이 노르망디 상륙 작전을 감행하였으나 우리 독일군은 그들을 저지하지 못하였다. 무쏘리니는 체포되었고 파시스트당은 해체되었다고 한다. 다행히 무쏘리니는 우리 독일군에 의해 탈출했다. 일본은 마샬. 괌. 오키나와 등지에서 궤멸을 당한 후 미국의 B-29 폭격기에 의해 연일 본토가 맹폭을 당하고 결국 도죠히데키 내각이 총 사퇴를 했다. 그러면 나의 운명은 어떻게 될 것인가? 그런데 카를 하우스 호프는 어디로 갔을까? 마치 바람처럼 흔적도 없이 사라져 버렸구나. 물론 그는 늘 헤르만 괴링이나 헤스, 슈트라이허 등으로부터 집요한 견제를 받아왔다는 것을 나도 잘 알고 있다. 그러나 분명 그런 일들로 인해 나타나지 않는 것은 아닌 듯싶다.

1944.7.20. 늑대 굴에 큰 폭발물이 터졌다. 나를 암살하고자 계획한 일명 「발키리 작전」이다. 놀라운 것은 주동자인 「슈타우펜 베르크」 대령 외에 사막의 여우라 불리던 「에르빈 롬멜」도 주동자 중의 한사람이었으나 더욱 놀라운 것은 「카를 하우스 호프」의 아들 「알브레이트 호프」도 주동자의 한사람이

었다.

1944.09.11. 드디어 연합군이 독일로 진격한다는 보고를 받았다.

1944.11.20. 미국 루즈벨트 대통령이 4선 대통령으로 당선되어 본격적으로 독일 본토 공격에 나서기 시작했다. 나와 이 늑대 굴의 끝은 어떻게 될것인가?

잠을 청해 보려고 애를 써 보지만 도저히 잠을 청할 수가 없다. 잠깐 잠이 들었다싶다가 웬 인기척에 놀라 벌떡 일어났다. 내 눈앞에 검은 두건을 두른 카를 하우스 호프가 말없이 나를 노려보며 서 있었다. 아무 말 없이 나를 노려보던 그가 일순간 이상야릇한 웃음을 띠며 나를 쳐다보았다. 그 웃음 속에 그려져 있는 악마의 얼굴을 나는 분명히 보았다. 그는 분명 악마였다. 나는 그에게 "당신은 누구냐? 당신의 정체는 무엇이냐?"라고 물었다. 그가 비열한 웃음을 지으며 하는 말이 "나? 내가 누구냐고? 아직도 나를 모르겠어?"라면서 대답하기를 "나는 우주에서 온 악마다. 나는 저 우주의 기운을 받아 움직이는 악마야. 악마란 말이야!" 그리고는 내가 묻지도 않은 대답을 하기 시작하였다. "내가 이 지구상에 온 목적이 무언지 이제 시원히 말해 주겠네. 사실 나는 이 지구상 인간들에게 우주의 악령을 심어 이 지구인 모두가 악마로 변하게 하라는 우주의 명을 받아 온 악마야. 비록 내 겉모습은 인간이지만 그것은 바로 당신과 같은 사람을 선택하여 당신과 같은 사람으로 하여금 지구 인간에게 악령을 전파하도록 하기 위함이었어."라고 대답하였다. 그리고 또 하는 말이 "나는 당신 히틀러뿐만 아니라 유럽, 아시아, 아메리카, 아프리카, 중동 등

※ 어느 국가든 간에 권력의 최정상 뒤에는 비선 실세가 있다. 히틀러 역시 배후에 「카를 하우스 호프」라는 비선 실세가 있어 히틀러를 배후에서 조종하였다.

※ **니벨룽겐의 반지**
독일 음악가 바그너에 의해서 북유럽 아리안 족의 전설을 토대로 쓰인 오페라. 전 4막으로 구성되어 있다.

등 세계 각지에 다니면서 당신 같은 사람을 찾아내어 그들로 하여금 또 다른 사람들에게 악령을 전파하게끔 조종을 한다네. 정말 재미있는 일들이지. 바로 어제는 동양의 어느 조그만 나라에서 두 사람을 선택하여 그들에게 역시 악령을 심어두었다네. 바로 김일성이라는 자와 최대민이라는 자일세. 그런데 한 가지 우스운 것은 똑같은 악령을 두 사람에게 심었는데 그에 따른 효과는 조금씩 차이가 있어. 아마 그것은 그 두 사람이 타고난 본성이 조금씩 차이가 있기 때문이겠지. 아무튼 동양의 그 조그만 나라는 그 두 사람과 그 후손들에 의해서 상당히 큰 불행을 겪게 될 것이야." 그리고는 말이 끝나자마자 그는 또 어디론가 사라져버렸다.

지금껏 그 악마는 양의 탈을 쓰고 내 앞에 나타나 묘한 술수를 써서 나를 농락하였고 나는 전혀 방어할 능력 없이 그의 유혹에 넘어가고 말았다. 카를 하우스 호프! 그대는 진정 악마였구나! 누가 그를 나에게 보냈을까?

1945.04.28. 무쏘리니가 빨치산 무리에게 잡혀 길거리에서 갈기갈기 찢겨 죽었다고 한다. 형제여! 우리의 끝은 결국 이렇게 되나 보구나. 그러나 나는 그대처럼 길거리에서 마지막을 보내고 싶지는 않아. 저 무지막한 러시아 군대에 체포되어 질질 끌려 다니고 싶지는 않다네.

1945.04.30. 나의 큰 과오는 선과 악을 구별할 수 있는 안목이 없었다는 것을 내 스스로 인정하지 않을 수 없구나. 아…… 모든 것이 이렇게 끝이 나고 말구나! …… 탕! …… 탕 …… 탕.

※ 마귀는 사자처럼 먹잇감을 찾으러 다닌다(성경 베드로 전서 5장 8절).
※ 마귀는 타락의 창시자요(창세기 3장 1절). 죄를 짓게 한다(요한일서 3장 8절).
※ 「나의 일기·히틀러」 내용 중 날짜는 다소 사실과 다를 수 있습니다. (저자 주)

유리 가가린

1961년 4월 12일 소련에서는 사상 처음으로 유인 우주선인 보스토크 1호를 쏘아 올렸다. 사상 최초의 유인 우주선에는 「유리 가가린」이라는 우주 조종사가 타고 있었다. 인류 역사상 최초의 우주인이 된 그는 우주에 진입하여 첫 메시지를 지구를 향해 보냈다.

"지구는 푸르고 무척이나 아름답다. 그러나 아무리 보아도 신(神)은 보이지 않는다."

참으로 사회주의적인, 유물론주의적인, 공산주의적인 메시지였다.

<유리 가가린>

제2부
인간 영욕의 한계

북조선 불교도 연맹

....

1882년 함경북도 명천군 하가면 화대동에서 나주 임씨 치권(致權) 공(公)과 모친 김해 김 씨 사이에 한 사내아이가 태어났다. 그 아이의 이름은 상하(常夏)였는데, 바로 이 아이가 훗날 그 유명한 고승이신 석두보택(石頭寶澤)이었다. 석두 선사가 태어난 1882년은 임오군란이 일어난 해로 나라 안팎이 몹시 어수선하던 때였다.

이런 난세에 태어나서인지 선사는 성품이 급하고 고집이 세었으나 바탕은 총명하고 인자하였다. 선사가 14세 되던 해에 국모 민비가 시해당하는 사건이 일어났고, 16세 때(건양원년 1896년) 고종이 러시아 공관으로 피신해야 하는 수모를 당한, 즉 아관파천이 일어났다. 나라의 운명은 풍전등화 같은 위기를 맞게 되어 있음에도 불구하고 여전히 조정의 대신들은 수구파, 개혁파, 친로파, 친일파 등으로 나뉘어 이전투구를 하고 있었다.

이런 와중에 선사는 깨끗하게 속세를 등지고 수도 정진하는 길을 택하기로 결심하고, 안변 석왕사(釋王寺)로 들어가 백하청민(白荷晴旻) 대사 문하에 들어가게 되었다. 선사의 나이 25세 되던 해 광무 10년(1906) 병오년에 해인사 퇴설당으로 제산(濟山) 선사를 찾아가 용맹정진하게 되는데 이로부터 혜안이 열려 26세에 무자화두를 타파하고 27세 때 동안거 해제법석에 서 당시 해인사 주지이며 친일 승려였던 이회광(李晦光) 법문을 일문으로 폐쇄하고 해인사를 떠나 금강산 유점사로 가서 영봉(靈峰)법사에게 구족계를 받고 보운암에 머물며 살았다.

1925년 여름 어느 날, 준수한 차림의 한 스님이 가벼운 발걸음으로 금강산에 이르러 신계사 보운암에 머물고 있는 금강산 도인이라 불리는 별명을 지닌 석두보택 스님을 찾아왔다. 석두 스님은 그에게 그가 태어나기 전 이력을 물었다. 그리고 생사 원인의 출처가 어딘지 추궁하였다.

'어디서 왔느냐?' 석두 선사의 물음에 '유점사에서 왔습니다.'라고 스님이 대답하였다. '몇 걸음에 왔는고?' 그 스님은 벌떡 일어나 방을 한 바퀴 빙 돌면서 '이렇게 왔습니다.' 하고 대답했다.

이에 석두 선사는 아무 말 없이 고개를 끄덕이며 그가 법기(法器)임을 점두하였다. 석두와의 만남은 이렇게 이루어졌다. 그것은 이심전심 원리 그대로였다. 인간과 인간의 근원적이고 구체적인 결합이 이와 같은 해후로 이루어진 것이다.

사실, 인간은 누구나 만남을 통해 새로운 자각을 얻는다. 그것은 개안(開眼)을 이루는 원리이기도 하다. 바로 이날 이 젊은이는 머리를 깎고 계(戒)를 받아 법명을 학납(學衲)이라 불렀고, 뒷날 효봉(曉峰)이라고 법호를 지었다. 바로 이 날이 음력 7월 초 여드레, 효봉 스님의 나이 37세였다. 그리고 효봉스님은 매년 이 날만 '오늘이 내 생일이다'라고 하면서 옷을 갈아입었다.

효봉 스님은 1888년 5월 28일 평안남도 평양부 진향리에서 축안(逐安)이씨 아버지 이병억 씨와 김 씨 어머니 사이에 태어났다. 본명은 이찬형(李燦亨)이었으며, 어려서부터 유달리 영특하여 신동이라는 소리를 들었고, 이미 10세 때 사서삼경을 통달하는 영특함을 보여 주위 사람들을 놀라게 하였다. 효봉은 평양 고보를 졸업하고 현해탄을 건너 일본 와세다 법대를 졸업하여 사법고시에 합격함으로써 그의 특출함이 온 주위에 인정이 되었다. 그러나 그의 고민은 그때부터 시작되었다. 그는 귀국 후 서울과 함흥 등지에서 판사로 근무하게 되었다.

당시 한창 일제 강점기인지라 그는 정의감과 민족애로, 그리고 인간적인 진실함으로 인하여 그의 눈앞에 펼쳐지고 있는 현실감에 늘 회의를 품고 있었다. 그러던 중 평양의 복심 법원(고등 법원) 판사로 승진하여 근무하면서 부터는 지금보다 더 큰 현실의 벽과 마주치지 않을 수 없는 처지에 이르렀다. 물론 그것은 일본 식민지 정책에 항거하는 독립투사를 재판에 회부하여 판결해야 하는 중요한 위치에 있음으로 해서, 같은 민족으로서 민족의 독립을 외치는 자들을 심판하고 재판해야 하는 일은 그에게 너무나 큰 고통이었다.

1923년 효봉의 나이 36살 때, 그는 수사관들에 의해 완벽하게 독립투사 임이 증명된 수사 서류에 의해 드디어 독립투사에게 사형 선고를 내렸다. 그리고 그는 자기 내면 깊숙이 존재해 있는 자신이 오히려 사형당하는 모습을 아련히 볼 수가 있었다. 도저히 법관의 자리에 앉아 있을 수가 없었다. 깊은 회의의 물결이 흘러나오고 있었다. 그동안 쌓여 있던 절망감이 그의 온 몸을 휘감았다. 그리고 그는 정처 없는 방랑의 길로 들어서기 시작하였다. 아내와 자식을 버려둔 채 흡사 죽립(竹笠) 김삿갓이 그랬던 것처럼 온 세상을 유랑하기 시작하였다. 엿장수로도 변모하여 보았다. 하루아침에 법관에서 엿장수로 변하였던 것이었다. 추운 겨울 맨발로 산하를 누비기도 하였다. 고통 받는 삶을 체험하지 않고는 자신의 양심을 수호할 수 없음을 깊이 깨달았기에 무한히 큰 고통을 기쁨으로 받아들였다.

3년이 흐른 후 1925년 여름 드디어 금강산에서 석두 스님을 만나고 참다운 효봉 스님으로 거듭나게 되었던 것이었다. 그러나 이것이 우리 민족의 운명이었던가? 1945년 일제가 패망하고 난 후 우리 민족은 큰 꿈과 희망을 안고 기쁨과 환희로 가득 찼으며 많은 종교인들은 이제 일제의 억압에서 벗어나 자유로운 종교 생활을 할 것으로 기대하였다. 그러나 해방의 기쁨도 종교의 자유에 대한 희망도 그리 오래가지는 못하였다. 아니 적어도 종교 문제에 있어서만큼은 삼팔선 이북에서는 일제 때보다 더 혹독한 시련이 그들 앞에 놓여 있었다.

1945년 8월 22일 삼팔선 이북에 소련군이 들어왔다. 그리고 8월 26일 소위 평양 인민 정치 위원회라는 것이 설립되면서 북쪽은 공산주의 체제가 자리 잡았다. 그리고 그해 12월 26일 드디어 어느 누군가에 의해 북조선 불교도연맹이 창설되었다. 이날부터 북한의 불교는 깊은 암흑 세상의 길로 들어서게 되었던 것이었다.

북조선 그리스도교 연맹

....

1907년 평양 장대현 교회. 평양에 위치한 평양 중앙 교회의 길선주 목사는 많은 교인들이 하루하루 더하여지는 일제의 억압과 점점 꺼져만 가고 있는 나라의 암울한 운명으로 인하여, 모든 교인들이 희망을 잃고 하루하루를 보내는 것을 보며 마음속으로 긴 한숨을 지었다. 그러나 목사인 자신으로서도 어떤 대책을 강구할 만한 것은 아무것도 없었다. 그리고 그는 새벽 4시에 혼자 조용히 기도를 드렸다. 이튿날에는 교회 장로 두 분이 참석하여 세 사람은 함께 새벽 기도를 드렸다. 이 때 참석한 두 분이 바로 전계은 장로님과 정춘수 장로님이었다.

<1900년대 장대현 교회>

얼마 후 그 사실을 어떻게 알게 되었는지 많은 교인들이 함께 참석하여 새벽 기도를 드리게 되었고 드디어는 새벽 4시에 교회 종이 울리게 되었으며 새벽 기도회에 참석하는 성도들의 수가 무려 칠백 명이 넘는 숫자를 이루게

되었다. 조선 교회의 새벽 기도는, 아니 세계 최초의 새벽 기도는 이렇게 은혜롭게 시작이 되었다.

그리고 1907년 1월 6일부터 평양에 있는 장대현 교회에서는 부흥사경회가 열렸다. 첫날 저녁부터 남자만도 1,500명이 넘는 성도가 모여 많은 사람들이 앉을 자리가 없을 정도였다. 길선주 목사를 비롯한 한국인 교회 지도자들과 외국인 선교사들이 집회를 인도하며 교회에 사랑의 필요성과 신자는 성령의 인도 아래 살아가야 한다는 것을 주제로 설교 말씀이 이루어졌다.

1907년 1월 14일, 방위량(Rev.W.N.Blair) 선교사는 고린도전서 12장 27절 말씀인 '너희는 그리스도의 몸이요, 지체의 각 부분이다.'라는 말씀으로 설교하였고, 이튿날 월요일 저녁에는 이길함(Rev.Graham.Lee) 선교사가 인도하였다. 이길함 선교사는 설교가 끝난 후 '자, 이제 우리 모두 통성으로 회개의 기도를 합시다.'라고 말했다. 그러면서 그는 울면서 큰소리로 회개의 기도를 시작하였다. 그러자 바로 이때 어느 한 남자가 벌떡 일어서더니 큰소리로 외쳤다.

"나는 이 자리에서 회개의 기도를 드리고자 합니다. 나는 내 친구가 죽어갈 무렵 그가 소유하고 있던 전 재산을 나에게 맡기면서 내 아내는 글도 모르고 재산을 관리할 능력도 없고 내 아들은 아직 어리니 자네가 내재산관리를 맡아주고 내 아내와 아들을 좀 보살펴 달라며 맡긴 재산을 그들에게 다 돌려주지 않고 그 중 일부는 떼어 먹었습니다. 나는 「아간」과 같은 도둑입니다. 나는 이 자리에서 하나님 앞에 저의 죄를 자백하고 회개를 하고자 합니다."

그리고 집회에 참석한 모든 신자들의 통성 회개의 기도가 시작되었다. 그 기도의 목소리는 비단 여러 사람들의 목소리였으나 한 목소리 같이 들렸고 비록 사람의 목소리였으나 영(靈)의 목소리 같았다.

장대현 교회 안은 하나님의 뜨거운 성령의 불길이 활활 타오르고 있었다. 그리고 그 뜨거운 성령의 불길은 온 한반도로 널리 퍼져나갔다. 신약 성경에서 말하는 오순절 마가의 다락방에 내려진 성령의 불길이 바로 그런 것이었으리라. 바로 이 1907년 1월 6일 시작된 장대현 교회의 부흥회는 조선 교회가 성령의 세례를 받은 날이었다. 그러나 종교라는 것이, 아니 기독교라는 것은 참으로 이해할 수 없는 것인가? 이렇게 한국 교회가 뜨거운 성령의 불길로 세례를 받았다면 우리 조선의 목을 조르고 있는 일본은 패망하여야 할 것이고, 그 억눌림을 당하고 있는 우리 조선은 더욱 자유로워지고 더욱 힘이 솟아나야 하는 것이 아니겠는가? 그러나 현실은 전혀 그렇지 못하였다. 오히려 그 정반대로 진행이 되고 있었다.

1907년 장대현 교회의 부흥 운동이 있었던 얼마 후 안창호와 전덕기는 반일 운동을 목적으로 한 신민회(新民會)를 결성하였고, 그 이듬해인 1908년에는 이와 유사한 조직인 해서교육총회(海西敎育總會)가 결성되었다. 1910년 일본의 총영사 이등박문이 안중근 의사에게 피살당한 후 조선에는 이등박문의 후임으로 데라우찌가 초대 총독으로 왔다.

그는 조선인을 아주 멸시하였으며 여러 가지 추악한 방법으로 하나씩 하나씩 조선인들을 괴롭히기 시작하였다. 내선일체(內鮮一體)라는 명목으로 창씨개명을 강요하였으며 조선인들을 도덕적으로 퇴폐하게 만들고자 작은 마을에까지도 공창(公娼)을 만들어 공공연히 이혼을 조장하는 파렴치한 행위도 서슴

※ '아간' 성경 여호수아 7장 1절부터 25절의 이야기

유다지파에 속한「갈미」의 아들, 그는 여리고의 멸망 후 하나님의 것으로 구별된 노획물 중 일부를 훔쳤다. 이로 인하여 하나님께서 크게 진노하였다. 이후 이스라엘 백성은「아이성」을 치다가 크게 패하였다. 이때 여호수아와 장로들은 패배의 원인을 알지 못하고 있을 때 하나님이 패배의 원인이「아간」에게 있음을 알려 주었다.「아간」은 뒤늦게 자신의 죄를 고백했지만 이스라엘 백성들은 그를 용서하지 않았고 그를 아골 골짜기에서 돌로 쳐 죽였다.

※ 조선 말기 천주교인을 처형한 4대 사옥(邪獄)
신유사옥(1801), 기해사옥(1839), 병오사옥(1846), 병인사옥(1866)

지 않았다. 그러나 무엇보다도 기독교인들에 대한 탄압은 말로 표현할 수 없을 정도로 심하였다. 그중 하나가 바로 신사 참배였다. 즉 모든 종교인(특히 기독교인)은 예배 전에 필히 신사 참배를 먼저 하여야 한다는 것이었다. 그리고 일제는 여러 가지 또 다른 방법으로 기독교인들을 박해하였던 것이었다. 이 조선 땅에서 일제에 대한 기독교인들의 박해는 점점 가혹하여지기만 하였다.

그러던 중 1945년 8월 15일 드디어 일본군이 패망하고 조선 땅에는 영광스러운 광복의 날이 찾아왔다. 새날이 밝아온 것이었다. 모두가 기쁨의 환호를 외쳤다. 서로 얼싸 안고 부둥켜 울며 기뻐하였다. 당연히 기독교인들의 기쁨도 말할 수가 없었다. 이제는 마음껏 맑은 공기를 마시며 큰 소리로 찬양하며 예수 그리스도를 부르짖으며 종교의 자유, 믿음의 자유를 마음껏 누리리라고 믿었다. 그러나 그 기쁨은 오래가지 못하였다.

이것이 이 땅 조선 기독교인들의 운명이던가? 정녕 기독교는 순교의 피가 이 땅 위에서 더 필요하단 말인가?

1945년 12월 26일, 드디어 어느 누군가에 의해 북조선 그리스도연맹이 결성되었다. 그리고 그날 이후로 삼팔선 이북의 기독교인들은 예수 그리스도 이후 로마에서처럼 카타콤의 시대로 접어들기 시작하였다. 왜 이럴까? 적어도 이 땅에서 기독교의 메카라고 할 수 있는 평양에서부터, 세계에 서 최초로 새벽 기도 집회를 연 이곳에서부터 왜 이런 시련이 시작되고 있는 것일까? 혹시 조선 말기에 천주교인을 너무 많이 처형한 대가인가?

6·25 전쟁

....

1950년 6월 25일 일요일 새벽 4시를 기하여 일제히 삼팔선을 넘은 조선인민 해방군은 침공 다섯 시간 만에 개성을 점령하고 그 이후 국군의 큰 저항 없이 제203 전차 연대를 앞세운 제1사단, 제6사단이 판문점을 지나 27일 화요일 오후에 벌써 서대문을 통과하고 있었다.

거의 같은 시간 제105기갑 여단을 앞세운 제3사단, 제4사단은 동두천, 의정부를 거쳐 이미 미아리 고개를 넘고 있었다. 그리고 밤 10시경 그들 중 일부는 이미 세종로로 진입하고 있었고, 연이어 제1군 사령부 군단장 김웅중장이 이끄는 본대가 드디어 중앙청에 도달하였으며, 제2군 사령부 군단장 겸 3사단장인 김광협중장도 중앙청에 도착하였다.

그런데 그 때부터 그들의 작전은 지금까지와는 조금 달라진 듯하였다. 왜냐하면 그들의 진격이 그 자리에서 일단 멈추었기 때문이었다. 왜 그랬을까? 이 중요한 시점에서 왜 그들은 행군을 멈추었을까? 벌써 지쳐서일까? 아니면 서울을 점령했다는 안도감 때문이었을까?

그 당시 그들의 전략은 소위 스탈린의 핵심 작전이라고 불리는 '전격전'이었다. 즉 '빠른 속도에 의한 기습 공격을 통하여 강력한 타격을 준다. 그리고 도주하는 적을 신속히 추격함으로써 그들이 유리한 지형에서 방어선을 재구축할 수 없도록 시간의 여유를 주지 않는다.' 이것이 그들의 주된 전략이었다.

그런데 그들은 지금 한강을 바로 눈앞에 두고 여유를 부리고 있는 것 아닌가? 적어도 후퇴하고 있는 국군이 한강 인도교를 폭파하기 전까지는 숨을 돌리지 말고 일단은 한강 다리를 수중에 넣어야 할 것 아닌가? 결국 그들이 진격을 멈추고 있는 사이, 드디어 28일 수요일 새벽 3시 한강 다리는 끊어지고 말았다.

<월턴 워커 장군(Walton H. Walker)>
(1889~1950)

그러나 더 놀라운 것은 그들은 28일 낮에도, 29일 목요일에도, 그리고 30일 금요일에도 꼼짝 않고 있었다. 그 천금같이 귀중한 전쟁 초기 3일을 왜 그들은 꼼짝도 않고 허송세월을 보내고 있었단 말인가? 애초 그들이 삼팔선을 넘어 침략을 감행하였을 때에는 보름 안에 남조선을 해방시키겠다고 호언장담하였던 그들이 아닌가. 드디어 7월 1일 모스크바에 있는 스탈린이 평양 주재 소련 대사인 슈티코프에게 다음과 같은 전문을 보내왔다. "계속 전진이냐, 아니면 진격 중단이냐를 알고 싶다."

사실이 그랬다. 지금도 많은 군사학자들이 바로 그 부분을 6·25 전쟁 중 발생했던 사건 중 가장 '미스터리한 사건'으로 지적하고 있고, 전쟁이 끝난지 반세기가 지난 지금에도 그 이유는 밝혀지지 않고 있다. 물로 군사학자들이 나름대로 그 사건을 여러 가지로 가상을 하고 있다.

첫째로 제한 전쟁설이었다. 즉 애당초 '서울까지만 점령을 하자.'라는 계획을 세워 놓았다는 것이다. 그러나 그것은 전혀 논리에 맞지 않는 내용이었다. 어느 누가 전쟁을 일으키면서, 특히 '완전 해방'이라는 구호를 내 걸어 놓고 감행한 전쟁을 서울까지만으로 제한을 해놓고 전쟁을 시작하였겠느냐 말이다. 더욱이 서울을 빼앗긴 국군이 그대로 있을 것이란 말인가? 즉시 전력을 재 확보하여 탈환에 나설 것임은 불을 보듯 뻔한 사실이 아닌가?

둘째로 추론되어지는 것은 인민 봉기설이었다. 다시 말해 박헌영이 추진하여 왔던 남로당을 중심으로 남한 내에 숨어서 암암리에 활약하고 있는 공산주의자들이나 혹은 남한 군부나 경찰에 포진해 있는 공산주의자들이 봉기하여 남한정부를 무너뜨리고 그들 스스로가 인민군에 합류하기를 기다리고 있었다는 것이었다. 그러나 그 이론도 전혀 맞는 이론이 아니었다. 그들이 비록 서울을 함락하였으나 강제로 주민들을 끌어내었고 그들 스스로 인민군에 합류하는 사람은 한 사람도 없었으며, 더구나 그들이 전투를 벌이는 동안 국군들은 비록 후퇴는 하였지만 항복을 하는 부대는 단 한 곳도 없었다.

설령 민중들이 스스로 봉기를 일으켜 인민군에 합류한다고 하더라도 진격을 하지 않고 가만히 앉아서 그들이 오기만을 기다리고 있어야 한단 말인가?

그 다음 가정해 볼 수 있는 것은 이청송 소장이 이끄는 인민군 2사단과 7사단이 춘천, 홍천을 뚫고 남진할 때까지 기다리고 있었다는 것이었다. 그런데 그쪽 춘천을 방어하고 있던 국군 제6사단(사단장 김종오 대령)의 저항이 예상 외로 완강하여 인민군 2사단의 진격이 상당히 늦어지고 있는바, 그들이 국군 6사단의 방어선을 뚫고 내려올 때까지 보조를 맞추기 위하여 기다리고 있었다는 것이었다. 그러나 그 당시 인민군의 주 전략이 무엇이었나? 바로 스탈린의 핵심 작전이라고 불리는 '전격전'이 아니었던가. 즉 '빠른 속도에 의한 기습 공격을 통하여 강력한 타격을 준다.'는 것이 그들의 최대 전략인데 타 부대의 행군이 조금 늦어진다고 하여 내 부대의 진격도 늦춘다는 것은 쉽게 이해할 수 없으며, 더구나 타 부대보다는 내가 한 발이라도 더 앞서서 진격하고자 하는 것이 군인들의 본성이고 침략을 감행하는 입장에서는 더욱 그럴 것이 아닌가?

그 외에 그들이 끌고 온 장비들이 일찍 고장이 났다는 설과 수송 작전이 늦어져 실탄이나 포탄 또는 연료, 식량 등이 부족하였다는 설을 주장하는 사람이 있는가 하면, 또 어떤 이는 도하 장비가 없어서 지체하였다는 설이 있지만 이미 1949년 초부터 전쟁 준비를 하여 왔고, 소련으로부터 많은 장비와 군수 물자를 지원받은 그들로서는 그와 같은 주장은 전혀 맞지 않는 것임을 충분히 짐작할 수가 있는 것이었다.

만약 그 당시에 서울을 점령한 인민군이 삼 일간을 허송세월하지 않고 계속 남진을 감행하였다면 어떤 결과가 일어날 수 있었을까?

첫째, 6월 29일 일본 동경에 있던 맥아더 장군이 비행기 편으로 수원 비행장에 도착하여 전선을 시찰하였는데 만약 인민군이 삼 일간 서울에서 머뭇거리지 않고 계속 남진을 하였다면 맥아더 장군은 수원 도착이 아니라 대전쯤에 도착하여야 했을 것이다.

둘째, 인민군과 미군 24사단 1대대와 처음 교전을 한 곳이 현재 초전비가 있는 오산이 아니라 대전 못 미쳐 있는 청원이나 신탄진쯤이 되었을지도 모른다. 그렇다면 지금 오산에 있는 초전비는 아마 청원 혹은 신탄진에 세워졌을 것이다.

셋째, 7월 20일 인민군이 대전을 점령하였는데 아마 이 날짜가 7월 10일쯤이나 혹은 그 이전으로 당겨졌을지 모른다.

넷째, 8월 3일 UN군에 의하여 마산 왜관 영덕을 잇는 일명 '워커라인' 구축은 아마 김해, 경주, 포항으로 이어졌을 것이다.

다섯째, 9월15일 감행된 인천 상륙 작전은 어쩌면 인천 앞바다보다는 수심도 깊고 상륙 작전을 하기 좋은 동해안의 영덕 상륙 작전으로 바뀌었을지도 모른다. 그렇게 되었다면 현재 인천 자유 공원에서 멀리 서해안을 바라보며서 있는 맥아더 장군의 동상은 어쩌면 먼 동해안의 넘실거리는 파도를 지켜보며 영덕 어디쯤에 서 있을지도 모른다.

여섯째, 좀 심한 상상일지도 모르지만 최악의 경우 우리나라는 동유럽의 어느 나라처럼 완전히 공산화가 되어 오랜 기간 동안 암흑 세상에서 헤매어야 했을지도 모른다. 즉 그 가장 중요한 삼 일을 허비함으로써 미군이나 UN군이 전투에 참여할 수 있는 충분한 시간적인 여유를 제공하였던 것이다.

그러나 그 당시 이해할 수 없는 또 한 가지의 잘 알려지지 않는 사건이 있었다. 그 당시 북한 인민군 병력의 총 숫자는 13만 5천 명이었다. 그런데 6·25 침공에 동원된 병력은 도합 9만 명이었다. 즉 전체 병력수의 삼분의 이 정도만 전투에 동원된 것이었다. 그러면 나머지 병력은 무엇을 하고 있었단 말인가?

나머지 4만 5천명이나 되는 병력은 무엇을 하고 있었단 말인가? 혹시 예비 병력으로 남겨 두었을까? 만약 그랬다면 제1 진이 서울을 함락하고 계속 남진을 하게 한 후 그 예비 병력이 즉각 서울에 투입되어야 하는 것 아닌가? 그래서 대부분 군부대가 전투 사단이 있고 또 예비 사단이 있는 것아닌가? 그러나 그 당시 북한 인민군에서는 결코 그런 조치를 취한 적이 없었다. 그렇다면 그 나머지 병력은 도대체 무엇을 하고 있었단 말인가? 많은 병력이 최전선에서 피를 흘리고 있는데 그들은 후방에서 군량미만 축내고 있었단 말인가? 그것도 정규 병력이……

드디어 1953년 7월 27일 휴전 협정이 이루어졌다. UN군 측 대표 윌리엄 해리슨 미군 소장과 북한의 남일 중장이 각각 서명을 하였던 것이다. 그런데 7월 27일 휴전 협정이 이루어지기 바로 열흘 전 북한 인민군의 최후 발악적인 대공세가 있었다. 당연히 남측의 국군과 UN군의 대반격이 시작되었다. 그런데 북한 인민군의 마지막 대공세가 있었던 곳의 대부분이 서부 전선에 위치하고 있었던 것이었다(철의 삼각지). 그리고 휴전 회담이 성립 된 것이었다.

우리나라 지도를 가만히 보라. 그리고 삼팔선과 휴전선을 가만히 비교해 보면 지금의 휴전선은 중부와 동부 쪽은 북쪽으로 삼팔선보다 아주 위로 올라가 있고 반대로 서부 쪽은 삼팔선 아래로 내려와 있지 않은가. 왜 그들은 그토록 서부 삼팔선 이남 임진강 쪽에 그렇게 집착을 하고 있었는가? 바로 이때 준수하게 생긴 한 청년이 전쟁을 피해 금강산 줄기를 타고 남쪽으로 피난을 하고 있었다. 그는 피난 도중 한 동굴을 발견하고는 비바람과 추위를 피하고자 동굴로 들어간 후 그곳에서 하얀 알 위에 버섯이 자라고 있는 이상한(동물도 아니고 식물도 아닌) 무엇을 발견하고는 배고픈 김에 허겁지겁 이상한 버섯을 맛있게 먹어치웠다. 얼마 후 가까스로 길을 찾은 그는 계속 남쪽으로, 남쪽으로 피난하여 드디어 최남쪽 항구 도시인 부산에 도착하였다. 그가 바로 누구였냐 하면 바로 최대민이라는 자였다.

갱도전

....

1963년 10월 5일 평양. 김일성 종합 대학 제4기 졸업식에서 김일성 주석은 '땅굴을 파고 들어가면 원자탄을 능히 막아낼 수 있다. 온 나라를 요새화해야 하며 대공 방어와 해안 방어를 강화해야 한다.'며 유난히 '땅굴과 땅굴을 통한 전 국토 요새화'를 강조하였다

제1땅굴

....

1974년 11월 15일, 서부 전선 비무장 지대(고랑포)에서는 실로 엄청난 사건이 발발하였다. 고랑포 부근에서 북한에 의해 굴착된 남침용 땅굴이 발견된 것이었다. 즉각 국군과 미군의 연합 작전으로 그 땅굴에 대한 조사가 시작되었다.

발견 5일 후 내부 구조를 조사하던 한국 해군 소령 1명과 미국 해군 소령 1명이 북한군이 설치해놓은 부비 트랩(일종의 지뢰)폭발로 인하여 사망하였고, 그 외 한국군 1명, 미군 5명이 심한 부상을 입었다.

제2땅굴

....

1975년 3월 19일, 철원 북방 13km 지점의 DMZ 내에서 또다시 북한군에

의해 굴착된 제2의 땅굴이 발견되었다. 경계 근무 중 순찰을 돌고 있던 국군 사병이 풀숲 사이에서 하얀 연기 같은 것이 솟아오르는 것을 발견하고 그곳을 살펴보는 순간 북한 측 경계 초소에서 사격을 가하여 왔다. 다행히 사망자는 없었으나 실로 이해할 수 없는 사건이었다.

제3땅굴

....

1978년 10월 17일, 판문점 남방 4km지점에서 또다시 세 번째 땅굴이 발견되었다. 이것은 1974년 11월에 발견된 제1땅굴에서 남서쪽으로 약 12km 떨어진 지점이고, 군사 정전 회담을 지원하는 UN군 측 전진 기지인 키티호크 캠프로부터 남방으로 2km 밖에 떨어지지 않는 거리였다. 바로 그 다음 달, 즉 1978년 11월에는 한미 연합사령부가 창설되었다.

1·21 사태

....

1968년 1월 21일, 대한민국의 수도인 서울에서는 실로 엄청난 일이 발생하였다. 완전 중무장한 북한의 무장 공비 31명이 한밤 중 비밀스레 휴전선 비무장 지대를 통과하여 수도 서울의 중심지까지 들이닥쳤다.

그들의 목표는 대한민국의 대통령이자 국군통수권자인 박정희 대통령을 살해하는 것이 주목적이었다. 왜 그랬을까? 그들은 또다시 민족 간의 전쟁을 일으키겠다는 것인가? 결국 그들은 몰살당하였고 그 중 김신조라는 한 명이 생포되었다. 그 일로 인하여 국군의 군 복무 기간이 6개월 연장되었고, 향토 예비군이 창설되었다.

1974년 8월 15일

....

아, 슬프고, 슬프고 슬프도다. 우리의 국모이신 육영수 영부인께서 저 흉악한 문세광의 손에 의하여 죽임을 당하였구나. 슬프고 분하고 억울한 감정을 달랠 길이 없구나. 흉악한 원수 문세광이 누구인고? 일본에 거주하고 있는 조총련이 아니던가?

그를 조종하고 있는 자는 누구인가? 바로 저 북녘 땅의 괴수 김일성 아니던가? 6·25 전쟁을 일으켜 이 산하를 온통 붉은 피로 물들였던 민족의 원수아니던가? 그런 자가 지금 그것도 모자라 또 전쟁을 일으키려고 음모를 꾸미고 있단 말인가?

다행히 박정희 대통령은 무사하였으나 대신 영원한 우리의 국모이신 육영수 영부인께서 한마디 말씀도 없이 우리 곁을 떠나버렸구나. 그 옛날 우리의 국모이셨던 명성황후께서는 저 흉악한 왜적의 칼에 돌아가셨으나 오늘 우리 국모께서는 같은 민족이요 한 형제인 우리 동포의 손에 의하여 돌아가셨구나. 오호! 원통하구나. 우리 민족의 앞날은 어찌될꼬. 또다시 예전처럼 남북간에 서로 총질을 해야 하는가! 이제 엄마 잃은 세 자매는 깊은 슬픔 가운데 하루하루를 보내고 있었다. 그러나 영애는 슬퍼할 여유도 없이 엄마대신 아빠 곁에서 한 나라의 국모 역할을 보내야만 했다. 바로 그 때 영애는 한 통의 편지를 받았다. 바로 악마 최대민이 보낸 편지였다. 그리고 새로운 불행의 씨앗이 싹트고 있었다. 악마 최대민이 가장 좋아하는 것은 (대부분의 악마가 다 그럴

지만) 색(色), 돈(金錢), 권(權力)이었다. 그리
고 그는 온갖 술수를 사용하여 영애를 여
섯 번째 애첩으로 맞이하였다. 사실 말
이야 바른 말이지. 첫 번째 부인도 아니
고 두 번째, 세 번째 부인도 아닌 여섯 번
째 부인이니 이것이야말로 부인이라는
표현 보다는 애첩(愛妾)이라는 표현이 타
당할 것이다. 이후 악마 최대민은 영애
의 가슴 깊숙이 파고 들었으며 최대민 속
에 숨어 있던 악령은 자연히 영애 박라임
속으로 전이되었다.

<악마 최대민>

구국 선교단 창립

....

이후 악마 최대민은 영애 박라임을 앞세워 원래 자기가 세웠던 구국 십자
군이라는 묘한 단체를 1975년 4월 구국 선교단이라고 개명을 한 후, 다시 명
칭을 구국 여성봉사단이라는 사단 법인을 만들어 자신을 총재로, 영애 박라
임을 명예 총재로 삼아 이를 기반으로 대기업들로부터 각종 기부금 명목으로
돈을 뜯어내어 그 돈으로 엄청난 부를 축적하였다. 이제 구국 여성 봉사단이
라는 조직은 대한민국 내에서 그 어느 누구도 대적할 수 없는 엄청나고도 무
서운 조직이 되었다. 이때 이들의 일거수일투족을 지켜보고 있는 이가 있었
으니 바로 제8대 중앙 정보부장 김재규였다. 그리고 드디어 그들의 부정 비
리를 더 이상 방관할 수 없었던 김재규 중앙 정보부장은 그들의 비리를 상세

히 보고서로 작성하여 박정희 대통령에게 보고하였다. 그러나 그 보고서는 박정희 대통령에게 보고되기 이전에 차진철이라는 경호 실장에게 먼저 보고되었고, 연이어 그 내용은 차진철에 의해 영애 박라임에게 낱낱이 보고되었다. 이윽고 청와대는 박정희 대통령을 둘러싸고 딸 박라임, 차진철 경호 실장, 간신 김지춘, 그리고 김지춘의 꼬붕이이며 항상 오른쪽만 바라보고 살아온 거만한 팔짱 우향우의 라인과 김재규를 주 측으로 하는 중앙정보부 라인이 서로 피 터지는 기 싸움을 하는 형세가 되었다. 이때 김재규의 보고를 받은 박정희 대통령은 겉으로는 최대민의 부정부패를 질책하는 듯하더니 이내 유야무야되게 방치해버렸다. 왜 그랬을까? 왜 박정희 대통령은 최대민의 엄청난 부정부패와 비리를 알고도 모른 체 하였을까?

그 해답은 간단하다. 그 당시 박정희 대통령은 장기집권으로 인하여 민심이 그에게 등을 돌리고 있을 무렵이었다. 그런데 최대민이라는 자와 딸이 함께 설립한 구국 여성 봉사단이라는 조직이 의외로 큰 호응을 얻자 그 조직이 자기 장기집권에 다소 유리한 조직이라고 판단하였기에 이를 은근히 묵인하였던 것이다. 그러나 박정희의 잘못된 이 판단은 결국 10·26이라는 사태를 맞이하게 되어 박정희 대통령은 김재규에 의해 살해되고 말았다. 이후 최대민의 비리와 거만은 하늘 높은 줄 몰랐고 그의 애첩 박라임과의 관계는 더욱 깊어만 갔으며 이제 박라임은 완전히 최대민의 꼭두각시가 되었다. 그러나 최대민 역시 인간인지라 영생을 누리지는 못하였으며 결국 1994년 4월 16일 그 운명을 다하였다. 자-여기서 우리가 두 눈을 부릅뜨고 중요하게 보아야 할 사안이 있다. 4월 16일 그날이 무슨 날인가? 꼭 20년 후 목포 앞바다에서 300여명의 목숨을 빼앗아간 세월호 참사 사태가 일어난 바로 그날이 아닌가? 그리고 비록 최대민은 세상을 떠났으나 그 악령은 그들의 자손으로 이어졌으니 바로 딸 최선실, 최선득. 사위 정윤해로 이어졌고 외손녀 정유나, 장시효로 대물림되었다.

울진, 삼척사태(나는 공산당이 싫어요)
....

1968년 10월 어느 날 밤, 대한민국 동해 바다의 울진, 삼척에는 또다시 엄청난 일이 벌어졌다. 108명의 중무장한 북한군이 야밤을 틈타 울진, 삼척의 동해안에 몰래 침투하여 무고한 양민을 살해하고 서울로 진격을 감행하였다. 물론 그들 역시 일부는 소탕되었지만 선량한 민간인들이 학살 되었고, 그 유명한 이승복 어린이의 '나는 공산당이 싫어요.' 하는 말이 생겼다. 그들은 왜 그런 만행을 저질렀을까? 진정 그들은 또다시 피비린내 나는 민족 간의 전쟁을 원하고 있단 말인가?

버마의 수도 랭군 아웅산 묘소
....

1983년 10월 9일, 버마를 친선 방문 중인 대한민국 대통령은 미리 계획되어 있는 랭군의 국립묘지 참배를 위하여 승용차에 올라탔다. 승용차가 경찰관들의 호위를 받으며 서서히 아웅산 국립묘지에 거의 다다랐을 때 온천지가 진동하는 폭음과 함께 거대한 불길이 아웅산 국립묘지에서 솟아올랐다.

대한민국 대통령을 태운 승용차는 즉각 차를 돌려 숙소로 되돌아와서 화를 면하였지만 미리 와서 대기하고 있던 대한민국의 장관들 서석준, 이범석 등등과 대통령의 수석 보좌관들, 몇 명의 신문 기자들 도합 19명이 그 자리에서 즉사하고 말았다. 버마 정부는 즉각 수사에 참석하여 범인 색출 작업에 나섰다.

놀랍게도 체포된 범인은 북한에서 특파된 특공대였고 그들은 하루 전 아웅산 국립묘지 참배소 천장에 원격으로 조정할 수 있는 폭탄을 설치하였던 것이었다. 이후 대한민국 대통령은 모든 일정을 취소하고 귀국하였으며 버마와 북한은 단교가 되었다. 도대체 어째서 이런 일이 일어났을까? 만약 그 당시 대한민국 대통령이 사망하였다면 이 땅에는 또다시 피비린내 나는 전쟁이 일어났으리라.

제4땅굴

....

1990년 3월 7일, 강원도 양구 두타연. 참으로 그들의 땅굴에 대한 집념은 대단하였다. 사실 현대 전술에 있어서 땅굴을 활용한다는 것은 대단히 위험한 작전인 것으로 이미 세상 모든 군사학에서는 정의하고 있다. 왜냐하면 땅굴 속에 대규모 병력이 투입되어 있을 때 만약 상대측에서 포격이나 미사일 혹은 소규모의 특공대에 의해서 입구와 출구가 봉쇄되었다고 생각해보라. 그 안에 있는 대규모 병력은 문자 그대로 생매장되는 것이 아닌가. 단 소규모 병력이 게릴라 전술을 펼칠 때는 지극히 예외로 사용되고 있지만 그것 또한 적으로부터 입구를 봉쇄당한 후 화염 방사기 공격이나 최루탄, 수류탄 등의 공격을 당한다고 가정할 때 현대전에서의 땅굴 사용은 지극히 위험한 전술인 것이다.

그런데 저들을 보라. 제1땅굴. 제2땅굴. 제3땅굴이 발각되고 난 후 군사 정전위에서 그토록 추궁을 당하였건만 또다시 네 번째 땅굴을 파고 있지 않은가. 그렇다면 지금까지 발각되지 않은 땅굴은 또 얼마나 많이 있단 말인가? 그들은 과연 올바른 정신 상태를 갖고 있는 자들인가? 아니면 땅굴을 파지 않으면 안 될 피치 못할 사연이라도 있단 말인가?

김일성 국가주석 의문사

....

　1994년 7월 9일 평양. 실로 엄청나고 충격적인 뉴스였다. 7월 9일 낮 열두시 평양의 TV에는 상복 차림의 아나운서가 침통한 목소리로 '위대한 지도자 김일성 동지의 서거를 최대의 애도로 전 인민 전 당원에 고함'이라고 발표하였다. 평양의 모든 거리는 곧 눈물바다로 변하였고 만수대의 언덕에 높이 솟아 있는 김일성 동상 앞에는 순식간에 수많은 인파가 모여 눈물과 통곡과 애도의 울음소리로 가득하였다.

　그리고 얼마 후 사망 원인을 밝히는 '의학적 결론서'가 TV로 보도 되었다. '경애하는 수령 김일성 동지께서는 심장 혈관의 동맥경화증으로 치료를 받아왔었다. 거듭된 정신적인 과로로 1994년 7월 7일 심한 심근경색이 발생하여 심장 쇼크를 일으켰다. 즉시 모든 치료를 하였음에도 불구하고 심장 상태가 악화되어 1994년 7월 8일 새벽2시에 사망하셨다. 1994년 7월 9일에 실시된 병리 해부 검사에서는 질병의 진단이 완전히 확인되었다.'라고 발표하였다.

　이 뉴스는 곧 남한과 전 세계에 알려졌으며 모두가 경악스러워하였다. 그런데 이 뉴스가 남한 국민에게 더욱 충격적으로 받아들여졌던 것은 바로 보름 후면 남한의 김영삼 대통령과 북한의 김일성 주석이 만나기로 합의가 되어 있었던 것이었다. 즉 양측 정상의 회담을 보름 앞둔 시점에서 급작스레 사망하였던 것이다. 물론 사람이라는 것은 누구나 언제라도 급작스럽게 죽을 수도 있다. 그렇지만 김일성이 누구인가? 한나라의 최고 통치자가 아닌가? 그렇다면 그 사람에 대한 건강관리 또한 일반인들보다 더욱 정밀하게 관리되어 왔음에는 틀림이 없는 것 아닌가?

　알다시피 북한에는 김일성의 건강관리를 위한 장수 연구소 등등의 방대한 조직이 오직 김일성 주석의 장수를 목적으로 운영이 되고 있는 곳인데 과연 그들은 무엇을 하였단 말인가? 김일성 국가 주석에 대한 그들의 건강관리가 그렇게도 허술했단 말인가? 평소 김일성 주석이 한 번 움직이면 보통 의사가 적게는 세 명에서 많게는 여덟 명까지 함께 움직인다고 하는데 그 의사들은 다 무엇을 하고 있었단 말인가? 그들의 발표를 정말 그대로 믿을 수 있단 말인가? 긴급히 출동한 헬리콥터가 악천후로 인해 추락했다고 발표하였는데 위대한 장군이요, 영원한 영도자이신 김일성 수령을 긴급히 후송하러 가는 헬리콥터가 악천후 때문에 추락을 하였다고? 참으로 믿을 수 없는 일 아닌가!

더구나 사망 한 달 전 미국 전 대통령이었던 지미 카터가 북한을 방문하였을 때, 김일성 주석은 아주 건강한 모습으로 카터 대통령을 맞이하지 않았던가? 남과 북이 분단국가가 된 이후 처음으로 남북 정상이 만나기로 약속한 날짜를 보름 앞두고 갑자기 사망을 하였다는 것은 참으로 쉽게 이해가 되지 않는 사건이었다. 이것도 우리 민족이 겪어야 하는 운명의 한 장면이던가?

제1잠수정 침투 사건

1996년 9월 18일, 강릉 앞바다에서 좌초 중인 잠수함이 발견되었다. 이 잠수함은 북한 인민 무력부 정찰국 소속으로써 한국 해안에 침투하였다가 기관 고장을 일으켜 표류하다가 좌초되었다. 이후 그들은 잠수함을 버리고 육지로 도주하기 시작하였다.

이 사건에서 공작원 이광수 1명이 생포되고, 1명은 추적 중 놓쳐 버렸고, 12명은 사살되었고, 11명은 그들끼리 서로 쏘면서 자살하였다. 그들은 도대체 어떤 임무를 띠고 잠수정을 타고 비밀리에 바다 밑으로 침투하였을까? 그들 중 11명이나 되는 인원은 왜 자살을 하였을까? 그들의 임무가 자살까지

하여야 할 중요한 임무를 띠고 있었단 말인가? 더욱 이상한 점은 만약 자살을 해야 하였다면 잠수정에서 육지로 뛰쳐나온 다른 14명(사살 12명, 도주1명, 생포1명)도 함께 자살을 했어야 할 것 아닌가? 아니면 25명 전원이 탈출을 꾀하던지.

아무튼 1990년 3월 강원도 양구에서 제4땅굴 사건이 있은 이래 한동안 잠잠하였는데 이제는 잠수함 침투 사건이 발생한 것이다. 그리고 며칠 후 북한은 이 사건을 우연히 표류한 사건이라고 발표하였다. 우연히 표류한 사건인데 11명이 자살까지 하였단 말인가?

제2잠수정 침투 사건

....

1998년 6월 22일, 속초 동방 11.5마일 해상. 속초 앞바다에서 조업 중이던 한 어부의 그물에 북한의 잠수함 한 척이 걸렸다. 그 잠수함은 유고급 잠수함으로 우리 해군에 의해 발견될 당시에는 엔진이 완전히 고장이 난 상태였고, 더욱 놀라운 일은 배 안에 있던 9명 전원이 사망한 채 발견 되었다는 것이었다. 물론 서로 다투다 사망을 하였는지 아니면 자살을 하였는지 발견 당시에는 잘 판단할 수가 없었으나 만약 다투었다면 최후의 한 명은 살아 있어야 할 것이 아닌가?

결국은 서로서로 쏘면서 자살을 하였다는 결론인데 지난 1996년 9월 강릉 앞바다에서 발견된 잠수정 사건 때도 도주하던 11명이 자살한 채로 발견되지 않았던가? 도대체 무슨 일이란 말인가? 그들의 충성심이 그리도 강하단 말인가? 잡혀서 포로가 되는 것보다는 스스로 목숨을 끊어 죽은 후에라도 영웅 칭호를 받겠다는 것인가? 만약 그렇지 않다면 그들이 스스로 목숨을 끊으면서까지 지켜야할 비밀이라도 있단 말인가?

이어서 닷새 후인 6월 27일 북측은 어이없게도 잠수정과 잠수정 승조원들의 시신을 송환하라는 요구 성명서를 발표했다.

제3잠수정 침투 사건
....

1988년 7월 12일 동해시 해안. 인근 해안가에서 무장 간첩 시체 1구가 잠수복을 입은 채 발견되었고, 그 시체 옆에는 1인 탑승용 수중 추진기 1대가 발견되었다. 꼭 20일 전 시체 9구가 실려 있던 잠수함이 발견되지 않았던가? 그런데 또 바다 밑으로 무장 간첩을 침투시키다니 저 사람들이 도대체 왜 이러는 것일까? 그리고 단 한 명이 수중 추진기를 타고 내려와서 무얼 어쩌겠다는 것일까? 그들은 왜 이렇게 악착같이 동해안 바다 밑을 기어 들어오고 있는 것일까? 이 한 명은 과연 무슨 임무를 띠고 이렇게 죽음을 무릅쓰고 바다 밑으로 기어 들어오고 있는 것일까? 정상적인 상식으로는 도저히 이해할 수 없는 일이 아닌가?

제4잠수정 침투 사건
....

1998년 12월 17일 여수 앞바다. 그들의 집념은 실로 대단하였다. 12월 17일 여수시 임포리 해안에서 몰래 침투한 북한 잠수정이 발견되었다. 즉각 이 군에 의해 발각된 북한 잠수정은 우리 해군에 의해 격침되었고, 아울러 북한

군 시체 1구가 인양되었다. 바로 그 다음날 북한은 조선 평화 통일 추진 위원회(약칭 조평통) 대변인을 통하여 중앙 통신과의 회견에서 전남 여수 앞바다 잠수정 침투 사건은 '남조선 괴뢰들의 조작극'이라고 주장하였다. 그러나 그 이듬해 1999년 3월 17일, 격침된 북한의 잠수정이 인양되었다. 그 소형 잠수정에는 스크루가 무려 세 개나 달려 있는 초고속 함정이었다. 그들은 도대체 무엇을 노리고 있는가? 무엇이 그들로 하여금 이토록 그 무엇에 집착하고자 하게 만들고 있는가?

1949년 3월 5일 모스크바

....

1949년 3월 5일, 모스크바 크레믈린의 한 접견실에서 북한 김일성과 소련의 스탈린 서기장이 마주 보고 앉아 있었다. 김일성은 약간 초조해 보이는 듯하며 스탈린에게 무언가를 열심히 설명하고 있었다.

"서기장 동지, 우리가 믿는 곳이라고는 서기장 동지 밖에 없습니다. 우리에게 무기만 제공해 주십시오. 싸움은 우리가 할 테니 서기장 동지께서는 우리에게 무기만 제공해 주십시오."

가만히 듣고 있던 스탈린이 무겁게 입을 열었다.

"우리가 무기를 제공하는 것은 어렵지 않소. 그러나 남조선에는 미군이 주둔하고 있소. 과연 북한군이 미군을 상대할 수가 있다고 보시오? 그렇다고 우리가 미국과 직접 전투를 한다는 것은 어려운 일이요."

김일성은 다시금 다급한 어조로 말했다.

"그래서 우리가 요구하는 것이 소련군의 철수 아닙니까? 마지막 남은 소련군이 북조선에서 철수를 하면 미군도 남조선에 남아 있을 명분이 없습니다.

남조선에 미군이 없으면 남조선은 아무것도 아닙니다. 그저 속 빈 나무토막이나 마찬가지에요. 더구나 남조선 내에서는 우리 박헌영 동지가 곳곳에 남로당 조직을 아주 잘 심어두고 있기 때문에 우리가 어떤 행동을 취하기만 한다면 남조선 곳곳에서 인민 봉기가 일어나 우리와 단번에 연합할 수가 있어요. 심지어는 국방군 안에도 우리 조직이 있고 경찰 내에도 우리 조직이 있어 그들 모두가 하루속히 우리가 내려오기만을 기다리고 있습니다."

또다시 스탈린이 입을 열었다.

"그래. 그건 그렇다 치고. 그러면 김일성 동무가 요구하는 무기가 어느 정도면 될 것 같소?"

그러자 김일성은 미리 준비한 내역서를 내밀었다. 그 내역서를 유심히 쳐다보고 있던 스탈린이 약간의 미소를 띠며 말했다.

"알았소. 곧 실무단을 구성해보겠소."

그리고 김일성은 스탈린과 함께 저녁 식사 겸 환영 만찬장으로 향했다. 스탈린이 안내한 만찬 연회장은 그리 넓은 편은 아니었으나 붉은 카펫 위로 전형적인 러시아풍의 화려한 바로크 장식으로 꾸며진 아담한 방이었다. 그리고 마주앉은 스탈린의 표정은 지금까지 냉정하고 근엄해 보이던 모습과는 달리 매우 친근한 모습으로변하였다. 이윽고 말쑥한 차림의 요리사들에 의해 음식이 하나씩 테이블 위에 놓여졌다. 그리고 마지막 주 메뉴인 듯 해 보이는 둥근 스테인리스 볼 뚜껑이 덮인 큼직한 그릇 2개가 주방용 카에 실려 들어와 테이블 위로 옮겨져 하나는 스탈린 앞에 또 하나는 김일성 앞에 놓여졌다.

먼저 스탈린이 둥근 스테인리스 볼 뚜껑을 천천히 열었다. 그리고 김일성도 뚜껑을 열었다. 순간 이상야릇한 냄새가 코끝을 심하게 자극하였다. 그것은 아주 심한 악취였다. 아주 구토가 나올 정도로 심한 악취가 풍겨 나왔다. 그런데 스탈린은 그것을 아주 즐기는 듯하였다. 처음에 스탈린은 눈으로 음식을 즐기려는 듯 지긋이 음식을 응시하는 듯이 하더니 이윽고 음식에서 풍겨 나오는 냄새를 조심스럽게 그러나 아주 깊게 들이 마시는 듯 하였다. 그리고는 시선을 계속 고정한 채 김일성에게 말하였다.

"이보게 김일성 동무 이 음식이 무슨 음식인지 알겠는가? 이 음식이 바로 이탈리아 발명가이자 화가인 레오나르도 다빈치라는 사람이 죽기 직전까지 연구하였던 음식이라네. 다빈치라는 자는 인간이 적어도 수백 년은 살아 갈 수 있는 음식을 만들려고 아주 많은 노력을 하였다네. 그런데 훗날 히틀러가 다빈치가 남긴 많은 메모지 중 특정 음식을 만드는 비법이 적힌 메모지를 입수한 후 히틀러는 그의 많은 과학자들과 함께 그 비법을 해독함과 동시에 드디어 그 비밀스런 음식을 만드는데 어느 정도 성공을 하였다네. 이 음식이 바로 히틀러와 그의 과학자들이 직접 만든 음식이라네. 히틀러는 이 음식을 꽤나 많이 만들어서 나뿐만 아니라 이탈리아의 무쏘리니 그리고 일본의 군부 지도자들에게도 선물로 보낸 것으로 알고 있어. 비록 이 음식이 약간의 냄새는 나지만 그래도 이 음식을 먹고 나면 머리가 상쾌해지고 온몸에 힘이 불끈 솟아오른다네. 자 그렇게 쳐다만 보지 말고 한 번 먹어보세. 그 말을 들은 김일성은 다시금 그 음식을 유심히 바라보았다. 음식의 아래 부분은 마치 뱀이 똬리를 틀고 있는 듯한 검붉은 똬리 위로 하얀 싸리버섯 모양을 한 식물이 수풀처럼 우거져 있었고 그 수풀 사이사이에는 검푸른 곰팡이 같이 생긴 것이 잔뜩 끼어 있어 보기에도 징그러울 정도였다. 언뜻 보기에도 오랜 시간 동안 냉동 보관되어 있다가 이제 막 찜통에서 쪄낸 듯한 이 음식에 서는 김이 아직도 모락모락 피어오르고 있었다. 이윽고 스탈린은 나이프로 음식을 조각조각 나누더니 계속 냄새를 음미하는 듯 하며 음식을 천천히 먹기 시작하였다. 얼마 후 스탈린이 음식을 먹으면서 김일성에게 말하였다.

"이거 봐, 김일성 동무. 이 음식이 무엇으로 어떻게 만들어 졌는지 알아? 사실 이 음식의 완전한 비밀은 아무도 몰라. 이미 히틀러와 그의 과학자들 모두가 사망해버렸으니 사실 이 음식의 완전한 제조법을 알고 있는 사람은 아무도 없어, 다만 우리 정보 당국에서 파악한 내용을 보면 애초 다빈치는 장어를 이용하여 이 음식을 만들었다고 하였으나 히틀러는 전혀 다른 동물을 사용하였어. 그 동물이 뭔지 알겠나? 다시 말해 지금 우리가 먹고 있는 이 음식에 사용된 이 동물이 뭐라고 생각이 되는가?"

스탈린의 물음에 전혀 대답을 하지 못하고 있는 김일성을 보며 스탈린은 계속 말을 이었다.

"그래 내가 이 음식에 대해 아는 데까지 말해주지. 바로 이 둥글고 긴 이것이 바로 독사야. 그런데 독사도 보통 독사가 아니고 바로 아프리카에서 살고 있는「아프리카 뿔 살모사」야. 알다시피 이 아프리카 뿔 살모사는 세상 뱀 중 가장 맹독을 지닌 뱀이라고."

그러면서 스탈린은 손가락으로 음식을 가리키며 말을 이었다.

"히틀러는 북아프리카에서 싸우는 독일군을 통해「다빈치 프로젝트」라는 작전명으로 이 뿔 살모사를 많이 잡아 들였어. 그리고 이 살모사의 껍질만 벗겨버리고 나머지 즉 맹독이 들어있는 머리, 내장, 몸통, 뼈 등은 모형도 변하지 않은 채 그대로 부패를 시켰다네. 그런데 그 부패를 시키는 방법이 아주 특이하다고, 어떻게 하였냐 하면 이 살모사가 전체적으로 골고루 부패가 될 수 있도록 재 속에 묻어 두었다네. 즉 마른 식물을 태우고 난 재를 모아서 그 곳에 이 살모사를 파묻었다네. 그런데 문제는 재로 변한 식물이 또 무슨 식물이었냐 하는 것이 아주 중요한 문제란 말이야. 히틀러는 독일의 식물학자들을 남아메리카의 아마존 강 유역 깊은 밀림 속으로 보내 그 밀림 속에 살고 있는 아주 맹독성이 있는 식충 식물을 찾아내서 그 식물들을 채취하였어. 그리고 바로 현지에서 그것을 건조한 후 태워서 그 재를 독일로 가져오도록 했어. 그런데 그 식충 식물이 어떤식물인지는 나도 잘 몰라. 어쨌든 히틀러는 아주 강한 독을 지닌 살모사를 역시 맹독을 가진 식충 식물을 태운 재속에 파묻었어. 그리고 천천히 부패를 시키는 것이야 지금 이 음식에서 풍기는 냄새는 바로 이 부패 과정에서 발생된 냄새란 말일세. 그런데 제일 중요한 것은 이 두 종류의 물질이 어느 정도 부패가 완료되고 나면 그 위에 어떤 효모를 뿌려서 이 두 물질을 밑거름으로 해서 자라는 새로운 식물이 솟아난다는 것이야. 여기 보이는 이것이 바로 그 식물이란 말이야. 그런데 그 효모가 무엇인지를 아무도 모른다고. 그런데 또 한 가지 중요한 것은 이 효모를 뿌릴 때 그냥 효모만 뿌리냐하면 그것이 아니고 또 다른 액체를 함께 뿌려 준다고. 그런데 그것이 무엇인가 하니 바로 코카인 진액이야. 즉 정제되지 않은 코카인 식물의 진액을 채취하여 뿌려 주면 이 효모는 아주 기분이 좋아져서 동물의 독성도 빨아드리고 식물의 독성도 빨아드리면서 이 두 독성의 융합과 성장을 촉진한단 말이야. 일단 내가 알고 있는 것은 여기까지야.”

말을 끝낸 스탈린은 음료수로 목을 축인 후 계속 말을 이었다.

“그러면 이 음식의 효능은 어떨 것 같아?”

역시 아무 대답도 못하고 있는 김일성을 바라보며 스탈린은 계속 말을 이었다.

“솔직히 이 음식이 다빈치가 처음 만들 때의 목적대로 인간이 이 음식을 먹고 수백 년의 생명을 이을 수가 있는지에 대해서는 아무도 모른다고. 왜냐하면 다빈치도 이 음식을 완전히 완성하지 못한 상태로 사망하였고 히틀러가 만든 이 음식도 입증되어질 만한 시간적인 여유가 전혀 없었기 때문이야. 그런데 이 음식을 꽤나 오랫동안 먹어본 나의 소감으로는 일단 장수 효능은 그렇다 치더라도 정력에는 상당한 효능이 있는 것은 틀림없는 사실이야. 그리고 사람의 기분을 약간 흥분시키는…… 아니 사람의 성격을 아주 쾌활하게 하는…… 아니야, 그건 아니고 하여튼 사람을 정신적으로도 아주 활달하게 해 주는 것임에는 틀림이 없어. 아니 활달이라고 표현하기는 좀 그렇고 공격적으로 변한다고 표현해야 하나? 하여튼 이 음식을 먹고 나면 육체적으로도 정신적으로도 뭔가 확실히 변하는 것은 틀림이 없어. 자 김일성 동무도 어서 한

번 먹어보라고."

스탈린의 권고에 마지못한 듯 김일성은 포크와 나이프를 사용하여 음식을 자르기 시작하였다. 그리고 천천히 아주 천천히 한 조각을 입에 넣었다. 순간 김일성의 표정이 일그러졌다. 왜냐하면 그 음식이 입에 들어가는 순간 무언가 톡쏘는 어떤 강력한 자극이 온몸에 경련을 일으킬 정도였고 약간의 현기증이 일어남과 동시에 주위의 물체들이 자기 몸을 중심으로 빙 돌아가는 느낌이 들었던 것이었다. (명현(瞑眩)현상) 얼마 후 다시금 정신을 가다듬은 김일성은 나머지 몇 조각의 남은 음식도 깨끗이 먹어 치웠다. 얼마 후 김일성은 기쁜 표정으로 그 자리를 나왔다. 그리고 낡은 소련제 군용기에 몸을 싣고 평양으로 향하였다. 비행기 안에서 김일성은 곰곰이 생각해 보았다.

'나는 불로초라는 것이 동양에만 있는 것으로 알았는데 서양에도 블로초를 찾고 있는 자들이 있는 모양이로구나.'라는 생각이 들었다. 평양으로 돌아온 김일성은 즉시 그의 부관인 리을설을 불렀다. 그리고 리을설이 가져온 지도 한 장을 펴놓고는 아주 심각한 듯이, 그리고 한편으로는 아주 흥분된듯한 모습으로 머리를 맞대고는 지도를 열심히 보고 있었다.

리을설, 그는 김일성보다 아홉 살 아래였으나 김일성이 항일 빨치산 시절부터 송종준, 최병열, 김준동 등과 생사를 함께한 김일성의 참모 중 참모인 한 사람으로서 김일성에 대한 충성심이 대단한 인물이었다. 또한 그는 당시 빨치산 출신으로는 상당히 학식이 있는 자였다.

그 당시 김일성은 북한을 대표하는 인물이기는 했으나 아직까지는 일인 통치 체제가 극히 미약한 입장이었다. 따라서 표면상으로는 여전히 최용건, 김책, 박헌영, 무정, 홍명희 등과 의견을 나누지 않을 수 없는 처지에 있었다.

이윽고 그 며칠 후인 1949년 3월 17일, 소련과 북한 사이에 군사 비밀 협정이 체결되었다. 그 내용을 보면 다음과 같다.

1) 6개 보병사단과 3개 기계화 부대 편성에 필요한 무기 및 장비 원조

2) 공군 정찰기 20대, 전투기 100대, 폭격기 30대

3) 120명의 특별 군사 고문단을 1949년 5월 20일까지 파견

4) 1949년 5월 29일까지 10억 원 상당의 군수품 지원 등의 내용이었다.

그리고 북한은 '조국 통일 민주주의 전선 결성 선언서'에서 UN군 및 UN조선 위원단의 즉시 철수를 요구하였다. 신기하게도 그해 6월 29일 남한에 주둔해 있던 미군의 철수가 완료되었다. 모든 것이 빠르게 진행되었다. 소련에서 파견된 군사 고문관들에 의해 인민군은 연일 전투 훈련을 실시하였고, 북한·중공과의 상호 방위 협정 체결을 맺는가 하면 중국 내에서 항일 투쟁을 하던 한인 투사들도 속속 북한 내로 들어와서 인민군에 합류하였다.

1949년을 바쁘게 보낸 김일성은 1950년이 되자마자 소련으로부터 본격적인 무기 원조를 받기 시작하였다. T-34 전차, SU-76 자주포, 박격포, 곡사포, 고사포, 무전기, 1L-10, YAK-9의 항공기 등이 소련 선박을 통해 속속 북으로 입항되었고, 연일 군 수뇌부의 작전 회의가 열렸으며 민족 보위성 총참모실에서는 삼팔선 이남에 대한 정찰 명령이 최전선에 하달되었고, 기동 연습이라는 명령 하에 대규모 병력이 남으로, 남으로 비밀리에 이동하고 있었다.

이런 와중에도 김일성은 제일 중요한 일 한가지만은 꼭 밤늦게까지 리을설과 열심히 의논을 하고 있었다. 1950년 2월 27일, 김일성은 7명의 군사 대표단을 이끌고 소련으로 들어가 스탈린과 슈티멘코 총참모장 앞에서 다시 한번 무력통일의 절대 필요성을 설명한 후 소련으로부터 선제공격 승인을 받아내었던 것이었다.

1950년 6월 10일, 전쟁 계획 비밀 작전 회의가 민족 보위성 총참모실에서 김일성의 주재 하에 열리고 있었다. 이곳에서 사단장 및 여단장급 지휘관이 참석하였으며, 이들 지휘관들에게 사실상 D-DAY만 통보되지 않은 전투개시 명령이었다. 즉 삼팔선 바로 이북까지 비밀리에 부대를 이동시키고 공격

개시 명령이 떨어짐과 동시에 각 부대의 진군 방향이 상세하게 하달되었던 것이었다.(작전명: 진시황 코드 「태풍」) 또한 이날 비밀회의에서는 군단 사령부가 결정되어졌는데 제1군단장에는 김웅 소장이 사령관으로, 제2군단장에는 김광현 소장이, 전선 사령부 사령관에는 김책이 사령관으로 임명되었다. 여기서 제1군단의 임무는 203 전차연대 제1사단, 제6사단을 이끌고 판문점을 돌파하여 서울을 점령하라는 명령을 받았고, 제2 군단은 105기갑여단 제3사단, 제4사단을 이끌고 동두천 의정부를 지나 서울을 점령하라는 명령을 받았다.

그날 밤 늦은 시간, 김일성은 제1군사령관 김웅 소장과 제2군사령관 김광협 소장을 따로 집무실로 불렀다. 그리고 그들은 전혀 이해할 수 없는 명령을 비밀리에 받았다. 그 명령은 공격 개시일이 6월 25일 새벽 4시이고 신속히 서울을 점령하되, 일단 6월 30일까지는 절대로 한강을 건너지 말라는명령이었다. 물론 그 두 사람의 계산으로는 6월 30일이라면 적어도 수원까지는 점령할 수 있으리라는 판단이 섰으나, 총사령관인 김일성의 거듭 강조된 명령인지라 어쩔 수 없는 또 다른 이유가 있으리라는 생각으로 김일성의 명령을 따르기로 하였다. 그리고 그 두 사람이 떠나고 난 후 어김없이 김일성과 리을설 두 사람은 한 장의 지도를 펴놓고 뭔가 열심히 의논을 하고 있었다.

금강대찰 유점사 (楡岾寺)

....

1945년 12월 26일, 평양에서는 '북조선 불교도연맹'이 창설되었다. 또한 같은 날 '조선 그리스도교연맹'도 창설되었다. 1945년 8월 15일 즉, 광복일 이전에 일제 치하에서의 북한 내 종교인 숫자는 알게 모르게 상당히 많이 있었던 것으로 추정된다.

우선 불교만 하더라도 북한 내 곳곳에는 오랜 옛날부터 내려오던 유명 사찰이 상당히 많이 있었고 아울러 많은 불교도들이 있었다. 기독교 또한 평양을 중심으로 하여 많은 기독교인들이 있었으며, 일제가 물러남에 따라 더욱 자유로운 종교 활동을 할 수 있을 것으로 기대하고 있었다. 그러나 불행하게도 현실은 그렇지 못하였다.

사실 일제가 물러난 직후 우리나라는 삼팔선 이북에는 소련군이 들어오고 삼팔선 이남은 미군이 들어와 우리 사회를 지배하였다. 그들은 모두 우리 조선 민족을 미개하고 힘없고 하나의 정부를 스스로 꾸려나갈 수 없는 민족으로 간주하고, 그래서 이 미개한 민족이 스스로 독립 능력을 키울 때까지 임시로 이 민족을 관리해주겠다 하는 취지였다. 그 와중에 우리 민족은 어떠했는가? 남북으로 분열되어 서로서로 피 흘리는 투쟁만 계속하였던 것이었다. 사실 그 당시 우리 민족은 사회주의가 무엇인지 자본주의가 무엇인지, 공산주의는 무엇이며 민주주의는 무엇이며, 좌파는 무엇이고 우파는 또 무엇인지 제대로 알고 있는 사람은 극히 드물었다. 그래서 어느 것이 옳고 어느 것이 나쁜 것인지, 누가 착한 사람인지 누가 나쁜 사람인지도 구별하기 어려웠고, 누가 승리자가 될지 누가 패배자가 될지를 예측하는 것 또한 불가능하였다.

그런 와중에서 극히 소수의 지도층들은 한 사람이라도 더 자기편으로 끌어들이려고 온갖 방법을 동원하였으며, 선한 민초들은 본의든 본의가 아니든 어느 한곳을 선택할 것을 강요당하였으며, 때로는 아무런 영문도 모른 채 그 가운데서 희생을 당하는 사례가 비일비재하였던 것이다.

종교 역시 예외는 아니었다. 아니 어떻게 보면 종교라는 것이 사상의 강요를 당하는 시기에는 제일 첫 번째 목표가 될 수도 있는 것이었다. 그런 징후 중의 하나가 바로 앞에서 언급한 '북조선 불교도연맹'이니 '조선 그리스도연맹' 같은 반강제적인 조직의 결성이었다고 볼 수가 있는 것이다.

일제가 물러난 것이 1945년 8월 15일이고 바로 열흘 후인 8월 25일 북한에 소련 제25군사령부가 평양에 들어왔으며, 10월 12일 사회 질서를 유지한다는 명목으로 보안대가 조직되었고, 12월 26일에 '북조선 불교도연맹'이니 '조선 그리스도연맹'이 만들어졌으니 종교를 통한 그들의 세력 확대 정책이 얼마나 빨리 진행되었는지를 짐작할 수가 있는 것이었다.

유점사(楡岾寺), 금강산에는 명승고덕(名僧古德)이 배출된 사찰이 즐비했다. 그 중에서도 유점사는 신계사·장안사·표훈사 등 금강산을 대표하는 네 개의 사찰 중 가장 웅장하고 가장 오래된 절이다. 유점사의 유(楡)자는 느릅나무를 뜻하는데 거기에 얽힌 유점사의 창건 설화가 있다.

인도의 문수보살이 불상 53개를 쇠 종 속에 넣고 배에 실어 바다에 띄워 보냈는데 그것이 월지국을 거쳐 수백 년이 흐른 후 신라 2대왕인 남해 차차웅(AD4~24)대에 금강산 동쪽 안창현 포구(현 강원도 고성군 간성 앞바다)에 도착했다. 53불이 금강산에 터를 잡고 절을 지으려하자 아홉 마리의 거대한 용이 방해를 하였다. 용은 천둥과 번개를 일으켜 큰 비를 내리게 하였고, 53불은 느릅나무에 올라가 연못의 물을 끓게 하여 용을 내쫓았다. 결국 용들은 거처를 옮겼으며, 느릅나무가 있던 터에 세워진 절은 유점사로 불리었다고 한다. (정수일, 문명교류사, 사계절, 2002, 584쪽)

결국 이 이야기는 이 땅에 있던 고유 신앙과 새로 유입된 불교와의 다툼이라고 볼 수 있는 설화이다.

신라 남해왕 원년(AD 4년)에 건립된 이 절은 1794년(조선 정조 18년)에 중건되었으니 이 절이 세워진 지가 이미 이천 년이 넘은 셈이 된다. 결국이 이야기는 이미 이 땅에 있던 고유의 종교와 외부에서 들어온 불교와의 다툼을 묘사한 것일 것이다.

그리고 유점사에서 보기 드문 희귀한 고문서 한 장이 발견되었다. 1945년 12월에 북한 당국에 의해 '북조선 불교도연맹'이 창설된 후 그 연맹이라는 곳에서 처음 시작한 것이 각 사찰에 있는 승려들의 인적 사항과 승려 수의 파악이었다. 그리고 각 사찰에 정기적으로 드나드는 신도의 수와 인적사항이었고, 그 다음으로 시행된 것이 각 사찰별 소유로 되어 있는 재산 즉 토지·건물 등에 대한 조사였다. 그러나 얼마의 시간이 흐른 후에는 재산의 조사 범위가 확대되어 사찰에 있는 국보급 문화재, 고문서, 고책자, 고미술품까지 조사 대상이 되었던 것이다. 그것은 무슨 의미냐 하면 북조선에서는 이미 개인의 사유 재산을 인정하지 않는 제도, 즉 사회주의 제도가 시행이 되고 있었고, 교회나 사찰도 예외가 아니라는 의미였다.

이 과정에서 유점사 능인전 안에 있는 53불상 중 한 불상 안에서 오래된 듯한 고문서 한 점이 발견되었는데 놀랍게도 그 문서에는 '서시비기 도선답기(徐市祕記 道詵踏記)'라고 되어 있었으며, '헌강왕 십년 도선(憲康王 十年道詵)'이라는 글자가 끝머리에 뚜렷이 새겨져 있었다. 당시 조사국에서 이 고문서를 처음 접했을 때는 이를 눈여겨보는 사람은 아무도 없었고, 단지 첫머리 여덟 글자 끝머리 일곱 글자만 조사 명부에 기록된 채 상부에 보고 되었다.

결국 한참 후인 1948년 9월 말경에 이 조사명부는 리을설에 의해 발견되었고, 이 고문서의 중요성을 깨달은 리을설은 즉각 그 고문서를 자기 손에 넣게 된 것이었다. 이 때 또 한 가지 중요한 사실은 그 당시 조사국에서 유점사의 승려 인적 사항을 조사할 때 유점사에는 그 유명하신 효봉 스님(1888~1966)이 계셨고, 유점사에서 조금 떨어진 조그만 암자에는 효봉 스님의 스승이요 옛 주지 스님이었던 유명한 고승 석두화상(石頭和尙)이 이미 십년 째 외부인과의 접촉을 끊은 채 참선 수행을 하고 있었다. 조사국에서 나온 사람들은 효봉 스님을 비롯한 다른 승려들의 인적 사항은 조사할 수 있었으나 석두화상에 대해서는 조사할 것도 없었고 또 그 스님의 보이지 않는 위엄에 눌려 감히 조사할 수도 없어 아예 조사 대상에서 제외되었던 것이었다.

아무튼 이 고문서를 손에 넣은 리을설은 재삼 그 문서가 내뿜는 알 수 없는 신비로움과 어떤 영감이 그의 마음을 사로잡고 있음을 깨닫고 그 사실을 김일성에게 보고하였으며, 그 문서는 드디어 김일성의 손에 들어가게 되었다. 물론 그 문서는 신라 말 헌강왕 십일 년, 즉 서기 885년에 작성된 진품임에는 틀림이 없었다. 또한 천 년을 넘게 보관되어 온 그 문서에서는 그 기록자인 도선의 영험함이 되살아 나오는 듯함을 김일성은 강렬하게 느낄 수 있었고, 아울러 가슴 깊숙한 곳에서 솟아오르는 흥분된 감정은 어떤 새로운 모험을 해야 한다는 각오를 다지게 되었던 것이었다. 그리고 그 들은 이 고문서의 내용을 다른 사람에게는 어떤 일이 있더라도 발설치 않기로 맹세하였다.

　집무실에 혼자 남은 김일성은 천 년을 넘게 견디어 온 고문서를 새삼 조심스럽게 펼쳐보면서 아직도 가라앉지 않은 흥분된 가슴을 안고 '도선'이라는 글씨를 뚫어지게 바라보고 있었다.

　'도선', 그가 누구인가? 바로 신라 말엽 한창 후삼국 세 나라가 서로 격동하고 있을 때 '왕건'이 통일의 위업을 이룰 것이라고 예언하였고, 그리고 왕건은 그의 예언대로 통일을 이루어 고려를 창건한 '태조 왕건'이 되지 않았던가? 그런 도선이 쓴 이 일종의 예언서가 지금 그의 손에 와 있는 것이 아닌가? 그리고 그 예언서에는 '통일'이라는 단어가 분명 있지 않은가?

　김일성은 자신이 고려인의 후예라는 점과 그에 대한 자부심을 늘 안고 있었다. 그리고 지금의 현실은 또다시 남북으로 분단되어 있는 상황이 아닌가? 김일성은 다시 한 번 그 예언서를 보면서 '이것이야 말로 하늘이 내게 내려주신, 아니 도선 대사가 내게 내려주신 어떤 계시임에 틀림이 없어! 이것은 절대 우연한 사건이 아니라 분명 내게 어떤 암시를 주고 있음에 틀림이 없어!' 이렇게 생각하였다.

도선 (道詵, 827~898) 대사

....

도선(道詵) 대사, 그는 어떤 인물인가? 흔히 알기로 그는 승려라기보다는 도인(道人) 혹은 도사(道士)로써, 음양풍수설의 대가인 것으로 우리에게 더 잘 알려져 있는 사람이다. 그 이유는 당연히 풍수지리설(風水地理說) 혹은 음양도참설(陰陽道讖說)을 골자로 한 유명한 그의 저서 도선비기와 또 다른 그의 저서인 송악명당기(松岳明堂記), 도선실기(道詵實記), 도선시당기(道詵時棠記) 등의 저서가 있을 뿐만 아니라 승려라기보다는 도인 혹은 도사로서의 인식이 우리에게 더욱 친숙해졌다는 것이기 때문일 것이다. 그러나 최근 불교계에서는 단지 그런 이유로 그를 단순히 도인 혹은 도사로 생각한다는 것은 그를 낮게 평가하는 것이라고 주장하고, 도선(道詵)은 분명 불교 사상과 불법을 충실히 이행한 고승이라고 주장하고 있다.

여기서 잠깐 살펴 볼 것은 불교(佛敎)가 이 땅에 들어온 것이 372년 고구려 소수림왕 때와 384년 백제 침류왕, 527년 신라 법흥왕 때라고 생각해 볼때 그 이전에 이 땅에도 어떤 진리(眞理)나 사상(思想), 만물의 이치(理致)등을 깨달은 사람이나 혹은 깨달아 보고자 애쓰고 노력했던 사람이 분명히 있었을 것이다.

당연히 그런 사람들은 태양·별·달·구름·바람·비 등의 우주적인 근원을 생각하였을 것이고, 그것들과 연계된 땅·인간·물·불 등과 함께 진리 추구의 대상이 되었을 것이다. 이런 사람들을 통칭하여 도인 혹은 도사라고 하고, 이 집단을 도교(道敎)라고 한다면 이들은 그들 나름대로의 이론을 계승하였을 것이고, 또 그 중 어떤 이는 불교라는 새로운 진리와 융합하고자 노력한 사람도 있었을 것이다. 따라서 도선(道詵)은 바로 우리 고유의 도교(道敎)와 새로 유입된 불교(佛敎)를 융합한 도인(導人)이자 승려(僧侶)인 위치에 있다고 보는 것이 타당할 것이다.

어쨌거나 도선(道詵)은 전라도 영암 출신으로 15세에 화엄사에서 승려가 된 후 846년 혜철(慧哲, 785~861)스님으로부터 무설설(無說說), 무법법(無法法)의 법문을 듣고 크게 깨달은 바 있어 운봉산·태백산·금강산 등지를 돌며 때로는 움막에서 때로는 동굴에서 참선을 한 후 광양 백계산 옥룡사에서 많은 후학들을 지도하였다.

그러나 그를 유명하게 한 것은 875년 그가 송악에서 왕 씨 집안을 잠시 들렀을 때 이 집안에서 2년 후 고귀한 사람이 태어날 것이고 그가 삼국을 통일할 것이라는 예언을 하였고, 과연 2년 후 태어난 왕건은 삼국을 통일하고 고려를 창건하게 되었으니 그 이후로 도선은 예언자로서도 널리 알려지게 되었다.

이후 도선의 사상은 훗날 고려 태조 왕건에게 많은 영향을 끼쳤고, 신라말 효공왕(孝恭王)에게서 효공국사(孝恭國師)라는 시호를 받았으며, 광양 옥룡사에 세워진 그의 탑은 징성혜등(澄聖慧燈)이라 명명되었고, 다시 고려 현종(顯宗)때 대선사(大禪師), 숙종(肅宗)때 왕사(王師)로 불렸고 인종(仁宗)때 선각국사(先覺國師)의 시호가 내려졌다.

칠 일간 보물찾기

....

1950년 6월 초 평양 김일성 집무실. 김일성이 다시 한 번 비장한 얼굴로 리을설에게 물었다.

"분명히 이곳이란 말이지? 이곳이 분명 그 입구가 있는 곳이 확실하단 말이지?"

"예, 이곳 고랑포가 분명 맞습니다. 그런데 아쉽게도 삼팔선 남쪽 2Km

~3Km 내려가 있습니다."

"아쉽단 말이야! 아쉬워! 하필 삼팔선이 그렇게 지나가고 있나!"

아쉬운 마음을 연신 달래지 못하며 안타까워하고 있는 김일성을 보고 리을설은 다시금 말했다.

"어쩔 수 없습니다. 장군님. 삼팔선을 넘어가서 그곳을 점령하는 수밖에 도리가 없는 것 같습니다. 그리고 삼팔선을 넘어가는 문제는 하루라도 빨리 해야 합니다. 늦으면 늦을수록 삼팔선을 넘는 것이 더욱 어려워질 것입니다."

리을설은 김일성에게 재촉하듯이 말했다. 물론 김일성의 마음 또한 인민군으로 하여금 삼팔선을 돌파하여 도선이 말하는 입구, 즉 고랑포를 점령하고 싶은 마음이 굴뚝같았다. 그리고 그 고문서를 보면 볼수록 그러한 욕망은 더욱 불타오르고 있었다.

이제는 더 이상 선택의 여지가 없었다. 이미 소련으로부터 남침을 위한 많은 무기와 물자를 제공 받았고, 인민군들의 훈련도 충분히 되어 있었다. 이제 남은 것이라고는 결단을 내리는 것만 남아 있었다. 그리고 그 최종 날짜를 6월 25일로 결정하였던 것이다.

그 6월 25일 침공을 위한 최종 작전 회의가 바로 6월 10일에 열렸던 것이었다. 6월 10일 밤 제1군사령관 김웅 소장과 제2군사령관 김광협 소장은 회의가 끝난 후 김일성에게 또 다른 지시를 받았고, 그들이 떠난 후 김일성과 리을설은 다른 때와 마찬가지로 고문서 한 장과 지도를 펴놓고 심각하게 다시 한 번 작전 점검을 하기 시작하였다.

드디어 운명의 6월 25일, 9만여 명의 인민군이 일제히 삼팔선을 넘었다. 총 일곱 갈래를 통한 남침이 일제히 시작된 것이었다. 그리고 다섯 시간 후 아침 아홉 시, 드디어 개성을 넘었다는 보고가 들어왔다. 김일성은 즉시 준비되어 있는 다음 명령을 내렸다.

제1진이 삼팔선을 돌파한 후 개성 북방에서 전곡 사이 약 60km 이르는 곳에 제1진 바로 후방에 대기 중이던 2만여 명의 인민군은 즉시 산과 계곡에 흩어져 무언가를 열심히 찾기 시작하였다. 그들은 바로 동굴을 찾고 있었던 것이었다. 그들에게는 전투의 임무가 주어진 것이 아니라 바로 동굴을 찾아내는 것이었다. 그리고 집중 지역은 도라산에서부터 방목·초리·고랑포·전동이었으며 특히 고랑포에는 더욱 많은 인원이 투입되었다.

김일성은 최소한 일주일이면 도선 대사가 말한 그 입구를 찾을 수 있을 것이라고 생각하였다. 그리고 일주일 후면 인민군 1진이 한강을 경계로 하여 최소한 서울에서 일직선으로 뻗어 동해안까지는 점령할 수 있으리라 생각하였다. 그리고 그 후에는 더 이상 전쟁을 확대하지 않고 휴전 회담으로 이끌어 갈 심산이었다. 그렇게 되면 큰 전쟁을 벌이지 않고 도선 대사가 말한 입구를 차지할 수가 있었던 것이었다. 또한 그렇게만 되면 휴전 협정에서 설령 중동부 쪽은 최대한 북쪽으로 양보를 하더라도 서쪽은 동굴 입구 쪽을 차지할 수 있는 위치에서 충분히 협상이 가능하다고 믿고 있었던 것이었다. 그래서 그는 1진 주력 부대에 9만여 명만 투입하였고, 2만여 명은 동굴을 찾는데, 그리고 나머지 2만여 명은 동굴을 지키는 데 투입하고자 하였던 것이었다.

그러나 만약 그 일주일, 즉 6월 30일까지 동굴을 찾지 못하면 어떻게 해야 하는 것인가? 김일성의 고민은 바로 여기에 있었다. 물론 상상하기조차도 싫은 생각이지만 어쨌건 생각을 하지 않을 수는 없는 것이었다. 만약 그렇다면, 만약 찾지 못한다면 어떻게 해야 하나? 아무리 깊게 생각해 보아도 방법은 하나뿐인 것 같았다.

"그래, 만약 사태가 그렇게 된다면 어차피 저질러 놓은 일, 총공격으로 가는 수밖에 없지!"

6월 25일이 지나고 6월 26일이 되었다. 그러나 동굴 입구를 찾았다는 보고는 없었다. 6월 27일이 되었다. 그날 역시 동굴 입구를 찾았다는 보고는 없었다. 6월 28일 서울을 완전 점령하였다는 소식이 왔다. 그러나 김일성에게는 그런 보고는 들리지도 않았다. 오직 동굴 소식만 기다리고 있었으나 결코 그 소식은 들려오지 않았다.

6월 29일, 초초해하던 김일성은 비밀리에 개성으로 직접 달려갔다. 그러나 동굴은 찾아내지 못했다. 6월 30일은 계획된 예정일 마지막 날이다.

그러나 그 마지막 날에도 동굴은 찾아내지 못하였다. 김일성은 다시 한 번 도선 대사의 그 고문서를 들추어 보았다. 천 년을 넘긴 고문서는 여전히 신비한 모습을 하고 있었으며, 말로 표현할 수 없는 영감 같은 것을 간직하고 있는 듯해 보였다. 그런데도 동굴의 소식은 여전히 깜깜이었다.

이제는 결단의 시간이 다가온 것이다. 그는 스스로를 이렇게 위로 했다. '그래, 이런 큰 문제가 그렇게 쉽게 풀릴 리는 없어. 그러나 일단은 내가 여기서 중단하지만 언젠가는 꼭 찾아내고야 말 것이야.'

그리고 그는 7월 1일 전시 총동원령을 하달하였다. 남진은 계속 되었다. 그러나 전쟁 상황은 날이 갈수록 인민군에게 불리해졌다. 물론 초기 얼마동안은 인민군이 유리한 듯하였다. 그러던 것이 낙동강 전투를 고비로 자꾸만 인민군에게 불리해졌고, 드디어 9월 15일 인천 상륙 작전으로 인하여 인민군은 허리가 잘린 군대가 되고 말았다. 또한 그렇게 끝까지 지키려고 애쓴 개성·판문점·고랑포·임진강 모두가 국군과 미군·UN군에 의해 공략을 당하였고, 급기야는 평양까지도 함락을 당하였으며, 이제는 북한 전체를 빼앗길 순간이 되었다. 다행히도 중공군의 개입으로 전세가 어느 정도 역전이 되기도 하였으나 결국은 한반도의 허리 중간에서 엎치락뒤치락을 되풀이 하는 지루한 전쟁이 이어졌다.

이제 남은 것은 휴전 협정뿐이었다. 김일성은 여전히 고랑포에 대한 미련을 떨칠 수가 없었다. 휴전 협정이 맺어지기 전에 한 뼘의 땅이라도 뺏기 위하여 서로 사투를 벌이고 있었다. 당연히 김일성은 서부 전선에 최대한의 전력을 집중하였다. 최소한 고랑포만은 빼앗기지 않기 위하여.

1953년 7월 27일 오전 10시, 정전 회담 159차 본회의에서 UN군 대표 윌리엄 해리슨 중장과 인민군 대표 남일 중장 사이에 드디어 정전 조인이 이루어졌다. 그러나 김일성이 그토록 바라고 바라던 고랑포는 남한의 수중으로 넘어가 버렸다. 물론 중부와 동부 쪽은 애초부터 김일성이 크게 신경을 두지 않았던 곳이기에 삼팔선에서 훨씬 북쪽으로 물러나 있었다. 그리고 삼팔선은 휴전선으로 바뀌어 여전히 남과 북이 서로 총부리를 맞댄 채 이 좁디좁은 한반도는 불행한 분단국가로 굳어져 버리게 되었다.

전 인민적 계급투쟁
....

1953년 8월 평양, 전쟁이 끝난 직후 김일성은 괴로웠다. 아니 괴로운 것이 아니라 두려웠다는 것이 올바른 표현일 것이다. 그가 일으킨 6·25 전쟁은 사실상 북조선 입장에서는 패배였다. 즉 전쟁에 패배한 것이었다. 그렇다면 누군가는 이 패전의 책임을 져야할 것이 아닌가. 그 책임자의 1순위는 당연히 김일성 자신 아니겠는가. 그렇다면 그는 이제 모든 국가 공직에서 물러나야만 할 것 아닌가? 아니 물러나는 것만으로 그치지 않고 그에 상응되는 어떤 처벌도 감수해야 할 처지에 놓인 게 아닌가? 그렇게 되면 이 도선답기니 뭐니 하는 것도 다 소용이 없어지고 왕건의 꿈도, 통일의 꿈도 한갓 물거품이 되는 것 아닌가!

김일성이 바로 그러한 고민에 빠져 있을 때 김일성 옆에 서서 김일성을 지켜보고 있던 리을설이 조심스럽게 입을 열었다.

"사령관 동지, 중국의 모택동 동지께서 하신 말씀을 혹시 기억하고 계십니까?"

라고 김일성을 향해 물었다. 김일성은 엉겁결에,

"글쎄, 모택동 동지가 어떤 말을 하였던가?"

하고 되묻자 리을설은 심각한 어조로 대답 하였다.

"모택동 동지께서는 '모든 권력은 총구에서 나온다(槍杆子里面出政權 : 1927. 8.7. 무한회의)'라고 말씀을 하신 적이 있습니다."

그 말을 들은 김일성은 리을설의 그 말뜻이 무엇을 의미하고 있는지 깨달을 수가 있었다. 그리고 리을설의 말은 계속 이어져 갔다.

"사령관 동지, 사령관 동지께서는 모택동 동지의 그 어록에 한 가지를 더 첨가를 하십시오."

리을설의 이 말에 김일성은 쉽게 이해할 수 없다는 표정으로 그를 쳐다보고 있는데 리을설은 계속 말을 이어갔다.

"다시 말해서 사령관 동지께서는 '모든 권력은 총구와 식량에서 나온다.'라고 생각하셔야 할 것입니다."

당당하게 말을 마친 리을설은 김일성과 함께 세부 작전 계획을 세우기 시작하였다.

사실이 그랬다. 전쟁이 끝난 북한은 3년에 걸친 6·25 전쟁으로 인하여 수없이 많은 사상자와 미군의 폭격으로 폐허가 되어버린 도시, 그리고 황폐해질 대로 황폐해진 농촌과 산하에서 사람들은 굶주릴 대로 굶주렸고, 물자의 부족으로 울부짖고 있었다. 그리고 그 고통의 책임은 당연히 전쟁을 일으킨 김일성에게로 고스란히 돌아오고 있었던 것이다.

1954년 4월 1일, 조선 노동당 당중앙위원회에서 김일성은 격할 대로 격한 어조로 연설을 하기 시작하였다.

"우리는 일제 치하에서 해방된 조국이 통일된 하나의 조국으로 되기를 원하였습니다. 그런데 이승만과 그의 일당들은 그들의 권력욕에 사로 잡혀 조국의 통일은 안중에도 없이 그들의 배후에 있는 미 제국주의자들을 이용하여

조선의 분단을 오히려 조장하고 조국의 분단을 오히려 고착화 시켰습니다. 이에 우리 북조선은 설령 어떤 대가를 희생하는 한이 있더라도 프롤레타리아트*에 의한 통일 조국을 건설하여야 한다는 일념으로 미제국주의와 이승만 일당을 물리치기 위해 과감히 일어섰습니다. 이 전쟁은 전쟁이 아니라 어쩌면 조국 통일을 위한 계급투쟁의 일부분이었습니다. 우리는 이 계급투쟁에서 이승만 일당을 물리치고 조국의 통일을 이루고자 하는 것이 우리의 확실한 목표였습니다."

김일성의 흥분된 듯한 연설은 계속되었다.

"그런데 그런 와중에서 우리 조선인민 공화국 내의 일부 지도자들의 행태는 어떠하였습니까? 처음에는 모두가 동조하는 듯하더니 전쟁 상황이 우리 인민군에게 약간 불리하다고 판단되어지자 몇몇 간사스러운 지도자들은 미 제국주의자들의 스파이로 변해버리고 말았습니다. 그들에 의해 우리 인민군의 작전과 계획은 암암리에 미 제국주의자들에게 넘어갔으며 그들에 의해 우리 인민군은 발목을 잡히고 말았습니다. 우리는 결코 그들을 용서할 수 없습니다. 우리는 그들을 뿌리 뽑지 않고는 새로운 프롤레타리아트의 공화국 설립 사명을 완수할 수가 없습니다. 우리는 끝까지 계급 투쟁에서 승리 할 것입니다. 그리고 언젠가는 이 한반도에 적화 통일을 이룰 것입니다. 이제 우리는 전 인민적인 반스파이 투쟁을 벌여야 합니다. 앞으로 우리당은 계급투쟁의 의식이 확고하지 못하고 당이나 국가의 비밀을 누설하고 또한 우둔한 사상으로 인하여 적들로부터 이용을 당하고 그로 인하여 우리 노동자, 농민의 이익과 혁명적 적화 통일 과업에 막대한 손실을 끼치는 자들에게는 추호의 관용도 베풀지 않을 것입니다. 이제 우리 당 조직은 전 인민적 반스파이 투쟁과 전

※ 프로레타리아트
생산 수단과 생산 도구를 (자본과 설비) 전혀 갖고 있지 않는 순수한 노동자.

당원적 반스파이 투쟁을 통하여 적을 확실하게 분별하여야 하고 정치적 반대자들, 안일함과 허술함, 부르주아적인 사고방식의 소유자 등을 단호하게 색출하고 그것을 적시에 적발 폭로하고 반스파이 투쟁에 앞장서는 우리 당원, 당 조직이 되어야 할 것입니다."

얼마나 무섭고 두려운 말인가! 결국 김일성의 연설은 6·25 전쟁은 통일을 위한 어쩔 수 없는 전쟁이었고, 그리고 이것은 전쟁이 아니라 사회주의 국가에서 말하는 소위 계급투쟁의 한 부분에 불과하다는 것이었다. 그리고 전쟁의 패인은 자신에게 있는 것이 아니라 일부 지도자 중 미 제국주의들의 앞잡이가 된 몇몇 스파이에 의해서 패하였다는 것이다. 그렇기 때문에 '전 인민적인 스파이 전쟁'을 통하여 스파이들과 그에 동조하는 자들을 뿌리 뽑아야 한다는 것이었다. '전 인민적인 스파이 전쟁'이라는 이 말이 얼마나 무서운 말인가? 즉 사회 전체를 통하여 인민 하나하나 구석구석까지 파헤쳐 스파이를 색출하겠다는 위협이 아닌가! 그리고 얼마 후 그 일은 곧바로 현실로 나타나기 시작하였다.

김일성은 지도부 내부에 미 제국주의의 스파이가 있다고 날조하여 이들에 대한 재판과 처형을 감행함으로써 자신에 닥쳐 온 위기를 넘겼다. 당시 조선노동당 부위원장 겸 외상이며 인민군의 총정치국장이었던 박헌영을 비롯하여 이승엽, 임화 등 남한에서 월북한 저명한 공산주의자 간부 12명을 미 제국주의가 침투시킨 스파이 라고 누명을 덮어씌우고 처형하였다. 이 땅에 진정한 사회주의 건설을 위해서 사선을 넘어 북으로 온 많은 남로당 출신 혁명가들을 스파이나 반동분자의 혐의를 씌워 수용소로 보내졌거나 혹독한 고문에 못 이겨 사망하거나 자살하는 자가 속출하였다. 그러나 사건은 여기에서 그치지 않았다. 드디어 인민 한 사람 한 사람에게까지도 사상의 검증이 시작된 것이다.

우선 옛 지주, 자본가, 6·25 전쟁 시에 한국군에 협력한 자, 6·25 전쟁 시에 남한으로 월남한 자들의 가족 등등이 1차적인 제거 대상이었다. 그리고 당 조직 이외의 어떤 조직 하에 사람들이 모일 수 있는 자리 즉 사찰, 교회 등은 완전히 폐쇄되었다.

그중에서도 특히 기독교인들, 그들은 일제 강점기 때는 기독교인하면 당연히 '반일주의자'들로 인식이 되더니 6·25 이후에 북한에서는 당연히 '반동 불순 세력'으로 낙인 되고 말았다. 그리고 6·25 이후에 북한 내에서 기독교인들이 겪는 고통은 이루 말할 수가 없었다.

이 당시 북한에서는 또 하나의 철저한 원칙이 생겼다. 그것은 바로 식량 배급표였다. 북한에서는 이 배급표 없이는 어디에서든 쌀 한 톨, 밀가루 한 줌도 얻을 수가 없었다. 심지어는 손바닥만한 텃밭에서 경작된 콩 몇 알까지도 개인에게는 허용되지 않았고, 이 모든 것은 오직 당과 국가에서 관리를 하였다.

이제 북조선은 완전히 공포감이 감돌고 있는 공포 정치가 시작이 된 것이었다. 그리고 인민은 완전히 성분별로, (사실 중세 봉건사회의 신분 제도보다 더 악랄하게 나누어진) 철저한 계급 사회가 되었다. 그러므로 해서 김일성의 근심은 완전히 가시었다.

이 모든 것이 누구의 생각이던가. 바로 리을설의 묘안이 아니던가! 이제 김일성은 더욱 리을설을 신임하게 되었고, 리을설은 알게 모르게 북조선 내의 모든 정책을 좌지우지하는 그러나 절대 겉으로 드러나지 않는 실권자가 되었다.

대박해

....

일제의 치하에서 그 혹독한 시련을 겪었음에도 불구하고 이 땅에 기독교인은 자꾸자꾸 늘어만 갔다. 참으로 신기한 일 아닌가! 종교라는 것이 특히 기독교라는 것의 그 역사를 돌이켜 볼 때, 누르고, 누르고 박해하고 박해 당할수록 더욱 더 피어나는 것이 기독교의 역사 아니던가! 이 땅에서도 마찬가지로 그 역사적인 사건이 되 돌이켜 일어나고 있는 것일까? 해방 이후 조선 기독교의 성지로 일컬어지는 평양을 위시한 삼팔선 이북에 있는 기독교인들이 당한 박해는 이루 말로 표현할 수 없는 피와 죽음의 처절한 역사였다.

1945년 12월26일, 강압적으로 조직된 '북조선 그리스도연맹'은 기독교를 강화하기 위해 조직된 것이 아니라, 기독교를 탄압하기 위해 결성된 조직이다. 이에 대항해서 기독교인들은 스스로를 지키고자 정당을 창설하였다. 그들 대부분은 '그 혹독한 일제 치하에서도 참고 견디어 왔던 우리 기독교인데 그래도 설마 같은 민족끼리는 훨씬 낫겠지. 우리가 우리끼리 힘을 합쳐서 한마음으로 단결하면 같은 민족끼리 박해하고 박해당하는 일은 없겠지' 하는 생각을 갖고 있었다. 그러나 그것이 얼마나 잘못된 생각이었다는 사실을 깨닫는 데는 그리 긴 시간이 필요하지 않았던 것이었다.

처음 한경직 목사와 윤하영 목사는 1945년 9월에 평안북도에서 기독교인을 기반으로 한 '기독교 사회 민주당'을 조직하였다. 얼마 후 그들은 비기독교인들의 포섭을 위하여 당의 명칭을 '사회 민주당'으로 개칭하였다. 그리고 같은 해 11월에는 조만식 장로와 이윤영 목사가 주도하는 '조선 민주당'이 결성되었다. 그러나 위와 같은 정치활동 외에도 기독교인들은 그들의 신앙의 자유를 지키기 위하여 공산 정권에 여러 가지로 대항하였다. 그 예의 하나가 1946년 3월 1일 개신교는 단독적으로 3·1절 기념행사를 거행하려 하자 북측의 임시 인민 위원회는 이를 금한다는 명령을 내렸으나 교회는 이것을 신앙의 자유를 박탈하려는 것으로 간주하고 예정대로 3·1절 기념 예배를 드렸다.

이후 '사회 민주당'이나 '조선 민주당'은 해체되었고 조만식은 체포 구금되었으며, 사회 민주당을 지도하던 한경직 목사와 많은 기독교 지도자들은 남한으로 피신을 하였다. 이후 1947년 11월에는 김화식 목사가 다수의 동지들과 함께 2년 전부터 세운 계획을 실천에 옮겨 '기독교 자유당'을 결성하기로 하고 11월 19일에 결당식을 거행하기로 하였다. 그러나 이북의 내무(경찰)서에서는 이를 미리 탐지하고 김화식과 40여 명의 교회 지도자들을 검거하여 투옥하였다. 그러나 그때까지만 하여도 적어도 6·25 전쟁 이전까지는 교회에서 예배도 볼 수 있었고, 각 가정에서는 가족끼리 혹은 몇몇 교인끼리 예배도 볼 수 있는 자유는 있었다. 그것은 아마 노동당 혹은 인민 위원회가 기독교를 일부 인정한 것이 아니라 그때만 해도 인민 위원회의 조직 능력이 그런 세부 사안까지 미칠 수 있는 능력이 없었기 때문이었다.

이윽고 6·25 동란 이후 1956년 가을 늦은 날, 평양 중앙 교회에서는 사회 안전부 요원과 내무서 요원들에 의해 둘러싸여진 가운데 3백여 명의 교인들이 의자에 앉아 있었다. 이제 기독교인들에 대한 본격적인 탄압이 시작된 것이었다. 이 평양 중앙 교회라는 곳이 어떤 곳인가? 바로 1907년 초 이 땅 위에 새벽 기도가 처음 시작된 곳이고, 새벽 4시에 처음으로 이 땅에 새벽 종소리가 울렸던 곳이 아니었던가!

신기하게 6·25 전쟁 중 미군의 그 엄청난 폭격에도 파괴되지 않고(물론 지붕과 일부 벽은 허물어졌지만 전쟁 후 교인들에 의하여 곧 수리되었다) 전쟁 후에도 기독교인들의 중요한 안식처였던 이 평양 중앙 교회가 아닌가! 그런데 이 유서 깊은 교회 안에서 엄청난 대학살 극이 벌어지기 일보 직전이었다. 먼저 사회 안전부 간부 한 사람이 강단에 올라 이 땅에 왜 사회주의 체계가 필요한가에 대해서 설교 아닌 설교가 이루어졌다. 그리고 사회주의 체제하에서 종교라는 것이 특히 기독교라는 것이 왜 불필요한 존재인가를 강조한 후, 이윽고 3백여 명의 기도교인들 한 사람 한 사람에게 개인적이 문답이 이루어졌다. 물론 일어서서 문답을 강요당하는 기독교인의 머리에는 어김없이 권총의 총구가 겨누어졌다.

먼저 사회 안전부 간부가 제일 앞에 있는 한 사람을 일으켜 세우고는 물었다.

"동무는 하나님이 있다고 생각하시오. 없다고 생각하시오?"

이렇게 묻자 그 남자 교인은 그 간부를 똑바로 쳐다보면서 똑똑히 말했다.

"하나님은 분명히 있습니다. 지금 이 순간 이 자리에서도 분명히 하나님은 계십니다. 그리고 우리를 지켜보고 계십니다."

그러자 동시에 '탕!' 하는 총소리와 함께 그 첫 번째 남자 기독교인이 그 자리에 시뻘건 피를 흘리며 쓰러졌다. 그리고 그 간부는 다시 한 번 기독교인들을 향하여 말을 이었다.

"거참 이상하지 않소. 저 사람의 말대로 분명히 이 세상에 하나님이 존재한다면 왜 저 사람이 피를 흘리며 쓰러져 있소? 당신네들이 말하는 하나님이 나타나서 나를 쓰러뜨리고 저 사람을 구해주어야 하지 않소. 그런데 나는 이렇게 말짱하게 서 있고 하나님이 있다고 외친 저자는 왜 저렇게 피를 흘리며 죽어가는 거요?"

하고 비웃듯이 했다.

그리고 두 번째로 한 할머니를 일으켜 세웠다.

"할머니는 정말로 예수라는 자가 있다고 믿고 있소?"

그러자 그 할머니 역시 그 간부를 똑바로 쳐다보면서 대답하였다.

"예, 맞습니다. 예수 그리스도는 분명이 있고 또 이 자리에 와 계십니다. 그런데 왜 이 자리에서 당신네들을 심판하지 않고 우리를 죽음에서 건져내시지 않는가 하면 그것은 바로 이 땅 위에 더욱 뿌리 깊고 더욱 큰 교회를 세우시기 위해서입니다. 또한 선한 자와 악한 자를 구별하여 선한 자를 순교하게 함으로써 영원한 하늘나라의 백성이 될 수 있도록 하기 위해서입니다."

그러자 즉시 '탕!' 하는 총소리와 함께 할머니 역시 피를 흘리며 쓰러졌다. 그리고 세 번째로 어느 아주머니를 일으켜 세웠다. 그 아주머니는 일어서면서도 두 손을 모은 채 두 눈을 감고 기도를 하고 있었다. 사회 안전부 간부는 열심히 기도하고 있는 그 아주머니에게는 어떤 질문도 하지 않고 옆에 서 있는 내무서원에게 눈짓으로 쏘라고 명령하였다. 그러자 그 아주머니 역시 총소리와 함께 그 자리에 피를 흘리며 쓰러졌다. 간부는 외쳤다.

그리고 그는 더더욱 의기양양한 음성으로 외쳤다.

"여러분들 중에 이 자리에서 바로 죽고 싶은 사람이 있으면 큰 소리로 기도하시오. 그러면 바로 죽음을 맞이할 수 있도록 해주겠소. 그러나 살고 싶은 자는 내 앞에서 다시는 하나님과 예수님을 믿지 않고 우리 당과 인민 위원회에 충성을 다하겠다고 약속을 하시오. 그러면 살려줄 것이오."

그리고 그는 더더욱 의기양양한 음성으로 외쳤다.

"여러분 모두들 똑똑히 보시오. 이제부터 나와 당신들이 믿는다는 그 하나님과 시합이 있겠소. 자, 누가 이기는지 똑똑히 보시오."

하고 비열한 웃음을 지었다. 의자에 앉아 있는 교인들 중 대부분은 두 눈을 꼭 감고 있었다. 그 중 어떤 자는 눈물을 흘리는 자도 있었고, 또 어떤 이는 두 눈을 꼭 감고 있으면서도 입 속으로는 무언가를 중얼거리는 이도 있었다. 그러던 중 한 남자가 큰 소리로 기도하기 시작하였다.

"주여! 저들을 용서하여 주옵소서. 오늘 흘린 이들의 피가 밑거름이 되어 이 나라 이 민족이 세상에서 가장 축복받는 나라가 이루어지도록 하옵소서. 다시는 이 나라가 다른 민족으로부터 침략을 당하지 않는 나라가 이루어지게 하옵소서. 오늘 이 자리에서 일어나는 이 일들이 하나님께서는 이 땅 위에서 이 민족으로 하여금 더 큰 하나님의 뜻을 이루고자 하는 하나님의 고귀하시고 큰 뜻이 있는 줄 믿사옵니다. 주여! 부디 아버지 하나님을 알지 못하고 우리 주 예수 그리스도의 보혈의 값어치를 깨닫지 못하고 있는 저들을 용서하옵소서!"

그의 기도는 계속되었다. 그리고 사회 안전부 요원이 천천히 그 옆으로 다가가고 있었다. 그리고는 한 발의 총성과 함께 그는 그 자리에서 피를 흘리며 쓰러졌다.

그는 누구인가? 바로 이 땅 이 조선에서 처음으로 새벽 기도를 시작하였고, 바로 이 땅 이 조선에 처음으로 새벽종을 울린 바로 이 평양 중앙 교회 전계은 장로의 아들 전성경 목사였다.

그는 1900년 12월, 그러니까 신약 성경이 완전히 한글로 번역이 완료되던 그해 그 달에 태어났다. 그리하여 아버지 전계은 장로는 아들의 이름을 전성경이라 지었고, 이제 그 아들은 생애 마지막 기도를 한 후 거룩한 순교의 길을 걸었던 것이었다. 그러나 또 다른 사람들도 있었다. 그 중 한 사람이 자리에 일어나면서 외쳤다.

"이봐요, 사회 안전부 동무! 이 세상에 하나님이 어디 있고 예수님이 어디 있어요. 누가 두 눈으로 본 사람 있어요? 나는 하나님도 예수님도 믿지 않아요. 그저 재미삼아 교회 몇 번 나와 본 것뿐이요!"

이렇게 말하자 다른 몇몇 사람들도 동의하듯이,

"나도 그래요. 세상에 하나님이 어디 있고 예수님이 어디 있어요. 다 사람들이 지어낸 이야기지."

하고 너도나도 외쳤다. 그러자 그 간부가 여러 사람을 둘러보며 말했다.

"좋소이다. 이제 여러분들 중에 다시는 교회니 하나님이니 예수님이니 이런 것은 절대 믿지 않고 입으로 말도 꺼내지 말고 오직 당과 위대하신 김일성 수령에게만 충성을 바치겠다고 맹세하고 서약할 수 있는 사람만 앞으로 나오시오."

이렇게 말하자 많은 사람들이 앞으로 우르르 몰려 나왔다. 그리고 그들은 다시는 예수를 믿지 않겠다는 서약을 하고는 교회 밖으로 서둘러 빠져나가 버렸다. 그러나 아직도 의자에 앉아 눈을 감은 채, 입술을 꼭 다문 채 굵은 눈물만 뚝뚝 흘리는 사람들이 이십여 명이나 되었다. 사회 안전부 간부는 무섭고도 매서운 눈길로 남아 있는 사람들을 노려보면서 살기 돋친 음성으로 입을 열었다.

"그래, 동무들은 아직까지도 예수를 믿겠다 이거요?"

그러고는 살기 돋친 눈으로 그들을 계속 노려보고 있었다. 잠시 침묵이 흘렀다. 아니 그것은 침묵이라기보다 공포라고 표현하는 것이 훨씬 적합할 것이다. 다시 간부의 목소리가 들려 왔다.

"좋소이다. 내 다시 한 번 여러분에게 더 기회를 주겠소. 이것이 마지막 기회인 줄로 생각하시오."

그러고는 한 사람씩 개인적인 심문이 다시금 계속되었다. 이번에는 삼십대 중반쯤 되어 보이는 아주머니 한 사람이 열서너 살 쯤 되어 보이는 아들과 함께 일어섰다. 간부는 아주머니를 향해 큰 소리로 윽박지르듯이 물었다.

"아주머니, 이것이 아주머니에게 주어지는 마지막 기회이니 알아서 잘 대답하시오. 아주머니는 하나님이나 예수님이 이 땅에 있다고 생각하시오, 아니면 없다고 생각하시오?"

이렇게 묻자 그 아주머니는 연신 눈물을 흘리며 고개를 떨군 채 힘없이 대답을 하였다.

"없지요. 하나님도 예수님도 이 세상에는 없어요."

그러자 간부는 다시 한 번 눈을 부릅뜬 채 노려보면서 다그쳤다.

"좀 더 크게 확실하게 대답을 해요. 더 크게!"

겁에 질린 아주머니는 큰 소리로 외쳤다.

"없어요. 세상에는 하나님도 예수님도 없어요."

그러자 그 간부는,

"그러면 앞으로는 교회니 하나님이니 예수님이니 하는 말은 입에 꺼내지도 말고 오직 당과 김일성 수령에게 충성을 다하겠소?"

하고 다그치자 그 아주머니는 큰 소리로 "예, 예, 예"라고 대답하였다. 간부는 옆에 있는 아들을 노려보면서 소리쳤다.

"얘, 꼬마야! 너도 그렇게 하겠어?"

엄마 옆에서 잔뜩 겁을 먹은 아들은 몹시 두려운 표정으로 말도 하지 못하고 연신 고개만 아래위로 끄덕이고 있었다. 그리고 그 아주머니와 아들은 두려운 표정을 지으며 교회를 빠져 나갔다.

그러면 이 여인은 누구인가? 바로 지금 피를 흘리며 쓰러져 있으나 몹시 온화한 표정을 짓고 누워있는 전성경 목사의 딸이자 전계은 장로의 손녀인 전은혜 사모였고, 그 아들은 전은혜 사모와 역시 목사인 남편 한성수 목사와의 사이에 태어난 이제 열세 살인 아들 한학성이었다. 이 여인, 즉 전은혜 사모는 바로 조금 전 아버지인 전성경 목사와 남편인 한성수 목사가 총에 맞아 쓰러지는 처참한 광경을 목격하였던 것이다.

그러면 전은혜 사모의 남편인 한성수 목사는 누구인가? 바로 1907년 장대현 교회의 사경회에서 '나는「아간」과 같은 나쁜 사람입니다.'라고 외치며 큰 소리로 회개를 시작하였고, 이를 시작으로 조선 기독교의 성령의 불길을 당긴 주인공이었던 바로 그 '한상득 장로'의 증손자였다.

이 때 전은혜 사모 뒤편에서 부들부들 떨면서 공포에 질린 모습을 하고 있는 또 다른 모녀가 있었으니 그 딸은 역시 열셋의 나이인 정주은이라고 하는 여자아이였는데, 이 여자아이가 누구인고 하면 바로 1907년 길선주 목사와 함께 첫 새벽 기도를 시작한 정춘수 장로의 증손녀였다.

아무튼 이 두 모녀도 '예, 예, 예'라는 대답으로 무사히 교회를 빠져 나왔으며 이후 몇 발의 총성이 더 울리면서 이 참상은 끝이 났던 것이었다.

등소평

전쟁이 끝나고 휴전 협정이 체결된 지도 어언 8년이라는 세월이 흘렀다. 그

동안 김일성은 고랑포 동굴에 대하여 어느 정도 잊고 있었던 것은 사실이었다. 전쟁 직후 우선 급한 것은 전쟁으로 황폐해진 모든 것을 복구하는 것이었다. 그러려면 북한 내부의 힘만으로는 너무나 부족한 것이 많았다. 따라서 외국의 원조도 얻어내야만 했다. 특히 소련과 중공의 도움이 절실히 필요하였기에 원조 요청을 위하여 온 힘을 기울여야 하였다. 그래서 1961년 7월 7일 북한과 소련은 조-소 우호 협력 및 상호 원조 조약을 체결하였다. 그리고는 숨 돌릴 틈조차 없이 중공으로 발걸음을 향하였고 1961년 7월 11일, 마침내 중공과도 우호 협력 및 상호 원조 조약을 체결하였으니 실로 하루하루를 바쁘게 보내는 나날들이었다.

중공과의 우호 협정을 끝낸 김일성은 당시 중공 측의 실무 총 책임자인 등소평의 초청을 받아 그의 집으로 초대되었다. 당시 등소평은 중공 내에서 모택동·주은래·임표·유소기 다음으로 가는 실권자였으며, 특히 모택동으로부터 각별한 신임을 얻고 있는 터라 김일성 입장에서는 상당히 뜻 깊은 초대를 받은 셈이었다. 물론 등소평은 김일성보다 나이도 많았다.

등소평의 집 안에서 저녁 식사를 마친 후 후식 겸 조촐한 주안상이 나왔다. 그러자 등소평이 주안상과 함께 나온 큼직한 술병을 가리키며 이렇게 말했다.

"이보게, 김일성 동지. 이 술은 내가 가장 즐겨 먹는 거라네. 우리 집안 대대로 내려오는 방식으로 만든 술인데 건강에는 최고로 좋은 술이지. 이 술병 안에 들어 있는 저것이 무엇인지 아는가?"

이렇게 묻고는 술병 안을 가만히 들여다보고 있는 김일성에게 계속 말을 이었다.

"저것이 바로 동충하초(冬蟲夏草)라는 것일세. 말 그대로 겨울에는 살아있는 곤충이었다가 여름에는 그 곤충에서 식물성 싹이 돋아난다네. 참 신기하지 않은가? 다음 언제 기회가 있으면 내가 저 술을 만드는 비법을 가르쳐 주겠네."

이 말을 들은 김일성은 온 몸에 전율을 느꼈다. 순간적으로 등골에서부터

175
인간 영욕의 한계

목 뒷 줄기 아래로 찌릿 하는 느낌과 함께 온몸이 일시적으로 마비가 되어 버렸다. 그리고 그는 그 술병 속을 뚫어지게 쳐다보고 있었다. 아래에는 작고 하얀 알이 있고 그 위에는 역시 새하얀 버섯 같은 것이 솟아나 있는데 두 개가 상하로 어우러져 있는 그 자태가 너무나 고상하고 우아해 보여 절로 탄성이 나올 지경이었다.

저것이 바로 도선답기에 나오는 동충하초란 말인가? 등소평 저 사람은 도대체 동충하초라는 말을 어디에서 들었단 말인가? 더구나 등소평은 동충하초 술을 만드는 비법까지 알고 있지 않은가? 이게 어떻게 된 일일까?

천 년 동안 비밀스럽게 안고 있던 도선답기 속에 나오는 '동충하초'라는 말을 어찌 저리도 쉽게 입으로 내뱉는단 말인가?

한참 후 정신을 차린 김일성은 태연한 듯한 표정으로 물었다.

"등소평 동지께서는 동충하초라는 말을 어디서 들었으며 또 그것으로 술을 만드는 비법을 어디서 누구에게 배웠습니까?"

"그것은 우리 집안에 오래전부터 내려오는 비법일세. 그리고 우리 집안에서도 그 비법을 아무에게나 가르쳐 주지는 않는다네. 오직 장자를 통해서만 가르쳐 준다네."

이렇게 대답한 등소평은 술병을 열고는 아주 작은 술잔에 한 잔 따라 김일성에 권하고 자기도 또 다른 잔에 한 잔 따르더니 이내 뚜껑을 닫았다. 그리고 눈짓을 하자 하녀가 나와 술병을 들고 안으로 들어가 버렸다.

조심스럽게 술잔을 받아든 김일성은 우선 향기부터 음미를 하였다. 향기로운 냄새가 온 몸을 휘감는 듯하였다. 솔향기 같기도 하였고 어찌 보면 태어난 지 몇 개월 되지 않는 어린아이가 막 엄마 젖을 먹고 났을 때 생글생글 웃으며 내뿜는 향기 같기도 하였다.

김일성은 조금씩 맛을 보았다. 아주 조금 혀에만 대었는데도 온몸의 갈증이 해소되는 듯한 쾌감이 맴돌았다. 그리고 알 수 없는 신비로움이 느껴져 왔다. 김일성이 또다시 입을 열었다.

"혹시 등소평 동지께서는 서시라는 자에 대해서 들어본 적이 있습니까?

그러자 등소평은 흠칫 놀라는 표정을 지으며,

"아니, 김일성 동지가 어떻게 서시라는 사람을 알고 있소?"

하고 반문을 하였다.

"저 역시 그 자에 대해 전혀 아는 바 없으나 언뜻 누구에게 듣기를 서시와 불로초가 무슨 연관이 있다는 것만 잠깐 들은 바 있습니다."

김일성 대답하자 등소평이 말했다.

"맞는 말일세. 우리 대륙 역사를 보면 옛 진나라 시황제께서 인간이 영원히 죽지 않는 불로초를 찾아오게 하였다는 내용이 전해지고 있다네."

김일성이 다시 물었다.

"그러면 그 서시라는 사람이 불로초를 찾으러 간 곳은 어디였고, 또 그 불로초라는 것을 찾기는 찾았는가요?"

등소평이 껄껄 웃으며 말했다.

"세상에 불로초라는 그런 풀이 어디 있겠소. 다 속세 인간들이 지어낸 것 아니겠소. 만약 그 당시에 서시라는 자가 동쪽 땅 끝 어디에서 그 불로초를 가지고 왔다면 진시왕이 어찌 일찍 죽었겠소. 적어도 이백 세는 넘게 살아야할 것 아니요. 그리고 그 서시라는 자에 대해서도 그가 동쪽으로 떠났다는 것 외에 그 이후 그가 어떻게 되었는지 전혀 기록에 남아 있지 않아요. 일설에 따르면 그가 불로초를 찾지 못하게 되자 바다 건너 일본 쪽으로 도망을 갔다는 설과 불로초를 찾다가 그곳 경치가 너무 좋아 아예 그곳에 눌러 앉아 버렸다는 이야기들이 있지만 그런 건 어디까지나 이야기일 뿐이지 누가 그걸 확인할 수 있겠소?"

등소평의 집을 나오는 김일성은 내심 몹시 흥분이 되어 있었다.

서시라! 서시! 이 사람이 도대체 누구이길래 도선답기 앞머리에 그의 이름이 있단 말인가? 사실 김일성이나 리을설 두 사람이 그 고문서를 손에 접했을 때는 서시라는 글자에 대해서는 신경도 쓰질 않았다. 누구인지도 몰랐거니와 누구인지 아는 사람도 없었다. 단지 김일성으로서는 오직 도선대사만 눈에 띄었던 것이었다. 그리고 도선 대사의 왕건에 대한 예언이라든가, 통일 등에 대한 관심만 있었을 뿐이었고 '왕건'이라는 이름이 '김일성'이라는 이름으로 바꾸어질 날만 꿈꾸고 있었던 것이다.

그런데 등소평과 대면하고 보니 돌연히 여태껏 관심에도 없었던 서시라는 인물이 머릿속에 번쩍 떠올랐던 것이었다. 그리고 등소평에게 그저 관심 없는 것처럼 한 마디 물어보았던 것이었다. 결국 서시는 불로초를 찾기 위해 진시황제가 보낸 특사였고, 그 서시는 불로초를 찾아 동쪽 끝 즉 조선 어디에 왔었고, 그리고 그는 중국으로 돌아가지 않았고, 그래서 중국에는 그에 관한 기록이 전혀 없고 그렇다면 결국 서시라는 자는 조선 땅에서 분명 무엇을 찾아내었고, 그리고 조선 땅에 그 기록을 남겼고, 그 기록이 도선 대사까지 흘렀고, 도선 대사는 다시 서시의 기록대로 여행을 하였고, 그 여행의 기록이 도선 대사에 의해 다시 쓰여 졌고……. 오호라! 그래서 '서시비가 도선답기'로구나!

그렇다면 얼마 전 내가 소련 스탈린과 함께 먹었던 음식과 방금 내가 먹었던 이 음식과는 혹 어떤 연관이 있지나 않을까? 그리고 그 두 음식의 공통점은 없을까?

거기까지 생각한 김일성은 지금까지 잠시 잊고 있었던 그 문서에 대해 다시 생각하게 되었고, 그 내용이 틀림없는 사실일 것이라는 확고한 생각을 갖게 되었다. 그리고 다시 한 번 힘을 주어 어금니를 꽉 다물었다.

갱도전과 고랑포

....

1963년 10월 5일 평양 김일성 종합 대학. 평양으로 돌아온 김일성은 즉각 리을설을 불렀다. 결국 이 고문서 문제만큼은 리을설과 의논을 하지 않을 수 없기 때문이었다. 그리고 등소평과 만나서 일어났던 모든 일들과 그로 인하여 새롭게 알게 된 서시 등을 말하였고, 두 사람은 또다시 한 장의 지도를 펴 놓고 머리를 맞댄 채 의논을 하기 시작하였다. 그리고 새로운 각오를 다졌다.

리을설! 그는 역시 비상한 재주를 갖고 있는 인물이었다. 그리고 김일성에게는 둘도 없는 충성스러운 심복임에 틀림이 없었다. 리을설이 김일성에게 말했다.

"수령 동지, 이렇게 하시지요. 일단은 갱도전을 선포하여야 합니다. 그리고 휴전선 바로 북쪽에 지하 갱도를 구축하면 모든 것이 자연스럽게 진행이 될 것입니다. 물론 고랑포와 그 주위를 집중적으로 갱도를 파서 진지를 구축하면 어느 누구도 눈치를 채지 못하면서 자연스럽게 남조선으로부터 방어선도 구축할 수 있는 그야말로 일석이조의 효과를 올릴 수가 있을 것입니다."

그 말을 들은 김일성은 흡족한 표정을 지으며 말했다.

"맞는 말이야. 그거 아주 좋은 작전이야. 역시 리을설 동무는 현명하단 말이야. 그렇지만 그렇게 일을 진행하기 전에 먼저 해야 할 것이 있어. 그것은 장비 구입이야. 먼저 좋은 장비가 있어야 돼. 예전처럼 삽과 곡괭이만 가지고 일을 한다면 또 실패할 수밖에 없어. 제대로 장비를 갖추어 새로 시작해야 돼."

그리고 얼마 후 1963년 10월 5일, 평양 김일성 종합 대학 제4기 졸업식에서 김일성 주석은 '땅굴을 파고 들어가면 원자탄을 능히 막아낼 수 있다. 온 나라를 요새화해야 하며 대공 방어와 해안 방어를 강화해야 한다.'며 유난히 '땅굴과 땅굴을 통한 전 국토 요새화'를 강조하였다. 그리고는 소위 4대 군사

노선을 재차 강조하였다.

 '전인민 무장화, 전국토 요새화, 전군 간부화, 전군 현대화' 이것이 바로 그들이 말하는 4대 군사 노선이었다. 그리고 그들은 총력을 다하여 땅굴 파는 일에 전념하였다.

 고랑포! 그곳은 경기도 연천군 장남면에 있는 곳으로써 삼팔선 아래로 2km떨어져 있고 임진강 중류 쪽의 뱃길을 건너는 포구이다. 그리고 휴전선에서는 남쪽으로 약 5km 떨어진 곳이다. 물론 이곳은 군사 전략상으로도 아주 중요한 곳이다. 남동쪽으로 2km만 내려가면 원당이라는 곳이 있고, 바로 그 아래로는 우리 국군에게도 중요한 감악산이 있다. 그리고 371번 국도를 따라 내려오면 영국군 전적비를 만날 수 있으며 적성면, 남면, 광적면을 지나면 양주, 의정부가 나오는 곳이니 이곳이야 말로 서부 전선의 최대 격전지였고, 지금도 아주 중요한 군사 요충 지역이다.

 이제 이곳 고랑포 바로 위에 위치한 휴전선 북쪽에서는 전 국토 요새화라는 명목 하에 북한군이 총동원되어 땅굴을 파고 있는 중이다. 그리고 김일성

<고랑포구와 저자>

도 리을설도 매일매일 땅굴의 진척도를 점검하고 있었다. 그러나 하루가 지나고 이틀이 지나고 삼 일이 지나고 그리고 일 년, 이 년, 삼 년이 지나도 김일성이 찾고 있는 동굴은 발견되지 않았다.

도선 대사가 말하는 그곳은 어디일까? 분명 고랑포라고 했건만 도대체 그곳이 어디 있길래 이렇게 찾고 찾아도 보이질 않는단 말인가? 그리고 땅굴을 파는 범위는 고랑포를 중심으로 좌우로 점점 확대되어 갔다. 그러나 도선대사가 말하는 그곳은 점점 더 찾을 길이 멀어지는 듯하였다. 김일성도, 리을설도 난감하였다. 김일성의 두 눈은 붉게 충혈이 되어 갔다. 그러나 김일성의 집념은 조금도 끊기지 않고 더욱 굳어져만 갔고 그의 주먹은 더욱 굳세게 쥐어졌다.

1968년 1·21사태와 울진, 삼척 사태
....

김일성이 등소평을 만나고 새로운 각오로 다시금 땅굴을 파기 시작한지도 벌써 칠 년째가 되어가고 있었다. 그러나 김일성이 찾는 땅굴은 전혀 찾아낼 수가 없었다. 김일성은 거의 미쳐 있었다. 그리고 도선 대사가 직접 쓴 그 고문서를 다시 한 번 품에서 꺼내어 보았다. 천 년 넘게 내려온 그 고문서는 오늘도 도선 대사의 영험함이 그대로 살아 있는 듯한 신비스러움과 고승의 고고한 자태가 아직도 배어있는 듯한 감정을 느낄 수 있었다. 그리고 김일성은 다시 한 번 온 몸에 전율을 느끼며 새로운 각오를 다졌다.

그리고 다시 리을설을 불렀다.

"이보게, 리을설 동무. 우리 이렇게 허공을 헤매듯이 시간을 낭비하지 말고 차근히 처음부터 다시 한 번 생각해 보자고. 사실, 말이야 바른 말이지, 지난 전쟁 때 나는 절대로 휴전을 하지 않을 생각이었어. 끝까지 버티면서 고랑포를 점령하려고 했어. 그러나 전쟁이 너무 길어졌고 소련과 중공의 휴전 압력을 이겨낼 수가 없었어. 그때 조금만 더 버텨서 우리가 고랑포를 점령하였더라면 우리가 지금 이 고생을 하지 않아도 될 것이었는데 말이야. 이봐! 우리 이러지 말고 좀 더 직접적이고 적극적인 방법이 없을까?"

김일성의 이 말에 리을설은 내심 놀라면서도 이내 그의 속내를 알아차리고는 깊은 생각에 잠기다가 조용히 입을 열었다.

"수령 동지. 저는 씨름 선수들이 씨름할 때 어느 한 선수가 고의로 상대방에게 심판 몰래 폭력을 가하여 신경을 날카롭게 만들어서. 예를 들면, 발등을 한 번 꽉 밟는다든가 상대방의 뱃살을 꼬집어 버린다든가, 얼굴에 침을 슬쩍 뱉는다든가 하여 상대방의 약을 바짝 올리고 그것을 참지 못한 상대방이 무지하게 공격을 해올 때 그것을 이용하여 상대방을 쓰러트리는 모습을 본 적이 있습니다."

이 말이 끝나자마자 김일성은 무릎을 탁 치고는 껄껄 웃으면서 말했다.

"맞아, 맞아. 바로 그거야. 역시 리을설 동무는 나와 아주 통하는 면이 있어. 좋았어. 아주 멋진 생각이야."

그리고 두 사람은 바짝 얼굴을 맞대고 새로운 작전을 짰다.

리을설이 또다시 입을 열었다.

"수령 동지. 지금 남조선에는 박정희가 강력한 지도자로서 나라를 이끌어 가고 있습니다. 모든 정치가들이나 관료들, 군인들 그리고 국민들 모두가 박정희 말 한마디면 꼼짝없이 끌려가고 있는 상황입니다. 이럴 때 우리가 만약 박정희 한 명만 처단해 버리면 사태가 어떻게 될 것 같습니까?"

리을설의 이 물음에 한참을 생각하던 김일성이 천천히 입을 열었다.

"좋은 생각이기는 한데 문제는 미군이란 말이야. 지금 우리 전력상으로는 국군과 주한 미군과의 전쟁에는 어느 정도 승산이 있어. 우리의 전력도 6·25

때 취약했던 공군, 해군도 이제는 막강해졌고 특히 남쪽에는 한 대도 없는 잠수정도 많이 보유하고 있어. 그 잠수정을 이용하여 우리의 막강한 특공대를 남쪽 해안에 몰래 침투시켜 남쪽 전체를 혼란 속에 집어넣고 순식간에 정예부대가 밀고 내려가면 승산이 있어. 그런데 문제는 일본에 주둔하고 있는 미군이란 말이야. 하와이에 주둔하고 있는 미군도 그렇고…….”

이에 리을설이 말했다.

“수령 동지. 제 생각으로는 지난 6·25 때처럼 미군이 즉각적으로 전쟁에 참여할 수는 없을 것으로 생각합니다. 물론 남조선 내에 주둔하고 있는 미군이야 당연히 전쟁에 참여하겠지만 그 외의 미군이 즉각 참여하기는 힘들 것입니다. 왜냐하면 지금 미국은 베트남전으로 인하여 막대한 인력과 많은 장비, 그리고 무수한 비용을 소모하고 있습니다. 특히 그들은 베트남전으로 인하여 수많은 미군이 전쟁의 참상으로 지쳐 있고 또 미국 내에서 조차 반전 운동이 전국적으로 번지고 있는 시점입니다. 또한 아시다시피 중동에서는 이스라엘과 아랍 연합국이 전쟁을 벌이고 있고 독일이나 아프리카, 동유럽 등에서도 언제 어디에서 전쟁이 터질지 모르는 상황입니다. 이런 상황에서 과연 미국이 과거처럼 또다시 이곳에 군대를 파견할 수 있을 것 같지는 않습니다. 더구나 지금 미국 내에서조차 주한 미군을 감축해야 한다는 목소리가 나오고 있는 마당에 미군 주력 부대가 이 한반도에 또 다시 참전할 것으로 보지는 않습니다.”

리을설의 이야기를 듣고 있던 김일성은 고개를 끄덕이면서 깊은 생각에 잠기었다.

그리고 며칠 후 김일성과 리을설은 또다시 마주 앉아 큼직한 한반도 지도와 도선 대사의 고문서를 펴놓고 심각하게 이야기를 나누고 있었다.

“그래, 리을설 동무. 어디 최종적으로 동무의 계획을 한 번 말해보게.”

김일성의 다그침에 리을설이 세부 계획을 설명하기 시작하였다.

"우선 우리 인민군의 최정예 특공대인 8군단 소속 제124군부대 요원들 중 최고 능력을 자랑하는 특공대 200여 명을 선발하여 100여 명은 판문점 주위의 군사 분계선을 넘어 서울 청와대를 향한 기습 공격을 감행하여 박정희를 살해하고, 또 남은 100여 명은 중부 전선이나 혹은 소형 잠수정을 이용하여 동해안으로 침투시킨 뒤, 그 곳을 혼란스럽게 만드는 것입니다. 그리고 그들이 1차적인 임무를 완수하고 나서 남조선과 미국이 어떤 조치를 취하는지 지켜보는 것입니다.

만약 그들이 즉각적으로 전면적인 공격을 감행한다면 어차피 우리도 대반격을 가해 일단 고랑포를 점령한 후 전쟁이 더 이상 확대되지 않도록 휴전 회담을 제의한다든지 하는 조치를 취하고 난 후, 그들이 응하지 않는다면 어차피 6·25와 같은 전면전을 벌여 고랑포를 최후 저지선으로 삼아 그들이 임진강을 건너지 못하게 해야 할 것입니다. 어차피 도선 대사가 쓴 문서를 수령 동지가 갖고 계시니, 통일의 주인공은 바로 수령 동지 아니겠습니까?"

리을설의 이야기를 들은 김일성은 잔뜩 긴장된 표정으로 눈을 지그시 감은 채 깊은 생각에 잠기면서 무겁게 입을 열었다.

"좋아! 어차피 이판사판이야. 그런데 우리의 최종 목적은 고랑포란 말이야. 만약 리을설 동무의 말대로 판문점을 통한 공격과 동해안 어느 지역에 대한 공격이 동시에 진행이 된다면 이것은 전면전으로 확대될 공산이 크단 말이야. 그렇다면 일단 그들의 반응만 보는 것이니까 둘 중 판문점 루트한 곳만 시험적으로 한 번 강행을 해보자고. 그 작전도 100명은 너무 많아. 판문점 주위 경계선을 100명이 한꺼번에 침투한다는 것은 무리이니 30여 명의 소부대가 침투하도록 해보자고. 어차피 우리의 목적은 그들을 약 올리는 것 아니겠나! 그건 그렇고, 시기는 언제쯤으로 하는 것이 좋을까?"

"제 생각으로는 가장 추운 겨울이 좋다고 생각합니다. 지난 6·25 때는 한여름에 전쟁을 일으켰는데 추위에 약한 미군이나 UN군들에게는 여름이나았을 것입니다. 그러나 추위에 숙달된 우리 인민군에게는 확실히 겨울이 좋다고 생각됩니다."

그리고 이듬해 1968년 1월 21일. 중무장한 30여 명의 북한 특공대는 아무도 모르게 군사 분계선을 넘어 대한민국 수도인 서울의 중심부까지 침투하였다. 그리고 대한민국의 군·경과 치열한 전투를 벌인 끝에 29명이 사살되고, 1명이 생포되었으니 그가 바로 김신조였다. 이 사건을 계기로 우리 국군은 군복무 기간을 6개월 연장한 36개월로 하였고 바로 다음 달 향토 예비군이 창설되었다.

그리고 같은 해, 즉 1968년 10월 30일 동해안에 있는 울진, 삼척에 120여명의 무장 공비가 출현하여 민간인을 학살하는 사건이 발생하였다. 이 사건으로 59명의 공비가 사살되었고, 2명이 생포되었으나 나머지 무장 공비들은 북쪽으로 탈출을 하였으며 우리 아군도 2명, 예비군 6명이 전사했다. 그리고 민간인도 16명이나 사망하였고 40여 명이 부상을 당하는 참극이 일어났으니 우리 한반도는 역시 전쟁이 끝난 것이 아니라 휴전 중인 나라임을 다시 한 번 깨닫게 되는 계기가 되었던 것이었다.

그러나 그들의 도발은 여기서 끝나지 않았다. 1974년 8월 15일 대한민국의 수도 서울에서 박정희 대통령은 제28회 광복절 기념행사에서 저격을 받았다. 다행히 박정희 대통령은 화를 면하였으나 곁에 있던 육영수 여사께서 대신 죽음을 당하셨다. 범인은 재일 조총련 소속인 문세광이라는 자로서, 유도선수 출신인 그는 북한에서 사상교육과 살인 훈련을 받고 남파된 자였다. 만약 이 때 박정희 대통령이 죽음을 당하였다면 우리 민족의 운명은 또 어떠하였을까?

제1땅굴의 비밀

．．．．．．．．．．．．．

1974년11월 15일 고랑포. 그들은 모두가 땅굴을 파는데 전념하였다. 특히 도라산, 백학산을 위시하여 고랑포 부근 휴전선 북쪽은 더욱 촘촘히 파헤쳐졌다. 그리고 그곳은 진지로 구축이 되었다. 상부에서는 땅굴을 파다가 자연 동굴이 발견되면 즉시 보고하라는 명령이 내려졌다. 어쩌다가 땅굴을 파는 도중 자연 동굴이 발견되면 즉각 상부에서 고위간부와 전문가가 동굴을 조사하곤 하였다. 그러던 중 남쪽 방향으로 뻗어나가는 자연 동굴 하나가 발견되었다. 그러나 그 동굴을 따라 계속 남쪽으로 내려가면 비무장 지대로 뻗어가게 되어 있고 그것은 엄연히 휴전 협정에 위반되는 사항이었다.

또한 이러한 사실이 남측 국군이나 UN군 측에 발각이라도 되면 자칫 남북 간에 예기치 못할 불상사가 발생할지도 모르는 상황이었다. 그러나 상부에서는 계속 파내려가라는 지시가 내려졌다. 좁은 동굴은 더욱 넓게 파여져 계속 남으로, 남으로 향하였다. 그러다 끝내 남측 국군에게 발각이 되고 말았으니 그것이 바로 1974년 11월 15일 고랑포 부근에서 발생된 제1땅굴이었다.

1983년 10월 9일, 미얀마 아웅산 국립묘지의 실체

．．．．．．．．．．．．．

오늘도 김일성은 거의 미쳐 있었다. 눈은 충혈이 되었고, 머리카락은 헝클어져 있었으며 두 손으로는 헝클어진 머리카락을 쥐어뜯고 있었다.

'왜 그들은 공격을 하지 않았을까? 우리가 두세 번씩이나 침공을 감행했는데도 왜 그들은 되받아 공격을 하지 않았을까? 남쪽 아이들이 참지 못하고 공격을 해주어야 내 계획과 작전이 성공을 할 텐데, 왜 그들은 꿈쩍을 않고 있는 것일까?'

하긴 괴롭기는 리을설도 마찬가지였다.

'이렇게 지루하게 괴로움을 당할 바에야 차라리 전쟁이라도 한바탕 치르는 게 나을 텐데. 왜 남조선 아이들은 꿈쩍도 않고 있는 것일까? 정말 가슴이 답답하고 미치겠구나?'

그리고 시간은 흘러 어느덧 1983년 하반기로 세월이 치닫고 있었다. 김일성도 리을설도 답답하기는 마찬가지였다. 어느 날 김일성이 비장한 눈빛으로 리을설을 보며 말했다.

"이보게, 리을설 동무. 우리 한 번 더 큰 모험을 해보자고. 지금 남조선은 모든 것이 뒤숭숭한 상태야. 박정희는 심복에게 살해되었고, 광주에서는 혁명이 일어나 무고한 시민들이 그들의 군인들에게 무수히 처참하게 살해되었고, 새 지도자인 정두한은 강압적인 독재로 나라를 다스리고 있고, 민심은 국가에게 등을 돌리고 있으니 어쩌면 이번에는 그들이 전면전을 벌일 게 확실해."

그리고 그들은 제8군단 124군부대원 중 강철민을 포함한 3명을 미얀마 랭군으로 파견시켰다. 그들은 대한민국 정두한 대통령이 친선 방문차 미얀마를 방문하여 아웅산 국립묘소 참배 일정에 맞추어 폭탄을 설치하여 폭파시켰으나 정두한 대통령은 조금 늦게 도착하는 바람에 화를 면하였다. 그리고 3명은 미얀마 수사대에 의해 체포되는 중 2명은 살해되었고, 강철민 1명만이 생포되어 수도 양곤 북부에 있는 인세인 교도소 정치범 특별 수용소에 감금되었다. 이러한 사건에도 불구하고 대한민국은 김일성의 뜻대로 전면전을 강행하지 않았다.

김일성! 그는 대한민국의 최고 통치자인 대통령을 3번이나 살해를 시도하였으나 3번 모두 아슬아슬한 간발의 차이로 실패하였으니 이런 사실은 과연 무엇을 뜻하는 것이란 말인가?

서시비기 도선답기

....

김일성은 난감하였다. 실로 말할 수 없는 실망감에 젖어 있었다. 도대체 어디에 있을까? 도선 대사가 말하는 그 굴의 입구라는 곳이 어디에 숨어 있단 말인가? 김일성은 실망감을 넘어 절망 속으로 빠져 들어가고 있는 듯함을 느꼈다. 그리고 한참 시간이 흐른 후 김일성은 옆에 있던 리을설에게 조용히 물었다.

"이봐. 우리 그 문서를 찾았을 때 상황을 다시 한 번 잘 더듬어 생각해보자고 분명 그 당시 유점사라는 절에서 그 문서를 찾았을 때 그와 연관된 다른 문서는 없었다고 했지?"

그러자 리을설이 대답하였다.

"예, 수령 동지. 그 당시에 제가 직접 인원을 통솔하여 절 내부는 물론 바깥 주위, 석탑, 돌계단 등을 다 찾아보았습니다. 그러나 그와 연관된 어떤 문서도 발견하지 못했습니다. 그것은 분명합니다."

리을설의 이런 대답에 김일성은 다시 단호하게 명령을 하였다.

"이봐. 리을설 동무가 다시 한 번 직접 그 절에 가보도록 해. 그러면 또 다른 문서가 있을지 몰라. 지금 우리가 가지고 있는 저것 한 장 말고 분명히 그것과 연관된 다른 문서도 있을 거야. 자네가 직접 한 번 가보도록 해."

이렇게 말하자 리을설이 난처한 표정을 지으며 말을 했다.

"수령 동지. 정말 송구스러운 일입니다만은 그 유점사라는 절은 이제 완전히 불에 타 없어져 버렸습니다. 전쟁 때 UN군의 폭격을 받아 완전히 소멸되

188
다빈치 프로젝트

어버려 지금은 남은 것이 아무것도 없습니다."

이에 김일성은 놀란 듯이 다시 물었다.

"뭐라고. 다 타 버렸다고! 그래도 뭔가 남아 있을 것 아닌가? 하다못해 주춧돌이라도 남아 있을 것 아닌가? 어서 가서 주춧돌 밑이라도 뒤져봐!"

그리고 리을설은 즉시 금강산 유점사로 향하였다. 그것은 사실이었다.

그 웅장하고 거창하던 유점사는 6·25 동란 당시 포격에 맞아 모든 것이 파괴되고 불에 타버렸다. 가장 큰 대웅전인 연화사를 비롯하여 53불을 모신 능인전·수월당·반룡당·의화당·서래각 등이 모두 소실되어 버렸으니 참으로 안타까운 일이 아닐 수 없는 것이었다. 며칠 후 리을설로부터 김일성에게 전화가 왔다. 리을설의 목소리는 몹시 흥분되어 있었다.

"수령 동지, 찾았습니다. 찾았어요. 나머지 문서들을 모두 찾았어요. 절 모두가 다 타버렸는데 종각과 석탑만 남아 있었어요. 그런데 9층으로 된 석탑을 모두 들어내 보니까 제일 밑바닥에 있었어요. 제가 빨리 갖고 가도록 하겠습니다."

사실 유점사는 신라 유리왕 23년(AD 4년)에 창건된 이후 고려 때인 1168년, 1213년, 1284년 세 차례 중건한 바 있고, 조선 시대에 와서도 1408년, 1453년, 1595년, 1636년, 1759년,1794년 등 수차례에 걸쳐 수리 보수 및 중건이 이루어졌다. 1882년에는 대화재가 일어나 다시 중건을 한 바가 있었다. 아울러 중요 고서 혹은 고문서는 화재나 혹은 외세의 약탈에 대비하여 고의로 비밀리에 분리 보관되는 경우가 허다하였다.

김일성은 리을설과 함께 새롭게 찾아낸 고문서를 펼쳐 놓고는 흥분된 모습으로 그 문서를 쳐다보고 있었다.

서시비기 도선답기 (徐市祕記 道詵踏記) 1

....

  나 도선은 일찍이 어느 신선으로부터 이 서시비기를 접하였으나 그 신선이 누구인지 알 길이 없고 또 이 서시비기를 왜 나에게 주었는지 그 또한 알 수 없구나. 내가 마음만 편하게 하면 나 역시 그 신선이 한 그대로 행하면 좋으련만 이 비기를 읽어보니 그대로 따르기에는 아쉬움이 많은 고로 이 몸 움직여 서시 행적 쫓아보니 놀랄 일이 한두 가지가 아니더라. 눈에 보이는 것마다 감탄이요, 발에 밟히는 것마다 경악이니 내가 본 것들을 어찌 글로 쓸 수가 있을까마는 이 몸이 성급하여 벌써 손끝에 붓이 들려있구나.

  그 입구는 고랑포니 그곳에 들어서면 처음에는 좁고 어두움이 가득하나 만보만 들어가면 하늘에 별이 있어 횃불 없이도 걸음을 옮길 수가 있고 또 비탈로 만 보만 들어가면 별천지가 보이나니 그 별천지의 크기는 가히 크고도 크도다. 강물도 흐르고 호수도 있어 이곳이 지상 세계인지 지하 세계인지 구별을 할 수가 없구나. 벽은 온통 호박과 순금이요, 호박이 한 겹이면 순금은 세 겹이라. 호박과 순금 사이에 흰 꽃이 피었는데 자세히 들춰보니 흰 꽃이 돋아나 있으니 보암직하기도 하고 먹음직하기도 하구나. 저 꽃이 무엇인고 하니 말로만 듣던 불로초라. 서시는 이것을 동충하초라고 하였도다. 이 알은 과연 누구의 알인고. 오호라 저기 저 큰 새의 알이 틀림없도다. 저 새는 무슨 새인고, 바로 봉황이로구나. 한 번 태어나면 삼천 년을 산다는 말로만 듣던 봉황새가 내 눈앞에 있구나. 내 일찍이 득도를 얻고자 만고강산을 누볐으나 이곳에 있고 보니 이것이 득도로다. 내 감히 말하건대 이곳을 얻는 자는 천하를 얻는 것보다 나은 자요, 이곳의 주인은 천하통일을 이루리라.

헌강왕 10년 도선

  이것이 바로 김일성과 리을설이 처음 손에 넣었던 고문서였으며 바로 첫째

장이었다.

서시비기 도선답기 (徐市祕記 道詵踏記) 2

....

내가 들어온 길은 고랑포이건만 내가 나온 길은 철원 동막이로다. 내 그곳을 못 잊어 다시 그곳을 찾으매 내가 그곳을 다시 찾는 이유는 그곳 가득한 황금이 탐나서도 아니요, 그곳 탐스러운 불로초도 아니요, 내 눈 앞에 어른거리는 봉황을 다시 보고 싶은 마음에서로다.

이 몸이 나왔던 철원 동막 길로 나 이제 다시 들어가니 하루도 못 미쳐 황금 동굴이 나오더라. 하고 많은 황금들 다 뒤로 하고 봉황새 만나보고 싶은 마음이 앞서 가더라. 오호라 저 곳에 봉황이 보이는구나. 저 봉황도 이제는 나를 아는구나.

저 황홀함이여. 저 황홀함이여. 봉황 따라 높이, 높이 오르고 보니 그곳에 새 길이 또 있도다. 그 길 따라 사흘 밤낮 행하여 보니 별천지로다. 별천지로다. 새 별천지로다. 저 황금 기둥은 누가 만들었는고.

저 황금 계단은 또 누가 다니는고. 황금 계단 옆에 돌무더기가 있구나. 서시가 쌓아놓은 돌무덤이로고. 돌무덤 따라 아래로 와보니 빼곡히 들어선 황금 기둥이여. 장엄하도다. 장엄하도다. 천장에 비치는 저 별들 좀 보소. 별들이 뿌려대는 저 보석들 보소. 이곳이 땅 아래요. 이곳이 천상이요. 내 감히 말하건대 이곳을 얻는 자는 천하를 얻은 자보다 나으리오. 이곳의 주인은 천하 통일을 이루리라.

헌강왕 11년 도선

이 내용이 새로 찾아낸 문서 내용이며, 두 번째 장이었다.

서시비기 도선답기 (徐市祕記 道詵踏記) 3

....

　내가 들어온 길은 철원 동막이건만 내가 나온 길은 두타연이라.

　내 그곳을 못 잊어 다시 그곳을 찾으매 내가 그곳을 다시 찾는 이유는 그곳 장엄함을 잊지 못함이로다. 밤마다 꿈마다 그곳 장엄한 풍광이 눈앞에 아른거리니 그곳을 다시 찾지 않고는 견딜 수가 없구나. 내가 나왔던 두타연으로 다시 들어가니 하룻길도 못되어 신천지에 도달하였도다. 속세의 시시비비(是是非非) 가운데 있다가 이곳에 앉고 보니 시무비무(是無非無)더라.

　바로 이 감흥 즐기려고 이곳을 다시 찾았나보구나. 전에 본 황금 기둥도 그대로이고 전에 본 황금 계단도 그대로이로다. 그 아래로 펼쳐진 강물 좀 보소.

　천정에서 뿌려대는 보석들 좀 보소. 이 장엄함을 보고 있노라니 사람의 욕망 번뇌가 일시에 사라지는 도다. 이 물결 따라 아래로 가니 저 푸른 호수는 누가 만들었는고. 오호라! 서시 말대로 호수가 숨을 쉬고 있구나. 분명 저 동해수가 애무하고 있으렸다.

　호수의 숨소리가 점점 거칠어지는 것을 보니 동해수의 손길 또한 거칠어지고 있음을 알 수가 있도다. 천 년 전 서시도 이곳에 앉아서 저들의 애무를 바라보고 저들의 거친 숨결을 들으며 웃음 짓고 있었으렸다. 내 감히 말하건대 이곳을 얻는 자는 천하를 얻는 자보다 나으리오. 이곳의 주인은 천하 통일을 이루리라.

　나 이제 서시의 발길을 따라 호수로 뛰어드니 차갑기도 하고 두렵기도한데 오호! 저기 서시의 발자취가 보이는 도다. 그 발자취 따라 너울쳐 보니 오라! 거친 바다가 이 몸을 때리고 있구나. 이곳은 어디인고. 간성이로구나. 저 넓은 바다 좀 보소. 저 넓은 백사장 보소. 저곳들에 비해 보니 이 몸이 부끄럽구나.

　세상 모든 이들이여 그대들 마음 답답하거든 이곳에 다녀와서 답답한 마음들 씻어 저 푸른 바다에 띄워 버리세.

헌강왕 10년 도선

이 내용 또한 새로 찾아낸 문서 내용이며, 세 번째 장이었다.

동막, 두타연 그리고 간성

....

1974년 11월 30일 평양 김일성 집무실. 실로 통탄할 일이었다. 김일성은 의자에 걸터앉아 두 손으로 머리를 감싸 안은 채 고통과 후회와 비탄의 몸부림을 치고 있었다. 그리고 리을설 또한 아무 말도 못하고 긴장된 몸으로 똑바로 선 채 어찌할 바를 모르고 있었고 계속 김일성은 혼자 중얼거리며 몸부림쳤다.

"아, 내가 왜 전쟁을 일으켰을꼬! 내가 왜 전쟁을 일으켰을꼬! 나는 오직 고랑포에만 집착을 하고 있었구나! 오직 고랑포에만! 진짜 알짜배기는 철원 동막과 양구 두타연에 있었거늘 가장 아무것도 아닌 고랑포에만 집착하고 있었구나. 내가 왜 전쟁을 일으켰을꼬! 내가 왜 전쟁을 일으켰을꼬! 전쟁만 일으키지 않았다면 저 동막과 두타연은 엄연히 내 손안에 있었을텐데!"

그의 외침과 몸부림은 거의 자학적이었다. 옆에 서 있는 리을설 역시 비통함은 말할 수 없었으며 감히 무슨 말을 꺼낼 수도 없는 상황이었다.

사실 그 동굴의 실체는 도선답기의 두 번째, 세 번째 답기가 발견되면서 완전히 밝혀지게 되었다. 즉 김일성이 리을설에 의해 처음 얻게 된 답기에는 고랑포만 표기되어 있었던 것이다. 그러나 도선의 제 2,3차 답기가 발견되면서 주된 동굴은 철원 동막과 양구의 두타연이었고 출입구 또한 고랑포보다는 동막과 두타연이 훨씬 용이하다는 것이 밝혀졌으며, 그 외에 출입구가 동해 바다 밑 강원도 고성군 간성 앞바다의 바다 밑에 있다는 것도 밝혀졌다.

그런데 지금 김일성 앞에 나타난 현실은 어떤가? 즉 김일성이 일으킨 6·25 전쟁 이전에는 동막과 두타연, 간성 앞바다 모두가 삼팔선보다 훨씬 북쪽에 있었고, 고랑포만이 삼팔선 바로 이남에 있지 않았던가? 그런데 전쟁으로 인하여 삼팔선 대신 휴전선이 생겨버린 지금은 어떠한가? 고랑포, 철원 동막, 양구 두타연 모두가 비무장 지대와 아슬아슬하게 남쪽으로 비껴가 있지 않은가? 또한 바다 밑 통로가 있는 고성군 간성 앞바다 역시 휴전선 남쪽에 있지 않은가? 그러니 김일성으로서는 어찌 통탄하지 않겠는가? 참으로 인간이란 한치 앞을 내다볼 수 없는 연약한 존재이던가! 또한 인간의 맹목적인 욕망이 이토록 참을성 없고 분별력 없는 행동을 낳게 하는 것인가!

시간이 흘렀다. 어느덧 1974년이 지나가고, 1975년 새 아침이 밝아 왔다. 그러나 김일성의 가슴 속엔 통탄의 한이 아직 저리도록 남아 있었다. 하긴 누군들 그런 통탄을 쉽게 떨쳐버릴 수가 있겠는가? 그런데 김일성으로서 는 도선 대사의 두 번째, 세 번째 문서를 읽으면 읽어볼수록 동굴에 대한 집착은 더욱더 충만 될 때도 있었고, 어금니를 꽉 다문 채 양 주먹을 불끈 쥐고 온몸을 부르르 떨고 있을 때도 있었다.

어느 날, 곁에 서 있던 리을설이 조용히 김일성에게 말했다. 사실 남측이 제1땅굴을 발견한 이후 리을설은 거의 말을 하지 않았다. 아니 할 말이 없었을 것이었다. 그런데 오늘 그가 입을 연 것이었다.

"김일성 수령 동지. 제 생각으로는 아직 전혀 실망하실 필요가 없다고 생각합니다. 그 이유는 당연히 도선 대사의 답기를 수령 동지가 가지고 계신다는 것입니다. 아무리 동막, 두타연이 비무장 지대와 그 남쪽에 있다고 하나 남조선 측에서는 그곳에 관한 이 비밀을 알고 있는 자가 전혀 없고, 우리가 지금까지 하던 방식대로 계속하면 분명 무언가 찾을 수 있을 때가 올 것으로 생각합니다. 물론 고랑포에도 계속 파내려가면서 주력 부대를 철원 양구 쪽으로 배치를 하면 언젠가는 수령 동지께서 찾고 계시는 그곳을 찾는 날이 올 것으로 생각합니다. 오히려 고랑포 한 곳만 한정되어 찾는 것보다 이제는 확률 상으로 훨씬 높은 가능성을 갖고 찾을 수 있다고 생각합니다. 또한 우리 인민군의 장비와 땅굴 파는 기술이 월등히 개선되었으므로 한층 더 희망적인 상황이라고 생각하고 있습니다. "

리을설의 말에 김일성은 다시 힘을 얻게 되었고, 휴전선 이북은 더욱 힘차게 땅굴 파는 일이 계속 되었다. 물론 대외적으로는 전 국토 요새화라는 명목이었다.

그러나 어쩌랴! 도선 대사는 그가 쓴 답기는 김일성의 손에 안겨 주었을지언정 막상 그 황금 동굴의 문은 굳게 잠그고 있었던 것이었다. 그토록 김일성이 바라고 찾고 있던 동굴은 결코 찾을 길이 없었다. 오히려 남조선 국군과 UN군에 의해 계속적으로 그들이 파놓은 땅굴이 발각되었으니 그것이 바로 1975년 3월 19일, 철원 북방 13km지점 DMZ 내에서 발견된 제2땅굴이요,

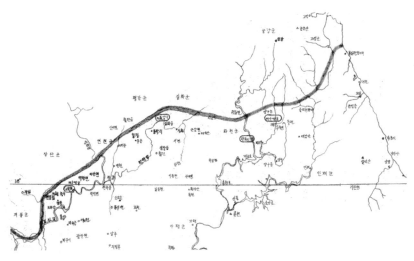

<비무장 지대 지도>

1978년 10월 17일 판문점에서 발견된 제3땅굴이며, 1990년 3월 7일 양구 두타연에서 발견된 제4땅굴이었던 것이었다.

그들이 땅굴을 파기 시작한 것이 언제였던가? 6·25 전쟁 개시 때 파던 땅굴은 제외한다 치더라도 전쟁 복구 기간인 때를 지난 후 1970년 초부터 본격적으로 시작하였으니 실로 20년간을 땅 속을 헤집고 다녔다. 그러나 김일성이 찾는 땅굴은 결코 그 모습을 드러내지 않았던 것이었다.

이제 이웃 나라들의 여론은 점점 악화되고 있고 그들은 오직 땅굴에만 매달려 있는 북조선을 향해 마치 조롱이라도 하고 있는 듯해 보였다. 그리고 김일성은 지칠 대로 지쳐 버렸다. 땅굴에 대한 그의 희망도 완전히 사그라져 버렸다. 그리고 땅굴을 파라고 지시하는 군관들도 땅굴을 파는 전사들도 모두가 지쳐 버렸다. 그러나 여전히 그 일은 계속되었다.

후계자

....

1974년 1월 평양. 김일성 수령이나 리을설 모두가 땅굴 파는 일에 한창 열을 올리고 있던 어느 날, 그날 저녁 역시 두 사람은 한 장의 큼직한 지도를 책상 위에 펴놓고 땅굴 파는 일로 열심히 의논을 하던 중 김일성 수령이 느닷없이 리을설에게 말했다.

"이봐, 리을설 동무. 내 나이가 어느덧 벌써 육십하고도 넷이나 되었어. 세월이 참 빠른 것 같아. 우리가 이 도선답기를 손에 넣은 것도 벌써 30년이 거의 다 되어가고 있어. 그래서 하는 말인데 이 북조선 공화국에도 이제는 내 뒤를 이어갈 후계자를 미리 정해 두어야겠어."

뜬금없는 김일성의 이 말에 리을설은 내심 놀랐으나 겉으로는 애써 태연한

척 이렇게 말했다.

"당연하지요. 일찌감치 수령 동지의 후계자를 결정해 두는 것이 공화국의 앞날을 위하여 더욱 안정감 있는 정책이 될 수도 있을 것 같습니다."

곧이어 김일성 주석이 말을 이었다.

"결국 김정일과 김평일 둘 중에 한 명을 선택하여야 할 것인데, 순서상으로 보면 정일이가 당연히 후계자가 되는 것이 옳지만 정일이는 지도자로서 자질이 약간 부족한 것 같아. 우선 어떤 조직을 이끌어 갈 수 있는 통치력이나 장악력이 모두 부족해. 예술적으로 재능은 풍부한 것 같은데 지도자로서는 자질이 역시 평일이만큼은 못한 것 같아. 평일이는 가만히 보면 통솔력도 있고 군인으로서의 어떤 기질도 있는 것 같고, 배짱도 나 못지않게 있는 것 같아. 여러모로 둘을 비교해보면 아무래도 정일이보다는 평일이가 훨씬 나은 것 같아."

김일성의 그 말을 가만히 듣고 있던 리을설이 조용히 입을 열었다.

"수령 동지, 저는 그렇게 생각하지 않습니다. 제 생각으로는 역시 정일 아드님이 낫다고 생각합니다. 정일 아드님이 지금 볼 때는 그런 것 같으나 사실은 의외로 통이 큰 면이 많이 있습니다. 그리고 역사적으로 볼 때도 장자가 계통을 잇는 것이 제일 순리에 맞는 일이라고 봅니다. 그 순리를 어겼을 경우에는 생각지도 않은 잡음들이 일어날 소지가 많이 있습니다."

리을설이 말을 마치자 김일성이 곧장 말을 이었다.

"그래. 리을설 동무는 그렇게 생각한다 이거지. 하긴 그 말이 맞는 말일거야. 설령 정일이가 지도자로서 약간 부족한 면이 있다고 하더라도 리을설 동무 같은 사람이 옆에서 잘 도와주면 정일이도 잘 해낼 수 있을 거야."

사실이 그랬다. 김정일과 김평일은 다 알다시피 이복 형제였다. 따라서 그들의 성격도 차이가 많이 있었음은 틀림없는 사실이었다. 김정일은 예술적으로 상당히 뛰어난 재능이 있었으나 내성적이고 인정이 많아 지도자로서는 부정적인 모습이 많이 있었고, 김평일은 그와 정반대였다. 실제로 성장 후의 모습을 보면 김정일은 영화를 아주 좋아할 뿐만 아니라 음악, 미술 등의 예술 분야에 열정적인 모습을 보인 반면, 김평일은 개성이 아주 강한 자로서 김일성 종합 대학을 졸업하고 김일성 군사 종합 대학에서 군사교육을 받고 인민 무력성 경비 국장을 지내는 등 군인다운 면모를 지녔기에 알게 모르게 김평일을 따르는 자들이 많이 있었다.

그러나 리을설은 김일성에게 김정일 후계자로서 적합하다고 이야기를 하였던 것이었다. 왜 그랬을까? 김정일에게는 국가 지도자로서 부적당한 결정적인 약점이 있지 않는가? 그것은 바로 김정일은 군 생활을 해본 적이 전혀 없다는 사실이었다. 군 경험을 전혀 해보지 않은 자가, 군 제복을 한 번도 입어 보지 않은 자가 어떻게 군 최고 통수권자가 될 수 있으며, 어떻게 군을 장악하고 통솔할 수 있겠는가? 그런데도 왜 리을설은 김일성에게 그토록 김정일을 추천하였을까?

카타콤

1956년 평양 중앙 교회 대학살 이후 북한 내에서의 종교 활동은 완전히 중단이 되고 말았다. 그야말로 종교의 암흑시대가 도래한 것이었다. 개신교도, 가톨릭도, 불교도 모두가 종적을 감추고 말았다. 그러나 그 캄캄한 어둠 속에서도 몇몇 개신교 기독교인들은 믿음의 끈을 놓지 않고 있었다. 다시 말해 로마군의 눈을 피해 깊은 동굴 속에서 예배를 보던 기독교인들처럼 북한에서도 카타콤의 시대가 들어선 것이었다.

평양 중앙 교회 사건, 바로 자기 눈앞에서 자기 아버지인 전성경 목사와 남편인 한성수 목사가 총살당하는 모습을 지켜보았던 전은혜 사모는 열세살배기 자기 아들 학성이와 함께 집으로 돌아왔다. 그리고 두 모자는 이불을 뒤집어쓴 채 울며 기도를 하였다. 아니 기도라기보다는 하나님과 예수님에 대한 원망에 가까웠으리라.

이 시간 얼마 떨어져 있지 않은 어느 집에서 정춘수 장로의 증손녀인 정주은이라는 여자아이도 엄마 손을 붙잡고 집으로 왔다. 그리고 그 두 모녀 역시 이불을 뒤집어쓰고는 울고 또 울었다. 그리고 그녀의 어머니는 얼마 후 이름 모를 병으로 급사하고 말았다. 이제 소녀 정주은은 이 세상에 홀로 남은 고아가 되었다. 이후 아주 가끔 아주 조심스레 이 열세 살 소녀는 전은혜 사모의 집으로 가서 같은 또래인 학성이와 그의 어머니인 전은혜 사모와 함께 이불을 뒤집어 쓴 채 예배를 보고, 기도를 하였다.

어느덧 세월이 흘러 1970년 어느 날, 그러니까 한학성과 정주은은 같은 27세의 나이로 알게 모르게 정이 들어 인민 위원회에 결혼 신청을 하였다. 그리고 당의 허락이 떨어지기만을 기다리고 있었다.

1970년, 평양에서는 불순 반동 세력 분자를 정리하여 지방으로 강제 이주를 시키고 있을 때였다. 반동 불순분자들은 평양에 살 권리가 없다는 것이었다.

드디어 당에서 두 사람의 결혼을 승낙한다는 통보가 왔다. 그러나 거기에는 한 가지 조건이 있었다. 두 사람의 결혼은 승낙하되 세 사람, 즉 전은혜와 한학성, 정주은 이 세 사람은 자강도 화평군으로 이주하라는 명령이었다. 자강도 화평군이 어디쯤이냐 하면 한반도에서 가장 춥다는 중강진에서 남쪽으로 약 60km 떨어진 작은 마을이었다. 정말 그곳은 겨울이 되면 지옥보다 더 추운 곳이었다. 그러나 세 사람은 오히려 홀가분한 심정이었다. 평양에서 불안하고 두려운 가운데에서의 생활보다는 오히려 한적한 시골에서 세 식구가 함께 모여 단출히 생활할 수 있는 것이 더욱 가뿐한 느낌이 들었기 때문이었다. 그리고 세 사람은 역시 오늘도 이불을 뒤집어 쓴채 하나님 앞에 허리가 끊어지도록 애절한 기도를 했다.

　당연히 기도의 내용은 통일이었다. 그리고 하루 빨리 마음 놓고 교회 다니고, 마음 놓고 믿음 생활을 할 수 있도록 기도하는 것이었다. 사실 이 세 사람이 근 20년 동안 발각되지 않고(비록 이불을 뒤집어쓰고 하는 간단한 예배였지만) 예배를 드릴 수 있었다는 사실 자체가 가히 기적일 뿐이었다. 그러던 중 1972년 어느 날 드디어 한학성과 정주은 사이에 새 생명이 태어났다. 사내 아이였다. 이름을 백성 민(民)자에 클 석(碩)자를 써서 민석이라고 지었다.

　사실 전계은 장로 이후 그 후예의 이름에는 모두가 신앙적이고 성서적인 글자가 들어가 있었다. 다 알다시피 전성경(聖經)목사, 전은혜(恩惠)사모, 그녀의 남편 한성수(聖水), 그녀의 아들 학성(學聖), 며느리 주은(主恩)모두가 主,聖,恩 등 성경적 의미가 있는 이름이었다. 그리고 이 집안은 그런 이름들로 인하여 알게 모르게 의심과 따돌림을 당하여 온 것도 사실이었다. 따라서 새로 태어난 아이의 이름은 그런 성경적인 글자를 사용하지 않았던 것이다. 그러나 깊게 되새겨보면 이 이름을 지은 전은혜 사모는 한민석이라는 이름의 풀이, 즉 '조선 백성을 크게 이끄는 사람이 되어라.'가 아니라 '한민족(韓民族)을 이끄는 큰 목사님이 되어라.'라는 나름대로의 보이지 않는 의미를 담고 있었다.

　그리고 그 아이는 무럭무럭 자라나고 있었다. 그 아이는 점점 자랄수록 총명하고 매사에 의욕적이고 적극적으로 모든 일에 열심을 다하는 아이로 성장하였다. 그러나 북한에서는 불행히도 부모와 자식 간의 정을 고의로 떼어놓으려는 정책을 사용하였다. 아이가 젖을 뗄 무렵인 세 살 정도가 되면 이미 아이는 탁아소로 보내져 그때부터 김일성 우상화와 당과 인민을 위한 세뇌 교육을 받기 시작한다. 그리고 늘 바쁜 일과로 인하여 부모와 자식 간에 정을 나누고 대화를 나누고 할 수 있는 여유를 주시 않는다. 따라서 부모의 자식 간에도 정보다는 서먹서먹한 어색함이 앞서고 있는 것이 사실이었다. 그러나 뱀도 자기 새끼는 귀여워한다는 말이 있지 않았던가? 설령 북한의 그런 정책 때문에 비록 자식이 부모를 향한 정은 없을지라도 부모가 자식을 사랑하는 마음은 어딜 가나 마찬가지인 것이 인지상정 아니겠는가?

어쨌거나 세월은 흐르고 흘러 아들 민석이 열다섯 살, 그러니까 고등중학교 졸업반이 될 1986년 초봄 어느 날, 민석의 유별난 총명함을 알고 있는 한 교사가 민석에게 물었다.

"민석이는 앞으로 무엇이 되고 싶은가?"

민석은 조금도 지체 않고 큰 소리로 대답하였다.

"예! 저는 훌륭한 군관이 되고 싶습니다."

바로 그 때 옆에 있던 다른 교사가 코웃음을 치면서 비웃듯 말했다.

"반동 불순분자인 목사의 자식이 군관이 되겠다고! 짜식, 헛꿈을 꾸고 있네!"

이 말을 들은 민석은 눈앞이 아찔했다. 무엇에 한 대 세차게 언어맞은 것처럼 눈앞이 아찔했다. 실제로 민석은 자기 집안이 그렇게 좋은 성분이 아니라는 것만큼은 분명히 알고 있었다. 그러나 자기 집안이 어떤 성분의 집안인지는 확실히 알지 못하였다.

사실이 그랬다. 북한은 6·25 전쟁 이후 북한 어린이들의 교육 과정에서, 아니 북한 전역의 언어 가운데서 아예 종교나 석가모니·불교·기독교·그리스도·하나님·예수·가톨릭·수녀·신부·목사 등의 단어를 아예 사용하지 못하게 하였다. 따라서 6·25 전쟁 이후 태어난 아이들은 위와 같은 단어들을 들어보지 못하였을 뿐더러 아예 그 의미조차 알 수가 없었던 것이었다. 간혹 흘러들은 이야기로는 '일제 강점기 이전에 미국에서 예수쟁이라는 선교사가 이 땅에 왔었는데 그들은 항상 시커먼 옷에 검은 수건 같은 것으로 머리를 푹 가리고 다녔고, 또한 그들은 병원을 지었는데 그 병원 지하실에서 사람들 생체 실험을 하는 그런 악마 같은 존재가 이 땅에 있었던 때가 한 때 있었다.'라는 정도만 알고 있었던 터이었다.

그러면 목사란 누구이며 목사의 정체는 과연 무엇이란 말인가? 내가 목사의 자식이기 때문에 출신 성분이 나쁘다고 하였는데 그것이 무슨 말인가? 나는 과연 출신 성분 때문에 군관이 될 수 없는 것이란 말인가?

사실 북한의 교육 사회 제도는 본인의 의사와는 상관없이 대부분 당의 일방적인 결정에 따라야 한다. 보통 세 살, 네 살 때부터 유치원 낮은 반, 유치원 높은 반, 인민 학교, 고등중학교를 졸업하면 십오 세, 혹은 십육 세가 된다. 이후 대학에 진학을 하는 것과 공장에 취직을 하는 것으로 나누어진다. 그러나 대학에 진학을 하는 것은 출신 성분이 아주 좋은 집안의 자녀들에게나 가능한 일이지, 일반 보통 출신의 자녀들은 꿈도 꿀 수가 없다. 그래서 대부분 남자들은 고등중학교에 졸업을 하게 되면 군대에 곧장 가는 것을 기정사실로 알고 있다. 그리고 13년의 군대 생활을 마치고 나면 탄광·공장·농장 등지에서 노동자로 일생을 마무리하는 것이 보통이다.

그러나 예외는 있다. 즉 출신 성분이 좋지 못하더라도 고등중학교에서의 성적이 상위2% 이내에 드는 학생은 대학 혹은 군관 학교 시험에 응시할 자격이 주어진다. 민석은 바로 이 부분에서 자신이 있었던 것이다. 사실 민석의 성적은 그가 다니는 고등중학교에서 거의 일등을 놓쳐본 적이 없었기 때문에 시험 하나 만큼은 그 어느 누구 못지않게 자신이 있었다. 그리고 그는 늘 마음속으로 군관 학교에 입학하여 훌륭한 군관이 되는 자신의 모습을 꿈꾸어 왔던 것이다.

그런데 지금 자기에게 내뱉듯이 비웃으며 던지는 그 교사의 말 한마디는 민석의 눈앞을 캄캄하게 만들기에 충분하였다. '반동 불순분자인 목사의 자식이 군관이 되겠다고! 짜식, 헛꿈 꾸고 있네!' 그 말이 계속 그의 머릿속에 울리고 있었다.

그리고 같은 시기 어느 날 평야에서는 온 세상이 벌컥 뒤집혀지는 기괴한 사건이 발생하였다. 그것은 기독교인 10여 명이 비밀리 예배를 보다가 발각이 된 사건이었다. 당연히 그들은 공개 처형이 되었다. 그리고 사람들은 수근거렸다.

"아니, 아직도 우리 공화국에 그런 악마 같은 존재가 있단 말인가?"

그리고 당국에서는 대대적으로 기독교인 색출 작업에 들어갔다. 나이 지긋한 교장 선생은 각급 반을 번갈아 돌아다니며 학생들에게 '예수니 그리스도니 주여! 주여! 하면서 남이 알아듣지 못하는 이상한 소리로 중얼거리는 사람을 보면 즉시 학교나 내무서에 신고하라.'는 것이었다. 그리고 그런 신고를 하는 사람에게는 특별 포상으로 대학이나 군관 학교에 들어갈 수 있는 특권이 주어진다고 하였다. 그리고는 표지가 까맣게 생긴 이상한 글이 쓰여 있는 책을 보면 그 역시 빠트리지 말고 신고하라는 것이었다.

민석은 즉시 교장 선생에게 질문을 하였다. '목사라는 것이 무엇입니까?' 민석의 질문에 교장 선생이 대답하였다. '예수니 주여! 주여! 외치며 중얼대는 사람들은 사람들의 마음 갉아먹는 귀신이 씌인 자들인데 목사는 바로 그런 자들의 두목'이라고 말을 하였다. 민석은 눈앞이 다시 한 번 캄캄하였다. 분명히 보았다. 얼마 전까지만 하더라도 민석이 잠들어 있다 싶을 즈음 할머니, 아버지, 어머니 세 사람이 모여서 아주 낮은 목소리로 '주여! 주여!' 하며 중얼거리는 모습을 보았던 적이 분명히 있었다.

물론 어느 날 표지가 새까맣게 생기고 속에는 알 수 없는 꼭 외국어 비슷하게 생긴 이상한 글이 적힌 책도 한 번 본 적이 있었다. 물론 그 후로는 다시금 그 책을 볼 수가 없었지만은 분명 언젠가 한 번 본 적이 있는 그 책이 지금 교장 선생이 말한 그 책이 아니겠는가?

한민석의 머릿속은 복잡해지기 시작하였다. '그럼 우리 집안이 예수쟁이 집안이란 말인가! 시커먼 두건을 쓰고 지하실에서 조선인을 잡아 생체 실험을 하는 그 악마 같은 존재인 예수쟁이가 바로 우리 아버지, 어머니, 할머니란 말인가! 그럼 목사는 과연 누구란 말이던가? 아버지? 어머니? 할머니?' 이런 생각을 하다가 마침내 할아버지라는 생각이 머리에 번쩍 떠올랐다. '그렇

다면 우리 할아버지가!' 생전 얼굴 한 번 본 적이 없었던 할아버지라는 생각
이 들자 민석은 스스로 깜짝 놀랐다. 사람의 마음을 갉아 먹는 귀신 씌인 예
수쟁이들! 그들의 우두머리인 목사가 바로 우리 할아버지였단 말인가…….
한민석은 새삼 소스라치게 놀랐다.

밤늦게 할머니, 아버지, 어머니가 알 수 없는 이상한 소리로 남몰래 중얼거
리던 모습, 이상한 글씨가 쓰여 있는 까만 책, 귀신들린 자들의 괴수인 목사
할아버지, 이런 모습이 떠오르자 민석은 가슴이 찢어지는 듯했다. 이제 훌륭
하고도 충성스러운 군관이 되겠다는 그의 꿈은 산산조각이 났다. 그 대신 그
앞에 펼쳐지는 모습은 탄광에서 중노동을 하고 있는 불쌍하고도 불쌍한 자기
모습 밖에 보이질 않았다. 미웠다. 정말 미웠다. 할아버지도, 할머니도, 아버
지도, 어머니도 모두가 미웠다. 아니 증오스러웠다.

그러다 문득 교장 선생의 마지막 말이 떠올랐다. 이내 한민석은 입술을 꾹
다문 채 새로운 각오를 다졌다. 그리고 교장실로 발걸음을 옮겼다. 그리
고……

사회 안전부 요원과 내무서 요원이 들이닥쳤다. 온 집안을 뒤지던 그들은
마침내 뒷간 땅 속에 묻어둔 성경까지 찾아내었다.

아들 전학성과 며느리 정주은은 많은 사람들이 지켜보는 가운데 공개 처형
이 되었다. '우리 어머니만은 꼭 살려 주세요!'라고 울며불며 외친 아들, 며느
리의 기도 때문일까 64세의 전은혜 사모는 살아 있었다. 이 세태에 살아 있
다는 것이 다행일까? 아니면 고통일까? 아버지와 남편이 한 자리에서 총살을
당하는 참혹함을 보았고 또 이제는 아들, 며느리까지 처형을 당하는 끔찍한
모습을 지켜보는 전은혜 사모. 그녀의 생이 이렇게도 험난하고 참혹한 생이
란 말이던가. 진정 이것이 하나님을 믿고 예수님을 따랐던 보답이란 말이던
가. 진정 민주주의와 기독교는 피를 먹으며 성장한단 말인가. 그렇다면 이 땅
은 언제까지 얼마나 더 많은 피를 먹어야 한단 말인가. 어느 조그만 움막집에

내동댕이쳐진 전은혜 사모는 울음을 터뜨릴 힘조차 없었다. 아니 울고 싶은 마음조차 없었다. 아버지를, 남편을 아들과 며느리를, 그리고 손주까지도 예수님 이름으로 다 희생된 전은혜 사모는 이제 살아있는 식물에 불과했다.

한순간 그녀는 하나님이, 예수님이 원망스러워졌다. 결국 이렇게 끝이 나려고 내가 이토록 하나님을 믿어 왔던가? 이런 처참한 꼴을 보려고 그렇게 예수님을 믿어 왔던가? 내가 무엇을 그리도 잘못했단 말인가? 도대체 내가 뭘 잘못했기에 이리도 큰 고통을 당하고 있는가? 내가 내 주위 사람들이 추위에 떨 때 내 옷이라도 벗어주지 않았던가?

내 주위 사람이 배고파할 때 나는 못 먹어도 그들에게 옥수수 한 줌이라도 나누어 주지 않았던가? 그런데 지금 그들은 나를 미워하고 멀리하며 내 얼굴에 침을 뱉고 있는구나. 내가 주께 부르짖었사오나 주는 끝까지 나를 외면하시는구나. 내가 복을 바랐더니 화가 왔고 광명을 기다렸더니 흑암이 왔구나. 주께서 오히려 내게 잔혹하게 하시고 완력으로 오히려 나를 핍박하니 내 가죽은 검어져서 떨어졌고 내 뼈는 부서지고 있구나. 내 목소리는 애곡성(哀曲聲)이 되고 내 목은 피를 토하는구나. 내가 언제 남을 미워한 적이 있었던가.

내가 언제 남의 물건을 훔친 적이 있었던가. 내가 언제 정욕을 꿈꾸었던가. 내가 언제 가난한 자를 멸시한 적이 있었던가. 주께서 왜 나를 태(胎)에서 나오게 하셨을까. 왜 나를 태에서 바로 무덤으로 보내지 않았던가? 내가 태어나서 어미의 젖을 빨지 않았다면 지금 내가 이 고통을 겪지 않아도 될 터인데, 내가 태어난 날 큰 병이 내게 들어와 내가 바로 무덤으로 갔다면 지금 이런 고통은 겪지 않아도 될 터인데, 원통하고 원통하구나.

내 지금이라도 하나님을 부정하고 예수님을 저주해서 내 손주를 찾을 수만 있다면 당장 저 큰길 한복판에서 오는 사람 가는 사람 다 모아놓고, '이 세상에 하나님은 없다. 예수님도 없다. 모두가 다 새빨간 거짓말이다!'라고 크게, 크게 외치련다. 만약 하나님이 있고 그 아들 예수님이 우리의 구원자라면 어찌하여 내 아들, 내 며느리가 만인이 보는 앞에서 처형을 당할 때 거룩한 예수님은 어찌하여 끝까지 침묵을 지키고 있었단 말인가? 내 손주 민석이를 어찌 저리 악한 사람이 되도록 버려두었단 말인가? 억울하고 원통하고 한스럽구나! 하나님과 예수님께 이토록 배신을 당하다니 정말 분하고 원통하구나! 이럴 줄 알았다면 차라리 부처님을 믿을 걸! 아, 거짓말의 하나님이여! 아, 비겁하고 비겁한 예수님이여! 내 언젠가는 당신께 복수를 할 것이로다!

갑자기 눈앞이 환해졌다. 아니 눈이 부셨다. 온 천지가 새하얀 빛으로 휩싸여 있었다 한순간 환한 빛 가운데서 붉고 붉은 불길이 타오르고 있었다. 아니 붉은 불길이 이글거리고 있었다. 그리고 천둥소리도 아닌 우렁찬 목소리도 아닌 굉음도 아닌 그러나 위엄스럽고 신비스럽고 장엄한 음성이 들려왔다.

'무지한 말로를 이치(理致)를 어둡게 하는 자가 누구냐? 이제 너는 내가 묻는 말에 똑바로 대답해 보아라. 내가 땅의 기초를 놓을 때에 네가 어디 있었느냐? 누가 그 도량(度量·설계)을 정하였는지, 누가 그 준승(準繩:주춧돌)을 무엇 위에 세웠으며, 그 모퉁이는 누가 세웠느냐? 바닷물이 태에서 나옴같이 넘쳐흐를 때에 문으로 그것을 막은 자가 누구냐? 네가 바다원에 들어가 보았느냐? 깊은 물밑으로 걸어 다녀 보았느냐? 사망의 그늘진 문을 네가 보았느냐? 광명의 처소는 어느 길로 가며 흑암의 처소는 어디냐? 네가 능히 그곳으로 인도할 수 있느냐? 네가 시간을 누가 만들었는지 아느냐? 네가 시간이 무엇인지 아느냐? 네가 시간이 어디서 와서 어디로 가는지 아느냐? 네가 시간을 네 손으로 잡을 수 있느냐? 네가 시간보다 빨리 달릴 수 있느냐? 네가 물 한 잔을 만들 수 있느냐? 개울에서 떠 올 것이냐? 우물에서 떠 올 것이냐? 그것이 만든 것이냐? 단지 내가 만들어 놓은 것을 옮겨 온 것 뿐 아니더냐? 네가 이 물 한 잔을 영원히 없앨 수 있느냐? 마당에 쏟아부어 버릴 것이냐, 꿀꺽 마셔버리겠느냐? 그것이 영원히 없앤 것이더냐? 단지 자리만 옮겨 놓은 것 뿐 아니더냐? 네가 아무리 너 스스로를 갈고 닦아도 너가 신(神)이 될 수 있으리라 생각하느냐? 내

발꿈치에 도달이라도 할 수 있을 것 같으냐? 설령 네가 아무리 이리처럼 악한 짓을 했을지라도 네가 인간의 신분을 떠나 이리(승냥이)가 될 줄 알았더냐? 승냥이는 있으되 승냥이 같은 인간은 없느니라.

네가 눈 곳간에 들어가 보았느냐? 우박 창고를 보았느냐? 바로 내가 환난 때와 전쟁과 격투의 날을 위하여 이것을 저축하였노라. 광명이 어느 길로 말미암아 뻗치며 동풍이 어느 길로 말미암아 땅에 흩어지느냐? 누가 폭우를 위하여 길을 내었으며 우레의 번개 길을 내었으며 사람 없는 땅에, 사람없는 광야에 비를 내리고 황무하고 공허한 토지를 축축하게 하고, 연한 풀이 나게 하였느냐? 이슬방울은 누가 낳았느냐? 네가 묘성(昴星:별)을 줄에 메어 떨어뜨릴 수 있겠느냐? 삼성(參星:은하수)의 띠를 풀겠느냐? 네가 북두성과 그 속한 별들을 인도할 수 있겠느냐? 네가 하늘의 법도를 아느냐? 하늘로 그 권능을 땅에 베풀게 하겠느냐? 네 목소리가 우레 소리를 이기겠느냐? 네가 번개를 잡을 수 있겠느냐? 가슴 속의 지혜는 누가 준 것이냐? 마음속의 총명은 누가 준 것이냐? 까마귀 새끼가 하나님을 향하여 부르짖으며 먹을 것이 없어서 오락가락 할 때에 그것을 위하여 먹을 것을 예비하는 자가 누구냐? 네가 암사자를 먹여 살릴 수 있겠느냐? 네가 산염소의 새끼 치는 때를 아느냐? 네가 암사슴이 언제 새끼를 낳을지 아느냐? 그것들은 몸을 구부리고 고통에 고통을 겪은 후 새끼를 낳은 후에야 그 새끼는 강하여져서 빈들에게 길러지다가 다시 돌아오지 아니하니라. 들소가 어찌 제 스스로 네게 복종하여 네 외양간에 머물겠느냐? 타조는 즐거이 날개를 친다마는 그 깃과 털이 네게 자비를 베풀겠느냐? 말에게 힘을 네가 주었느냐? 그 목에 흩날리는 갈기를 네가 입혔느냐? 네가 그들을 메뚜기처럼 뛰게 하였느냐? 매가 떠올라서 날개를 펼쳐 남방으로 가게 한 것이 네 지혜더냐? 독수리가 공중에 떠서 높은 곳에 보금자리를 만들게 한 것이 네가 시킨 것이냐? 어디 한 번 대답해 보아라.'

'주여, 제가 이렇게 미천한 줄 몰랐습니다. 제가 어찌 하나님의 물음에 한

가지라도 대답할 수 있겠습니까? 오직 입 다물고 듣기만 할 뿐입니다.' 거룩한 음성은 계속 들려오고 있었다.

'네가 내 심판을 피할 수 있겠느냐? 너 스스로 의롭다하려 하여 나를 불의하다 하느냐? 네가 나처럼 큰 힘이 있느냐? 나처럼 우렁차게 울리는 소리를 내겠느냐? 네가 악어 한 마리를 이길 수 있겠느냐? 줄로 그 코끝을 꿸 수 있겠느냐? 노끈으로 그 혀를 맬 수 있겠느냐? 갈고리로 그 아가미를 꿸 수 있겠느냐? 네가 창으로 그 가죽을 찌르거나 작살로 그 머리를 찌를 수 있겠느냐? 네가 악어를 손으로 만져 보아라. 그러면 곧장 크게 요동을 칠 것이고 너는 깜짝 놀라 다시는 손을 대고 싶은 마음이 없어질 것이다.

네가 손으로 잡으려고 하는 것은 다 헛것이니라. 그것으로 인하여 오히려 크게 해를 입을 수도 있느니라. 네가 소처럼 풀을 먹고 사는 하마를 보아라. 그 힘은 허리에 있고 그 세력은 배의 힘줄에 있고 그 넘쳐나는 힘은 백향목이 흔들리는 정도이고 그 뼈는 놋쇠와 같고 그 다리는 철장 같으니 큰물이 넘쳐나도 놀라지 않고 강물이 불어 바다처럼 될지라도 태연하니 그것이 정신 차리고 있을 때 누가 능히 갈고리로 그의 코를 꿰매겠느냐?'

전은혜 사모는 자기도 모르게 참회하였다. '주께서는 무소불능하시오며 못이룰 것이 없는 줄 아옵니다. 무지한 말로 대적한 이 몸이 부끄럽습니다. 저의 잘못을 뉘우치고 있사오니 용서하여 주시옵소서. 이제 주의 권능하심을 크게 깨달았고 주의 음성을 들었사오니 앞으로 어떤 어려움과 환란이 덮친다 하더라도 오직 주만 믿고 의지하고 따르겠사옵니다(일부 성경 욥기 중에서).'

어느덧 붉은 기운이 서서히 사라지는 듯싶더니 다시금 하얀 빛 가운데서 어느 선한 사람이 미소를 띠며 나타났다. 그는 솜털처럼 부드러운 손으로 그녀를 쓰다듬어 주었다. 그 뒤로 이 땅에 처음으로 새벽 기도의 문을 함께 여신 그녀의 할아버지이신 전계은 장로, 그녀의 아버지이신 전성경, 그리고 꿈에도 그리던 어머니, 오매불망 그리워하던 남편 한성수의 모습들이 보였다.

그리고 아들 한학성과 며느리 정주은도 어느덧 예수님의 품에 안겨 있었다. 모두가 너무 환하고 너무 밝은 모습들이었다. 너무 놀랍고 어리둥절해 있을 때 어느 낯선 이국 여자가 살며시 그녀에게 다가오더니 하얀 종이를 내미는데 거기에는 또렷하게 무슨 글씨가 보였다. (人子天)

눈이 부시도록 빛나는 하얀 종이 위에 힘 있게 쓰여 있는 글자가 또렷이 보였던 것이었다.

그 때 그녀가 예수님을 향하여 물었다. '내 손주 민석이는 어디로 갔습니까? 지금 어디에 있습니까? 내 손주 민석이를 왜 그렇게 나쁜 길로 가게 만들었지요? 왜 이 땅에 이런 큰 고통을 내리시는지요? 이 땅에 통일은 언제쯤 올 것인지요?'

정말 묻고 싶은 말이었다. 정말 알 길이 없는, 이해할 수 없는 일이었기에 전은혜 사모는 바짝 달려들어 예수님의 옷자락을 붙들고 꼬치꼬치 캐묻고 있었다.

이에 예수님이 말씀하셨다.

"이제 때가 가까워졌느니라. 천둥 번개가 치면 곧 비가 오듯이 이제 곧 이곳에 단비가 내릴 것이다. 그리고 이 땅의 통일은 네 손주 민석이에 의해 이루어질 것이다. 그리고 이 땅이 세상에서 가장 축복받는 나라가 될 것이다."

그러면서 또다시 한 장의 하얀 종이를 내미는데 거기 역시 또렷한 글씨가 쓰여 있었다. 홍익출어유대 이승어유대(弘益出於酉大 而勝於酉大)

※ **청출어람 이승어람**(靑出於藍 而勝於藍)

　푸른빛은 쪽빛으로부터 나왔으나 그러나 쪽빛보다 더 푸르다(순자의 권학편)

1983년 평양 호위 사령부

....

북한 노동당 산하에 있는 호위국이 1983년 호위 사령부로 개편되었다. 물론 호위 사령부의 주 업무는 김일성 수령의 신변 안전을 책임지는 부서이다.

그런데 그 부서의 영향력이 점점 확대되더니 드디어 사령부로써 새로운 하나의 독립 기관이 된 것이었다. 물론 사령관은 당연히 리을설이었다. 지금까지 호위국의 소속은 노동당 산하에 있었고, 실무 주관은 인민 무력성에 있었다. 그러나 호위 사령부로 개편이 되면서부터는 노동당도 인민 무력성도 마음대로 할 수 없는 문자 그대로 막강한 사령부로 태어난 것이었다.

우선 사령부 자체 내에 3개 독립 여단과 1개의 시설 대대 외에 평양 경비 사령부를 포함해 10만여 명의 집단군으로 편성되어 있고 그들이 소유한 무기 및 장비 역시 북한 내에서는 어느 곳과도 비교할 수 없는 최신, 최첨단 무기와 장비로 무장되어 있었다. 또한 국가 안전 보위부, 군 보위 사령부까지 실질적으로 호위 사령부가 주도하고 있으니 가히 그 막강함은 김일성 주석 다음가는 곳이었다.

물론 그렇게 되기까지는 리을설이 있었기에 가능한 것이었다. 리을설은 도선답기를 아무 사심 없이 김일성에게 바쳤고, 그 이후로도 김일성이 어떤 위기에 닥쳤을 때마다 그 위기를 절묘하게 헤쳐 나갈 수 있는 능력을 발휘하였던 것이다. 즉 리을설은 김일성의 의중을 정확하게 파악하고만 있는 것이 아니라 김일성의 어려움까지도 정확하게 찾아내었으며 그 대책까지도 완전하게 제공하고 완벽하게 실천하는 지략과 실천력을 제공하였던 것이다.

더구나 김일성으로 하여금 더욱더 리을설을 신임하게 하는 것은 그런 탁월한 능력을 가졌음에도 불구하고 전혀 자기 자신을 드러내지 않고 끝까지 겸손함을 지켰을 뿐만 아니라 그 자신의 모든 공과를 모두 김일성에게로 돌리는 치밀함도 있었기 때문이었다. 게다가 그를 더욱 신임할 수 있게 한 것은 리을설의 김일성에 대한 철저하고 굳은 충성심에 있었다.

일찍이 항일 빨치산 유격대에 몸담고 있을 때부터 리을설은 김일성의 충실한 부관으로써 민첩한 전령으로써 탁월한 참모로써 분신처럼 김일성을 따르고 순종하지 않았던가? 이제 김일성은 리을설의 도움이 없이는 아무 것도 할 수 없는 지경에까지 이르렀던 것이다. 그럼에도 불구하고 리을설은 여전히 그 특유의 겸손함을 잃지 않고 배후에서 김일성을 보좌하고 있었던 것이었다.

그러나 리을설은 알게 모르게 북조선 내부의 모든 권력 기관에 특히 군부 내에 자기의 사람을 포진시켜 놓았던 것이었다. 특히 리을설 그가 지명한 측근은 주로 혁명 1세대의 자녀들인 혁명 2세대, 혁명 3세대를 인적 유대감으로 연결해 둠으로써 그의 기반은 겉으로 드러나지 않는 가운데 암암리에 세력이 점점 확대되고 있었고 특히 군부 내의 리을설 세력은 그 어느 누구도 대항할 수 없는 막강 권력이 되어 버렸다. 이윽고 북한의 호위사령부가 군부를 이끌어 가고 있었고, 그 군부에 의해서 북조선 정권이 보호받고 있는 실정이 되어 버렸다.

촌철살인

....

확실히 고르바초프라는 인물은 세계 정치사에 한 획을 그었다고 평가할만한 인물이었다. 1985년 3월, 소비에트연방공화국의 체르넨코 서기장이 사망하고, 곧바로 그 후임으로 고르바초프가 서기장으로 취임을 하였다.

세계의 역사는 그 시간부터 지금까지와는 아주 다른 방향으로 흘러갔다.

첫 번째 변화는 미국과 소련 간에 군축 회담이 활발히 진행되기 시작하였으며, 항상 껄끄러운 관계를 유지하던 소련과 중국이 서서히 화해 무드로 접어들고 있는 것 아닌가? 그리고 어느 날부터인가 돌연 '페레스트로이카'라는 생소한 단어가 모스크바로부터 흘러나오기 시작하더니 이후 이 단어는 온 세계에 유행병처럼 퍼지기 시작하였다.

그리고 1988년 서울올림픽이 끝난 이후 세계의 역사는 마치 이상하리만큼 무엇에 홀린 듯이 급변하고 있었다. 이윽고 1988년 12월, 소련 외상 쉬유왈 나제가 평양을 방문하여 폭탄과 같은 발언을 하였다. 소련 외상 쉬유왈 나제는 북한 외상 김영남에게 소련이 한국과 정상적인 국교를 체결한다고 말하였다. 이어서 그는 '소련 공산당 정치국은 이제부터 북한에 무기원조를 보류하기로 결정했다.'라고 말하였다. 그것은 협상이나 상호 협의 아닌 일방적인 통보였던 것이었다. 그리고 1990년 9월 한국과 소련이 정식으로 국교를 체결하였고, 한국의 노태후 대통령이 소련을 방문하고 소련의 고르바초프 서기장이 한국을 방문했다. 이른 듯싶더니 어느 날 세계 지도에서도 지금까지는 잘 들어보지도 못하던 지명들이, 예를 들어 리투아니아, 라트비아, 키르키즈스탄, 타지키스탄, 투르크메니스탄, 그루지아 등등 발음하기조차 어려운 몇몇 곳에서 새로운 공화국이 설립되었다고 하더니 폴란드·체코·헝가리·루마니아·유고·불가리아 등등의 동유럽 사회주의 국가들이 민주주의·자본주의·시장경제주의 등을 부르짖더니 드디어는 1990년 10월 동독과 서독이 합쳐서 통일이 되어버린 것이다.

더구나 북한을 더욱 당혹스럽게 하는 것은 그래도 지금까지 우방으로써 믿고 또 믿고 있던 중국이 1992년 8월 어느 날 한국과 정식 국교 수교를 맺어버리는 것이 아닌가! 이게 무슨 조화란 말인가! 이게 무슨 마른하늘에 날벼락 떨어지는 소리란 말이던가!

사실 북한은 겉으로는 사회주의니 자주니 자족이니 하면서 떠들어댔지만 사실 북한경제의 50% 이상은 소련과 중국의 원조가 그 뒷받침이 되고 있었던 것이다. 그런데 어느 날 갑자기 그 두 나라가 나 몰라라 하고는 돌아서버리니 참으로 황당스럽고 어찌할 수가 없었다. 게다가 북한의 지도자들을 가장 당혹케 하는 사건이 또 한 가지 발생하였으니 그것은 다름 아닌 동유럽 사회주의 국가인 루마니아에서 일어나 사건이었다.

그러니까 1989년 12월, 세상에서 가장 강력한 독재 정치를 시행하던 루마니아의 독재자 차우셰스쿠가 12월 25일 민중 봉기에 의하여 체포되어 그 아내와 함께 공개 처형되는 모습이 온 세상에 생생히 보도가 되었다. 이 차우셰스쿠 부부의 사건은 김일성을 비롯한 북한 지도층을 공포의 도가니로 몰아넣기에 충분하였다. 차우셰스쿠 못지않게 독재 정치를 펼쳐온 김일성을 비롯한 북한 지도자들이 차우셰스쿠 부부가 공개 처형되는 모습을 목격하였을 때, 그들 마음속에는 어떤 생각들이 들었을까? 당연히 북조선에도 저런 사태가 일어날지도 모른다는 겁박한 공포심이 생겼을 것이다.

더구나 소련과 중국의 원조가 대부분 동결된 상태에서 극심한 식량 부족, 물자 부족, 원유 부족, 전기 부족 등으로 인하여 끼니를 때우지 못하고, 식량 배급도 제때 이루어지지 않고, 민심은 흉흉해질 대로 흉흉해지는 상황에서 북한 주민들이 차우셰스쿠 부부의 처형 장면을 보았다고 생각해보라. 그들의 마음에도 심한 동요가 일어날 것이 아니겠는가?

김일성의 마음은 답답하고 무거웠다. 아니 커다란 공포감이 그를 엄습하고 있었다. 그는 몹시 두려웠다. 종합적으로 사태를 정리해보면 세계의 돌아가는 형세가 무엇 하나 북조선에 유리한 것이 없었다. 모든 것이 북조선에 불리한 사건들만 연속적으로 일어나고 있었다. 그러나 김일성으로서는 마땅한 해결책이 보이지 않았다.

이제 리을설은 또다시 그의 능력을, 아니 수완이라고 표현하는 것이 나으리라. 어쨌건 그의 수완을 다시 한 번 발휘해야 함을 직감적으로 느끼고 있었다. 역시 깊은 고민에 빠져 있는 김일성에게 리을설이 조심스럽게 다가와 조용하고도 차분한 목소리로 말하였다.

'수령 동지. 촌철살인*이라는 말을 아십니까?'

느닷없는 리을설의 물음에 김일성은 잠시 리을설을 쳐다보더니,

"물론 그 말뜻을 알고는 있네만은 왜 갑자기 그 말을 꺼내는 것인가?"

라고 묻자 리을설이 다시 말을 이었다.

"소련이나 중국이 우리 공화국에 더 이상 무기를 공급해 주지 않는다면 우리 공화국은 스스로 무기 생산에 박차를 가하여야 할 것 아니겠습니까? 그런데 무기를 만들려면 최소의 비용으로 최대의 효과를 발휘할 수 있는 무기의 개발이 필요하지 않겠습니까? 그러려면 결국 촌철살인적인 무기를 개발하는 길밖에 없다고 생각합니다. 다시 말해 이판사판식의 너 죽고 나 죽자 할 수 있는 무기를 만들 수밖에 없다고 생각합니다."

즉각 리을설의 이 말 뜻을 알아 챈 김일성은 다시금 리을설과 무릎을 맞대고 심사숙고하기 시작하였다.

1989년 10월, 미국의 군사 정찰 위성이 북한의 영변에서 핵개발이 이루어지고 있는 의혹을 포착하였다. 얼마 후 미국 CIA는 '북한이 핵개발을 강행하고 있으며 이미 핵폭탄 1개를 가지고 있다.'고 발표하였다. 그러나 당시 미국의 부시 대통령은 북한의 이러한 행위를 아예 무시해버렸다. 어쩌면 미국으로서는 북한의 이러한 불장난 전술에 말려들지 않고 아예 무시해버리는 것이 최선의 방법일 수도 있었다. 그리고 1992년 8월, 미국의 정찰 위성은 또다시 북한의 영변에서 이상한 변화가 일어나고 있음을 포착하였다. 영변의 방사능 화학 실험소라 불리는 핵 재처리 시설 부근에서 많은 작업 인원이 동원되고 주위 여러 곳에 건물이 증축되었다. 흙을 파내고 다시 쌓고 그곳에 다시 나무

※ 촌철살인(寸鐵殺人)

　　바늘로 사람을 죽인다는 뜻. 남송 나대경이 쓴 학림옥로에 나오는 말.

를 심고하는 모든 것을 종합적으로 분석해보면 분명 뭔가를 숨기며 위장하고 있음이 분명해 보였다.

북한은 영변의 방사능 화학 실험소(북한은 이곳을 12월기업소라고 한다)에서 핵발전소에서 사용한 연료를 활용하여 핵폭탄 재료인 풀루토늄을 추출하는 재처리 작업을 실시하고 있었다. 그 과정에서 고농도의 폐액이 다량 발생하게 되는데 이 폐액을 파이프를 통하여 아주 큰 저장 탱크에 보관이 되게 되어 있다. 미국의 정찰 위성은 이 모든 과정을 지켜보고 있었다. 그런데 이상한 일은 이런 정도의 공정과 규모라면 외부로 전혀 노출되지 않고도 처리해낼 수 있는 규모였다. 다 알다시피 북한에는 대부분의 공장들, 특히 군수 공장들은 모두 지하에 있지 않은가. 그들의 기술 수준이라면 이 정도는 지하 설비에서 비밀리에 처리할 수 있는 능력이 있었다.

사실 영변은 평양에서 북쪽으로 92km 떨어져 있는 곳이다. 그러니까 맑고 화창한 날씨라면 사람 육안으로도 사물을 볼 수 있는 거리다. 실제로 이영변의 핵시설은 맑은 날에는 평양 공항에서 비행기가 이착륙할 때면 육안으로도 볼 수 있게끔 되어 있었던 것이다. 결국 북한의 의도는 이 모든 것을 고의로 노출시킴으로써 그들이 원하는 소기의 목적(식량, 중유, 발전소 등등)을 얻어내고자 하는 것이었다.

그러나 미국의 부시 대통령은 북한의 이 모든 불장난 같은 깜짝쇼를 계속 무시해 버렸다. 그런 가운데 1992년 11월, 부시는 대통령 선거에서 민주당의 클린턴에게 패배하고 말았다. 북한으로서는 이 사태가 너무나 다행스러운 일이었을 것이다.

얼마 후 클린턴 미 대통령은 부시 전 대통령이 유보하고 있던 팀 스피릿 훈련(한·미 합동의 대규모 훈련)을 재개하였다. 북한으로서는 더없이 좋은 절호의 기회를 얻게 되었다. '울고 싶은 데 뺨 때려 주는 격'이라고나 할까!

즉시 북한에서는 준전시 상태가 발표되고 모든 전사들은 신발을 신은 채 취침하는 비상사태를 연출하였다. 그리고 북한은 1993년 3월 12일, NPT(핵 확산 금지 조약)탈퇴를 선언하였다.

김일성은 일단 한숨을 돌리었다. 어쨌건 핵무기를 개발할 듯 말 듯, 핵폭탄을 보유하고 있는 듯 없는 듯 마치 물귀신 같은 묘한 수법으로 미국·한국·일본 등의 나라로부터 원조를 받아 중유며 쌀·비료 등등의 문제를 일시적으로나마 해결하였던 것이다. 물론 그 모든 이면에는 리을설이 있었기에 가능하였다. 따라서 김일성은 리을설을 더욱 신임하게 되었고, 그럴수록 리을설은 더욱 겸손한 자세로 자기를 겉으로 드러내지 않고 충실히 김일성을 보좌하고 있었던 것이다.

그러나 김일성은 국가 지도자답게 근본적인 문제점을 파악하고 있었다. 그것이 무엇이냐 하면 식량이나 전기·생필품 등의 문제는 결국 북한 스스로가 해결하지 않으면 안 된다고 생각한 것이다. 이런 근본적인 문제는 어디까지나 북한 스스로가 해결해야지 언제까지 외국의 원조로 해결할 수는 없는 문제라고 판단을 하고 있었다. 핵무기 개발은 어디까지나 이런 문제를 해결하기 위한 하나의 수단과 방편일 뿐이지 결코 김일성의 목적은 아니었던 것이다.

그리고 김일성은 새로운 생각을 하게 되었다. 역시 이 모든 문제들, 즉 식량·에너지·생필품 등등의 전반적인 문제를 해결하기 위해서는 결국 남한이나 미국·일본 등등의 외국과 문물 교류 없이는 어렵다는 새로운 생각을 하였던 것이다. 그리고 그동안 한참을 잊었던 '도선답기'에 대해서도 곰곰이 생각을 해 보았다. 그리고 다시 한 번 품에 고이 간직하고 있던 그것을 꺼내 보았다. 천 년을 넘게 내려온 그 문서는 여전히 뭔가 알 수 없는 신비로움을 내뿜고 있었고, 지금이라도 도선 대사의 낭랑한 음성이 들려오는 듯하였다. 그러나 한편으로는 차츰 그가 바라고 바라면서 찾고 있는 도선대사가 말하는 그 황금 동굴은 영원히 찾을 수 없을 거라는 절망감이 그를 엄습하고 있었다.

김일성은 우선 농업부터 재건하기로 마음을 먹었다. 농업 재건이야말로 인민의 식생활을 해결할 수 있는 첫 걸음이었기 때문이었다. 그러나 그것이 결코 쉬운 일이 아니었다. 외국의 협조나 무역 활동 없이 자체적으로 농업을 발전시킨다는 것은 생각보다 무척 어려운 일이었다.

인민들의 생활은 더욱 비참해져 가고 있었다. 1992년 초 김일성은 새로운 각오를 다지며 신년사에서 '올해를 대농의 해로 하겠다. 하얀 이밥*(쌀밥)과 고깃국을 먹고 명주옷을 입고 기와집에 살 수 있는 인민들의 소원을 실천하는 한해가 되도록 하자.'라고 말하는 모습만 봐도 김일성은 진심으로 인민들의 의식주 문제를 걱정하고 있었던 것 같았다.

그러는 가운데 1993년 7월 15일, 북·미 고위급 제2차 협의가 예정되어 있는 날, 이 문제를 논의하기 위하여 김일성은 다른 때와 마찬가지로 리을설을 불렀다. 우선 북의 대표는 강석주 외무부 제1차관으로 결정되었다. 강석주는 바로 리을설의 핵심 심복 중의 한 사람이었다. 다음 사항으로는 북한이 NPT(핵확산 금지조약)탈퇴를 선언한 것을 취소하는 대신 미국에 얻어낼 수 있는 요구 항목을 결정하여야 했다. 이때 처음으로 김일성과 리을설 사이에 의견 마찰이 생겼다.

리을설은 미국·한국·중국·러시아 등의 국가가 북한이 흑연 감속형 원자로를 중지하는 대신 북한에 경수로 핵발전소 2기를 건설하는 것을 요구하자고 제의하였다. 그러나 김일성은 핵발전소보다는 화력 발전소 건설을 명령하였다.

"전기 문제는 우리 공화국이 가장 시급히 해결해야 하는 문제이다. 그런데

※ **이밥**

고려 말기 왕실과 간신들에의해 식량을 수탈당한 백성들이 굶어 죽어가고 있을 때 이씨 성을 가진 사람(이성계)이 왕실과 간신들을 쳐 죽이고 식량을 백성에게 나누어 주었으니 이때부터 사람들이 쌀밥을 이씨가 내려준 밥이라고 하여 이를 '이밥'이라고 불렀다. (저자 주)

원자력 발전소는 건설 기간이 10년이 걸리는 공사다. 그러나 화력 발전소는 공사기간이 2년밖에 걸리지 않는다. 그러니 우리에게 급한 것은 화력발전소이다. 화학 비료나 비닐 같은 문제도 빨리 해결해야 한다. 그러자면 중유를 사용하는 화력 발전소의 건설이 아주 시급한 문제다. 그래야 농업도 살릴 수 있고, 석탄도 캐낼 수 있다."

그러나 리을설은 핵무기를 생산할 수 있는 경수로 핵발전소를 재차 제의하였으나 김일성을 리을설의 제의를 일소에 붙여 버렸다. 그만큼 화력 발전소에 대한 김일성의 뜻은 확고하였다.

그러나 놀랍게도 1993년 7월 15일 제네바에서 열린 제2차 북·미 고위급 협의에 참석한 북한의 대표 강석주는 화력 발전소 대신 경수로 핵발전소 2기를 요구하였던 것이다. 결국 리을설의 뜻은 김일성의 뜻과는 정반대로 핵개발의 원료가 되는 경수로 발전소를 장기간에 걸쳐 공사를 하는 동안 또 다른 곳에서 핵개발을 비밀리에 강행하고자 하였으며, 소위 말하는 핵개발을 무기로 하는 '벼랑 끝 전술'을 계속 고집하였던 것이고, 그것이 바로 '강군 정책'이었던 것이었다. 어쨌거나 뒤늦게 이 일을 알고 난 김일성은 겉으로 표현은 하지 않았으나 뭔가 새로운 생각에 잠기는 듯하였다.

여기서 잠시 짚고 넘어갈 문제는 핵발전소에는 두 가지의 형태가 있는데, 하나는 핵폭탄의 원료가 되는 플루토늄을 추출하기 쉬운 흑연 감속형 원자로가 있고 또 하나는 플루토늄의 추출이 어려운 경수로형 원자료가 있는데, 경수로 원자로라고 해서 플루토늄의 추출이 전혀 되지 않는 것이 결코 아니고 단지 흑연 감속형에 비해 다소 속도가 느리고 그 방법이 까다롭다는 것뿐이다. 그리고 그 때까지 북한에 있는 핵발전소가 바로 흑연 감속형 원자로였던 것이다.

어쨌거나 1993년 7월 15일, 북·미 제네바 고위급 회담에서는 상호 의견 교환만 있었을 뿐 어떤 결정적인 큰 결론은 없었다. 따라서 김일성도 리을설의 이런 의도적인 반항 행위에 대해서 크게 추궁하지 않았다. 그러나 제1, 2차 북·미 고위급 회담에서는 비록 상호 의견 교환만 있었을 뿐이지만 이후 뉴욕에서 수차례 열린 북·미 실무자 협의에서 결정된 제3차 북·미 고위급 회담에서는 뭔가 중요한 결정이 내려질 예정이었고, 그 날짜가 1994년 7월 8일로 결정이 된 것이었다.

자, 여기서 우리가 크게 주목할 만한 것이 있지 않은가? 1994년 7월 8일일 무슨 날인가? 바로 북조선의 우상 김일성 주석이 사망한 날짜가 아닌가! 이것이 과연 우연의 일치일까?

노심교환(爐心交換)

....

1994년 5월과 6월은 북한과 미국 간에 핵 문제로 인하여 엄청난 신경 싸움과 긴장감이 가장 고조된 시기였다. 북한의 원자력 발전소인 흑연 감속형 원자로에서 사용한 핵 연료봉(爐心:노심)을 교환해야 했다. 원자로에서 사용한 핵 연료봉은 일정 기간 주기적으로 새것과 교환해주지 않으면 체르노빌 원자력 발전소 폭발과 같은 엄청난 사고가 일어날 수가 있다. 따라서 이 핵 연료봉을 갈아주는 일은 상당히 중요한 일인 것이다.

그런데 문제는 이 교환 폐기된 핵 연료봉으로 핵폭탄을 만들 수 있는 원료인 플루토늄을 추출할 수 있다는 것은 이미 밝힌 바가 있다. 즉 핵 연료봉에 부착된 우라늄 238을 재처리하면 플루토늄 239가 되는 것이다. 따라서 당연히 북한으로서는 이 과정을 국제 원자력 기구(IAEA)에 의해 철저히 감독을 받으면서 처리하고, 폐기된 핵 처리봉 8000여 개를 봉인하여 IAEA가 항상 감시할 수 있는 위치에 저장하여야 하는 것이다.

이 시점에서 만약 북한이 사용된 핵 연료봉을 빼내고 새 연료봉으로 교환한 후 빼어낸 폐연료봉을 재처리하여 플루토늄을 추출한다고 보자. 그것은 앞으로도 다량의 플루토늄을 추출할 수 있는 흑연 감속형 원자로를 계속 가동할 것이고, 또 추출된 플루토늄으로 새로운 핵폭탄을 제조할 것이라는 의미가 되는 것이다. 물론 그렇게 되면 국제적으로 치명적인 압박, 즉 원유 수급 문제, 수출입의 동결, 자금 동결 등의 조치로 인해 북한 사회는 더욱 더 피폐해지고 엄청난 고통을 당하게 될 것이 뻔한 사실인 것이다.

그러나 미국 측의 입장에서 볼 때는 만약 북한이 핵폭탄을 만들 수 있도록 저대로 방치해 둔다면 한국도 즉각 핵 개발에 나설 것이고 한국과 비슷한 처지에 있는 대만도 핵을 개발할 것이며, 이스라엘·이란 등의 나라도 공개적으로 핵폭탄 개발에 가세하게 되고, 결국은 일본이나 또 다른 테러 집단까지도 핵 무장을 하는 결과가 연출될지도 모를 일이었다. 그렇다면 미국의 입장에서는 어떡하든 북한이라는 악동을 잘 달래야 된다는 이야기인데 그러려면 무언가를 주어야 할 것이 아닌가?

이 긴박한 순간의 운명은 북한의 김일성과 미국의 클린턴 대통령 이 두 사람의 뜻에 달려 있는 것이다. 그러면 김일성은 누구인가? 김일성이 소련을 등에 업고 중국의 협조를 받으면서 6·25 전쟁을 일으킨 때가 38세였고, 이후 미국의 트루먼·아이젠하워·케네디·포드·닉슨·카터·레이건·부시 등 10여 명의 미국 대통령과 근 50년을 대결해왔던 인물이었다. 따라서 김일성은 미국 지도자들의 속셈이나 의중을 파악을 하고 있었고 나름대로 대결할 수 있는 경험과 대책이 어느 정도 준비된 사람이었다. 그러나 클린턴은 46세의 젊은이로서 미국 대통령으로 취임한 지 16개월이 된 사람이었다. 이제 한 쪽은 더 많은 것을 요구할 것이고, 한 쪽은 최소한의 선에서 마무리 짓고자 할 것이었다.

그런 와중에도 북한의 경제는 하루하루가 악화되고 있었다. 식량 부족은 말할 것도 없거니와 경유와 전기의 부족으로 인하여 공장 가동률은 말할 수 없을 정도로 낮아져 버렸고 급기야는 굶어 죽는 사람들이 속출하였으며, 북한을 탈출하는 인민들까지도 생겼다.

김일성은 각료 회의를 소집하였다. 그리고 곧 있을 북·미 고위급 3차 회담에서 북한이 미국에 요구할 사항은 화력 발전소와 중유·쌀·비료 등임을 말하였고, 특히 발전소는 필히 화력 발전소이여야 한다는 것을 재차 강조하였다. 그리고 김일성의 그런 뜻에 반대하는 사람은 한 사람도 없었으며, 어찌된 영문인지 몰라도 리을설 역시 아무런 반대 의사도 표명하지 않고 김일성의 뜻에 그대로 따랐다.

남·북 고위급 회담
....

1992년 2월 19일 제6차 남·북 고위급 회담을 통해 '북·남 기본 합의 문서'가 정식으로 발효되었다. 김일성은 북조선의 어려운 경제를 풀어나 갈 수 있는 근본적인 해결책은 남과 교류를 통하여 남측으로부터 경제 협력을 받아내는 것이 최선의 방법이라고 생각하였고, 이제 '남·북 기본 합의 문서 발효'는 그 첫 출발이라고 생각하였다.

'바로 올해 초 신년사에서 인민들에게 하얀 이밥(쌀밥)과 고깃국을 먹고 명주옷을 입고 기와집에 살 수 있도록 하겠다고 약속하지 않았던가. 그러려면 하루속히 남조선과 화해를 하여 남조선의 협력을 받아 농업을 재건시켜야 하는 것이 필수였다.

'이제 북·남 기본 합의서가 완료되었으니 앞으로 모든 일들이 순조롭게 진행이 될 수 있겠지' 이렇게 생각한 김일성은 다소 마음의 안정을 찾는 듯 하였다. 그러나 이런 생각은 얼마 후 여지없이 산산조각이 나버릴 줄은 예상하지 못하고 있었다.

그해 7월말, 남조선과의 경제 협력이라는 부푼 기대를 안고 북한의 김달현 경제 부총리 일행이 남쪽 서울을 방문하였다. 그들은 서울 도착 첫날 저녁에 하얏트 호텔에서 최각규 경제 부총리가 주최하는 환영 만찬회에 참석했다. 이에 앞서 저녁 7시부터 약 40분간 경제 분야 고위급 회담을 가졌다. 이 회담에서 남측은 최각규 부총리, 김종휘 청와대 외교 안보 수석, 임동원 통일부 차관 등이 참석하였다. 이 자리에서 김달현 부총리는,

"제가 북조선 인민공화국 경제 부총리입니다. 부총리라는 사람이 산업 시찰이나 하고 구경만 하고 돌아갈 수는 없습니다. 이번에는 좀 더 구체적이고 세부적인 사항이 결정이 될 수 있도록 합시다."

라고 기조 발언을 하였다. 그리고 세 가지의 안건을 제시하였다. 첫째는 시베리아와 북조선, 남조선을 연결하는 가스관 건설 사업에 관한 협력 건이었고, 둘째는 원자력 발전소의 공동 건설 및 전력 공동 사용에 관한 남북간 협력 건이었으며, 셋째로는 남포 경공업 공단 합작 건설에 대우의 즉각 참여를 승인해 달라는 것이었다. 그러면서,

"경제 협력 문제는 정치적인 문제나 군사적인 문제를 떠나서 추진되어야 합니다. 다시 말해서 다른 문제가 완전히 해결될 때까지 기다려서 추진할 것이 아닙니다. 조그만 공단 하나 합작 건설을 못해서야 무슨 화해와 협력이 가능하겠습니까? 만약 경제협력 문제가 먼저 잘 추진이 되어 진다면 정치적인 문제나 군사적인 문제 등 다른 문제들도 더욱 잘 해결될 수 있는 실마리가 될 것입니다."

라고 덧붙였다.

사실 김달현 부총리가 제안한 세 가지 문제가 잘 해결된다면 남측, 북측 모두에게 크나큰 이익이 될 수 있으리라는 것은 쉽게 예상할 수 있는 것들

이었다.

그러나 김달현 부총리는 아무것도 얻지 못한 채 빈손으로 돌아가고 말았다. 이로 인하여 노태후 대통령이 반드시 실현시키고자 원했던 '8·15 이산가족 상봉 사업' 역시 무산되어 버렸으니 이것이 과연 누구의 책임이란 말인가?

이 무렵 노태후 대통령은 자신의 대통령 임기가 끝나기 전에 '인도주의 정신에 입각하여 모든 세계의 흐름이 그렇듯이 우리 한반도에도 냉전의 유산을 청산하고 남북 화해의 차원으로 돌아가야 한다.'라는 큰 그림을 그리고 있었다. 사실 노태후 대통령은 그의 임기 동안(1988.2~1993.2)영원한 대한민국의 적국이었던 러시아·중국과 국교 정상화를 일구어내었고, 남과 북이 동시에 UN에 가입하는 큰 성과도 거두었다. 어찌 보면 노태후 대통령이야말로 '한국의 고르바초프'라고 불리어도 조금도 부족함이 없는 평화주의적인 대통령이었다.

물론 그는 12·12 쿠데타 주역이었고 군 최고 통수권자의 허락 없이 병력을 이동시켜 쿠데타에 가담했고, 재임 중에는 수천억 원의 부정 축재를 하였으며, 퇴임 후에는 국가 반란죄, 부정 축재죄 등으로 인하여 구속되어 감옥살이도 하였으나 적어도 대북 문제, 통일 문제에 있어서만큼은 큰일을 해낸 인물이었다. 또 '남·북 고위급 회담'을 아주 순조롭게 이끌어 왔었다. 그러나 시간은 이미 임기 말이었다.

김달현 부총리의 경제 협력 회담 실패 이후 김일성은 적잖게 실망하고 있었다. '우리가 조금 머리 숙이고 적극적으로 회담에 임하면 잘 풀릴 것으로 생각하였는데 그렇지가 않구나.'

1992년 레임덕과 훈령 묵살

....

1992년 9월 15일. 드디어 평양에서 열리는 제8차 남·북 고위급 회담을 하기 위하여 남측 대표 일행은 아침 일찍 판문점에 도착하였다. 수석대표인 정원식 국무총리 교류 협력분과 대표인 임동원 통일원 차관, 대변인 겸 정치분과 대표인 이동복 안기부장 특보, 군사분과 대표인 박용옥 준장 등 일행은 북한에서 마중 나온 사람들의 안내에 따라 벤츠 승용차에 각각 나누어 탔다.

이때의 중요 의제는 교류 협력분과에서 취급하는 경제·사회문화·통신·통행·이산가족 재회 등의 과제였고, 군사분과나 정치분과에서는 핵문제에 관한 의제가 중요 쟁점이었다. 하지만 이번 회담에서 핵 문제만큼은 핵 통제 공동 위원회에서 논의하도록 하고 이번 고위급 회담에서 제외시키기로 하였다. 결국 중요 의제는 '이산가족 노부모 방문'과 '판문점에 면회소 설치'였고, 이에 대해 북측에서는 '미전향 장기수 이인모 노인의 송환'을 요구하였다. 북측이 이인모 노인의 송환을 요구하는 이유는 이산가족 노부모 방문과 판문점 면회소 설치, 기타 경제 협력으로 인한 남북 교류 확대 등의 사건이 빈번해지면 자연히 북조선 인민 전체의 사상이 해이해질 것을 우려했기 때문이었다. 즉, 이인모 노인이 사상 강화 및 체제 우월성을 입증할 수 있는 좋은 교육 자료 및 본보기가 될 수 있다고 생각해서였다. 그래서 이를 강력히 주장하였으나 실제로는 북한 내부의 경제 전문가인 온건파의 독주를 막기 위한 군부 강경파들의 강력한 요구 사항이었다.

이에 대해 남한에서는 그렇다면 1987년 1월, 어로 조업 중 납북된 동진호 선원 12명을 동시에 송환해야 한다고 요구하였다. 그러나 이 문제는 북측이 납북이 아니라 자진 월북이었다고 강력히 주장하고 있었으므로 이를 끝까지 관철시키고자 한다는 것은 사실상 회담 자체를 무산시키고자 하는 것과 마찬가지였던 것이다.

우리 측 대표단이 북으로 출발하기 바로 전날 밤, 노태후 대통령은 대표단 모두를 청와대로 불러 모았다. 수석대표 정원식 총리, 교류 협력분과 대표 임동원 통일원 차관, 정치분과 대표인 이동복 안기부장 특보, 군사분과 대표인 박용옥 준장 외에 이상연 안기부장, 남북 협상을 총괄 지휘하는 최영철 부총리 겸 통일원 장관도 함께 참석하였다. 이 자리에서 노태후 대통령은 강력한 어조로 말하였다.

"이제 세계는 지난 수십 년 간 지속되었던 냉전이 종식되고 화해의 시대로 접어들었습니다. 다 알다시피 동독과 서독도 하나로 통일이 되었습니다. 우리 한반도 역시 이런 호기를 놓치지 말고 통일을 위한 초석을 다듬어야 합니다. 당장 내일 통일이 이루어지지 않는다 하더라도 적어도 통일을 위한 디딤돌은 마련해 두어야 합니다. 그러기 위해서는 무엇보다도 먼저 상호 교류가 잦아야 합니다. 우리는 이미 일곱 번이나 남북 고위급 회담을 이끌어 왔습니다. 그리고 여덟 번째 회담을 위하여 여러분들이 내일 아침 북으로 출발을 할 것입니다. 출발에 앞서 대표단 여러분들이 가슴 깊이 새겨두어야 할 것은 남북 회담이라는 것 자체가 누가 이기고 누가 지고 하는 것이 아니고, 서로 상생을 위한 회담이 되어야 한다는 것입니다. 그리고 누가 많이 주고 누가 많이 받고 하는 것이 중요한 것이 아니라, 능력 있는 사람이 조건 없이 베푸는 것이 더 중요한 것입니다. 능력 있는 자가 부족한 자에게 베풀 때에는 조건이 없어야 합니다. 내가 너에게 이만큼 줄 테니까 너는 내 말을 이만큼 잘 들어야 한다는 것은 베푸는 것이 아닙니다. 상호 협력이 아닙니다. 오히려 상대방의 자존심을 꺾고 상황을 더 나쁘게 할 뿐입니다. 나는 이번 회담에서 우리가 북측에 요구하는 조건이 남북 이산가족 상봉 문제와 판문점에 면회소 설치 문제와 납북 어부 송환 문제 이 세 가지인 줄 알고 있습니다. 그러나 모든 것을 한꺼번에 백 프로 얻으려고 하지 마십시오. 세 개 중 두 가지만 합의가 되어도 회담을 성사시키십시오. 특히 남북 이산가족 상봉 문제와 판문점 면회소 설치 문제는 꼭 성사시켜야 합니다. 대표단 여러분은 단순히 회담을 하러간 다고 생각하지 말로 한반도 통일을 위한 디딤돌을 놓으러 간다고 생각하십시 오. 부디 건강하게 잘 다녀오기를 바랍니다."

그의 어조는 확고하였다. 그리고 1992년 9월 15일 아침, 제8차 남·북 고 위급 회담 남측 대표 일행이 평양에 도착한 첫째 날 낮에는 환영 행사, 만찬 등으로 시간을 보냈으나 밤에는 내일 있을 회담을 위한 막후교섭이 시작되었 다. 예상대로 교류 협력분과와 군사분과에서는 합의서 협상에서 큰 진전을 보였다. 그러나 정치분과에서는 실패했다.

이튿날 오전, 관례대로 고위급 첫날 회의가 열렸고, 그 다음날 오전 10시부 터는 둘째 날 회의가 예정되어 있었으나 정치분과 협상이 실패한 탓에 이 문 제부터 논의하여야했다. 그런데 이상스럽게도 정치분과 대표인 이동복 특보 는 북측이 요구하는 이인모 노인의 송환 문제와 연계하여 끝까지 납북 동진 호 선원 12명 전원 동시 송환을 요구했다. 어떻게 보면 이것은 고의로 회담 을 결렬시키고자 하는 의도가 있어 보였다.

드디어 정원식 총리가 북한 대표 안병수와 직접 대화에 나섰다. 그 결과 어 렵고도 어려웠던 정치적 협상이 타결되었다.

이렇게 하여 제7차 남·북 고위급 회담 이후 이 문제로 합의서 타결이 4개월 이나 질질 끌다가 드디어 해결된 것이었다. 이날 오후 본 회담이 개최되어 상 호 교류, 상호 화해의 건과 이행 기구인 공동 위원회 제1차 회의를 11월 5일 부터 일주일 간격으로 판문점 양측 지역에서 번갈아 개최하기로 합의하였고, 제9 차 남·북 고위급 회담도 12월 21일부터 서울에서 개최하는 것까지 합의 하였다. 남은 것이라면 다음날 아침 10시부터 시작되는 회담에서 상호 대표 가 서명하는 일만 남아 있었다. 실로 어렵고도 긴 여정을 지나온 남·북 고위 급 회담이 서서히 그 결실을 맺는 시간이 다가오고 있었다. 정원식 수석대표를 비롯한 다른 대표들은 '통일'이라는 목표를 위한 디딤돌 하나를 이제 놓게 되었다는 생각에 가슴 뿌듯한 상념에 잠겨있었다. 단 한 사람을 제외한 채.

이튿날 아침 정원식 총리는 남측에서 날아온 한 통의 전문을 받아보고는 깜짝 놀라지 않을 수 없었다. 이게 어찌된 일일까?

'이인모 건에 관하여 3개 조건이 동시에 충족이 되지 않을 경우 협의하지 말 것.'

이 말은 우리가 북측에 요구하는 '납북 선원 송환'이라는 요구가 충족되지 않는 한 아예 협상에 임하지 말라는 뜻이 아닌가? 대표단이 북으로 출발하기 전날 밤 대통령으로부터 직접 지시를 받았건만 방금 들어온 전문 내용은 완전히 대통령의 명령을 뒤집어 버리는 내용 아닌가? 이런 내용이라면 대통령의 재가 없이는 도저히 이루어질 수 없는 내용 아닌가! 그러나 어쩌랴! 대표단으로서는 본국에서 온 훈령을 따를 수밖에 없지 않는가? 이날 회담에서 남측 대표단은 이 훈령에 따라 북측의 끈질긴 간청을 물리치고 협상을 결렬시키느라 무척이나 곤혹스러운 처지에 놓여 있었다. 그런 와중에서 또 하룻밤을 평양에서 묵게 된 우리 대표단들은 가시 방석 위에 앉아 있는 꼴이 되고 말았다.

그날 밤 교류 협력분과 대표인 임동원 통일원 차관은 다시 한 번 곤혹을 치르게 된다. 밤 2시경 북측 대표인 김정우와 김령성 대표 두 사람이 임동원 대표의 침실로 찾아왔다. 그리고는 다시 한 번 회담을 성사시키자고 간곡히 애원을 하였다. 임동원 대표로서는 난감한 심정을 드러내 보였다.

회담을 마치고 서울로 돌아온 임동원 통일원 차관은 남북 협상을 총괄 지휘한 최영철 부총리 겸 통일원 장관으로부터 '대통령의 특명 사항이었음에도 불구하고 이산가족 문제에 아무런 성과도 거두지 못한 이유가 무엇이냐?'고 추궁을 당하였다. 그리고 '반드시 이산가족 문제를 합의하여 발표하고 오라고 재차 전문까지 보냈는데 아무런 회신도 없고 회담 성사도 시키지 못하고 돌아왔으니 반드시 징계를 받아야 한다.'라는 것이었다.

임동원은 어이가 없었다.

"그럴 리가요! 저는 협상이 잘 되어 중간보고 겸 훈령을 요청했습니다. 그런데 서울로부터 「세 개의 조건이 동시에 충족되지 못할 경우 협상하지 말라」는 훈령을 받았습니다. 그 훈령 때문에 북측의 간절한 간청을 뿌리치고 협상을 깨고 돌아올 수밖에 없었습니다."

그 말을 들은 최 부총리는 '그런 청훈을 받은 바도 없고, 지시한 사실도 없다.'며 놀라움을 금하지 못하는 표정으로 말하였다.

"그간 서울·평양을 오고 간 전문을 모두 조사하여 보고하라."

이때 임동원은 청와대로부터 온 전화를 받았다. '대통령 특명 사항이었던 이산가족 문제를 해결하지 못하였으니 실제 책임자인 당신이 해명서를 제출하라.'라는 것이었다. 임동원은 즉시 서울-평양 간 발, 수신된 모든 전문을 안기부에 요청하였으나 거절을 당하였다. 즉각 임동원은 이 사실을 최 부총리에게 보고 하였고, 최 부총리는 '전문 발, 수신 책임자인 회담 대표가 전문 사본을 제공받지 못할 이유가 무엇이냐?'며 호통을 치고 난후에야 임동원은 전문 사본을 제출받을 수가 있었다.

일련번호가 표시된 9월 17일 평양 발신 전문 4건과 서울 발신 전문 3건등 총 7건의 3급 비밀 전문의 사본이 입수되었다. 제1호 전문은 회담 타결 직후 정원식 수석대표의 지시로 임동원 대표 자신이 보낸 전문으로 '모든 회담이 순조롭게 진행되고 있음. 내일 대표 서명 예정임. 최종 지시 바람'이라는 내용으로 0시 30분에 발송된 청훈 전문이었다.

그런데 같은 시간에 평양에서 발신된 제2호 전문이 있었다. 302(이동복)가 202(엄삼탁:안기부 기조실장)에게 보낸 이 전문의 내용을 본 임동원은 깜짝 놀라 그 자리에서 쓰러질 뻔하였다. 이 전문의 내용은 놀랍게도 '청훈 전문을 묵살하고 「이인모 건에 관하여 3개의 조건이 모두 충족되지 않는 한 협의하지 말라.」는 내용으로 회신을 보내 달라'는 것이었다. 또한 이 전문에는 '전문을 보고난 후 파기할 것'이라는 내용도 포함되어 있었다. 이에 따라 제3호 전문이 7시 15분에 서울에서 평양으로 발신이 되었는데 문제의 '3개 조건이 충족되지 못하면 협의하지 말라.'라는 내용이었다. 그런데 임동원이 자세히 보니 이 전문은 공식 전문이 아니라 202가 302에게 보낸 SVC(서비스)가 표시된 일종의 사신(私信)이었다.

그러나 정 총리와 임동원 대표가 평양에서 본 전문에는 202, 302가 SVC 표시가 삭제된 정식 훈령으로 감쪽같이 속였던 것이었다. 이날 오후 4시 15분에는 서울에서 정원식 총리 앞으로 또 하나의 전문(제7호)이 발신되었다. 이 훈령은 이미 정해진 협상 전략대로 '2개 조건만 관철되면 즉각 합의하여 발표하고 돌아오라.'는 내용이었다. 이 전문이야말로 노태후 대통령의 정식 허락을 받은 정식 훈령이었지만 수석대표인 정원식 총리는 물론 차석 대표인 임동원 자신에게도 전혀 전달되지 않았던 것이다.

임동원은 즉시 이 사실을 최영철 부총리와 수석대표였던 정원식 총리에게 보고하였다. 그러면서 임동원은 이해할 수 없는 많은 의문들을 제기하였다. 최 부총리는 임동원에게 좀 더 상세히 내용을 조사해 보라고 명령했지만 임동원은 난관에 부딪치고 말았다. 통일원 차관의 신분으로 안기부를 조사한다는 것은 거의 불가능한 일이었기 때문이었다.

정원식 국무총리, 그는 한나라의 국무총리이자 상대국과의 회담 때 수석대표로 간 자신이 그것도 대통령으로부터 직접 명령을 단호하게 받은 내용들을 아무것도 성사시키지 못한 자신의 무능함에 속으로 회의감을 느끼면서도 상세한 진상조차 밝힐 수도 없는 자신이 처량하기까지 느껴졌다.

그리고 그는 마침내 큰 결심을 하였다.

9월 23일, 정원식 총리는 총리 주재로 고위 전략 회의를 소집하였다. 평양에서 돌아온 지 5일이 지난 후였다. 의제는 '이산가족 방문단 및 이인모 문제'

와 '남포 공단 실무 조사단 파견 문제'였고, 장소는 궁정동 안가였다.

이 자리에는 최영철 통일부총리, 이상연 안기부장, 정해창 청와대 비서실장, 임동원 통일원차관, 이동복 안기부장 특보 등 7명이 참석을 하였다.

먼저 회의 주관자인 정 총리가 입을 열었다.

"지난 남·북 고위급 회담 때는 대통령께서 직접 지시한 이산가족 방문 문제와 판문점 면회소 설치 문제를 우리 대표단이 하나도 성사를 시키지 못하였습니다. 그러나 대통령께서는 아직까지도 이 두 가지 문제를 해결하고자 하는 의지를 갖고 계십니다. 오늘 우리는 이 문제 해결을 위하여 의논하고자 이곳에 모였습니다. 여기에 대한 여러분들의 의견을 듣고 싶습니다."

정 총리의 말이 끝나자마자 이동복 안기부장 특보가 말을 꺼냈다.

"이 두 가지 문제 해결을 위해서 회담 대변인인 제가 북측 대변인을 만나 남북 대변인 접촉을 통하여 해결하도록 하겠습니다."

이 말을 들은 임동원은 '평양에서는 훈령을 고의로 조작하여 협상을 파탄시켜 버리더니 이제 와서는 교류 협력분과 소관 사항을 대변인 자격으로 나서서 협상을 하겠다니 실로 어이가 없구나! 하는 생각과 함께 즉시 이의를 제기했다.

"이 문제는 분명 교류 협력분과 소관 사항입니다. 또한 이 두 가지 문제는 지난 남·북 고위급 회담 때 우리 대표단과 북측 대표단 사이에 완전 합의된 사항들입니다. 그리고 그 내용을 대통령 안보 특보, 통일원 부총리, 안기부장 앞으로 전문을 보내면서 본국의 명을 기다린다는「청훈 전문」을 분명히 보냈습니다. 그런데 그에 대한 답장은「세 가지 사항의 합의가 이루어지지 않으면 절대로 합의하지 말라.」라는 것이었습니다. 그래서 우리 대표단은 어렵게 북측과 합의하여 이루어낸 합의를 어쩔 수 없이 파기할 수 밖에 없었습니다. 그런데 제가 서울에 돌아와서 전문을 확인해 본 결과 또 다른 훈령, 즉「전문 7호 훈령」이 있음을 발견하였습니다. 저는 이청훈 훈령 등의 문제가 완전히 밝혀지지 않는 한 어떤 회의도 더 이상 필요 없다고 생각합니다."

임동원의 말이 끝나자마자 즉각 최 부총리가 말을 이었다.

"이처럼 중요한 문제를 주무장관이 소외된 채 대변인끼리 회담을 한다는 것 자체가 말도 안 되는 이야기일뿐더러 더구나 나는 방금 이야기 한 「청훈 전문」이 있었다는 것조차 또 알지 못했소. 내 분명히 이야기하지만 만약 임차 관의 얘기가 정말이라면 이것은 대단히 중요한 문제로 진상을 철저하게 조사 하여야 된다고 생각합니다." 그러자 임동원 차관은,

"내가 이 자리에서 쓰러지는 한이 있더라도 결단코 이 사건을 확실하게 규 명하고야 말겠소."

라고 비장한 얼굴로 말하면서 진짜 훈령인 제7호 훈령 전문 복사본을 펼쳐 내 보이면서 정원식 총리에게 물었다.

"총리께서는 진짜 훈령인 이 훈령을 평양에서 받아보신 적이 있습니까?"

그러자 정 총리는 미간을 심하게 찌푸리면서,

"금시초문이요. 나는 이 훈령을 평양에서뿐만이 아니라 서울에서도 지금이 순간까지도 모르고 있었소."

임동원 차관은 다시 평양에서 서울로 0시 30분에 보낸 '청훈 전문 제1호' 를 보여주면서 이상연 안기부장에게 물었다.

"안기부장님께서는 저희들이 회담 성사 완료 후인 0시 30분 평양에서 보 낸 이 청훈 전문을 보고 받으셨습니까? 만약 그랬다면 언제 보고 받으셨으며 보고를 받은 후에는 어떤 조치를 취하셨는지 이 자리에서 분명하게 말씀해 주셨으면 합니다. 또한 안기부 상황실에서 「3개 조건이 충족되지 않으면 절 대로 협상하지 말라.」하는 이 전문을 7시 30분에 보냈는데 이 훈령을 안기부 장님께서 직접 지시하신 것입니까?"

그러자 안기부장은 극히 당황한 표정을 지으며 대답했다.

"이 협상 중지 전문이 안기부 상황실에서 발송되었다는 것은 나도 믿기지

가 않는다. 나도 이 전문은 지금 처음 본다. 그리고 청훈 전문에 대해 보고받은 것도 오전 10시 30분쯤 구두로 짤막하게 보고만 받았을 뿐이지 그것이 청훈 전문이라는 것도 지금 알았소. 그리고 약 4시간 후인 오후 2시 조금 넘어서 김종휘 수석으로부터 「잘되고 있다」라는 전문이 왔다는 보고만 받았을 뿐이요."

그러니까 오후 4시 15분에 안기부 어느 누군가에 의해 제7호 전문이 평양으로 발송되어졌던 것이다. 그러나 이 전문은 임동원이 평양에서 보낸 시각, 즉 0시 30분 후 무려 16시간이 지난 후였고, 이때 평양에서는 이미 회담이 끝나버린 시간이었다. 그나마도 이 훈령은 이동복 안기부 특보에 위해 파기되어 정 수석대표도, 임동원 대표도 받아볼 수조차 없게 되어 버렸던 것이었다.

이러한 사실이 회의 도중 낱낱이 파헤쳐지자 회의를 주관한 정원식 국무총리는 비참한 표정을 지으면서 자리에서 일어나더니 '이 모든 것이 본인의 부덕의 소치입니다.'라고 한마디 내뱉고는 자리를 뜨고 말았다. 정원식 국무총리는 회의장 밖으로 나오면서 이렇게 혼자 중얼거렸다. '아! 남북 대화보다 남남 대화가 더 어렵구나! 이 땅에는 남북문제를 남남 간 정치 문제로 악용하고자 하는 무리들이 너무나 많이 포진해 있어!'

그리고 이 사건은 다시 그해 10월 말 국회 정기 감사에서 집중 추궁되면서 그 일부가 언론 매체를 통해 세상에 알려지기 시작했고, 한겨레 신문을 비롯한 일부 언론들이 '이동복 대변인 정부 훈령 묵살'제하의 기사를 통해 '대북 강경파인 이 특보가 청와대 훈령을 수석대표에게 보고하지 않고 묵살해 버림으로서 이산가족 방문단 교환 협상을 결렬시켜 버렸다.'고 폭로했다. 이것이 바로 '훈령 조작 사건', '훈령 묵살 사건'이었다.

그러면 이동복 안기부 특보, 엄삼탁 안기부 기조 실장 라인으로 이어진 이 사건은 왜 발생하였을까? 왜 이동복은 대통령의 특명을 받고도 이런 엄청난 짓을 하였을까? 만약 남북 회담이 잘 성사가 되면 곧 있을 대통령 선거, 즉 김영삼과 김대중 양 김 씨가 벌이는 경쟁에서 어느 한 쪽에 이익이 되고, 반대로 어느 한 쪽은 불이익을 받게 되는 결과가 되니, 현 대통령이 아닌 누군가가 뒤에서 이들을 조종했던 것일까? 아니면 단순히 대통령의 임기 말에 발생하는 '레임덕'현상 때문이었을까? 그러나 이런 중차대한 사건을 단순히 '레임덕'때문이라고 말하기는 너무 이상하지 않은가? 얼마 후,

그 해답은 명백히 세상에 노출되었다.

그해 12월 29일, 대통령 선거가 끝난 그 다음해 이 두 사람은 새 정부(문민정부)에서 큰 감투를 쓴다. 만약 이때 이런 사건이 없이 노태우 대통령의 소망대로 제8차 남·북 고위급 회담이 순조롭게 마무리되었다면 지금 이 시각 남북 관계는 어떻게 진전이 되었을까? 모르긴 몰라도 아마 지금보다는 훨씬 더 개선이 되었을 것이고, 어쩌면 통일을 위한 디딤돌이 몇 개는 더 놓아졌을 것이다. 그러나 어쩌랴! 제8차 남·북 고위급 회담을 끝으로 남북관계는 다시금 깊은 수렁으로 빠져 들어가기 시작하였다. 그리고 적어도 2000년 6월 13일까지는 그 끝이 보이지 않았던 것이었다. 이것도 우리 민족이 안고 가야할 운명이더란 말인가?

그런데 꼭 16년 후 2008년 12월초 어느 날 이동복이라는 자가 느닷없이 반공 교육을 한답시고 어느 고등학교에 나타나서 아이들에게 반공 교육을 하는 모습이 TV를 통해 보도되었다. 만약 그의 강연을 들은 고등학생들이 그의 이런 과거를 알았다면 어떤 반응을 보였을까?

'반공주의자는 그렇게 비겁해도 되는 겁니까? 왜 정정당당하게 자기 뜻을 나타내지 못하고 대통령 몰래 감추고 거짓말을 했지요?'

실패한 북·남 정상 회담

....

1994년 평양 김일성 주석궁. 김일성은 분노하고 있었다. 물론 그 가장 큰 원인은 그가 그토록 그의 자존심까지 손상을 입으면서도 남북 관계를 정상화하여 북조선을 가난으로부터 건져내 보려고 애썼지만 결국 남측 대표단들에게, 아니 정확히 말한다면 남측 안전 기획부 몇 명에게 놀림만 당하는 것으로 끝나버렸기 때문이었다. 김일성은 밤마다 악몽에 시달리고 있었다. 6·25 전쟁으로 인하여 죽어간 원혼들이 그를 끊임없이 괴롭혔다. 숙청당한 많은 원혼들도 가세하였다.

그로부터 세월은 흘러 2년여가 지난 1994년 어느 날, 이날도 김일성의 번뇌는 계속되었다. 그는 깊은 고민에 빠져 있었다. 도선 대사의 답기를 수백번은 더 읽어 보았다. 그러나 그 답기를 읽어보면 볼수록 번뇌는 더욱 깊어만 갔다. 그리고 그의 머릿속에는 어느 덧 '태조 왕건'을 떠올리고 있었다.

태조 왕건! 김일성의 목표는 그 스스로가 태조 왕건과 같은 역할을 하는 인물이 되는 것 아니었던가? 그래서 태조 왕건은 김일성의 우상이 아니었던가? 따라서 태조 왕건이 이룩한 고려 왕국을 사모하였고, 그가 지배하고 있는 북조선 땅이 바로 그 옛날 고려 왕국이 아니었던가? 그런데 도선 대사가 누구인가? 바로 왕건을 후삼국의 어지러운 그 시대를 평정하고 장차 통일의 업을 이룩할 것이라는 예언을 한 예언가가 아니었던가?

그런데 그 예언을 한 도선대사가 친필로 쓴 도선답기(道詵踏記)를 그가 지금 손에 들고 있지 않은가? 이 땅이 해방되고 난 직후 남과 북이 나누어졌을 때 이 도선답기를 처음 리을설로부터 받아 손에 쥐었을 때 그는 얼마나 큰 전율(戰慄)을 느꼈던가? 온몸의 피가 거꾸로 흐르지 않았던가? 이것이야말로 하늘이 내게 무언가 거룩한 계시를 내렸다는 흥분에 휩싸이지 않았던가? 그런데 지금은 어떻게 되어 있나? 아무리 봐도 그 주인공은 될 수가 없지 않는가? 나라는 점점 곤궁하여지고 인민들은 굶주리고 있고 심지어는 먹지 못하고 굶주려서 죽어가는 인민들도 생기고 굶주림에 지쳐 이 나라를 탈출하는 인민들까지 생겨나지 않는가?

석유가 없어 공장 가동은 중단되었고, 전기가 생산되지 않아 밤에는 불빛 하나 없는 암흑천지로 변했고, 겨울이면 추위로 인하여 얼어 죽는 인민들까지 생기고 급기야 우방국이었던 러시아·중국으로부터도 외면을 당하고 있고 마지막으로 기대하였던 남조선과의 경제 협력도 산산이 부서져버린 지금, 이제는 지칠 대로 지쳐 스스로 머리카락을 쥐어뜯고 있는 처지가 아닌가? 통일이라는 명목으로 일으킨 전쟁으로 인하여 수없이 많은 민족을 죽게 하고 아름다운 이 산하를 온통 포성과 붉은 피로 멍들게 하지 않았던가?

그리고 지금은 그 원혼들로 인하여 밤마다 고통을 당하고 있지 않는가! 전쟁으로 인하여 수많은 사람들에게 큰 고통을 안겨준 것이 과연 옳은 일이란 말인가! 김일성이라는 이름 석 자가 전쟁을 일으켜 수많은 생명을 죽게 한 인물로 후대에 전하여지는 것이 과연 옳은 일이었단 말인가! 그 모든 일들이 옳게 되려면 도선 대사가 말하는 그곳이 눈앞에 훤히 보여져야 할 것 아닌가! 그런데 날이 가면 갈수록 그 일은 자꾸만 멀어져만 가고 있지 않은가! 아니 영원히 멀어질 것만 같은 느낌이 자꾸만 들지 않는가! 이게 벌써 몇 년 째인가! 오늘은 혹시나 내일은 혹시나 하고 기다리는 것이 벌써 20년이 지나지 않았던가!

또한 세계는 어떻게 변하고 있는가? 동서로 나누어졌던 독일이 통일이 된 지도 오래 되었고, 베트남도 결국 남북이 통일이 되었고 체코슬로바키아·유고슬로바키아·폴란드·루마니아·중국·소련마저도 다 민주주의로 변해 버리지 않았나! 이 세상에 공산주의 체제로 고립되어 있는 나라는 오직 북조선 밖에 없지 않은가! 과연 북조선이 세계와 고립이 된 상태에서 얼마나 더 버틸 수 있단 말인가? 이제 무엇을 어떻게 해야 할 것인가? 언제까지 인민들을 속일 수 있단 말인가? 지금 와서 무엇을 어떻게 해야 한단 말인가? 어떻게 해야 전쟁으로 목숨을 잃은 수많은 영혼들을 달랠 수 있으며 어떻게 해야 용서를 구할 수가 있단 말인가? 지금 어떻게 해야 굶어 죽어가는 수많은 저 인민들을 살려낼 수 있단 말인가?

김일성은 다시 한 번 두 손으로 머리카락을 움켜지며 괴로움에 떨고 있었다. 그리고 그 순간 김일성은 다시 한 번 스스로 마음 다짐을 하였다.

'그래, 바로 그거야! 내가 직접 남조선 대통령을 한 번 만나봐야겠어. 인민을 위해서라면 내가 무슨 일인들 못하겠어. 지난번 남·북 고위급 회담 때는 남측 애들에게 수모를 당하긴 했어도 이번에 내가 직접 나선다면 그런 실수는 일어나지 않을 거야. 아니 다시 그런 수모를 당한다 하더라도 우리 인민들을 이 굶주림 속에서 건져낼 수 있고 우리 인민들을 저 혹독한 추위에 떨지 않게 할 수만 있다면 그깟 수모쯤이야 충분히 견뎌낼 수 있어. 암! 견뎌낼 수가 있고말고! 열 번이라도 견딜 수가 있지!'

그리고 그는 무언가를 굳게 결심한 듯 비장한 표정을 지었다.

이튿날 아침 김일성은 리을설을 불렀다. 리을설이 김일성의 집무실로 들어서는 순간 그는 무겁고도 묘한 분위기를 감지할 수 있었다. 우선 김일성의 표정에서부터, 그리고 입을 꽉 다문 채 무언가를 뚫어지게 응시하고 있는 비장한 눈동자로부터 심상치 않은 분위기를 충분히 읽을 수 있었다.

김일성은 엄숙한 표정으로 천천히 입을 열었다.

"이보게, 리을설 동무. 내가 아무래도 남조선 대통령을 직접 한 번 만나봐야 할 것 같아!"

실로 청천벽력과 같은 소리였다. 리을설은 김일성의 입에서 이런 이야기가 나올 줄은 전혀 예상하지 못하였다. 다만 '지난번에 시행하려다가 남조선 아이들의 장난질 때문에 중단된 남북 고위급 회담을 다시 한 번 시행하여야겠다.'라는 정도의 예측은 하고 있었다.

사실 1992년 9월, 제8차 남·북 고위급 회담을 끝으로 회담이 결렬된 직후 북조선에서는 김일성의 은근한 후원을 등에 업고 남북 대화를 주도적으로 이끌며 북조선의 주도권을 이끌어가던 경제 각료들, 소위 말하는 온건파들은 거의 대부분 리을설이 이끌고 있는 강성 군부들에게로 확실하고도 완전하게 되돌아 왔고, 리을설의 입지는 더욱 굳어져 버리는 계기가 되었다. 그리고 그 이후 북남 대화를 재개해야 한다는 목소리가 간간히 들려오긴 하였으나 리을설에 의해 묵살당했다.

그런데 오늘 김일성 수령은 리을설의 예상을 완전히 뒤엎어 버리는 폭탄과 같은 말을 하지 않는가? 당연히 리을설은 김일성의 그런 태도에 완강하게 반대하였다. 리을설은 냉정하고도 침착하게 말했다.

"수령님께서 왜 직접 남조선 대통령을 만나려고 하십니까?"

"이보게, 리을설 동무. 아무래도 내가 직접 남조선 대통령을 만나 보아야겠어. 물론 어려움에 처한 우리 북조선 경제 사정을 이야기하고 우리 북조선이 남조선과 경제 협력을 함으로써 북과 남이 다 같이 발전할 수 있는 방안을 협의해야겠고, 두 번째로 지난번 북·남 고위급 회담 때 확정되었던 상호 비방 금지, 상호 체제 인정 등의 문제를 다시 한 번 확인하고, 셋째로 북남 이산가족의 상봉 문제를 아주 구체적으로 협의하고, 그리고 한 가지 더 아주 중요한 문제를 비공식적으로 남한 대통령과 직접 협의하고 싶네."

김일성은 말끝을 흐리더니 옆에 있던 물 컵을 들어 쭉 들이켠 다음 말을 계속하였다.

"그것이 무엇이냐 하면 나는 이 「서시비기 도선답기」를 남조선 대통령에게 직접 보여주고 싶어. 그리고 휴전선의 비무장 지대를 북남이 공동적으로 조사하고 개발하고 싶어. 또 그동안 이 「도선답기」때문에 일어난 일들을 솔직하게 다 말하고 싶어."

실로 청천 벽력같은 소리였다. 그 때까지 냉정을 지키며 듣고 있던 리을설은 갑자기 두어 걸음 김일성 앞으로 다가서면서 부르짖는 소리로 외쳤다.

"안됩니다, 수령 동지. 어떤 일이 있어도 절대 그런 일을 하시면 안 됩니다. 지난번 북·남 고위급 회담이 결렬된 이유가 무엇입니까? 바로 남조선 안전 기획부 아이들의 소행 때문 아닙니까? 그런데 그 아이들 배후에 누가 있었습니까? 바로 그들 아니겠습니까? 그런데도 그 자들을 믿으시겠단 말씀입니까? 만약 그 말을 들은 그들이 말로만 '알겠소' 혹은 '앞으로 잘 협의해봅시다.'라는 정도로 끝났을 때 그 이후에 과연 그 사람들이 진실로 이 문제를 우리와 다시 협의할 것으로 생각하십니까?"

리을설은 김일성에게 단호하게 말하였다.

그 말을 들은 김일성은 긴장감이 풀리는 듯한 표정으로,

"물론 리을설 동무의 말이 맞기는 하지만 그렇다고 언제까지 이렇게 있어야 하겠나? 알다시피 근 20년이 넘게 땅을 파헤치고 뒤졌지만 이 북조선 땅에서는 더 이상 동굴을 찾을 수가 없지 않은가? 그렇다면 어떤 획기적인 무언가를 시도해봐야 하지 않은가? 인민들의 살림은 하루하루가 힘들어지고 있는데 언제까지 이렇게 기약 없이 땅만 파고 있어야 한단 말인가? 어디 땅 파는 일 외에 다른 획기적인 방도가 있다면 한 번 말을 해보게."

리을설은 지금까지 그가 줄곧 생각하여 왔던 바다 밑 침투 작전을 입 밖으로 꺼내려 하다가 입을 닫아버렸다. 그는 김일성의 속내를 읽고 있었던 것 같았다. 즉 김일성이 어떤 방법으로든 이 일을 남조선과 협의할 뜻을 이미 확고하게 굳힌 것 같은 느낌을 받았기 때문이었다.

김일성의 집무실을 나서는 리을설의 머릿속은 복잡해지기 시작하였다. 김일성 수령의 뜻을 혼자 몸으로 막아야 할지. 아니면 김일성이 정말 남조선 대통령을 만난다면 그 후가 어떻게 될 지를 깊이 생각하기 시작하였다.

제3부
해가 기울면 어둠이 내린다

리을설과 이사(李斯)

....

1994년 6월 초 평양 리을설 자택. 리을설은 깊고 깊은 생각에 잠겨 있었다.

'이제 이 북조선은 어떻게 될 것인가? 김일성 수령께서는 이미 남조선과 어떤 제휴를 하고자 하는 의도가 분명해 보인다. 그리고 동굴 굴착 작업은 중지된 상태이다. 물론 그동안 남쪽과 제휴는 안 된다는 말을 몇 번이고 하였건만 이미 김일성 수령의 마음을 바꿀 수는 없는 듯하다. 그리고 동굴 굴착 작업이 중단된 이후 김일성 수령께서는 국정에 관한 어떤 의견이나 지시가 이 리을설과는 전혀 없지 않은가?

물론 아직까지는 당·정·군 모든 부처에 이 리을설의 사람이 포진해 있다고 하지만 만약 어느 날 갑자기 수령께서 그 모든 것을 바꾸어 버리면 지금까지 내가 쌓아 놓은 모든 것이 하루아침에 물거품으로 변해버릴 수밖에 없지 않은가? 또한 김일성 수령께서 남조선과 제휴를 한다면 제일 먼저 우리 공화국의 군부가 연약해질 수밖에 없지 않은가? 우리 공화국의 군부가 약해지면 북조선 전체의 기반이 약해질 것이다. 지금까지 인민을 통제하고 이 북조선을 지탱해 온 것이 바로 군부 아닌가? 그리고 사실상 군부를 통제해 온 것은 호위 사령관 리을설이 아닌가? 그런데 만약 수령께서 나를 이동시킨다면 어떻게 될 것인가?

그런데 이것은 이 리을설 한 사람의 문제가 아니라 남조선의 자본주의 물결이 조금씩 밀려들어 온다면 이 북조선의 사상 기반 전체가 뿌리째 흔들릴 것 아닌가? 그런데 수령님의 말대로 도선답기
에 대한 이야기를 남조선 대통령에게 해버린다
면 어떻게 될 것인가? 그것보다 더 두려운 것은
이 이야기를 북조선 내의 누구한테 발설한다면
나는 어떻게 될 것인가? 지금까지 이 일을 알고
있는 사람은 오직 수령님과 이 리을설 두 사람
뿐인데 만약 다른 사람이 알게 된다면 그 소문
은 순식간에 퍼져 나갈 것이다. 그렇게 되면 전

<북한 호위 사령관 리을설>

국토 요새화를 명목으로 지금까지 숨겨왔던 비밀이 백일하에 드러날 것이 아
닌가? 전 인민을 속이고 전 인민군을 속인 것이 되지 않는가? 이 모든 것을 계
획하고 진행한 것은 바로 내가 아닌가? 그동안 나는 이 일에 방해되는 자는
누구라도 숙청을 시키고 심지어는 군 고위 장성 간부들에게까지 으름장을 놓
으며 다그쳤는데 앞으로 어떻게 될 것인가? 그런데 지금 김일성 수령은 어떠
한가? 마치 모든 것을 체념하고 아예 남조선과 무엇이든 제휴할 준비를 하고
있지 않은가?

  만약 그렇게 된다면 이 몸 리을설과 인민군 군부, 호위 사령부는 완전히 한
쪽으로 물러서야 하는 것 아닌가? 게다가 도선답기의 비밀이 세상에 알려지
게 된다면 오직 이 리을설만 웃음거리가 되고 말 것이며, 지금까지 이 리을설
에게 눌려 있던 다른 세력들이 나를 완전히 짓밟으려고 하지 않겠는가? 결국
김일성 수령께서 모든 것을 펼쳐 놓고 개방 형식으로 이 북조선을 이끌어 간
다면 적어도 땅굴에 대한 책임만큼은 이 리을설이 다 뒤집어 써야 하고, 그리
되면 지금까지 나에게 밀려나고 학대받던 이들로부터 오히려 내가 그 꼴을 당
할 수밖에 없지 않은가? 최악의 경우에는 6.25 전쟁의 책임에서부터 1968년
1월 21일에 감행한 남조선 청와대 기습 사건, 남조선 영부인 피살 사건, 1968
년 10월 30일 감행한 울진 삼척 기습 작전, 남조선에 발각된 땅굴에 대한 책

임 등을 이 리을설 혼자서 다 뒤집어써야 하는 것 아닌가?

물론 김일성 수령이 최종 책임자라고 하나 현 상황에서 누가 감히 김일성 수령에게 그 책임을 묻겠는가? 결국 그 모든 책임을 이 리을설 혼자서 다 뒤집어써야 된다는 이야기 아닌가? 만약 사태가 그렇게 된다면 이 리을설이 가야될 곳은 어디인가? 함경도 아오지로 가야 된단 말인가? 안 되지, 결코 그런 일이 일어나서는 안 돼! 정말 안 돼!

그렇다면 첫째 김일성 수령과 남조선 대통령이 만나는 일이 일어나서는 안 돼! 어쨌거나 그 일만큼은 꼭 막아야 돼! 사실 말이야 바른 말이지, 저 서시비기 도선답기의 주인이 누구인가? 그 고문서의 중요성을 깨닫고 처음으로 손에 쥔 자가 누구이던가? 바로 이 리을설이 아니던가! 물론 그 당시에는 모든 주위 상황 때문에 그 문서를 김일성 수령에게 바쳤지만 지금 수령님은 어떠한가? 아예 그 고문서 내용을 남조선 대통령에게 공개하겠다는 이야기 아닌가. 안 돼지 안 돼! 암! 안 돼고 말고! 그 고문서의 주인은 바로 나란 말이야!'

이런 생각에 리을설이 잠을 못 이루고 있는데 갑자기 전화벨이 울렸다. 시계를 보니 벌써 새벽 3시였다. '이 밤중에 웬 전화지?' 약간 불안한 마음으로 리을설은 전화를 받았다. 인민 무력부 보위국장으로 있는 오금철 상장으로 부터의 전화였다. 그의 목소리는 아주 다급하고 부르르 떨리는 목소리였다.

"사령관 동지, 큰일 났습니다. 방금 한 시간 전에 김일성 수령님께서 비밀리에 국가 안전 보위부에 오셔서 김정일 국가 안전 보위 부장에게 밀명을 내리셨는데 앞으로 이틀 안에 국가 안전 보위부에서 밀사 한 사람을 뽑아 남조선 대통령에게 비밀 특사로 보내라는 지시가 있었습니다. 그런데 그 비밀 특사에게 내려질 밀명의 내용이 너무나 충격적이어서 사령관 동지에게 이렇게 연락을 합니다. 제가 곧 사령관 동지 댁으로 가겠습니다."

'철커덕!' 전화는 리을설의 대답을 듣지도 않고 끊어졌다. 그만큼 다급한 일인 모양이다. 리을설은 그나마 조금 올 듯했던 잠마저 확 깨어버렸다.

이 밤중에 김일성 수령께서 왜 국가 안전 보위부 김정일 부장을 만났을까?

그것도 직접 국가 안전 보위부로 가서까지 말이다. 그리고 김정일 국가 안전 보위 부장도 이 시간까지 국가 안전 보위부에 있었다면 서로 이미 만나기로 약속을 하였다는 이야기가 아니겠는가? 김일성 수령께서 이 리을설과 대화가 뚝 끊긴 지가 벌써 한 달이 지났지 않는가? 그런데 이 밤중에 김정일 국가 안전 보위 부장과 직접 대면이라. 물론 부자지간에 오랜만에 할 이야기도 있겠지. 그런데 왜 남의 눈을 피해 밤 한 시 경에 만나는 것일까? 리을설의 마음속에는 심상치 않는 거대한 파도가 밀려오고 있음을 느꼈다. '오금철이 올 때가 다 되었는데 왜 이렇게 늦지?' 이렇게 혼자 중얼거리고 있을 때 마침 오금철이 얼굴이 붉게 상기된 채 들어왔다.

오금철? 이자는 누구인가? 바로 이 리을설의 가장 친한 친구이자 빨치산 동지이며 노동 적위대 대장이었던 오백룡의 아들이 아닌가? 이 녀석이 태어날 때부터 나 리을설과 오백룡은 친구 이상의 친형제처럼 지내지 않았던가? 그런 인연으로 이 녀석이야 말로 내가 가장 믿을 수 있는 자요, 또 나를 친아버지 이상으로 섬기고 있지 않는가? 오금철이 숨이 헐떡이며 말을 꺼내기 시작하였다.

"사령관 동지! 제가 직접 도청한 내용에 따르면 김일성 수령님께서 김정일 국가 안전 보위 부장님께 지시한 내용이 정말 너무나 엄청난 일이어서 온몸에 소름이 오싹 끼쳐요."

그러면서 숨을 한 번 가다듬더니 조금 차분하고 낮은 목소리로 속삭이듯 말을 이어 나갔다.

"어젯밤 10시경 국가 안전 보위부에 있는 원응희 상장으로부터 '밤늦게 김일성 수령님께서 국가 안전 보위부에 들르실 것 같다.'라는 짧막한 전화를 받았어요. 그때부터 제가 직접 인민 무력부 보위국에서 김정일 국가 안전 보위 부장의 집무실 도청 장치를 가동했지요. 김일성 수령님께서 지시하신 내용은 김정일 국가 안전 보위 부장이 가장 믿는 사람, 한 사람을 밀사로 선발하여 남조선 대통령을 극비리에 만나게 하되 판문점을 통하지 말고 북경을 통해서 보내라고 명을 내렸습니다."

그의 목소리는 한층 차분해졌고, 그의 말을 듣고 있는 리을설의 표정은 더욱 굳어지고 있었다.

"그런데 그 밀사에게 전하라는 명령의 내용이 너무나 두려웠습니다. 그 지령이 뭐냐 하면 미국의 전 대통령이었던 지미 카터가 6월 10일부터 6월 14일까지 남조선 서울을 방문하여 남조선 대통령을 만나게 되어 있는데 이때 남조선 대통령이 지미 카터에게 '북한을 방문하고 싶다는 뜻을 언론에 발표해 보라.'라고 부탁을 하면 그에 따라 지미 카터의 뜻이 언론에 발표되고 북조선에는 즉시 중앙 방송을 통해 이를 허용하면 지미 카터가 북조선에 들어와 3일 정도 머문 후 다시 남조선으로 가게 되고, 그 즉시 남조선 대통령이 또다시 남쪽 언론을 통해 남조선과 북조선의 정상 회담을 제의하면 김일성 수령께서는 못이기는 척하며 그 제의를 수용하여 적어도 7월말 이전까지는 북·남 정상 회담이 이루어지도록 하라.'라는 내용이었습니다."

실로 엄청난 내용이었다. 우리 북조선의 영원한 원수인 미국의 전 대통령을 불러들이고 그 미국 전 대통령 지미 카터가 마치 북조선 김일성 수령과 남조선 대통령과의 만남을 권고하는 것처럼 분위기를 조성하면 김일성 수령은 못이기는 체하며 그 제의를 받아들이고, 그래서 7월말 이전에 북·남 정상 회담을 한다. 그리고……

리을설로서는 김일성 수령에게 완전히 뒤통수를 얻어맞은 셈이었다. 김일성 수령이 남조선 대통령과 조만간 만날 가능성이 있는 것으로 예상은 하고 있었지만 이렇게 전직 미국 대통령까지 북조선으로 끌어들일 줄을 리을설은 전혀 예상하지 못하였던 것이었기에 그 충격은 더욱 클 수밖에 없었다. 더구나 이런 큰 문제를 결정하는 데 리을설 자신과 일언반구의 의논도 없이 김정일에게 직접 비밀스레 지시했다는 것은 조만간 어떤 큰일이 리을설 자신에게 닥쳐오리라는 것을 쉽게 짐작하고도 남는 일이었다.

지금까지 김일성 수령님 앞에 닥친 그 숱한 난관들을 헤쳐 나갈 수 있도록 온 몸으로 헤쳐 준 사람이 누구인데, 도대체 그 보답이 이것이란 말인가?

오금철의 말은 계속 이어졌다.

"한 가지 더 보고드릴 것은 7월 중순경에 대규모 인사이동이 있을 것이고, 그 작업 주체가 국가 안전 보위부 김정일 부장의 손에서 이루어질 것이라고 합니다. 제 생각으로는 그렇게 되기 이전에 사령관님께서 뭔가 손을 쓰지 않으면 안 될 것이라고 생각합니다."

이 말을 마치고 오금철은 재빨리 자기 근무지로 되돌아갔다.

리을설은 또다시 새로운 차원의 깊고 깊은 생각에 빠지기 시작하였다.

'드디어 올 것이 왔구나. 만약 미국 전 대통령이 북조선을 방문하게 되고 연이어 남조선 대통령이 북조선을 방문하여 김일성 수령과 정상 회담을 하고 나면 곧이어 장관급, 차관급, 실무자급이 계속 북·남을 오가게 되고 그러면서 남조선의 자본주의 물결이 북조선으로 밀려오게 되면 북조선의 사상이 기반부터 뿌리째 통째로 흔들리게 될 것은 너무나 뻔한 일이 아닌가? 어쩌면 김일성 수령은 사태가 그렇게 되기를 바라고 있지 않는가? 그리고 최후에는 독일처럼 자연스럽게 통일을 한다는 계산인가? 그렇게 되면 이 리을설은 어떻게 되나. 호위 사령부와 북조선 군부는 하루아침에 길거리로 쫓겨나는 거지 신세가 되고 말 것 아닌가? 그리되면 군부가 가만히 보고만 있을까? 아무리 내가 군부를 장악하고 있다고는 하지만 최전방 중대장, 대대장, 연대장들의 돌출 행위까지는 통제할 수 없는 것 아닌가? 자칫 잘못하면 우리 북조선 내에서 같은 군부끼리 무력 충돌이 일어날 수 있는 상황이 벌어지지나 않을까?'

이런저런 복잡한 생각을 하던 중 조금 전 오금철 상장의 말이 생각이 났다.

'7월 중순 인사이동이 있기 전까지 사령관님께서 뭔가 손을 쓰지 않으면 안

됩니다.'

리을설은 비장한 표정을 지었다.

여기서 한 가지 주목할 사실은 김일성 수령의 아들이요, 장차 김일성의 뒤를 이어 북조선을 이끌어 갈 국가 안전 보위 부장 김정일조차 일거수일투족 하나하나가 리을설에게 속속들이 보고되고 있다는 사실이었다.

사실이 그랬다. 그동안 리을설은 호위 사령부라는 막강한 조직과 군부, 그와 연계된 방대한 조직 전 부분에 이르러 자신이 신임하고 있는 측근들을 주요 보직에 심어 두었다. 그만큼 북조선 내에서 리을설의 위치는 실질적으로 김일성 수령 다음으로 가는 세력이었다.

아울러 북조선 내에서 일어나고 있는 중요 사건들은 김일성 수령보다 리을설에게 먼저 보고 되고 있는 실정이었고, 호위 사령부·인민 무력성·보위 사령부·군사 검찰국 등을 통하여 거미줄처럼 얽혀 있는 감청 계통은 이중삼중으로 상호 감시 체제를 구축하고 있었으며, 그 모든 중심에는 거의 리을설 측근들이 포진하고 있었다. 물론 리을설이 북조선 내에서 이처럼 탄탄한 기반을 마련하기까지는 같은 권력층 간의 갈등이나 마찰도 많이 있었던 것은 사실이었다. 그러나 그때마다 그 모든 것들을 하나하나 제거 하였으며, 그 힘의 원천은 역시 김일성 수령의 두터운 신임이 있었기에 가능하였고, 특히 도선 답기에 관한 건에서는 오직 김일성 수령과 리을설만이 알고 있는 사항이었기에 더욱더 두터운 신임을 얻을 수가 있었던 것이다.

그런 그가 지금은 최대의 위기를 맞이하게 된 것이었다. 아니 어떻게 표현하면 최대의 위기가 아니라 종말을 맞이하게 되었다고 표현하는 것이 오히려 더 맞는 표현일 것이다. 리을설, 그는 마치 진시황제 밑에 있던 이사(李斯)와 너무 흡사하지 않은가. 이제 리을설은 자기 앞에 닥친 최대의 난관을 어떻게 헤쳐 나갈 것인가?

봉화 진료소

....

평야에는 장관급 이상만 사용할 수 있는 병원이 있다. 바로 평양 보통강 근교에 있는 봉화 진료소이다. 병원 부지만 100만 평이 넘고 의사의 수도 300여 명이 있으며, 총 근무인원도 2,000명이 넘는 방대한 의료 시설이다. 그런데 이 병원을 관리 감독하는 기관이 호위 사령부이고, 호위 사령부 사령관이 바로 리을설이다.

물론 호위 사령부는 김일성, 김정일을 비롯한 정부·당·군의 중요 간부들의 호위를 총괄하는 부서이다. 김일성 수령이 승용차로 외출을 할 경우 그 호위는 4중으로 이루어진다. 제일 바깥쪽은 사회 안전부, 그 안쪽은 정치 보위부, 그 다음 안쪽은 행사 안전국 요원이 배치되고 최 근접 밀착 경호는 호위 사령부 제1호위부 소속 요원들이 맡는다. 이 모든 것을 호위 사령부가 주관하고 있으며, 호위 사령부 제1호위부가 김일성 밀착 경호를 맡고 있으며, 봉화 진료소는 제3호위부 소속이다.

김일성이 한번 움직이면 주치의도 3명이 항상 따라다닌다. 김일성은 치아가 아주 좋지 않았고, 담배도 많이 피워서 목도 별로 좋지 않았다. 그래서 내과 전문의 1명, 치과 전문의 1명, 이비인후과 전문의 1명 이렇게 3명의 의사가 항상 함께 따라다닌다. 또 이 의사 세 명의 무술 실력은 모두 보통이 넘는 실력의 보유자이고 항상 권총을 소지하고 다닌다. 만약 긴급 사태가 발생하였을 경우에는 의사이기 이전에 경호원으로서의 임무도 동시에 수행할 수 있도록 하고 있는 것이다. 그리고 김일성 주석의 행차 때 맨뒤끝의 리무진에는 이들 의사 세 명과 비상약이 항상 준비되어 있다. 우선 40~50명을 동시에 치료할 수 있는 외상 치료용 의약품 외에 이 세상에서 만들어지는 고급 치료약이라는 약은 모두 한 종류씩 다 비치가 되어 있다.

그 내용을 보면 소화제, 멀미약 같은 기초 의약품에서부터 심장병 약, 혈압 치료용 약 등등 심지어는 방제용 소독약까지 준비가 되어 있고 산소병 링겔은 물론이거니와 전기 충격기까지 준비가 되어 있어 가히 조그만 병원이 따라 다닌다고 생각해도 과언은 아닐 것이다. 게다가 항상 신선한 A형 혈액도 보관되어 있었다.

비밀 회의

1994년 6월말 평양 모 처. 리을설은 비밀리에 측근 핵심들을 소집하였다. 그 사람들은 108기계화 군단장, 사회 안전성 부부장, 제6 군단장, 인민 무력부 작전 국장, 제5군단장, 총참모부 작전 국장, 인민 무력부 부부장, 공군 사령관, 평양 방어 사령관, 제4군단장, 해군 사령관, 호위 사령부 부부장, 국가 안전 보위부 부부장, 인민 무력성 정찰국 부국장, 인민군 포병 사령관 등 북조선 인민군의 중요 보직에 있는 자들이 거의 다 집결되었다고 보아도 과언은 아니었다.

리을설 사령관에서부터 소집된 모두의 표정은 굳어 있다 못해 비장한 각오까지 되어 있었다. 리을설이 비밀리에 소집한 비상 회의는 짧은 시간 안에 끝이 났고, 참석했던 모두는 각자 근무처로 바삐 돌아갔다.

함정(陷穽)

....

1994년 7월 2일, 김일성은 기분이 아주 상쾌하였다. 모든 것이 자신의 뜻대로 되어가고 있었다. 지미 카터 전 미국 대통령이 북조선을 방문해 주었고, 그리고 오늘은 남조선 대통령과의 정상 회담을 온 세상에 발표하지 않았는가? 이제 7월 25일부터 7월 28일까지 남조선 대통령과의 회담이 끝나고 나면 본격적으로 나라를 개방하여 남북 간 교역이 이루어지면 인민들의 삶은 한층 나아질 것임을 확신하고 있었다. 실로 오랜만에 김일성은 깊은 잠에 푹 빠졌다.

바로 이 시간 리을설은 김정일 국방위원장을 만나고 있었다. 그 자리에는 오진우 인민 무력 부장, 최광 인민 무력부 총참모장, 김광진 인민 무력부 제1부부장이 함께 자리하고 있었다. 평소 극히 술을 먹지 않던 리을설도 이 날은 상당히 취해 있었다. 그 자리의 주된 화제는 당연히 김일성 주석과 남조선 대통령과의 정상 회담에 대한 일이었다. 물론 이야기를 주도하고 있는 사람은 리을설이었다. 화제가 북·남 정상 회담 이후에 남측의 자본주의 물결이 북으로 흘러들어 오면 군부의 위상이 어떻게 될 것인가 하는 문답이었다. 김정일을 제외한 모두가 군부의 위상에 대하여 부정적이고도 근심스러운 이야기가 자연스럽게 흘러 나왔다.

이윽고 리을설이 결론적인 의견을 제시하였다.

"우리가 김일성 주석님의 뜻을 거스를 수는 없소. 그러나 북·남 정상 회담을 다시 한 번 재고하심이 어떻겠냐고 건의를 해볼 수는 있지 않겠소. 그래야만 후일 어떤 잘못된 사태가 발생했을 경우 우리 군부 측에서는 그래도 북·남 정상 회담을 재고해 보라고 건의는 했다고 할 수 있을 것이오."

리을설의 말을 들은 간부들이 곰곰이 생각해보니 일리가 있는 말이었다.

김일성 주석의 뜻에 정면으로 반대를 하자는 것도 아니고 군부의 책임자들로서 재고해보심이 어떨까하는 가벼운 건의 정도는 충분히 할 수 있는 일이고, 또 별로 손해 볼 것 같지도 않는 것이기도 하였다.

김정일 역시 마찬가지 입장이었다. 물론 아버지 김일성 주석의 명을 받아 남쪽으로 밀사를 파견하기는 하였지만, 그것은 김일성 주석의 일방적인 명령이었고 또 그 사실을 알고 있는 사람도 없지 않는가? 그러면 오늘 리을설 사령관이 제안하는 뜻을 혼자서 거절할 이유는 없었다. 또 어떤 면에서는 리을설 사령관의 말이 맞는 부분도 있는 것 같았다. 북조선 내 군부끼리의 내전 가능성이라든가, 군부의 위상 약화 등등은 충분히 고려해볼 소지가 있는 것 같은 느낌도 들었다. 그러나 이날 밤 리을설의 제의가 훗날 김정일이나 오진우, 최광, 김광진 등에 있어서는 참으로 무서운 공포의 씨앗임을 아무도 눈치 채지 못하였다.

강석주 대표

....

1994년 7월 6일, 스위스 제네바에 제3차 북·미 고위급 회담 북측 대표로 참석하고자 온 북조선 대표 강석주 제1외무차관의 심정은 복잡하기만 하였다. 평양을 출발하기 전 분명 김일성 주석으로부터는 꼭 화력 발전소 2기를 요구하라는 지시를 엄하게 받았으나, 또 한편 리을설 사령관으로부터는 모든 책임은 자기가 질 것이니 경수로 핵발전소 2기를 요구하라는 것이었다. '모든 책임을 자기가 진다?' 이것이 과연 무엇을 의미하고 있는 것일까?

강석주는 몹시 혼란스러웠다. 아무리 자신이 리을설의 심복이라고는 하지만 그래도 감히 김일성 주석의 명령을 거역할 수가 있단 말인가? 이런 생각과 함께 또 한편으로는 아무리 리을설이 북조선 내에 최고의 권력자 중의 한 사람이라고는 하지만 감히 김일성 주석의 명령을 거역하고 자기가 어떻게 책임을 지겠다는 말인가? 이런 저런 생각으로 강석주는 갈팡질팡하고 있었다. 그 때 본국으로부터 한 장의 전문이 날아왔다.

내용은 '필히 화력 발전소 2기를 요구할 것'이었다. 강석주는 화력 발전소를 요구하기로 결심하였다. 그리고 7월 8일 아침에 일어나서 북·미 회담 회의장으로 출발 준비를 서두르고 있을 때 다시 한 장의 전문을 받아본 강석주는 그 자리에서 쓰러질 뻔하였다.

"김일성 주석 사망."

얼마 후 정신을 차린 그는 대충 사태를 짐작하고 결국 경수로 핵원자력 발전소 2기를 요구하였다.

암살(暗殺)
············

1994년 7월 7일 오후 5시, 묘향산 김일성의 별장에서 김일성은 혼자 조용히 곧 있을 남조선 대통령과의 회담 때 논의할 의제들을 정리하고 있었다. 그 때 김일성 주석과 저녁 식사를 약속한 군부 지도자들을 태운 고급 외제 승용차들이 속속 도착하였다.

그리고 저녁 7시 무렵 김일성 주석과 군부 지도자들의 식사가 시작되었다. 당연히 식탁에는 고급 양주와 맛깔스러운 안주도 준비되어 있었다. 참석자는 김정일을 비롯하여 리을설 호위 사령부 사령관, 오진우 인민 무력 부장, 최광 인민 무력부 총참모장, 조명록 공군 사령관, 김일철 해군 사령관, 김광진 인민 무력부 제1부부장, 김정각 인민 무력부 부부장, 국방위원회 김봉율 차수 등등 소위 북조선 인민국의 지도자들이 모두 모인 자리였다.

밤 8시 30분이 조금 지났을 무렵, 김일성 주석은 남조선 대통령과 정상회담의 불가피성을 역설하였다. 물론 참석한 대부분의 사람들은 벌써 주기가 올라 있었다. 그러나 참석한 모두는 누구하나 말을 못하고 조용히 김일성 주석의 말을 듣고 있었다. 김일성의 설명을 끝까지 듣고 있던 리을설은 설명이 끝나자 아주 조용하고도 침착한 어조로 질문을 하였다.

"수령님의 말씀대로 남조선과 교류를 하면 틀림없이 우리 북조선이 처해있는 어려움을 해소하는데 큰 도움이 되는 것은 사실일 것입니다. 그런데 문제는 남조선의 자본주의 물결이 우리 공화국으로 밀려오고, 그리되면 우리 인민들은 남조선에서는 대통령을 위시한 정치 지도자 모두를 주민 스스로가 공정한 선거를 통해 선출한다는 사실들을 알게 될 텐데, 그렇게 되면 우리 북조선 인민들이 동요를 일으킬 것은 불을 보듯 뻔한 사실이고, 자칫하며 우리 공화국의 기반이 송두리째 흔들릴 수도 있을 터인데 그것을 어떻게 감당하시겠습니까?"

리을설의 말에 김일성은 무척 당황해 하는 모습이 역력해 보였다. 순간 주위는 찬물을 끼얹은 듯한 공포감이 감돌고 있었다. 김일성 주석은 여전히 당황하는 모습을 보이면서 입을 열었다.

"그런 사태가 일어나지 않도록 해야지. 그러니까 남조선과 교역은 하되 남조선 인민과 우리 인민이 직접 접촉할 수는 없도록 해야 돼!"

김일성이 겉으로는 그렇게 말을 하고 있었지만 어쩐지 그 말 속에는 자신감이 없어 보였다. 김일성은 약간 언성을 높여 다시 입을 열었다.

"뭐! 인민이 난동을 일으킨다고? 만약 그런 사태가 발생한다면 중국 천안문 사태에서처럼 탱크로 확 밀어버리면 된다고! 우리 인민군 탱크는 그럴 때 쓰는 거야!"

김일성의 흥분된 말에 리을설은 얼굴색 하나 변하지 않고 아주 침착하고 또렷하게 다시 말을 이었다.

"수령 동지. 만약 우리 군대가 개방을 해야 한다는 파와 절대 개방은 안된다는 파로 나뉘어서 서로 다투게 된다면 그 때는 어떤 조치를 취해야 하겠습니까?"

순간 김일성은 자기 앞에 놓여 있는 큼직한 그릇을 리을설 얼굴로 집어 던지면서 소리쳤다.

"뭐야! 이 새끼! 우리 인민군끼리 싸운다고! 이 새끼가 어디서 함부로 막말을 하고 있어!"

리을설의 이마에선 붉은 핏방울이 뚝뚝 떨어지고 있었다. 저녁 만찬은 이렇게 끝나버렸고 김정일, 리을설, 오진우 일행은 두려운 분위기를 피해 타고 왔던 차량으로 평양으로 되돌아가버렸다.

확실히 그날 밤 묘향산 별장의 분위기는 이상하였다. 경계병·호위병·경호원 등도 별로 눈에 띄지 않았다. 그러나 이런 분위기를 유심히 쳐다보는 사람은 아무도 없었다.

한편, 저녁 만찬이 처음 시작될 그 시간, 묘향산 별장 내실에서는 김일성 주치의 세 명 그러니까 내과 전문의, 이비인후과 전문의, 치과 전문의 이 세 사람 역시 식사를 하고 있었다. 그런데 왠지 분위기가 영 어색해 보였다. 내과 의사와 이비인후과 의사 두 명이 잔뜩 긴장을 하고 식사를 하는 둥 마는 둥 하고 있을 때 치과 의사가 껄껄 웃으면서 분위기를 바꾸었다.

"이보, 동무들 왜들 그래, 자! 술이나 한 잔씩 하자고."

그제야 두 사람이 웃으면서 술을 한 잔씩 쭉 들었다. 그런데 내과 의사, 이비인후과 두 의사가 서로 약속이나 한 듯이 돌아가며 치과 의사에게 집중적으로 술을 권하기 시작하였다. 물론 자기들도 가끔 한 잔씩 하면서, 그리고 10시 30분경 치과 의사는 과음을 한 탓으로 눈꺼풀에 힘이 없어 보였다. 그 때 내과 의사가 치과 의사를 보고는 말했다.

"이보게 동무, 눈 한숨 붙이게. 설마 저녁에 수령 동지께서 이빨 아플 일이 야 없겠지. 저렇게 군관 동무들과 술을 드시고 계시니 배나 목이 아픈 일은 있을지 몰라도 이빨 아플 일은 없겠지."

그 말이 끝나자 이비인후과 의사도 옆에서,

"그래, 치과 동무가 먼저 자라구. 수령님은 우리가 지킬 테니까 말이야."

하고 거들었다. 그러자 치과 의사는,

"그래, 그럼 그렇게 하지 뭐. 대신 내일 아침은 내가 일찍 일어날게."

그러고는 비틀거리며 자리에서 일어났다.

다시 김일성의 거실.

김일성은 여전히 흥분돼 있었다. 사실 리을설의 돌출 발언은 고의로 김일성 주석의 화를 돋우고자 작심한 듯 보였다.

"리을설! 이 새끼를 내가 너무 키웠어. 뭐라구! 인민군끼리 서로 싸우면 어떡하겠느냐고? 이 자식이 말을 너무 막 했단 말이야. 더구나 군 간부 모두가 있는 앞에서 나에게 감히 그런 이야기를 하다니…… 밥사발을 던질 것이 아니라 총으로 쏘아버렸어야 했어! 도선답기니 뭐니 하는 것 때문에 내가 보호해줬더니 간덩이가 너무 컸어. 안 돼, 이대로 그냥 놔둘 수 없어. 당장 내일이라도 처형을 해버려야 돼. 아니 아오지 탄광으로 보내버려야 해! 그리고 두고두고 괴롭혀야 돼!"

그러고는 독한 양주를 글라스에 잔뜩 따른 뒤 한 입에 꿀꺽 삼키고는 계속 씩씩거리고 있는 데 내과 의사가 들어와 말했다.

"수령님! 밤도 늦었는데 한숨 푹 주무시지요. 그래야 내일 또 업무를 보실 수 있지 않겠습니까? 제가 신경 안정제 주사를 한 대 놓아드릴 께요."

그렇게 해서 김일성은 내과 의사가 놓아주는 신경 안정제 주사를 맞고는 곧 깊고 깊은 잠에 빠져 들었다. 이미 술도 몇 잔 들이 킨 몸이 아니었던가?

그리고 밤 12시경, 내과 의사와 이비인후과 의사 두 사람은 또 다른 바늘을 깊이 잠들어 있는 김일성의 팔에 깊숙이 찔러 넣었다.

얼마 후, 일찌감치 잠이 들었던 치과 의사는 심한 갈증을 느껴 잠이 깼다. 순간 옆방에서 인기척이 들려왔다. 이상한 낌새를 느낀 치과 의사는 청진기를 꺼내어 옆방으로 통하는 문에 대어 보았다. 그러자 두 사람이 주고 받는 이야기 소리가 청진기를 통해 또렷이 들려왔다.

"이봐 동무! 빨리빨리 해. 혈액 봉지를 좀 더 낮추고! 수령 동지의 호주머니에 있는 문서도 잘 챙기라고."

사태의 심각성을 깨달은 치과 의사는 조용히 권총을 뽑아 실탄을 장착하고는 방아쇠의 안전핀을 풀었다. 바깥은 빗소리로 요란스러웠고, 가끔은 천둥소리도 크게 들리면서 번쩍번쩍하는 섬광을 내뿜었다. 하늘도 이 엄청난 사태를 지켜보고 있는 것일까? 치과 의사가 문을 활짝 열면서 소리쳤다.

"무엇하는 거야, 이 새끼들아! 수령님의 몸에서 손 떼고 바닥에 엎드려. 안 그러면 쏘아버리겠어."

두 손으로 꽉 쥔 권총이 부르르 떨렸다. 내과 의사가 휙 뒤로 돌아서며 저항하려하자 순간 총성이 울렸다. 그리고 연이어 권총에 남아 있는 실탄이 다 떨어질 때까지 두 사람을 향해 총을 쏘아 대었다. 천둥 번개 소리는 더욱 공포스럽게 울려 왔다. 총소리를 듣고 또 다른 옆방에 있던 군관이 총을 든 채 뛰어 들어와서는 끔찍한 상황을 보고 아연실색을 하였다. 이내 치과 의사로부터 사태를 파악하고는 곧장 봉화 진료소로 긴급히 전화를 하였고, 그 사이 치과 의사는 김일성의 팔에 꽂힌 바늘을 뽑아냈다.

봉화진료소에서 전화를 받은 사람은 인민 무력부 오금철 중장이었다. 그러나 전화를 하는 군관은 그런 일에는 신경을 쓸 겨를이 없었다. 그래서 그냥 전화에 대고 외쳤다.

"큰일 났습니다. 수령님께서 위독하십니다. 급히 헬리콥터를 보내 주셔야 되겠습니다."

"뭐야? 어떻게 위독한데? 옆에 의사는 무어해? 빨리 의사를 바꿔 봐!"

이윽고 오금철 중장과 치과 의사의 전화 통화가 시작되었다.

"수령님의 상태는 어떤가? 그리고 자네는 누군가? 어떻게 된 상황인가?"

"네, 저는 수령님의 치과 주치의입니다. 내과 의사와 이비인후과 의사가 수령님의 혈액을 뽑는 것을 보고 제가 사살하였습니다. 수령님을 지금이라도 진료소로 후송하여 혈액을 공급하면 살아날 수 있을 것 같습니다. 빨리 헬리콥터를 보내주십시오."

"알았네. 급히 보내도록 하겠네. 그동안 최선을 다해 수령님을 치료하도록 하게."

오금철은 즉시 리을설 사령관에게 전화를 걸어 군관이 전한 상황을 상세히 설명하였다.

리을설의 머리는 신속하게 회전하였다. 그리고 결정도 빨랐다. 리을설은 즉시 오금철에게 대처 방안을 지시하였다. 즉각 헬리콥터 한 대가 봉화 진료소에서 출발을 하였다.

한편 치과의사는 재빨리 혈액과 전기 충격기를 찾으러 바깥으로 나갔다. 그런데 항상 수령님을 따라다니던 혈액을 실은 리무진이 보이지 않았다.

'리무진만 있어도 그 속에 있는 혈액과 전기 충격기만 있어도 수령님을 살릴 수 있을 텐데.'라고 생각하면서 아무리 뛰어 봐도 리무진은 보이지 않았다. 이번에는 헬리콥터를 찾았다. 평소 김일성이 이곳에 머물 때면 항상 헬리콥터 3대가 비상 대기하고 있었다. 김일성의 전용 헬리콥터는 총 12대였다. 김일성이 공식적으로 헬기를 타고 움직일 때는 똑같은 헬리콥터 6대가 동시에 움직였다. 그러나 평소에는 3대가 움직이도록 되어 있다. 모두가 다 소련제 대형 헬리콥터인데 아무리 악천후라 할지라도 능히 뚫고 나갈 수 있고, 웬만한 미사일 공격도 자동으로 비껴가게 할 수 있는 유인 발열탄 발사 장치까지 부착되어 있었다. 그런데 그날 밤에는 보이지 않았다. 물론 봉화 진료소에 헬리콥터를 보내라고 연락은 하였지만 이곳에 있는 헬리콥터를 이용하면 훨씬 빠를 것 아닌가? 그런데 그 헬기가 1대도 보이질 않으니 이것이 어찌된 일인가?

그때 멀리서 헬기 한 대가 오는 것이 보였다. 치과 의사는 다시금 김일성 수령이 있는 곳으로 뛰어 갔다. 헬기에서 세 사람이 뛰어 내려 뛰어오고 있는 모습이 보였다. 치과 의사와 김일성을 지켜보고 있던 군관이 그들을 보고 빨리 오라고 손짓을 하였다. 그런데 헬기에서 내려 제일 앞장서서 뛰어오던 군관이 이 두 사람을 향해 권총을 발사하였다. 지극히 짧게 몇 발의 총성이 울리고, 두 사람은 그 자리에서 즉사하고 말았다. 곧이어 뒤따라온 군관들이 치과 의사, 군관, 내과 의사, 이비인후과 의사 이 네 사람의 시신을 헬기에 실었다. 그리고 헬기는 곧바로 남쪽으로 비바람을 헤치며 날아갔다. 그리고 2~3분 후 지상 어딘가에서 발사된 로켓포 한 발이 헬기에 명중을 하였고, 헬기는 숲속으로 떨어지더니 큰 불꽃을 뿜으며 폭발하고 말았다. 그렇게 해서 내과 의사 주머니에 있던 고문서도 불타고 말았다.

10여 분 후, 김일성 주석의 전용 헬기 2대가 별장에 착륙하였다. 이 때 남한의 오산 레이더 기지에서는 실제로 3대의 헬기가 움직이는 것이 모두 감지되었다.

도착한 헬기에는 세 명의 의사와 간호사가 타고 있었다. 그들은 숨을 헐떡거리고 있는 김일성 주석을 싣고는 봉화 진료소로 향하였다. 그리고 미리 대기하고 있던 사람들에 의해 즉시 비상조치를 받았으나 김일성은 이내 사망하고 말았다. 그때가 1994년 7월 8일 새벽 2시였다. 비상 응급조치를 하던 의사가 중얼거렸다.

'10분 정도만 빨리 도착하였어도 수령님을 살릴 수 있었을 텐데…….'

그날 오전 10시, 김정일 국방위원장을 비롯한 전 내각 각료와 군 고위 간부들, 당 고위 간부들에게 김일성 수령의 시신이 공개되었다. 시신은 아주 깨끗하였다. 총상이나 타박상 같은 외상은 전혀 없었다. 독극물에 의한 피부 반점 같은 증상도 전혀 없었다. 담당 의사의 설명으로는 튜브를 통하여 위 잔여물이나 대장의 잔여물을 채취하여 검사한 결과, 독극물 같은 외부요인적인 점은 전혀 발견할 수 없고, 혈액도 검사해보았으나 아직까지는 그 어떤 외부 요인은 발견할 수 없다고 하였다. 그리고 얼마 후 사인을 밝히는 '의학적 결론서'가 TV에 보도되었다.

"김일성 주석 동지의 질병과 사망 원인에 대한 의학적 결론서"

경애하는 수령 김일성 동지께서는 심장 혈관의 동맥경화증으로 치료를 받아 왔었다. 거듭된 정신적 과로로 1994년 7월 7일 심한 심근경색이 발생 하여 심장 쇼크를 일으켰다. 즉시 모든 치료를 하였음에도 불구하고 쇼크가 악화하여 1994년 7월 8일 새벽 2시에 사망하셨다.

장례식

....

정말 조용하였다. 평양의 거리는 이상할 정도로 조용하였다. 김일성 주석의 장례는 엄숙하고도 조용한 가운데 치러졌다. 그의 죽음에 이상한 의문을 품은 사람은 아무도 없는듯하였다. 17일 후면 남북 분단 이후 처음으로 남·북 정상 회담이 이루어지게 되어 있었으나 김일성 주석의 급작스러운 사망으로 그 일은 물거품이 되어 버렸다. 그의 장례는 조용히 치러졌다.

한 가지 이상한 점이 있다면 장례 위원회 명단에 리을설의 이름이 보이지 않았다. 서열 1위는 당연히 김정일이었다. 그리고 그 뒤를 이어 오진우, 강성산, 이종옥, 박성철, 김영주…… 9위 최광, 21위 연형묵, 26위 황장엽, 29위 김용순, 30위 김환, 35위 공진태, 39위 유미영, 40위 현준극. 당시 리을설의 위치를 본다면 적어도 서열 6위 내지 7위는 되어야할 것인데, 왜 리을설의 이름이 빠졌을까?

참고로 1998년 7월 8일 김일성 주석 4주기 추모식에서 리을설은 서열 7위, 1998년 9월 5일 제10기 최고 인민 회의 때는 서열 8위, 2000년 2월 25일 김정일 58회 생일 중앙 보고 때는 서열 4위로 오른 리을설이 왜 김일성 주석 사망 시 장례 위원회 명단에서는 아예 그 이름이 빠져 있었을까?

빌 클린턴

....

비록 김일성 주석은 사망하였으나 1994년 7월 8일, 즉 김일성 주석이 사망한 그 날, 스위스 제네바에서는 예정대로 제3차 북·미 고위급 회담이 진행이 되고 있었다. 우여곡절 끝에 북한 대표 강석주 제1외무차관은 경수로 핵발전소 2기와 중유를 요구하는 안을 내놓았다.

그리고 그해 10월 21일, 드디어 최종 합의에 도달하였다. 미국은 북한의 모든 요구를 들어줬다. 즉 1기에 거의 25억 달러나 소요되는 경수로 원자력 발전소 2기를 10년에 걸쳐 공사를 완료하는 것과 그 공사가 완료될 때까지 연간 50만 톤의 중유를 제공하기로 약속하였다. 그런데 이 당시 결정되었던 합의서에는 이해가 가지 않는 부분이 너무나 많다는 것을 조금만 관심 있게 지켜 본 사람이라면 쉽게 발견할 수 있었다.

첫째, 미·북 간에 체결된 것은 국가 간의 '조약'이 아니고 단지 '합의서'였다. 핵무기 개발이라는 문제와 천문학적인 자금이 소요되고 10년이라는 긴 시간을 요구하는 이런 중요한 문제를 왜 단순한 '합의'로 하였을까? 여기에서 한 가지 짚고 넘어갈 사항은 대부분의 나라에서는 '조약'은 국회의 동의를 얻어야만 가능한 사항이다. 그런데 당시 미국의 클린턴 행정부는 공화당이 장악하고 있는 의회에서 통과시킬 자신이 없었다.

그래서 '조약' 대신 '합의'라는 일종의 편법을 썼던 것이다. 그러나 조약과 합의의 차이는 엄청난 것이다.

국가 간에 '조약'이 지켜지지 않을 때는 자칫 전쟁으로 연결될 수도 있다. 그러나 '합의'라는 것은 한 쪽이 지키지 않으면 다른 한 쪽도 지키지 않으면 그만이다. 그것으로 끝나버리는 것이다. 결국 이 일은 2002년 10월, 북한이 핵무기 개발을 재개하고 있다고 판명이 되면서 결국 핵발전소 공사도, 중유 공급도 중단되어 버렸다.

또 하나의 사실은 부시 행정부는 북한의 핵 불장난을 아주 무시해 버렸다. 쉽게 말해서 북한이 핵탄두를 갖고 있느니 없느니 혹은 핵무기를 탑재 할 미 사일을 개발하느니 마느니 하여도 관심을 두지 않았다. 철저히 무시해 버렸 던 것이다.

그런데 클린턴 행정부는 왜 그런 북한의 요구 조건을 아주 성실히 승낙하 였을까? 그리고 북한은 이런 엄청난 대가를 받으면서 그들이 해야 할 의무 사 항은 무엇이었나? 그것은 오직 한 가지 '흑연 감속형 원자로 동결' 이것 하나 뿐이었다. 그것도 가동만 중지할 뿐이었다. 그리고 경수로 핵발전소가 완전 히 가동이 되면 폐기하기로 되어 있었다.

폐연료봉은 봉인하여 북한 밖으로 반출하기로 되어 있으나 그에 따른 반출 시기, 반출 방법, 반출 국가 등에 대한 구체적인 사항은 전혀 언급되지도 않 았다. 또한 가장 중요한 내용, 즉 '핵폭탄 제조 금지'라는 문구는 눈을 씻고 보 아도 없었다. 한 마디로 허점투성이의 합의였던 것이다. 실제로 북한은 이 합 의서의 허점을 최대한 활용하여 제2차 핵 위기가 연출된 2002년 10월까지 비밀리에 핵 개발을 강행하였던 것이다.

1994년 7월 8일 제3차 제네바 협상 이후 그해, 즉 1994년 10월 12일 미 클린턴 행정부는 대북한 문제에 대하여 어떤 결정을 내리지 않으면 안 될 시점에 이르렀다. 참으로 어려운 결단을 내려야 할 때가 온 것이다. 1994년 6월 17일 미국 동부 시간으로 AM 10시 30분 백악관 지하실 이스트 룸. 클린턴 대통령이 굳은 표정으로 회의장 안으로 들어왔다. 회의장에는 앨 고어 부통령, 크리스토퍼 국무장관, 페리 국방장관, 샤리카 쉬우빌 통합참모 본부의장, 울지 CIA국장, 칼루치 한반도 문제 담당 대사가 이미 대기하고 있었다. 그리고 오랜 시간 동안 논쟁이 벌어졌다. 전쟁이라도 할 것인가? 아니면 북한을 달래서 조용히 마무리를 지을 것인가? 그렇다면 북한의 요구 조건을 어디까지 들어줄 것인가? 등등의 현안들이 쏟아져 나왔다. 샤리카쉬우빌 통합참모 본부의장은 전쟁 가능성에 대한 여러 가지 경우를 설명하였다. 북한의 핵 제조 지역만 선별하여 정밀 폭격을 가하는 방안, 북한과의 전면전이 발발할 경우 등등의 상황을 설명하였다. 그리고 그 결과로 자칫 세계 3차 대전을 유발할 수도 있다는 의견도 제시되었다.

그러나 어느 하나 신통한 의견은 없는 듯하였다. 이때 칼루치 한반도 담당 대사가 입을 열었다.

"대통령 각하! 북한의 모든 의견을 아예 철저히 무시해 버립시다. 마치 부시 대통령 때처럼 아예 북한 자체를 무시해 버려야 합니다."

하긴 그 자리에 참석해 있는 사람들 중 북한이라는 곳, 그리고 그곳의 분위기 등을 가장 잘 파악하고 있는 사람은 칼루치 대사뿐이었다.

그는 이미 미국 협상단 대표로서 수없이 많은 북한 대표들과 접촉을 한 사람 아닌가? 그의 말은 계속 이어졌다.

"지금 북한은 김일성이라는 큰 기둥이 없어져 버렸습니다. 소련과 중국의 지원이 대부분 끊긴 북한은 정신적인 지도자도 사라져 버렸고 식량 부족으로 굶어죽는 사람이 수없이 생겨나고 있고 고통을 참지 못하는 일부는 중국으로 탈북을 하고 있고, 민심은 흉흉할 대로 흉흉해져 있습니다. 제가 보기에는 저 대로 가만히 놔두면 얼마 있지 않아 북한은 틀림없이 붕괴되고 말 것입니다.

물론 김일성 후계자로 그 아들인 김정일이가 있다고는 하나 지도자로서의 영향력은 김일성의 십분의 일도 못되는 실정입니다. 가만히 놔두면 저절로 붕괴해버리고 말 그런 나라에 왜 우리가 신경을 써야 하고, 엄청난 돈을 쏟아 부어야 합니까? 그렇다고 그들이 붕괴하기 전에 핵을 사용할 수 있느냐 하면 절대로 그러지 못합니다. 그들은 설령 핵을 가지고 있다고 하더라도 그것을 사용할 명분이 없습니다. 그것은 틀림없는 사실입니다."

칼루치의 진지한 그 말에 참석해 있던 모든 사람들이 고개를 끄덕이며 동의하는 듯하였다.

처음부터 끝까지 침묵을 지키며 의견을 청취하고 있던 클린턴 대통령이 칼루치를 쳐다보며 조용히 입을 열었다.

"이봐요, 칼루치 대사. 당신 말대로 북한이 붕괴하고 나면 그 다음에는 어떤 일이 일어날 것 같소?"

"당연히 북한은 한국에 흡수되고 한반도는 통일이 되겠지요."

칼루치는 당연한 듯이 대답하였다. 그 말을 들은 클린턴 대통령은 조심스럽게 아주 조심스럽게 다시 입을 열었다.

"여러분, 내가 미합중국 대통령이요. 대통령인 내가 왜 그런 생각까지 해보지 않았겠소. 나 역시 그것까지도 충분히 생각을 해 보았소. 그러나 내 생각과 대사와의 생각에는 큰 차이가 있는 것 같소 대사는 그들이 붕괴하면 곧 남한에 흡수 통일이 될 것이라고 생각하고 있지만 그것은 큰 오산이요. 일이 그렇게 쉽게 끝나기만 한다면 얼마나 좋겠어요. 그러나 한반도나 북한이 그렇게 단순한 곳이 아니에요. 다 알다시피 북한이라는 곳에는 세상에서 둘째가라면 서러워할 정도로 재래식 무기가 많은 곳이에요.

자! 폭동이 일어났다고 합시다. 당연히 그들을 진압하고자 군대가 출동할 것이고, 많은 사상자가 발생할 것입니다. 그리고 일부는 해외로 탈출을 시도할 것입니다. 휴전선에는 이미 수없이 많은 군인들이 지키고 있으니 탈출은 불가능해요. 제일 가능한 곳은 역시 중국입니다. 내 생각으로는 이백만 명 이상이 압록강을 건너 중국으로 탈출을 꾀할 것입니다. 다음이 바다로 나가는 것인데 많은 사람들이 작은 어선을 타고 동해를 건너 일본으로 향할 것입니다. 이 때 북한 함정은 이들을 막으려고 할 것입니다. 그러면 일본 군함은 이런 사실을 보고 구경만 하고 있을까요? 천만에요. 그들은 난민을 보호한다는 명목으로 결국 북한 군함과 충돌을 할 것입니다. 만약 이 과정에서 만에 하나라도 북한 해군과 일본 해군 사이에 충돌이 발생한다면 그를 빌미로 일본은 대규모 해군 작전을 펼칠 것이고, 나아가 일본 자위대가 어쩌면 북한에 상륙할지도 모릅니다. 일본이라는 나라는 충분히 그런 도발을 할 가능성이 있는 나라입니다. 아니 어쩌면 일본은 사태가 그렇게 되도록 기다리고 있는지도 모릅니다.

그러면 중국이라고 가만히 있겠습니까? 압록강 너머 난민을 구한다는 명목으로 분명 군인을 출동시킬 것이며, 서해에서 역시 동해 바다와 똑같은 사태가 일어날 것입니다. 러시아 역시 이런 사태를 가만히 지켜보고 있지만은 않을 것입니다. 이 와중에 휴전선에 있는 북한군 역시 자기들끼리 싸움을 벌일 소지가 충분히 있습니다. 그러다가 어느 누군가 남쪽을 향하여 총부리를 돌렸다고 합시다. 아마 휴전선 155마일은 순식간에 전쟁터로 변하고 말 것이며, 휴전선에 있는 무수히 많은 포대와 미사일이 일순간에 불을 내뿜을 것입니다. 서울은 곧 아수라장(阿修羅場:Asyra)이 되고 말 것이며, 우리 주한 미군도 어쩔 수 없이 북쪽을 향하여 공격을 하지 않을 수가 없을 것입니다. 사태가 이 지경으로 이른다면 차라리 단순히 남북 간에 전쟁이 일어나는 것보다 사태가 훨씬 더 심각해진다는 거예요. 단지 북한군과 남한군, 미군의 싸움이 아니라 일본, 중국, 러시아까지 개입되는 상황이 벌어질 것이라는 거예요. 이것은 무엇을 의미합니까? 바로 제3차 대전이 일어날 수도 있다는 이야기 아니겠어요. 설령 더 이상 전쟁이 확산되지 않고 북한 난민들이 무사히 중국, 일본에 안착을 하고 북한은 남한에 흡수 통일이 되었다고 봅시다.

그 후에 또 다른 문제가 있어요. 바로 중국·일본에 안착한 북한 난민들 문제예요. 그 난민들이 바로 중국·일본에 계속 있으리라고 생각해요? 아니면 그들이 대한민국으로 갈 것이라고 생각해요? 아니에요. 결국 그들의 최종 목적지는 바로 우리 미국이에요. 그러면 우리 미국은 그들을 거절할 수 있을 것 같습니까? 천만에요. 소위 말하는 인도적 차원에서 그들을 거절하지 못하고 이백만 명이 넘는 난민을 고스란히 떠안아야 한단 말이에요.

베트남 전쟁이 끝난 후 그 수많은 베트남 난민들이 다 어디로 갔습니까? 바로 우리 아메리카로 오지 않았습니까? 우리 아메리카는 그 난민들로 인해 얼마나 많은 비용이 들었습니까? 그리고 그 난민들 때문에 우리 미국 시민들이 얼마나 많은 일자리를 잃어버렸습니까? 그런데 베트남 난민과 북한 난민은 질적인 면에 있어서 근본적으로 틀려요. 북한 난민들은 무술로 잘 훈련된 반군인이란 말이죠. 그런 그들이 떼거지로 우리 아메리카에 몰려 왔을 때를 상상해 봅시다. 그들이 우리 사회에서 무슨 일을 벌일지 몰라요. 어쩌면 잘 조직된 갱단으로 변해버릴지도 모른다는 이야기입니다."

클린턴의 이 말이 끝나자 분위기가 일순간에 숙연해졌다. 얼마의 시간이 흐른 후 다시 클린턴 대통령이 입을 열었다.

"결론적으로 나의 이야기는 북한이라는 나라에서 전쟁이 일어나서도 안되겠지만 그렇다고 북한 스스로 붕괴되도록 못 본 체하고 놔두어도 안 된다는 이야기에요. 다시 말해서 그냥 이 상태로 지금 이 상태를 유지할 수 있도록 하는 것이 최 상책이라는 말이요. 그러려면 우리가 약간 바보스럽게 속아 주는 척하고 그들의 요구를 들어주어 북한의 체제가 최소한 유지될 수 있도록 해주는 것이 가장 최선의 방법일 것이요. 만약 우리가 이 시점에서 저들을 모른 체 해버린다면 결국에는 지금 우리가 그들을 조금 도와주는 비용의 백 배, 천 배를 손해 볼 것이란 말이오."

그리고 며칠 후 1994년 10월 21일, 미합중국 클린턴 대통령은 '조선민주주의 인민공화국 김정일 각하 귀하'라고 시작된 서한에서 '본인 책임 하에 결정된 「합의」는 반드시 이행한다.'라는 보증을 하였다. 그러나 이 소중한 북·미 간의 합의는 2001년 부시 대통령과 네오콘들의 출현으로 한 장의 휴지 조각으로 변해버리고 만다.

네오콘들은 이 미·북 간의 합의를 굴욕 합의, 혹은 굴욕적인 외교라고 폄하해버리는 이른바 ABC마인드(Anything But Clinton)로 몰아붙여 「합의」에 따른 경수로 핵발전소 공사, 중유 제공 등의 약속을 취소하여 버린다. 물론 이러한 조치의 주된 명분은 전혀 확인도 되지 않고 증거도 없는 「고농축 우라늄 계획」이었으며, '북한이 먼저 「고농축 우라늄 생산」으로 제네바 합의를 깨트렸으니 우리도 합의를 깨트리겠다. 따라서 경수로 원자로니 증유 제공, 경제 협력 등은 없던 것으로 하자.' 하는 것이었다.

여기서 우리가 주목해야 하는 단어가 있다. 바로 「고농축 우라늄 계획(HEUP)」이라는 단어이다. 이 말을 처음 쓴 사람은 네오콘의 선발대인 존 볼튼 미국무부 국제 안보 담당 차관(후에 주 UN 미 대사)이었다. 그는 어느 누구의 초청도 없이 2002년 8월 29일 한국에 와서 느닷없이 '북한이 1997년부터 추진해 온 고농축 우라늄(HEU)개발이 우려할 만한 수준에 이르렀다.'라고 말하면서 이 단어가 처음 사용되었고, 이 밑도 끝도 없는 한 마디가 지금 네오콘들이 미·북 간에 맺어진 「제네바 합의」를 깨어버리는 명분이 된 것이다. 고농축 우라늄을 만들기 위해서는 첫째, 천연 우라늄이 있어야 되고(북한에는 상당량의 천연 우라늄이 매장되어 있는 것으로 추측됨), 둘째로는 정련 시설이 있어야 되고, 셋째로는 바로 우리가 매스컴을 통해 너무나 많이 들어온 '원심 분리기'라는 설비가 있어야 하는데, 이 원심 분리기의 회전 속도가 발전소 터빈의 회전 속도와 비슷한 분당 약 2만 회이기 때문에 이 회전축을 지탱해주는 베어링이 아주 특별한 베어링이어야 하고, 회전축과 베어링의 틈새가 천분의 1밀리미터를 유지하는 아주 고도의 기술이 있어야 하고 넷째로는 몸통을 이루고 있는 알미늄 파이프가 있어야 한다. 그런데 이 베어링과 알루미늄 파이프는 북한 내에서는 생산할 기술도 없고 생산할 자재 및 공장도 없는 상태이다. 즉 전량 수입에 의존할 수밖에 없는 부품들이다.

참고로 일본 히로시마에 투하된 것과 같은 원자 폭탄 1개를 만들려면 약 30kg의 고농축 우라늄이 필요한데, 이를 위해서는 원심 분리기 1,000대를 1년간 1초도 쉬지 않고 풀가동해야 가능하다.

어쨌거나 지금 네오콘들이 주장하고 있는 북한의 '고 우라늄 농축 개발 (HEUP)'이라는 단어는 몇 년 후 슬그머니 단순한 '우라늄 농축 개발(EUP)' 바뀌 어 진다. 즉 순도 90%이상의 '고농축 우라늄(HEU)'이 어느 날 순도 3~4% '농 축 우라늄(EU)'으로 바뀐 것이다. 이런 사실은 어찌 보면 별것 아닌 것 같지만 사실 아주 중요한 문제이다. 다시 말해 네오콘들의 비열함을 표현해 주는 것 이다.

그날 이후

....

1994년 7월 8일, 김일성 주석의 사망 이후 북조선과 평양은 아주 평온한 듯 보였다. 그리고 권력의 이양은 외형적으로는 당연히 김정일에게로 넘어간 듯 보였다. 그러나 김정일은 암암리에 대외적인 문제만 관장을 하고 대내적인 문제는 김영남 상임위원장(최고인민회의 상임위원장)이 명목상 국가를 대표하는 자리에 있고 군부는 자연스럽게 리을설이 맡는 것으로 되어 있었다.

그리고 북조선은 적어도 겉으로는 아주 평온하고 조용한 듯 보였으나 조금만 더 유심히 살펴보면 쉽게 이해가 되지 않는 부분이 상당히 있었다. 물론 그 첫 번째가 앞서 이야기 한 대로 장례 위원회 명단에 리을설이 빠져있었다는 것이다. 북조선 내에서 그의 위상을 짐작해 본다면 적어도 서열 10위권 이내에는 있었어야 할 위치가 아니던가?

그 외에 1994년 7월 8일 이후에 발생된 몇 가지 사안을 간추려 보면 1994년 7월 14일 군 승진 인사 단행- 오요방, 원응희, 박재경을 상장에서 대장으로 승진,1995년 1월 1일 신년사-' 위대한 당의 영도를 높이 받들고 새해 진군을 힘 있게 다그쳐 나가자.'가 신년사의 주된 내용이었으나 막상 이 내용의 발표자는 김정일 국방위원장이 아니라 국방위원회 부위원장으로 있는 김일철 차수였다. 참고로 김일성 주석은 새해 신년사만큼은 직접 발표하였다.

1995년 2월 25일 인민 무력 부장 오진우 차수 사망.

1996년 3월 16일 중대장, 중대 정치 지도원 대회 - 평양 체육관에서 3월

15일과 16일 양일간 중대장 정치 지도원 2만여 명이 참석한 가운데 김정일 결사옹위와 김정일에게 생명을 맡기고 목숨으로 임무 완수를 외치며 유난히 김정일을 옹위하는 결의문을 채택하였는데 과연 이것이 오직 김정일 옹위만을 목적으로 하는 집회였을까?

1995년 7월 19일 인민 무력 부장 김봉율 차수 사망.

1995년 10월 8일 군 인사 승진에서 원수 승진 : 리을설, 차수 승진 : 조명록, 리하일, 김영춘, 대장 승진 : 김하규, 현철해, 상장 승진 : 오금철, 김희관, 윤정린, 리명수, 권기련.

1998년 1월 신년사 발표 - '붉은 기 높이 들고 새해의 진군을 힘차게 다그쳐 나가자.' 발표는 역시 국방위원장인 김정일이 아니라 부위원장인 김일철 차수였다.

1996년 8월 24일, 나진, 선봉 자유지역에서 제6군단(군단장 서관하 대장) 내의 일부 세력이 폭동을 일으켰음. 군단장 서관하 외 그의 측근 120여 명 처형.

1997년 2월 21일 인민 무력 부장 최광 차수 사망.

1997년 2월 28일 인민 무력부 제1부부장 김광진 차수 사망.

언 듯 보면 별일 없는 듯 보이는 일들이었으나 리을설의 이름이 장례식 명단에 빠져 있는 것도 이상스럽고 김일성 주석의 사망 후 일주일도 채 못된 7월 14일 군 승진 인사를 급작스럽게 단행한 것도 이상한 듯 보였다.

아무래도 김일성 주석의 사망으로 북한 내 전체가 어수선할 것이고, 특히 군부 내부에서도 분위기가 정상은 아닐 터인데 이렇게 단 세 명만 급작스럽게 승진을 단행하는 이유가 무엇일까? 평양 방어 사령관 오용방 상장을 대장으로 국가 안전 보위부 부부장 원응희 상장을 대장으로 호위 사령부 부부장 박재경 상장을 대장으로 급작스레 진급을 시켰으며, 또 한 가지 이상한 것은 1995년 신년사의 발표이다.

매년 정초에 고 김일성 주석은 직접 신년사를 발표함으로써 한 해의 중요한 역점 사업이나 사상적으로의 단결 강조, 대외적으로의 정책 방향등을 강조하고 제시함으로써 김일성 주석의 권위를 지켰다 그런데 왜 김정일 국방위원장은 대중 앞에서 전혀 연설을 하지 않는 것일까? 사실 북조선 내에서는 아무리 중요한 행사일지라도 김정일 위원장이 대중 앞에서 연설하는 모습은 단 한 번도 없었다. 왜일까? 어떤 이들은 김정일 위원장이 성격상 대중 앞에서 연설하기를 꺼려한다는 이야기도 있지만 꼭 그렇지만은 않은 것 같다.

일례로 2001년 1월 15일, 김정일 위원장이 중국을 방문하였을 때 중국의 주용기(朱鎔基) 총리의 만찬 석상에서 행한 연설을 보라. 상해시의 발전상을 하나하나 구체적으로 언급하면서 '예술과 같은 발전, 상상을 초월하는 변모, 천지개벽 같은 변화' 등등의 미사여구를 사용해가며 행한 연설을 보면 누가 감히 김정일 위원장을 연설하지 못하는 사람으로 폄하할 수 있겠는가? 그런데 북조선 안에서는 왜 연설을 하지 않는가?

그리고 이상한 점은 또 있다. 갑자기 김정일 위원장을 과분하게 옹호하는 군중집회를 자주 열고 있는가? 어떻게 보면 아주 당연한 듯 보이지만 뭔가 미심쩍은 부분이 많이 있어 보이는 것이 틀림없는 사실이었다. 그리고 막상 그 주인공인 김정일은 말 한 마디 없지 않은가? 마지막으로 이상한 점은 오진우 차수를 비롯하여 김봉율 차수, 최광 차수, 김광진 차수 등이 일정한 간격을 두고 사망했다는 점이다. 물론 나이가 고령인 점도 있다.

그러나 그들의 죽음에는 몇 가지 공통점이 있다. 첫째 모두가 건강한 상태에서 어느 날 갑자기 죽었다는 것과 모두가 봉화 진료소에서 죽었다는 점, 그리고 모두가 심장마비로 죽었다는 점이다. 김일성 주석 역시 사인이 심장마비였지 않는가?

병영 국가

....

김일성 주석은 떠났으나 그해 10월 21일, 미합중국 클린턴 대통령은 '조선 민주주의 인민공화국 김정일 각하 귀하'라고 시작된 서한에서 '본인 책임 하에 결정된 합의는 반드시 이행한다.'라는 서신을 선두로 이듬해 3월, 한반도 에너지 개발기구(KEDO)가 설립되고 4월에 북한·미국 간의 직통전화가 개통 되었으며, 6월에는 북·미 간 한국형 경수로 원자력 발전소 설립이 합의가 되고, 12월에는 드디어 북한 KEDO 간 경수로 원자력 발전소 공급 협정에 조인을 하였다. 결국은 리을설의 뜻대로 화력 발전소가 아닌 경수로 핵발전소로 결정이 된 것이다.

리을설! 그는 북조선 내에서 강성 군부의 실질적인 우두머리이자 사실상 북조선 전체를 이끌어가는 실세가 되었다. 그리고 북조선은 군부가 이끌어가는 병영 국가 즉 군인에 의해서 움직이고 있는 병영 국가로 점점 변모해가고 있었다. 그리고 어느 날 드디어 리을설은 김정일 국방위원장과 동등하게 북조선 내에서 두 사람밖에 없는 원수로 불리게 된다. 이제 리을설을 포함한 북조선의 권력층은 인민들에게 더 이상 희망이나 비전을 제시하는 지도층이 아니라 오직 지배를 통한 그들의 권력 유지에 급급한 집단으로 전락해버린 것이다.

그리고 김일성 주석이 그토록 아끼고 찾으려고 애쓰던 「서시비기 도선답기」의 비밀을 알고 있는 사람은 오직 리을설 자신 한 사람뿐이라는 것을 스스로 잘 알고 있었다. 그래서 김일성의 욕망은 자연스레 리을설에게로 전이가 되었다. 그는 땅굴 파는 방법을 버리고 도선대사가 말한 고성군 간성 앞 바다로 눈을 돌렸다.

그는 북조선 인민군 해군이 보유하고 있는 소형 잠수정에 눈독을 들였다. 다 알다시피 북한은 소형 잠수정을 상당히 많이 보유하고 있다. 일단 유사시에는 그들이 자랑하는 최고의 특공대를 이 소형 잠수정에 태워 남쪽 해안 군사 시설, 중요 산업 시설 등을 폭파하거나 남쪽 어느 한 도시를 공포의 천지로 만들 준비를 하고 있었다. 이제 인민 해군 잠수정 부대는 어느 때보다 더욱 바쁘게 움직이면서 새로운 극비 작전에 돌입하였다.

제1잠수정 침투사건의 비밀

....

1996년 9월 15일, 동해안 장전 앞바다에서는 16명의 특수부대 요원이 북조선 해군 리광수 대좌가 이끄는 잠수정 속으로 한 명씩 들어가고 있었다. 그들의 표정은 모두 돌덩이처럼 굳어 있었다. 이윽고 그들을 태운 잠수정은 조용히 남쪽으로 향하였고, 드디어 남쪽과 북쪽의 경계선을 넘어 고성군 간성 앞바다에 이르렀을 때, 잠수복을 입은 특수 침투 요원이 한 명씩 잠수정 바깥으로 나왔다.

이윽고 다섯 명이 나온 것을 확인한 선임자는 깊은 바다 속으로 내려가기 시작하였다. 그런데 놀랍게도 깊은 바다 속에는 바닷물이 스며들지 않도록 잘 포장된 무전기, 굴착용 수공구, 의약품 식료품, 개인 화기, 폭약 등이 깔려 있지 않은가? 그렇다면 이번 수중 침투 작전 이전에 이미 또 다른 잠수정이 침투하여 미리 필요한 군수품을 바다 밑에 두고 갔다는 이야기 아닌가? 실로 소름끼치는 일이었다.

한 가지 더 놀라운 사실은 그 깊은 바다 속 절벽 중간쯤에 밧줄 한 가닥이 늘어져 있는데, 그 밧줄은 절벽 중간쯤에 있는 좁은 동굴 속으로 계속 깔려있었다. 결국은 또 다른 잠수정이 이미 이곳에 와서 바다 속을 헤집고 다니면서 길도 찾아놓았고 필요한 물품도 준비해두었다는 이야기 아니겠는가? 일단 처음 잠수정에서 나온 다섯 명은 우선 밧줄을 따라 모두가 동굴 속으로 들어가 버렸다. 한꺼번에 많은 인원이 밖으로 나오면 발각될 것을 우려해서였다.

다시 잠수정 안에서 제2조 다섯 명이 잠수정 바깥으로 나오려고 해치를 열려고 하는 순간 잠수정이 한 바퀴 휙 돌아버렸고, 때문에 안에 있던 모두는 바닥으로 혹은 벽으로 나자빠지고 말았다. 그리고 잠수정은 한없이 어디론가 휩쓸려갔다. 동해 바다의 거센 조류에 휩쓸려 버린 것이다. 한참동안 정신없이 흘러가던 잠수정은 겨우 정상을 유지할 수 있게 되었다. 그리고 엔진을 다시 작동하여 얼마간 정상적으로 움직이는 듯싶더니 곧 쿵쿵거리며 제자리에서 이리저리 헤매다가 이내 어디에 '쿵!' 하고 부딪혀 버렸다.

마침내 잠수정은 완전히 정지해버렸고, 더 이상 운항이 어렵다고 판단되었을 때 그중의 몇 명이 바깥으로 나와 잠수정을 점검하기 시작했다.

어느 낯선 해변에 좌초된 잠수정의 뒤쪽 스크류에는 어부들이 사용하다 버린 그물이 잔뜩 감겨 있었다. 바깥으로 나온 몇 명은 스크루에 감겨 있는 밧줄을 풀어보려고 안간힘을 써 보았으나 밧줄은 꼼짝도 하지 않았다. 벌써 날이 밝아오는 새벽 4시경, 잠수정 안에 있던 나머지 병력 모두는 바깥으로 재빠르게 나와 길을 건너서 산속으로 들어가 버렸다.

그리고 1시간 후, 그 잠수정은 강릉 앞바다에서 어느 택시 기사에게 발견되어 군부대에 신고 되었고, 즉시 전군에 전투 비상령이 내려지게 되었다.

잠수정을 탈출한 그들은 산속으로, 산속으로 도주하며 북쪽으로 방향을 잡았다. 그러나 이미 그들 앞에는 비상령이 내려진 국군이 그들을 포위하고 있어 그들은 사살되든지 혹은 생포되는 운명에 처하게 되었다.

그러자 그 중 한 명이 결단을 내렸다. 그들 중 리광수를 포함한 14명은 운반조로서 단순한 해군이었고, 11명은 침투 공작 특수 요원이었는데, 그 11명은 어떤 일이 있어도 남측에 누설이 되면 안 되는 극비 사항을 안고 있었다. 따라서 단순 해군 14명은 계속 북으로 탈출을 하기로 하고, 나머지 11명은 서로 쏘아 죽이는 자살을 택하였다. 이 얼마나 무서운 자들인가!

북으로 탈주를 시도한 14명 중 12명은 우리 국군에 의해 사살되었고, 1명은 끝까지 북으로 도주하였으며, 1명은 생포되었으니 그가 바로 리광수라는 자였다. 끝까지 북으로 도주한 1명은 북조선에서 영웅 대접을 받으며 직접 리을설을 만나는 영광까지 얻었다. 그는 자신들이 겪은 모든 것을 상세히 보고하였다. 리을설은 기쁨을 감출 수가 없었다. 일단은 그가 바라는 동굴 속으로 특공대 5명을 침투시키는 데 성공한 것이 그를 기쁘게 했던 것이다. 조만간 그들로부터 좋은 소식이 올 것으로 기대하고 있었다.

제2잠수정 침투사건의 비밀

....

1998년 6월 22일 속초 동방 11.5마일 해상, 땅굴 속으로 특수 부대 다섯 명을 침투시킨 지가 벌써 열흘이 지났건만 그들로부터 어떠한 연락도 오지않았다. 분명 그들은 무전기도 갖고 있으련만 소식이 없는 것을 보니 혹 다른 불상사라도 생기지 않았을까 하는 불안한 생각이 들었다. 리을설은 조바심이 들기 시작하였다.

그러나 열흘이 지나도 한 달이 지나도 그들로부터의 연락은 없었다. 완전히 소식이 끊어진 것이었다.

리을설은 또다시 특공대를 침투시키기로 결심하였다. 역시 땅굴을 파는 것보다는 바다 속 깊숙이 숨어 있는 동굴을 이용하는 방법이 확실한 전략이었다. 그리고 이제는 동굴 입구 위치도 정확하게 알고 있지 않은가?

1998년 6월 22일, 또다시 특공대가 출발하였다. 이번에는 아주 작은 잠수정이 사용되었다. 출발 인원도 승조원 4명과 특공대 5명으로 구성했다. 그러나 그 잠수정은 불행하게도 남조선 영해로 들어선지 2~3시간 후 남조선 해안 경비대에 발각되어 공격을 받았고, 잠수정 속에 있던 9명은 되돌아갈 수도 없고 또한 작전에 성공할 수도 없음을 깨닫고는 생포가 되느니 스스로 자살하는 길을 선택하였다. 남측 해군에 의해 잠수정이 나포되었을 때 잠수정 안에는 시신 9구만 발견되었다.

제3잠수정 침투사건의 비밀

리을설은 거의 미쳐있는 것 같았다. 이성이 마비된 사람 같았다. 그의 눈은 충혈 되었고 그의 머릿속에는 바다 속에 있는 동굴만 아른거렸다. 그리고 밤마다 황금 기둥이 있는 동굴, 황금으로 둘러싸인 동굴 벽과 봉황새 꿈을 꾸었다. 때로는 그런 모습이 환상으로 나타나기까지 하였다. 옛날 김일성이 꾸던 꿈을 그대로 꾸고 있는 듯한 모습이었다.

그는 결심하였다. 또다시 바다 밑으로 특공대를 보내기로 결심하였다. 이 북조선에서 누가 감히 이 리을설의 뜻을 거스를 자가 있단 말인가! 이번에는 발각되기 쉬운 잠수정이 아니라 아예 1인용 수중 침투 추진기를 이용하여 한 명씩 침투시킬 계획을 세웠다. 그리고 전사들을 훈련시키기 시작하였다. 그러나 이 작전 역시 너무나 위험이 많았다. 아무리 잘 훈련된 그들의 특공대라 할지라도 수중 침투용 추진기 하나에 몸을 의지하여 깊고 차가운 먼 바닷길을 간다는 것 자체부터가 인간의 한계에 도전하는 모험인 것이었다. 급기야는 훈련 중이던 전사 한 명이 행방불명이 되었고, 며칠 후 그 전사의 시신은 수중 침투 추진기와 함께 남조선 동해안 어느 곳에서 발견되었던 것이니, 이 날이 1998년 7월 12일이었다.

제4잠수정 침투사건의 비밀

....

인간 욕망의 끝은 어디인가? 그렇게 수많은 젊은이들의 목숨을 희생시키고 도 리을설의 집념은 수그러들 줄 몰랐다. 아니 오히려 더 심해지는 듯이 보였다. 그는 또다시 새로운 작전을 구상하였다. 비록 동굴 입구가 동해 바다 밑에 있다고는 하나 이미 동해안은 남측 해군의 집중적인 경계를 받고 있었다. 드디어 리을설은 새로운 길, 즉 서해안을 지나 남해안을 거쳐 동해에 이르러 다시 북진하는 어렵고도 힘든 항로를 선택하였다. 그리고 어느 날 서해안 해주항에서 잠수정을 출발시켰다. 이 잠수정은 서해안을 무사히 통과하여 드디어 남해안에 이르렀고, 남해안을 무사히 통과하겠구나 하는 순간 여수시 임포리 해안에서 남측 해군에 발각되어 침몰하고 말았으니 이 날짜가 1998년 12월 18일 추운 겨울이었다.

싱가포르와 리콴유

....

〈싱가포르〉라는 나라를 모르는 사람은 아마 별로 없을 것이다. 나라의 면적도 아주 좁고 인구도 적은 나라임에도 불구하고 세계 어느 선진국보다도 큰 부를 누리고 있는 말레이시아 반도 끝자락에 있는, 우리나라 서울정도 면적의 아주 작은 항구 도시 국가이다. 물론 그 나라의 국부요, 총리였던 리콴유를 모르는 사람도 없을 것이다.

그는 말레이시아가 1957년 8월 영국으로부터 독립하기 한해 전부터 싱가포르를 영국과 말레이시아로부터 분리, 독립시켜 1956년 싱가포르 초대총리가 된 이후 1990년까지 재직하는 동안 싱가포르를 세계 부유국으로 만든 유명 인물이며, 현재 싱가포르는 그의 아들 리센룽이 총리로 있고 그는 아직도 내각의 선임 장관을 맡고 있다.

싱가포르를 둘러싸고 있는 인도네시아·말레이시아·태국·미얀마 같은 나라들이 넓은 땅과 풍부한 자원을 소유하고 있음에도 불구하고 저렇게 작은 싱가포르보다 못 사는 나라임을 볼 때 한 나라 한 민족을 이끌어 가고 있는 지도자 한 사람의 생각과 능력이 그 민족에게 얼마나 큰 영향을 끼치고 있는가를 크게 일깨워주는 좋은 본보기가 바로 싱가포르라는 나라를 통하여 여실히 증명되고 있는 것이다.

아세아에서 최고의 갑부는 누구일까? 바로 홍콩에 있는 청쿵 그룹의 리카싱 회장이다. 그는 그의 절친한 친구인 리콴유 싱가포르 전 총리의 이름을 따서 설립된 싱가포르 '리콴유 공공 정책 대학원'에 6,500만 달러를 2007년 2월에 기부하였다. 그런데 소문으로는 리콴유와 리카싱 회장은 친척이라는 말이 있기도 하다.

이 청쿵 그룹은 서울에도 그 지사가 있다. 그런데 1994년 3월 어느 날이 그룹의 사원 휴양소가 뜻밖에도 대한민국 강원도 고성군 간성 해안가 어디에 세워졌다. 물론 이 그룹은 서울에 지사도 있고 하니 사원 휴양소가 경치 좋고 물 맑고 공기 좋은 동해안 바닷가에 있다는 것은 전혀 이상하게 보일 것이 없다. 다만 이 휴양소를 찾는 건강한 사내들은 모두가 스킨스쿠버 다이빙을 아주 즐겨하는 듯하였고, 마치 무엇을 열심히 찾고 있는 듯이 바다 속을 헤매고 다녔다. 그리고 그 휴양소에 들어가면 큼직한 액자에 이런 문구가 쓰여 있는데 그 의미를 알고 있는 사람은 별로 없는 듯하였다.

'이사 본색불패(李斯 本色不敗).'

곰치

....

1996년 9월 17일, 동해안 바다 속 동굴에 진입한 다섯 명의 북조선 특공대는 일단 쉴 만한 곳을 찾았다. 그리고 그곳에 모인 다섯 명은 안도의 숨을 쉬면서 다음 조들이 오기를 기다리고 있었다. 그들 뒤로는 2개의 조가 더 오도록 되어 있었다. 두 번째 조 다섯 명과 세 번째 조는 총지휘관 한 명이 포함되어 여섯 명, 이렇게 도합 열한 명이 더 침투하기로 되어 있었다.

그런데 한참을 기다려도 다음 조는 오지 않았다. 시간적으로 보아도 벌써 올 만한 시간이 지났는데도 다음 조는 오지 않았던 것이었다. 물론 그들은 그들이 타고 온 잠수정이 동해 바다의 세찬 급류에 휩쓸리어 갔다는 사실은 알 수가 없었으나 직감적으로 그들이 타고 온 잠수정에 무슨 일이 일어났다는 사실은 충분히 짐작할 수가 있었다. 그러나 그들은 오래도록 기다리고 있었다. 혹시 올 지도 모른다는 생각 때문이었다. 하지만 그들은 결국 오지 않았다.

이제 그 다섯 명은 뭔가를 결정해야만 하였다. 그들에게는 두 가지 중 한 가지를 선택하지 않으면 안 되었다. 첫 번째의 선택은 그들이 들어온 입구로 다시 나갈 것이냐, 아니면 저 미지의 깊은 동굴 속으로 계속 들어갈 것이냐 하는 두 가지 중 한 가지를 선택하여야만 하였다.

사실 그들의 계획대로라면 열여섯 명은 일단 그들이 일차적으로 목표한 곳에 도착하고 나면 다시 동굴 입구까지 나와 바다 밑에 놓여 있는 장비와 물품들을 동굴 속으로 다 옮겨 놓고 그 동굴 속에 장기 체류할 준비를 갖추는 것이 그들의 첫 순서였고, 다음으로는 다섯 명씩 세 조로 나누어, 하루 24시간 땅굴을 파는 것이었다. 물론 방향은 당연히 북쪽을 향하는 것이었고, 땅굴을 파는 방법은 오직 사람의 힘으로 파야 하는 것이었다. 그래서 저 바다 밑에는 큰 망치를 비롯해 정, 곡괭이, 삽, 지렛대 같은 장비들이 준비되어 있는 것 아닌가.

그들의 선택은 당연히 계속 전진하는 것이었다. 하긴 그들이 들어온 동굴 입구로 되돌아간들 어찌하겠는가? 더구나 그들이 타고 온 잠수정도 어찌 되었는지 알 수도 없는 처지 아닌가. 그들 다섯 명은 동굴 속으로 한참을 들어가고 또 들어갔다. 그리고 이윽고 그들은 신천지를 발견하게 되었다. 실로 놀랄 만한 장관이 그들의 눈앞에 펼쳐졌던 것이다. 그러나 그들은 그들 눈앞에 펼쳐진 장관에 놀라고만 있을 수는 없었다. 그들은 해야 할 일이 많았기 때문이었다. 일단은 동굴 입구에 있는 장비들과 물품들을 안으로 옮기는 것이 급선무였다. 언뜻 보아도 다섯 명이서 이토록 긴 바다 밑 동굴을 지나 그 보급품들을 옮기는 것만도 상당한 시간이 걸릴 듯해 보였다. 그러나 그들은 서두르지 않고 침착하게 일을 진행하고 있었다.

그들 중 선임 군관, 그가 바로 한민석이었다. 그는 아주 냉정하면서도 당에 대한 충성심이 아주 투철한 유능하고도 유능한 인민군 군관이었다. 당연히 그는 그 휘하에 있는 네 명의 특공대를 잘 이끌어 나갔다. 그들 모두는 그 선임자의 지시에 따라 일사불란하게 움직였다. 그들이 해야 할 첫 번째 임무는 당연히 군수품을 동굴 속으로 안전하게 이동하는 것이었다.

한민석은 그 역시 지휘관이면서도 그 자신도 군수품을 옮기기 시작하였다. 그는 군수품 중에서도 가장 중요한 무전기를 품에 안았다. 그리고 동굴 속으로 헤엄쳐 들어가기 시작하였다. 앞 쪽에는 다른 전사들이 유연하게 헤엄쳐 들어가는 모습을 바라보면서 한민석도 맨 뒤 끝에서 그들을 따라 들어갔다.

한참을 들어가던 한민석은 갑자기 크게 당황하였다. 무엇인가가 자기의 발목을 세차게 물고 흔드는가 싶더니 그의 발목을 잽싸게 물고 동굴 안으로 끌고 들어갔다. 그의 오른쪽 발과 다리는 이미 좁은 동굴 속으로 빨려 들어가 있었고 왼쪽 발 다리와 몸은 동굴 바깥쪽에 매달려 있었다. 좁은 동굴 속에서 민석의 오른발을 꽉 물고 있는 녀석의 정체가 무엇인지 알 수는 없었으나 계속

물고 잡아당기는 그놈의 힘은 무지막지했다. 민석은 그 발과 다리를 빼내려고 안간힘을 써 보았으나 다리는 조금도 빠져 나오지 못하고 있었다. 다리의 통증은 더욱 고통스러웠고 이내 다리 부근에서는 붉은 피가 쏟아져 나오고 있었다. 민석은 이를 악물고 필사의 노력을 다하였으나 그놈은 한 치의 양보도 없는 듯하였다.

시간이 흐르고 또 흘렀다. 이미 산소도 다 소모가 되어 가는 듯한 느낌이 들면서 민석은 오른손으로 단검을 뽑아들고는 동굴 속으로 단검을 집어넣어 그녀석의 머리통이라도 푹 찔러버릴 듯 팔을 쭉 뻗어 보았으나 안타깝게도 그 단검은 그 녀석의 머리통까지 미치지 못하였다. 다시 한 번 발을 빼 보려고 안간힘을 써 보았다. 역시 마찬가지로 그놈은 더욱 세차게 민석의 다리를 잡아당기고 있었다.

이제 민석은 정신이 가물가물하였다. 산소통의 산소도 다 떨어져가고 다리의 고통은 이제 고통이라기보다는 이미 마비가 되어버린 듯하였다. 민석은 점점 정신을 잃어가고 있었다. 이것으로 모든 것이 끝이 나버리는 듯 싶었다. 그리고 어둠 이외에는 아무것도 보이지 않았다.

그 때였다. 그 칠흑 같은 어둠 속에서 한줄기의 선명한 빛이 보였다. 그 한줄기의 조그만 빛은 점점 큰 빛으로 바뀌는 듯싶더니 이내 눈이 부시도록 환한 빛으로 바뀌었다. 그리고 아버지, 어머니의 모습이 보였다. 생전에 한 번도 보지 못하였던 할아버지의 모습도 보였다. 모두가 빛나는 모습이었다. 너무나 아름답고 거룩한 모습이었다. 민석이 물었다.

"할아버지는 누구세요?"

"내가 바로 네 할아버지란다. 네가 가장 미워하였던 목사님이란다."

민석은 깜짝 놀랐다. 그가 생각하는 목사님 – 늘 검은 두건을 머리에서부터 발끝까지 둘러쓰고 사람들의 마음을 갉아 먹고 어두컴컴한 지하실에서 인체 실험을 하는 나쁜 마귀의 괴수 – 그가 늘 생각하고 있던 그런 목사가 아니었다. 그의 얼굴 표정은 보통 사람에게서는 느껴볼 수 없는 한없이 인자하고 무한한 사랑이 담긴 표정이었다. 그리고 그 할아버지 목사님이 살며시 손을 뻗어 민석의 손을 잡아당기는 것이 아닌가.

"자, 힘을 내어라. 그리고 항상 선한 목적과 예수님을 바라보는 생활을 하도록 하여라. 그리고 이 땅의 통일은 틀림없이 네 손으로 이루어질 것이다. 부디 어떤 큰 어려움이 닥치더라고 실망하지 말고 예수님을 믿고 의지하여라. 자 힘을 내어라."

그 순간 민석은 다시 한 번 다리에 큰 고통을 느끼었다. 그리고 온 힘을 다하여 오른쪽 다리를 빼내기 시작하였다. 드디서 민석의 오른쪽 다리가 서서히 좁은 동굴에서 빠져 나오기 시작하였다. 이윽고 민석의 발끝에는 지옥에서 방금 나온 듯한 악마의 눈을 하고 있는 한 마리 거대한 곰치가 허연 눈동자로 민석을 노려보면서 민석의 발을 꽉 물고 있는 모습이 보였다. 민석은 손에 쥐

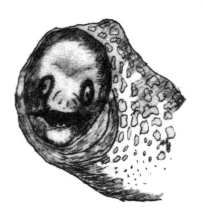

<곰치>

고 있던 단검으로 곰치의 목을 잘랐다. 검붉은 피가 그놈의 잘라진 목에서 쏟아져 나오고 있었다. 아나콘다의 몸집처럼 굵게 생긴 그놈의 몸통이 이리저리 비틀거리며 깊은 바다 속으로 빨려 들어가고 있었다.

그 순간 민석은 그가 안고 있던 가장 중요한 무전기를 놓쳐 버리고 말았다. 그리고 묵직한 그 무전기는 곰치의 잘라진 몸뚱이와 함께 깊고 깊은 바다 속으로 빠져들고 말았다.

한참 후 민석이 가까스로 동굴에 도착하였을 때 네 명의 부하들이 걱정스러운 표정으로 그를 기다리고 있었다. 지친 몸을 겨우 바깥으로 끌어내었을

때 민석의 발끝에는 허연 눈동자로 무엇인가를 잔뜩 노려보고 있는 흡사 악마와 같은 곰치의 머리통이 아직도 민석의 발을 물고 있었다.

장비와 물자의 이동을 끝낸 그들은 일단 충분한 휴식을 갖기로 하였다. 그러나 그들은 그들의 조국인 북조선과는 전혀 연락을 취할 수가 없었다. 그들의 유일한 연락 수단인 무전기를 잃어버렸기 때문이었다. 그것도 제일 선임 군관이 잃어버렸으니 참으로 막막한 일이었다. 그러나 어쩌겠는가?

휴식을 취하며 가만히 누워 있는 민석은 깊은 생각에 빠져 있었다. 나의 어머니, 아버지, 할아버지가 나타났던 그곳은 과연 어디일까? 이 세상에서 그토록 아름답고 거룩한 곳이 또 어디 있단 말인가? 그리고 태어나서 한 번도 보지 못하였던 목사님이라고 하셨던 그 할아버지는 정말 나의 할아버지일까? 어쩌면 그토록 인자한 모습일까? 내가 지금까지 알고 있던 목사라는 것과는 전혀 다른 모습이 아니었던가? 그리고 그 할아버지 목사님이 네게 손을 뻗어 나를 당겨줄 때 내 몸에서 나도 모르는 힘이 솟아올랐던 것이 사실 아닌가? 어디서 그런 힘이 갑자기 내게 생겨났단 말인가?

참으로 이상한 일이로다. 참으로 이상한 일이로다. 그리고 그는 그 목사님 할아버지가 그에게 한 말을 되새기며 깊은 생각에 잠기었다.

한참 휴식을 취하고 난 그들은 갖은 고생 끝에 황금 계단 동굴을 지나 드디어 황금 동굴에 이르렀고, 온 벽면이 번쩍번쩍 빛나는 황금으로 가득 찬 그곳을 힘차게 파 들어가기 시작하였다. 당연히 방향은 북쪽을 향하여 파들어갔다. 그들은 조금도 게으름이 없이 오직 당과 수령에 대한 열렬한 충성심으로 북쪽으로, 북쪽으로 동굴 파는 작업을 계속하고 있었다. 그들이 동굴 파는 일을 계속한 지도 어느덧 몇 년이라는 세월이 흘렀다. 그들은 수년 동안 열심히 동굴을 팠으나 그 결과는 실로 미미하였다. 순전히 인력으로 곡괭이, 망치, 삽 등등의 원시 장비로 깊은 땅속에서 동굴을 판다는 것 자체가 무리였던 것이었다. 그들은 지칠 대로 지쳤다. 모두가 힘을 잃고 용기도 잃었다.

그러나 그들의 선임 군관인 한민석은 그들은 격려하기도 하고 때로는 윽박지르기도 하면서 끝까지 안간힘을 쏟고 있었다. 그때였다. 갑자기 온 동굴 속을 진동시키는 총 소리가 수없이 울리면서 동굴은 파고 있던 전사 세 명이 비명도 지르지 못한 채 그 자리에서 쓰러졌다. 본능적으로 바위 뒤로 몸을 숨긴 민석과 또 다른 군관인 부선임자는 허리춤에서 지휘관용 권총을 뽑아 들었다. 총에 맞은 듯한 세 명의 전사는 이미 숨이 끊어진 듯 쓰러진 채로 꼼짝도 않고 있었다.

상황 파악이 필요했다. 누굴까? 이 바다 속 깊은 동굴 속에 자기들 외에는 아무도 없다고 생각하고 있었는데 저렇게 중무장을 하고 자기들을 공격한 저들은 과연 누구일까? 그러나 민석이나 또 다른 군관 한 명을 난처하게 만든 것은 그들의 자동화기인 AK-47 소총이 이미 저들에 의해 탈취 당했다는 사실이었다. 그들이 갖고 있는 무기라고는 오직 권총 두 자루와 몇 발의 실탄뿐이었다. 그런데 저들은 자동 소총으로 중무장을 하고 있는 것 아닌가? 그리고 저들이 과연 몇 명인지도 알 수 없는 일이 아닌가?

그 순간 돌멩이 같은 것 하나가 민석을 향하여 날아오고 있는 것을 보았다. 수류탄이 분명하다고 생각되는 순간 그들은 잽싸게 옆에 있는 작은 동굴 속으로 몸을 숨겼다. 큰 폭발 소리와 함께 또다시 무수한 총 소리가 동굴 속을 뒤흔들었다. 저들의 총공격이 시작된 듯싶었다. 아마 저들은 이쪽의 인원과 무기 상태를 이미 파악하고 있는 듯하였다. 그들은 막강한 화력으로 수류탄을 던져대며 민석과 군관 한 명이 숨어 있는 좁은 동굴로 서서히 포위망을 좁히며 다가오고 있었다. 그러나 두 사람은 감히 대항할 수도 없이 안으로, 안으로 도망갈 수밖에 없었고 적들은 계속 자동 소총을 쏘아대며 공격을 하고 있었다.

땅굴 재판의 진실

....

　바로 이때 땅 위 경기도 연천군 백학면 구미리 한 야산 중턱에서 이 마을에 사는 주민 이창근 씨는 실로 이상한 소리를 듣게 되었다. 그는 자기가 밟고 있는 땅속에서 이상한 소리가 나고 있음을 깨달았다. 그가 신경을 날카롭게 세운 채 귀를 땅에 대고 들어보니 그것은 총소리 같기도 하고 폭발음 소리 같기도 하고 아니면 땅 파는 굴착기가 땅을 팔 때 내는 에어해머의 연속적인 충격음 소리 같기도 하였다. 분명히 폭약이 터지는 소리, 총소리나 혹은 굴착기 소리 같은 것이 계속 땅 속에서 들려오는 것을 확인 한 그는 즉시 그 사실을 군 당국에 신고하였다.

　참고로 국방부는 남침용 땅굴 최초 발견자에겐 1억 원 이상의 포상금을 지급하도록 하는 내부 규정을 운영해 오고 있었다.

　이창근 씨의 신고를 접수한 국방부는 곧 땅굴 전문가, 지질학 전문가 등을 동원하여 이창근 씨가 지적한 일대를 중심으로 하여 그 부근을 샅샅이 조사하였으나 북한이 땅굴을 파고 있다는 어떤 근거가 없이 단지 자연 동굴만 몇 개 있다고 발표하였고, SBS TV측은 이 제보를 근거로 '휴전선 남쪽 12km에 위치한 연천군 백학면 지하 39m지점에 북한이 판 것으로 추정되는 땅굴이 발견됐다.'라고 보도하였다. 당시 한나라당은 '정부가 만약 땅굴의 존재를 알고도 은폐했다면 국민에게 큰 죄악을 저지른 것이라고 주장하였다.' 그러나 국방부는 재차 '인공 땅굴이라는 어떤 흔적도 없다.'라고 주장하였다.

　드디어 2006년 3월11일 서울 민사 지법 민사 92 단독 곽상현 판사는 '2003년 경기도 연천군 백학면 구미리 일대에서 땅굴을 발견했는데 포상금을 주지 않는 것은 부당하다'며 땅굴 진상 규명 시민 연대 이창근 기획 실장이 국가를 상대로 낸 포상금 신청 사건에서 '국가는 땅을 절개해 의혹을 해소하라.'는 조정안을 양 측에 제시하였다고 2006년 3월 11일 밝혔다.

땅굴 전쟁
....

그들은 점점 좁은 동굴 속으로 도망을 가고 있었다. 상대들 역시 계속 총을 쏘아 대며 두 사람을 향해 추격을 하고 있었다. 민석과 부군관은 갖고 있는 권총의 실탄을 아껴가며 한 발씩 위협사격을 가하는 수밖에 없었다. 안으로, 안으로 계속 쫓겨 가던 두 사람은 드디어 동굴 끝 막다른 곳에 이르렀다. 두 사람은 일단 큰 바위 뒤에 몸을 숨겼다. 만약 저들이 이쪽의 사정을 알고 수류탄이라도 몇 개 던져버리면 어떻게 될까? 실로 절망적인 상황에 이르렀다. 순간 민석의 머릿속에는 이상스러운 영상이 떠올랐다. 민석의 아버지, 어머니 그리고 할머니가 아무도 모르게 하나님 아버지! 예수 그리스도이신 주여! 주여!를 외치며 눈물까지 흘리며 이상한 모습으로 누구에겐가 애원하듯 하는 모습이 떠올랐다. 그리고 바다 속 동굴에서 민석의 할아버지 목사님이 민석의 손을 잡아당기며 하셨던 말씀이 생각이 났다.

"자! 힘을 내어라! 그리고 항상 선한 목적과 예수님을 바라보는 생활을 하도록 하여라. 그리고 이 땅의 통일은 틀림없이 네 손으로 이루어질 것이다. 부디 어떤 큰 어려움이 닥치더라도 절망하지 말고 예수님만 믿고 의지하여라. 자 힘을 내어라!"

이윽고 민석은 그토록 세게 잡고 있던 오직 마지막 무기요 보호 장비인 권총을 그대로 땅바닥에 내려놓고 그의 어머니가 그의 아버지가 그의 할머니가 그렇게 하였듯이 그도 두 손을 모으고 애원하기 시작하였다. 물론 민석은 그 행위가 '기도'라는 것인지도 알지 못했다. 또한 민석은 자기 의지에 따라서 하는 행위인지 아니면 자기도 모르는 어떤 영감(靈感)에 이끌려하는 행동인지 아니면 최후의 절망적인 상황에서 우러나오는 인간의 본능인지 알 길이 없었으나 어쨌건 인간이란 인간의 힘으로 해결할 수 없는 절망적인 난관에 봉착하게 되면 자연스럽게 인간 이외의 초능력적인 존재에 의지해보고자 하는 욕구가 있는 것은 사실인 듯싶다.

민석은 '주님, 제가 지금 너무나 절망적인 상황에 처해 있습니다. 엄청나게 무섭고도 강한 적들이 저희를 포위하고 있습니다. 저희는 더 이상 도망 갈 곳도 없습니다. 저들에게 대항할 힘도 무기도 없습니다. 주님이신 예수 그리스도시여! 우리가 이 어려운 난관을 이겨내고 헤쳐 나갈 수 있도록 하여 주옵소서.'라며 간절히 애원하였다. 그 순간 동굴 끝이라고 생각되던 뒷벽의 큰 바윗돌 하나가 안으로 쑥 빠지더니 또 다른 좁은 동굴이 나타났고, 그 속에서 다급한 목소리로 그들을 부르는 음성이 또렷이 들려왔다.

"빨리 이곳으로 들어오시오. 어서!"

그러면서 마치 두 사람을 낚아채듯 새롭게 생긴 좁은 동굴 속으로 누군가가 그들을 잡아 당겼다. 그리고는 조금도 지체함이 없이,

"자, 다들 나를 따라 오시오."

하면서 그는 앞장서서 그들을 인도하였다.

조금 후 앞장서 가는 그 사람을 자세히 살펴보니 머리카락과 수염이 허연 백발노인이었고, 한 손에는 기다란 지팡이를 짚고 걸어가고 있었는데 걸어가는 그 모습이 몹시 절뚝거리고 있었다. 태어날 때부터 소아마비에 걸렸던가 아니면 다리를 다쳤는지 알 수는 없었으나 아무튼 그 노인네의 걸음걸이는 심하게 절뚝거리며 몹시 불편해 보였다.

이윽고 얼마 후 그 노인네는 절뚝이던 걸음을 멈추고는 뒤를 돌아보았다. 천장의 작은 구멍으로부터 어렴풋이 비쳐지는 빛줄기에 모습을 드러낸 그 노인네는 인자스러운 표정에 엷은 미소를 띠며 두 사람을 바라보고 는 입을 열

었다.

"지금부터는 아주 조심스럽게 발걸음을 옮겨야 돼. 당신네들이 걷고 있는 발밑으로는 천길만길도 넘는 함정 동굴이 수없이 많이 있어. 아주 조심하지 않으면 바로 지옥으로 간다네."

사실이었다. 그들 앞에는 깊이가 얼마나 되는지 헤아릴 수 없는 크고 작은 동굴이 아주 수직으로 뻗어 있었다. 한 번 빠져 들어가면 저 노인의 말대로 바로 지옥행인 듯해 보이는 동굴들이 입을 벌리고 있었다.

민석은 번뜩 새로운 작전을 짰다. 군관과 노인네를 먼저 함정 동굴을 피해 저쪽으로 보내고 군관으로 하여금 큰 소리로 실탄이 떨어졌다고 외치게 하였다. 그리고 민석은 작은 동굴 속으로 몸을 숨겼다. 몇 명의 무리가 총을 쏘아대면서 숨어 있는 민석 앞으로 뛰어가고 있는 것이 보였다. 얼마 후 무리 중 몇 명이 함정 동굴 속으로 떨어지는 비명소리가 들림과 동시에 민석은 권총으로 정조준 사격을 하였다. 앞서 가던 부군관 역시 뒤돌아서서 사격을 하기 시작했다.

민석은 적들이 놓쳐버린 자동 소총과 수류탄 몇 개를 손에 넣었다. 그리고 그들을 향하여 맹공격을 가하였다. 이제 적들은 양면 공격을 받고 우왕좌왕하는 듯 보였다. 그리고 민석은 몇 발의 수류탄을 던졌다. 그리고 얼마 후 메아리치는 큰 비명 소리와 함께 그들의 공격도 일단은 멈추는 듯해 보였다.

상황이 끝이 난 것 같았다. 민석과 군관이 완승을 하였던 것이었다. 그리고 쓰러진 자들의 정체를 알아보기 위해 쓰러진 시신들을 조사하여 보았다. 그리고 그 시신들 등에는 큰 용의 무늬와 함께 '李斯 本色不敗'라고 써 있었으나 민석은 그 의미를 알 길이 없었다.

이윽고 새로운 큰 동굴에 세 사람이 다다랐다. 이 큰 동굴은 그 입구가 아주 여러 곳인 듯해 보였고 그들이 들어온 곳은 그 여러 개의 입구 중 하나에 불과한 것 같았다. 그리고 두 사람은 또 한 번 섬뜩 놀라지 않을 수가 없었다.

그곳에는 아주 큰 세 마리의 죽은 새 뼈가 잘 정리된 듯이 보인 채로 놓여 있었다. 송진으로 만든 큰 횃불의 어른거리는 불빛에 그 세 마리의 큰 새 뼈는 지금이라도 일어날 듯해 보였다. 민석이 그 노인네를 향해 물었다.

"노인네는 도대체 누구이신데 이곳에 혼자 살고 계신지요. 그리고 이 동굴에 사신지는 얼마나 되셨고 연세는 또 어떻게 되셨는지요?"

사실 궁금한 것이 너무나 많았다. 그 노인네는 천천히 입을 열었다.

"나는 일제 강점기 때, 그러니까 조선과 일본이 합병이 되던 그해 1910년 6월 평양에서 태어났다네. 나의 아버지는 이찬형으로서 보통 나의 아버지를 효봉 스님이라고 부른다네. 나의 아버님은 일찍이 평양 고보를 졸업하고 일본 와세다대 법대를 졸업하여 사법 고시에 합격한 후 조선 고등부 판사를 지내셨지. 그런데 나의 아버님은 조국을 찾고자 독립운동을 하던 독립군 몇 명을 체포하여 그들에게 사형을 선고하였다네. 결국 나의 아버지 고등법원 판사이신 이찬형 판사님은 그 일로 인하여 괴로워한 나머지 나와 나와 어머니를 버려둔 채 혼자 방랑의 길을 떠나 버리셨다네. 나는 이 일로 인하여 늘 주위 사람들로부터 배신자의 자식이라는 손가락질을 받으며 살아왔다네. 그러던 중 나의 아버님은 금강산 어느 절에서 승려가 되어 효봉 스님이라는 법명을 받고 승려 생활을 하고 있다는 소문을 들었네.

그리고 어느 날, 나는 아버님을 찾아뵙고 싶은 충동으로 금강산에 들어왔다네. 그리고 금강산에 있는 유점사라는 절에서 아버님을 찾아뵙게 되었고, 딱 하룻밤을 아버지와 유점사 절에서 보낸 다음 날 아침, 아버지는 다시 혈혈단신으로 어느 곳으로 떠나 버렸다네. 이후 나는 금강산 신계사 보운암에 머물며 수행을 하고 계시던 '석두화상' 스님의 수발을 들며 나 역시 스님의 길을 걷고자 하였다네. 이 유명하신 석두화상 스님은 나의 아버지이신 이찬형에게 계(戒)를 내리시고 손수 아버님의 머리를 삭발까지 해주셨다네. 나 역시 이런 석두화상 스님께서 언젠가는 나에게도 계(戒)를 내려 주실 것으로 기대하고 있으면서 석두화상 스님의 시중을 열심히 들고 있었다네. 그러던 중 어느 날 6.25 전쟁으로 인하여 유점사는 물론이거니와 작은 암자들까지도 폭격으로 인하여 모두가 다 파괴가 되었고 석두화상 스님을 비롯하여 모든 스님들이 뿔뿔이 흩어져 버렸다네. 그런데 내가 석두 스님을 모시고 있을 때 석두 스님께서는 금강산 구룡폭포 절벽 중간에는 참선을 하기 좋은 동굴이 하나 있는데 아버지이신 효봉 스님도 한 때는 그 동굴 속에서 수행한 적이 있다는 말씀을 들은 바 있다네. 폭격으로 절이 완전히 파괴된 후 나는 곧바로 구룡폭포 절벽을 기어올라 그 굴을 찾았고 이후 근 열흘 동안을 굴속에서 헤매다가 절벽 아래 큰 강을 발견하였다네. 그리고는 그 절벽을 타고 내려오다가 절벽 중간에서 큰 구렁이의 공격을 받고 절벽 아래로 떨어지면서 이렇게 다리를 크게 다쳤다네. 물론 시간이 지나면서 상처는 나았지만 이렇게 불구가되어 살아가고 있다네. 나는 그때 전쟁이라는 것이 얼마나 무섭고 인간이라는 존재 자체가 얼마나 악하고 잔인한 존재인지 깨달았다네. 부처님을 모시는 절간마저도, 그것도 이천 년이나 버텨 온 그 거룩한 절간까지 마구 포탄을 쏘아 대는 인간의 잔인함을 보았다네. 포탄으로 인하여 그 웅장하던 절간도 그 자비스러워 보이던 불상도 이천 년이나 비바람을 맞으면서도 고고하게 서 있던 불탑마저도 한 발의 포성 앞에서는 눈 깜짝 할 사이에 한줌의 재로 변해 버리는 그 허무함을 나는 내 눈으로 똑똑히 보았고 인간의 잔인함을 내 몸소 겪었다네. 나는 아직도 그때의 일을 잊지 못한다네. 포탄으로 그 큰 절이 완전히 폭삭 가라앉고 온 천지가 불길로 붉게 타고 있는데 불타고 있던 나무 기둥과 기와 조각에 깔려 있던 어느 스님이 '나 좀 살려 달라'고 고함을 지르기에 내가 뛰어 가보니 이미 그 스님의 팔 하나는 잘려나가 버렸고, 몸통과 다리가 얽히고설킨 나무 기둥과 기와 조각 아래 끼어 있었는데 나는 그 피투성이가 된 스님을 살려보려고 나무 기둥을 이리저리 치우고 겨우 그 스님을 빼내고 있을 때 하늘에서 조그만 폭격기 한 대가 오더니 그 위에 또 폭탄을 퍼붓는데 나도 그 때 죽을 뻔하였다네. 이미 포격으로 잿더미가 된 그 절 위에 또 비행기가 와서 포탄을 퍼붓는 모습이 나는 인간의 참모습인 것을 깨달았네. 그리고 또 이렇게 동굴 속에서도 총을 쏘아 대고 수류탄을 던지고 서로 죽이고 죽는 모습들을 동굴 멀리서 나 혼자 지켜보고 있었다네. 그 때 나는 '전쟁이 아직도 끝나지 않았구나' 하는 생각이 들었다네. 그리고는 사실 아무것도 안본 채 나 혼자 피해버리려고 했다네. 그런데 좀 더 가까이 가서 자세히 보니까 분명 쫓는 자가 있고, 쫓기는 자 바로 자네들이 있더라고. 한참 지켜보고 있는 데 쫓기는 자네들은 분명 조선인인 듯하였는데 쫓는 자들의 말소리를 들어보니까 분명히 조선인이 아닌 것 같더라고. 그들이 쓰는 말을 들어보니까 일본말 같기도 하고 중국말 같기도 하더라고. 그래서 조선인인 자네들을 구해주기로 했다네. 알다시피 나는 이곳 동굴에 오래 살았기 때문에 이곳 동굴 하나하나를 내 손바닥 보듯이 알고 있다네. 사실 몇 년 전에는 한밤중에 나 혼자 살그머니 바깥으로 나가보기도 했다네. 아름다운 달빛 아래에서 반짝이는 별들을 바라보고 있는데 달빛 사이로 몇 마리의 산돼지 무리가 뛰어노는 것을 보았다네. 호기심 삼아 그 산돼지 무리를 바라보고 있는데 갑자기 큰 포탄 소리와 함께 그 산돼지떼가 산산조각이 나는 모습을 내 눈으로 똑똑히 보았다네. 그리고 나는 얼른 굴속으로 다시 돌아와 버렸다네. 분명 전쟁이 아직도 끝이 나지 않았구나 하는 생각이 들었다네. 그 이후로는 바깥세상으로 나가고 싶은 마음이 추호도 없어졌다네. 그리고 나는 이곳에서 불경을 외고 참선을 하며 그리고 이 새들의 영혼을 위로하며 줄곧 이곳에서 살아왔다네."

그 노인네의, 아니 그 스님의 말을 다 듣고 난 민석은 다시 한 번 물끄러미 세 마리의 큰 뼈들을 살펴보았다. 그 스님은 다시 말을 이었다.

"행여 내가 죽으면 나도 이 새들과 함께 묻어주게. 이 새들의 영혼과 함께 영원히 쉬고 싶다네."

그러면서 그 노인은 조용히 옆에 있는 목탁을 집어 들더니 낭랑한 목소리로 지그시 눈을 감은 채 염불(念佛)을 하기 시작하였다.

탁탁탁……탁탁탁탁탁탁탁……탁타타타타타타타……

정구업진원	입으로 지은 죄를 깨끗이 하는 진언
수리수리마하수리 수수리 사바하	
수리수리마하수리 수수리 사바하	다섯방향 호법선신을
	평안히 모시게 하는 진원
수리수리마하수리 수수리 사바하	오방내외 안위제신 진언

나무사만다 못다남옴 도로도로 지미 사바하……탁탁탁탁탁……

개경게	경전을 펼치며 기원하는 부처님 찬양송
무상심심미묘법	가장 높고 오묘하고 깊고 깊은 부처님 법
백천만겁 난조우	백천만겁 지났건만 만나 뵙기 어렵구나
아금문견 득수지	제가 이제 다행히 보고 듣고 깨달으니
원해여래 진실의	부처님의 참뜻 바로 알게 할지어다.
개법장 진언	진리의 법문을 여는 진언

옴 아라남 아라다

옴 아라남 아라다

옴 아라남 아라다

천수천안 관자재 보살 광대원만	천수천안 관음보살 크고 깊고 원만하신
무애대비심 대다라니 계청	걸림 없는 대비심게 신묘법문 펼치소서
계수관음 대비주	관음보살 대비주께 머리 숙여 절합니다.

원력홍심 상호신	그 원력이 크고 깊고 상호 또한 거룩하사
천비장엄 보호지	일천팔의 장엄으로 온 세상을 거두시고
천안공명 변관조	일천 눈의 혜안으로 온 세상을 살피시며
진실어중 선밀어	참된 말씀 베푸시어 선하고 비밀한 뜻
	보이시고
무위심내 기비심	선량한 마음으로 자비심을 펼치소서

한민석과 부군관, 이 두 사람은 전사다. 북조선 아니 세계에서 최고의 전사요, 특공대다. 이 지구상에서 북조선 인민공화국 인민군 전사처럼 혹독한 훈련을 받는 나라는 없다. 이 두 사람은 그곳 특공대 중의 특공대이다. 그들은 최고의 명사수다. 그들은 단 3초 만에 사람의 목뼈를 부러뜨려 사람을 죽일수 있다. 그들은 건물 옥상에서 밧줄에 거꾸로 매달려 내려오면서도 주위에 있는 적들을 향해 정확한 조준 사격을 할 수가 있다. 그들은 20m 떨어진 곳에서도 단검을 던져 상대를 죽일 수 있다. 그들은 25kg의 군장을 메고 하룻밤에 40km를 달릴 수 있다. 그리고 24시간 내에 120km를 행군할 수 있다. 그들은 400m의 강물을 30분에 횡단할 수 있다. 그들은 그야말로 최고 인간병기이다.

지금까지 그들이 보고 듣고 생각한 것은 오직 총 소리, 군화 소리, 기합 소리, 군가 등이었고, 오직 조국과 김일성 김정일 당에 대한 충성심만으로 가득차 있었다. 그리고 그들은 철저한 유물론자다. 그들은 오직 눈에 보이는 것만 믿는다. 그들은 오직 형이하학적인 것에만 집중하고 있었다. 그런 그들이 지금 이름도 잘 알지 못하고 누구인지도 잘 알지 못하는 어느 노 스님의 염불을 듣고 있는 중이다. 생전 처음으로 그들은 낭랑한 목소리의 염불에 도취되어 버렸다.

세상에 이리도 평온한 목소리가 있단 말인가? 세상에 이리도 엄숙한 분위기가 있단 말인가? 스님의 낭랑한 목소리는 조그만 목탁에서 우러나오는 소리와 완벽한 조화를 이루며 때로는 강하게 때로는 약하게 때로는 높게 때로는 낮게 때로는 장엄한 듯 때로는 호소하듯 잔잔히 울려 퍼지면서 두 사람의 거친 혼(魂)을 부드럽게 쓰다듬고 있었다. 그리고 그들은 점점 형이상학적인 인간으로 변모하고 있었다.

울고 싶었다. 엄마 품에 안겨 실컷 울고 싶었다. 그리움이 왈칵 밀려들었다. 지난날들의 기억들이 하나하나 머릿속을 스치며 지나갔다. 괜스레 알 수 없는 설움이 북받쳤다.

그들은 깨달았다. 이 세상에는 눈에 보이는 것 외에 분명히 눈에 보이지는 않지만 눈에 보이는 것보다 더 중요한 무엇이 있음을 깨달았다. 총도 단검도 군화 소리도 김일성 수령도 당도 조국도 아닌 말로 표현할 수 없는 그 무언가가 분명 존재하고 있음을 깨달았다. 스님의 낭랑한 염불은 계속되고 있었다.

원차종승 변법계	원컨대 이 종소리 세상에 울려 퍼져
철위유암 실개명	철위산속 깊고 깊은 지옥 모두 밝아지며
삼도이고 파도산	지옥아귀들이 고통을 여의고 지옥 무너지며
일체중생 성정각	일체 중생 바른 깨달음 이루어지리라

대방광불 화엄검
대방광불 화엄검
대방광불 화엄검

약인욕요지	사람이 부처님을
삼세일체불	온전히 알고자 할진데
응관법계성	응당 법계의 성품을 깨달으라

일체유심조   일체가 오직 마음에서 나온 것이니라
나무아미타불 나무아미타불 나무아미타불

그리고 어느 날 스님의 낭낭한 목소리가 그쳤다. 목탁 소리도 그쳤다. 세상 목숨을 다한 인간의 표정이 어찌 저리도 평화스러울고…….

민석과 부군관은 스님의 소원대로 세 마리의 큰 새 뼈와 함께 조용히 장례를 치렀다. 그리고 그들이 다시금 황금 동굴 호숫가에 다다랐을 때 그들은 깜짝 놀라지 않을 수가 없었다. 호숫가에 하얀 소복을 입은 한 여인이 피투성이가 된 채 쓰러져 신음을 하고 있었던 것이다.

권력 투쟁

....

1996년 9월말 북조선 김정일 위원장 집무실. 김정일 국방위원장은 리을설 앞에 한 장의 신문을 펼쳐 보였다. 남조선 대한민국의 어느 신문이었다. 신문에는 북조선에서 침투한 잠수정 한 척이 동해안에 좌초되어 있는 모습의 커다란 사진이 일면 머리기사로 채워져 있었고, 신문의 모든 면은 이 잠수정 침투 사건으로 가득 차 있었다. 북측의 무장 간첩이 남측 국군들과 총격전을 벌이는 장면에서 자살한 열한 명의 무장 간첩 내용, 생포된 리광수의 모습 등등이 온통 신문에 가득 차 있었다. 김정일 위원장이 조용히 입을 열었다.

"이봐요. 리을설 동무! 여기 보다시피 우리 해군 잠수정이 남조선에 침투했다는데 어떻게 된 일이요. 자세한 내용을 한번 이야기 해보시오."

김정일의 이야기를 듣고 있던 리을설은 아무 말도 없이 묵묵히 신문만 쳐다보고 있었다. 한참의 시간이 흘렀다. 침묵의 시간이었다. 이윽고 리을설이

약간 험악한 표정으로 그러나 그의 시선은 여전히 남조선에서 온 신문만 바라보면서 말했다.

"남쪽 아이들이나 미 제국주의 놈들이 우리 북조선이 곧 망할 것이라고 지껄이고 있으니 이제 우리 전사들의 충성심이 얼마나 강한지 보여줘야 하지 않겠습니까? 이 지구가 멸망하더라도 우리 조선인민 공화국은 절대로 붕괴하지 않을 것이라는 것을 확실히 보여줘야 하지 않겠어요?"

그러자 김정일 위원장이 곧장 되물었다.

"그렇다고 그렇게 수많은 우리 인민군 젊은 전사들을 그처럼 죽음으로 몰아넣었단 말이요?"

그리고 또다시 침묵이 계속되었다. 얼마 후 조용하고도 차분한 목소리로 김정일 위원장이 리을설을 향해 말했다.

"이보시오, 리을설 동무. 물론 리을설 동무가 우리 공화국을 위해 얼마나 헌신하고 있고 또 우리 공화국을 얼마나 아끼고 있는지 잘 알고 있소. 그러나 현 세계가 우리처럼 이렇게 고립이 된 상태로는 더 이상 버틸 수는 없는 처지 아니요. 알다시피 나는 김일성 수령님이 세상을 떠나신 후로는 국정의 뒤켠에 있었던 것이 사실이오. 그러나 지금 우리 공화국의 어려운 처지를 볼 때 내가 이렇게 한걸음 물러나 있는 것이 좋은 일만은 아닌 것 같소.

앞으로 나는 적어도 대외 문제만큼은 내가 직접 나서서 좀 더 적극적으로 닫힌 문호를 개방할 것이오. 그래야만이 우리가 처한 이 현실을 헤쳐 나갈 수 있으리라 생각하고 있소. 어차피 군은 리을설 동무가 잘 이끌어 주리라믿소만 다시는 남측에 무력으로 우리의 목적을 달성하려고 하는 일은 절대로 있어서는 안 될 것이오. 다시 말하지만 앞으로 나는 남조선이든 미국이든 어떤 나라든 간에 그들과 대화하고 타협하여 우리 북조선이 처한 이 어려움을 극복해 나갈 것이오. 그렇게 하려면 다시는 이번 사태와 같은 일이 일어나지 않도록 해야 할 것이오. 앞으로 리을설 동무가 잘 협조해 주기를 부탁하겠소."

그리고 두 사람은 헤어졌다. 그리고 2년이 지난 후 1998년 2월 대한민국에서는 김대중 대통령이 취임하면서 새로운 남북 관계가 이루어지게 되었다.

정주영과 소떼

실로 형언할 수 없는 환상적 현상이었고 일대 장관이었다. 그 누구도 흉내 내기 어려운 세계적인 대 이벤트였다.

1998년 6월 16일 남한의 현대 그룹 정주영 회장은 그가 키우고 있던 한우 500마리를 트럭에 싣고 판문점을 통과하여 북쪽으로 갔다. 그리고 넉 달 후 또 501마리를 싣고 판문점을 넘어갔다. 도합 1001마리였다. 온 세계가 이 세기적인 광경을 보고 놀라고 또 놀랐다.

그날 밤 김정일 위원장은 남쪽의 대사업가인 정주영 회장을 백화원 영빈관으로 초대하였다. 물론 소 떼 1001마리에 대한 감사의 뜻도 있었지만 남조선과의 경협을 통하여 북조선의 어려운 경제 현실을 타개하기 위한 광범위하고도 전반적인 문제를 의논하기 위해서였다.

이 자리에서 김정일 위원장은 정주영 회장이 펼쳐놓은 방대한 계획에 감탄을 금할 수가 없었다. 총 2,000만 평 규모의 공단을 8년 내에 완성한다는 엄청난 계획에 놀라지 않을 수가 없었다. 김정일 위원장은 내심 '과연 배포가 보통 큰 사람이 아니구나! 보통 사람들 같으면 소 한 마리 가지고도 아옹다옹할 터인데, 소 1,001마리를 덥석 내놓는 것을 볼 때 배포가 큰 사람이라고 생각은 하였으나 정 회장이 펼쳐놓은 이 계획서를 보니 소 1,001마리는 또 아무것도 아닌 것이로구나. 과연 세계적인 사업가가 다르기는 다르구나!' 하는 감탄을 금할 길이 없었다.

김정일 위원장은 마지막으로 정주영 회장에게 물었다.

"그래요. 정말 야심차고 웅대한 계획에 나도 정말 놀랍소. 나 역시 정 회장의 이 계획이 하루속히 실행이 되기를 바라는 바요. 우리 북조선과 현대가 합심하여 이 계획이 순조롭게 실행된다면 우리 북조선에도 큰 도움이 될 거요. 이제 이 계획이 순조롭게 실행되기 위해서 우리가 도와주어야 될 일이 무엇이 있겠소?"

이에 정주영 회장은 대강 몇 가지를 정리해 놓은 듯한 메모지를 보면서 말했다.

"우선 금강산 관광객을 태우고 오가는 유람선이 정박할 수 있도록 장전항을 개방해 주셔야 하고, 공단 건설은 해주보다는 개성이 훨씬 입지 조건이 좋으니 그것을 허락해 주셔야 하고, 또 공단 건설이 완공되면 그곳에서 일할 근로자가 대략 35만 명 내지 40만 명 정도가 있어야 할 텐데 과연 그런 노동력을 공급할 수 있지가 저로서는 의문이 됩니다."

이 때 김정일 위원장은 아주 단호한 표정으로 정주영 회장을 향해 서슴 없이 대답을 하였다.

"좋소이다. 개성을 내주겠소. 어차피 개성은 6.25 이전에는 남쪽 땅이었으니 남측에 돌려주는 셈치고 개성을 내주겠소. 장전항의 개방이 필요하다면 얼마든지 개방을 하겠소. 마지막으로 노동력 공급 문제인데 어차피 팔 년 후면 남과 북이 평화를 공존하면서 군축이 이루어질 것이고 우리도 그때는 군 복무 기간을 점차 단축하여 필요한 노동력을 충분히 공급 할 수가 있을 것이오."

김정일 위원장의 단호한 대답에 정주영 회장은 마음속으로 '이제 드디어 무엇이 제대로 되어가는 구나. 앞으로 정말 큰 희망이 보이는구나!'라고 생각하였다. 그리고 그날 저녁 김정일 위원장이 베푸는 만찬이 시작되었다.

분위기는 한없이 좋았고, 낮에 회의 형식으로 마주했을 때와는 다르게 서로서로 막걸리도 한 잔씩 권하는 유쾌한 분위기가 이어졌다. 약간 취기가 오른 정 회장이 김정일 위원장에게 한 잔의 술을 권하면서 정주영 회장 자신의 어린 시절을 이야기 하였다.

"원래 저는 강원도 고성군 통천면이 제 고향입니다. 제가 어릴 때 살던 집 뒷산이 금강산이었어요. 저는 어릴 때 그 금강산 계곡에서 목욕도 하고 물장구도 치면서 놀았어요. 그런데 그때 어린 제 마음에 늘 이런 생각을 했어요. 나는 언제쯤 저 금강산 꼭대기에 한 번 올라 가볼 수가 있을까? 언젠가는 나도 저 금강산 꼭대기에 한 번 올라가 보아야지! 늘 이런 생각을 하고 있었는데 어느 한 여름날 그 어린 나이에 아마 내가 열세네 살 때쯤이라고 생각이 되는데, 어쨌건 나는 혼자 금강산 꼭대기에 올라 갈 마음을 먹고 아침 일찍 출발을 했어요. 내 딴에는 제법 준비를 한다고 주먹밥 몇 개와 삶은 감자 몇 개를 보자기에 싸서 어깨에 길게 두르고는 혼자 열심히 산으로 올라갔습니다. 내 생각으로는 금강산이 아무리 높아봤자 아침 일찍 올라가면 금강산 꼭대기에 오르고 빨리 오면 해 떨어지기 전에 집에 도달할 수 있을 것이라 생각했지요.

그런데 그것이 얼마나 잘못된 계산인지 나도 몰랐어요. 어쨌거나 저곳이 꼭대기다 싶어 올라 가보면 또 저 옆으로 더 높은 꼭대기가 있고 이렇게 몇번을 하다가 길을 잃어버렸어요. 날은 벌써 어둑어둑해지는데 어디가 어딘지 도통 알 수가 없더라구요. 그러다가 한밤중이 되어버렸는데 늑대 울음소리가 들리고 무섭기도 하고 으스스 춥기도 한데 마침 조그만 동굴이 하나 보였어요. 옳다 됐다! 싶어 그 동굴 속으로 들어갔는데, 입구는 아주 좁은데 조금만 들어가 보니 꽤나 넓은 동굴이었어요.

첫날밤은 거기서 잤지요. 다음날 새벽에 일어나서 나오려고 했는데 가만히 보니 동굴 끝이 보이지가 않아요. 그리고 은근히 오기가 생기더라고요. 이왕 금강산 꼭대기 가는 것은 틀렸고, 저 동굴 끝이 어디쯤인가 싶은 생각이 들어 조금만 더 조금만 더 하면서 들어간 것이 이제는 나오는 길조차 찾기가 힘들어져 버렸어요. 왜냐하면 들어가면서 또 다른 동굴이 양 옆으로 한두 개가 더 있었는데 내 딴에는 길을 잊지 않으려고 돌로써 표시도 하고 했는데도 헷갈리더군요. 그리고는 계속 깊게, 깊게 들어가게 되었는데 이제는 밤인지 낮인지 구별도 못하겠고 이제 죽었구나 하고 생각하는데 멀리서 허연 무엇이 어렴풋이 보이더라고요. 이젠 살았다 싶어 빠르게 뛰다시피 그곳에 도착해보니 무슨 별천지가 나오더라고요. 내가 도착한 곳이 절벽 꼭대기인데 절벽 한참 아래 시퍼런 강물이 흐르고 있고 천장 위로는 땅 위로 통하는 조그만 구멍이 몇 개가 있는데 그 구멍으로 햇빛이 들어오고 그 구멍에서 물방울이 떨어지는데 꼭 보석이 하늘에서 떨어지는 것 같더라구요. 한참 정신을 잃고 멍하니 그곳을 쳐다보다가 문득 정신을 차렸는데 이제는 제가 저 절벽을 타고 아래로 내려가 봐야 할지 아니면 그냥 여기서 되돌아 가야할지 망설여지더군요. 그런데 솔직히 겁이 났어요. 내가 절벽을 타고 저 아래로 내려가면 다시는 올라오지 못하고 그곳에서 죽을 것 같더라구요. 그리고 한참을 더 그곳에서 그 웅장한 모습을 바라보다가 다시 되돌아 왔어요. 되돌아올 때도 얼마나 많은 고생을 했는지 발은 온통 피투성이였고, 무릎이나 팔꿈치는 다 벗겨졌는데도 아픈 줄도 몰랐어요. 우선은 동굴 바깥으로 나오는 것이 급선무였으니까요. 어쨌건 죽을 고비를 몇 번이나 넘기고 나서 겨우 동굴을 빠져나와 집에 도착을 했는데 집에 돌아오니까 집에서는 난리가 났어요. 아들 잃어버렸다고 온 동네가 난리가 났더라고요. 그리고 내가 어머니께 물었어요. 내가 집을 나간 지가 며칠이나 되었냐고요? 그랬더니 우리 어머니가 나를 부둥켜안고는 '아이고 이 놈의 자식아, 니가 집을 나간 지는 오늘로써 꼭 열흘째다 이 녀석아. 그래 그동안 어디에 갔다온거냐?' 이러더라고요."

술을 한잔 쭉 들이켜고 난 정주영 회장이 다시 말을 이었다.

"그때가 지금으로부터 벌써 육십 년이 훨씬 넘은 이야기인데 나는 아직도 그때 그 동굴 속 광경을 잊을 수가 없어요. 깊은 동굴 속에서 본 별천지는 아마 내가 죽어도 잊을 수가 없을 거예요."

그리고는 급하게 술을 한 잔 들이키고는,

"제가 김 위원장님께 솔직히 말씀드리는 것은 내가 그 일을 아직도 잊지 못하고 있기에 제가 금강산 관광을 이렇게 끈질기게 추진하려고 하는 하나의 원인이 되기도 한답니다. 저는 늘 마음속으로 언젠가는 내가 꼭 그 동굴 속 별천지를 다시 한 번 찾아갈 것이라는 마음을 단 한시도 잊은 적이 없어요. 그리고 하루속히 통일이 될 날만을 기다리고 있었답니다."

정주영 회장의 이야기를 아주 흥미롭게 듣고 있던 김정일 위원장이 조용히 물었다.

"그러면 정 회장은 그곳이 지금 어디쯤인지 기억을 할 수가 있겠습니까?"

그러자 정 회장이,

"글쎄요. 참 안타까운 것이 그곳이 정확히 어디인지를 잘 모르겠어요. 십년이면 강산도 변한다고 했는데 강산이 여섯 번도 넘게 변해서인지 잘 모르겠어요. 그러나 그곳이 금강산 남쪽 어디쯤에 있는 것은 확실한 것 같아요. 사실 그때 내가 좀 더 철이 들었다면 그곳의 정확한 위치를 표시라도 해두었을 텐데, 그때는 우선 살아서 집에 돌아오는 것이 더 급선무였거든요."

늦은 밤까지 이어진 유쾌한 만찬은 조용히 끝났다. 그리고 그해 10월 말 정주영 회장은 다시 소 떼 501마리를 끌고 북으로 갔다. 정주영! 그는 정녕 세기적인 대장관을 연출한 우리들의 영원한 영웅이었다.

북의 방해꾼 군부 강경파

....

정주영 회장이 소 떼를 몰고 북으로 온 후 며칠이 지난 6월 20일 김정일 국방위원장은 국방위원회 위원을 비롯한 노동당 간부, 내각 각료들, 군 고위 간부들을 소집하였다. 그리고 짤막하지만 단호하게 말했다.

"솔직히 말해 지금 우리 공화국은 아주 큰 어려움에 처해 있다는 것을 이곳에 모인 여러분들은 이미 알고 있을 것입니다. 이 어려움을 타개할 수 있는 길은 오직 한 가지 밖에 없습니다. 바로 우리 공화국의 문호를 개방 하는 것뿐입니다. 이제는 이 세계가 문을 꼭 닫고는 살 수 없는 세상이 되었습니다. 따라서 나는 우리 공화국의 최고 책임자로서 우리 인민들을 위하여 다음과 같은 몇 가지를 시행하기로 결정하였습니다. 첫째 금강산 관광을 개시하도록 하고 이를 위하여 장전항을 개방하도록 할 것이며, 첫 관광객이 올해 11월 18일자로 입항하게 될 것입니다. 둘째로 개성을 남조선과 합작하여 공업 단지로 조성할 것입니다. 아울러 현재 개성에 배치되어 있는 우리 인민군의 모든 부대 및 군사 기지를 후방으로 철수시킬 것입니다. 이 모든 일들이 우리 공화국 인민들을 위한 어쩔 수 없는 선택임을 이해해주시길 바랍니다."

말을 마친 김정일 국방위원장은 어떤 토론이나 질문도 받지 않고 나가버렸다. 즉 어떤 대화나 토론이 아닌 일방적인 결정이었고 통보였다.

리을설은 화가 머리끝까지 치솟았다.

"뭐라고? 지금 저 친구가 제정신인가! 원산항도 열어줄까 말까 하는 판국에 장전항을 개방한다고? 그러면 장전항에 정박해 있는 우리 함정들은 모두 어디로 보내야 한단 말인가? 개성을 송두리째 내어주겠다고? 해주도 내줄까 말까 하는 판국에 개성을 내어 준다고? 이거야말로 완전히 정신 나간 짓 아닌가? 그런데 그곳을 내어준다고? 그러면 그곳에 있는 우리 인민군 지휘소, 장거리 포대, 미사일 기지 모두를 후방으로 후퇴시켜야 된다는 것 아닌가? 이것이야말로 완전히 정신 나간 짓 아닌가?"

리을설의 분노는 극에 달한 것 같았다.

"그런데 이런 중요한 결정을 하면서 군부와는 한마디 협의도 없이, 그리고 이 리을설에게는 일언반구도 없이 혼자 결정을 해버렸다고? 안 돼, 안되지,

그렇게는 안 되지, 암! 안 되고말고! 이 리을설이가 있는 한은 절대로 그렇게 되도록 그냥 두지는 않을 거야!"

그리고 리을설은 비록 복사본이기는 하였으나 '서시비기 도선답기'를 품속에서 꺼내어 유심히 바라고 있었다. 그리고 다시금 마음속으로 굳게 다짐을 하였다.

"안 돼, 절대로 그렇게는 안 돼! 내가 절대로 이대로 물러서지 않을 거야."

그리고 이틀 후 즉 6월 22일 이른 새벽, 바로 장전항 어느 부두에서 아홉 명의 특공대를 태운 조그만 잠수정 한 대가 소리 없이 깊은 바다 속을 헤치며 남쪽으로 향하고 있었다. 그러나 불행스럽게도 그 잠수정은 남쪽의 속초 앞바다에서 발각이 되어 버렸고, 얼마 후 스스로 목숨을 끊은 아홉 명의 시신과 함께 그 잠수정은 남측 어느 어부의 그물에 걸린 채 남측 경비정에 의해 발견이 되었다. 이것이 바로 제2잠수정 침투사건이었다.

다시 김정일 위원장의 집무실. 남측의 신문 보도로 인하여 북조선 제2잠수정 침투사건을 알게 된 김정일 국방위원장은 곤혹스럽고도 당황스러웠다. 이제 남측의 금강산 관광 개통식이 바로 눈앞에 다가왔는데 또다시 이런 사태가 벌어지다니 정말 기가 막힐 노릇이었다. 그러면서도 마음속으로는 '제발 이일로 인하여 금강산 관광 계획이 무산되지는 않아야 할 텐데! 내가 리을설에게 더 이상 무력 도발 행위는 하지 말라고 그렇게 당부를 했는데도 마치 보란 듯이 일을 벌이고 있구나!' 그러면서도 김정일 위원장은 '일단 내가 한 번 더 참아보자. 그래, 이번에는 일단 내가 모른 체 해보자. 그러면 리을설도 느끼는 바가 있겠지. 내가 이런 문제로 하나하나 그들과 다툰다면 사태가 오히려 악화될지도 몰라. 어쨌거나 이번 일 만큼은 모른 체하고 있어 봐야겠어.' 그리고 김정일은 스스로 속마음을 달래고 있었다.

바로 이 때 리을설은 내심 회심의 미소를 짓고 있었다. 그로서는 이 두 번째 잠수정 사건이 여러모로 유익스러웠다. 그 첫째가 '서시비기 도선답기'에 나오는 동굴을 찾기 위한 후속 특공대 투입이었고, 두 번째로는 설령 첫 번째 목적달성이 실패하더라도 금강산 관광 계획을 지연시킬 수 있는 효과를 얻을 수 있고, 셋째로는 북조선 군부가 엄연하고도 확실하게 존재하고 있다는 것을 남조선에게 알릴 수 있고, 넷째로는 김정일에게 '모든 일이 당신 뜻대로만 되지는 않을 것이라는 확실한 경고'의 효과를 얻을 수 있는 것이었다.

그리고는 분명 김정일 위원장으로부터 어떤 항의가 올 것이라고 내심 생각하고 있었다. 만약 그렇게 되면 적어도 장전항, 개성 문제만큼은 김정일에게 그 부당성을 거론할 수 있는 기회가 되고 잘만 하면 그 문제를 빌미로 또 다른 어떤 조건을 얻을 수 있는 여지도 있을 것이라고 생각하고 있었다. 그러나 리을설의 생각과는 달리 며칠이 지났는데도 김정일로부터 어떤 연락도 오지 않았다. '그래, 아예 나를 무시하겠다 이거지, 어림도 없어.' 이런 생각을 한 리을설은 즉각 다음 행동에 들어갔다. 며칠 후 즉 7월 12일 남조선의 신문에는 또다시 북한의 잠수정 침투 사건이 크게 보도되었다.

김정일 국방위원장은 이런 일련의 사태들이 금강산 관광 계획에 차질이 일어나지 않도록 즉각 현대 측과 긴밀한 연락을 하였다. 그 결과 이런 문제들이 있었음에도 불구하고 금강산 관광 계획은 순조롭게 진행이 되었다.

드디어 1998년 11월 18일 밤. 대한민국의 동해항에는 감동적이고도 역사적인 전야제가 열렸다. 정주영 회장을 비롯한 826명의 관광객을 태운 유람선이 첫 출발을 하는 전날이었다. 밤하늘은 온통 아름다운 불꽃으로 가득했고 금강산 관광 첫 행운의 주인공이 된 826명 모두는 하나같이 설레는 마음을 억제할 길이 없었다. 주위는 온통 축제 분위기였고 출발을 알리는 유람선의 뱃고동 소리가 힘차게 울릴 때 이 모든 광경들은 전파를 타고 온 세계로 전해졌다.

이 금강산 관광 행사야말로 역사적으로 볼 때 너무나 큰 새로운 장막이 열리는 뜻깊은 행사임에 틀림이 없었다. 그리고 이 사건으로 인하여 남북관계는 새로운 시대가 왔으며, 이 사건으로 인하여 남북 간에는 정치적으로 군사적으로 경제적으로 서로가 큰 이익을 얻을 수 있는 아주 좋은 계기가 되었다.

사실 얼마 전까지만 하더라도 미국의 강경파, 즉 네오콘(신 보수주의자)들 사이에서는 북한의 '금창리 지하 핵 시설 의혹'이 제기되고 있었고, 북한의 대포동 미사일이 일본 열도 너머로 발사되어 일본 우익과 미국의 네오콘 그리고 한국의 우익 강경파들 사이에는 북한 핵시설에 관한 정밀 공중 폭격을 주장하는 등 남북·북미·북일 관계 등 한반도를 둘러싼 위기가 최고조에 이르고 있었다. 또한 남한의 경제는 IMF로 인하여 외국 투자가들이 한국에 투자하기를 극히 꺼리는 입장이었고, 문민정부의 뒤를 이어 출범한 국민 정부는 출범한 지 8개월이 지났음에도 불구하고 남북관계는 물론이거니와 IMF 극복방안도 자리 잡지 못한 난감한 입장에 처한 때였다.

그러나 1988년 11월 18일 금강산 관광으로 인하여 위의 모든 어려움들이 일시에 해소되어 버렸던 것이었다. 그 첫 번째가 안보 불안 때문에 한국에 대한 투자를 꺼리던 해외 투자가들의 마음을 크게 변화시켰고, 얼어붙어 있던 남북 관계는 새로운 장을 여는 시작점이 되었으며 한반도를 둘러싼 긴장이 일시에 해소되어 버렸고, 모든 절망들이 희망으로 바뀌는 순간이었다. 역시 남북 관계는 '선민후관(先民後官)'으로 풀어가는 것이 최선의 방법인 듯싶었다.

그러나 이 순간에도 이맛살을 찌푸리며 냉소적인 웃음을 흘리는 몇몇 사람들이 있었다. 그리고 그들은 결코 이런 사태를 가만히 앉아서 지켜보지만은 않았다. 바로 그해 추운 겨울 12월 17일 대한민국 전남 여수시 임포리 앞바다에 침투한 북한의 잠수정 한 척이 한국 경비정에게 발각되어 도주하던 중 격침되는 사태가 발생하였고, 이내 북한 특공대 1명의 시체가 발견되었다.

그러나 김정일은 끝까지 이런 문제들로 인하여 리을설과의 분쟁을 피한 채 금강산 관광 계획을 계속 추진하고 있었으며, 그 외의 남북 관계 개선책을 더욱 적극적으로 추진하고 있었다. 그러나 리을설의 욕망과 집념은 정말 놀랍도록 무서웠다. 이제 리을설은 도선 대사가 말한 '서시비기 도선답기'의 비밀을 찾아야겠다는 욕망보다는 오히려 김정일과의 권력 투쟁 내지는 감정싸움으로까지 이어지는 듯한 경지에 이르렀다. 이런 와중에서도 금강산 관광은 순조로이 진행이 되고 있었다.

연평 해전

....

1999년 6월15일 아침 7시 30분, 청와대 대한민국 대통령은 조성태 국방 장관으로부터 '서해 연평 앞바다에 5척의 북한 해군 경비정이 북방한계선(NLL)을 침범하여 계속 남쪽 영해에 머무르고 있다. 우리는 이에 대해 강력한 조치를 할 것이다'라는 전화 보고를 받았다. 순간 대통령의 머릿속에는 금강산에 머무르고 있는 우리 관광객들의 안전이 어떻게 될 것인가 하는 생각이 번쩍 떠올랐다. 그러나 이런 생각 저런 생각을 오래할 시간적인 겨를이 없었다. 당장 국방 장관의 보고에 어떤 명확한 지시를 내려야 하기 때문이었다. 그리고 단호하게 명령을 하였다.

"NLL을 반드시 지키되 절대 우리가 먼저 발포하지는 말라. 그러나 북한이 먼저 발포하면 단호히 분쇄하라. 또한 무슨 일이 있어도 확전을 피하고 최소한의 분쟁이 되도록 하라."

6월 15일 아침 9시 30분, 계속되는 우리 해군의 철수 명령에도 불구하고 북한 함정들은 계속 버티고 있었다. 드디어 우리 해군 함정이 밀어내기 작전을 감행하자 밀리고 밀리던 북한 함정들이 당황하면서 먼저 사격을 가해왔다. 이에 우리 함정들이 즉각 대응함으로써 단 몇 분 만에 북한 어뢰정 1척이 침몰하고 경비정 1척은 반침몰 상태로 도주하였으며 나머지 몇 척의 경비정마저도 상당한 피해를 입고 북으로 도주하였다. 이 사고로 북한 해군은 사망자만 30여 명이 넘는 것으로 추정되었으나 우리 해군의 피해는 극히 미미한 상태였다.

김대중 대통령은 국가안전보장회의(NSC) 위원들이 모여 있는 자리에서,

"나는 북한과 평화적인 대화를 원하고 북한과 상호 협력을 원하고 북한과의 경제 협력을 원하고 있지만 그것이 오늘의 무력 도발 행위를 용납한다는 것은 결코 아니다. 앞으로 북한과 끊임없는 대화와 교류는 계속하겠지만 또다시 그들이 무력 도발을 한다면 결코 용납하지 않을 것이다."

라고 단호하게 말했다. 이 연평 해전이야말로 휴전 이후 처음으로 우리 군이 북한군의 도발을 응징한 사건이었다.

그런데 한 가지 놀라운 사실은 이런 반전쟁 사태가 일어났음에도 불구하고 대한민국 국민 중 어느 한 사람도 동요하는 사람이 없었고, 쌀이나 라면 생필품 등을 사재기하는 사람도 없었고, 심지어는 금강산에 있던 관광객들까지도 아무도 동요하지 않았으며 더욱더 놀라운 것은 이런 상황에서도 금강산 관광을 예약했던 사람들까지도 예약을 취소하는 사람이 한 명도 없이 참가하였다. 관광객을 가득 실은 유람선은 그 날도 아무런 동요 없이 금강산을 향해 출항을 하였고 주식은 오히려 뛰어오르고 있었다.

하지만 정작 일부 언론과 정치인들은 마치 전면전이라도 벌어진 듯 흥분의 도가니에 휩싸여 있었다. 그리고 그들은 마치 이런 사태가 오기를 기다리기나 한 듯이 외쳐대었다.

"교전 상태에 있는데도 금강산으로 관광객을 보내다니 이건 미친 짓이다."

"교전 상태에 있는 적국에게 쌀과 비료 지원이라니 이건 이적 행위이다. 당장 때려치워라!"

"교전 상태에 있는 적국과 상호 경제 협력이라니 당장 모든 대화를 즉시 중단하라!"

며칠 후 6월 23일 김정일은 조용히 리을설을 불렀다.

"대체 왜 이러는 거요? 내가 더 이상 무력 행위는 하지 말라고 그렇게 당부 했건만 왜 자꾸만 사태를 이 지경으로 만들고 있는 거요. 정말 끝장을 보자는 거요?"

김정일의 목소리는 점점 커져만 갔고 리을설은 아무 말 없이 꼼짝도 않고 가만히 듣고만 있었다.

"이것 보시오. 금강산 관광으로 인하여 우리 공화국이 얼마나 숨통이 트이고 있소. 그런데 왜 자꾸만 분쟁을 일으키려고 하는 것이오. 이제 개성공단도 가동이 되고 경의선 철도가 연결이 되면 우리 북조선 인민들의 생활도 훨씬 나아질 것이라는 것을 리을설 동무도 너무나 잘 알고 있지 않소. 그런데 왜 자꾸 분란을 일으키고 방해를 하는 것이요. 리을설 동무의 진심이 무엇이오? 무슨 목적으로 자꾸 이런 분란을 일으키는 것이오?"

약간의 음침스런 침묵이 흘렀다. 잠시 후 김정일도 냉정을 되찾은 듯 다시 차분한 목소리로 말했다.

"물론 리을설 동무가 저의 아버님이신 김일성 주석님을 잘 모시었고 또 주석님의 각별한 신임도 얻고 있었던 것을 내가 잘 알고 있소 또 리을설 동무가 우리 공화국을 위해서 얼마나 헌신적으로 일해 왔는지도 내가 잘 알고 있어요. 그러나 세상이 많이 변했어요. 지금처럼 우리가 대문을 꼭꼭 닫아놓고는 살아갈 수가 없어요. 이제는 우리도 가슴을 활짝 펴고 세상 밖으로 나가야 돼요. 그래야 우리 공화국이 살아날 수가 있어요. 내 다시 한 번 말하겠는데 제발 앞으로는 또다시 이런 무력 충돌이 일어나지 않도록 해주시오."

김정일 위원장의 말을 가만히 듣고 있던 리을설이 호주머니에서 무엇을 조심스럽게 꺼내더니 조용히 김정일 앞으로 몇 장의 종이를 내밀면서,

"위원장 동무. 이것을 자세히 좀 읽어보시지요."

하는데 김정일이 그것을 펼쳐보니 복사가 된 하얀 종이에는 '서시비기 도

선답기'라는 표절이 적혀 있었다. 그리고 끝까지 읽어본 김정일은 사뭇 놀라는 표정을 지으며 리을설을 향해 물었다.

"이것이 도대체 무엇이오?"

리을설은 깊은 한숨을 몰아쉬면서,

"위원장 동무, 아무래도 오늘밤은 이야기가 꽤나 길어질 듯싶으니 술이라도 한잔하면서 말씀을 드리겠습니다."

이윽고 몇 병의 양주와 먹음직한 안주가 차려지고 묘한 감정이 흐르는 가운데 몇 잔의 술이 오고 갔다.

술을 들이키는 리을설은 쉽게 입을 열지 않고 간간히 깊은 한숨을 쉬기도 하였다. 마치 이야기를 어디서부터 꺼내야할지 자신도 잘 모르겠다는 마음의 표정이기도 한 듯 보였다. 김정일 역시 어떤 재촉도 하지 않고 리을설 스스로가 입을 열기를 기다리면서 몇 잔의 술로 목을 축이고 있었다. 빈 술잔에 자신의 손으로 연거푸 몇 잔의 술을 따라 들이켠 리을설은 드디어 입을 열기 시작했다.

"내가 처음으로 김일성 수령님을 만난 것이 열여섯 살 때였으니까 지금부터 꼭 육십사오 년 전인 것 같습니다. 그때 수령님은 스물다섯인가 되었을 거예요……."

김정일은 리을설이 수령님과 언제 처음 만났다는 것이 중요한 것이 아니라 방금 읽어본 '서시비기 도선답기'라는 것이 무엇인지, 그리고 그것이 지금 북조선 군부가 자꾸만 대남 무력 도발을 하는 돌출 행위와 무슨 상관이 있는지 그런 것이 알고 싶었다. 그러나 재촉하지 않고 리을설의 입에서 그런 내용이 나올 때까지 참고 기다리고 있었다.

리을설은 말하는 도중에도 연신 술잔을 들이키고 때로는 담배도 피우며 때로는 깊은 한숨도 쉬어가며 말을 이었다. 그러나 그의 말은 절대로 횡설수설한다거나 헛소리를 하는 것은 아니었으며 단지 이야기의 본질을 어디서부터 시작해야 하는지를 찾고 있는 듯하였다.

"……그리고 북조선 불교도연맹이 창설이 되었지요. 그때 인민 위원회에서 각 사찰마다 소유 재물의 실태 파악에 나섰는데 금강산에 있는 유점사라는 절에서 바로 이 고문서를 발견하였지요. 처음에는 한 장만 발견이 되었는데 저는 이 고문서의 깊은 뜻을 알고 곧바로 수령님께 이 고문서를 드렸지요……."

그리고 리을설의 이야기는 6·25 전쟁 이야기, 고랑포 이야기, 땅굴 이야기, 1·21 청와대 기습 사건, 울진 삼척 사건, 아웅산 테러 사건 등등으로 이어지면서 김일성 주석의 사망 당시까지 이어졌다. 물론 리을설은 그동안 김일성 주석과 갈등을 빚었던 화력 발전소와 경수로 핵발전소 문제 등에 관해서는 일체의 언급을 하지 않았고, 지난 모든 일들이 오직 주석님의 지시로 이루어졌음을 강조하였다.

이윽고 리을설의 이야기가 김일성 주석의 사망 시까지 이르렀을 때 김정일 위원장이 물었다.

"그러면 이 모든 사건들이 바로 이 고문서로 인하여 일어났다는 이야기란 말이오?"

그러자 리을설은 말없이 고개만 가볍게 끄덕이고 있었다. 참으로 어이가 없었다. 결국 우리 북조선 인민공화국의 오십년 역사는 천 년 전 도선 대사에 의하여 쓰여진 바로 이 고문서 몇 장에 의하여 좌지우지되었다는 이야기 아닌가! 참으로 기가 막힐 노릇이었다. 그러나 또 한편으로 곰곰이 생각해보면 아버지이신 김일성 주석님의 입장으로서는 충분히 일어날 수 있는 일이라고 생각되기도 하였다.

순간 김정일 위원장의 머릿속에는 얼마 전 정주영 회장의 이야기가 생각이 났다. '그렇다면 정 회장이 본 그 동굴은 금강산 어딘가가 아니라 비무장 지대 어디란 말인가? 만약 그때 정 회장이 그 동굴 언덕 아래를 내려갔다면 어떤 결과가 일어났을까?'하는 생각이 들었다. 아마 그자가 통일의 주인공이 되었을지도 모르겠네! 그리고 김정일은 다시금 리을설에게 질문을 하였다.

"그렇다면 이런 이야기를 내 아버님이신 주석님이 사망하셨을 때 곧바로 이야기를 했어야 되지 않았고. 왜 이제 와서 이런 이야기를 한단 말이오?"

이렇게 묻자 리을설은,

"어쨌거나 이일은 수령님과 저만이 알고 있는 비밀이었고, 또 어느 누구에게도 발설하지 않기로 나와 수령님은 굳게 약속을 하였습니다. 그러나 수령님이 떠나신 후 나는 언젠가는 이런 모든 사실을 위원장님께 말씀드려야 된다고 생각은 했으나 그 시기 문제에 있어서 나는 그 동굴을 확실히 찾고 난 후에 말씀을 드리려고 생각을 하였습니다."

곧이어 김정일 위원장이 되물었다.

"그러면 지금까지 우리 해군 잠수정이 남조선에 무력 도발을 한 것이 바로 그 동굴을 찾기 위한 것이란 말이오?"

김정일의 그 말에 리을설은 아무 말 없이 술잔만 들이키고 있었다. 김정일은 내심 지금까지 리을설의 모든 행동과 오늘 말한 내용들이 뭔가 조금은 이상하고 수상쩍은 느낌이 들었다. 다시 말해 리을설이 모든 속내를 다 드러내지 않고 뭔가를 숨기고 있다는 것을 느꼈다. 그러나 김정일은 일체 그런 내색을 하지 않고 단호하게 말했다.

"좋소, 리을설 동무의 모든 말을 내가 충분히 이해하였고 또 믿겠소. 따라서 오늘 이전의 일은 없었던 것으로 하겠소. 그러나 내 다시 한 번 확실히 말해두건대 다시는 이런 이유로 무력 도발을 감행하는 일은 절대로 있어서는 안 될 것이요. 대신 내가 남조선의 대통령을 직접 만나보도록 하겠소. 그리고 비무장 지대를 남북이 공동 개발할 수 있도록 협의 하겠소. 어차피 비무장 지대는 우리 북조선도 남조선도 어느 누구든 단독으로는 개발할 수가 없는 것 아니오? 그리고 금강산 관광 사업도 더욱 확대 시행할 것이고, 지금진행 중

308
다빈치 프로젝트

인 개성 공단 조성 사업도 더욱 빠르게 진행할 것이오."

말을 끝낸 김정일은 숙소로 돌아와 잠을 청했다.

이튿날 아침, 잠에서 깨어난 김정일은 또 한 번 아연실색을 하였다. 남측에서 온 금강산 관광객 한 명을 북측 인민군이 간첩이라는 혐의로 체포, 억류하고 있다는 소식을 들었기 때문이었다. 김정일 위원장은 괴로운 표정을 지으며 '기어이 이들이 관광객에게까지 손을 댄단 말인가?' 이에 분노한 김정일은 즉각 관계 기관으로 연락하여 '즉시 석방하라'고 호통을 쳤다. 그리고 다음날 즉 6월 25 남측 금강산 관광객 중 한 명인 남모 여인은 가까스로 풀려날 수가 있었다. 그리고 김정일은 '아…… 북·남 대화보다 북·북 대화가 더 어렵구나!'라고 속으로 뇌이었다.

김정일과의 대화를 끝내고 돌아온 리을설은 크게, 크게 후회하고 있었다. '내가 잘못 판단했구나! 내가 잘못 판단했어! 혹 떼러 갔다가 혹 붙이고 온 꼴이 되어 버렸구나! 나는 김정일 위원장에게 이 모든 사실을 털어 놓으면 김정일 위원장이 나의 말에 동감을 하고 힘을 합해서 황금 동굴을 함께 찾아보자고 할 줄 알았는데 완전히 정반대의 결과를 초래하였구나. 오히려 김정일 위원장이 남조선 김대중 대통령과 회담을 추진할 수 있는 빌미를 주어 버렸구나.'

정상 회담

．．．．．．．．．．．．．

2000년 6월 13일 경상도 출신인 대한민국 대통령은 대한민국 공군1호기에 몸을 실었다. 서울 공항을 출발한 대통령 전용기는 맑게 갠 서해 상공을 날면서 햇볕 아래 반짝이는 바다 물결의 눈부신 환영을 받으며 드디어 오전 10

시 30분 평양 순안 공항에 안착하였다. 그리고 전라도 출신의 북한 김정일 국방위원장의 지극한 환대를 받으며 붉은 카펫을 따라 인민군 의장대와 군악대의 사열을 받았다. 그리고 두 정상은 승용차에 올라 숙소인 백화원 영빈관으로 향하였다. 두 정상이 타고 있는 승용차는 완벽한 자동차였다. 누가 폭파할 수도 없고 누가 엿들을 수도 없는 그리고 신문기자도 TV 카메라도 통역관도 없는, 물론 운전기사조차도 엿들을 수 없는 완벽한 두 사람만의 시간과 장소였다.

먼저 김정일 국방위원장이 입을 열었다.

"정말 잘 오셨습니다. 진심으로 저희 공화국을 방문해 주셔서 감사합니다."

이어서 대한민국 대통령이 화답을 하였다.

"내가 오히려 고맙소. 여러 가지 어려운 여건 가운데서도 나를 초청해주고 또 이렇게 환대까지 해주니 정말 고맙소. 오늘 나는 이곳에 도착하자마자 '내가 이곳에 오기를 참 잘했구나' 하는 생각이 들었어요. 아무쪼록 끝까지 좋은 만남이 될 수 있도록 합시다."

이에 김정일 위원장은

"이렇게 가까이서 뵈니 남조선 대통령을 만나 뵌다는 생각보다는 마음씨 좋은 형님을 만나 뵌다는 생각이 듭니다. 그래서 저 역시 북조선의 국방위원장이라는 신분을 떠나 동생이 형님께 여쭈어 본다는 심정으로 몇 가지 여쭈어 볼 것이 있습니다. 우선 저와 형님, 두 사람 간에 모든 것이 아무 막힘없이 잘 풀린다고 생각할 때 우리 한반도가 통일을 이루기 위하여 북남이 해야 할 일이 무엇이며, 또 우리 북조선이 해야 할 것이 무엇이며, 또 남조선에서 해야 할 일이 무엇이 있겠습니까?"

이렇게 묻자 대한민국 대통령은 이미 모든 것이 준비되어 있었다는 듯이 말을 이었다.

"형과 아우 지간에 모든 것이 아무 막힘없이 잘 풀린다, 라는 말이 아주 들기 좋고 또 진심으로 그렇게 되기를 원합니다. 일단 첫 번째로 서로가 먼저 해야 할 것은 상호 불신을 없애야 합니다. 다시 말해서 북측은 '언젠가는 적화 통일을 하겠다' 하는 생각을 버려야 합니다. 마찬가지로 남쪽 역시 '북한이 스스로 내분이 일어나 붕괴되고 나면 자연스럽게 흡수 통일이 될 것이다' 하는 생각을 버려야합니다. 그렇게 되기 위해서는 상호 불신을 없애야 하는데, 그 첫째 조건은 누가 뭐래도 상호 군사력 불신입니다. 즉 겉으로는 서로가 협상이니 협력이니 하고 있지만 한편으로는 군사력을 키우고 그래서 '언젠가는 저쪽이 이쪽을 침공할 것이다' 하는 불신의 마음을 갖고 있다는 거예요. 그런데 이런 상호 군사력 불신을 없애는 가장 좋은 방법은 「상호 군사 감시 체제」를 이루자는 것입니다. 다시 말해 서로 군사력을 완전히 쫙 펴놓고 한 번 보자는 이야기지요. 참으로 어렵고 현실성 없는 꿈 같은 이야기입니다. 그러나 일단 형과 아우 사이에 모든 것이 막힘없이 잘 풀린다고 가정을 한다니까 하는 이야기입니다만. 좀 더 상세히 이야기한다면 북측 1개 사단에 남측 소령 1명, 소위 1명, 중사 1명, 사병 2명이 상주하면서 그 사단의 훈련 사항, 병력 이동 사항, 장비 사항 등을 매일 체크하여 남측에게 보고하고 마찬가지로 남측 1개 사단에는 북측의 중좌 1명, 상위 1명, 중사 1명, 전사 2명을 파견하여 그 사단의 모든 것을 매일 북측으로 보고하고, 해군 역시 각 함대 혹은 함정마다 이동 상황 등을 매일 보고하고, 공군 역시 모든 비행단마다 똑같은 방식으로 체크 및 보고가 되면 서로의 군사력 불신이 완전히 해소될 수 있을 것입니다. 그러나 나의 이런 이야기를 누가 듣는다면 아마 콧방귀를 뀔 거요. 왜냐하면 이것은 '거의 불가능한 이야기다'라고 백이면 백 사람이 모두 다 그렇게 생각할 거예요. 그러나 아무리 백이면 백 사람 모두가 그렇게 생각하더라도 나는 그것이 가능할 것이라는 생각이 들어요. 왜냐하면 우리는 한 민족이고 한 형제이기 때문에 가능하다는 것이에요. 우리와 미국 간에는 절대로 그런 일이 일어날 수가 없어요. 북한과 중국 간에도 그런 일이 일어날 수가 없어요. 그러나 한 형제요, 같은 동포인 남과 북은 가능하다고 봐요!"

옆에 있는 음료수로 잠시 목을 축인 대한민국 대통령이 다시 말을 이었다.

"그런데 당장 그런 일이 어렵다면은 먼저 군인이 아닌, 그리고 국가 공무원이 아닌 민간인끼리의 상호 왕래가 많아야 돼요. 이유 불문하고 서로 서로 왕래가 많아야 돼요. 그렇게 되면 서로 억지가 아닌 자연스럽게 동화가 되는 계기가 될 수 있는 거예요. 우리가 할 일은 바로 그 계기를 만드는 데 있는 거예요. 지금 시행하고 있는 금강산 관광이라든가 개성 공단 조성 같은 것은 아주 좋은 일이예요, 그런 일들이 자꾸 많아지고 다음에는 체육 교류, 문화 교류, 학술 교류 이런 것들이 확대되면 자연히 최종적으로 「군사 불신을 해소하자」라는 분위기가 만들어지게 돼요. 그것이 최선의 방법이에요. 그리고 북한 내부의 문제를 한 가지 이야기 한다면 군인들 특히 병사들의 군 복부 기간이 너무 길다고 봐요. 한창 젊은 시절 앞날에 대해 꿈을 갖고 그 꿈을 성취하기 위하여 노력하고 애써야 할 젊은이들이 아무 소득 없는 군에서 십수 년간을 보낸다는 것은 그 자체가 벌써 국제 경쟁력에서 뒤떨어지고 있다는 거예요. 우리 남조선 병사들은 2년 조금 넘게 군복무를 해요. 북조선 사병이 13년간 군복무를 한다면 그것은 벌써 여섯 배나 경쟁력이 떨어져 있다는 거예요. 내가 대한민국 대통령으로서, 아니 조금 전 국방위원장이 말한 대로 형의 입장에서 우리 두 사람만이 하고 싶은 이야기가 참 많이 있어요. 그러나 이 차 안에서 함께 할 수 있는 시간이 별로 없는 것 같으니 내가 한 가지만 이야기 하겠소. 이것은 오직 나만이 생각하고 있는 공상 혹은 상상인데 우리 한반도 허리에는 삼팔선이라는 눈에 보이지 않는 선이 있어요. 이 선 하나 때문에 우리 민족이 너무나 큰 고통을 겪었어요. 그런데 이 삼팔선이라는 것을 잘 활용하면 오히려 고통이 축복으로 바꿀 수 있다고 봐요. 우리 남쪽에는 농담 삼아 「삼팔 따라지」라는 말이 있어요. 삼과 팔 합해서 열하나, 즉 한 끗이라는 이야기예요. 아주 나쁘고 재수 없다는 이야기지요. 그런데 이 삼팔이 「따라지」가 아니라 「삼팔 광땡」으로 바뀐다는 거예요. 바로 이 「삼팔 광땡」보다 높고 더 좋은 것은 아무것도 없어요. 최고로 좋다는 이야기지요. 그래서 나는 늘 지도를 보면서 삼팔선을 저대로 「따라지」로 둘 것이 아니라 「광땡」으로 바꿀 수는 없을까 하는 생각을 하고 있었어요. 자! 이렇게 생각을 해봅시다. 북조선 해주에서 시작하여 황해남도 배천, 개성, 남한의 경기도 장남면 고랑포, 경기도 전곡, 일동, 춘천호, 소양호, 강원도 인제, 강원도 하조대, 이곳들이 바로 삼팔선이 지나가는 곳이요. 바로 이곳을 잇는 즉 삼팔선을 따라 일직선으로 멋진 고속도로를 만들어 보자는 거예요. 왕복 팔차선의 멋진 고속도로를 만든다면 아마 세계 최고의 멋진 관광지가 될 것이요. 그리고 우리 민족에게 정말 꿈과 희망을 안겨줄 수 있는 멋진 작품이 될 것이요. 지금까지 눈에 보이지도 않는 「삼팔 따라지」가 이제는 우리 민족의 아니 세계 모든 사람들의 눈에 확실히 보일 수 있는 「삼팔 광땡」으로 바뀐다는 거예요. 참 꿈같은 이야기지요. 그러나 우리 두 사람이 합심한다면 언젠가는 이런 일이 이루어질 수 있을 것이라고 생각해요. 북한 평양에는 대동강이라는 큰 강이 있지요. 바로 크게 합쳐진다는 뜻 아니겠어요. 우리 크게 한번 합쳐 봅시다.”

“참으로 좋은 생각입니다. 정말 감동적인 생각입니다. 형님의 그 꿈이, 꿈이 아니라 이 아우와 함께 힘을 합쳐 현실로 이루어질 수 있도록 합시다!”

그리고 두 사람은 굳은 악수를 나누었다. 두 정상이 탄 승용차가 평양 시내로 진입할 무렵 김정일 위원장은 갑자기 굳은 얼굴로 혼자 중얼거리듯 낮은 음성으로 말했다.

“사실은 형님! 내가 북조선에서 국방위원회 위원장이고, 인민공화국 원수이고, 조선인민군 총사령관이고, 노동당중앙위 의장이지만 사실은 나 역시 내 마음대로 할 수 없는 일이 많아요. 특히 우리 아버님이신 김일성 주석님과 함께 활동하셨던 혁명 1세대 원로 분들과 그들이 이끌고 있는 군부강경 세력 등은 나도 마음대로 할 수 없는 조직이에요. 앞으로 형님이 이 문제로 인하여 이해해 주셔야 할 일이 많을 거예요."

그러자 대한민국 대통령이 말을 이었다.

"나 역시 그래요. 알다시피 우리 대한민국은 많은 사상과 서로 다른 생각들을 가진 사람들이 함께 살아가고 있고 그 중 어느 한 곳도 무시할 수 없는 국가예요. 내가 비록 대통령이라고는 하나 나 역시 그들로 인해 대통령이 되었고, 또 무한정 대통령이 아니라 이삼년 후면 또 다른 사람이 대통령이 될 거예요. 우리 사회는 대통령이라고 해서 모든 것을 대통령의 뜻대로 할 수 있는 나라가 아니에요. 단지 협력하고 호소하고 설득하여 뜻을 한 곳으로 모으는 일을 할 수밖에 없어요."

승용차는 어느새 수많은 인민들의 환영을 받으며 백화원 영비관에 도착하였다.

한·미 정상 회담

....

1998년 6월 9일 워싱턴 백악관에서 한·미 두 나라의 국가가 차례로 연주되며 여러 발의 예포가 발사되었다. 의장대를 사열한 뒤 클린턴 미 대통령의 환영사와 대한민국 대통령의 답사로 이어지는 공식 환영 행사가 열렸다. 클린턴 대통령은 환영사에서 '오늘 코리아 대통령은 오랫동안 부당하고 가혹한 탄압을 받다가 사형 선고까지 받았으나 한 번도 미래에 대한 희망을 버리지 않고 역경을 극복, 민주주의와 인권 신장을 위해 노력한 결과 50년 만에 처음으로 민주적 정권 교체를 이룩한 데에 대해 진심어린 존경과 찬사를 보낸다. 그는 진정 이 시대 「자유의 영웅」이다'라고 칭찬하였다.

그리고 환영행사 후 한·미 정상 회담이 열렸다. 백악관의 오벌 오피스에서 열린 정상 회담에는 한국 측 대통령과 박정수 외교통상부 장관, 이홍구 주미 대사 그리고 외교 안보 수석비서관인 임동원이 참석하였고, 미국 측에서는 윌리엄 클린턴 대통령, 앨고어 부통령, 매들린 올브라이트 국무장관 그리 새 뮤얼버거 국가안보 보좌관이 배석했다. 중요 의제는 경제 협력 문제와 대북 한 문제였으나 가장 중요한 핵심 의제는 역시 대북한 문제였다.

　한국 대통령은 한반도 정세와 관련된 미국 지도자들의 마음을 오늘 이 자 리에서 완전히 바꿔놓겠다는 결심을 단단히 하고 있었다. 사실 대부분의 미 국 지도자들 및 고위 각료들의 마음속에는 북한을 루마니아처럼 곧 붕괴하고 말 것이라는 의식이 팽배해 있었고 또한 북한을 가난한 나라, 세계 최악의 독 재국가, 이라크·이란 등과 같이 위험한 나라 등의 의식이 잠재되어 있었다. 이런 잠재의식은 미국 민주당이건 공화당이건 정도의 차이는 있을지 몰라도 누구나가 가지고 있는 현상이었다.

　따라서 한국 대통령이 시행하고자 하는 햇볕 정책이나 대북 유화 정책에는 다소 냉소적인 입장을 취하고 있는 것이 사실이었다. 따라서 이번 한·미 정상 회담에서는 어떤 특정한 의제를 가결시키는 것보다 그들의 냉소적인 의식을 바꾸어 놓는 것이 더 중요하다는 사실을 한국 대통령은 잘 알고 있었다. 그리 고 한국 대통령은 40여 분 간에 걸쳐 열변을 토했다. 그리고 마지막으로,

　"여러분! 어느 낯선 사람이 웅덩이에 빠져 살려달라며 허우적거릴 때 '왜 함부로 다니다가 물에 빠졌느냐, 좀 조심하지 그래'라고 핀잔을 할 것입니다. 아니면 '아이구 불쌍해라 저걸 어쩌지'하고 그냥 지나갈 것입니까? 당장 그 사람을 물에서 건져내는 것이 중요한 것 아닙니까? 그러려면 내 허리 끈이라 도 던져서 그 사람을 꺼내야 하는 것이 중요한 것 아닙니까? 그것이 바로 기 독교 정신 아닙니까? 그것이 바로 예수님의 사랑 아닙니까? 이 아메리카는 바로 기독교 정신으로 건국된 나라인줄 압니다. 여러분 앞날에 하나님의 축 복이 있기를 기원합니다."

악의 축

·············

2002년 1월 백악관의 부시 대통령은 의회의 연두교서를 통해 이라크·이란·북한 세 나라를 「악의 축」으로 지정하는 한편, '선제공격으로 정권을 교체시켜야 할 대상'이라고 선언했다. 그는 '북한이 자기 백성을 굶주리게 하면서도 미사일과 대량 살상 무기로 무장한 정권'이라고 규탄한 후에 '대 테러 전쟁은 이제 막 시작되었을 뿐이며 전 세계에 잔재한 테러리스트들을 모조리 소탕하겠다'며 '전쟁의 해'를 선포했다

당시 미국은 아프가니스탄을 침공하여 탈레반 정권을 붕괴시키고 2001년 11월말 경에는 아프거니스탄 국토의 90%를 점령하였다. 그리고 미국은 또 다시 공격을 감행할 제2의 대상을 물색하고 있던 중이었다. 그리고 그 대상이 '이란·이라크·북한', 이 세 나라를 공식적으로 지목한 것이다.

조지 W부시 미국 제43대 대통령, 그는 그의 아버지인 조지H부시 미국대통령에 이어 부자가 미국 대통령이 된 첫 인물이었다. 그러나 그는 미국 유권자의 투표에 의해서 당선되었다기보다는 대법원의 판사에 의해서 대통령이 된 인물이다.

2001년 11월 7일에 실시된 미국 대통령 선거는 민주당 앨고어 후보와 공화당 부시 후보와의 사이에 서로 한 치의 양보도 없는 상황이 전개되었다. 개표 과정은 혼미에 혼미를 거듭했고 결국 개표 결과는 법정 투쟁으로 이어졌다. 35일이라는 긴 법정 공방 끝에 연방 대법원은 5:4의 판결로 부시 후보의 손을 들어주었다. 미국 역사상 처음으로 겪는 부끄러운(?)과정을 거쳐 겨우 턱걸이(?)로 당선된 대통령이라면 당연히 겸손해져야 하는 것이 정도(正道)가 아니겠는가?

그러나 그는 결코 겸손하지 않았다. 아마 아버지에 이어 아들인 자신까지

도 대통령이 되었다는 자부심 때문일까? 만약 2001년 9월, 9·11이라는 테러 사태가 미국에서 일어나지 않았더라면 과연 미대선 결과가 이렇게 나올수 있었을까? 그리고 이때 미 대통령이 민주당의 앨 고어 후보가 당선되었더라면 이후 우리 한반도의 정세는 어떻게 되었을까? 이것도 우리 한반도가 안고 가야할 운명이란 말인가? 어쨌거나 지금까지 미국이 사용해오던 '불량 국가(Rogue State)'라는 용어가 '악의 축(Axis of Evil)'이라는 용어로 대체되면서 북한이 미국의 3대 '주적'중 하나로 지적된 것이다. 그리고 이런 정권들과는 외교로 문제를 해결하는 것이 아니라 군사적 선제공격으로 정권을 붕괴시키고 정권 교체를 통해 목적을 달성하겠다는 뜻이다.

미국 부시 대통령의 이 연설은 즉각 온 세계로 퍼졌다. 이 발언과 관련된 모든 국가들의 언론들은 서로 앞 다투어 보도를 하였고, 전문가들의 해석도 여러 갈래로 보도되었다.

우선 2002년 2월 6일자 뉴욕 타임즈에선 〈과거의 역사도 다르고 현재의 실정도 사상도 서로 다른 세 나라를 모두 테러 집단으로 취급하는 것은 잘못된 판단이다. 특히 북한은 클린턴 행정부와 협력하여 핵시설을 폐쇄하고 제네바 합의를 준수하며 미사일도 발사 유예 조치를 취하는 등 북한과는 화해 프로세서가 진전되어왔다. 또한 북한은 테러 활동에 대한 증거도 찾아볼 수 없다. 부시의 이번 협박성의 발언은 이성적이라고 볼 수도 없고, 전쟁을 확대할 기회만 증폭시켰다. 미국 정부는 북한에 대해 협박을 할 것이 아니라 여러 가지 지원을 통해 경제 개혁을 유도하고 군축 방안을 추진해야 한다. 김정일은 이라크의 사담 후세인과는 다르다. 타협할 수는 있어도 강압으로는 절대로 그를 이길 수 없다.〉

그리고 며칠 후 2월 11일자 워싱턴 포스트지는 'Axis of Evil'라는 제하로 다음과 같은 요지의 기고문을 실었다.

〈얼마 전 부시 미대통령이 「악의 축」연설을 통해 북한을 붕괴시키고 정권을 교체하겠다고 으름장을 취한 행동은 큰 잘못이다. 이 연설은 미국과 북한 간의 관계 악화 이전에 미국과 한국과의 관계 악화 문제가 먼저 발생하게 될 것이고, 이것이야말로 북·미관계 악화보다 더 좋지 않은 결과를 초래할 것이다. 부시 대통령은 남한과 북한이 한 형제 한 민족이라는 사실을 다시 한번 상기해야 한다. 그들의 속담에 '피는 물보다 진하다'라는 속담이 있다는 것을 부시는 잊지 말아야 할 것이다. 그동안 공화당과 네오콘들은 대북 협상 반대, 핵과 미사일 제거를 위한 군사력 사용, 94년 미·북 간 맺은 제네바 합의 반대, 즉 ABC 주장(Anthing But Clinton)을 해왔었고, 그로 인하여 북한이 붕괴할 것이라는 주장을 줄곧 해 왔었다. 확실한 것은 한국 국민은 전쟁 촉발 우려 때문에 대북 군사 조치에 절대 반대를 할 것이며, 대 혼란을 야기하고 경제적 타격을 초래할 북한 붕괴에도 분명히 반대할 것이다 한국 정부와 미 클린턴 정부는 서로 꾸준히 대북 유화 정책을 추진한 결과 미사일 발사 유예라든가 사회 제반 분야에 걸쳐서 눈부신 성과를 거두었다. 이런 것들이야말로 북한을 중국식 경제 발전 혹은 베트남식 경제 개혁 등으로 이끌 수 있는 최선의 방법임을 부시는 깨달아야 한다. 그러나 「악의 축」과 같은 발언으로 대북 적대감을 드러내고 미사일 협상 거부, 대북 관계 정상화 거부, 대북 유화 정책에 대한 무관심 등으로 인하여 부시와 김대중 대통령 사이에 큰 틈이 생기게 되면 한·미 공조는 어려워질 것이며, 한국민들과 김 대통령은 부시가 북한뿐만 아니라 한국민에게까지도 칼을 겨누고 있다고 생각할 것이며, 이것은 모든 면에 있어서 아주 불행한 사태를 초래하게 될 것이다. 부시가 만일 북한 문제에 대해서 끝까지 군사적으로 다루려 한다면 먼저 이로 인해 한·미 양국에 닥칠 엄청난 대재앙을 예상하여야 할 것이며, 만일 고립시키고 붕괴시키려 한다면 북한 바로 뒤에 중국이 있다는 것을 염두에 두어야 한다. 그것은 미·북과의 관계가 미·북·중으로 확대가 될 것이며 급기야 러시아, 일본까지 끌어들여서 중동 문제보다 더 큰 위험을 초래할 수 있는 엄청난 불행을 초래할 것이다.

결론적으로 부시 정부가 취할 수 있는 최선의 방법은 협박이 아니라 모두가 이익이 될 수 있는 외교적 해결 방법을 모색하여야 하고, 그 시작은 역시 북한과의 대화임을 잊지 말아야 할 것이다.〉

부시의 발언으로 가장 민감한 반응을 보인 곳은 역시 대한민국이었다. 그리고 모든 국민에게 큰 충격을 주었다. 당연히 반미 감정이 확산되었다. 만약 미국이 군사 조치를 취한다면 북한은 즉각 모든 포대와 미사일 부대가 남쪽, 특히 서울을 향하여 불을 뿜을 것이고 그렇게 되면 서울이 단 몇 시간 만에 불바다가 되는 것은 뻔한 사실임을 누구나 알고 있었기 때문이었다. 그리고 대한민국 국민들의 전쟁 반대 의지는 확연하였다. 진보와 보수, 여당과 야당을 막론하고 부시 대통령의「악의 축, 선제공격」운운하는 것은 반미 감정을 격화시키고 한미 관계를 최악의 상태로 이끌어 갈 것이라는 우려의 목소리가 높아만 갔다. 심지어는 친미 보수 성향의 지식인들마저도, 보수 언론과 야당마저도 우려의 목소리를 내기 시작하였다.

그러나 맞장구를 치는 사람들도 있었으니 바로 네오콘들이었다. 그 첫번째가 네오콘들 선발대인 존 볼튼(John Golton) 미 국무부 핵 비확산 담당 차관이 북한을 '생물학 무기 개발 국가'로 거명하고 이라크에 이어 '국가 안보 위협국'으로 지목했다. 곧이어 딕 체니 부통령은 '대량 살상 무기 개발 국가는 응분의 책임을 져야 하며 북한도 그 대상이다'라고 언급하자 미국 언론들은 일제히 '북한 때리기' 보도들을 내보내며 북한에 대한 공격이 임박했다는 듯 긴장을 고조시켰다.

그러나 부시의 '악의 축, 선제공격'의 발언 후 가장 크게 기뻐하고 있는 사람이 있었으니 바로 리을설이었다. '남의 순풍은 나의 역풍'인가? 이것을 거꾸로 말한다면 '남의 역풍은 나의 순풍'이 아니겠는가! 지금까지 김정일·김대중 정상 회담, 금강산 관광, 개성 공단 건설 등 북남 유화 관계와 경제 협력 관계의 빠른 진척 등으로 의기소침해 있던 리을설로서는 부시 대통령의 '악의 축, 선제공격' 발언으로 다시금 일어설 수 있는 재기의 발판이 되는 셈이었다.

리을설은 속으로 크게 기뻐하며 이렇게 외쳤다. '부시 잘한다! 네오콘 부라보! 공화당 잘한다!'

그리고 얼마 후 대한민국이 4강까지 오르며 전 국민을 축구 열광의 도가니로 몰아넣었던 월드컵 축구 경기 폐막식 바로 전날, 즉 6월 29일 오전 서해 연평도 근처에서 북한 해군 경비정의 기습적인 함포 사격으로 우리해군 고속정이 침몰하였다. 이 사건으로 우리 해군은 전사 6명, 부상 18명의 심각한 피해를 입었다. 북한 해군의 비열한 기습 공격으로 조타실이 명중 당한 우리 고속정 참수리 357호(156톤급)의 승무원들은 최선을 다해 싸웠으나 순식간에 벌어진 '계획된 적들의 기습 공격'에 우리 해군 제2함대는 속수무책이었고, 일방적으로 당하고 말았다.

리을설은 혼자 중얼거렸다. '나는 한다면 하는 사람이다!' 그리고 또 중얼거렸다. '고맙다 네오콘이여! 더도 말고 덜도 말고 지금처럼만 해다오.' 북한 군부 강경파의 최고 실력자가 미국 강경파 신보수주의자인 네오콘을 칭찬하고 있다니 참으로 헷갈리는 세상이로다. 그러나 김정일의 역할은 점점 좁아져만 갔다.

바리새파와 임동원 특보

....

2002년 8월 30일, 일본 정부는 고이즈미 준이치로 총리가 일·북 정상 회담을 위해 9월 17일 평양을 방문한다고 발표했다. 또한 북한과 일본은 베이징에서 2년 만에 처음으로 적십자 회담을 재개했다. 그리고 브루나이에서 일본과 북한의 외상이 만나 국교 정상화를 위한 북·일 국장급 회담 개최에 합의

한다. 또한 8월 중순 평양에서 열린 적십자 회담에서는 북측이 행방불명자에 대한 소식을 통보하고 북송 일본인 처 17명의 고향 방문에도 합의하게 된다.

이 무렵 남북 관계도 급진적으로 발전하게 된다. 이미 진행 중인 금강산 관광 사업, 개성 공단 건설 공사 외에 남북한 철도·도로 연결 착공 일정 합의까지 이루어졌다. 이런 남북 관계의 원활한 진전을 바라보고 있던 미국 의 네오콘들은 이런 사태를 그냥 바라만 보고 있지 않았다.

북·일 관계가 급진전되고 남북 관계가 지극히 순조롭게 진행이 되고 있는 어느 날, 미국 존 볼튼 국제 안보 담당 차관이 서울에 왔다. 그는 누구의 초청을 받은 것도 아니고 방문 일정이 예정되어 있지도 않았던 그야말로 본인의 뜻으로 갑자기 서울을 찾은 것이다.

그는 8월 29일 국방 장관과 외교통상부 차관보를 만나 '북한이 1976년부터 추진해 온 고농축 우라늄(HELI)개발이 우려할 만한 수준에 이르렀다'면서 '이는 북한과의 관계 개선에 장애요인이 될 것'이라고 말한 것이다.

말하자면 '이러한 상황에서 북한과 협상하고 관계를 개선한다는 것은 있을 수 없는 일이다'라는 뜻이었다. 그리고 존 볼턴은 일본 총리의 방북을 추진하고 있는 일본 정부에게도 똑같은 내용을 통보했다. 그러나 존 볼턴의 이 발언은 어떤 확정 있는 정보도 제시하지 않은 채 더구나 양국 정보 기관 사이에 그러한 정보 평가나 정보 교환도 전혀 없는 상태에서 그야말로 존 볼턴 개인의 일방적인 의견이었다.

그러나 국내의 일부 언론들은 그것이 마치 사실인 양 대서특필하였다. 하지만 반협박적인 존 볼턴의 언행에도 불구하고 남·북 관계는 계속 순조롭게 추진되었고, 북·일 역시 9월 17일 고이즈미 총리가 예정대로 평양을 방문하여 정상 회담을 통해 「평양 선언」을 채택한다. 이 선언을 통해 일·북 국교 정상화 교섭을 10월 중에 재개하기로 합의한다. 그러나 네오콘들의 지독한 방해 작전은 끊일 줄을 몰랐다.

어느 날 갑자기 미국의 모처에서 한국 언론사들 앞으로 몇 장의 위성 사진이 날아왔다. '북한의 금강산댐 (북한은 이곳을 안변 청년 발전소라고 부른다) 3곳에 균열이 생겨 붕괴 가능성이 높다는 주장이었다.' 또다시 한국의 언론들은 큼지막한 위성 사진과 함께 '북한 금강산댐 붕괴 위험 직전'이라는 제목으로 북한 금강산댐이 지금이라도 곧 붕괴되어 서울이 물바다가 될 것처럼 보도했다. 그리고 당연한 듯이 일부 보수 진영은 북한을 규탄하고 나섰다. 이에 북측에서는 '남북 대화를 파괴하려는 미국의 모략에 남측 언론이 놀아나고 있다.'며 반발했다.

그것은 사실이었다. 얼마 후 그 사건은 '위성 사진의 잘못된 판독'때문이라고 밝혀졌지만 북한 금강산댐 붕괴를 대서특필하던 언론들은 그것이 잘못된 것이라고 보도하는 데는 너무나 인색했다. 문자 그대로 '일단 터뜨려 보자. 아니면 말고, 그것으로 끝이지 뭐'하는 식의 지극히 상식 없는 일부 정치인들의 행태와 같은 보도였다.

사실 이런 검증되지 않은 자료를 가지고 한국 국민의 시야를 흩트려 놓은 것은 한두 번이 아니다. 1998년 7월 중순 그러니까 김대중 대통령의 「햇볕 정책」이 본격적으로 실행되어 지려고 할 때 느닷없이 공화당이 장악하고 있는 미국 의회는 '미국에 대한 장거리 탄도 미사일 위협 평가'라는 제목의 도널드 램스펠드(後에 부시 행정부의 국방장관)위원장이 보고서를 발표하였다. 이 보고서는 '북한·이라크·이란과 같은 불량 국가들이 마음만 먹으면 5년 안에 미국 본토를 위협할 수 있는 장거리 탄도 미사일을 개발, 보유할 수 있으므로 이에 대비하는 요격미사일(MD)의 개발 배치가 긴요하다'라고 주장한 것이다. 당연히 한·미 언론들은 대서특필했다. 그러나 '그 나라들이 그런 능력을 보유하려면 15년 이상이 걸린다'는 내용이 이미 미국 CIA에서 발표한 적이 있다는 것이 드러남으로써 더 이상 관심을 끌지 못하고 머쓱하게 끝이 나 버렸다.

그러나 한국 언론은 CIA의 종전 정보는 보도하지 않았다. 결국 '아니면 그만이고'식으로 끝났던 것이었다. 또한 그 발표 며칠 후 즉 8월 초 미국으로부터 '평안북도 금창리에서 현재 큰 지하 땅굴을 굴착하고 있는 것으로 추정되며 북한은 미·북 제네바 합의를 무시하고 핵무기 프로그램을 비밀리에 계속 추진하고 있다'라는 이른바 '금창리 지하 핵 시설 의혹'이 흘러나 오기 시작했다. 미국의 국방 정보 본부(DIA)는 더욱 상세하게 '그 땅굴 안에서는 원자로와 재처리 시설 설치가 시작되고 있고, 2개의 큰 댐은 핵 시설에 냉각수를 공급하기 위한 저수지이며 원자로는 빠르면 2년 내에 가동할 수 있을 것으로 판단하는 것이다. 그리고 길이 190m, 6층 높이의 시설 규모로 보아 연간 8~10개의 핵무기를 생산할 수 있는 플루토늄 추출이 가능할 것'이라고 주장했다.

이를 접한 미국의 의원들은 북한에 대해 분개했고, 당연한 순서처럼 국제 언론에 대서특필되면서 우익 보수파들의 분노를 자아내기에 충분했다. 그러나 이번에도 역시 미국의 CIA는 이 첩보의 신빙성에 의문을 제기했으며, 다음해에 미국은 북한에 대해 '금창리 지하 핵 시설'에 대한 조사단 파견을 요구했고, 북한은 그 대가로 미국에 3억 달러의 대가를 요구하였다. 결국 미국은 인도적인 차원이라는 명목으로 식량 60만 톤을 제공하면서 현장을 직접 방문 조사한 결과 핵시설이 아닌 일반 산업 설비임이 판명되었다.

그리고 미 국방 정보 본부(DIA)는 잘못된 금창리 정보로 인해 국내외적으로 신뢰성에 큰 타격을 입게 되었다. 한국 언론 역시 이 사건을 초기에는 대서특필하여 온 국민을 분노케 하였으나 핵 시설이 아님이 판명되자 슬그머니 유야무야시켜버리고, '금창리 지하 핵 시설 보도는 잘못된 정보다'라는 보도를 하는 데는 인색하였던 것이다. 즉 남·북 간 화해 무드가 조성되면 미국 네오콘이 움직이고, 있지도 않고 검증되지도 않은 사건을 그럴 듯하게 포장해서 발표하면 남한 언론은 이것을 더욱 자극하여 대서특필하고 보수 우익 및 일반 국민의 분노가 폭발되고 내용이 가짜임으로 판명되면 흐지부지 없어지고, 그 내용이 가짜라는 사실 보도는 거의 없고 결국 '아니면 말고'식으로 끝내 버리고 이어서 북한 군부 강경파의 돌발 행동이 터지고……

꼭 무슨 짜여진 공식처럼 이런 사건들이 미국과 한국, 북한 사이에서 벌어지고 있었다. 어쨌거나 2002년 역시 미국 내 대북 강경책을 주도하고 있는 네오콘의 선봉장 존 볼턴 국제 안보 담당 차관(후에 주UN 미국 대사)의 '북한의 고농축 우라늄 발언'을 시작으로 네오콘의 남북 화해 무드 방해 공작은 끊임없이 계속 되었다.

남과 북의 화해는 아주 빠르게 진행이 되고 있었다. 드디어 남과 북은 철도·도로 연결 공사 착공식을 9월 18일에 실시하기로 합의하였다. 그런데 이 공사를 착공하기 위해서는 UN군과 북한군 사이에 비무장 지역 관할권 이양에 관한 합의 절차가 꼭 필요하였다. 그러나 럼스펠드 미 국방장관은 이를 승인하려 하지 않았다.

이 문제를 총책임지고 남·북·미 사이를 오간 사람은 임동원 대통령 특보였다. 임동원 특보는 양국 국방 당국 간의 협의로는 이 문제의 해결을 더 이상 기대할 수 없다고 판단하여 청와대가 직접 백악관에 문제를 제기 하여 정상 간에 문제를 해결하도록 하였다. 결국 대통령의 단호한 의지가 백악관에 전달된 후에야 해결되었고, 착공 예정일 하루 전 아슬아슬하게 '비무장 지역 일부 구역을 남북의 관리 구역으로 한다'는 내용의 '비무장 지대 일부 지역 개방에 관한 국제 연합군과 조선 인민군과의 합의서'가 채택되었다. 그러나 그들의 방해 공작은 대단히 집요했다.

이번에는 경의선 통로의 지뢰 제거 작업이 거의 완료될 무렵 미군측은 또다시 딴죽을 걸어왔다. '남측은 많은 지뢰를 제거했으나 북측의 지뢰 제거 작업 결과는 몹시 미미하다. 그러니 UN군 감시 하에 상호 검증을 해야한다'라고 이의를 제기했다. 그러나 방어 태세적인 남쪽이 공세 태세적인 북한보다 훨씬 많은 지뢰를 매설했다는 사실은 국군도, 인민군도, UN군도, 미군도 모두가 다 알고 있는 사실이었다. 그리고 미군의 이런 시비 때문에 지뢰 제거 작업은 3주간이나 중단이 되었다. 결국 북한 측이 '그래 좋아! 정그러면 너희들이 직접 와서 확인해보라'고 양보하면서 해결이 되었다.

그러나 렘스펠드 국방장관이 이끄는 미군의 남북 화해에 대한 견제는 집요하였다. UN사 부참모장 솔리건 소장이 기자 회견을 통해 '금강산 육로 관광을 위해 군사 분계선을 월경할 때는 UN사의 승인을 받아야 하며 한국군도 정전 협정을 준수해야 한다'고 제동을 걸었다. 이 때문에 레일, 침목 등을 북으로 보내지 못해 철도 연결 공사는 지연되어 12월 5일에 시험 운행, 12월 11일 정상 운행할 계획이 두 달이나 늦어져 다음해 2월 14일에야 개통될 수 있었다. 드디어 이런 사건들에 대해 한국 언론들이 뛰어들었다.

한국 언론들은 '남북 교류 간섭, 주권 침해', '경직된 UN사 딴죽걸기', '수십 년 지켜진 관례화를 이제 와서 엄중 집행', '남북 교류 협력에 미군이 제동 걸다' 등의 기사를 내세워가며 미군의 치졸한 행위를 비판했다. 심지어 어떤 언론은 '대통령 선거를 며칠 앞두고 미국이 한국의 특정 후보를 유리하게 하려고 고의로 남북 관계 개선에 방해 작용을 하고 있다'고 비난했으며, 실제로 부시 행정부의 네오콘들은 한국 야당 후보의 당선을 바란다는 입장을 고의적으로 드러내고 있었다.

미군의 이런 치졸한 행위에 일일이 대적해가며 겨우 '남북 간 철도 연결 공사, 도로 연결 공사, 금강산 육로 관광 시행' 사업을 총괄하며 마무리를 한 임동원 대통령 특보는 깊은 안도의 한숨을 쉬면서 마음속으로 이런 생각을 하였다.

'미군 그리고 네오콘 저들은 진정 남북 간의 화해 교류를 원치 않을뿐더러 아예 내놓고 방해를 하고 있구나! 네오콘 그들은 '한반도에서의 긴장 장기화가 미국과 미국의 동북아 전략에 유리하다'라고 노골적으로 외치고 있구나!'

임동원 대통령 특보는 다시 한 번 마음속으로 이런 생각을 하였다.

'네오콘, 다른 사람들은 그들을 신보수주의자들이라고 부르지만 나는 그

들을 신 바리새파 사람들이라고 부르고 싶다.'

그들이 말하는 악의 축(Axis of Evil)-과연 진정한 악의 축은 누구일까?

립스틱 짙게 바르고

....

0000년 00월 00일 00산부인과 병원에서 000의사가 아이를 밴 여인을 곰 곰이 지켜보더니 이윽고 진료를 끝낸 의사가 하시는 말씀, '아무래도 여자 쌍 둥이인 것 같습니다'라고 말했다. 그리고 몇 달 후 이 여인의 진통이 시작되 었다. 예상한대로 첫째 여자 아이가 출산이 되었다.

아이의 아버지는 첫 아이의 이름을 상숙이라고 지었다. 무슨 의도로 이런 이름을 지었는지는 본인 외에는 아무도 알 수 없지만 글쎄 아마 어미 뱃속에 서 동생보다 위에 있었다고 느껴 상숙(上淑)이라고 지었는지 아니면 쌍둥이니 까 서로 잘 지내라는 뜻에서 상숙(相淑)이라고 지었는지 훗날 커서 좋은 상을 많이 받아라는 의미에서 상숙(賞淑)이라고 지었는지 잘 모르겠으나 어쨌거나 첫째 아이의 이름을 상숙이라고 지은 이 이상한 아비는 이제 둘째 아이의 이 름을 지으려고 곰곰 생각 중이다.

그러나 막상 신통한 이름이 떠오르지를 않았다. 한 시간여 지난 후 이윽고 또 산모의 진통이 시작되었다. 그러나 이 철없는 아비는 산모의 고통은 아랑 곳없이 오직 곧 태어날 둘째 아이의 이름 짓기에만 골몰하고 있었다.

'첫째는 상숙이라고 했으니 둘째는 하숙이라고 할까. 아니야 다른 애들이 하숙생이라고 놀릴 거야. 둘째 아이니까 이숙이라고 지을까 그렇다면 첫째는 일숙이라고 해야 하는데, 에이! 그건 너무 촌스러워!' 한참을 생각하던 이 철 없는 아비는 불현 듯 좋은 생각이 들었다. '그래, 첫 아이 이름은 내가 지었으니 둘째 아이 이름은 마누라가 짓도록 하자. 아! 역시 나는 여자를 배려할 줄 아는 남자야! 그리고는 마누라가 애 낳고 있는 산모실로 불쑥 들어갔다. 여의사와 간호사들이 놀란 표정으로 말했다. '남자가 이곳에 들어 오면 안 돼요. 빨리 나가요'라고 외쳤으나 이 철없는 아비는 아랑곳하지 않고 아이 낳느라 고통스러워하는 마누라에게 불쑥 한마디 던졌다.

"여보, 둘째 아이의 이름을 무엇이라고 지으면 좋을까? 당신이 한 번 지어봐!"

여의사도, 간호사도 황당했다. 여의사와 간호사는 남편이 문을 열고 불쑥 들어오는 것을 보았을 때, '아마 자기 부인이 애를 둘씩이나 낳느라고 너무 고생이 심하니까 위로나 격려라도 해주려고 들어왔나 보다.'라고 생각했는데 글쎄 아이 낳느라고 고생고생하고 있는 부인에게 '이름을 무얼로 지을까'라는 남편의 뚱딴지같은 말에 황당하고 황당해 한 것은 사실이었다. 여의사가 신경질적으로 외쳤다.

'빨리 나가요!"

그러나 이 황당하고 철없는 아비는 개의치 않고 또 물었다. 무식하면 용감하다고 했던가.

"여보, 둘째 아이의 이름을 무얼로 지으면 좋을까?"

아이 낳느라고 온 상을 찌푸리며 신음하고 있던 산모가,

"아… 아…… 아… 이… 양반아 애 낳는 아…… 아… 사람한테 그… 그, 그걸 물으면 어떡해! 아야…… 아… 아…… 응……"

이 이상하고도 철없는 아비가 또 묻는다.

"둘째 아이 이름을 무얼로 짓지?"

"아… 아… 아… 몰라몰라도도도도도동숙이라고 해"

"왜 동숙이야?"

"아 아 벼벼 그 그그그냥 병원이 우리 집 바로 동쪽에 있잖아."

글쎄, 그 남편에 그 아내인 듯싶다.

이 부인의 말을 들은 의사와 간호사는 웃음을 참지 못하고 끝내 킥킥거리며 웃음보가 터지고 말았다. 글쎄, 모르긴 몰라도 산파역을 하고 있는 의사나 간호사가 새 생명이 탄생되는 거룩한 순간에 킥킥거리며 웃는 모습은 아마도 세상에 두 번 다시는 없을 것이다. 그런데 이 웃음이라는 것이 그렇다. 한 번 터진 웃음을 멈춘다는 게 그리 쉬운 일이 아니다. 저기 제일 나이 어린 간호사는 침대 기둥을 붙잡고 아예 쪼그리고 앉아 눈물까지 흘리며 하는 말이 "애…애…애…애기 이름이 또…똥숙이래"라며 아랫배를 움켜쥐고 있고 나이든 여의사는 그래도 젊잖을 잃지 않으려고 양어금니를 꽉 깨물고 웃음을 참으려고 애써보지만 자기도 모르게 입술 사이로 픽픽 터져나오는 웃음을 막을 길이 없었다. 산모실 밖으로 나온 이 철없고도 희한한 아비가 속으로 중얼거렸다. '동숙이라고, 그러면 첫째 아이는 서숙이라고 해야 되는 것 아닌가? 아냐, 아냐, 그렇지가 않아. 똑같이 생긴 쌍둥이이고 똑같은 숙자 돌림이니까 그래 동숙(同淑)이가 맞아!' 이렇게 해서 쌍둥이 자매, 상숙이와 동숙이가 태어났다.

찌는 듯이 무더운 어느 여름날 밤, 오늘따라 유난히도 밝고 둥그런 달빛이지만 쌍숙이는 화가 머리끝까지 치밀어 올랐다.

'똥숙이 이년이 감히 내 옷을 나도 모르게 입고 나갔어. 그 옷이 얼마나 비싼 옷이고 내가 얼마나 아끼는 옷인데, 더구나 오늘 저녁, 내가 맞선볼 때 입으려고 깨끗이 세탁까지 해놓은 옷인데 똥숙이 이년이 그런 줄 뻔히 알면서도 내 옷을 입고 나갔어. 내가 집에 들어가기만 하면 똥숙이 이년을 내가 꽉 죽여 버릴 거야.'

그리고 전화기를 꺼냈다.

"야! 똥숙이 이년, 너 지금 어디야,"

"어디긴 어디야 집이지."

"너 이년아. 네가 오늘 내 옷 입고 나갔지. 오늘 너 때문에 내가 선보면서 퇴짜 맞았잖아. 내가 오늘 그 옷만 입고 나갔어도 퇴짜는 안 맞았을 텐데……. 네가 내 옷 입고 나가는 바람에 퇴짜 맞았잖아. 너 그대로 집에 가만히 있어. 내가 너 죽여 버릴 테니까. 너 꼼짝 말고 가만히 있어!"

"그게 왜 언니 옷이야. 엄마가 사줄 때는 분명 언니와 내가 같이 입으라고 사준 거잖아!"

"이년이 웬 말이 많아. 언니가 언니 것이라고 하면 그건 언니 것이야. 이년아!"

"한 시간 먼저 태어났다고 언니 마음대로 해도 돼. 그리고 언니는 왜 맨날 나보고 똥숙아 똥숙아 그래. 내가 동숙이지 왜 똥쑥이냐? 언니가 그러니까 다른 애들도 나보고 똥숙아 똥숙아 그러지."

"그런 너는 왜 맨날 나보고 쌍숙아 쌍숙아 그래. 내가 상숙이지 쌍숙이냐?"

"언니가 먼저 똥숙아 똥숙아 하니까 나도 그랬어 왜! 왜! 어쩔 건데, 그리고 선보고 퇴짜 맞은 것이 어디 한두 번이야? 그게 옷 때문에 그런 줄 알아? 언니 얼굴이 못 생겼으니까 퇴짜 맞았지."

"그러는 너는 잘 생겼냐? 네 얼굴이나 내 얼굴이 똑같이 생겼는데, 이년이 똥 묻은 개가 겨 묻은 개 욕하고 있네 이년이!"

그리고 자매 지간에 전화는 끊겼다. 이제 대략 이삼십 분 후면 서로 똑같이 생긴 이 쌍둥이 자매간에는 치열한 전쟁이 벌어질 듯한 분위기다.

동생 동숙이, 아니 똥숙이는 탤런트다. 탤런트라고 하니까 무척이나 예쁘고 인기가 있는 줄 아는데 그건 아니다. 근 2년을 엑스트라로 따라 다니다가 이제 겨우 단역 한두 장면 쯤 맡고 있는 신출내기 중의 신출내기다.

그리고 내일 '전설 따라 삼천리'에서 귀신 단역을 맡았다.

하지만 오늘 동숙이, 아니 똥숙이에게는 너무나 소중한 단역이다. 왜냐하면 내일 비록 단역이지만 이 귀신 역만 실감나게 잘 해준다면 다음부터는 대사가 들어가는 제법 긴 배역을 준다고 감독으로부터 단단히 약속을 받았기 때문이다. 그래서 오늘밤 똥숙이는 내일 있을 귀신 역을 잘하기 위하여 최선을 다하고 있는 중이다. 하얀 소복에 긴 생머리를 늘어뜨리고 눈에는 붉은 잉크도 한 방울 넣고 입술에는 새빨간 립스틱도 짙게 바르고 하얗고 긴 플라스틱 송곳니도 끼워 넣고 이제 마지막으로 토마토 케찹 한 모금만 들이키면 된다.

바로 그 때 언니 쌍숙이의 전화를 받은 것이다. 전화를 끊고 난 똥숙이, 거울에 비친 자기 모습을 가만히 보며 '그래, 맞아 제대로 된 귀신이야' 하며 스스로 흐뭇해하는 순간 그녀의 머릿속에 번쩍 희한한 생각이 떠올랐다.

'그래 이참에 언니 한 번 골려 주어야지. 지가 나보다 겨우 한 시간 먼저 태어났으면서 맨날 나만 부려먹고 맛있는 것은 지가 다 먹고 좋은 옷은 지가 다 차지하고 나보고 맨날 똥숙이, 똥숙이 하면서 골려 됐지. 그래 오늘 어디 한 번 맛 좀 봐라' 그리고는 토마토 케찹 한 모금을 입에 잔뜩 넣고 그대로 슬슬 뱉어버리니 영락없는 귀신이었다. '그래 이왕 이참에 확실하게 골려주자.' 그리고는 시뻘건 토마토 케찹을 입가에도 목에도 뿌려 대고 다음에는 양 소매 끝에도 하얀 소복 위에도 잔뜩 뿌렸다. '이크 방바닥에 떨어지겠네, 방 다 더렵혀지겠어. 그래 옥상으로 가자. 옥상에서 언니를 제대로 한 번 골려주어야지' 옥상으로 올라간 똥숙이, 들고 온 케찹 한 병을 다 뿌렸다. 다시 한 번 입가에도 목에도 저고리에도 옷소매에도 양손에도 그리고 마지막으로 케찹을 하얀 치마폭에 흠뻑 뿌려버렸다.

한참 씩씩대며 계단을 오르던 쌍숙이는 옥상 문이 덜컹 열리며 닫히는 소리를 듣고는 '니가 옥상으로 도망가면 내가 모를 줄 알고, 어림없어 이년아! 그래 오늘 옥상에서 내가 너를 제대로 혼내줄 거야' 쌍숙이는 집에 들르지도 않고 곧바로 옥상으로 향했다. 저쪽 옥상 담 옆에 하얀 옷을 입은 똥숙이의 뒷모습이 보였다. 다짜고짜 다가가서 똥숙이 머리카락을 확 잡아 당기는 순간 쌍숙이는 그 자리에서 그대로 벌러덩 기절하고 말았다.

'어머 큰일 났네. 내가 너무 심했나봐!' 똥숙이는 쓰러진 쌍숙이의 뺨도 때려보고 몸도 흔들어 보았는데 쌍숙이는 꼼짝도 않고 누워 있었다.

"언니, 언니 내가 잘못했어. 언니, 언니, 어서 일어나!"

다급해진 똥숙이는 언니의 핸드폰으로 119에 신고를 하였다.

"사람이 죽어 가고 있어요. 빨리 와서 좀 도와주세요. 빨리요!"

급히 내려온 두 번째 구급 요원은 재빨리 소방서로 무전을 쳤다.

"저는 119 구급차로 현장에 출동한 구급 요원입니다. 흡혈귀가 나타났어요. 빨리 경찰을 좀 보내 주세요."

혼비백산해서 부르르 떨며 말까지 더듬고 있는 구급 요원의 목소리에 무전을 받고 있는 소방서 소방관이 큰 소리로 버럭 신경질을 냈다.

"이봐, 지금 무슨 헛소리를 하고 있는 거야. 흡혈귀라니! 그게 무슨 소리야. 좀 차분히 말해봐."

심호흡을 한 번 하고 난 후 다소 차분한 듯한 목소리로 두 번째 구급 요원이 다시 말했다.

"거짓말 아니에요. 이곳에 지금 흡혈귀가 나타나서 우리 응급 요원의 피를 빨아 먹고 있어요. 그리고 또 어떤 여자 한 명도 흡혈귀에게 피를 빨려서 죽은 채로 옥상 바닥에 누워 있어요. 빨리 경찰에 연락해서 이곳으로 좀 보내주세요! 어서요! 급해요!"

출동한 구급 요원의 보고를 받은 소방서 소방관은 즉시 관할 경찰서로 전화를 걸었다.

"여기는 소방서입니다. 지금 관내 000빌라 옥상에 흡혈귀가 나타나서 사람을 마구 헤치고 있다고 합니다. 벌써 우리 소방관 1명이 죽고 또 죽은 사람이 몇 명 더 있다고 합니다. 즉시 출동을 좀 해 주십시오!"

소방서의 이 황당한 연락을 받은 경찰서에서는 즉각 비상을 걸었고 십여명의 경찰을 현지로 출동시켰다.

출동 대장 경찰관은 아무리 생각해도 이상했다. 이 21세기 과학 시대에, 그리고 서울 한복판에 흡혈귀가 나타났다니 아무래도 이상한 느낌이 들었다. 그리고 출동하는 경찰에게 무전기로 지시했다.

"아무래도 바보 같은 소방관들이 무얼 잘못 본 것 같아. 사람을 흡혈귀로 착각했는지도 몰라. 절대로 실탄 사격은 하지 말고 공포탄을 쏘아. 정 실탄 사격을 해야 한다고 판단이 되면 내가 직접 사격을 할 테니까 다른 사람은 절대로 실탄 사격을 하지 마라!"

전화 신고를 마친 똥숙은 이제 언니의 가슴을 양손으로 몇 번 누르고 어느 영화에서 본 것처럼 언니의 입에 자기의 입을 대고 입 바람을 불어 넣기 시작하였다. 무더운 여름날 마음이 다급해진 똥숙의 얼굴은 땀으로 흠뻑 젖어 버렸고, 언니의 얼굴 역시 시뻘건 토마토 케첩으로 온몸이 범벅이 되었다.

"언니, 죽으면 안 돼. 내가 잘못했어!"

그러면서 열심히 인공호흡을 계속하였다. 그리고 얼마 후 가까스로 언니가 숨을 몰아쉬며 똥숙에게 말을 건넸다.

"얘 똥숙아, 내가 죽은 건 아니지!"

"그래, 언니가 왜 죽어. 이렇게 멀쩡하잖아. 언니, 내가 잘못했어. 언니 미안해. 정말 미안해."

언니가 부스스 일어나려고 하자,

"안 돼 언니. 그대로 가만히 좀 더 편히 누워 있어. 그리고 숨을 좀 크게 들이마셔 봐. 몸이 좀 상쾌해질 때까지 가만히 있어. 숨만 좀 크게 쉬어."

이러는 사이 똥숙은 자기가 119에 신고한 것은 까마득히 잊어 버렸다.

순간 어느 누가 똥숙의 어깨를 툭툭 쳤다. 똥숙이 뒤로 돌아보며 일어서려는 순간 먼저 온 구급 요원은 쌍숙이가 그랬듯이 그도 그 자리에 그대로 벌러덩 쓰러져 버렸다. 그제야 똥숙은 자기가 119에 신고를 했다는 생각이 들었다. 헌데 언니를 구하러 온 구급 요원이 언니처럼 또 벌러덩 쓰러져 버렸으니 참으로 황당하였다.

"언니, 그대로 조금만 있어."

하면서 쓰러진 구급 요원을 보며,

"제길! 사람 구하러 온 구급 요원이 쓰러져 버리면 어떡해!"

라면서 이번에는 쓰러진 구급 요원에게 열심히 인공호흡을 하기 시작하였다. '에고! 내 팔자야. 오늘 언니 혼 좀 내주려다 내가 이게 무슨 생고생이야'라고 생각하면서 열심히 쓰러진 구급요원의 입술에 생 키스를 쏟아붓고 있는데 또 한 명의 구급 요원이 보였다.

똥숙이는 그 구급 요원을 보자 빨리 좀 오라고 손짓을 했는데 이상하게 그 구급 요원은 줄행랑을 쳐버리고 말았다. 그제야 똥숙은 피범벅이 된 자기 모습을 보고는 대충 사태를 짐작할 수가 있었다. 얼마 후 경찰들이 닥쳤다. 열너댓 명의 경찰이 손에 권총을 든 채 똥숙의 주위를 빙 둘러 에워 쌓았다.

"꼼짝 말어!"

똥숙이 고개를 쳐드는 순간 어느 경찰이 하늘을 향해 공포탄 한 발을 쏘았다. 그제야 쓰러진 언니와 구급 요원이 부스스 일어났다.

이때 똥숙이 언니의 손을 잡는 순간, 또 몇 발의 공포탄이 동시에 발사되었다. 다급해진 똥숙이,

"쏘지 마세요. 쏘지 마세요. 우리는 귀신이 아니에요. 사람이에요. 쏘지 마세요!"

이렇게 해서 사태는 일단락되었다. 출동 경찰을 인솔한 출동 대장이 똥숙에게 "잘 알았으니 일단 경찰서로 갑시다."

이러니 똥숙이,

"우리가 흡혈귀가 아닌 것이 밝혀졌으면 됐지, 경찰서에는 왜 가요? 그리고 지금 이 모습으로 꼭 경찰서까지 가야 돼요?"

그러자 다른 경관이,

"우리도 이렇게 출동한 사실의 결과를 상부에 보고를 해야 돼요. 그러려면 은 피의자의 진술 조서가 있어야 돼요."

그 말을 들은 똥숙이 속으로 '젠장 오늘 더럽게 재수 없는 날이네! 완전히 똥 밟은 날이구나! 에이 쪽팔려!

그때 「어느 누가」 아무도 모르게 빙그레 웃으면서 속으로 하시는 말씀이,

'너 내일이면 진짜 똥 밟을 것이다. 그것도 네가 싼 똥을 네 손으로 퍽 덮칠 것이다'

그 때 멍하니 앉아있던 멍청한 소방관이 부스스 일어난다.

출동 경찰 대장이 그 소방관을 아래위로 째려보면서 하시는 말씀,

"등신!"

옆에 있던 어느 여자 경찰관이 손에 든 권총을 허리춤에 주섬주섬 집어 넣으면서 기어이 119 아저씨의 자존심을 콕 찔러 버린다.

"어이, 119 아저씨, 그래 가지고 불이나 제대로 끄겠어요?"

빈정거리는 말투로 묻자 119 아저씨는 고개를 푹 숙이고 하는 말이,

"불하고 귀신하고는 틀려요! 당신네들도 한 번 당해보면 알 거요."

여기서 멍청한 소방관이라고 불리던 이 젊은이는 사실 키 크고 잘생기고 건장한 대한민국의 상남자다. 그는 평생 처음 원치 않는 키스를 당했다. 그리고 그에게 생키스를 쏟아부은 그의 생명의 은인인 그 여인을 잊지 못하였다. 며칠 후 수소문 끝에 그는 드디어 그 여인을 만나게 된다. 그러나 그가 만난 여인은 똥숙이가 아니라 쌍숙이였다. 허긴 그 얼굴이 그 얼굴인데 똥숙인들 쌍숙인들 무슨 상관이 있겠는가, 드디어 멍청한 소방관 아저씨와 쌍숙이는 결혼까지 하게 됐다. 이런 걸 두고 천생연분이라고 했던가?

똥막리 똥골 똥굴

....

2003년 3월, 철원군 갈말읍 동막리. 우리나라 지도를 펴놓고 보면 서울에 중량천이라는 개천이 있고 이 개천과 함께 북쪽으로 향하는 길이 바로 동부간선 도로이다. 이 도로를 타고 계속 북쪽으로 가다가 의정부에서 우회전하여 북동쪽으로 가는 길이 43번 국도인데 이 길을 따라 계속 북진하면 휴전선 바로 아래 동막리라는 동네가 나오는데 보통 주위 사람들은 그곳을 동막이라 부르지 않고 똥막이라고 부른다. 그런데 그 똥막에서 북동쪽으로 조금만 올라가면 똥골이라 불리는 작은 동네가 하나 있는데 원래는 동쪽에 있다고 하여 동골이었는데 언젠부턴가 사람들은 그곳을 똥골이라 불렀다. 그리고 그 똥골에서 북쪽으로 또 조금만 올라가면 산중턱에 그리 깊지 않은 작은 자연 동굴이 하나 있는데 사람들은 그곳을 똥굴이라 불렀다.

옛날에는 대부분이 산에 나무를 베거나 낙엽을 긁어모아 땔감으로 사용했고 그러다보니 대부분의 산들이 벌거숭이 산이었는데 처녀, 총각들이 산에 나무하러 가서 응가나 쉬가 마려우면 사내들이야 아무데나 가서 바지 내리고 쉬 하면 되었지만 문제는 처녀들이었다. 처녀들은 사내와는 틀려서 쉬만 마려워도 엉덩이를 까야 하는데 벌거숭이산에서 처녀가 엉덩이를 까고 쉬라도 하게 되면 동네 총각 놈들의 눈길이 자연히 처녀의 허연 엉덩이로 쏠리게 되고, 또 어떤 짓궂은 총각 놈들은 일부러 그런 쉬하는 처녀 옆으로 슬금슬금 다가가는 놈이 있는가 하면, 또 어떤 놈은 '얼레리 꼴레리 나 누구 엉덩이 봤어' 하며 노골적으로 히죽거리며 놀려대는 놈도 있으니 처녀들이 쉬나 응가가 마려우면 할 수 없이 그 동굴 속으로 가게 되었으니 자연히 그곳을 '똥굴'이라 불렀더라.

그런데 옛날에는 그 똥골에도 노인네에서부터 어린아이들까지 사람들로

336
다빈치 프로젝트

북적대었는데 지금은 사람들이 다 도시로 떠나 버리고 노인네 몇 명만이 동네를 지키고 있었다. 어느 날 그 똥골이란 동네에 무슨 드라마인지 뭔지 하는 촬영이 있다나. 무슨 촬영인고하면 한밤 중 깊은 산속에서 소복 입은 하얀 귀신이 머리를 풀어헤치고 나오는 소름이 오싹 끼치는 장면이라고 한다.

그리고는 조용하고 작은 이 똥골에 갑자기 승합 버스 7~8대가 와서 북적대는데 오호라! 저기서 하얀 소복을 입고 머리를 풀어헤치고 있는 저 처녀가 분명 귀신으로 나오는 배우인가 보다. 그리고 그 처녀의 이름은 박동숙이다. 그를 잘 알고 있는 친구들은 그녀를 그냥 편하게 "똥숙"이라고 부른다.

박동숙이 귀신 촬영을 막 끝냈을 무렵 그녀의 아랫배가 살살 아프더니 이내 뱃속이 부글부글 끓기 시작했다. 얼마 전 차 안에서 우유와 오징어·땅콩을 좀 먹었더니 아마 그것이 속에서 뭔가 잘못된 반응을 일으킨 것 같았다. 똥숙이가 감독에게 달려가 '감독님 여기 화장실이 어디에요? 저 좀 급한데' 하고 물으니 감독님 하시는 말씀이, '얘가 지금 정신이 있나 없나? 여기가 누구집 안방인 줄 알아? 알아서 적당히 해결 해!' 그러다가 금세 "맞다 맞어! 저쪽으로 조금만 돌아가면 조그만 굴이 하나 있어. 그 굴이 똥굴이야. 그리로 가봐"하는 것이었다. 다시 동숙이 물었다. "감독님은 어떻게 그렇게 잘 아세요?" 하고 물으니 감독님이 하시는 말씀이 "이 똥골이 바로 내 고향이야. 내가 중학교 졸업할 때까지 바로 이 동네에서 살았어." 이러는 것이었다.

랜턴 플래시 하나와 휴지 한줌을 주섬주섬 챙겨 감독님이 가르쳐 준 곳으로 가보니 과연 조그만 동굴이 하나 있는데 조금 무섭기도 하고 떨리기도 했지만 상황이 워낙 급한지라 어쩌겠는가. 똥굴 속으로 몇 발짝 들어간 똥숙은 이내 엉덩이를 까고 볼일을 보는데 이게 또 어쩐 일인고, 나올 듯 말 듯 정말 사람 미치게 하는 것 아닌가……. 끙끙 힘을 써보기도 하고 크게 한숨도 쉬어보고, 다시 숨을 크게 들이마시고 또 끙끙 힘을 써보기도 하는데 정말 사람 환장하겠네! 이윽고 얼마나 시간이 흘렀을까? 꽤나 상쾌해진 기분으로 바깥으로 나와 촬영 장소로 가보니 '어머나! 이걸 어째! 이걸 어떻게 해!' 사람들이 아무도 보이지 않았다.

날은 캄캄하게 어두운데 조금 전 그 많던 사람들은 한 명도 보이지 않았다. 그리고 차도 한 대도 보이지 않고 고요한 적막감만 감돌고 있었다. 결국은 똥 숙이가 똥굴에서 똥을 싸고 있는 동안 그들은 철수를 해버린 것이었다. 그런데 차가 여러 대가 되다보니 저차는 똥숙이가 앞차에 타고 있는 줄 알았고 또 앞차는 당연히 똥숙이가 뒤차에 타고 있는 줄 알았고 또 실제로 그들이 철수할 때는 혹 누가 못 탄 사람이 있는지 주위 확인까지도 하였던 것이었다.

이제 똥숙이는 어떻게 해야 할 것인가를 생각하고 있는데 이건 또 웬 난리야! 갑자기 하늘에서 굵은 빗방울이 뚝뚝 떨어지고 있지를 않은가…… 우선은 급한 김에 다시 똥굴로 들어온 똥숙이는 바깥의 찬바람을 피해 몇 발자국 안으로 더 들어가 보았다. 확실히 굴속은 바깥보다 따뜻했다. 추운 몸을 웅크리고 앉아 가만히 생각을 해보았다. 그러나 생각하면 할수록 기가 찼다. 어떡해야 하나? 일단 가까운 동네로 내려가 볼까? 아니면 날이 밝을 때까지 여기서 기다려야 하나? 그러나 이 밤중에 이렇게 귀신 차림을 하고 동네에 나타나기도 참 그렇네! 바로 어제처럼 또 희한한 귀신 사건이 일어날지도 모르잖아! 하긴 이렇게 비도 오고 날도 추운데 나갈 수도 없는 처지 아닌가?

그나마 어릴 때 태권도라도 배웠던 똥숙이었기에 이렇게라도 버티어내는 듯싶었다. 바깥 날씨의 쌀쌀함을 피하고자 똥숙이 굴속으로 몇 발자국 더 들어가다가 발에 돌부리가 걸려 몸이 휘청하며 넘어졌는데 일어서려고 손바닥으로 땅을 짚는 순간 글쎄 손에 뭔가 뜨뜻하고 물컹한 것이 만져지질 않는가. 이런 미련 곰탱이 같은 것! 글쎄 조금 전 자기가 싸놓은 똥을 자기 손으로 퍽 덮친 것 아닌가. 어찌 이리도 「어느 누구」의 예견이 꼭 들어맞을까! 똥막리 똥꼴마을 똥굴 속에서 똥숙이가 똥을 싸고 그 똥을 짚었으니 그 손 또한 똥 손 아닌가? 이 무슨 해괴망측한 일인고!

한참을 혼자서 구시렁거리던 똥숙이가 손에 묻은 똥을 닦아 내리려고 돌 위에 손을 이리저리 비벼 대고 있는데, 어라! 땅속에서 세찬 바람이 불어나 오는 것 아닌가? 가만히 플래시로 돌 틈을 비춰보니 분명히 뜨듯한 바람이 땅속에서부터 바위틈 사이로 솔솔 불어나오고 있는 것이 아닌가? 하도 신기해서 돌을 몇 개 슬그머니 들추어 내보니 분명 땅속에 시커먼 동굴 같은 것이 보이는 순간 똥숙의 발밑에 있는 돌이 땅속으로 푹 꺼지면서 똥숙이도 동굴 속으로 빠져들었고, 또 다른 바윗돌이 와르르 굴러 그 입구를 완전히 막아버렸는데 똥숙은 아래로, 아래로 굴러 떨어져 어느 물속에 풍덩 빠져 버렸다. 물속에 빠진 똥숙이 겨우 허우적거리며 물가로 나와 그곳에 푹 쓰러져 버렸다.

한참 후 눈을 뜬 똥숙이, 이곳이 천당인가 아니면 지옥인가? 지금 내가 살아 있는 것인가 아니면 죽어 있는 것인가? 가만히 자기 뺨을 두들겨 보는데 분명 죽은 것은 아닌 듯싶고, 저기 보이는 저 사내놈들은 또 누구인고? 그리고 이내 잠이 들어버렸다.

참으로 이상한 것은 김일성이나 리을설이 수십 년간 동굴을 찾아 그렇게도 헤매었건만 그들에게는 결코 동굴 찾는 것을 허락하지 않았었는데 그런 마음이나 욕심이 전혀 없는 똥숙이에게는 어찌 이렇게도 쉽게 동굴의 문을 열어주는고? 이 또한 분명 무슨 하늘의 조화가 있으렸다. 그것은 아마 하늘의 뜻이 분명 이 땅에 때가 이르렀음이리라.

〈무화과나무의 잎을 보아라. 그 가지가 연하여지고 잎사귀를 내면 여름 가까운 줄을 아니니(마태복음 32장 1절)〉

결혼식

....

그들은 이제 세 식구가 되었다. 사내 두 명은 이제 상하 관계가 아니라 서로 한 가족인 수평적 관계가 되었다. 그러나 문제가 생겼다. 삼각관계가 바로 이런 것인가? 지금 사내 둘은 한 여자를 가운데 두고 격렬한 심리전을 벌이고 있었던 것이었다. 그들에게는 똥숙의 얼굴 구조는 전혀 문제가 되지 않았다. 오직 똥숙이가 여자라는 것이 중요한 문제였지 얼굴이 문제가 되는 것이 아니었다.

어느 날 두 사내가 씨름을 하기 시작하였다. 두 사내는 죽기 살기로 씨름을 하고 있었다. 한 판, 두 판, 세 판…… 엎치락뒤치락하면서 이 녀석이 한 판 이기고 나면 다음 판은 저 녀석이 기기고, 이렇게 두 사람은 사생결단의 씨름판을 벌리고 있었다.

"너희들 왜 그러는데? 왜 두 사람이 죽기 살기로 쌈박질하는 거야?"

이렇게 물으니 두 사내 녀석들 겸연쩍은 듯이 서로 눈치를 살피더니 이윽고 한 사내 녀석이 말했다.

"야, 사실은 둘이서 씨름을 해서 이기는 사람이 너를 차지하기로 우리끼리 정한거야."

그 말을 들은 똥숙이 다짜고짜로 고래고래 고함을 질러 댔다.

"이 자식들, 떡 줄 사람은 생각도 않는데 젓가락부터 만지고 있어. 야, 이 짜식들아! 내가 무슨 물건인 줄 아냐? 너희들 마음대로 니 것 내 것 하게!"

그리고는 냅다 두 사내 녀석의 머리통을 손바닥으로 한 방씩 갈기는데 그 머리통을 감싸 쥐며 두 사내 녀석 구시렁거리는 말이,

"어휴! 여자 손바닥이 왜 이렇게 매워, 저게 여자야 남자야?"

그러나 똥숙은 내심 기쁨을 금할 수가 없었다. 뒤돌아서며 피식 웃는 똥숙

340
다빈치 프로젝트

이의 저 모습 좀 보소. '내 인기가 이렇게 좋을 줄이야. 저 키 큰 녀석, 저 녀석은 이제 내꺼야.'

세 사람은 일단 밖으로 나가기로 마음을 합쳤다. 그런데 이 황금 동굴 쪽에서는 아무리 찾아봐도 출구가 보이질 않으니 어떻게 해야 하나? 세 사람은 하는 수없이 저쪽 황금 계단 동굴로 옮겼다. 이윽고 세 사람이 황금 계단 동굴에 도착하였을 때 똥숙은 눈이 휘둥그레졌다. 이런 호화찬란한 장관은 처음 보았던 것이었다. 이제 그들이 알고 있는 출구는 오직 동굴 호수 바닥에 있는 바다 속 동굴뿐이었다. 그러나 차가운 바닷물은 그들이 쉽사리 결정을 내릴 수 없게 만들었다.

어느 날 황금 계단 아래에서 조촐한 결혼식이 올려졌다. 신랑 키 큰 녀석, 신부 똥숙이, 주례 키 작은 녀석, 내빈 없음. 그리고 몇 개월 후 똥숙의 아랫배는 불룩해져 있었다. 주례를 보았던 키 작은 녀석이 혼자 외로움에 젖어 호숫가에 쓸쓸이 앉아 있으면서 가만히 한탄을 하였다. '아! 나도 장가 좀 가 보았으면…… 저 호수 속에서 인어라도 한 마리 올라왔으면 좋으련만!' 이렇게 한탄을 하며 긴 한숨을 내뿜고 있는데, 어어! 어어! 진짜 인어다! 아니 진짜 사람이다! 아니 진짜 여자다! 놀라움에 부르르 떨며 호수 가운데를 쳐다보니 물속에서 샛노란 잠수복을 입은, 머리카락이 길고 선녀보다 아름다운 여자가 호수 속에서 물 위로 불쑥 올라오는 것이 아닌가! 그리고 그 여자가 호수 바깥으로 헤엄쳐 나오는데 분명 사람이었다. 너무나 아름답게 생긴 여자였다. 이윽고 똥숙이도 키 큰 녀석도 모두가 놀라고 또 놀랐다.

키 작은 녀석의 입은 자기도 모르는 사이 함박꽃처럼 벌어졌고 반대로 키 큰 녀석은 그 새로운 여자의 예쁜 모습과 아랫배가 불룩한 똥숙의 모습이 비교되는 순간 이런 생각이 들었다. '내가 너무 성급했구나!'

어느 날 황금 계단 아래서 또 조촐한 결혼식이 올려졌다. 신랑 키 작은 녀석, 신부 인어 공주, 주례 키 큰 녀석, 내빈 박똥숙 외 이분의 일인(현재 똥숙의 뱃속에 있음), 이제 그 동굴 속에서는 신바람 나는 노래 소리가 매일매일 울려 퍼지고 있었다. 트롯트 소리가 날 때가 있었고 뽕짝, 발라드도 들렸고 간혹 북조선의 우렁찬 국가도 들려 왔고, 또 어떤 때는 짙은 운우(雲雨)속의 감창(甘唱)도 들려오고 있었다.

인어 공주

....

2000년 7월 동해안. 한국 해양 연구소 부설 생물자원 연구부 동해분소에는 직원이라고 해 보았자 딱 8명뿐이다. 소장 겸 연구원 1명, 전문 연구원 6명, 사무직원 1명이 전부였다. 이곳이 무엇을 하는 곳이냐 하면 문자 그대로 바다 속 생물자원을 탐사하고 분석하고 연구하고 분포 지도를 만들고 하는 곳이다. 비록 인원수는 적지만 그들이 하는 일은 해양학적으로나 생물학적으로 볼 때 아주 중요한 것이다. 약 20여 년 전 울산 태화강 반구대 절벽에 무수히 많은 고래 벽화와 고래 사냥하는 모습의 벽화가 있는 그곳이 약 오천 년 전에는 그곳이 바다의 만(灣)이었음을 밝혀 낸 곳도 바로 이곳이었다.

이곳에 근무하는 연구원은 모두 잠수에는 베테랑들이다. 우선 소장인 명정구 박사부터 어류 담당 연구원, 해초 담당 연구원, 연체동물 연구원, 절지동물 연구원 등 모두가 10년 이상 바다 속을 휘젓고 다니는 베테랑 잠수부들이다. 이중 특히 갑각류 담당인 연구원 한 명은 여자인데, 그녀의 이름은 황 현으로 별명은 인어 공주였다.

그녀는 직업상 늘 잠수복을 입고 바다 속을 헤매야 하는 일이 많았기에 그녀의 아름다운 모습과 함께 주위에서 그녀를 '인어 공주'라 불렀고, 그녀 스스로도 그 별명에 만족하고 있었다.

어느 날 그곳의 어느 지방 일간지 신문에 그녀의 실종 소식을 실은 신문 기사가 짤막하게 보도되었다.

그녀는 다른 때와 마찬가지로 잠수복을 입고 바다 생물을 살피는 도중 동해안 절벽 바다 깊은 곳에서 조그만 동굴을 하나 발견하였는데 그 동굴 속으로 들어가 보니 신기하게도 밧줄 한 가닥이 동굴 속 깊게 깔려 있는 것이 아닌가? 그 인어 공주는 자기도 모르게 그 밧줄을 따라 한없이, 한없이 동굴 속으로 들어가 보았다. 그리고 신천지를 발견하게 된 것이었다.

몇 개월 후 그 인어 공주 역시 아랫배가 불룩하게 되어 있었다. 도대체 하늘은 무슨 뜻이 있길래 이 인어 공주에게도 이렇게 쉽게 동굴의 문을 열어주는 것일까? 그것은 분명 이 한반도에 창조주가 의도하는 '때'가 이르렀음이라.
〈저녁에 하늘이 붉으면 날이 좋겠다하고 아침에 하늘이 붉고 흐리면 오늘은 날이 궂겠구나 하는 도다(마태복음 16장 2~3절).〉

우주의 비밀

한민석과 인어 공주, 부군관과 똥숙이. 그 황금 기둥 동굴에는 두 가정이 만들어졌다. 그들은 서로 아끼고 서로 도우며 살아가고 있었다. 어느 날 인어 공주가 자신이 동굴 속으로 들어올 때 가슴에 안고 있던 조그맣고 노란 색깔의 가방을 풀어 헤쳤다. 그 가방 속에는 생물을 탐사하기 위한 작은 수공구들이 들어 있었다. 그리고 마지막으로 그 가방 속에서 나온 물건은 표지가 검은색으로 된 제법 두툼한 한권의 책이었다. 그 책을 민석이 보는 순간 멈칫 놀라지 않을 수가 없었다. 그리고 이제 그의 아내가 된 인어 공주에게 물었다.

"이것이 무슨 책이냐?"

그러자 그의 아내 인어 공주는 거의 아무런 표정도 없이 덤덤하게 대답을 하였다.

"성경책이야."

맞다! 맞어! 바로 저 책이 옛날, 아주 옛날 할머니, 아버지, 어머니 이 세 사람이 민석이가 잠들었다 싶을 즈음에 바로 저와 똑같이 생긴, 표지가 까맣게 생긴 바로 저 책을 펴놓고 주여! 주여! 예수님! 하나님!을 외치

며 이상한 주문을 외우고 신들린 사람 비슷한 목소리로 벌벌 떠는 시늉을 하며 눈물을 흘리며 소리 없이 흐느끼고 있던 바로 그때 본 그 이상한 책이 맞아! 바로 그 책이야, 틀림없어!

이런 생각이 드는 순간 할머니 생각, 아버지 어머니 생각으로 눈시울이 뜨거워졌다. '아…… 나 때문에 우리 할머니, 아버지 어머니는 어떻게 되셨을까? 얼마나 많은 고통을 당하셨을까? 분명 처형이 되었겠지…….'이런 생각을 하니 민석의 마음은 찢어지듯이 괴로웠다. 그리고 또 다른 생각이 떠올랐다. 내가 곰치에게 발을 물려 죽음 일보 직전에 있을 때 하얀 모습으로 자기를 구해 준, 스스로 목사님이라고 칭하셨고 스스로 자기 할아버지라 불렀던 그 맑고 밝은 모습이 떠올랐다. 그리고 그 할아버지가 손을 뻗어 민석의 손을 당기면서 하시던 말씀이 생각났다. '자, 힘을 내어라! 그리고 항상 선한 목적과 예수님을 바라보는 생활을 하도록 하여라.'

지금까지 잊고 있었던 그때 또렷이 들은 그 말이 생각이 났다. 그리고 민석은 다시금 인어 공주에게 물었다.

"이 책이 무슨 책이라고?"

"성경책, 성경책이란 말이야."

민석은 또다시 물었다.

"성경책? 성경책이 뭐하는 책인데?"

그의 아내가 퉁명스럽게 다시 대답하였다.

"성경책이 뭐냐고? 하나님의 말씀이 적혀 있고 예수님의 말씀이 적혀 있는 책이야. 나도 교회 열심히 다니는 사람이야, 성가대도 하고 주일 학교 교사도 하고 십일조도 내고, 나도 교회 나가."

이러는 것이었다.

민석이 조심스럽고도 떨리는 손으로 「성경전서」라고 쓰인 책을 열어보니 쉽게 이해할 수 없는 내용으로 가득 차 있었는데, 매 장수마다 아래쪽 삼분의 일 정도는 위쪽 삼분의 이 정도에 쓰여 있는 내용을 쉽게 이해할 수 있도록 설명이 되어 있었고, 책의 마지막 끝 부분에는 「찬송가」라고 쓰여 있는 악보가 그려진 책도 같이 묶여 있었다. 그리고 다시 맨 끝에는 일곱 여덟 장 정도의 원색 지도도 그려져 있었다.

그는 아내의 도움으로 하나님, 모세, 예수님 등등으로 이어지는 기독교라는 것에 대해서 처음 들었다. 쉽게 이해할 수는 없었지만 분명히 말하고 강조하는 내용, 즉 '눈에 보이는 것은 잠깐이요, 눈에 보이지 않는 것이 참이다'라는 것과 인간의 죄를 대속하기 위하여 하나님의 독생자이신 예수 그리스도의 보혈의 피로 인하여 인간이 구원을 받게 되었으며 오직 믿음과 회개를 통하여 하늘나라 백성이 될 수 있다는 그의 아내의 설명에 어느정도 수긍이 가는 듯싶었다.

그는 그 책을 읽기 시작하였다. 그리고 읽고 또 읽었다. 그리고 몇 번을 읽고 난 후 완전히 그 성경의 내용을 이해했을 때 그는 또 다른 의문이 생겼다. 바로 그들을 구해준 노 스님이 잠시 말했던 '부처님'이라는 존재였다.

사실 그들이 처음으로 목탁 소리와 함께 어울려 낭낭하게 들려오던 그 스님의 아련한 불경 소리에 얼마나 도취하였던가? 그들은 넋을 잃을 정도로 그 스님의 거룩하고도 고상한 자태에 너무나 큰 감명을 받지 않았던가? 그러면 부처님은 누구이며 예수님과 부처님은 무슨 차이가 있는 것일까?

얼마 전에 세상을 떠난 스님의 그 인품이나 그 낭낭한 목소리, 그 고고한 자태, 인자스러운 그 모습 등은 무엇이란 말인가? 만약 내가 지금 몇 번을 읽었던 저 성경 속에 '예수'라는 말 대신에 그것을 '부처'라고 읽는다면 결국 부처나 예수나 똑같다는 이야기가 아닌가? 민석은 그가 전혀 예상하지 못했던 새로운 혼란 속에 빠져들었다. 하긴 오직 총 소리·군화 소리·당·주체 사상으로만 무장된 사람이 처음으로 종교라는 것을 접하니 혼란이 올 수 밖에!

민석의 이런 마음을 꿰뚫어 본 그의 아내 인어 공주는 좀 더 상세하게 그의 남편에게 하나님, 예수님에 대해서 설명하기 시작하였다. 그녀는 그녀의 노란색 가방 속에서 반짝반짝 빛나는 스푼 하나를 끄집어냈다. 그리고 스푼의 뒷면을 민석에게 보이면서 말했다.

"잘 봐. 이 스푼 뒷면에 무슨 숫자가 쓰여 있지? 한 번 읽어 봐."

민석이 스푼의 뒷면을 자세히 보니 과연 스푼의 뒷면에는 무슨 숫자가 쓰여 있었다. 「18-10」. 인어 공주가 다시 물었다.

"이 숫자가 무엇을 뜻하는지 알아?"

인어 공주의 질문에 민석은 전혀 대답을 하지 못하고 좌우로 고개만 설레설레 흔들어 보였다. 인어 공주는 민석을 똑바로 쳐다보면서 말했다.

"잘 들어. 지금부터 내가 예수와 부처 혹은 공자·맹자·힌두교·이슬람교·유교 등등과의 확실한 구별을 말해줄 테니까 잘 들어. 흔히 세상 사람들은 기독교를 불교니 유교니 기타 다른 종교 혹은 고고한 학문, 사상등과 동일시하고 기독교 역시 그 수 많은 종교 중 하나에 불과하다고 생각하고 있어. 너 역시 지금 예수나 부처가 동일한 위치에 있고 그것이 그것 아니냐고 하고 생각을

하고 있어. 그러다보니 기독교나 불교나 또 다른 종교나 다 그것이 그것 아닌
가하는 생각이 들고 머릿속에는 종교적인 혼란 혹은 착각이 생겨나고 있어.
그러나 내가 분명히 말하건대 기독교가 다른 종교와 어떤 차이가 있는지 확
실히 말해 줄게. 지금 이 스푼이 바로 영원히 녹이 슬지 않는 금속, 즉 스테인
리스 스틸이라는 금속으로 만들어진 것이야. 이 뒤의 숫자는 무슨 뜻이냐 하
면 바로 철이라는 금속에 크롬 금속 18%, 니켈 금속 10%를 섞으면 녹이 잘
스는 철이, 녹이 전혀 슬지 않는 스테인리스 스틸이 된다는 것이고 이 스푼 뒤
에 특별히 이 숫자를 써놓은 이유는 이 스푼을 만든 회사가 '우리 제품은 크
롬과 니켈을 18-10% 섞어서 만든 즉 영원히 녹이 슬지 않는 최고급 스테인
리스로 만든 훌륭한 제품입니다'라는 것을 강조하려고 써 둔 것이야.'

  인어 공주는 물로 목을 축인 뒤 신바람 난 듯이 말을 계속하기 시작하였고
이제는 똥숙이도 부군관도 민석과 함께 인어 공주의 이야기를 열심히 듣기
시작하였다.

  "흔히들 사람들은 이 스테인리스 스틸을 철과는 전혀 다른 금속으로 만들
어졌다고 생각하지만 사실은 스테일스 스틸의 주원료도 역시 철로 만들어진
것이야. 단지 철과 조금 틀린 것은 조금 전 말했듯이 철이라는 금속에 크롬과
니켈을 섞었다는 것뿐이야. 그런데 조금 이상한 것은 니켈이라는 금속의 역
할이야. 철은 절대로 크롬과 직접 융합하지를 않아. 마찬가지로 크롬도 직접
철과 융합이 되질 않아. 그런데 이 니켈이라는 금속은 철과 도 융합이 잘되고
크롬이라는 금속과도 융합이 잘 되는 금속이야. 그래서 이 니켈이라는 금속
이 꼭 들어가야만 철과 크롬이 융합하여 영원히 녹이슬지 않는 스테인리스
스틸이 될 수가 있어. 그러면 이 철과 크롬, 니켈이라는 세 금속을 서로 합하
려면 어떻게 하면 되겠어? 우리가 빵 만들 때처럼 밀가루·우유·달걀 등을 물
과 함께 반죽하는 것처럼 하면 될까? 아니지 금속은 고체니까 그렇게 할 수
는 없지. 그러면 어떻게 해야 하나? 바로 용광로라는 곳에 불을 지펴 세 금속

347
우주와 자연의 섭리

이 녹아 쇳물로 변해서 합쳐지면 될 수가 있지. 자! 이렇게 생각해 보자고! 우리 인간이(철)교회에 가서(용광로)니켈 금속과 융합하고(예수님을 만나고) 다시 크롬 금속(하나님)과 융합하면 녹이 잘 스는 인간이(철) 영원히 녹슬지 않는(영생) 스테인리스 스틸로(기독교인) 변할 수가 있다 이거야. 자! 내가 다시 한 번 거꾸로 이야기를 해볼게. 철(녹이 잘 스는 인간)이 니켈(예수님)과 크롬(하나님)과 함께 용광로(교회)에서 뜨거운 열기(성령의 은혜)를 받아 녹아서 다시 굳게 되면 (거듭 태어나면) 철(인간)이 영원히 녹슬지 않는(영생) 스테인리스 스틸(기독교인)로 만들어진다는 것이야. 이 때 중요한 것 은 인간(철)은 절대로 직접 하나님(크롬)을 만날 수 없고 꼭 예수님(니켈)을 통하여야 한다는 것이야. 이제 내 말을 좀 이해할 수 있겠어?”

인어 공주의 이야기를 조용히 듣고 있던 세 사람은 확실하지는 않으나 예수님·기독교·하나님을 다소 이해하기 시작하는 듯하였다.

얼마 후 민석이 인어공주에게 다시 물었다.

“그런데 왜 인간은 직접 하나님을 만날 수가 없고 꼭 예수님을 통해야만 할까?”

그러자 인어 공주가 대답을 하였다.

“그건 나도 잘 몰라. 그러나 이렇게 한번 생각을 해보자. 너희들 태양을 맨 눈으로 똑바로 볼 수 있어? 그렇게 못하지. 만약 그랬다가는 아마 눈부신 햇살 때문에 곧 장님이 되고 말거야. 그런데 하나님이라는 존재는 햇빛보다 몇천 배는 더 광대한 분이니 인간이 바로 하나님을 바라본다는 것은 불가능한 일일거야. 그래서 인간과 하나님 사이에 중재 역할을 할 수 있는 예수님을 꼭 통해야만 한다고 생각해.”

인어 공주의 이야기는 계속되었다.

"한 가지 더 이야기 할 것이 있어. 이 이야기는 아주 오래 전의 이야기야. 그러니까 내가 초등학교 삼사 학년 때의 일이니까 벌써 삼십 년 전 이야기인 것 같아. 그때 우리 집에서는 우리 아빠 우리 엄마, 오빠 그리고 나 이렇게 네 명이서 매일 저녁마다 가정 예배를 드렸어. 항상 우리 아빠가 예배를 인도하셨는데 그 당시 우리 집 TV에서 이런 내용이 방송된 적이 있었어. 우리나라 서해 연평도 바로 앞에 작은 바위섬 하나가 있는데 이 바위섬 위에는 겨울이면 항상 점박이 물범 여러 마리가 몰려 왔었어. 그들은 그 바위섬 위에서 따뜻한 햇볕을 쪼이며 졸기도 하다가 한순간 모두가 어디론가 가버리곤 했었어. 그런데 그중 한 마리의 목에 어부들이 버린 그물 조각이 걸려 있었어. 그 한 마리 점박이 물범은 다른 무리가 다 어디론가 가버려도 그 녀석은 어디로 가지도 못하고 불쌍하게 혼자 그곳에 남아 있었어. 아마 목에 감겨 있는 그물이 자꾸만 목을 조여 오니까 잘 움직이지를 못했던 것 같아. 이 모습을 본 사람들이 보트를 타고 목에 걸려 있는 그물을 떼어 주려고 그 불쌍한 점박이 물범에게로 다가가면 그 녀석은 사람들이 자기를 해하려는 줄 알고 바다 속으로 도망을 가버렸어. 이런 숨바꼭질이 몇 번 되풀이되면서 이 일은 어느새 많은 사람들의 관심거리가 되었고, 연평도 해안에는 동물 애호가들, 환경 단체 회원들 그리고 일반인들, 사진기자들 등등이 매일 장사진을 이루고 있었어. 그렇지만 그 점박이 물범을 직접 구해줄 수 있는 사람은 아무도 없었어. 그러다가 급기야는 정부 측 환경부에서 거국적으로 이 점박이 물범을 구조하고자 발 벗고 나섰어. 그리고는 네덜란드의 한 해양 동물학자를 초빙하였어. 이 네덜란드 해양 학자는 지구에서 유일하게 점박이 물범들의 대화를 연구하는 사람이었어. 이윽고 그 해양 학자는 몸소 차가운 바닷물에 들어가서 그 바위섬 옆에서 물범의 언어로 그 그물 멍에가 씌인 물범을 부르기 시작했어. 얼마 후 그 주위를 맴돌던 그 점박이 물범이 조금씩, 조금씩 그 해양 학자 곁으로 지친 몸을 이끌고 다가왔어. 그러자 그 해양학 자는 점박이

349
우주와 자연의 섭리

물범의 머리를 쓰다듬어 주면서 그 목에 걸린 그물을 풀어 주었어. 그리고 그 점박이 물범은 오랫동안 자기 목을 조르고 있던 그물에서 해방되었고, 자유로운 몸이 된 그는 바다 속으로 들어갔어. 이 야야기는 실제 있었던 일이야. 이제 우리가 이 이야기를 다시 한 번 음미를 해보자고.

　여기서 목에 그물이 씌워진 점박이 물범이 바로 우리 인간이야. 그리고 이 물범를 구조하기 위하여 나선 동물애호가들, 환경 단체 회원들 그리고 정부(환경부), 이들이 하나님이야. 이 많은 사람들(하나님)이 그 점박이 물범을 구조(구원)해 주려고 접근을 하지만 이 점박이물범(인간들)은 오히려 구조대원을 피해 버리고 말았어. 그리고 어쩔 수 없이 해양 생물학자(예수님)를 데려왔어. 이 해양 생물학자(예수님)는 하나님(그를 보낸 사람들. 정부)과도 대화를 할 수 있고 인간(그물을 씌우고 살아가고 있는 점박이 물범)과도 대화를 할 수 있어. 그리고 그는 몸소 차가운 바닷물 속에 들어가서 점박이 물범의 목을 감고 있는 그 그물(인생의 멍에)을 벗겨 주었어. 이제 내 말의 뜻을 조금 이해할 수 있겠어? 사실 하나님은 사랑의 큰 결정체이셔. 우리 인간을 얼마나 사랑하시고 우리 인간을 죄에서 구원하려고 얼마나 애쓰시는 분인지 우리는 알지 못하고 있어. 오히려 우리 인간은 그런 하나님을 외면하고 있어. 그래서 하나님은 어쩔 수 없이 그 독생자 외아들 예수를 우리 인간 세상에 직접 보내주신 거야. 나는 그때 우리 아빠가 가정 예배 때 우리에게 하신 말씀을 아직도 생생히 기억하고 있어. 우리 인간 중에 과연 생의 멍에를 짊어지고 있지 않은 사람이 누가 있어. 아무리 부자라도, 아무리 높은 자리에 있는 권력자라도, 아무리 큰 명예를 얻고 있는 예술가 혹은 고고한 학자라고 하더라도 예외 없이 삶의 멍에를 지고 있어. 그런데 그 멍에를 벗겨줄 사람이 누가 있어 아무도 없어 오직 예수 그리스도 한 사람뿐이야. 차가운 바닷물에 직접 뛰어들어 그 점박이 물범을 부르고, 그리고 그 목에 씌인 그물을 벗겨준 그 해양 생물학자처럼 우리 인간의 목에 씌인 멍에를 벗겨줄 사람은 예수님 밖에 없어 만약 점박이 물범이 자기 목에 걸린 그 그

물에서 벗어나려고 몸부림치면 칠수록 그 그물은 오히려 더 조이게 된다고. 마찬가지로 사람도 스스로 그 멍에를 벗으려고 애쓰면 애쓸수록 그 멍에는 사람을 더 조이게 되어 있어. 결국 사람이 그 멍에에서 벗어날 수 있는 방법은 오직 예수님에게 의지하고 예수님의 음성을 듣는 수밖에 없어. 그렇게 되려면 단 한 가지 방법 즉 '기도'밖에 없어. 그 '기도'를 통하여 내 믿음을 키우는 방법 외에는 다른 해결책이 없단 말이야. 여기서 가장 중요한 것이 한 가지가 있어. 그것이 무엇이냐 하면 바로 멍에 즉, 고통이라고 하는 것이야. 만약 그 점박이 물범이 그물이라는 멍에가 없었다면 관연 그 물범(인간)은 해양생물학자(예수님)를 만날 수가 있었을까? 이 '고통'이라는 것은 일반 사람들이 당할 때는 그냥 고통으로 끝나겠지만 기독교인들이 당할 때는 더 큰 축복을 얻기 위한 하나의 시작에 불과해. 마치 훌륭한 군인이 되려면 혹독한 훈련을 받아야 하듯이 이 '고통'이라는 것은 기독교인이 거쳐야 할 필수 과목이라고 할 수 있어. 그러나 하나님께서는 항상 인간이 견디어 낼 수 있는 고통을 내려주신다고. 그러니 참 기독교인은 고통을 기쁘게 받아들이는 것이야."

인어공주의 긴 이야기가 끝나자 똥숙이가 인어 공주를 향해 말했다.

"야! 너 정말 대단하구나. 너 그런 이야기를 누구에게 들었어?"

"응. 우리 아빠."

"너의 아빠? 너의 아빠가 뭐하시는 분인데?"

"그냥 평범한 회사원이야. 그런데 우리 아빠는 공대 기계과를 나오신 분이야. 우리 아빠도 교회 열심히 다니셔. 그런데 언젠가 우리 아빠가 책을 한 권 썼는데 내가 그 원고를 읽어 보았어. 그 책에 바로 이런 내용들이 있었어."

"그 책 이름이 뭔데?"

"응…… 그래 「STS304의 비밀」 맞아. 그거였어."

"STS304가 뭔데?"

"몰라!"

얼마 후 인어 공주는 다시금 세 사람을 향하여 입을 열었다.

"그런데 한 가지 더 중요한 사실은 이 세상에서 철은 비록 녹이 잘 슬긴 하지만 이 철이 녹이 슬지 않는 스테인리스 스틸보다 더 긴요하게 쓰이는 경우가 너무나 많이 있어. 다들 보다시피 이 세상 대부분의 좋은 기계는 거의 철로 만들어져 있어. 특히 이 철을 불에 달구었다가 다시 찬물에 집어 넣고 또 가열한 후 다시 찬물에 집어 넣고를 수십 수백 번을 반복하면 철 속에 있는 내부 응력이 완전히 제거되어 외부 기온이 아무리 변해도 조금도 변하지 않는 좋은 철 재료가 될 수가 있어. 이것을 사람들은 열처리라고 해. 자! 또다시 다른 생각을 해보자고. 세상 모든 만물은 주위 환경, 즉 온도나 습도 공기의 밀도 등이 변함에 따라 모든 만물은 변하게 되어 있어. 기차 철로도 그렇고 전선줄도 그렇고 모두가 변한다고. 그러면 자(尺)가 변해버린다면 어떻게 될까? 그리고 이 자가 변하는지 변하지 않는지를 측정하려면 또 무슨 자를 써야 될까? 즉 자의 자는 무엇으로 만들어야 할까? 그래서 자의 자를 만들 수 있는 금속 재료는 바로 이 철을 오랜 시간 열처리를 해서, 즉 내부 응력을 완전히 제거해서 외부의 어떤 변화가 와도 변하지 않는 재료가 된다는 것이야. 어떤 자는 바로 이 열처리를 무려 40년간이나 한 것이 있다고 해. 즉 내가 만들기 시작한 이 재료가 40년 후 손자가 사용하는 자가 된다는 것이야. 이런 재료를 가지고 아주 정밀하게 만든 자가 바로 스탠다드 블록 게이지(Standard Block Gauge)라고 해."

인어 공주의 긴 설명은 상식을 뛰어 넘는 전문가 수준이었다. 그녀는 잠깐 숨을 고른 뒤 다시 말을 이었다.

"그러면 이 스탠다드 블록 게이지는 그 정밀도, 정확도를 어떻게 측정 할 수 있을까? 바로 프랑스 파리에 있는 「표준 미터자」야. 이 미터자는 코끼리 상아를 잘 열처리하여 내부 응력을 완전히 제거하고 만든 자인데, 이 「미터자」가 바로 최종적으로 모든 자를 점검할 수 있는 자야. 마찬가지로 인간도 비록 기독교인은 아닐지라도 오랫동안 스스로 갈고 닦아 인격 도야에 정진하면 인간적으로 인격적으로 기독교인보다 더 훌륭한 인간이 될 수가 있어, 바로 민석이 네가 본 그 스님도 비록 기독교인은 아니지만 수십 년간 수행을 하면서 스스로의 인격을 갈고 닦았기에 훌륭한 사람으로 보일 수 있을 것이야. 그러나 결국 최후에는 차이가 날 수가 있는 것이야.

그 차이라는 것은 우리가 살아있을 때는 별것 아닌 것 같지만, 그러나 사실은 엄청난 차이가 있는 것이야. 즉 영원히 녹슬지 않는 생명과 멸망의 생명이야. 자! 이제 아주 중요한 한 가지가 더 있어. 철은 1400도에서 녹는데 스테인리스 스틸은 1800도가 되어야 완전히 용해가 되지. 그런데 철은 1400도까지는 쉽게 올릴 수가 있어. 그러나 그 이상의 온도를 올리려면 용광로 자체가 완전히 바뀌어야 돼. 즉 철은 석탄(코크스)으로 녹일 수 있지만 스테인리스 스틸은 석탄으로는 어렵고 전기로로 녹여야 돼. 그래서 보통 스테인리스 스틸은 철보다 다섯 배 정도가 비싸단 말이야. 그 말이 무슨 뜻인지 알겠어? 다시 말해 기독교인이 된다는 것은 어렵기도 하지만 일단 고귀하기도 하다는 뜻이야.“

인어 공주의 이야기를 다 듣고 난 민석은 그제야 기독교와 다른 종교와의 차이점을 이해할 수 있게 되었다.

「어느 누가」풍선처럼 생긴 둥글고 제법 큼직해 보이는 것을 손바닥 위에 올려놓고는 그것을 유심히 쳐다보고 있었다. 하도 신기하기에 민석은 「어느 누구」에게 가만히 다가가서 물었다.

“손바닥 위에 있는 그것이 무엇이에요?”

「어느 누가」대답했다.

“이것이 바로 우주라는 것이다.”

다시 물었다.

“아니, 우주라는 것이 얼마나 큰 것인데 그것을 그렇게 손바닥 위에 올려

놓고 있어요?" 라고 민석이 재차 물었다.

「어느 누가」 대답을 하였다.

"이리 와서 한 번 구경 좀 해보아라."

맑고 투명하게 생긴 풍선 속을 가만히 들여다보니 그 풍선 속에는 마치 작은 비눗방울 같은 것이 수천 개 아니 수만 개 아니 수십억 개가 들어있는데, 좀 더 자세히 보니 그것들이 가만히 있는 것이 아니고 계속 움직이고 있는 듯이 보였다. 또한 그 작은 비눗방울 같은 것 중 어느 것은 터져 버리기도 하고, 또 새로 생겨나는 것도 있고 좀 큰 것도 있고 아주 작은 것도 있는데 유독 색깔이 초록색으로 보이는 방울이 몇 개가 있었다. 가만히 보니 모두 열두 개였는데 그 열두 개의 초록색 방울은 서로서로 새하얀 줄로 연결이 되어 있었다. 다시금 그 새하얀 줄을 자세히 보니 그것은 무슨 통로 같았는데 그 안으로는 하얗게 생긴 무언가가 통로를 따라 열심히 오고가고 있는 것이 보였다. 또한 그 열두 개의 별 중 하나의 별에는 큰 풍선 바깥으로 나올 수 있는 하얀 길이 또 있었는데 그 길 역시 무언가가 계속 풍선 바깥을 향하여 나오고 있었다.

그리고 「어느 누가」 가 바로 바깥으로 나오는 새하얀 것을 거두어 자기 품속으로 소중히 품어 넣었다. 그런데 초록색 별을 지켜보고 있는데 그 중 어느 하나가 천천히 가까이 다가왔다. 그리고 그 속에는 수십억 개가 넘는 생명체가 꿈틀거리고 있는데 가만히 보니 '사람'이었다.

정말 천차만별이었다. 남을 죽이는 사람, 화를 내는 사람, 남을 속이는 사람, 서로 치고 받고 싸우는 사람 등등에서부터 그래도 남을 돕고 있는 사람, 눈물을 흘리는 사람이 있는가 하면 부자도 있고 가난한 자도 있고 궁궐 같은 집에서 사는 사람, 맨바닥에서 종이 한 장 덮고 자는 사람……

하여튼 별별 모습으로 살아가고 있는데 그들이 공통적으로 아무도 피할 수 없는 무엇이 그들 앞에 있었으니 그것은 바로 죽음이라는 것이었다. 그리고 죽음을 당한 자의 몸속에서는 어김없이 영(靈)이라고 불리는 것이 육(肉)이라는 껍질을 벗고 나오는데 그 영의 색깔이 언뜻 보기에는 하얗게 똑같은 색깔인 것 같으나 좀 더 자세히 보니 사람마다 모두 다르더라. 그리고 그 영은 세탁기 같은 곳으로 들어가 삼 일간 그곳에 머무르면서 '기억'이라는 것을 모두 지워버리는데, 그러나 그들이 세상에 살면서 지은 업보(業報)는 지워지지 않고 그곳에서 나온 영은 새하얀 통로를 통하여 또 다른 초록색 별로 가는데 그곳 역시 '사람'들로 가득 찬 또 다른 세상이더라.

결국 열두 개의 초록별은 서로서로 영이 이리저리 옮겨가며 새로 태어나고 또 죽고 하기를 몇 번 반복을 하는데 그 중 어떤 영은 세탁기 같은 곳을 들리지 않고 바로 풍선 바깥으로 또 다른 통로를 통하여 나오고「어느 누가」 그 영을 거두어 자기 품속에 소중히 넣어두는 것이었다.

그런데 열두 개의 초록색 별 중 단 하나 마지막 별은 큰 풍선 바깥으로 나가는 통로가 아예 보이질 않았다. 한데 육을 빠져 나온 영들 중 어느 영은 세탁기 같은 그곳에 들어가긴 갔으나 '기억'이라는 것을 다 지우지 못하고 다시 땅 위로 내려가서 방황을 하는데 아마 그 영은 땅 위 일에 너무 집착이 되어 그 기억이 쉽게 지워지지 않아 다시 땅 위로 돌아간 듯하였으나 이미 그의 육은 썩어버렸고, 그 영은 육을 잃어버린 채 그 주위에서 방황하고 있었다. 그것을 가끔 만나본 사람들은 그것을 '귀신'이라고 불렀다.

다시 물었다.

"저 새하얀 통로는 무엇입니까?"

"그것을 사람들은 블랙홀이라고 부르지만 사실은 영의 통로라네. 저곳을 지나려면 적어도 영이 빛의 속도보다는 빨리 움직여야 된다네. 사람들은 그들이 살고 있는 세상의 빛이 가장 빠르다고 생각하겠지만 사실 그곳의 속도는 세상의 빛보다 수억 배는 더 빠르다네. 자네 '눈 깜짝할 순간'이라는 말 알고 있지. 그것은 여기서는 최저속이라네 하하하."

"그러면 왜 영들이 이곳저곳, 이별 저별로 옮겨 다니면서 죽었다 살았다를 반복하고 있습니까?"

"그것을 사람들은 윤회(輪回)라고 부른다네. 결국 자기가 땅 위에 살아가면서 행한 업보(業報)에 따라 다음 생(生)이 정해지는데 이런 일이 되풀이 되는 목적은 결국 그 영이 저 바깥으로 빠져나갈 때까지, 그리고 마지막 안식처를 얻을 때까지 계속된다네."

"그러면 어떻게 하면 사람의 영이 저 마지막 통로로 들어갈 수가 있습니까?"

"하하, 그거야 간단하지 사람들은 저 하얀 마지막 통로를 웜홀(Worm hole)이라고 부르더군. 바로 내가 저 모든 영들, 육들, 저 우주 모두의 주인이라네. 바로 그 주인인 나를 주인이라고 믿고 자기들이 땅 위에서 저지를 그들의 죄(罪)를 내 앞에 와서 잘못했다고 인정하고 회개만 하면 내 품속에 들어올 수가 있고 최후의 영원한 안식처를 찾을 수가 있다네. 그런데 사람들은 이런 광대한 나의 우주 법칙을 깨닫지 못하고 오직 그들 눈앞에 보이는, 잠간 피어났다가 잠시 사라져버리는 아침 안개와 같은 세상일에만 집착하여 그 길을 찾지 못하고 있다네. 물론 어떤 이는 좀 더 눈을 크게 떠서 바로 옆에 있는 다른 세상의 비밀을 조금 엿본 자들도 있긴 하지만 그들 역시 내가 이 우주 모든 것의 주인인줄은 깨닫지 못하고 무지와 고집이 그들을 막고 있다네."

"그러면 당신은 왜 열두 개의 별에다 영이라는 씨앗을 뿌렸습니까?"

"하하하! 인간들이 살아가기 위해 농사를 짓듯이 나도 이 영이라는 작은 씨앗을 인간이라는 밭(결국 흙)에 심어서 그 영이 점점 자라면 나는 그 영을 거두어서 살아가고 있다네."

그리고는 웜홀(Worm hole)을 빠져나오는 깨끗하고 풍성한 영들을 소중히 자기 품속으로 계속 거두어들이고 있었다.

그 때 그 열두 개의 별 중 마지막 별 하나가 천천히 다가오고 있었다. 그 마지막 별은 멀리서 볼 때는 초록색 별이었으나 가까이 다가올수록 검붉은 색으로 변하고 있었는데 검붉은 색은 바로 유황이 타는 불꽃이었다. 그리고 그 검붉은 화염 가운데서 비명을 질러 대는 검은 영들이 또렷이 보였다. 민석이 다시 물었다.

"저들은 누구이며, 왜 저런 고통을 당해야 합니까?"

"저들은 마귀(魔鬼) 즉 썩은 영이라고 부른다네. 저들은 세상을 살아갈 때 온갖 나쁜 짓, 악한 짓들을 한 자들이라네. 그런데 온갖 나쁜 짓, 악한 짓을 한 자들이라도 그들의 업보에 따라 다른 곳에서 다시 태어나서 그들의 죄를 또 한 번 용서받을 수 있는 기회가 주어지기도 하지만 저들은 그 기회를 스스로 버린 자들이라네. 즉 자살한 사람들이라네. 다시 말해서 창조주가 주신 고귀한 생명을 스스로 끊어버림으로써 그들 스스로가 회개할 기회를 포기한 사람들이라는 것일세. 그런데 안타깝게도 일부 무지한 인간들은 그 '자살'이라는 것을 오히려 미화(美化)하는 자들이 있다네. 칼로 자기 배를 가른다든가 온몸에 폭탄을 칭칭 감아 자폭 테러를 감행한다거나, 그러면서 오히려 그런 자살 행위를 자랑스럽게 여기는 자들이 많이 있다네. 참으로 안타깝고 한심한 자들이지.

저기를 보게. 저게 누구냐 하면 바로 나를 팔아버린 「유다」라는 자라네. 비록 그가 은 삼십 냥이 탐나서 나를 팔았다고 하지만, 그가 만약 자기의 죄를 뉘우치고 회개를 하였다면 그도 구원을 받을 수 있었겠지만, 그는 자기가 저지른 죄로 인하여 괴로워한 나머지 자살을 해버렸다네. 따라서 그는 그 스스로가 회개할 기회를 놓쳐 버렸다네. 그리고 그 옆에 있는 자는 「유리 가가린」이라는 자네. 그는 평생 동안 신을, 아니 창조주를 부정해왔던 자라네. 우주의 지극히 작은 한 부분만 육의 눈으로 엿보고는 마치 우주 전체를 본 것처럼 나를 부정했다네. 참으로 가소로운 인간들이지. 그리고 저 마귀들 중 몇몇은 인간 세상을 다니면서 많은 사람들을 죄의 길로 유혹을 하는데 그들이 바라는 최후의 목적은 바로 인간이 죄를 짓고 자살을 하도록 부추기는 것이라네. 저기 저쪽 한곳에서 혀도 잘리고 눈도 빠져서 신음하고 있는 자가 보이지. 저 사람이 바로 최대민이라는 자일세 저자는 살아있는 동안 온갖 악행을 저질러 온 자일세. 다시 말해 인간이 저지를 수 있는 색욕, 물욕, 권세욕 등등을 가리지 않고 저질러온 자라네. 그러나 그가 생전에 저지른 죄악 중 가장 큰 죄악이 무엇 인고 하니 바로 나의 이름을 사칭하고 다녔다는 것일세. 그는 아주 유치한 최면술을 이용하여 무수한 여인들을 농락하고 부정한 방법으로 재물을 모으고 도사니, 도인이니하며 떠들어대다가 결국 "목사"라는 거룩한 이름까지도 도용한 자라네. 저자를 가만히 보게나. 눈동자, 혀 외에 또 무엇이 없나를 자세히 보게나." 민석이 신음하고 있는 최대민이라는 자를 가만히 보니 그의 성기(性器) 또한 잘려 버린 상태였다. 그리고 민석이 다시금 물었다.

"아니 방금 「나」라고 하셨습니까? 그러면 당신은 누구십니까?"

하면서 민석이 놀란 표정으로 돌아보니 처음 본 「어느 누구」는 없고 대신 하얀 옷을 입은 자가 옆에 서 있는데,

"그래 「나」 바로 「예수」라네. 나는 우리 아버지이신 창조주의 명을 받아 바로 저 열두 개의 초록 별을 관리하고 있는 「예수」라네."

클린턴과 부시
....

미국의 부시 행정부, 다시 말해 네오콘들에 의해 움직이는 부시 행정부와 북한 군부 강경 세력 간의 기(氣) 싸움은 줄기차게 계속되었다. 그리고 2005년 2월 10일 북한은 마침내 '우리 공화국의 자위를 위해 핵무기를 만들었다'라고 밝혔다. 그리고 5월 초 북한은 다시 '핵 연료봉 추출을 완료했다'라고 발표하였다.

결국 북한의 말대로라면 1980년 말의 추출분, 2003년 초까지 추출했던

양, 그리고 이번 추출분을 포함하면 6~8개정도의 소형 핵폭탄을 제조할 수 있는 40~50kg의 플루토늄을 확보할 수 있다는 것이 미국의 판단이었다. 어차피 북한은 '너 죽고 나 죽자 하는 이판사판'식의 벼랑 끝 전술로 일관하였고, 그들은 결코 기 싸움에서 미국에게 한 치의 양보도 없었다.

사태가 이렇게 양극으로 치달아 버리자 당황한 측은 오히려 부시 행정부였다. 당황한 미 국무부는 서둘러 뉴욕에서 북한과의 접촉에 나섰다. 그리고 6자 회담을 재개하고 북핵 문제 해결 원칙에 합의하는 「9·19 공동 성명」을 채택하였다. 과거 제네바 합의와 유사한 포괄적 접근 원칙, 즉 비핵화와 관계 정상화에 상응하는 에너지 지원과 경제 협력, 단계적 동시 행동 원칙 등에 합의하였고, 여기에서 한걸음 더 나아가 '한반도 평화 체제 구축을 위한 관련 당사국과 상호 긴밀한 협상을 하자' 하는 합의에까지 이르렀다. 마치 모든 사태가 클린턴 행정부 시절과 같은 화해 평화 무드가 다시 조성되는 듯한 분위기였다.

그러나 네오콘들은 사태가 그렇게 되도록 가만히 있지 않았다. 이제 그들은 부시 행정부를 질타하기 시작하였다. 그리고 미·북 간에 이루어진 이 모든 합의들을 그들은 결코 인정하지 않았다. 그리고 그들은 최후의 카드를 던졌다. 그들은 마카오에 있는 조그만 은행의 북한 계좌를 동결시켜 버렸다(BDA, 방콕델타 아시아 은행 사건).그리고 그들은 북한의 인권 문제를 부각시켰고 대량 살상 무기 확산 방지를 위한 검색(PSI)을 요구하였으며, 불법 금융거래 등 불법 행위 제재조치(LAI) 인권 개선 압력 조치(HRI)등으로 압박과 봉쇄를 번갈아하면서 서서히 북한을 조여가기 시작하였다. 바로 이 무렵 지금까지 줄기차게 북한을 누르고 있던 '고농축 우라늄 개발 계획(HEUP)'은 슬그머니 '농축 우라늄 개발 계획(EUP)"으로 바뀌어 버렸다. 어쨌거나 이제 북한은 소위 말하는 '벼랑 끝'으로 몰려 있었다. 그들은 과연 또 어떤 타개책을 쓸 것인가? 드디어 그날이 오고야 말았다.

2006년 10월 9일 그들은 결국 도발적인 핵 실험으로 강행하고야 말았고 온 세상의 이목이 북한이라는 조그만 나라로 집중되었다. 이 핵 실험으로 인하여 가장 놀라는 사람은 과연 누구일까? 대한민국 국민이었을까? 아니요. 비록 북한이 핵실험을 강행하였지만 대한민국은 이상하리만큼 조용하였고 누구 하나 동요하는 사람이 없었다. 금강산 관광객은 여전히 관광길에 나섰고 개성 공단을 왕래하는 통근 버스와 화물차는 오늘도 쉴 새 없이 오갔으며 여전히 주가는 오르고 있었다.

그러면 누가 제일 놀랐을까? 일본인, 중국인, 유럽인, 아랍인…… 아니다. 가장 크게 놀란 사람은 미국인이었다. 한국인은 조용한데 오히려 미국인들이 더 난리법석이었다. 왜냐고요? 그들은 아프가니스탄과 이라크를 침공하였지만 결코 완전 승리는 하지 못했다는 사실을 잘 알고 있었다.

부시 대통령이 이라크 침공 후 40일 만에 '작전 임무 완수와 전쟁 승리'를 선포했으나 정작 참전 미군의 고통은 그때부터였다. 미군의 사망자 숫자는 그때부터 늘었고 그들이 말하던 대량 살상 무기·핵탄두·생화학 무기는 어디에서도 찾아볼 수 없었고, 정작 전쟁에서 발을 빼고 싶어도 발을 뺄수도 없는 진퇴양난에 빠져 버렸다.

그런데 북한과의 기 싸움에서 그들은 또 패배하고 말았던 것이다. 그들은 미국이 북한을 압박하고 북한을 계속 누르고 조이면 북한이 붕괴할 줄 알았다. 북한이 백기를 들고 항복할 줄 알았다. 그런데 북한이 핵 실험을 강행해 버렸으니 그 뒷수습을 누가 어떻게 해야 할지 당황스러웠다. 결국 그 결과가 어떻게 되었냐고요? 바로 며칠 후 나타났지요.

2006년 11월 미국 중간 선거에서 공화당이 참패를 해 버렸다. 부시 행정부를 뒤에서 조종하고 「힘에 의한 미국만의 일방주의적인 외교정책」을 주도해 온 네오콘들, 럼스펠드 미국 국방장관, 볼턴 UN대사 등 강경파들, 신보수주의자라고 자청하던 그들, 전혀 검증되지 않은 사건을 꾸며서 제네바 합의를 무산시킨 자들 모두가 퇴각해 버렸다.

부시 미 대통령은 큰 고뇌에 빠졌다.

'아, 저 작은 북한이라는 나라를 어떻게 해야 할까. 정말 뾰족한 방법이 없구나. 나의 대북 정책은 완전히 실패했어. 나는 북한을 굴복시키지도 못했고 북한을 붕괴시키지도 못했고, 그들의 핵 개발을 저지하지도 못했고 오히려 그들의 내성만 더 키워버렸어. 그렇다고 이제 와서 북한을 무시해버리는 〈비겁한 방관〉을 할 수도 없고, 더구나 북한을 공격할 수도 없는 참으로 난처한 입장이 되어 버렸구나.'

2007년 연초 어느 날, 부시 대통령은 클린턴 전 대통령을 백악관으로 초대하였다. 네오콘들이 모두 퇴각해버린 지금, 부시 대통령은 국정을 심도있게 논의할 상대도 없었기에 신년 인사도 할 겸 그를 초청하였던 것이다. 이런저런 이야기가 오간 후 마침내 북한의 핵 문제가 화제로 오르기 시작하였다. 부시 대통령이 먼저 말을 꺼냈다.

"북한의 핵 문제 때문에 골치가 아파요. 솔직히 어떤 방법을 강구해야 할 지 알지를 못하겠어요. 그래도 전임 대통령인 당신은 북한과의 문제를 잘 헤쳐나간 분이었는데 이에 대해서 좋은 의견이 있으면 말씀을 좀 해주시지요."

부시의 이 말을 들은 클린턴 전 대통령은 별 표정 없이 지극히 상식적인 대답을 하였다.

"북한이라는 나라는 정치적으로 지질학적으로, 사상적으로, 역사적으로 이란·이라크와는 아

〈핵실험〉

주 다른 입장에 있는 나라에요. 그리고 압박과 제재로는 결코 북한을 누를 수도 없고 붕괴시킬 수도 없습니다. 시간이 걸리겠지만 변화를 유도해야 합니다. 이미 15년 이상을 끌어온 북핵 문제는 결코 압박과 제재로 해결될 수 있는 문제가 아닙니다. 우리가 북한을 의심하고 있듯이 북한 역시 우리를 의심하고 있습니다. 그것을 상호 해소해야 합니다. 그러기 위해서는 우리 미국도 북한을 공격할 의사가 없다는 것을 사실적으로 보여줘야 합니다. 그랬을 때, 즉 북한도 우리를 믿고 안심할 때 핵을 포기할 것입니다."

어찌 보면 지극히 상식적이고도 당연한 대답이었다. 그러자 부시 대통령이 말했다.

"그들이 농축 우라늄 건에 대해서 명확하게만 밝혔어도 사태가 이 지경까지 오지는 않았을 텐데 ……"

순간 지금까지 평범해 보이던 클린턴의 눈빛이 갑자기 날카로워지면서 노려보는 듯한 눈초리로 부시를 향해 말했다.

"각하, 방금 농축 우라늄이라고 하셨습니까?"

"그래요. 농축 우라늄."

"아니, 지금까지 모든 행정부 사람들이 「고농축 우라늄(HEU)」이라고 불렀는데 언제부터 그것이 「농축 우라늄(EU)」으로 바뀌었습니까?"

클린턴이 놀라듯 이렇게 묻자 부시 대통령은 마치 무엇을 훔치다가 들킨 사람처럼 약간 어리둥절한 표정을 지으며,

"글쎄요? 그게 뭐 그렇게 중요한 문제인가요?"

그러나 클린턴은 심각한 표정으로 말했다.

"각하, 고농축 우라늄이라는 말이 어디서 나왔습니까? 바로 국무부 존 볼턴이 안보 담당 차관으로 근무할 때 그의 입에서 처음 나온 말 아닙니까? 사실 그는 정보기관에 있는 몸도 아니었는데도 국무부나 백악관 모두가 그의 말을 100% 믿었고, 그것을 빌미로 제가 재직 시 북·미간에 맺은 「제네바 합

의」를 우리 아메리카가 먼저 파기해 버리지 않았습니까? 그때는 분명히 북한이 고농축 우라늄을 만들고 있다고 하면서·당장 몇 개라도 핵탄두를 만들고 나 있는 듯이 외치지 않았습니까? 그런데 지금 각하께서는 단순히 농축 우라늄이라고 말하지 않았습니까? 그것은 무엇을 의미하는 것입니까? 솔직히 말한다면 존 볼턴이 고농축 우라늄 발언을 할 그 당시부터 그 내용이 사실이 아니었다는 것을 이미 알고 있었던 것 아닙니까? 이제 와서 존 볼턴의 그 말이 신빙성이 없는 것이라는 것이 어느 정도 드러나니까 하루아침에 그것을 시인할 수는 없고 슬그머니 핵탄두를 만들 수 있는 순도 90% 이상의「고농축 우라늄(HEU)」을 단순히 의학용으로, 과학 실험용으로만 사용되는 순도 3~4%의 단순 우라늄(EU)으로 격하시켜서 이런 사실을 유야무야해 버리자는 의도 아닙니까? 사실 말이야 바른 말이지 이라크 내에 대량 살상 무기, 생화학 무기 등도 잘못된 정보 아니었습니까? 그런데도 이 잘못된 정보로 인하여 전쟁까지 일으키지 않았습니까? 이 전쟁을 일으킨 장본인들은 결국 네오콘들 아닙니까? 그 네오콘들 뒤에는 누가 있습니까?

바로 군수 업자들 아닙니까? 그들은 미국이 보유하고 있는 잉여 군수 물자를 처리할 곳을 찾고 있지 않습니까? 그 잉여 군수 물자가 소비되어야만 새로운 군수품을 만들 것이고, 그래야만이 그들의 부의 축적이 계속 유지되겠지요. 바로「HEU」이것 역시 잘못된 정보일지도 모른다는 CIA의 지적에도 불구하고 존 볼턴 개인 한 사람만의 생각으로 야기된「HEU」가 결국은 '제네바 협의'까지 파기해 버리는 결과를 가져오지 않았습니까? 그리고 벼랑 끝으로 몰린 북한이 핵 실험까지 강행해 버리는 이런 사태까지 오게 된 것 아닙니까?"

클린턴의 말이 끝나자 부시 대통령이 중얼거리듯,

"그건 그렇다 치더라도 북한의 장거리 미사일도 사실은 문제가 되었어요."

라고 말하자 즉각 클린턴이 다시 입을 열었다.

"각하, 방금 북한의 장거리 미사일이라고 하셨습니까? 그래요. 방금 각하의 말씀대로 지금 북한 내에는 어떤 성능의 어떤 규모의 미사일이 있는지 정확히 잘 모릅니다. 그런데 문제는 우리 아메리카는 뭔가 잊을만하면 북한의 미사일을 거론합니다. 그런데 북한의 미사일 거론 후에 꼭 따라서 나오는 말이 있습니다. 바로 미사일이 미사일을 맞추는 미사일 방어 체계 구축, 즉 「MD」라는 말이 나옵니다."

예상보다 클린턴의 반응은 민감했고 많은 것을 알고 있었다.

"각하, 이왕 각하께서 꺼낸 말이니 서로 솔직하게 이야기 해봅시다. 솔직히 북한의 미사일은 우리 아메리카가 「MD」를 구축해야할 정도로 위협적이지 않습니다. 우리의 「MD」계획이라는 것은 바로 중국·러시아를 겨냥하는 것 아닙니까? 때로는 일본까지 포함될 수도 있고요. 그런데 우리가 내놓고 중국·러시아의 미사일에 대해 「MD」를 구축한다고 하면 당연히 중국·러시아의 반발을 사게 되겠지요. 그래서 겉으로는 북한의 미사일에 대응하기 위하여 「MD」 계획을 수립하는 체 하면서 사실은 중국·러시아를 염두에 두고 있는 것 아닙니까? 이 「MD」라는 것이 무엇입니까? 한마디로 돈이 엄청나게 드는 사업 아닙니까? 그런데 툭하면 북한을 핑계로 「MD」를 해야한다고 외쳐 대는 자들이 있지요. 그들이 누구입니까? 바로 각하 주위에 포진하고 있는 네오콘들 아닙니까? 그러면 그 네오콘 뒤에는 누가 있습니까? 당연히 군수 업자들 아닙니까? 그리고 그 군수 업자들 뒤에는 누가 있습니까? 유대인들이지요. 그들이 이 모든 일들을 뒤에서 조종하고 있지 않습니까? 결국은 미국과 북한과의 대결 혹은 기 싸움이 아니라 유대인과 북한 군부 강경파 간의 싸움이 아닙니까? 그런데 지금 각하께서는 이런 사실을 미국 고위층이나 네오콘 혹은 군수 업자, 유대인 등 몇 명만 알고 있다고 생각을 하는데 사실은 세상 사람 모두가 이런 사실을 다 알고 있어요. 한국인들도 중국인들도 러시아인들도 북한사람들도 모두가 다 알고 있어요. 그런데 각하와 각하 주위의 사람들은 오직 우리만 알고 있다고 생각을 하고 있어요. 아니 우리만 알고 있는 체하고 있어요. 그리고는 '다들 알아서 속아주겠지'라는 생각으로 계속 무리수를 두고 있었어요. 한마디로 말해 눈 가리고 아웅 하는 식이었지요. 결국 「미국」이라는 힘을 이용해서 리더십이 아니라 힘을 바탕으로 밀어붙인 거죠. 그래서 다들 알고 있으면서도 어떻게 보면 일부러 모른 체 하고 있었는지 모릅니다.

우리 아메리카에는 프로 레슬링이라는 스포츠가 있어요. 매 주말마다 많은 사람들이 몰려들어 열광을 하고 있습니다. 그런데 참으로 우스운 것은 모든 시합이 이미 각본에 짜여져 있다는 것입니다. 링 위에서 때리는 사람도 얻어맞는 사람도 승부의 결과도 이미 각본에 짜여진 대로 하는 것입니다. 어떻게 보면 레슬링 선수가 아니라 레슬링 배우라고 볼 수가 있지요. 그런데 이 모든 것이 각본에 따라 움직인다는 것을 모두가 알고 있어요. 선수도 심판도 장내 아나운서도 그리고 모든 관객들도 다 알고 있어요. 그 많은 사람들 모두가 때리는 사람도 얻어맞는 사람도 다 각본대로 움직이는 줄 알면서도 재미있게 보고 있는 거예요. 마치 진짜 시합을 하고 있는 것처럼 스스로를 속이면서까지 그냥 재미있게 보는 거예요. 관객은 그것으로 눈요기를 하며 스트레스를 해소하고 선수나 스폰서들은 더욱 자극적인 프로그램을 개발하여 관중을 즐겁게 하고…… 왜 이런 일이 가능하냐하면 아무도 손해 보는 사람이 없으니까 그래요. 한 쪽은 돈 벌고 한 쪽은 스트레스 풀고…… 그래서 이런 흥행이 가능한 것입니다. 미국이 북한에 취했던 모든 정책들이 다 이랬어요. "

클린턴의 설명을 들으며 부시 대통령은 클린턴의 말이 어느 정도 일리가 있다는 듯 고개를 끄덕였다. 클린턴은 내친김에 좀 더 상세히 말해야겠다고 생각하고 계속 말을 이어갔다.

"존 볼턴이 북한 고농축 우라늄을 발표할 때도 그랬고, 금창리 지하 핵시설, 금강산댐 붕괴, 장거리 미사일 이 모든 것이 참된 정보가 아니고 잘못된 정보일 것이다, 라는 것을 발표하는 존 볼턴도 알고 있었고 대부분의 사람들이 알고 있었어요. 그런데 「미국이라는 힘」으로 밀어붙이면 저 조그맣고 가난한 북한이라는 나라가 붕괴하고 말 것이다.'라고 생각을 했기 때문에 '그래 모른 체하고 한 번 지켜보자' 하는 식이었어요. 그런데 북한이 붕괴되기는커녕 오히려 핵 실험까지 해버리니 모두가 놀라고 당황을 하고 있는 것 아닙니까?"

클린턴의 말이 끝나자 또다시 두 사람 간에 약간의 침묵이 흘렀다. 얼마후 부시 대통령이 조용히 입을 열었다.

"그래요. 당신 말이 다 맞는 말이에요. 내가 잘못된 정보를 바탕으로 오직 힘만으로 밀어붙이기식의 정책이 잘못되었다는 것은 나도 인정합니다. 그러나 솔직히 말해 북한도 좀 변해야 돼요. 그들 스스로가 좀 더 개방적으로 문을 열어야 돼요. 그래야 그들을 돕던 협력을 하던 할 것 아니오."

클린턴이 고개를 끄덕이며 대답을 하였다.

"맞습니다. 북한 스스로도 좀 더 변해야 한다는 이야기는 맞는 이야기입니다. 당연히 북한도 좀 더 빠르게 변해야 돼요."

그리고는 긴 한숨을 쉬고 목을 잠깐 축인 후 다시 말을 이었다.

"그런데 각하, 나는 지금 북한이라는 나라를 억지로 변명을 해준다거나 아니면 우리 미국을 과장해서 폄하시킨다거나 하는 의도는 조금도 없습니다. 단지 완전히 제3자적인 견해에서 사실을 사실 있는 그대로 한번 평가 해보는 것뿐입니다. 그 점에 대해서는 부디 오해가 없기를 바랍니다. 많은 사람들이 특히 대한민국의 일부 보수파들이나 일부 언론들이 바로 그 말을 많이 쓰고 있습니다. 즉 '북한은 조금도 변하지 않는데 우리만 변하고 있다'라는 말을 많이 하고 있습니다. 나는 그들에게 이렇게 묻고 싶습니다. '왜 그들이 이미 변한 것은 보지 못하느냐?'라고 묻고 싶어요. 우선 개성 공단을 한 번 봅시다. 개성이라는 곳이 어떤 곳입니까? 휴전선 바로 위에 있습니다. 개성 역은 판문점에서 10km밖에 떨어져 있지 않습니다. 판문점은 서울에서 불과 60km

도 안 되는 거리입니다. 그리고 평양에서 서울로 가는 가장 중요한 길목에 있습니다. 군사적으로 너무나 중요한 요충지입니다. 그들은 그곳을 공단으로 만들기 위하여 그곳에 있는 엄청나게 많은 군사 시설물·장비·무기 등을 후방으로 다 옮겼습니다. 그리고 또 금강산 관광 유람선이 정박할 수 있도록 장전항을 개방했습니다. 장전항이 어떤 곳입니까? 동해안 휴전선 바로 위에 있는 군사 항구입니다. 그곳에는 북한의 함정·잠수함 기지가 있는 북한 해군의 가장 요충지입니다. 그들은 장전항을 개방하고 그 모든 함정들을 훨씬 후방인 원산과 흥남으로 옮겼습니다. 이런데도 그들이 변하지 않았다는 것은 너무나 잘못된 이야기이고 너무나 「나」만 생각하는 편협 된 이야기입니다."

클린턴의 논리는 부시 대통령을 압도했다.

"역으로 이렇게 생각해 봅시다. 만약 공단 설립을 휴전선 바로 아래인 파주나 의정부, 동두천 등지에 설립하여 그곳에 북한의 수만 명 노동자들이 정기적으로 출퇴근을 한다고 가정해 봅시다. 또 동해안에 있는 속초항에 북한의 배가 자유롭게 정박할 수 있도록 조치를 했다고 합시다. 그리고 그 곳에 있는 많은 군부대·미사일 기지·포기지·대공 방어 기지·함정 등등을 다른 곳으로 철수를 시켜버렸다고 합시다. 아마 남한에서는 난리법석이 날거에요. '우리의 안방을 고스란히 그들에게 내어주었다', '우리의 주적에게 우리의 창과 방패를 고스란히 넘겨주었다', '나라를 망하게 하려는 자들의 분별력 없는 매국적인 행동', '그들은 평소에는 얌전한 근로자이지만 순식간에 전사로 돌변할 수 있는 위험한 자들이다', '우리의 자존심은 어디에 버렸나'. '우리는 반공정신을 아예 포기 했는가'……. 등등으로 시작하여 온나라가 발칵 뒤집혀지고 곳곳에서 북한과 김정일을 타도하는 집회가 연일 열리고, 그리고 서로 부딪히고 싸우고…… 아마 난리가 날 것입니다. 그래서 '북한은 조금도 변하지 않는데 우리만 변한다' 하는 말은 정말 분별력 없이 남의 생각은 추호도 하지 않고 오직 「나」만 생각하는 아주 편협 된 생각의 결과라고 봅니다."

부시는 할 말을 잃었다. 아니 할 말이 없었을 것이다. 약간 상기된 클린턴은 다시 말을 이었다. 이미 나온 이야기이니까 이참에 모든 것은 다 털어놓고 이야기 해보자 하는 식이었다.

"각하, 요즈음 또 한국에서 한 가지 자주 쓰이는 말이 있지요. 바로 「퍼주기」라는 말입니다. 이 말을 누가 처음 만들고 사용하였는지는 몰라도 분명 언론이나 보수주의자들이 만들어낸 것일 것입니다. 그런데 이 「퍼주기」라는 단어가 국민들을 자극하기에 참으로 효과적인 단어인 것 같아요. 그래서 아마 한국 보수주의자들은 이 「퍼주기」라는 단어를 아주 즐겨 사용하고 있는 것 같아요!"

그리고 한 컵의 물로 목을 축인 클린턴은 계속 말을 이어갔다.

"각하, 저는 대통령에서 물러난 후 한국에 대해서 그리고 동양 문학, 동양 고전 등의 책을 많이 읽었어요. 그런데 한국의 전래이야기 중에 「흥부전」이라는 책이 있어요. 흥부는 가난하고 착한 동생이고 놀부는 부자면서 마음씨 나쁜 형이에요. 어느 날 동생 흥부가 형 놀부 집에 쌀을 좀 얻으러 갔어요. 그런데 그 형수라는 여인이 쌀을 꿔주기는커녕 밥을 푸던 주걱으로 흥부의 뺨을 때렸어요. 그러자 흥부가 볼에 붙은 밥풀을 떼어 먹으며 하는 말이, '형수님, 이쪽 뺨도 좀 때려주세요'라고 이야기 했습니다. 그런데 만약 부자 형인 놀부가 가난한 동생 흥부에게 이렇게 이야기를 했다고 생각해 봅시다. '그래, 내가 너한테 쌀을 좀 줄 테니까 너는 대신 저 마당쇠 놈하고 같이 우리 집 마당도 좀 쓸고 장작도 좀 패놓고 허물어진 담장도 좀 고치고 또 너 마누라와 너 아이들도 데리고 와서 순심이하고 같이 설거지도 좀 하고 물도 좀 길어 넣고 빨래도 좀 하면서 밥도 한 끼씩 얻어먹도록 하여라.'라고 했다고 합시다. 흥부의 입장에서는 어떻겠습니까? 아마 이런 생각이 들었을 것입니다. '나 참 더러워서, 제기랄 차라리 굶어 죽는 게 낫지, 그래 나보고 쌀 몇 톨 주면서 동생이 아니라 마당쇠와 같은 종놈이 되라는 이야기 아닌가. 더구나 내 마누라,

내 새끼들까지도 말이야. 정말 형이라는 자가 남보다 더 야박하구나!' 아마 이런 마음을 가질 것입니다. 물론 좀 과장된 표현이었는지는 모르지만 어쨌거나 이 「퍼주기」라는 말과 「변하지 않는다」라는 말들을 다시 한 번 신중하게 판단해야 할 문제 인 것 같습니다."

이에 부시 대통령은 아주 동감을 한다는 듯이 연신 고개를 끄덕이면서 말을 했다.

"그래요! 맞는 말이에요. 도와줄 때는 아무 조건 없이 도와주어야 하는 것은 사실이에요. 그런데 도와준 쌀이 북한의 군량미로 사용되고 있다는 이야기가 들리는데 그것이 사실이라면 그거야말로 「도와주니까 뒤에서 후려친다」는 식이 아니겠어요?"

다소 의기양양해지는 듯한 표정으로 부시가 말을 마치자 이번에는 클린턴이 약간 긴장된 표정으로 말을 이었다.

"그래요. 참 그런 문제가 한반도 문제에 있어서 큰 걸림돌인 것은 사실이에요. 그리고 또 다른 문제도 있어요. 걸핏하면 불거져 나오는 북한 군부 강경파들의 돌출 행위, 다시 말해서 해상 공격을 해온다거나 심지어는 관광객을 억류하는 상태, 이런 사건들이 한반도 난제 해결에 가장 큰 문제가 되고 있는 것은 사실이에요. 이것이 사실은 제일 큰 문제예요. 그런데..."

클린턴은 상당히 심각한 표정으로 다시 물을 한 모금 마시며 말을 이었다.

"각하, 여기서 한 번 더 말씀을 드리건대 나는 북한 그들을 옹호하고 그들의 편을 들어주고 싶은 마음은 전혀 없습니다. 오직 제3자적인 입장에서 사실을 사실 있는 그대로 바라보면서 올바른 판단을 내리고 싶을 뿐입니다. 과거 1972년인가 그랬는데 그 당시에는 북한과 대한민국의 경제 사정이 거의 비슷한 시기였던 것 같습니다. 당시 북한 어선 한 척이 남한 해역에 좌초한 적이 있었습니다. 남한에서는 그들을 치료도 해주고 식사도 잘 대접해주고 그들의 자유의사에 따라 그들을 판문점을 통해 북한으로 다시 돌려보내게 되었는데, 그때 그들에게 시계며 라디오 그리고 옷 몇 별 등을 선물로 주었습니다. 그때 그 몇 명의 어부들은 그들이 판문점에 도착할 때까지는 가만히 있었습니다. 그런데 그들이 군사 분계선을 넘는 순간 그들이 들고 온 선물, 입고 있던 옷가지를 모두 남쪽으로 벗어 던져 버렸습니다. 그리고 그들은 팬티 한 장만 입고 '김일성 만세! 공화국 만세!'를 외치며 북측 건물 안으로 들어가 버렸고, 그들의 그런 모습은 TV를 통하여 한국 전역에 방송이 되었습니다.

즉 '우리는 남조선에서 주는 이런 선물은 필요 없다. 우리 것만 있어도 잘 살 수 있다. 거지같이 너희들 것 안 받는다.' 뭐 이런 의미 아니겠습니까? 그러던 그들이 지금은 어부도 아닌 군인들이 남한에서 보내준 쌀로 밥을 지어 먹고 있는 실정입니다. 그런데 그 밥을 먹고 있는 북한 군인들은 자기들이 먹고 있는 밥이 남한에서 보내준 쌀로 지은 밥이라는 것을 알고 있습니다. 우선 쌀 포대에 대한민국이라는 인쇄가 선명히 찍혀 있고 또 그런 포대를 감추어 버렸다고 해도 어떤 경로로든지 그들은 그 사실을 알 수가 있습니다. 그러면 남한에서 보내준 구호품·구호미를 먹고 있는 그들은 어떤 생각을 갖게 될까요? '우리가 남한에서 보내준 이 쌀을 먹고 열심히 훈련해서 남한을 공격하고 적화 통일을 이루어야지'라는 생각을 하고 있을까요? 그러나 결코 그렇게는 생각하지 않을 것입니다. 사실 그들은 김일성·당·공화국에 대한 충성심이 강한 자들입니다. 우리가 상상하는 이상으로 그들의 충성심은 강합니다. 그런데 그들이 남한에서 온 쌀로 지은 밥을 먹으면 먹을수록 그들의 충성심은 다소 약해질 것입니다. 아니 약해진다는 표현보다는 충성심으로 뭉친 강퍅한 마음이 다소 부드러워지는 느낌은 분명히 자기들도 모르는 사이에 조금씩 생겨날 것입니다. 또한 남한에 대한 적개심 역시 다소 그들도 모르는 사이에 완화가 될 것입니다. 물론 배를 굶고 허기에 찬 연약한 민간인들에게 분배되어야 할 구호미가 군인들에게 군량미로 제공되는 것은 나쁜 일이고 어쩌면 서로의 약속을 어기는 일인지도 모릅니다. 그러나 좀 더 장기적으로, 큰 안목으로 볼 때는 그리 큰 문제가 된다고 보지는 않습니다. 지금 내가 하는 이 말을 한국 내에서 한국인 누군가가 이런 말을 했다면 아마 그는 당장「빨갱이」로 몰릴 것이고 언론이나 보수주의자들에게 감당할 수 없는 고통을 당할 것입니다. 내가 말하는 요지는 구호미가 군량미로 전용되는 것은 분명히 잘못된 일입니다. 그런데 그런 일로 인하여 대화를 중단해 버린다거나 남북 화해를 깨어버리는 그런 일이 일어나서는 안 된다는 이야기입니다. 부디 각하께서도 저의 이 뜻을 오해 없이 받아들이기를 바랍니다."

말을 마친 클린턴은 다소 흥분한 듯하였다.

"그러나 또 한 가지 큰 문제는 북한 군부 강경파들의 돌출 행위입니다. 내가 단언하건데 북한 군부 강경파들의 이런 돌출행위는 한반도 문제의 평화적 해결에 가장 큰 문제임에 틀림이 없습니다. 누가 뭐래도 이 문제만큼은 한반도 긴장 완화에 가장 큰 걸림돌인 것은 분명합니다. 그러나 이 문제 역시 다른 각도, 즉 그들의 입장에서 한 번 봅시다. 우리 미국이나 한국민들은 마음 속 깊이 '자칫 잘못하면 북한군이 전쟁을, 즉 남침을 할 것이다'하는 우려를 하고 있습니다. 그러나 북한 사람들 특히 군인들은 그들 역시 '미국과 한국군이 자칫하면 연합하여 북한을 공격할 것이다'라는 생각을 하고 있습니다. 특히 요즈음같이 미국이 아프가니스탄이나 이라크를 공격하고 있음을 볼 때 그들 역시 '미국이 우리 북한을 공격할 것이다'하는 생각을 분명히 하고 있습니다.

그런데 그들은 우리 미국이나 한국에 대해서 그런 적개심을 가진 것이 벌써 50년이 훨씬 넘었어요. 그리고 그들은 그런 문제에 대해서 아주 어릴 때부터 세뇌 교육을 받아 왔습니다. 그리고 그들의 지도자들은 그것을 과대 포장하고 '악마 미제국주의자들', '남조선 괴뢰도당들'같은 극단적인 단어들로 인민들을 자극시켜서 '당과 수령과 조국에 충성하자'라고 세뇌 교육을 시키고, 그래서 과거 지도자들은 그들의 독재 정권을 유지할 수가 있었습니다. 그런데 어느 날 개성 공단을 내어주고 금강산 길을 열어주고 장전항을 내어주니 '당과 수령, 미 제국주의, 남조선 괴뢰'등으로 꽉 차 있던 그들의 정체성마저 스스로 의심이 되는 그런 상황이 된 것입니다. 당연히 반발하는 사람들이 생기겠지요. 특히 군부 강경파들은 더더욱 그럴 것입니다. 그 결과가 바로 그들의 돌출 행위 아니겠습니까? 그렇다고 이미 사망하여 금수산 궁전에 누워 있는 김일성을 깨워서 우리가 그 책임을 추궁 할 수도 없는 것 아니겠습니까?"

물 한 컵을 들이켠 클린턴은 다시금 말을 계속했다. 그의 정제된 언변은 부시를 어리둥절하게 만들었다.

"바로 이것이 제일 큰 문제입니다. 한반도 문제의 평화적 해결에 제일 큰 문제는 바로 이점입니다. 이런 문제를 놓고 대한민국의 국민들이 단순히 '도와주니까 오히려 뒤통수를 쳐!' 이렇게 생각하는 것은 '그쪽에도 개방을 반대하는 군부 강경 극좌파들이 있겠구나. 그래, 이런 문제가 발생했다고 해서 성급하게 지금 진행되고 있는 남북교류를 당장 끊어버리지 말고 더 큰 평화 통일이라는 목표를 이루기 위해 좀 더 아량을 갖고 조금만 더 참아보자'하는 생각으로 바뀌는 것이 가장 큰 과제입니다. 이것이야 말로 대한민국의 지도자들이 국민을 설득해야 하는 가장 큰 과제입니다. 이것이야 말로 대한민국의 국민들이 그들이 바라는 「평화 통일」을 이루기 위해서 함께 넘어야할 마지막 고비이고, 그들이 베풀 수 있는 마지막 선물입니다."

잠시 말을 멈추고 난후 다시 한 번 심호흡을 가다듬은 클린턴이 다소 감동에 가까운 어조로 열변을 이어갔다.

"대통령 각하, 저 역시 대통령 임기 초에는 북한이라는 나라에 대해서 각하와 똑같은 생각을 갖고 있었습니다. 곧 붕괴될 나라, 세계 최악의 독재 국가, 가난한 나라, 충분히 무시해버릴 가치가 있는 나라 등으로 생각했었습니다. 그리고 무력 침공도 계획해 보았습니다. 그런데 그 당시 샤리카쉬우빌 통합 참모 본부장의 말에 의하면 만약 한반도에서 전쟁이 일어난다면 그 전쟁은 세계 3차 대전으로 확전될 확률이 80%이상이다, 라고 보고하였습니다. 그리

372
다빈치 프로젝트

고 만약 북한이 스스로 붕괴하게 되면 한반도에서 전쟁이 일어날 확률 역시 80%이상이다, 라고 보고했습니다. 그리고 얼마 후 나는 대한민국 김대중 대통령과 그 일행이 우리 미국을 방문했을 때 그들과 정상 회담을 가졌습니다. 그때 그들은 한반도 정세, 한반도 통일 방안, 평화 통일을 위한 순서 등에 대하여 설명을 하였습니다. 그때 나는 물론이거니와 함께 참석했던 앨고어 부통령, 매들린 올브라이트 국무 장관, 새뮤얼버그 국가 안전 보좌관 모두가 너무나 큰 감명을 받았습니다. 그들의 통일에 대한 염원·열정·방법·순서 등이 너무나 질서정연하고 감동적이었습니다. 오죽했으면 내가 여러분들이 이제 핸들을 잡아 운전하고 우리는 옆자리에 옮겨 보조적 역할을 하겠다, 라고까지 이야기 했겠습니까? 나는 그때 그들 중 어느 누가 마지막으로 한 이야기가 아직도 또렷이 기억납니다. 만약 어느 한 사람이 깊은 웅덩이에 빠져서 살려달라고 발버둥 칠 때 '왜 좀 조심해서 다니지 그렇게 텀벙대느냐?' 하고 훈계를 할 것입니다. 아니면 '아이고 불쌍해라 저걸 어째!'하면서 그냥 지나칠 것입니까? 당장 급한 것은 허리끈을 풀어서라도 그것을 던져서 물에 빠진 사람을 구해야 하지 않겠습니까? 그것이 기독교 정신이고 예수님의 사랑 아닙니까? 우리 아메리카의 건국이념이 바로 그런 청교도 정신 아닙니까? 대통령 각하! 부디 각하의 남은 임기 동안 우리 미국은 세계에서 유일하게 냉전 상태로 남아 있는 한반도가 평화적인 방법으로 평화 통일을 이를 수 있도록 적극 나서야 한다고 생각합니다. 그리고 그 기선을 중국이나 러시아에게 빼앗겨서는 안된다고 생각을 하고 있습니다. 특히 우리 아메리카가 그 기선을 중국에 빼앗겨 버린다면 그것은 우리가 이미 세계 질서에서 중국에게 뒤쳐져버렸다는 것을 의미할 것입니다."

클린턴도 부시 대통령도 아무 말이 없었다. 두 사람 모두 더 이상 할 말이 없는 듯하였다.

한참이 흐른 후 클린턴이 다시금 조용히 입을 열었다.

"각하, 오늘 내가 너무나 많은 말을 한 것 같습니다. 이왕 이렇게 된 것 마지막으로 한마디만 더 하겠습니다. 지난 2001년 1월 20일이 무슨 날인지 아십니까? 바로 각하께서 미국 제43대 대통령으로 취임한 날이었습니다. 그런데 그날이 북한 김정일 위원장이 6일간의 중국 방문을 마치는 날이었습니다. 이것도 한반도의 운명인지는 모르겠습니다만은 어쨌건 그는 그때 중국에 가서 중국의 발전상을 보면서 '천지개벽과 같은 변화, 사상을 초월한 변화' 등등의 표현을 하였습니다. 그때 저는 그런 김정일의 발언을 듣고 는 '드디어 북한도 중국과 같은 방식의 개혁을 시작하겠구나.', 이렇게 생각을 했습니다. 그리고 이후 남북 관계는 아주 순조롭게 진행이 되고 있었습니다. 그런데 꼭 1년 후 각하께서는 북한을 악의 축(Axis of Evil)이라고 말했습니다. 그리고 얼마 후 '김정일이는 피그미다.' '저녁 식탁의 말썽꾸러기다.' '세계 최악의 독재자다.' 등등의 발언을 하였습니다. 제가 볼 때 세계 최강국인 미국의 대통령으로서는 참으로 경솔한 표현이라고 생각합니다. 이 발언은 '오만의 극치'라고 표현하는 것이 타당하겠지요. 내가 각하 앞에서 이렇게 직설적으로 표현한다는 것에 대해 정말 송구스럽게 생각합니다. 그러나 제 생각으로는 지난해 10월 9일 북한이 핵 실험을 감행한 것은 적어도 우리 미국에게 50% 이상의 책임이 있다고 봅니다."

가만히 듣고 있던 부시 대통령이 멋쩍은 표정을 지으며 말을 했다.

"당신의 이야기를 듣고 보니 내가 몹시 경솔했던 것 같소. 그건 그렇고, 한반도가 통일이 되는데 가장 방해가 되는 무리가 누구인 것 같소, 어디 순서대로 한 번 말해 보시오."

이 말에 클린턴이 깊이 생각을 하는듯하더니 이내 입을 열었다.

"그 일 순위는 당연히 북한 군부 강경파입니다. 누가 뭐래도 그것은 사실이에요. 그들은 아직까지 적화 통일의 야욕을 버리지 못하고 있어요. 그러나 사실 그들은 적화 통일보다는 그들의 기득권 고수를 주장하고 있는 것입니다.

그들 대부분은 혁명 1세대 후손으로 그들이 대를 통하여 얻은 기득권을 지키고자 발악을 하고 있습니다. 그리고 이 순위, 삼 순위 역시 그들입니다. 한반도 평화 통일은 그들이 얼마만큼 그들의 기득권을 포기하느냐 하는데 있어요. 그리고 그들의 대외 정책에는 진정성이 없고 일관성이 없어요. 또한 그들은 너무 잔꾀를 부리는 것 같아요. 일개 국가의 정책이 의젓하지 못하고 너무 잔 수를 두고 있어요. 결국 그들의 정책이라는 것은 그들의 백성이나 그들 민족을 위한 정책이 아니라 몇몇 특수 집단의 기득권을 지키기 위한 수단에 불과해요. 그것을 이길 수 있는 방법은 결국 끊임없는 교류뿐일 것입니다. 제가 마지막으로 각하께 하고 싶은 말은 적어도 정치가는, 아니 정치가뿐만 아니라 사업가든 학자든 심지어는 어느 목수든 용접공이든 모든 인간이 지녀야 할 가장 기본은 「겸손」이라고 생각합니다. 모든 선(善)의 첫 출발은 바로 이 겸손에서 시작이 되고, 모든 악(惡)의 첫 출발은 오만이라고 생각합니다. 요즈음 저는 동양의 고전들을 무척 재미있게 보고 있습니다. 어떤 때는 동양의 고전을 읽고 있는지 성경을 읽고 있는지 분간을 할 수 없을 때가 많이 있어요. 오늘 제가 이 묵자(墨子)라는 책을 한 권 가져왔습니다. 각하께서 한 번 읽어보기를 권합니다."

그리고 클린턴은 조용히 자리를 떠났다.

클린턴이 떠나간 후 부시 대통령은 클린턴이 두고 간 책을 살며시 펴보았다. 그리고 중간쯤 책갈피 한 장이 접혀 있는데 붉은색 연필로 밑줄이 그어져 있었다.

겸애 편(兼愛篇)

어진 사람들이 일을 하는 목표는 반드시 천하의 이익을 일으키고 천하의 폐해를 제거하는 것이니 이 때문에 일을 하는 것이다. 그러면 천하 이익은 무엇이고 천하 폐해란 무엇인가…… 지금 나라와 나라들이 서로 공격하고 집안과 집안들이 서로 빼앗고 있으며… 서로 사랑하지 않는 데서 생겨나는 것이다……. 그러면 반드시 전쟁을 하게 되고…….

부시는 스스로가 부끄러웠다. 클린턴이라는 사람의 속내가 저리도 깊은 줄 정말 알지 못했다. 그리고 자만심과 오만함에 도취되어 있던 자신이 무척 경솔했다는 느낌이 들었다. 그러나 그는 그런 부끄러움 속에 묻혀 있을 시간적인 여유가 없었다.

그리고 한 달이 조금 지난 어느 날, 즉 2007년 2월 13일, 드디어 미·북간에 새로운 합의가 이루어졌다. 우리가 흔히 말하는 2·13 조치였다. 그리고 또 며칠 후 북한의 외무상 김계관의 뉴욕 방문도 이루어졌다.

참으로 이상하고 인상적인 것은 북한 외무상 김계관이 뉴욕을 방문하였을 때 미국 측에서는 그를 국빈 이상의 극진한 대우를 하였고, 또 그가 뉴욕에서 만난 사람들은 놀랍게도 클린턴 행정부 시절 대 북한 문제를 담당하였던 사람들이었다. 이때 김계관이 만난 미국 사람들은 누구였나? 바로 매들린 올브라이트와 헨리 키신저, 칼루치 등이 아니던가!

미국의 첫 여성 국무 장관이었던 매들린 올브라이트는 2000년 10월 평양을 방문해 클린턴·김정일의 정상 회담을 추진하고자 했던 인물이며, 키신저는 닉슨 행정부 시절인 1971년부터 1977년까지 미 국무 장관으로 재임하면서 소련과의 데탕트와 역사적인 미·중 수교를 이끌어냈던 국제적인 정치 거물 아닌가? 칼루치는 클린턴 대통령 시절 한반도 담당 대사였음은 이미 알고 있는 사실이다.

그 외 김계관이 만난 사람들은 모두가 클린턴 행정부 시절 대북 업무를 담당하였던 웬디 서먼(2000~2001년 당시 대북정책 조정관), 찰스 카티먼(2001~2005년 당시 KEDO 사무총장), 잭 프리처드(2001~2003 당시 대북 협상 특사) 등이었으며, 어떻게 보면 부시 미 대통령은 대북한 정책에 있어서만큼은 마치 클린턴 전 미국 대통령에게 맡겨버린 듯한 인상이었다. 그리고 그토록 북한이 원하고 있던 방코델타 아시아 은행(BDA)에 묶여있던 모든 동결 자금도 시원스레 풀려 버렸다.

네오콘

....

역시 2007년 초 어느 날. 그러니까 부시 대통령과 클린턴 전 대통령의 만남이 있은 며칠 후 백악관에서는 또 은밀히 다른 모임이 있었다. 부시 미 대통령과 딕 체니 부통령, 도널드 럼스펠트 전 국방 장관, 존 볼턴 전 UN주재 미 대사, 콘돌리저 라이스 미 국무 장관이 오랜만에 한자리에 모였다. 어제의 동지들이 다시 한자리에 모였다고나 할까? 그러나 분위기만큼은 왠지 모르게 침울해 보였다. 맨 먼저 입을 연 사람은 역시 부시 대통령이었다.

"지난 11월 중간 선거에서 우리 공화당은 참패를 하였습니다. 이 모든 것이 대통령인 본인의 잘못도 크겠지만 여기 있는 여러분들의 판단도 상당히 잘못된 부분이 많이 있었고, 또한 우리 모두가 미국인들의 속마음을 잘못 읽고 있었던 것 같습니다. 이제 의회가 완전히 민주당이 장악을 하게 되었으니 앞으로 남은 본인의 임기 동안 국정을 이끌어 나가기가 무척 어려울 것으로 예상이 됩니다. 내가 오늘 이 자리에 초청을 한 이유는 지난날 우리가 무엇을 잘했고 못했고를 따지려고 하는 것이 아니라 이제 본인의 남은 임기 2년을 어떻게 보내야만이 2년 후에 다가올 대통령 선거에서 우리 공화당이 승리를 할 수 있을지에 대한 의견을 듣고자 하는 것입니다. 부디 너, 나 잘못을 논하지 말고 지난 몇 년 간의 과오들을 되돌아보고 남은 2년의 새로운 설계를 구상해 보고자 하는 바입니다."

부시 대통령의 말이 끝나자 얼마간의 침묵이 흐른 후 딕체니 부통령이 조심스럽게 입을 열었다.

　"우선 현재 진행 중인 국제 현안에 대해서 말씀을 드린다면, 일단 이라크와 아프가니스탄의 문제는 오직 우리 미합중국만이 짐을 지려고 하지 말고 유럽의 여러 국가들, 일본, 한국, 호주 등의 나라에 압력을 가해 그들과 함께 공동으로 짐을 분산해서 지고 가도록 조치를 취하여야할 것 같습니다. 물론 이에 소요되는 군비 역시 여러 국가가 공동으로 분담하여 우리 미국의 부담이 최소화하도록 유도를 한 다음 일정 시간이 지나고 나면 조금씩, 조금씩 발을 빼는 것이 가장 좋은 방법일 것이라 생각합니다."

　어찌 보면 상당히 상식적이고 누구나가 다 할 수 있는 이야기인 것 같았다. 그리고 미국 내 문제, 해외 문제 등등을 검토하고 있던 중 드디어 한반도 문제가 거론되기 시작하였다. 당연히 북핵 문제, 한미 FTA 문제, 주한미군 문제 등이 오고가는 도중 지금까지 한마디의 말도 하지 않고 침묵으로 일관하고 있던 존 볼턴 전 UN대사가 아주 조용하고도 차분하게 입을 열었다.

　"각하, 저는 사실 한민족 코리아인들이 두렵습니다."

　느닷없는 말 한마디를 꺼낸 그는 아주 엄숙하고도 차분한 어조로 다시 말을 이었다.

　"대통령 각하, 우선 남쪽 코리아라는 나라를 한 번 차분히 살펴봅시다. 1950년 한국 전쟁 당시 그들은 아무것도 없었습니다. 공장도 없고 집도 없고 오직 문자 그대로 알거지였습니다. 그들의 국토는 우리 합중국의 100분의 1밖에 되지 않습니다. 특별한 지하자원도 없었습니다. 그러나 그들은 그 모든 악조건 속에서도 지금은 어떻게 되어 있습니까? 세계 10대 수출 강국으로 부상이 되어 있습니다. 그들은 조선·자동차·반도체·건설·플랜트 등등의 분야에서 눈부신 발전을 거듭하였고, 수출만도 연간 3천억 달러를 이루어내고 있습니다.

378
다빈치 프로젝트

조그마한 한반도에서 그것도 반쪽으로 출발한 그들이 이루어낸 성과야말로 가히 기적이라고밖에 표현할 수가 없습니다. 그런데 그런 그들이 이제 하나로 합쳐진다면 물고기가 물을 만난 것이 아니라, 그야말로 용이 날개를 달고 입에 여의주를 문 듯이 더욱 세차게 날 것입니다. 분명 그들은 통일의 후유증을 3년 안에 말끔히 치료할 것입니다. 그리고 그들은 세계 중심을 향하여 힘차게 날아갈 것입니다. 그런데 제가 걱정하는 것은 그들이 부강해지면 해질수록 우리 미합중국은 그만큼 후퇴를 한다는 것입니다. 다시 말해서 그들이 100달러를 번다면 우리 미합중국은 최소한 오십달러는 손해를 본다는 것입니다. 저는 솔직히 그것이 걱정됩니다. 따라서 제가 대통령 각하께 간절히 건의하고 싶은 것은 현재 한반도에서 전쟁이 일어나서도 안 되겠지만은 통일이 되어도 곤란하다는 것입니다. 다시 말해서 현재 이 상태로 현 휴전 상태로 그대로 있는 것이 가장 좋은 방책이라는 것입니다. 그러려면 북한을 저대로 방치할 것이 아니라 우리가 속는 척하면서 저들이 최소한의 현상을 유지할 수 있도록 지원해 주어야 합니다. 그리고 그 지원의 주도권을 중국이나 러시아, 일본 등에게 빼앗기지 않아야 할 것입니다."

무거운 침묵의 시간이 흐른 얼마 후 존 볼턴은 다시 입을 열었다.

"대통령 각하, 1988년 서울올림픽 개최가 확정된 후에도 우리 아메리카는 그것을 바꾸려고 암암리에 얼마나 많은 심혈을 기울였습니까? 물론 겉으로야 그들이 과연 올림픽을 치러낼 수 있을까 하는 것이 이유였습니다만은 사실은 그들의 도약을 두려워했던 것입니다. 오죽했으면 당시 올림픽 조직 위원장이었던 노태후 위원장은 공공연히 '만약 미국을 비롯한 몇몇 나라의 방해로 올림픽 개최지가 다른 곳으로 바뀐다면 우리가 현재 건설 중인 올림픽 주경기장에 미국 대통령을 비롯한 전 세계 IOC위원들의 무덤을 만들 것이다'라고 하였겠습니까? 결국 그들은 올림픽이라는 세계적인 큰 잔치를 성공적으로 치렀고 그들 또한 세계 4위라는 기적을 만들어 냈으며, 그것을 발판으로 코리아는 경제적으로도 외교적으로도 크게 약진하였습니다. 또한 2002년 한·일 축구 월드컵 개최를 통하여서도 그들의 모습을 보지 않았습니까? 같은 월드컵 공동 개최국이었지만 그들은 일본, 프랑스, 이태리, 스페인 등등 쟁쟁한 세계 축구 강국들을 꺾어 버리고 일약 4강의 쾌거를 이루지 않았습니까? 그런데 그들이 월드컵 4강을 이루어낸 것이 중요한 것이 아니라 그 과정에 있어서 온 세계에 보여준 그들의 단결력과 그들의 집념, 그들의 추진력 등이 더 두려웠던 것입니다. 저는 아직도 2002년 그들이 똑같은 마음으로 똑같은 복장으로 똑같은 목소리로 한꺼번에 그렇게 많은 사람들이 일사불란한 모습으로 움직이는 현상을 보았을 때 한편으로는 경탄과 감동을 느꼈지만 또 한편으로는 그들에 대하여 두려움을 느꼈던 기억이 아직도 생생하게 남아 있습니다. 그들은 확실히 유대인이나 독일인, 중국인, 일본인보다 우리에게 더 큰 영향을 끼칠 수 있는 민족이라고 단언하고 싶습니다."

말을 끝낸 존 볼턴은 한 모금의 물로 잠시 목을 축인 뒤 다시금 걱정스러운 표정을 지으며 말을 이었다.

"그런데 각하, 한 가지 더 걱정이 되는 것은 그런 그들이 다시 한 번 도약할 수 있는 기회를 포착하고 있다는 사실입니다. 그것이 무엇이냐 하면 바로 「2014년 동계 올림픽」입니다. 제가 알기로는 그들은 이미 철저한 준비를 해두고 올 7월 중남미 과테말라 시티에서 열리게 되어 있는 IOC 총회를 대비하고 있다고 합니다. 이미 그들은 「평창」이라는 도시에 모든 준비를 끝내고, IOC 실사단을 맞이할 태세를 완전히 해둔 상태라고 합니다. 경쟁 상대 도시는 알다시피 러시아의 「소치」인데 그곳은 아직 시작도 못하고 있는 중인 줄 압니다. 각하! 우리가 그들의 88 서울 올림픽은 저지하지 못하였지만 이번 2014년 평창 동계 올림픽만큼은 꼭 저지해야 한다고 생각합니다. 그들이 뛰기 전에 우리가 먼저 저지에 총력을 기울여야 할 것입니다."

그들의 백악관 모임은 그렇게 끝이 났다. 그리고 존 볼턴의 이야기는 이심전심으로 그들의 마음을 굳게 다지기에 충분하였다.

아! 평창, 그리고 이건희
·············

2007년 2월, 대한민국 강원도 평창에는 2014년 동계 올림픽 개최지 결정을 위한 IOC 실사단이 도착하였다. 실사단들의 평가 결과는 'Excellent' 즉, '탁월하게 뛰어나다'였다. 그리고 며칠 후 IOC 실사단들은 러시아의 남부 흑해 연안에 있는 작은 휴양 도시 '소치'를 방문하였다. 그리고 그들이 소치에 대하여 내린 결과는 'Good'이었다. 'Excellent'와 'Good'의 차이는 그 내용면에 있어서 너무나 큰 차이가 있는 표현이었다. 평창군민, 강원도민 그리고 대부분의 대한민국 국민들은 2014년 동계 올림픽 개최지로 '평창'이 틀림없이 결정될 것이라는 굳은 확신을 갖기에 충분하였다. 그 시간 부시 대통령은 존 볼턴에게 전화를 걸었다.

"나는 그들의(코리아인들의) 열정과 욕망을 막을 길이 없습니다. 우리 미국이 실제적으로 연관이 되어 있는 문제도 아니고 더구나 미국 대통령인 본인이 직접 나설 수도 없는 상황에서 그들의 노력을 저지할 아무런 방도가 없습니다. 그들은 IOC 실사단의 평가대로 Excellent한 결과를 얻을 것입니다."

그리고 그들의 통화는 끝이 났다.

드디어 2007년 7월, 2014년 동계 올림픽 최종 개최지 결정을 짓는 IOC 총회가 중남미의 과테말라 시티에서 열리게 되었다. 최종 결정은 2007년 7월 5일 오전 8시에 결정이 나게 되어 있었다. 한국에서는 이건희, 박용성 IOC위원을 비롯하여 평창 유치 위원회 한승수 위원장, 김진선 강원도지사, 김정길 대한 올림픽 위원장 등등이 결연한 각오로 과테말라 시티에 도착을

381
우주와 자연의 섭리

하였다. 이미 'Excellent'와 'Good'의 싸움인지라 한국 대표단들은 내심 낙관을 하고 있으면서도 겉으로는 긴장감과 겸손을 잃지 않고 끝까지 최선을 다하고 있었다. 그리고 경쟁국 3국(코리아, 러시아, 오스트리아)의 국가 대표도 직접 총회에 참석하여 모두가 자기 나라의 개최를 위하여 프레젠테이션을 하게끔 되어 있었다. 이미 대부분의 세계 언론들은 대한민국의 평창이 가장 유력한 우승 후보지로 잠정 결정을 내렸고, 과테말라 시티의 현지 분위기도 이미 평창으로 결정이 될 것이라는 분위기였다.

그리고 2007년 7월 1일 코리아의 대표는 과테말라 시티로 향하던 중 중간 경유지인 미국의 동북부 도시인 시애틀에 잠시 도착하여 하룻밤을 보내면서 그곳 동포들과의 간담회에서 연설을 하였다.

"좀 부담이 되긴 합니다만은 자신 있습니다. 큰 소리부터 먼저 치겠습니다. 걱정하지 마십시오."

그리고 그의 연설은 오만한 그의 웃음 짓는 표정과 함께 TV를 통하여 전세계로 퍼져나갔고, 코리아의 악몽은 그 연설에서부터 시작이 되었다. 삼성그룹의 회장이자 IOC 위원인 이건희 위원은 대통령의 연설하는 모습을 TV를 통하여 보는 순간 눈앞이 캄캄해지는 아찔함을 느낌과 동시에 거대한 불안감이 그의 뇌리를 스쳤다. 뭔가 모를 거대한 불길함이 그의 온몸을 감싸고 있었다.

'아… 이래서는 안 되는데, 이래서는 안 되는데!' 그리고는 마음속으로 '세계 IOC 위원들이 제발 제발 저 TV장면을 보지 말아야 할 텐데'라고 속으로 울부짖고 있었다. 세계 IOC 위원들이 누구인가! 나 역시 IOC 위원 중의 한사람이지만 그들은 권위와 위엄과 명예를 얼마나 존중하는 사람들인가? 그리고 그들은 머리로 투표를 하는 것이 아니고 가슴으로 투표하는 사람들이 아닌가. 그런데 지금 코리아 대표의 겸손함이 결여된 표정과 절제되지 못한 언행은 마치 IOC 위원들을 무시하는 듯한 표현이 아닌가? 다시 말해 이미

IOC 당신네들이 우리 평창에는 Excellent를 소치에는 Good의 평가를 내렸으니 이제 평창의 승리는 당연한 것 아닌가 하는 듯한 연설 아닌가? 제발, 제발 IOC 위원들이 코리아 대표의 저 TV 모습을 보지 않았으면 좋을 텐데……' 그러나 세상일이 이건희 회장의 뜻대로 호락호락하지만은 않았다.

존 볼턴은 코리아 대표의 시애틀 연설 모습을 본 순간 부시 대통령에게 전화를 걸었다. 그리고 부시 미 대통령은 존 볼턴의 전화를 받고 난 후 회심의 미소를 지으며 러시아의 푸틴 대통령에게 전화를 걸었다.

"러시아 대통령 각하, 조금 전 코리아 대표의 시애틀 TV 연설 모습을 진지하게 세 번만 반복해서 보십시오. 그러면 무슨 영감이 떠오를 것입니다."

짤막하게 한마디를 건넨 후 부시 대통령의 통화는 끊어져 버렸다.

러시아의 푸틴 대통령-그는 총명하기도 하거니와 지식도, 지혜도, 순발력도, 추진력도 모두 겸비한 인물이다. 또한 전직 KGB 요원 출신답게 사물을 냉철하게 판단하는 예리한 안목도 갖추고 있다. 그러나 그에게는 인간적인 덕목이 부족한 사람이다. 다시 말해서 남의 실수를 너그럽게 용서하는 아량이나 관대함이 부족한 인물이다. 더구나 그는 2014년 동계 올림픽 유치를 앞두고 코리아라는 작은 나라와 치열한 유치 경쟁을 벌이고 있는 중이다. 그는 정치적 야심과 욕망 또한 만만치가 않은 인물이다. 이미 그는 러시아에서 3선 대통령을 꿈꾸고 있는 중이다. 그렇게 되려면 비록 개헌을 해야 하던지 아니면 자기를 대신할 수 있는 인물을 내세워 그를 당선시켜 섭정(攝政)을 하던지 그리고 그 후 다시 출마하여 3선 대통령이 되고자 하는 꿈을 꾸고 있는 중이다.

하지만 지금까지 그의 업적을 돌이켜보면 러시아인들의 마음을 사로잡는 데는 부족함이 없는 인물이다. 우선 옐친 시절 완전히 피폐해진 러시아의 경제를 다시금 일으켜 세웠고, 옛 소련의 영광을 다시 되찾고자 하는 그의 야심에 러시아인들은 적극적으로 지지하고 있지 않은가? 그런데 만약 2014년 동계 올림픽을 러시아의 소치로 끌어들인다면 그의 능력과 인기는 더욱 높아질 것은 누가 보아도 자명한 일일 것이다.

그런데 그 일이 쉽지만 않았던 것이다. 이미 IOC 실사단으로부터 코리아의 평창은 Excellent로, 러시아의 소치는 Good로 평가가 난 상태 아닌가? 그런 와중에 미국 대통령의 전화 한 통화가 그의 눈을 번쩍 뜨게 하였다. 그는 즉시 모든 일정을 취소하고 미국으로 날아가 부시 대통령을 직접 만났다. 그리고 그는 조지 W 부시 대통령의 극진한 환대를 받았다. 더구나 아버지 부시 전 대통령이 직접 그를 공항까지 마중 나왔고, 부시 가문 소유인 메인주 별장(일명 여름의 백악관)에 외국 정상으로는 첫 초청을 받는 영광도 누렸다.

그리고 그는 곧장 하루 앞당겨 과테말라에 도착하였다. 그의 품속에는 코리아 대표의 시애틀 TV 연설 모습이 담겨진 -그리고 아래에 영어와 불어로 정확히 번역된 자막이 새겨진-CD 한 장이 있었다. 그는 과테말라에 도착한 즉시 몇 명의 IOC 위원들을 은밀히 그의 숙소로 불러 들였다.

그리고는 그 CD를 보여주면서 IOC 위원들을 설득하고 있었다. 즉 오만한 코리아 대표의 시애틀 연설 CD 화면을 통하여 IOC 위원들의 자존심을 부추기고 있었던 것이었다. 그리고 비록 그의 어설픈 영어 실력이었으나 IOC 위원들은 그의 그 어설픔에 오히려 감동하고 있음을 느꼈다. 사실 푸틴이 영어를 잘 못 구사한다는 것은 널리 알려진 얘기다.

그는 또다시 다른 깜짝쇼를 준비하였다. 많은 사람들은 그 깜짝쇼가 무엇인지 궁금해 하였다. 그것은 바로 그가 해야 하는 총회 마지막 프레젠테이션을 영어로 하기로 작정하였다. 비서진에 의해 잘 꾸며진 영어 원문을 그는 밤을 새워 외웠다. 그리고 투표 직전 그의 어설픈 영어 연설은 그가 표현한 대로 깜짝쇼로써의 진가를 유감없이 발휘하였다. 코리아의 대표는 오만함으로 IOC 위원들의 분노를 사게 하는 대신 푸틴은 겸손함으로 (비록 고의적이지만) ICO 위원들의 마음을 사로잡았다.

이건희 위원의 고뇌는 계속되었다. 그는 이미 마음속으로 평창이 실패로 돌아갈 것이라는 예측을 하고 있었다. '우리 대한민국이 88 올림픽을 통하여 세계 중심으로 뛰어드는 좋은 계기가 되었던 것이 사실 아닌가? 그리고 수출도 이제는 삼천억 불을 넘어선 나라가 아닌가? 그런데 지금 막상 우리 대한민국은 세계 속의 샌드위치 신세가 되어 한 발짝도 더 이상 나가지 못하고 있질 않은가? 88 올림픽 이후 우리 한국은 2002년 한일 월드컵이라는 좋은 기회를 얻지 않았던가? 그런데 같은 월드컵을 치른 일본은 그것을 계기로 오랫동안의 불황 늪에서 탈출하여 다시금 대호황기를 맞이하고 있는데 우리 한국은 반대로 2002년 월드컵 이후 오히려 불황기에 접어들고 있지 않은가? 왜 그럴까? 누구의 책임일까? 굳이 책임을 묻는다면 나 역시 경제인의 한 사람으로서 그 책임을 피하고 싶은 마음은 없다.

그러나 2002년 이후 우리 정치는 어떠했나? 모든 것을 좋은 사람과 나쁜 사람으로 구분해놓고 부자와 강남 사는 사람은 죄다 나쁜 사람이라고 치부하고… 헌정 사상 초유로 대통령 탄핵 사건까지 벌어지는 추태를 보이고… 그러나 그것은 그렇다 치고 이제 마지막 남은 희망인 2014년 동계 올림픽이 우리 평창으로 결정이 되면 지금까지 잃었던 모든 것을 다시 찾을 수 있는 좋은 계기가 될 것인데, 그리고 이만 불, 삼만 불 시대로 도약할 수 있는 디딤돌이 될 것인데…….

그러나 2007년 7월 1일 한국 대표의 시애틀 연설 이후 내 마음이 왜 이렇게 불안하고 무거운지 알 수가 없구나! 불길한 예감이 끊이질 않고 있구나…….

다음 날 즉 7월 3일 이 위원은 과테말라 시티 홀리데이 인 호텔에 마련된 평창 유치단 종합 상황실을 방문하여 한국 기자들과 즉석 인터뷰를 가진 자리에서 평창의 올림픽 유치 가능성에 대해 '평생 사업을 하면서 대개 예측이 가능했는데 이번만큼 예측하기 어려운 경우가 없었다.'라고 말했다. 그러나 그의 이 말은 이미 힘이 없었고 그의 표정은 어두워 있었다. 그리고 드디어 7월 5일 오전 8시30분, 자크로케 IOC 위원장의 '소치'라는 소리가 들렸다. 2014년 동계 올림픽 개최지 결정은 우리 대한민국 국민들에게, 강원도민에게 그리고 평창 군민에게, 그렇게 허무하게 끝이 나 버렸다.

다음날 (7월 6일), 국내 중앙일보 39면 한가운데 만평 '김상택 만화 세상'을 보라. 한국의 대통령이 오만방자한 모습으로 '걱정마'라고 외치며 스키를 타고 내려가고 있을 때 그를 앞질러 가는 푸틴 대통령의 모습이 그려진 만화 한 편이 어찌 우리의 가슴을 이렇게 아프게 하는 것일까?

아~~평창! 한 나라 지도자의 경솔한 말 한마디와 행동이 이렇게 한 나라의 운명을 허무하게 끝내고 말았구나. 바로 그 시간 중국의 IOC 위원 역시 푸틴의 초청을 받고 그의 숙소를 방문하였다. 그리고 그가 푸틴의 숙소에서 본 모든 내용을 함께 과테말라를 방문한 그의 오랜 친구인 인민 일보 편집장에게 세밀히 이야기 하였다.

그리고 바로 그날 중국 공산당 기관지 인민 일보의 인터넷 판은 '세계 각국의 정치인 실언록(失言錄)'이란 기사에서 코리아 대표를 첫머리에 올렸다. 그 신문은 '화는 입에서 나온다'라는 제목 하에 그 첫 인물로 코리아 대표가 올려 졌으니 이 어찌 부끄러운 일 아니겠는가?

그러나 대한민국 국민과 평창 군민들의 그 열정은 여기서 끝난 것이 아니었다. 이 일이 있은 지 꼭 4년 후 2011년 7월, 그 꿈은 남아프리카 더반에서 이루어졌다. 자크로케 IOC 위원장은 외쳤다. "평창!"

제6부
사상 최대의 음모

핵 실험
....

2006년 10월 9일 평양. 김정일 국방위원장은 화가 머리끝까지 솟아오르고 있었다. 북조선이 지하 핵 실험을 강행하였다는 사실을 핵 실험이 끝난 세 시간 후에야 보고를 받았던 것이다. 아무리 북조선에서 실질적인 권한을 군부와 리을설이 쥐고 있다고는 하지만 이건 해도 너무하는 것 아닌가? 사실 지금까지 김정일 국방위원장은 참고, 참고 또 참았던 것이다. 잠수정 침투 사건도 그랬고, 서해 교전 때도 그랬고 미사일 발사 시험 때도 그랬지 않는가? 모든 일들은 리을설과 그 수하들이 저질러 놓고 대외적으로는 모두 김정일 위원장이 다 결정한 것처럼 선전을 하고 있는 것이 아닌가? 이것은 완전히 꼭두각시, 허수아비가 아닌가? 그리고 모든 일들이 김정일 위원장의 생각과는 정반대로 진행되어 가고 있는 것 아닌가? 특히 핵 문제에 관해서만큼은 김정일 자신이 얼마나 반대를 하였던가. 다른 것은 몰라도 핵실험만큼은 북조선 전 인민을 몰살 시키는 일이기에 절대로 하면 안 된다고 몇 번을 리을설과 그 수하들에게 말하지 않았던가. 그런데 저들은 아예 자기에게는 이야기도 하지 않은 채 핵 실험을 강행해 버렸고 그 보고조차도 마지못해 핵 실험을 하고 난 지 세 시간이 지나서야 한 것 아닌가? 김정일 위원장은 뭔가를 굳게 다짐하는 표정이었다.

"안 돼. 이대로는 절대 안 돼. 이 이상은 나도 참을 수 없어. 뭔가 이판사판 결정을 내려야 돼!"

결단

....

2006년 10월 18일 평양. 꽤나 늦은 밤 김정일 국방위원장의 집무실에는
김정일 국방 위원장과 리을설 인민군 원수 두 사람이 마주보고 앉아 있었다.
가운데 테이블에는 몇 병의 술과 간단한 안주, 담배 몇 갑이 놓여 있었고 이
미 술병은 두어 병이 비어 있었다. 그리고 주위는 담배 연기로 자욱하였다. 두
사람 모두가 얼굴이 붉으스레 변한 것으로 보아 모두 이미 취한듯해 보였는
데, 리을설 원수는 몹시 차갑고 냉정한 모습이었으며 그의 눈동자는 김정일
위원장의 시선을 피하려는 듯 고개를 약간 숙인 채 아래를 응시하고 있었다.

사실 김정일 위원장과 리을설 원수는 이미 김정일이 태어나면서부터 서로
대면하는 사이였으니 실로 오래된 인연이었다. 비록 리을설은 김일성 주석보
다는 꼭 아홉 살 아래였으나 (1921년생) 일찍부터 김일성 주석의 뒤를 그림자
처럼 따라다녔다. 특히 김정일이 김일성 주석의 후계자로 지명되는 과정에서
전적으로 김정일을 지원하였기에 김정일로서는 때로는 리을설에게 고마운
감정까지 갖고 있었던 것 사실이었다.

그러나 지금은 마치 원수끼리 만난 것 같은 분위기로 서로가 이 자리에서
무슨 끝장이라도 내려는 듯한 기세였다. 김정일 위원장은 계속 흥분된 상태
로 말을 이어 나갔다.

"땅굴도 좋고 바다 밑으로 잠수함을 보내는 것도 좋아요. 서해 교전도 좋고
미사일 시험까지도 다 좋아요. 다 내가 양보했지 않소. 그러나 핵 실험 문제
만큼은 성질이 틀려요. 이 핵 실험만큼은 미사일 발사 시험과는 전적으로 틀
리단말이오. 이 핵실험은 자칫 잘못하면 우리 공화국 전체에게 큰 재앙을 불
러올 수 있는 큰 사건이 될 수도 있단 말이오. 러시아에 체르노빌 원전 사건
보지 않았소? 그 사건으로 얼마나 많은 러시아 사람들이 희생이 되었고, 또

그 사건으로 지금까지도 많은 사람들이 방사능 후유증으로 고생을 하고 있다는 것을 모른단 말이오? 만에 하나라도 핵 실험이 잘못되어서 방사능 유출이라도 되어 보시오, 그 뒷감당을 어떻게 할 것이란 말이오. 그리고 핵 실험으로 인해 그나마 어려운 우리 인민들의 살림이 얼마나 또 더 어려워지겠소. 당장 석유가 없어서 이 나라 모든 공장이 가동도 하지 못하고 있는 판국인데 이제 더 이상 어떻게 버텨 낼 것이냔 말이오? 그렇게 입 다물고 가만히만 있지 말고 어떻게 하겠다는 말을 좀 해보시오, 말을! 사람이 일을 저질렀으면 책임을 져야할 것 아니오, 책임을!"

김정일 위원장이 무척 화를 내며 다그치자 리을설 원수가 굳은 표정을 지으며 이렇게 대답했다.

"그 미제 놈들이 우리 공화국 자금줄을 다 끊어 놓지 않았습니까? 그러니 핵폭탄으로 공갈 협박이라도 해야 되지 않겠습니까?"

라고 반항하듯 말했다.

그러자 다시 김정일 위원장이 말을 이었다.

"우리가 가만히 있는데 그들이 우리 자금줄을 자릅디까? 우리가 그저 가만히 있는데 그들이 우리 해외 자금줄을 자르던가요? 우리가 마약이나 밀매하고 위조 달러나 만들고 가짜 담배나 만들어서 세계 질서를 어지럽히고 있으니 그들이라고 가만히 있겠소. 나라도 가만있지 않겠소. 말이 나왔으니 말인데 마약 팔아가지고 번 돈, 위조달러로 만든 돈, 가짜 담배 만들어 가지고 번 돈, 대성총국 금광에서 나온 금 팔아서 번 돈들, 그 많은 돈들 다 어디다 썼소! 그 많은 돈 다 어디다 썼냐구요?"

김정일의 물음에 아무 대답도 않고 있는 리을설을 향해 다시금 김정일이 목청을 돋우며 다그쳤다.

"왜 대답을 못하시오. 왜 대답을 못해요! 내가 대답을 해볼까요? 우리 인민들은 먹을 것이 없어 굶어 죽어가고 있고, 날이면 날마다 굶주림에 지친 인민들이 목숨을 걸고 중국으로 탈출을 하고 있는데 한쪽에서는 수백 대의 외제 고급 승용차니 고급 양주니 고급 화장품이니 이런 것 사들여 와 가지고 막 뿌려 대고 있지 않았소? 소위 당신 측근이니 하는 사람들에게 고급 외제 승용차 뿌리고 보석·화장품 뿌리고 고급 양주 뿌리고 달러 뭉치 뿌리면서 그들 환심을 사고 있는 것 아니오. 말이야 바른 말이지 지금 당신을 따르고 있는 소위 말하는 당신 추종자들이 당신이 좋아서 당신이 훌륭해서 당신을 따르고 있는 줄 아시오. 그저 우선 당신이 뿌리는 그 알량한 선물 몇 개와 시도 때도 없이 계급장 달아주는 승진 때문에 그저 당신을 따라 다니는 척하고 있는 것 아니요? 당신은 그런 것을 알고 있기나 하는 거요?"

계속 리을설이 침묵을 지키고 있자 김정일 위원장은 입에 거품을 물 듯 고함을 내질렀다.

"리을설 동무! 리을설 동무는 우리 공화국 인민군 중에 장령급(남한에서 말하는 장성급)이 몇 명이나 되는 줄 아시오? 우리 인민군 중에 장령급이 몇 명이나 되는 줄 알고 있냐 이 말이요. 자그마치 2,000명이 다 돼 가요. 자그마치 장령급이 2,000명이나 된단 말이오. 2000명! 왜 이런 결과가 나왔소? 이게 바로 리을설 동무가 시도 때도 없이 원리 원칙이나 기준도 없이 그저 내 사람이다 혹은 내 측근 계파의 사람이다 싶으면 막 떼거지로 장령 진급을 시켜 놓았으니 일어나는 결과가 아니오! 내 말이 틀렸소?"

역시 아무 대답이 없는 리을설을 향해 김정일 위원장은 열이 오를 대로 올랐다.

"이것 보시오 리을설 동무! 우리 인민 군대는 한 번 장령이 되면 늙어 죽을 때까지 장령인데(실제 북한에는 직업 군인들이 정년퇴직이라는 것이 없다) 그러다 보니 물러나는 사람은 없고, 새로 장령으로 진급하는 사람은 매년 수두룩 올라오고 있으니 아마 몇 년 안 있으면 우리 인민군 내에는 장령급만 만 명이 될 거요. 이것을 다 어떻게 감당할 것이요. 더구나 이제는 핵 실험도 해버렸으니 당연히 미국·일본·중국·러시아·홍콩·마카오 등지에는 우리 자금줄을 완전히 끊어 버릴 것이고, 당연히 미사일 수출도 더 이상 할 수 없게 될 것이고, 그래서 우리 공화국에 돈줄이 말라버려 고급 승용차도 사줄 수 없게 되고 고급 시계나 고급 양주, 고급 화장품을 뿌려줄 돈도 없어지고 거기다가 저 수많은 장령들 급료도 못 줄 형편이 되면 리을설 동무는 어떻게 될 것이라고 생각하오. 지금까지 리을설 동무를 따라다니던 사람들이 계속 리을설 동무를 따라 다닐 것이라고 생각하시오? 천만예요. 천만이구 말구요! 만약 그렇게 되면 하루아침에 어느 날 갑자기 모두가 등을 돌릴 것은 뻔한 사실 아니겠소? 왜 사태를 이 지경으로 끌고 가고 있냔말이오. 내가, 이 김정일이 리을설 동무의 위세에 눌려 아무 소리 못하고 그저 질질 끌려가고 있으니 내가 바보 병신으로 보이오? 내가 그렇게 바보 천치로 보인단 말이오?"

손바닥이 아플 정도로 탁자를 내리치며 김정일 위원장이 다시금 강한 톤으로 말을 이었다.

"리을설 동무, 나의 아버지인 김일성 주석께서 이 세상을 떠난 후 나는 우리 공화국의 여러 가지 현안들에 대해서 실질적으로 한걸음 뒷전에 밀려있었소. 그러나 더 이상은 그렇게 할 수가 없소. 이제부터는 모든 정국을 이 김정일이가 직접 챙기겠소. 다시 말해서 이 공화국 내에서 일어나는 크고 작은 일들 하나하나를 국방위원장인 내가 직접 챙기겠다 이 말이오. 다시 한 번 더 쉽게 이야기한다면 더 이상 이 김정일 위원장이 꼭두각시놀음은 더 이상 하지 않겠다. 이 말이오!"

그리고는 물 한 모금으로 목을 축인 후 한층 더 자신에 찬 목소리로 말을 이었고, 리을설은 여전히 가만히 듣고만 있었다.

"앞으로 나는 내 방식대로 내 뜻대로 이 공화국 정국을 이끌어 갈 것이오. 그래서 지금까지의 정책을 어쩔 수 없이 바꾸지 않으면 안 된다는 결론을 내렸소. 첫째로 대외적으로 개방 정책을 쓸 것이오. 남조선과 대화를 적극적으로 시행하겠소. 이것이야말로 우리 공화국이 살아갈 수 있는 가장 첫 번째 방법이요. 두 번째로는 미국, 일본에 대해 문호를 활짝 개방할 것이오. 그러려면 당연히 핵 개발을 포기해야 할 것이오. 지금 우리 인민들에게 필요한 것은 핵무기가 아니라 식량이고 석유고 생필품이오. 우리의 핵을 팔아서라도 우리 인민들을 굶기지 않고 잘 먹여 살릴 수 있다면 백 번이 아니라 천 번 만 번이라도 그렇게 하겠소."

그리고는 또다시 물을 한 모금 마시고는 계속 말을 이어갔다.

"또한 국내적인 문제로는 첫째 군사비 지출을 최대한 억제할 것이오. 그러기 위해서는 먼저 인민군 숫자를 감축할 수밖에 없어요. 따라서 고령자순으로 시작해서 순차적으로 제대를 시킬 것이오. 리을설 동무는 나이가 얼마요. 벌써 85세 아니요. 내가 단도직입적으로 말하건대 리을설 동무 역시 현직에서 물러날 때가 넘어도 훨씬 넘은 것 아니오? 내 말이 너무 심하다고 생각하시오?"

이 말을 들은 리을설의 표정은 굳어지다 못해 험악한 모습으로 바뀌는 듯해보였다. 그러나 김정일은 이제 리을설의 표정 따위는 안중에도 없다는 듯이 계속 말을 이어 나갔다.

"그리고 전사(사병)들의 군복무 기간도 순차적으로 단축을 해야 할 것이오. 생각을 해보시오. 한창 배우고 한창 공부하고 개개인의 장래와 민족의 장래를 위해 열정적으로 무언가를 애써야할 젊은이들을 당과 군부라는 이름으로 그들의 황금과 같은 시간을 십삼 년이나 뺏고 있으니 이 공화국이 어찌 발전을 할 수가 있겠소. 당장 남조선 젊은이들과 비교를 해보아도 그들은 단 2년간만 군복무를 하고 있는데 우리는 13년이니 벌써 여섯 배가 넘는 시간을 그들보다 허비하고 있는 것 아니오. 그러니 어찌 우리가 그들과의 경쟁에서 이길 수가 있단 말이오."

그리고 김정일 위원장은 다소 호소하는 표정으로 리을설을 바라보며 말을 이어 나갔다.

"이봐요, 리을설 동무. 나나 리을설 동무 모두가 다 사심을 버리고 진정 인민을 생각하고 우리 공화국의 미래를 생각했을 때 지금 우리 공화국이 행하고 있는 모든 정책들이 과연 올바른 정책이라고 볼 수 있겠소? 하루빨리 뭔가가 바뀌어야 된다는 생각이 들지를 않소? 정국 주도권을 누가 잡고 있느냐가 중요한 것이 아니란 말이오. 중요한 것은 우리 인민들이 굶지 않고 추위에 떨지 않고 살아갈 수 있도록 하는 것이 중요한 것 아니겠소?"

김정일이 다시금 단호한 어조로 말했다.

"다시 말하지만 내일부터는 모든 정국을 내가 직접 챙기겠소. 우선 제일 시급한 것이 인민들의 굶주림을 당장 해결하는 문제요. 그러기 위해서는 우선 비축 군량미를 당장 방출하여 전 인민들에게 골고루 나누어 주어야하고 또한 군부가 비축하고 있는 석유도 최대한 방출하여 올 겨울 인민들이 추위에 떨지 않도록 조치를 취할 것이오. 비록 우리 군대가 탱크를 잠시 세워 두고 비행 훈련을 못할지언정 일단은 인민들이 먼저 이 겨울을 벗어나야 할 것 아니오. 우선 인민이 먼저 살고 봐야한다 이 말이오!"

그리고는 김정일 위원장이 직접 메모한 듯이 보이는 종이 한 장을 들고는 마치 글을 읽어가듯 이야기를 계속하였다.

"일단 내 계획으로는 핵 개발과 핵 실험을 포기하겠다는 선포를 할 것이고, 남조선의 대통령과 정상 회담을 다시 갖도록 하여 북조선 남조선 상호불가침 조약을 맺는 것이오. 또한 육자 회담도 재개하여 중국, 러시아는 물론이거니와 남조선, 일본, 미국 등과의 무역을 활발하게 하여 일단 우리의 산업과 경제를 신속하게 회복할 수 있도록 조치를 취할 것이오. 또한 경의선 철로도 개통하여 남조선 측의 열차가 우리 북조선을 통과하여 중국 러시아와 철도 운행이 가능토록 하면 그것만으로도 우리 북조선에는 많은 이익이 생길 것이고, 적어도 우리 인민들이 굶고 추위에 떠는 것만큼은 없앨 수 있을 것이오. 그리고 국내적으로 시급한 것은 빠른 시간 내에 국방위원회를 소집하여 군 정년퇴임 문제와 군복무 단축 문제를 의논하여 이를 실제적으로 조치할 수 있는 기틀을 만들 것이오. 마지막으로 조치할 문제는 그 도선답기인가 하는 문제인데, 내가 보기에는 더 이상 그 문제에 매달리지 마시오. 그 문제는 북·남 정상 회담에서 비무장 지대 공동 개발안을 만들어 남북이 그동안 서로 방치하고 있던 비무장 지대를 공동으로 개발하도록 할 것이오."

그리고 김정일 위원장은 이제 자기 할 말을 다했다는 듯이 리을설을 쳐다보며 말을 했다.

"이제 내가 할 이야기는 다 하였소. 어디 리을설 동무가 할 말이 있으면 이 자리에서 다 해보도록 하시오."

그렇게 말하자 리을설은 아무 말도 없이 무언가를 노려보는 듯한 표정으로 양 어금니를 꽉 다물고 있었다. 약간의 시간이 흐른 후 리을설이 계속 말이 없자 김정일 국방위원장이 또다시 입을 열었다.

"며칠 내로 국방위원회를 소집할 것이오. 그때 보도록 합시다!"

그리고 김정일 위원장은 자리에서 일어나 밖으로 나가버렸고, 리을설 역시 비장한 표정으로 자리에서 일어났다. 모든 사태가 꼭 김일성 주석이 사망하기 전의 사태와 너무나 흡사하게 닮은 듯싶었다.

리을설! 그는 그 앞에 닥쳐올 난관을 헤치기 위한 최종적이고도 극단적인 방법을 또다시 선택하지 않으면 안 될 위기에 처하게 되었던 것이었다.

실패한 작전

....

2006년 10월 26일 평양. 김정일은 불안했다. 물론 리을설에게 할 말은 다

하였다고는 하나 뭔가 시원치 않음을 느끼고 있었다. 왜냐하면 리을설에게 할 말은 다했지만 리을설의 말은 한마디도 듣지 못하였기 때문이었다. 차라리 리을설로부터 '그것은 안 됩니다.'라든가, '저는 위원장님의 뜻에 따를 수 없습니다.'라는 등의 부정적인 이야기라도 몇 마디 들었더라면 차라리 나을 터인데 끝까지 아무 말이 없질 않은가? 오히려 아무 말이 없는 것이 더 이상하지 않은가?' 물어뜯는 개는 정작 짖지 않는다.'라는 말이 있지 않은가? 김정일의 가슴은 답답하기만 하였다.

그러나 어떡하겠는가? 이왕 뽑아든 칼이니 이대로 있을 수만은 없는 일 아닌가? 그렇지만 이 김정일이 실제 취할 수 있는 일이 무엇인가? 저들의 감시망을 피해 실질적으로 저들을 제압할 수 있는 조치를 어떻게 해야 할 것인가?

우선 국방위원회만 보더라도 모두가 리을설의 휘하에 있고 그들을 제압할 수 있는 기구는 당인데, 당 또한 어떤 상태에 놓여 있는가? 노동당 중앙위원회나 노동당 중앙 군사 위원회 모두가 리을설의 손바닥에 놓여 있지 않은가? 그러니 최고 인민 회의니 내각이니 하는 모든 조직을 저 리을설이 마음대로 조종하고 있지 않은가? 결국 이 김정일이는 지금까지 대외적으로 얼굴만 내비친 것 말고는 할 수 있는 일이라고는 아무것도 없었는데 지금 와서 저들을 제압하고자 하니 도저히 길이 보이질 않는 것 같았다. 그렇다고 이 판국에 아무것도 하지 않고 그냥 보고 있을 수도 없는 노릇이었다.

그러다가 김정일은 일단 정면 돌파를 해야 한다는 생각을 하였다. 그리고는 정식적으로 국방위원회를 소집하기로 했다. 물론 국방위원회에 소속 되어 있는 대부분은 리을설의 직속 수하들임은 말할 것도 없지만 그러나 일단은 부딪치고 보자는 계획이었다. 그리고 2006년 10월 26일을 그 소집일로 결정하였다.

그러나 상태는 뭔가 심상치 않은 사태로 돌아가고 있었다. 소집일 며칠을 앞둔 시점에 북조선 아태평화 위원회 황 철 위원장이 처형이 되었던 것이었다. 물론 김정일에게는 아무 연락도 없이 군부 검찰국에서 일방적으로 취한 것이었다.

황 철(黃哲)이라는 사람이 누구냐 하면 아태평화 위원회 위원장으로서 북한의 대남 경제 협력 사업을 전담하고 있었으며, 특히 금강산 관광 사업을 실질적으로 주도한 인물이었다. 그런 그가 하루아침에 부정 축재를 하였다는 이유 하나만으로 사형에 처해졌다는 것은 아무리 생각해도 있을 수가 없는 일이었다. 이것은 분명히 리을설이 김정일 위원장에게 보내는 협박 아니면 사전 경고였던 것이었다. 즉 북·남 정상 회담이나 미·일에 대한 문호 개방·핵의 포기·군부의 정년퇴직·군복무 단축 등은 절대 동의할 수 없다는, 아니 절대로 안 된다는 최후통첩이며, 그것을 실제적인 행동으로 보여주는 사건이었다고 해도 과언이 아니었다.

그런 가운데 또 열흘이 지나고 드디어 국방 위원회 소집일이 다가왔다. 그리고 김정일 위원장으로서는 생각지도 못한 일이 일어났다.

김정일 국방 위원장이 대회의실로 들어서자 미리 대기하고 있던 국방위원회 부부장 및 위원들이 일제히 일어서며 차렷 자세로 김정일 위원장을 맞이하였다. 그리고 인민 무력상 김일철 차수의 선창에 따라 나머지 참석 인원들이 일제히 구령을 외쳤다.

"우리는 우리의 경애하는 최고 사령관이신 김정일 장군님을 영원한 우리의 영웅으로 모실 것이며, 김정일 장군님의 명령을 죽음으로 완수할 것이며, 위대한 장군님의 영도를 높이, 높이 받들 것을 맹세, 맹세 또 맹세하는 바입니다. 아~! 장군님이여! 영원하실지어다. 아~!당이여. 영원할지어다!"

실로 김정일로서는 상상하지도 못하던 일이 벌어지고 말았던 것이었다. 그리고 다음순간 총정치국장인 조명록 차수로부터 '충성 서약서'라는 것을 받았다. 그리고 국방위원회 소집회의는 그것으로 일사불란하게 끝나고 말았다. 도저히 김정일 위원장으로서는 무언가 손 쓸 수 있는 틈을 찾을 수 가 없었고,

문자 그대로 입 한 번 열어보지 못하고 모든 회의가 끝나버린 것이었다. 그리고 그의 손에는 '명령 실천 서약 및 충성 서약서'라는 해괴한 종이 몇 장만 쥐어져 있었다. 그리고 그것을 펴보는 순간 김정일은 쓴웃음 을 지을 수밖에 없었다.

〈명령 실천 서약 및 충성 서약서〉

우리의 위대하신 영웅이시자 우리의 영도자이신 김정일 장군님께서 2006년 10월 26일자로 우리에게 하달하신 명령을 우리는 우리의 목숨을 걸고 지켜 나갈 것을 굳게굳게 다짐하는 바입니다.

명령 하나, 우리 공화국과 우리 당의 최대 목표인 '남조선 해방'을 무력을 통해서라도 그 임무를 끝까지 수행할것.

명령 둘, 미제와 일제의 침략에 대응할 수 있는 핵무기 개발을 조금도 늦추지 말고 계속 박차를 가하여 실천할것.

명령 셋, 선군 정치를 더욱 강화하고 인민은 인민 스스로의 생존을 최대한 자력으로 이끌어갈 수 있도록 노력할것.

명령 넷, 인민군의 정신 무장을 더욱 강화하여 언제 어느 때라도 당과 인민을 위해 목숨을 바쳐 싸울 각오를 다질 것.

명령 다섯, 우리 공화국과 당의 뜻에 위배되는 반동 불순분자들을 경계하고 이들의 색출을 더욱 강화할 것.

우리는 오늘 우리가 받은 이 명령을 우리의 목숨이 다할 때까지 지켜 나갈 것을 굳게 다짐하는 바이며, 오늘 이 시간부터 우리의 목숨을 김정일 장군님께 드리며, 죽을 때까지 충성을 다할 것을 맹세 또 맹세하는 바입니다.

서약자　조명록, 김일철, 현철해, 박재경, 김영춘

그리고 각 서명자는 직접 피로써 서명하였으니 이런 전략 전술이 이 지구상 어디에 또 있겠는가!

'아-리을설! 이 자는 이 김정일을 완전히 자기 손바닥 위에 올려놓고 까부르고 있구나!'

총성

……………

2006년 10월 28일 평양 김정일 위원장 집무실. 김정일 국방위원장은 수치감과 모욕감으로 가득 차 있었다. 지금 이 김정일이가 대외적으로 갖고 있는 명칭만 하여도 몇 개인가? 보라, 우선 흔히들 부르고 있는 국방위원회위원장 명칭에서부터 북조선 인민 공화국 원수, 조선 인민군 총사령관, 국가 안전 보위부장, 노동당 중앙 의장, 노동당 상임 위원회 의장, 노동당 총비서. 당장 위의 직함만으로 보면 이 김정일이 혼자서 이 북조선 인민 공화국 전체를 손에 쥐었다 놓았다 할 것 같지 않은가? 그러나 현실은 어떤가? 이 많은 직함들이 내게 무슨 소용이 있단 말인가? 무슨 큰 행사다, 무슨 큰 회의다 하고 떠들어 댈 때마다 군중 앞에서 얼굴 한 번 내밀고 손 한 번 흔드는 것이 고작인데, 그 야말로 얼굴 마담에 지나지 않는 것을!

지금 내 앞에서 비열한 웃음을 지으며 나를 농락하고 있는 저 리을설의 모습을 보라. 그는 지금 이 김정일을 보면서 속으로 이렇게 생각하고 있지 않는가? '너가 그래봤자 내 손바닥 안에 있지!'라며 이 김정일을 비웃고 있지 않은가? 김정일 국방 위원장은 호주머니 속에 들어 있던 권총을 끄집어 내었다. 금속 특유의 무겁고 차가운 감각이 그의 손바닥에 닿았다. 그리고 총구를 리을설 머리통 정중앙에 갖다 대면서 말했다.

"이제는 내가 할 수 있는 일이 이것 밖에 없는 것 같소."

398
다빈치 프로젝트

그러면서 리을설의 두 눈을 똑바로 쳐다보았다. 리을설 역시 김정일을 똑바로 노려보면서 험상궂은 표정으로 중얼거리듯 뇌까렸다.

"쏘아 보시지요. 위원장 동지."

그리고 김정일의 검지는 천천히 권총 방아쇠를 당겼다.

탕! 탕! 탕! 세 발의 총성이 울려 퍼졌다. 그러나 리을설의 머리를 향하고 있던 총구는 텅 빈 천장을 향하고 있었다. 그 순간 리을설은 호주머니에서 서류봉지 하나를 끄집어내어 김정일에게 건네주며,

"읽어 보시지오. 위원장 동지."

하고는 밖으로 나가버렸다. 혼자 남은 김정일은 리을설이 던져 놓고 간 서류를 천천히 읽어 보았다. 그리고 김정일은 아연실색을 할 수밖에 없었다.

사상 최대의 음모

....

2006년 10월 28일 평양 김정일 위원장 집무실. 리을설이 던져 놓고 간 서류 봉투에는 실로 경악할만한 내용들이 들어 있었다.

〈북·남 정상 회담 개최 결사반대 탄원서〉

영원하신 우리의 영도자이신 김일성 주석 동지께 저희들은 목숨을 바칠 각오로 이 탄원서를 제출하는 바입니다. 우리의 영원한 수령님이신 김일성 장군님께서 60여 년 전 우리 공화국을 창립하실 때 그 첫째 이념은 사회주의에 입각한 사회주의 건설과 사회주의에 의한 한반도 통일이 그 핵심 이념이신 줄 생각합니다. 그러하온데 지금 이 시점에서 남조선 괴수 김영삼과 대면하신다는 것은 저들의 음흉한 계략에 말려들어 가고 있는 하나의 출발점이라고

생각합니다. 저들은 북·남 정상 회담을 계기로 자본주의 사상을 우리 북조선 공화국에 은밀히 침투시킬 것이며, 그로 인하여 우리 북조선은 우리 스스로 가 깨닫지 못하고 있는 사이에 군과 당이 분열할 것이며, 당과 인민이 분열할 것이고 군과 인민이 분열될 것입니다. 이런 사태가 지속되면 급기야 군과 군 이, 당과 당이, 인민과 인민이 분열하여 우리 북조선은 그 기반부터가 뿌리째 흔들려 북조선 전체가 내란으로 휩싸이게 되고 저 교활한 남조선 괴뢰 도당 들이 노리는 것이 바로 이 점인 것이라는 것을 저희들은 깨닫고 있는 바, 우 리의 영도자이신 김일성 주석님께서는 이를 심각히 여기시어 북·남 정상 회 담을 취소하여 주십사하는 저희의 뜻을 올리는 바입니다. 더구나 우리의 영 원한 원수인 미 제국주의의 괴수였던 지미 카터를 우리 북조선으로 불러들이 는 것은 우리 북조선 스스로가 사회주의를 포기하겠다는 뜻을 만방에 알리는 오해를 불러 일으켜 세계 모든 나라들이 우리 공화국을 실패한 공화국으로 알고 우리 공화국을 깔보고 우습게 여기지 않을까 하는 우려를 낳게 할 소지 가 있어 이 또한 도저히 일어나서는 안 될 일이라 판단되옵기에 이에 저희들 은 김일성 주석님께 충성 또 충성을 다하는 각오를 다지며 저희의 뜻을 올리 는 바입니다.

1994년 7월 5일
북·남 정상 회담 개최 결사반대 위원회 올림

위원장　　김정일
위　원　　오진우, 김봉율, 최 광, 김병식, 우극열, 강희원, 김광진, 서관 하, 이종옥, 서윤석, 김철만, 홍석형, 김중린, 김 환, 김윤혁, 장 철, 윤기복, 현준극, 공진태, 방철갑, 최 현, 태병열

　참으로 기가 찰 노릇이었다. 세상에 전혀 만든 적도 없고 들어본 적도 없는 김일성 주석에게 올려졌다는 탄원서와 그 탄원서를 작성한 위원회의 명단이

버젓이 만들어져 있는 것이 아닌가! 또한 그 위원장에는 김정일이라는 이름이 적혀 있고 더구나 스물네 명의 명단마다에는 본인이 직접 썼다는 본인 자필 서명과 그 서명 옆에는 피로 만들어진 각자 본인의 오른손 손가락 다섯 개의 끝 지문이 선명하게 찍혀져 있는 것이 아닌가.

물론 김정일 자신의 이름도 본인 자필로 되어 있고 그 우측에 자신의 서명이 되어 있으며 자신의 오른쪽 손가락 끝 지문 다섯 개가 자신의 피로 선명하게 찍혀있는 것이 아닌가. 참으로 어처구니없는 일이었다. 김정일 자신은 전혀 이런 탄원서를 올린 적도 없고 이런 결사반대 위원회라는 조직을 만들어 본 적 또한 전혀 없는데 지금 여기에 엄연히 그런 것이 자기 눈 앞에 있지 않은가. 그것도 자필 서명으로 자기 피로 찍힌 혈인이 선명하게 있지 않은가. 더구나 이 위원회의 명단에 있는 사람들 중 대부분이 이미 사망을 했거나 숙청을 당했거나 아니면 외딴 한직으로 쫓겨나 있는 인물들 아닌가!

정말 귀신도 곡할 노릇이었다. 그리고 정작 김정일을 경악케 한 것은 이것보다 그 다음 장에 있는 또 다른 서류에 있었다. 그것은 바로 「김일성 국가주석 암살 사건 진상 규명 보고서」라는 보기만 하여도 섬뜩한 내용이었고, 그 아래에는 「특급 극비 서류」라는 붉고 큼직한 도장이 선명히 찍혀 있는 것이 아닌가!

김일성 국가주석 암살 사건 내막

....

〈김일성 국가주석 암살 사건 진상 규명 보고서〉
제1차 조사보고서

1. 사 건 명 : 김일성 국가주석 암살 사건 진상 규명

2. 사건 발생 일자 : 1994년 7월 8일 01시 30분

3. 사건 발생 장소 : 평양 봉화 진료소 국가주석 특별 진료실 제2진료실

4. 사건 진상 규명 부서

   호위 사령부 제3호위부 책임 조사관 부장 백재경 대장

   국가 안전 보위부 제1부 책임 조사관 부장 원응희 대장

   총 책임 담당관 호위 사령부 사령관 리을설 차수

5. 사건 진상 규명 기간

   1994년 7월 9일 10시부터 1994년 9월 8일까지

   60일간 극비리 수사 진행

사건개요(요약)

1. 1994년 6월 12일부터 6월 14일까지 3일간 지미 카터 전 미국 대통령 남 조선 방문

2. 1994년 6월 15일부터 6월 17일까지 3일간 지미 카터 전 미국 대통령 북 조선 방문 북조선 방문기간 중 2차례 김일성 주석과 회동

3. 1994년 6월 18일 남조선 김영삼 대통령 남·북 정상 회담 제의

4. 1994년 6월 21일 북조선 평양 중앙 방송 김영삼 대통령 제의 수락 발 표

5. 1994년 6월 28일부터 7월 1일까지 6일간 판문점에서 북·남 정상 회담 을 위한 실무자 예비 회담 접촉 실행

6. 1994년 7월 2일 10시 북남 동시에 북·남 정상 회담 발표

   일정 및 장소 : 1994년 7월 25일부터 7월 28일까지

   　　　　　　　　　남조선 김영삼 대통령 방북 후 평양에서 회담 개최

7. 1994년 7월 3일 20시 북·남 정상 회담 결사반대 위원회 결성

   김일성 국가주석에게 북·남 정상 회담 부당성 건의를 결정함.

8. 1994년 7월 4일 22시 북·남 정상 회담 부당성 건의를 결정함.

북·남 정상 회담 개최 결사반대 탄원서 작성

9. 1994년 7월 5일 12시 북·남 정상 회담 결사반대 위원회 탄원서
    김일성 주석께 제출(김정일 외 23명이 김일성 주석 접견 후 제출)
    즉시 김일성 주석으로부터 거절당함.

10. 1994년 7월 5일 19시 북·남 정상 회담 결사반대 위원회 탄원서
    김일성 주석께 2차 제출(김정일 직접 김일성 주석 접견 후 제출)
    즉시 김일성 주석으로부터 거절당함.

11. 1994년 7월 5일 24시 김정일, 김일성 주석의 주치의 3명(내과 전문의,이비
    인후과 전문의, 치과 전문의)과 회동

12. 1994년 7월 6일 24시 김정일, 김일성 주석의 주치의 3명과 2차 회동

13. 1994년 7월 7일 10시 북·남 정상 회담 결사반대 위원회 3차 회동

14. 1994년 7월 7일 21시 김정일, 김일성 주석과 만찬 회동
    김정일, 김일성 주석과 심하게 다툼. 김정일 권총으로 자살하겠다며 머
    리 겨눔.
    김일성 주석의 호위병에 의해 김정일 외부로 퇴출(22:45)
    김일성 주석의 내과 전문의 신경 안정제 주사(23:10)
    주석 전문 주치의 3명 비상 대기, 김일성 주석 호흡 곤란 증세 나타남
    (24:50)
    즉시 산소마스크 부착 조치 후 봉화 진료소로 이송(24:55)

15. 1994년 7월 8일 01시 05분 김일성 주석 봉화 진료소 도착
    즉시 응급조치 들어감. 김일성 주석 사망(7월 8일 01:30)
    사망 원인 심근 경색 발생, 심장 쇼크에 의한 합병증

※ 참고: 김일성 국가주석 사망 후의 시신 상태 외상 전혀 없음(총상 혹은 상처,
피부 색상, 피부 반점 등 전혀 없음) 내분비물 검사 이상 없음(식중독에 의한 바이러스균

없음) 독극물에 의한 어떤 흔적도 없음. 기타 일체 없이 병원균 지극히 정상 혈액검사 이상 없음(독극물 흔적 없음. 기타 이상 증세 전혀 없음)

※ 상기 사건에 관련된 세부 사항은 세부 사항 문건을 참조할 것.

〈김일성 국가주석 암살 사건 진상 규명 보고서〉
제2차 조사 보고서

1. 사 건 명: 김일성 국가주석 암살 사건 진상 규명
2. 사건 발생 일자: 1994년 7월 8일 01시30분
3. 사건 발생 장소: 평양 봉화 진료소 국가주석 특별 진료실 제2진료실
4. 사건 지상 규명 부서:
   호위 사령부 제3호위부 책임 조사관 부장 박재경 대장
   국가 안전 보위부 제1부 책임 조사관 부장 원응희 대장
   총 책임 담당관 호위 사령부 사령관 리을설 차수
5. 사건 진상 규명 기간
   1994년 7월 9일 10시부터 1994년 9월 8일까지
   60일간 극비리 수사 진행

사건 조사 내용(요약)

개요   1차 조사 내용 중 1994년 7월 3일 20시에 발생된 김정일 외 23명이 처음으로 회동하여 북·남 정상 회담 결사반대 위원회를 결성한 이후부터 집중 조사한 내용임. 단, 김일성 국가주석의 사망 후 김정일은 조선 인민공화국 원수로서 또한 국방 위원회 위원장, 노동당 총비서, 인민군 총사령관 등의 실질적인 국가원수 직책을 수행하고 있는 바,

김정일 원수를 조사한다는 것을 사실상 불가함으로 김정일을 제외한 다른 관련 인물들을 극비리에 조사하였음.

1. 1994년 7월 3일 10시 김정일. 23명에게 전화 통지로 소집명령 하달

2. 1994년 7월 3일 20시 김정일 외 23명 회동
   이 자리에서 김정일은 북·남 정상 회담의 부당성과 지미 카터 전 미국 대통령의 북조선 방문의 부당함을 역설. 곧이어 김정일 주도로 북·남 정상 회담 결사반대 위원회 결성(24명 전원 동의)

3. 1994년 7월 4일 22시 북·남 정상 회담 결사반대 위원회 2차 회동 탄원서 작성(전원 본인 직접 서명 후 피로 재차 서명함, 우측 손가락 다섯개 날인)

4. 1994년 7월 5일 12시 김일성 국가주석께 탄원서 제출(김정일 외 23명)김일성 주석으로부터 거절당함과 동시에 심한 질책 받았음.

5. 1994년 7월 5일 19시 김정일, 북·남 정상 회담 결사반대 탄원서 김일성 주석께 2차 제출, 역시 거절당함과 동시에 심한 질책 받음.
   특히 이 자리에서는 김평일의 등용 등을 김일성 주석께서 거론하였음.

6. 1994년 7월 5일 24시 김정일과 주석님의 주치의 3명과 1차 회동이 자리에서 김정일은 어떤 경우에라도 나의 지시에 따를 것을 명하였음.

7. 1994년 7월 6일 24시 김정일과 주석님의 주치의 3명과 2차 회동 김정일, 주치의에게 전과 동일한 명령 하달.
   특히 이 자리에서는 3명의 주치의에게 보건상, 봉화 진료소장, 김형직 의과대학장 등의 보직을 약속하였으며 또한 김일성 주석은 연령이 많고 김정일은 그 후계자임을 강조하였음.

8. 1994년 7월 7일 10시 북·남 정상 회담 결사반대 위원회 3차 회동.
   이 자리에서 김정일은 북·남 정상 회담의 부당성을 다시 한 번 강조하고 만약 어떤 사태가 발생할 때는 추호도 흔들림 없이 자기를 따라야 하며, 특히 원로 그룹인 오진우, 최광, 김봉율 등의 원로 그룹은 어떤 돌발 상

황이 발생하면 최대한 빠른 시간 내에 사태를 수습하고 곧이어 김정일에
대한 충성 서약 행사를 대규모로 실시하고 연달아 전국적인 김정일 결사
옹위 같은 대규모 행사를 실시할 것을 당부함.

9. 1994년 7월 7일 21시 김정일과 김일성 주석의 만찬 회동. 심하게 다툼.
특히 김정일은 이 자리에서 만약 지미 카터 전 미국 대통령을 북조선으
로 불러들이고 남조선 대통령과 정상 회담을 한다면 자기는 자살해버리
겠다고 하여 권총을 뽑아 총구를 자기 머리로 향하면서 자살하는 흉내를
내었으며 이내 호위병들이 김정일을 밖으로 데리고 나갔음.

이후 곧바로 김일성 주석은 오른손으로 머리 뒤를 치면서 가벼운 고통을
호소하였고, 곧바로 주치의가 들어와 수면제가 섞인 신경 안정제 주사를
투여하였음. 김일성 주석 취침(23:10)

김일성 주석 주치의 3명 비상 대기함.

10. 1994년 7월 7일 24시 주치의 3명 취침 중인 김일성 주석에게 영양제 링
거 주사액 투여

11. 1994년 7월 8일 00시 05분 주치의 3명. 영양제 링거 투입.
튜브로 혈액을 강제로 출혈시켰음(혈액 강제 출혈 약 20분간 실시 후 영양제 링거액
재부착 후 재투입)

12. 1994년 7월 8일 00시 50분 김일성 주석 호흡 곤란 증세 나타남.
즉시 산소마스크 부착 후 봉화 진료소 출발. 01시 05분 봉화 진료소 도
착 봉화 진료소에서 비상 응급조치 강구하였으나 김일성 국가주석 사망
(7월8일 01시30분)

※ 참고 : 상기 내용을 증명할 물적 인적 증거 및 세부 내역을 별첨 표기된 제
반 사항들을 참고할 것

사건 조사 내용(결론)

김일성 국가주석께서 지미 카터 전 미국 대통령을 북조선에 입국시키고 남조선 김영삼 대통령과의 정상 회담 개최를 발표하자 이에 대해 불만과 자기 권한에 불안을 느낀 김정일은 자기와 동일한 뜻을 갖고 있는 일부 세력을 규합하여 소위 '북·남 정상 회담 결사반대 위원회'를 결성하여 김일성 주석의 북·남 정상 회담 뜻을 저지하고자 노력하였으나 실패하자 이를 필사적으로 저지하려는 김정일은 최후의 극단적인 방법을 강구한 나머지 김일성 주석의 주치의 3명을 회유 및 협박하여 그들로 하여금 김일성 주석을 의학적인 방법으로 암살케 한 사건임.

사건 조사 후 조치 내용

상기 사건은 현재 우리 북조선 공화국을 실질적으로 이끌어 가고 있는 공화국 원수이자 공화국 국방위원회 위원장이시며, 노동당 총비서, 국가안전보위부장, 노동당상임위원회 의장, 노동당 중앙위 의장, 인민군 총사령관이신 김정일 위원장이 직접 행사한 사건이며, 또한 관련 인물들 역시 현재 북조선 인민무력 부장이신 오진우 원수 외에 최광 원수, 김봉율 차수, 김광진 차수 등 현재 인민군 군부의 실질적인 권한을 가진 인물들이라 이 조사 결과를 누구에게 보고해야 할지 그 사항부터가 애매모호하고 또한 이 조사 보고서가 만약 어떤 경로로든 유출이 된다면 그 이후에 닥쳐올 사태가 심히 우려되어(예를 들어 내전 발생 가능성이 있고 혹은 북조선 전체가 혼란에 휩싸여 통제 불능 사태를 야기할 수가 있으며 내란 혹은 북조선의 붕괴와 같은 극단적인 사태가 발생할 우려도 있음) 일단은 이 조사 결과서를 봉인하여 담당 주무부서인 호위 사령부 극비 문서 보관소에 보관하되 그 보존 연한을 50년으로 정하여 보관함. 아울러 이의 조사를 담당하였던 총책임인 호위 사령부 리을설 차수와 박재경 대장, 원응희 대장 세 사람은 이 사건에 대해 일체 함구하기로 약속하였으며, 이 사건 조사 중 관련된 인물들

에 대해서도 어떠한 처벌을 하지 않는 동시에 그들로 하여금 영원히 함구하
도록 조치하였음.

1994년 9월 10일

김일성 국가주석 암살 사건 진상 규명 위원회

총 책임 담당관 호위 사령부 사령관 리 을 설 차수

호위 사령부 제3호위부 책임 조사관 박 재 경 대장

국가 안전 보위부 제1부 책임 조사관 원 응 희 대장

꼭두각시

....

2006년 10월 28일 김정일 위원장 집무실. 김정일 위원장은 넋을 잃고 말
았다. 얼빠진 사람처럼 멍해 있었다. 저 '김일성 국가주석 시해 사건 진상보
고서' 내용 중에 '김정일' 이름 대신 '리을설'이란 이름을 넣어 보아라. 결국
리을설이 나의 아버지요 국가주석이신 김일성 주석을 살해하였다는 이야기
아닌가! 결국 김일성 주석을 살해할 때부터 그것을 나에게 뒤집어씌울 계획
까지 세워놓고 일을 저질렀다는 이야기 아닌가!

이들의 의도대로 만약 이 김정일이가 권력에 눈이 멀어 아버지인 김일성 국
가 주석을 살해하였다는 소문이 나보라. 과연 이 북조선이 어떻게 될 것인가?
물론 저 '북·남 정상 회담 개최 결사반대 탄원서'라는 것이 조작된 것인 줄 이
김정일은 알고 있다. 또한 그것이 조작된 서류라는 것을 과학적으로 밝혀낼
수도 있다. 그러나 어느 세월에 누가 어떻게 밝혀낼 것인가? 그러기 이전에
이미 소문은 나돌아 인민들의 돌멩이 세례가 나에게로 쏟아져 올 것이고 그
렇게 되면 리을설은 군대를 동원하여 인민들을 안정시킨 뒤 이 김정일을 평

양 시내 한복판에 매달아 놓고 인민들에게 돌을 던지라고 할 것 아닌가? 그러고 나면 저들끼리 집단 통치 체제로 갈 것인가? 이럴 때 이 김정일의 심경을 어떻게 표현해야 할까? 딱 한 가지가 있구나. '할 말이 없다' 이 말 외에는 정말 할 말이 없구나. 친절하게도 리을설은 자기 부관을 보내어 이 모든 사실을 처음부터 끝까지 만들어낸 내용, 설명까지도 해 주었다.

그러니까 1994년 7월8일 김일성 국가주석 사망 후 리을설의 이름이 장례위원에 빠진 이유는 자기는 장례식 보다는 김일성 주석의 사인을 조사하는데 더 전력을 다하고 있다는 이미지를 풍기고 아울러 자기가 직접 조사한 '김일성 국가주석 암살 사건 진상 규명 보고서'의 신뢰도를 한층 높이겠다는 의도였다. 그리고 그 직후 세 사람을 급작스레 진급시킨 이유는 먼저 평양 방어 사령관 오용방 상장을 대장으로 승진시켜 일단 평양을 안전하게 해놓고 조사 책임자인 박재경, 원응희 두 사람을 긴급히 진급을 시킴으로서 그들이 어느 누구의 방해도 받지 않고 새롭고 신선한 마음을 가짐으로 조사에 임해 완전히 중립적인 조사를 하고 있다는 이미지를 풍기게 되어 그들이 작성한 '김일성 국가주석 시해 사건 진상 규명 보고서'의 신뢰도를 한층 더 높여서 만약의 사태가 일어났을 경우, 그 보고서의 가치가 더욱 올라갈 수 있도록 하는 고도의 세심한 계산속에서 나온 것이었다.

또한 과분하리만큼 김정일 위원장을 옹호하는 집회를 갖는 이유는 당연히 김정일이 1994년 7월 7일 결사반대 위원회의 3차 회동 중 오진우, 최광, 김봉율 등에게 부탁한 내용과 일치하게 함과 동시에 김정일의 대외적인 위상이 오르면 오를수록 자기들의 위치 역시 오히려 더욱 견고해질 수 있기 때문인 것이었고, 김정일이 신년사를 하지 않고 다른 사람이 신년사를 대독케 함으로써 김정일의 위상을 김일성 주석보다 높이는 효과가 있음과 동시에 김정일을 길들이는 하나의 방편으로도 활용할 수 있는 이중의 효과를 노리는 계책이었던 것이었다.

물론 그들의 정적인 오진우, 최광, 김봉율, 김광진 등은 봉화 진료소에서 순차적으로 조용히 눈을 감게 했으며(역시 취침 후 강제 출혈), 서관하 같은 인물은 그들의 정적 몇 명을 모아 반역죄로 묶어 떼거지로 처형하였던 것이었다. 또한 리을설이 보낸 부관의 말에 의하면 호위 사령부 내에는 약서른여 명으로 구성된 아주 희한한 부서가 한 곳이 있는데, 그들이 하는 일은 중요 인물들의 필체나 서명을 위조하는 업무를 전담하는 것으로써 그들은 중요 인물들의 필체나 서명을 입수한 후 크게 확대 복사하여 그 위에 투명 종이를 얹고 여러 날 연습을 하는데 웬만하면 진짜 필체, 진짜 서명의 90%까지는 모방을 할 수가 있다고 한다.

이런 사실까지 친절하게 고의로 알려주는 이유는 당연히 이 김정일의 필체나 서명을 얼마든지 대신할 수 있으니 딴 마음 먹지 말고 그저 가만히 있으라는 경고가 아니겠는가?

그런데 리을설이 보냈다는 이 부관이라는 자가 마지막으로 하는 말이 가관이다. 만약 북조선 내에서 리을설이나 현 군부 실세들의 신변에 위험한 사태가 발생이 되면 북조선 내에서는 당연히 호위 사령부와 국가 안전 보위부에서 '김일성 국가주석 시해 사건 진상 규명 보고서'가 군 일선까지 전달됨은 물론 노동당 하부 기관까지 일시에 전달될 것이며, 또한 동시에 해외에서도 UN 주재 북한 대사인 김길연 대사를 비롯하여 중국 대사관, 러시아 대사관에서도 동시에 자동적으로 발표토록 되어 있다는 것이었다. 이것은 가히 이 김정일을 북조선 내에서는 물론이거니와 해외에서까지도 꼼짝할 수 없게 만들겠다는 노골적인 협박이 아닌가?

김정일은 할 말을 완전히 잃어버렸고, 정말로 허수아비가 되어버린 것 같은 느낌이었다. 이제 그가 할 수 있는 일이란 대집회에서나 대규모 회의장 같은 장소에서 대중 앞에 얼굴 한번 내밀고 박수 몇 번 치고 손 한번 흔드는 것이 그가 할 수 있는 것 전부였다. 그는 이제 완전한 군부의 꼭두각시가 되었던 것이었다.

북조선 인민공화국 군부, 그들은 과연 누구인가? 한 가지 확실한 것은 그들의 국방위원장인 김정일도 그들을 마음대로 할 수 없다는 것이다.

북조선 청소년 축구단

....

2006년 11월 15일. 이제 김정일 위원장은 완전히 리을설의 포로가 되어버렸다. 그가 스스로 할 수 있는 일이라고는 아무것도 없었다. 그가 할 수 있는 일이라고는 영화를 즐기는 일, 음악을 듣는 일 이외는 별로 할 일 이 없는 것 같았다.

몹시 지루하던 어느 날, 그는 그의 집무실에서 무심코 텔레비전의 스위치를 켰다. 텔레비전 역시 보고 싶은 마음이 별로 없었으나 또 특별히 다른 할 일도 없었던 것이었다. 조선 중앙 텔레비전 정규 방송 시작 배경 화면으로 나오는 조선 인민 공훈 합창단의 장엄한 음악소리가 그의 뇌리에 닿았다. 순간 뭔가 번쩍하는 전율이 느껴지는 듯함을 그 스스로 감지할 수 있었다. 연이어 나오는 화면은 또 어떤 장면인가? 지난 13일 그러니까 인도 콜카타 아시아 청소년 축구 선수권 대회에서 우승한 북조선 선수들의 환호하는 모습과 그들의 금의환향하는 모습이 보이지 않는가. 예선전에서 일본에게 2대0으로 패하여 고개를 떨구고 절망하는 모습이 보이더니 마침내 결승전에서 다시 일본을 맞아 1대1로 비긴 후 끝까지 실망하지 않고 승부차기에서 5대3으로 당당히 우승하는 저 선수들의 환호하는 모습이 보이지 않는가!

김정일 위원장은 뭔가 새로운 영감을 얻은 듯한 모습을 보였다. 조선 인민 공훈 합창단의 장엄한 음악과 저 어린 북조선 선수들의 끝까지 선전하는 모습은 지금까지 절망과 체념 속에 빠져 있던 그에게 어떤 새로운 희망을 가져다주는 듯하였다. 그러나 그의 생활에 당장 큰 변화는 없었다. 조금 변한 것이 있다면 조선 인민 군악단이나 조선 인민 군협주단, 조선 인민 공훈 합창단을 방문하는 일이 빈번해졌고, 가끔은 조선 인민군 교예단을 방문하여 그들의 연습하는 모습이나 공연하는 모습을 즐겼다. 김정일 위원장으로서는 아마 그런 시간이 가장 즐겁고 가장 편안한 시간이었을 것이다. 그런 가운데 시간은 흐르고 또 흘러가고 있었다. 그리고 2006년 한 해가 넘어가고 2007년 새 아침이 다가왔다.

대반격
....

김정일 국방위원장이 어느 날, 조선 인민군 군악단 단장과 마주 앉아 아주 심각한 표정으로 남몰래 이야기를 나누고 있었다. 그들의 표정은 심각하다 못해 비장해 보이기까지 하였다. 이윽고 군악단 단장은 굳게 결심한 듯 김정일 국방위원장을 똑바로 쳐다보면서 비장한 듯이 말을 하였다.

"알겠습니다, 국방위원장 동지. 저의 목숨을 걸고 국방위원장님의 명령에 따르도록 하겠습니다."

그리고 그 두 사람은 소리 없이 아무 일도 없었다는 듯이 헤어졌다.

그리고 며칠 후 김정일 국방위원장은 조선 인민군 공훈 합창단 단장을 만났고 또 며칠 후에는 조선 인민군 협주단 단장을, 그리고 또 며칠 후에는 조선 인민군 교예단 단장을 은밀히 만나고 있었다. 그리고 며칠 후 조선인민군 군악단 연습실 한 으슥한 곳에서 김정일 국방위원장을 중심으로 하여 합창단, 국악단, 교예단, 협주단 단장들을 비롯한 고위 관리자들 40여명이 한자리에 모였다. 그리고 그 자리에서 김정일 국방위원장은 리을설 원수와 그 수하들인 군고위 간부들을 제거하지 않으면 안 되는 것을 호소하고 애원하듯이 설명하고 있었다.

그 자리에 모인 그들의 표정은 한결같이 굳어 있다 못해 비장한 표정들이었다. 이윽고 김정일 국방위원장의 설명이 있은 후 세부 작전 계획이 논의되었다. 그 논의 중에는 리을설의 권력 핵심 본부인 '호위 사령부'와 '평양 방어 사령부', '국가 안전 보위부'등까지 점령할 엄청난 계획을 논의하고 있었다.

만약 이 일이 실패할 경우 그들은 그들의 목숨뿐만이 아니라 그들의 가족 친지까지도 몰살을 당할 대모험을 각오하지 않으면 안 되는 상황이었다. 그런데 회의 중 가장 어려운 안건은 역시 무기였다. 아니 무기라기보다는 실탄이었다. 모든 나라들의 군대가 다 그러하듯이 인민군 역시 군인이라면 누구나가 그 직책이나 보직에 상관없이 모두 각자가 소유한 개인 화기가 있는 법이고, 따라서 합창단이든 교예단이든 군악대든 모두가 개인 소총은 소유하고 있었다. 그런데 문제는 실탄이었다.

사실 평소에 상기 부대에는 전혀 실탄을 소유하고 있지 않기 때문이었다. 실탄이 없는 총은 아무 쓸모가 없질 않은가? 그런데 이들 군인들도 1년에 한 번은 실탄을 접할 수 있는 기회가 있다. 그것이 언제이냐 하면 사격 훈련 때였다. 어느 나라에 가도 마찬가지겠지만 아무리 비전투병이라 할지라도 일단 군인이라면 정기적으로 사격훈련, 유격훈련을 받아야하는 것이 군인의 임무이고, 인민군도 역시 예외는 아니었다. 그러면 삼백 명 단위로 사격훈련을 할 때 실탄을 빼돌릴 수 있는 방법이 있단 말인가?

있다. 분명히 있다. 문제는 탄피다. 총을 발사하고 난 후 떨어지는 총알 껍데기인 탄피만 있으면 된다.

예를 들어 1,000발의 실탄을 지급받았다면 사격훈련 후 탄피 1,000개를 꼭 반납해야 한다. 그런데 문제는 또 있다. 그 실탄 보급을 받는 사람들이 직접 탄약고에서 실탄 보급을 받는 것이 아니고 사격장의 제반 시설을 관리하고 사격 훈련을 총괄하는 교관단이라는 부대가 있다. 사격 훈련을 받을 병력은 바로 이 교관단 군관들로부터 실탄을 지급 받고 이들의 지시를 받아 사격 연습을 하고 이들에게 탄피를 반납해야 한다. 이런 상황에서 과연 실탄을 획득할 수가 있을까?

북조선내 자강도 강계시 석조동에는 북한 제2경제 위원회 제2총국 소속의 제93호 공장이 있는데 여기가 소총탄류, 포탄류 등의 실탄 및 포탄을 전문적으로 생산하는 곳이다. 물론 모든 설비가 지하 갱도에 있어 외부에서 보면 지붕만 몇 개 덩그러니 보일 뿐이다. 이 공장은 1956년에 세워진 이래 북조선 인민군들이 사용하는 소총 실탄류의 40% 이상을 생산 공급하고 있는 역사가 아주 오래된 공장이다.

평안남도 성천군 백암리에는 역시 포탄을 전문적으로 생산하는 제2총국 소속 제67호 공장이 있다. 주변에는 군수 공장과 제2경제 위원회 본부가 있는 중요한 공장 중의 하나이며, 이 공장에서는 포탄 이외에 자전거와 재봉틀 같은 일용 생필품도 생산하고 있다.

평양에는 평양역 이외에 또 다른 작은 역이 4개가 더 있다. 하나는 평양역에서 남서쪽으로 4Km 정도 떨어진 곳에 있고, 평양역에서 북쪽으로 3Km 정도 떨어진 곳에 또 다른 조그만 역이 2개가 있고 나머지 하나는 일반인에게는 전혀 알려지지 않은 또 다른 작은 역이 하나 더 있다.

이 조그만 역은 무엇을 하는 곳인가 하면 주로 군수품 생산에 필요한 원·부자재의 조달을 맡고 있는 역이다. 그곳에서 다시 동북쪽으로 500여 미터떨어진 철길 바로 옆에 조그만 공장이 한 곳이 있는데 그곳이 바로 탄피를 수거하여 유압기로 압착 후 큰 덩어리로 만들어진 탄피를 제93호 공장이나 제67호 공장으로 보내어 탄피를 재생산하게 되는 원료로 다시 재활용이 된다.

그런데 이곳 탄피 수집소는 탄피를 수거할 때는 개수를 파악해서 수거를 하지만 이것을 유압기로 압축하여 큰 덩어리로 만들어서 보내질 때는 무게 단위인 톤으로 계산하여 장부 정리가 이루어진다. 그런데 이 탄피를 만드는 금속이 무엇이냐 하면 바로 구리의 합금이다. 왜냐하면 구리라는 금속은 연신율(즉 늘어나는 비율)이 좋은 금속이기 때문에 화약을 채울 수 있는 좁고 깊은 형상의 탄피를 만들기에 적합하고, 녹이 슬지 않음으로 탄피는 동의 성분이 아주 많은 합금을 사용하고 있다. 그런데 이 구리라는 금속이 꽤나 값어치가 많이 나가는 금속이기에 탄피 역시 고철로써 상당히 값이 많이 나가는 물건이다.

실제 1990년 이후 북한 주민들의 생활상은 이루 말할 수 없이 어렵고 고통스러운 것이 사실이다. 특히 김일성 주석이 사망하고 난 1995년 이후는 더욱 그렇다. 그래서 북한에서는 고철이라는 고철은 모두 중국으로 밀반출되어 생필품이나 식량으로 교환을 하곤 한다. 심지어는 전기 부족으로 인하여 공장 가동이 중단된 공장의 중요 기계 부속들조차도 식량 배급을 받지 못하는 노동자들에 의해 고철로 둔갑하여 버젓이 시중에서 거래되고 있는 실정이다. 하물며 방금 이야기한 탄피 수집소에서도 알게 모르게 부정행위가 저질러지고 있음은 자명한 사실이다.

그들은 수거된 탄피 일부를 고철로 빼돌리고 난 후 유압기로 탄피를 압축할 때 중간 중간에 돌을 집어넣어 무게를 맞춘다. 그리고 돌이 약간 포함된 탄피는 유압기에 압축된 상태 그대로 93호 공장이나 67호 공장의 주물 공장으로 보내져 용광로에서 녹아 액체(쇳물)로 변해버린다. 그러면 집어넣은 돌들은 어떻게 되는 것인가? 바로 슬러지(불순물)로서 다른 불순물들처럼 처리가 되어버리니 어찌 보면 감쪽같다고 보아도 되지 않겠는가?

어느 날, 이 탄피 수집소에 고급 승용차를 탄 군관 한 사람이 와서는 이곳 책임자인 상사와 귓속말로 몇 마디 나누고는, 그 군관은 책임자인 상사에게 달러를 한 움큼 쥐어주고는 어디론가 사라져 버렸다.

그 며칠 후 공훈합창단·협주단·교예단·군악단의 은밀한 곳에는 상자에 잘 포장된 탄피 박스가 몇몇 책임군관만이 아는 곳에 놓여 있었다. 평양 외곽 깊은 산중에 자리하고 있는 인민군 사격장에 북조선 인민군 군악대 300여 명과 북조선 인민군 공훈 합창단 300여 명, 도합 600여 명이 사격 훈련을 받기 위하여 사격장에 도착하였다.

이들은 이미 유격 훈련과 모의 낙하산 훈련을 받고난 후 마지막 일정인 사격 훈련을 받으러 온 자들이라 모두가 지친 듯해 보였다. 이 사격장에는 책임자인 초기 중사를 비롯하여 총 12명의 교관단 소속 군인들이 사격장을 관리하고 있었다. 공훈 합창단의 책임자인 듯한 군관 한 사람과 군악대 책임자인 듯한 군관 두 명 등 모두 세 명이 사격장 책임 부대인 교관단 숙소를 찾았다. 군악대 군관은 교관단 책임자인 초급 중사에게 큼직한 보따리를 풀어 젖히며 말했다.

"어이! 교관단 책임자 동무, 이리 와서 요기나 하시지요."

이러는데 풀어헤친 보자기 속을 보니 먹음직스러운 돼지고기하며 그렇게도 구하기 힘든 소주 여러 병이 들어 있는 것이 아닌가. 그러면서 군관 동무가 말을 이었다.

"지금 우리 군악대와 합창단들이 유격 훈련으로 몹시 지쳐있는데 오늘 사격 훈련은 적당히 수월하게 합시다. 말이야 바른말이지, 군악대나 합창 단원이 사격 훈련을 잘 받아야 할 이유가 어디 있겠소. 다 상부의 지시고 규칙이니까 하는 거지만 사실 우리도 힘들어요."

이렇게 말하면서 술병을 들어 사격장 책임 군관에게 한잔 권하였다. 깊은 산중 사격장에 날씨는 우중충한데 무슨 검열이 있겠나.

"에라 모르겠다. 사격훈련은 당신네들끼리 알아서 하시고 마지막에 탄피반납이나 확실히 하시오."

하고는 책임 상사 이하 교관단 소속 인민 전사들은 이게 웬 떡이냐는 듯이 모두가 술과 고기에 흠뻑 도취되어 있었다. 이윽고 사격 훈련이 끝나고 당연히 탄피 반납도 틀림없이 이루어졌다. 그러나 18,000여 발의 총 소리가 울려야함에도 불구하고 10,000발의 총성만 울린 사실은 교관단 소속 전사들이나 사격 훈련을 하는 전사들 모두 아무도 눈치 채지 못하였다.

하긴 그걸 누가 셀 수가 있겠는가.

금강산 관광객 피살

·············

리을설은 혼자 다시금 깊은 생각에 잠겼다.

'그동안 금강산 관광이니, 개성 공단이니 하면서 우리 북조선 내 인민들의 사상이 너무나 많이 바뀌었어. 그리고 지금 북조선에는 금강산 관광객보다 더 많은 남조선 사람들이 드나들고 있어. 사업차, 학술 연구차, 의료지원 명목으로 과학·예술·기술·농업·축산·산림 등등의 모든 분야에서 너무나 많은 남조선 사람들이 드나들고 있어. 특히 종교라는 명목으로 목사, 승려 등등의 사람들도 아무런 통제 없이 넘나들고 있는 것은 우리 북조선 인민들의 사상을 허물어뜨리는데 결정적인 역할을 하고 있어. 이건 너무 위험한 도박이야. 지금 우리 북조선에는 남조선의 가요나 남조선 텔레비전의 연속극 등이 녹음 테이프로, 비디오테이프를 통하여 우리 북조선 곳곳에 스며들어 있어. 더구나 노골적으로 남녀 간 성관계를 다루고 있는 음란한 영상물까지도 이미 우리 북조선 깊숙이 침투해 있단 말이야. 이런 낯 뜨거운 영상물들이 우리 북조선에 감기 몸살을 일으키게 하는 것이 아니라 아예 암을 유발시키고 있어. 그런데 그 전파 속도가 너무 빨라. 내가 예상하고 있는 것보다 너무 빠르게 퍼지고 있어. 그런데 더 충격적인 문제는 그 진원지가 대학이란 말이야. 당·정부·군부 등 국가 중요 요직에 있는 지도층의 아들·딸들이 모여 있는 대학이란 말이야. 이러니 내무성에서도 쉽게 손을 쓰지 못한단 말이야. 이걸 어떻게 해야 한단 말인가? 나 역시 그냥 모른 체 하고 있어야 한단 말인가? 그런데 북조선의 이런 사태를 이 리을설이가 모른 체하고 있다면 누가 이 사태를 막을 것이냐 말이다. 만약 이 리을설마저도 모른 체하고 있다면 아마 모르긴 몰라도 얼마 있지 않아 우리 북조선에도 중국의 천안문 사태 같은 사건이 발생할 지도 몰라. 물론 총·칼로, 탱크로 밀어버리면 되겠지. 그러나 한 번 두 번은 가능할지 몰라도 세 번 네 번은 결코 막을 수가 없어. 사실 우리 북조선 내의 인민들 중 감시와 억압을 받지 않는 사람이 과연 몇 명이나 된단 말인가? 극히 소수만 제외하고는 억압과 감시와 굶주림과 고통 속에서 살아온 것이 사실 아닌가 그런데 그들이 한꺼번에 일어난다면 과연 총·칼과 탱크만으로 그들을 막을 수 있을 것이란 말인가? 그렇다면 그 이후에는 어떻게 될 것인가? 「루마니아」. 그래, 맞아. 루마니아와 같은 사태가 일어나고 말 것이야. 그러면 우리 군부와 그 가족 친지들은 저 평양의 한복판에서 돌에 맞아 죽고 갈기 갈기 찢겨져 죽고, 또 후대에 그 자손들까지도 두고두고 오명을 뒤집어쓰고 살아갈 것 아니던가?'

이런 생각을 하고 있던 리을설은 새삼 스스로가 화들짝 놀라면서 정신을 번쩍 차렸다.

그리고 뇌까렸다.

'안 돼, 안 돼! 암~안 되고말고. 절대로 그런 일은 있을 수가 없어. 절대로 그런 일이 일어나서는 안 되지.'

이렇게 부르짖으면서도 마땅한 해결책이 없는 듯 보였다. '그런데 이런 사태를 방지하기 위하여 섣불리 무리한 수를 쓰다가는 더 큰 낭패를 당할지도 몰라. 하루아침에 남조선 인사들의 방북을 막아버린다든지 이미 틀을 잡고 있는 금강산 관광이나 개성 공단을 폐쇄해 버린다든지 하는 강경 방법을 동원한다면 국내는 물론이거니와 남조선을 비롯한 모든 외국들로부터 큰 비난을 받을 수밖에 없고, 그 비난은 결국 이 리을설과 군부가 고스란히 뒤집어 써야 하고, 또 그로 인하여 발생되는 실업자들의 생계 문제와 그들의 반발을 감당하기가 결코 쉽지 않을 것이란 말이야. 그렇다면 적당한 명분이 있어야 하는데 그 명분이라는 것이 마땅히 없단 말이야!' 한참을 이런 저런 생각에 잠겨 있던 리을설은 전혀 또 다른 엉뚱한 생각을 하고 있었다.

'그래, 한 가지 방법이 있긴 있어. 지금 남조선에서 벌어지고 있는 대통령 선거에서 우리 북조선과 우호적인 관계에 있는「열린 우리당」후보보다는 우리와 소원한 관계에 있는「한나라당」의 후보가 선출된다면 그것은 우리에게 아주 좋은 명분이 될 수가 있어.'

한 가지 희한한 것은 북조선 강경 군부 우두머리가 남조선 보수파인 한나라당 출신 후보가 대통령이 되기를 바라고 있다니 참으로 알 수 없는 노릇이었다. 그리고 그해 12월 남측 대한민국에서는 리을설의 뜻대로「한나라당」후보가 대통령으로 선출되었다. 그리고 이듬해 얼마 후 리을설은 새로 출범한 남조선 정부를 시험해 보기 위하여 불장난을 저질러 버렸다.

그들은 기어이 금강산 관광객 한 명을 '불법으로 위험 지역에 들어갔다'라는 어설픈 이유로 '박 모' 여인을 사살하였다. 그것은 그들의 치명적인 실수였고 그들 스스로 돌아올 수 없는 강을 건너고 말았던 것이었다. 리을설은 남조선에 대해서 모르는 것이 너무나 많았다. 남측 대한민국은 '모든 권력은 국민으로부터 나온다. 그 권력의 시발점은 바로「여론」이다'라는 사실을 이론적으로는 알고 있었는지 모르지만 실질적으로는 그「여론」이라는 국민의 위력을 너무나 모르고 있었던 것이다. 그로 인하여 남북 간에 어렵사리 이루어 놓은 금강산 관광은 기약 없이 중단돼 버리고 말았다. 설상가상으로 새로 선출된 미국의 새 대통령은 북한의 존재를 무시해 버리는 듯한 애매모호한 정책을 펴면서 북조선의 불장난을 자꾸만 키워나갔고, 급기야 그 불장난은 2차 핵 실험과 미사일 발사, 대륙 간 탄도 미사일 발사로 이어졌으며, 개성 공단의 존폐마저도 위태로운 상황에 이르게 되었고, UN 안전 보장 이사회에는 이런 북한을 꽁꽁 묶어두기 위하여 새로운 규제법을 만장일치로 통과시키므로 이제 한반도는 새로운 냉전 체제로 접어들었다.

그리고 이 무렵 리을설은 또 다른 하나의 결단을 내렸으니 김정일 국방위원장의 후계자로 전혀 뜻밖의 인물, 즉 이미 장성한 김정일의 큰아들 정남과 둘째 아들 정철을 제쳐두고 제일 어린 막내 이제 갓 스물여섯밖에 안되는 셋째 정은을 후계자로 결정해 버렸으니 과연 그 깊은 속내는 무엇일까? 그런데 그 이유가 참으로 우습다. 김일성이와 가장 닮았다나?

피바다
....

2011년 9월 9일 평양 만경대 기념 회관. 제63차 조선민주주의 인민공화국 창립 기념행사가 거행되는 운명의 날이 다가왔다. 물론 가장 바쁘게 움직이는 곳은 당연히 호위 사령부이며 안전 보위부와 같은 행사를 주관하는 부서였다. 그들은 이미 몇 개월 전부터 이 행사를 위한 만반의 준비를 진행하고 있었다.

당연히 그들은 고위직의 신변 안전에도 최대의 만전을 기하고 있었다. 특히 행사장인 만경대 기념관 내에 불순 반동분자들에 의해 설치될 가능성이 있는 폭발물 탐색이라든가 주위의 저격 등에 대하여 사전에 철저히 예방할 수 있는 만반의 준비를 갖추고 있었다. 그리고 행사장에 참석할 모든 인원들에 대한 신분 조사와 무기 반입 등에 대한 조치도 철저히 진행하고 있었다.

그런데 호위 사령부나 안전 보위부보다 더욱 바쁘게 움직이고 있는 또 다른 부대가 있었으니 그들은 다름 아닌 조선 인민 군악대, 공훈 합창단, 공훈 협주단 그리고 식후 기념 공연에 참가할 조선 인민군 교예단이었다. 그들은 비밀 유지를 위해 철저히 점조직으로 그리고 일대일의 세포 분열식 포섭 작전으로 아주 은밀한 가운데 거사를 진행하고 있었다.

그들은 이미 수주 전부터 만경대 기념관에서 직접 예행연습을 하였기에 그곳의 지리라든가 각자의 위치, 각자의 역할 등에 대해 상세히 알고 있었다. 그것은 그들에게 어쩌면 상당히 유리한 조건이었을 것이다. 그러나 그들에게 있어서 가장 큰 문제는 무기 반입이었다. 어떻게 해야만 독수리눈보다 더 날카롭게 번뜩이고 있는 호위 사령부 요원들의 눈을 피해 기념식장 안으로 무기를 반입할 수 있을까?

공훈 합창단이나 군악대, 협주단 등에서 기념식장에 참석해야 하는 총인원은 모두 900여 명이었다. 그러면 그들이 거사에 사용해야 할 무기는 어느 정도인가? 우선 권총이 200여 자루이고 AK47이라고 불리는 자동 소총이 40여 자루이다. 그런데 권총은 조그맣게 생겼으니 남들 몰래 개인 휴대가 가능하지만 AK47자동 소총은 그렇지 않았다.

우선 자동 소총은 길이가 90cm나 된다. 이런 자동 소총을 호위 사령부 요원들의 눈을 피해 기념식장 안으로 몰래 반입한다는 것은 참으로 어려운 일일 것이다. 그렇다고 권총만으로 며칠 굶은 이리떼 같은 표독한 호위사령부 요원이나 안전 보위부 요원들을 대항할 수도 없는 노릇 아닌가? 그런데 어느 누가 아주 묘안을 짰냈다. 약90cm의 긴 자동 소총을 개머리판과 기다란 총구를 잘라내 버리자는 것이었다. 하긴 소총의 개머리판과 총구를 잘라내 버린다고 해서 총탄이 발사되지 않는 것은 절대 아니다. 단지 아주 먼 거리에서 사격할 때 명중률이 떨어진다는 것뿐이지 가까운 거리에서 기관총용으로써의 성능은 충분히 발휘할 수가 있는 것이었다.

이윽고 아침 일찍 행사장에 참석할 인원들을 실은 대형 버스 30여 대가 긴 행렬을 이루며 행사장 후문 쪽에 천천히 도착하였고, 그 외 묵직한 악기들을 실은 트럭도 곧이어 도착하였다. 그들이 들어가야 할 후문 출입구는 많은 차량들과 악기들과 900여 명의 단원들로 복잡하게 북적이고 있었다. 그들 중 최고 인솔자인 군관, 그는 참으로 냉정하고도 용의주도한 인물이었다. 그리고 그의 얼굴은 굳게, 굳게 긴장된 표정이었고 그의 눈빛은 뭔가 모를 각오로 다져진 날카로움이었다.

드디어 행사장 안으로 인원이 투입되고 있었다. 사열 종대로 늘어선 인원들이 안전 보위부의 검색을 받으며 한 명씩 행사장 안으로 투입이 되고 있었다. 입구에는 최고 인솔자 군관 및 또 다른 인솔자 군관들이 함께 서서 지켜보고 있었다. 이제 마지막으로 군악대의 입장이 시작되었다. 군악대 요원들은 각자가 연주할 악기들을 들고 입장하기 시작하였다.

트럼펫, 트롬본, 호른, 작은북, 큰북, 그리고 마지막으로 수자폰이라는 큰 악기 순으로 입장이 시작되었다.

개머리판과 총구가 잘린 AK47 기관총은 20여 개의 큰북 속에 숨겨져 있었다. 큰북의 원주 끝자락 가죽을 예리한 칼로 잘라낸 후 2정의 AK 소총을 넣고 다시 투명 테이프로 봉인된 큰북을 메고 가는 군악대 요원은 식은땀을 흘리며 입장할 순서를 기다리고 있었고, 그 뒤에는 역시 바짝 긴장한 상태로 가장 큰 악기인 수자폰을 메고 있는 20여 명의 요원들이 차례를 기다리고 있었다.

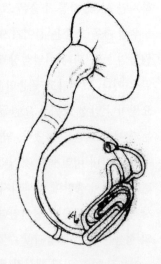

<수자폰>

알다시피 수자폰이라는 악기는 군악대를 상징하는 아주 큰 금관 악기이다. 그 악기는 어떻게 보면 악기로써의 기능보다는 군악대로서의 웅장한 시각적인 효과를 더욱 발휘할 수 있는 악기임에 틀림이 없었다. 그리고 그 악기의 주

둥이는 깊은 동굴처럼 생겼고 그 입구 동굴 속에는 모두 권총 5여 자루가 몰래 숨겨져 있었다.

몸수색을 담당하고 있던 사회 안전부 소속 요원들도 이젠 지친 듯해 보였다. 긴 행렬을 수색하였던 터라 지루하기도 하거니와 어쩌면 이런 몸수색이 부질없는 짓이라고 생각했을지도 모른다. 하긴 합창단이나 협주단, 군악대 이런 부대원들이 무엇을 하겠는가? 그저 노래나 부르고 악기나 연주하는 부대 아니던가.

갑자기 몸수색을 하고 있던 사회 안전부 소속 요원 한 명이 온몸에 경련을 일으키며 쓰러지더니 이내 입에서 허연 거품을 내뿜고 있는 것 아닌가.

그리고 그의 눈동자가 허옇게 변하면서 온몸을 부들부들 떨고 있는 것이 아닌가. 즉각 다른 안전부 요원이 쓰러진 동료의 몸을 붙잡고 당황해 하고 있었다. 옆에 있던 한 군악대 인솔 군관이 조용히 말했다.

"이 친구 간질병 아냐? 온몸에 경련을 일으키고 입에 허연 거품을 내뿜는 것을 보면 틀림없이 간질병에 걸린 것 같아! 빨리 의무실로 옮겨야 할 것 같아."

이렇게 황당하게 시간이 흐르는 사이 큰 북을 메고 있던 군악대 요원도, 큰 수자폰을 메고 있던 요원도 재빠르게 행사장 안으로 입장을 완료하였다.

인솔 군관들, 그들은 각자 그들의 주머니 속에 전기 충격기를 넣어두고 있었다. 그 중 한 명이 그 전기 충격기로 몸수색에 열중해 있는 어느 사회 안전부 요원의 목덜미에 갖다 대었다. 경련을 일으키며 쓰러지는 그 안전부 요원의 입속에 또 다른 인솔자가 그를 부축하는 척하며 면도용 거품 비누 한 움큼을 집어넣었다. 그리고 그 손으로 거품을 닦아내주는 척 하였다. 안전부 요원이 의무실로 후송될 때 또 다른 인솔자는 도와주는 척하며 뒤따랐고. 그리고 한 번 더 전기 충격기를 그 안전부 요원의 몸에 갖다 대었다.

최후의 심판

....

리을설은 내심 불안했다. 뭔가 알 수 없는 불안한 느낌이 그를 짓누르고 있었다. 그는 식장에 출입하는 사람들은 모두 다 잘 점검해 보라는 통상적인 지시를 하였다. 그리고 다른 때와 마찬가지로 두 명의 저격 요원을 군중 속 좌·우에 한 명씩 배치해 두었다. 만약 이상한 사태가 발생하면 리을설의 손짓으로 '쏴'라는 지시를 하게 되고, 중간에 있는 군관이 그 지시에 따라 단 아래 배치해 둔 저격 요원에게 지시하면 곧바로 어느 누구를 살해해버릴 수 있도록 만반의 지시와 준비를 해두었다.

또한 만약 김정일 국방위원장이 예상에 없는 연설을 할 경우에는 1차로 방송 요원이 마이크를 꺼버릴 수 있도록 지시하여 두었고, 그 역시 행사장 단상 오른쪽 끝에 있는 군관이 리을설의 지시를 받아 방송실에 연락이 되도록 준비를 하여 두었다.

군악단·협주단·합창 단원 900여 명이 식장 내로 무사히 들어 왔을 때 연단 위나 연단 아래에는 아직 아무도 없었다. 물론 조금 후에는 모두가 입장을 할 것이다. 수자폰을 맨 20여 명의 단원들은 다시금 악기를 내려놓고는 수건으로 악기를 열심히 닦는 척 했다. 그리고는 숨겨져 있는 권총 한 정씩을 누구에겐가로 하나씩 전달을 하고 있었고 이윽고는 자리를 잡고 앉았다.

이들은 연단을 중심으로 좌·우로 똑같은 숫자가 배열되어 있었다. 제일 뒤쪽은 군악대, 가운데는 합창단, 제일 앞쪽은 협주단의 순서로 연단 좌·우측에 똑같이 450명씩 배열이 되었다. 그리고 청중석 한가운데 앞쪽에는 통합 지휘자가 양측이 다 볼 수 있는 자리에서 지휘를 하고 있었다.

연단 오른쪽 제일 끝에는 리을설의 수화 지시에 따라 그 지시를 방송 요원에게나 저격병에게 전달하는 군관이 사람들의 눈에 잘 띄지 않게 대기하고 있었다. 그는 오직 리을설의 수화 지시만을 눈여겨보고 있었다. 그리고 무전기로 그 지시를 즉각 전달할 수 있도록 만반의 준비를 하고 있었다.

이윽고 김정일이 천천히 나오면서 군중을 향하여 손을 흔들었다. 그리고는 조용히 마이크에 입을 가까이 갖다 대었다. 순간 기념식장 안은 무언가 모를 긴장감이 감돌았다. 사실 어느 기념 행사장에서든 김정일 국방위원장은 군중 앞에서 손을 흔들고 박수 몇 번 치는 것으로 그의 행동은 끝이 났는데 오늘은 그렇지 않았던 것이다. 긴장한 얼굴로 마이크 앞에 입을 바짝 갖다 댄 그는 드디어 연설을 하기 시작하였다. 순식간에 기념식장 안은 쥐 죽은 듯이 조용해져 버렸다.

"친애하는 조선민주주의 인민공화국 인민 여러분! 지금으로부터 63년 전 바로 오늘 이 시간에 위대하신, 우리의 수령님이시었던 김일성 장군님은 이 땅 위에 우리 조선민주주의 인민공화국을 설립하였습니다. 일본군들의 침략에 항거하여 저 만주 벌판에서, 저 황량한 시베리아 광야에서 추위와 고통을 참고 견디며 일본군과 맞서 싸우시던 김일성 장군님께서는 드디어 일본 침략군을 물리치시고 이 땅 위에 오직 인민들을 위한 공화국을 건립하셨습니다. 그리고 어언 육십여 년이라는 세월이 흘렀습니다. 그동안 우리 인민들은 우리 노동자들은 우리 전사들은 이 공화국을 강국으로 건설하고자 많은 노력을 기울여왔고, 이 공화국을 지켜내고자 많은 힘을 기울여 왔습니다. 지금 우리가 살고 있는 이 세계는 우리가 힘이 없고 우리가 우리 스스로를 지켜낼 능력이 없으면 언제라도 강대국으로부터 침략을 당할 수 있으며, 또 우리를 지켜주고 보호해줄 수 있는 나라는 아무 나라도 없습니다. 오직 우리 스스로만이 우리를 지켜주고 보호해줄 수 있는 것입니다. 이제 우리 공화국은 우리 스스로를 지켜나갈 수 있는 막강한 군대가 있습니다. 충성스럽고도 자랑스러운 전사 여러분들이 있습니다. 이제 우리는 어떤 외침을 당하더라도 그들을 물리치고 격퇴할 수 있는 막강한 무기도 가지고 있습니다. 많은 노동자와 과학

425

자들의 노력으로 인하여 미사일도 만들었습니다. 이제는 우리 손으로 핵폭탄도 만들게 되었습니다. 인간이 만들어낸 무기 중 가장 무섭고 가장 공포스러운 무기인 핵폭탄까지도 우리는 보유하게 되었습니다. 그리고 늠름한 우리의 전사들은 우리가 어떠한 침략을 당한다할지라도 능히 막아내고 격퇴할 수 있는 막강한 능력을 보유하게 되었습니다. 오늘날 우리 공화국이 이렇게 되기까지에는 우리 인민들의 노력과 희생이 밑바탕이 되었다는 것은 말할 나위가 없는 사실입니다. 따라서 우리 공화국 정부는 지금까지 이 공화국을 위하여 희생하여 왔던 인민 여러분들이 이제부터는 좀 더 잘살 수 있는 정책으로 전환하고자 합니다. 지금까지 희생하며 참고 견디어왔던 인민 여러분과 노동자 여러분들이 진정으로 행복해질 수 있는 강성 대국으로 나아갈 것을 다시 한번 강조하는 바입니다. 그러기 위해서 오늘 본인은 이 공화국의 국정 최고 책임자로서 우리 인민들을 위한 다음과 같은 몇 가지의 기본 정책을 실천하고자 합니다.

첫째로, 우리 조선민주주의 인민공화국은 남조선에 대한 문호를 개방하여 상호 문화·체육·경제·기술·학문 교류 등이 활발히 이루어질 수 있도록 할 것입니다."

순간 리을설은 몹시 당황하였다. 그리고는 뒤에 서 있는 군관을 향해 마이크를 끄라는 수신호를 급히 보냈다. 그 명령을 받은 군관이 소형 무전기로 마이크를 빨리 끄라고 지시하였다. 방송실에 있는 방송 기술자들이 급히 마이크 스위치를 내렸다. 그 순간 이미 아무도 눈치채지 못하도록 슬그머니 방송실로 침입해 있던 합창단 전사가 소음 권총으로 방송실 요원 4명을 쏘아버렸고 동시에 다시 마이크 스위치를 올렸다. 연설을 하던 김정일은 약간 당황한 듯하였으나 이내 마이크가 정상적으로 작동이 되는 것을 확인하고는 계속 연설을 하기 시작하였다.

"둘째로, 우리 조선민주주의 인민공화국은 결코 남의 나라를 먼저 침공하는 행위를 하지 않을 것이며, 특히 테러를 감행하고자 하는 국가나 특정 단체와는 어떤 교류나 협상을 하지 않을 것이며……."

마이크를 끄라고 명령하였던 군관이 크게 당황하였다. 당연히 마이크가 꺼져야할 것인데 계속 정상적으로 마이크가 작동되고 있지 않는가? 그는 급히 직접 방송실로 뛰어갔다. 그러나 그 순간 소음 총이 발사되면서 그 군관은 푹 쓰러지고 말았다. 리을설의 얼굴은 백지장처럼 새하얗게 변해버렸다. 고개를 돌려 군관을 찾아보았으나 군관이 보이질 않았다. 김정일의 연설은 더욱 거침없이 힘차게 울려 퍼지고 있었다.

"…… 셋째로, 우리 조선민주주의 인민공화국은 더 이상 핵무기 개발을……."

드디어 리을설은 미리 배치해 둔 저격병에게 저격하라는 신호를 보냈다. 그 신호를 받은 저격병이 김정일을 향하여 총을 발사하였다. 세 발의 총성이 울림과 동시에 김정일 국방위원장이 그 자리에서 쓰러졌다. 그 저격병은 외쳤다.

"우리의 영원하신 수령, 김일성 수령님을 살해한 자가 누구냐? 바로 저……탕! 탕! 탕!"

그리고 그 저격병이 그 자리에서 쓰러짐과 동시에 연단 아래 있던 군악대, 합창단, 협주단 중 일부 군인들이 악기와 악보를 팽개치고 손에는 권총과 기관총을 든 채 우르르 단상 위로 올라오면서 수없이 총을 쏘아 대기 시작하였다. 단상 위에 앉아 있던 많은 군부 고위직들 모두가 그 자리에서 즉사하고 말았다. 평소에도 그랬듯이 리을설은 어떤 국가적인 행사 때에는 항상 몇 명의 저격병을 행사장 곳곳에 배치해두고 언제라도 김정일을 암살할 수 있는 준비를 해두고 있었으며, 그 저격병들은 진짜 김정일이 김일성 수령을 살해하였다고 세뇌 교육을 받았고 또 그렇게 믿고 있었던 것이었다. 그리고 김정일의 연설은 끝까지 계속되지 못하고 그렇게 중단되고 말았다.

2011년 9월 9일 평양 만경대 기념관에서 열린 제63차 조선민주주의 인민
공화국 창립 기념일 행사는 그렇게 피바다로 끝이 나고 말았다.

호위 사령부

....

2011년 9월 9일 오전 10시 평양 호위 사령부. 호위 사령부라는 곳이 어떤
곳이던가? 바로 리을설 권력의 핵심 본부가 아니던가. 이곳은 지금 아주 느
긋한 분위기 속에 있었다. 만경대 기념관에서 개최되는 행사로 인하여 리을
설 사령관은 물론 고위 간부들 모두가 기념장으로 떠나버린 지금 호위사령부
는 아주 느긋한 분위기 속에 다들 긴장이 풀린 상태였다. 바로 그때 열 대가
넘어 보이는 듯한 버스가 천천히 호위 사령부 정문 앞에 도착하였다. 그 버스
를 가만히 보니 조선 인민군 교예단이라고 쓰여 있었다. 정문 경비병들이 이
상히 여겨 '저 교예단 버스가 왜 이곳에 왔을까?" 라고 생각하는 순간 십여 명
의 경비병은 아무 소리 없이 그 자리에서 쓰러지고 말았다.

그리고 십여 대의 버스는 아무 일도 없는 듯이 호위 사령부 본부 건물이 있
는 곳으로 향하였다. 얼마 후 건물 안에서 수없이 많은 총성이 울려 나왔다.
그리고 삼십여 분 후 호위 사령부는 인민군 교예단에게 완전히 점령되고 말
았다.

국가 안전 보위부

....

같은 시간. 조선민주주의 인민공화국의 정보기관인 국가 안전 보위부, 그 이름만 들어도 소름이 오싹 끼치는 곳이 아닌가. 한 번 끌려 들어가면 성한 몸으로 나오기 어렵다는 이 악명 높은 곳, 이곳 역시 온통 총성이 곳곳에서 울려 퍼지고 있었다. 조선 인민 공훈 합창단 중 행사장에 참석한 인원 외의 단원들에 의해 이곳 국가 안전 보위부는 완전히 점령을 당하고 말았다.

평양 방어 사령부

....

역시 같은 시간. 리을설 원수의 권력 전위대 역할을 하고 있는 이곳 역시 조선 인민 군악대 단원들이 이곳을 급습하였다. 그리고 짙은 피비린내와 함께 평양 방어 사령부는 조선 인민군 군악대에게 완전히 점령되었다.

UN주재 북조선 대사

....

2011년 9월 9일 밤. UN주재 북조선 박길연 대사는 깊은 생각에 잠겨 있었다. 분명 본국에서 무슨 큰 일이 일어난 것 같기는 한데 정확한 사태를 파악할 수가 없었다. 본국 외무성과도 연락이 되지 않을 뿐더러 다른 어떤 부서

와도 연락이 되질 않으니 답답하기만 하였다. 한 가지 확실한 것은 여기 저기 들려오는 소식들을 종합해 보면 오늘 정부 수립 기념식에서 대규모의 반란 사태가 발생하였고, 그로 인하여 군부의 많은 고위직 간부가 살해당하였다는 사실만 확인될 뿐이었다.

박길연 대사는 곧 주중국 대사에게 전화를 걸었다. 그리고 러시아 대사관에도 전화를 걸었다. 그 세 명은 비밀리에 똑같은 약속을 하였다. 리을설과의 약속은 아예 없었던 것으로 하길 서로 약속하였다.

대역전

....

2011년 9월 9일 12:00 평양. 김정일 국방위원장은 큰 상처를 입지는 않았다. 그리고 모든 일은 치밀한 계획 아래 순식간에 동시 다발적으로 일어났던 것이었다. 즉각 응급 치료만을 받은 김정일 위원장은 군악대와 합창단의 호위를 받으며 곧장 인민 무력성 총참모부로 향하였다. 물론 인민 무력부장이나 총참모 부장, 총정치국장 모두가 사망한 상태였으니 김정일 위원장의 발걸음을 막을 수 있는 자는 아무도 없었다.

인민 무력성 총참모부, 이곳이 바로 전 인민군을 실제로 움직이는 총본부이다. 그리고 인민 무력성은 모든 기본 전략과 지시를 바로 국방위원회로부터 받고 있지 않은가. 그리고 국방위원회 위원장이 바로 김정일 아니던가. 그 김정일 위원장이 인민 무력성 총참모부에 와서 직접 지시를 하고 있으니 이제야 제대로 된 국방위원회 위원장이 된 것이었다.

김정일 위원장은 전군 전 부대에 긴급 명령을 하달하였다. 첫째, 모든 부대는 김정일 위원장의 허락 없이는 어떤 일이 있더라도 부대 이동을 하지 말라는 명령이었다. 만약 이 명령을 어기는 부대가 있다거나 혹은 이 명령에 위배되는 명령을 내리는 상관이나 지휘관이 있을 경우에는 계급 상하에 상관없이 누구나 사살하여도 좋다는 명을 하달하였다. 또한 부대 이동이 있을 경우에는 부대 이동의 목적을 분명하게 모든 병력에게 알려야 한다는 것이었다. 모든 일이 순조롭고 빠르게 진행되어 가고 있었다. 군 고위간부도 당 간부도 내각도 새롭게 구성되었다. 그리고 북조선은 빠르게 안정이 되어가고 있었다.

이제야 김정일은 리을설의 손아귀에서 벗어난 몸이 되었다. 그리고 군권도 장악하게 되었다. 그러나 김정일에게는 새로운 큰 걱정이 있었다. 그것은 바로 자신의 건강 문제였다. 지난해 여름 뇌졸중으로 쓰러지고 난 후 그의 건강은 일시 회복되는 기미를 보이기는 하였지만 사실은 점점 악화되어가고 있음을 그 스스로가 잘 알고 있었다.

김정일의 걱정은 태산 같았다.

'아- 내 건강이 문제로구나. 이제야 내가 리을설의 손아귀에서 벗어났고 군권도 당권도 이제 내가 쥐게 되었지만 정녕 이제부터는 내 건강이 문제로구나. 아무리 생각해도 내가 오래 버티지는 못할 것 같아. 길어봤자 몇 개월 더 버티지는 못할 것 같아. 남은 몇 개월 동안 내가 무엇을 해야 할까. 우선은 내 아들 정은이가 내 후계자로 공식 지명이 되었지만 이제 스물일곱의 정은이가 과연 이 거친 세파를 헤쳐 나가며 조선민주주의 인민공화국을 다스릴 수 있을까? 이 공화국을 다스려 나가려면 십 년 이상의 준비 수업이 필요한 것인데 내 아들 정은이는 이제 삼 년도 채 모자라는 수업을 받았으니 참으로 걱정이구나.

지금 내가 당장 죽는다면은 내 아들 정은이는 당분간은 무사할지 모르나 적어도 삼 년 정도 지나고 나면 큰 위기를 당할 수 있다는 이야기 아닌가? 그런데 만약 일이 그렇게 된다면 내 아들이 문제가 아니라 이 조선민주주의 인민공화국의 운명이 어떻게 될 것인지 그것이 문제로구나. 정녕 내가 버틸 수 있

는 이 몇 개월 동안 내가 내 아들 정은이를 위하여 할 일이 무엇이란 말인가?'

마지막 대화

....

어느 날, 김정일과 아들 김정은이 금수산 궁전 한가운데 있는 고 김일성 주석의 과거 집무실에서 마주보고 앉아 있었다.

"아버지, 이곳은 할아버지이신 김일성 주석님의 집무실 아닙니까? 왜 하필 저를 이곳으로 부르셨어요?"

김정은이 묻자 김정일은 아주 심각하고 걱정스런 표정으로 대답하였다.

"맞다. 이곳은 바로 너의 할아버지이신 김일성 주석님이 사용하시던 집무실이다. 오늘 내가 특별히 너를 이곳에서 보자고 한 것은 너도 알다시피 내 건강이 무척 좋지 않구나. 아무래도 몇 개월 더 이상 버틸 수가 없을 것 같아. 그래서 오늘 너에게 이 조선민주주의 인민공화국의 앞날에 대해서 그리고 너의 앞날에 대해서 어떻게 해야 할지를 우리가 허심탄회하게 논의해보고자 이렇게 특별히 이곳으로 너를 불렀다."

그러면서 한 장의 종이를 내밀며,

"이것이 전번 9월 9일 조선민주주의인민공화국 창립 기념행사 때 내가 발표하고자 하였던 연설문이다. 비록 예상치 못한 사고로 인하여 끝까지 발표하지는 못하였지만 이 내용들이 사실 내가 앞으로 이 조선민주주의 인민공화국을 이끌어나갈 기본 방침이었다."

라고 하면서 김정은에게 발표문을 건네 주었다. 발표문을 받아 쥔 김정은은 심각한 표정으로 그러나 차분히 눈으로 읽어가기 시작하였다.

〈친애하는 조선민주주의 인민공화국 인민 여러분… 따라서 우리 공화국 정부는 지금까지 이 공화국을 위하여 희생하여왔던 인민 여러분들이 진정으로 행복해질 수 있는 강성 대국으로 나아갈 것을 다시 한 번 강조하는 바입니다. 그러기 위해서 오늘 본인은…… 첫째로 남조선에 대한 문호를 개방하여… 둘째로… 셋째로 우리 조선민주주의 인민공화국은 더 이상 핵무기 개발을 중지할 것임을 인민 여러분 앞에 확실히 선포하는 바입니다. 아울러 인민 여러분이 필요로 하는 생필품 개발을 중점 사업으로 하겠습니

〈김정은〉

다. 넷째로 우리 조선민주주의 인민공화국은 남조선뿐만 아니라 모든 외국 국가들과의 교류를 확대하여 세계 평화를 공존하는 대열에 함께 할 것입니다. 다섯째 우리 조선민주주의 인민공화국은 앞으로 우리 인민이 하얀 이밥에 명주옷을 입고 기와집에서 살아갈 수 있는 생활을 목표로 하여 그 목표가 달성될 수 있도록 최선을 다할 것입니다. 친애하는 인민 여러분 노동자 여러분 인민군 전사 여러분, 오늘 우리 공화국은 지금 이 시간부터 새롭게 태어나는 공화국이 되어 인민들의 생존권과 인권이 향상될 수 있는 공화국이 되도록 노력할 것입니다.〉

발표문을 다 읽고 난 김정은은 깜짝 놀라는 표정을 지으며 물었다.

"아니 아버님, 우리공화국이 더 이상 핵 개발을 하지 않겠다고요?"

그러자 김정일은 이미 마음의 정리가 되어 있는 듯한 표정으로 차분히 말하였다.

"그래, 사실 말이지 나는 옛날부터 핵 개발에는 반대했던 사람이야. 군부의 독단으로 어쩔 수 없이 개발이 되었지만, 그러나 지금 우리가 처한 여러가지 세계 상황으로 볼 때 우리가 더 이상 핵 개발을 강행한다는 것은 무리야. 더구나 강성 대국이라는 새로운 과제를 이행하려면 어쩔 수 없이 핵을 포기할 수밖에 없어. 그렇다고 우리가 완전히 핵을 포기하는 것은 아니야. 가만히 생각해 보자고. 핵을 크게 다섯 가지로 분류할 수가 있는데 그 첫째가 핵탄두야. 이미 우리가 보유하고 있는 핵탄두를 말하는 거야. 둘째로는 핵탄두를 만들 수 있는 플루토늄이야. 이것 역시 우리가 이미 다량 보유하고 있는 고농축 우라늄을 말하는 것이야. 그리고 또 한 가지는 이 고농축 우라늄을 만들 수 있는 설비 즉 원심 분리기를 말하는 것이야."

여기까지 말을 마친 김정일은 차 한 모금으로 잠시 목을 축인 뒤 다시 말을 이었다.

"내 생각에는 사실 우리같이 강대국 사이에 끼여 있는 약한 나라는 최후의 방어 수단으로 핵무기 보유는 불가피한 것이 사실이야. 이 핵무기라는 것은 결국 강대국이든 약소국가든 간에 '그래, 너도 죽고 나도 죽자' 라고 할 수 있는 최후의 무기 아니냐. 그러나 그 이전에 중요한 것은 우리 인민의 삶이야. 즉 우리 인민이 굶지 않고 살아난 후에야 핵도 필요한 것이야. 그런데 우리가 계속 핵무기만 고집한다면 우리 인민들의 삶은 한층 더 고통스러워지고 이 고통이 더 계속되어진다면 우리 공화국자체가 위험해질거야. 그래서 일단 내가 말한 이 세 가지 즉 핵탄두, 플루토늄, 원심 분리기 등은 다 포기해버리자고. 일단 이 세 가지만 포기하면 우리가 국제적으로 핵 포기 국가로 인정을 받을 수가 있어. 그러면 그 다음은 무엇이냐 하면 바로 사람이야. 즉 핵 기술자, 과학자를 말하는 것이야. 우리는 지금 알다시피 아주 우수하고 실질적인 경험이 있는 과학자 기술자가 많이 있어. 우리는 바로 이 사람들을 잘 돌보아야 하고 그들이 계속 연구하고 개발하고 그리고 그 기술을 계승하도록 최선을

434
다빈치 프로젝트

다해야 해, 이것이 진짜 우리의 무기란 말이야. 그다음 마지막 한 가지는 우라늄 광석이야. 바로 우리 공화국에 널리 매장이 되어 있는 우라늄 광석이란 말이야. 이것 역시 우리에게는 중요한 재산이야. 우리는 이것을 섣불리 해외로 반출하지 말고 잘 보존을 하고 있어야 해. 만약 우리가 사람과 원료만 잘 보존하고 있다면 우리는 수개월 내에 빠른 속도로 다시금 핵을 제조할 수가 있어."

이 말을 가만히 듣고 있던 김정은은 이해가 간다는 식으로 한편으로는 동의한다는 식으로 고개를 끄덕이고 있었다. 약간의 시간이 흐른 후 다시 김정일이 말을 이었다.

"자, 아들아, 사실 내가 걱정이 태산 같구나. 당장 내일이라도 내가 죽는다면 이제 어린 네가 이 공화국을 어떻게 이끌어 갈지 걱정이 태산 같구나. 그러나 호랑이에게 물려가도 정신만 바짝 차린다면 살 수 있다는 신념을 가져라. 아들아, 네가 들고 있는 이 애비의 발표문을 우리 같이 다시 한 번 잘 검토해 보자꾸나. 우선 나는 〈강성 대국〉을 강조하였다. 이 〈강성 대국〉이라는 말이 무엇을 뜻하느냐. 지금까지 우리 공화국에서 〈강성 대국〉하면 당연히 핵무기·미사일·탱크·대포·전투기·함정·잠수함 등등으로 중무장을 하고 있는 그런 나라로만 생각하고 있었다. 그러나 내가 여기서 강조하고 내가 생각하는 〈강성 대국〉이란 결코 그런 것이 아니다. 우리 인민 한 사람, 한 사람이 예외 없이 모두가 잘 먹고 잘 살고 활기 넘치게 생활할 수 있는 그런 나라가 바로 〈강성 대국〉이다. 내가 너에게 정말 강조하고 싶은 것이 바로 이것이다. 이렇게 하는데 있어서 더 이상 외국의 원조 없이, 다시 말해서 어느 나라로부터도 도움 없이, 어느 나라에도 손 벌리지 않고 우리 힘으로 잘살아갈 수 있는 그런 나라가 바로 내가 생각하는 〈강성 대국〉이다. 너의 최대 임무는 바로 이런 〈강성 대국〉의 본질을 당에, 군에, 내각 각료에게, 그리고 모든 인민들에게 이 사상을 주입시키는 일이다. 부디 이 애비의 이 말을 뼛속까지 명심하여야 한다. 네가 이 〈강성 대국〉의 진짜 의미를 전 인민들에게 심어줄 수만 있다면 너는 다른 모든 일을 너의 뜻대로 자신 있게 처리할 수가 있을 것이다. 그런데 가장 큰 문제는 이런 일들을 군부에게 어떻게 주입시키느냐가 가장 큰 문제이다. 이 문제가 바로 너의 능력의 시험대요, 네가 해결해야 할 최대의 난관이다. 물론 내가 이 점을 고려하여 우선 군부의 예봉을 꺾고 군권을 이제 내가 쥐었다만은 너는 이 문제만큼은 강공법으로 나가지 않으면 안 될 것이다. 따라서 집권초기에는 군부뿐만이 아니라 모든 분야에서 강공책을 쓰지 않으면 안 될 것이다. 그 강공책이란 바로 잔인해야 한다. 철저하게 잔인해야 한다. 만약 너에게 조금이라도 반기를 드는 자가 있다면 그것이 당이든 군부든 가리지 말고 잔인하게 처리해야 한다. 낮은 위치에 있는 연약한 인민들은 진실로 보살피고 아껴주되 높은 위치에 있으면서 너에게 반기를 드는 자들에게는 아주 잔인한 심판을 내려야 할 것이다. 어정쩡하게 심판을 내렸다가는 오히려 반발심만 더 키우게 된다. 확실하고도 잔인한 심판 그것만이 우리 공화국이 안정을 찾을 수 있는 최선의 선택이다. 그것만이 네가 정권의 주도권을 쥘 수 있는 최선의 방법이다. 정치는 바로 명분과 기 싸움이다. 모든 명분은 이미 네가 쥐고 있다. 중요한 것은 기 싸움이다. 너는 절대로 그 기가 꺾여서는 안 된다. 그 기 싸움에서 이길 수 있는 가장 빠른 길은 초기에 다른 예봉을 아예 꺾어버리는 것이다. 그것만이 오직 네가 살아갈 수 있는 방법이다. 꼭 명심하거라. 내가 너에게 채찍을 물려주었다면은 너는 그 채찍 끝에 전갈을 매달아야 할 것이다.”

잠시 두 부자간에는 무거운 침묵이 흘렀다. 당연히 두 사람의 표정도 심각하게 변해 있었다. 김정일의 이야기는 계속되었고 아들 김정은은 한마디라도 놓치지 않으려는 듯이 잔뜩 긴장하고 있었다.

“자, 그러면 우리 인민들 모두가 잘 먹고 잘 살려면 첫째 무엇을 해야 하겠느냐. 그것은 당연히 해외 무역이다. 즉 개방이라는 말이다. 이 21세기 세상에서 지금 우리처럼 문을 꼭 닫고 산다면 영원히 우리는 외톨박이로 굶어가면서 살아갈 수밖에 없다. 그것은 필연이다. 아들아, 너는 이것에서 완전히 탈피해야 한다. 바로 개방만이 우리 인민이 굶지 않고 추위에 떨지 않고 살아갈수 있는 최선의 방법이다. 오직 이 길밖에 없음을 명심하여야한다. 자, 그럼누구와 어떻게 개방을 해야 할 것인가? 이것 역시 아주 중요한 문제이다. 지금껏 우리 공화국은 외국과의 교류 중 거의 80%가 중국과 교류가 이루어지고 있었다. 사실 말이야 바른 말이지만 우리 공화국은 중국이라는 우방이 없었다면 벌써 영양실조에 걸려 쓰러져 버렸을 것이다. 식량에서부터 원유 등등 모든 것이 중국으로부터 왔기에 이나마 우리 공화국이 유지되고 있었던것은 사실이다. 자, 그렇다면 우리가 중국이라는 나라를 아주 세밀히 분석해볼 필요가 있다. 우리 외교 물자 등의 80%를 담당하고 있는 아니, 우리가 죽기 살기로 의존하고 있는 중국을 우리가 모르고 있다면 그것은 아주 어리석은 것이다. 따라서 우리는 중국이라는 나라를 아주 세밀히 검토해봐야 할 것이다."

김정일은 깊은 한숨을 내쉬면서 다시 한 번 음료수로 목을 축였다. 아들 김정은 역시 심각한 표정으로 아버지의 말을 한마디라도 놓칠세라 긴장을 늦추지 않고 바짝 아버지 앞으로 다가 앉았다.

"자, 이제 너와 내가 허심탄회하게 중국이라는 나라를 한 번 평가해 보자고. 과거, 그러니까 지금부터 약 사백 년 전 임진왜란이 일어났을 때 왜적들이 우리 조선을 침공하여 한양이 함락되고 이곳 평양성마저 함락되었을 때 명나라 군사들이 우리 조선을 돕기 위하여 한반도로 출정을 하였는데, 그때 우리 조선 백성들은 침략군인 왜적들에 의한 민폐보다 우리를 돕겠다고 온 명나라 군사들에게 더 큰 민폐를 당하였다. 한 가지 예로 명나라 군사들이 우리 민가를 수탈하여 그것으로 술을 빚어 마시고 취하여 토해낸 것을 배 굶은 우리 아이들이 그들이 토한 것을 주워 먹는 일들이 있었어. 참으로 기가 찰 노룻이었지. 그런데 사실은 그들이 우리 조선을 도와주려고 온 것이 아니었어. 그들의 목적은 우리 조선이 왜군에게 함락당하고 나면 당연히 왜군은 명나라로 침공해 올 것인데, 그러면 전쟁터가 바로 그들 중국에서 벌어질 것이니 어차피 싸울 것이라면 자기네 땅에서 전쟁이 벌어지는 것보다는 우리 조선에서 전쟁을 벌이는 것이 저들에게 피해가 적을 것이라는 판단에서 명나라 군대가 우리 조선으로 왔다는 것이야. 그런데 가만히 보면 지금 중국의 처지가 그때 명나라 처지와 아주 비슷한 것 같아. 6·25 전쟁 때 중공군이 우리 공화국을 도운답시고 온 것도 결국은 미군이 자기들 땅에서 전쟁을 벌이지 못하게 아예 조선에서 전쟁을 벌였고, 지금도 그들은 우리 조선을 완충 지대로 하여 그들이 가장 두려워하는 미군과의 직접적인 경계선을 피하고자 하는 의도에서 우리 공화국을 돕고 있다는 것이야. 그런데 한 가지 우스운 것은 과거 그렇게 위세 당당하던 명나라가 바로 쫄딱 망하여 버렸다는 사실이야. 그리고 명이 패망한 그 나라는 '청'이라는 새로운 나라가 세워졌는데 더 더욱 우스운 것은 그 청이라는 나라는 건국 이후 외세의 침략에 한 번도 승리하지 못하고 다시금 쫄딱 망해버렸다는 사실이야. 그 청나라는 영국과의 전쟁에서도 패배하였고 프랑스, 독일, 러시아, 심지어는 일본과의 전쟁에서도 패배해 버리는 수모를 당하였어. 그런데 그들은 그 숱한 패배의 원인을 그들이 과학문명을 빨리 현실로 옮기지 못하고 오직 공자, 맹자만을 중요시하며 살아왔기 때문에 전쟁에 패배했었다고 생각하였어. 다시 말해서 그들이 공자 왈 맹자 왈하고 있는 동안 서양은 과학 기술을 발달시켜서 신식 무기들을 만들었고, 그 서양의 신식 무기 때문에 중국이 패망했다고 생각하고 있었다고. 그러나 이 애비의 생각은 그렇지가 않아. 이 애비의 생각으로는 그 중국이 신흥 열강들에게 패배한 이유는 바로 교만(驕慢)때문이라고 생각해. 즉 그들의 가슴 속에 뿌리 깊게 박혀 있는 중화사상(中華思想)때문이란 말이야. 이 중화사상이 무엇인고 하니 그들이 이 지구의 중심에 있는 나라이고 그렇기 때문에 이 지구 즉, 이 천하는 영원히 그들이 지배하여야 한다고 하는 생각이 그들 가슴 속에 뿌리 깊게 박혀있다고. 그래서 그들은 그들 한(漢)족 외의 모든 종족들을 오랑캐라고 부른다고. 예를 들어서 우리 민족을 동이족(東夷族) 즉, 동쪽에 사는 오랑캐라고 불렀다고. 여기 나오는 이(夷)자는 오랑캐 이(夷)자인데 원래 우리 옛 민족은 큰(大)활(弓)을 항상 메고 다닌다고 해서 중국인들이 그렇게 불렀던 거야. 그 외 몽골족을 흉노(匈奴)족으로 부른다거나 예맥(濊貊)족 등등은 모두 오랑캐라는 뜻이야. 그래서 중국은 그들 한(漢)족 외의 주변 민족들을 모두 깔보고 있었던 것이야. 특히 서구의 유럽인들, 아랍인들을 서양 오랑캐라고 하면서 아주 업신여기고 있었어. 중국인들의 바로 그 교만심(驕慢心)이 그들을 패망하게 한 가장 큰 원인이었다고. 그런데 그들은 그것을 깨닫지 못하고 오직 그들이 좀 더 일찍 과학 기술을 발전시키지 못한 것이 그 원인이라고 생각하고 있었던 거야. 그래서 근래 와서 그들은 국가적인 총력을 다해서 과학 기술 발전에 힘을 쏟고 있는 것이야. 심지어는 그들의 장관들마저도 모든 분야의 과학 기술자들을 임명하고 있어. 그 결과 그들은 핵무기도 보유하게 되었고 우주선을 쏘아 올리기도 하였고, 군사적으로는 드디어 핵 잠수함과 항공모함까지 보유한 거대 군사 대국으로 자리 잡게 되었어. 그러다보니까 이제 그들의 교만심이 다시금 노출되기 시작했어. 그들의 경제력이 일본이나 서구를 앞지르고 드디어 미국까지도 앞질러서 이제는 그들의 영향력이 세계 경제를 좌지우지할 정도가 되니까 그들의 그 중화사상에 의한 교만심이 서서히 겉으로 드러나기 시작하고 있어. 솔직히 말해서 그들은 세계 평화에는 관심이 없는 나라야. 지금은 어쩔 수 없이 겉으로는 세계 평화에 동참하고 있는 듯 하지만 사실 속으로는 언젠가는 그들 주변 나라들을 과거처럼 그들의 속국으로 만들겠다는 그런 교만심이 꽉 차 있는 나라가 바로 중국이야. 사실 말이야 바른 말이지만 과거에는 우리 조선이나 왜국 등등이 늘 중국에게 조공을 바쳐온 것도 사실이야. 그런데 지금의 중국인들은 아직도 그런 과거를 잊지 못하고 있는 것이야. 그들은 그들이 만든 거대한 만리장성이나 진시황의 군마상, 거대한 자금성 등등을 바라보면서 아직도 옛 꿈을 그리워하고 있어. 과거 언젠가 중국의 지도자 등소평이 '너무 일찍 발톱을 보이지 말라'라는 말을 한 적이 있어. 그리고 '힘을 감추고 때를 기다리라(도광양회 : 韜光眪膽)'라는 말을 한 적도 있어. 그 말들을 가만히 생각해 보면 일단 때를 기다렸다가 언젠가는 발톱을 확실하게 보여라, 아니면 언젠가는 발톱을 확실하게 한 번 사용하여라, 등으로 충분히 해석할 수가 있단말이야. 그런데 중국인들은 벌써 조금씩 그 발톱을 보이기 시작했어. 그들은 이미 보란 듯이 그들이 만든 미사일을 툭하면 시험 발사하고 있고 그들이 만든 전투기, 그들이 만든 항공모함 등으로 그들의 위세를 보이고 있어. 그리고 그들은 군사적인 분야에서 뿐만이 아니라 민간인들마저도 그 뿌리 깊은 교만심을 드러내고 있다고. 내가 한 가지 이야기를 해줄게. 사실 나는 남조선의 신문을 매일 보고 있어. 남조선의 신문이 내게로 오는 길은 많이 있어. 나는 그들의 신문을 통해서 남조선의 모든 분위기나 상황을 늘 알 수가 있어. 그런데 약 사오 년 전의 일이라고 기억을 해. 서울 대연동이라는 곳에서 밤늦게 음주 단속을 하고 있던 남조선 경찰관들에게 중국 대사관 소속의 외제차 한 대가 적발이 된 적이 있어. 짙은 검은색으로 유리창이 코팅이 되어 있는 검은 아우디 승용차가 음주 단속 경찰에게 적발이 되어 남조선 경찰이 유리창을 내리라고 했어. 그런데 그 승용차의 유리창은 열리지 않았어. 계속 남측 경찰관이 문을 열라고 두들겼지만 승용차의 유리창은 열리지 않았어. 계속 남측 경찰관이 문을 열라고 두들겼지만 승용차의 유리창은 끝내 열리지 않았어. 할 수 없이 그 경찰관이 차 번호를 통해 차적을 조회하니까 결국 그 차량은 중국 대사관 소속 차량이었어. 사실 외교관은 어딜 가나 치외 법권이라는 것이 있어서 출입국 때 화물조사도 받지 않고 현행범이라 할지라도 사면을 받을 권리가 있어. 그 당시 그 승용차 안에는 누가 타고 있었는지 모르지만 분명 중국 외교관 중 누군가 타고 있었던 것은 사실이었어. 그렇다면 그들은 스스로 문을 열고 외교관임을 밝히며 잘못했다고 정중히 사과만 하면 그들은 아무 문제없이 통과할 수 있는 상황이었다고. 그런데도 그들이 끝까지 남조선 경찰을 무시하고 네 시간이나 넘게 문을 열지 않고 버티었다는 것은 그들이 남조선을 우습게보고 있다는 증거란 말이야. 그런데 더 우스운 것은 어찌 보면 이 문제는 국가간 외교적인 문제인데도 중국 정부나 중국 대사관에서는 그 차 안의 당사자들에 대한 어떠한 처벌도 하지 않았어. 심지어 중국 대사관에서는 오히려 그들은 두둔하는 듯한 그런 행태를 보였다고. 사실 이런 문제는 중국 대사관의 표현대로 '아무것도 아닌 사소한 일'일 수도 있어. 그러나 곰곰이 생각해 보면 이런 문제는 중국이라는 나라가 남조선을, 아니 우리 조선인 모두를 얼마나 업신여기고 있는지를 아주 잘 나타내 주는 좋은 사례라고 볼 수 있어."

말을 여기까지 마친 김정일은 약간 힘겨운 듯이 미간을 찌푸리며 음료수로 목을 축였고, 아들 김정은은 여전히 아버지의 말을 한마디라도 놓치지 않으려고 온몸을 웅크려 듣고 있었다.

김정일은 한 장의 남조선 신문을 아들 김정은 앞으로 내밀면서 말했다.

"자, 여기를 보아라. 지금 남조선 서해안은 한창 전쟁 중이란다."

아들 정은이 아버지가 준 신문을 가만히 읽어보니 그 내용이란 바로 중국의 어선 수천 척이 남조선 영해로 들어와서 마구잡이로 조업을 하고 있고, 그것을 막으려는 남조선의 공무원 몇 명과 해양 경찰 몇 명이 안간힘을 쓰고 있는데 중국 어부들은 몽둥이 쇠파이프 심지어는 칼까지 휘두르며 남조선의 해양 경찰을 위협하는데 이것이야말로 전쟁과 조금도 다른 것이 없는 난장판이었다. 그리고 그 와중에 결국 남조선 해양 경찰 한 명이 중국 어부가 휘두른 칼에 찔려 사망을 하였다는 내용이었다. 그리고 그 다음날 신문은 중국 정부 관리가 자기네 나라 어부들 두둔하는 내용, 그리고 자기네 살인자 국민에게 너무 과한 판결을 하지 말라는 은근한 협박성의 발언이 실린 내용이었다. 아들 정은이도 뚫어져라 신문 몇 장을 샅샅이 읽어보았다. 몹시 흥분한 모습의 김정일이 아들 김정은에게 말했다.

"자, 이 내용을 보았느냐? 이것이 오늘 중국인들의 실상이다. 그들이 우리 조선인을 얼마나 깔보고 있으면 남의 나라 영토에 와서 이런 행패를 부리겠느냐. 더구나 중국 관료들의 태도는 어떠하냐. 이거야말로 자기 자식들이 남의 집에 가서 도둑질을 하는데 그 부모는 뒷짐 지고 쳐다만 보고 있는 꼴 아니냐. 이것이 바로 현재 중국인들의 행태이다. 내가 몇 번 말하지만 중국이라는 나라는 세계 평화와는 전혀 상관없는 나라이다. 그들은 세계 평화보다는 소위 그들이 말하는 동북아공정(東北亞攻征)이 그들의 최종 목적일 뿐이다. 그들은 공공연히 일본에게 필리핀에게 대만에게 그리고 베트남에게, 심지어는 미국에게까지 시비를 걸고 있다. 그들은 이제 교만(驕慢)이라는 수준을 넘어서 오만(傲慢)이라는 작태에까지 이르고 있음을 확실히 알수 있지 않느냐? 그러나 아들아, 중국을 무서워 할 필요가 없다. 왜냐하면 개인이나 국가나 어떤 민족이든 간에 교만한 자는 결국 패망한다는 것이이 우주의 섭리고 법칙이니까. 우리는 전혀 그들을 두려워할 필요가 없다."

김정일은 여전히 흥분을 가라앉히지 못한 채 말을 이었다.

"아들아, 나는 이 신문들을 보고 내 가슴 속에서 분통이 터지는 것을 억제할 수가 없었다. 도대체 남조선 국민들은, 아니 남조선 관리들은, 아니 남조선 대통령은 도대체 무엇을 하고 있었기에 그들 남조선이 이 지경이 되도록 있었단 말인가! 이것이 어제 오늘 일도 아니고 벌써 몇 년이나 계속 되는 일이었는데도 도대체 그들은 무엇을 하고 있었단 말인가. 남조선 대통령의 가장 큰 임무가 무엇인가. 바로 그들의 국토를 지키고 그들의 국민은 보호하는 것이 가장 중요한 임무가 아닌가. 그런데 바다도 엄연히 그들의 국토인 것을 약탈자들로부터 지켜 내지 못하고 오히려 그들의 경찰이 해적 같은 약탈자들에게 얻어맞고 죽음을 당하도록 내버려 두고 있는 남조선 대통령은 도대체 무엇을 하는 사람이란 말인가? 정말 내가 이렇게 분통이 터지는 데 남조선 국민들은 얼마나 분통이 터지겠냐 하는 말이다. 외교 순방도 좋고 무역도 좋고 이름 있는 국제회의를 유치하고 하는 것도 다 좋은데 다른 한편으로는 국토가 침공을 당하고 그들 경찰이 침략자들에게 죽음을 당한 후에 외교가 무슨 필요가 있고 그럴싸한 국제회의 유치가 무슨 소용이 있단 말이냐? 정 이런 문제가 외교적으로 해결되지 않는다면 전쟁이라도 한번 하겠다는 각오로 침략자들에게 단호한 조치를 취해야 하는 것이 아닌가!"

얼마간 침묵의 시간이 흘렀다. 다소 흥분이 가라앉은 듯한 김정일이 이제는 차분한 어조로 아들을 향하여 말을 이었다.

"자, 내 결론은 바로 이것이다. 비록 우리가 지금은 어쩔 수 없이 중국과의 무역이 우리 공화국 전체 무역의 80%를 차지하고 있지만 결코 중국은 우리의 영원한 동지는 될 수 없는 나라이다. 분명 중국은 한 개를 도와주면 열 개를 뺏어갈 그런 나라이다. 분명 중국은 우리 한반도가 통일이 되지 않도록 가장 원하는 나라다. 그렇다면 우리 북조선이 추구하는 강성 대국 즉 모든 인민이 잘 먹고 잘 입고 잘 살고, 외국의 원조 없이도 우리가 당당히 잘 살 수 있는 나라를 만들려면 필히 외국과의 무역 활동은 어쩔 수 없는 선택인데

그러면 중국은 아니고 이제 일본이라는 나라를 한 번 살펴보자. 역사적으로 쉽게 보아도 그들은 우리 한민족을 끊임없이 괴롭혀온 나라이다. 왜구에서부터 임진왜란, 그리고 일제 강점기 징용군, 위안부 등등 헤아릴 수 없이 우리 민족을 괴롭혀온 나라다. 그런데 역사적 과거는 그렇다 치더라도 당장 현실을 볼 때도 그들은 툭하면 그들의 과거사를 미화하고 '독도는 자기 땅'이라고 끝까지 우기고 있고, 소위 우익이라고 자처하는 자들은 잊으려고 하면 한 번씩 광기 어린 목소리로 우리 민족을 조롱하고 있는 실정이다. 어찌 우리가 그런 나라를 믿을 수가 있겠느냐. 요약해서 말한다면 일본은 우리 한반도에서 전쟁이 일어나기를 가장 바라고 있는 나라다. 중국이 우리 한반도의 통일

을 가장 원하지 않고 또 우리의 통일을 가장 방해하려고 하는 나라라면은 일본은 우리 한반도에서 전쟁이 일어나기를 가장 바라고 있는 나라이다. 만약 이 한반도에서 또 다시 전쟁이 일어난다면 아마 일본인들은 기쁘게 춤추며 잔치라도 벌일 것이다. 그리고 그들은 절대로 과거 저들이 저지른 죄악을 반성하지 않고 있는 나라이다. 그러면 결국 우리는 끝까지 그들에 대해서 경계의 끈을 늦추면 안 될 것이다.

다음으로 미국이라는 나라를 한번 보도록 하자꾸나. 미국은 한마디로 아주 큰 나라이다. 국토의 크기에서부터 경제도 과학 기술도 앞서 있고 세계 최강의 군대를 보유하고 있는 거대 군사·경제 강국이다. 물론 최근에 와서는 무역 적자와 실업률, 경기 둔화 등으로 인하여 그 위세가 약간 꺾이는 듯 하지만 그러나 아직도 그 미국이라는 나라는 세계 최강이고 그 위세는 그렇게 쉽사리 꺾일 나라가 아니다. 그런데 그 미국이라는 나라를 좀 더 정확히 평가하고자 한다면 우리 공화국과 미국과의 관계를 대비해 보는 것보다는 남조선과 미국과의 관계를 유심히 살펴볼 필요가 있을 것이다. 한마디로 남조선과 미국은 혈맹 관계에 있는 나라다. 알다시피 육십여 년 전 이 땅에 통일 전쟁이 일어났을 때 미군은 남조선을 도와서 남조선을 살렸고, 이후에도 많은 원조 물자를 통하여 남조선이 도약을 하는데 결정적인 후원을 해 준 것은 부인할 수 없는 사실이다. 그리고 지금도 남조선은 미국이라는 나라와 많은 교역을 이루고 있는 것도 사실이다. 그래서 미국은 꾸준히 남조선에게 도움이 되고 있는 나라라는 인식이 강하게 뿌리박혀 있는 것 또한 사실이다. 그런데 과연 미국이라는 나라가 남조선에게 그렇게 좋은 일만 하는 나라일까? 글쎄, 내가 보기에는 결코 그렇지만은 아닌 것 같아."

그러면서 김정일은 또다시 남조선의 신문 몇 장을 아들 김정은 앞으로 내밀었다. 그리고 약간 흥분한 어조로 말하였다.

"자, 이 신문을 보면 미국의 「론스타」라는 회사 이름이 수없이 나오고 있다.

이 「론스타」라는 회사는 한마디로 미국의 거대 자본 기업이다. 쉽게 말해서 자금 즉, 돈으로 돈을 벌고 있는 거대 기업이다. 그런데 지난 90년대 말에 남조선이 IMF라는 아주 어려운 사태를 맞이하였다. 그와 동시에 남조선의 은행들 역시 큰 어려움을 당하게 되었어. 바로 그때 이 「론스타」라는 거대 기업이 큰 어려움에 처한 남조선의 은행 하나를 아주 헐값에 사들였어. 그리고 얼마 후 남조선이 IMF의 고통에서 벗어나고 다시금 경제가 회복이 되니까 남조선의 은행들 역시 정상적으로 회복이 되었고, 그 은행 역시 정상적으로 회복이 되어 이제는 많은 이익을 얻게 되었어. 그렇게 되니까 「론스타」라는 그 회사는 대주주라는 명목으로 주식 배당금이라는 이름하에 많은 돈을 챙겨가기 시작했어. 그런데 그 챙겨간 돈의 액수가 어마어마한 금액이었어. 그리고 어느 정도 돈을 챙겼다는 계산이 나오니까 이제는 그 은행을 다시금 남조선의 다른 은행에게 팔아버리겠다는 것이야 그런데 그 차익이 아주 어마어마한 금액이었어. 결론적으로 「론스타」 사태뿐만이 아니라 이와 유사한 일들이, 각 분야에서 거대 기업을 앞세운 자본 수탈이 비일비재하다는 이야기야. 결론은 미국이라는 나라 역시 그들의 이익을 위해서는 다른 약소국 혹은 개발 도상국의 국민들 고통은 아랑곳없이 그들 이익만 챙기는 아주 냉혹한 나라야. 사실 지난번 미국의 부시 대통령이 우리 공화국을 '악의 축'이라고 몰아붙이고 있을 무렵 만약 우리 공화국이 중동 어느 아랍 국가처럼 원유가 풍부하게 매장되어 있는 나라였다면 아마 모르긴 몰라도 분명 미국이라는 나라는 우리 공화국을 공격하고 점령하였을 것이라는 생각이 들어. 어쨌거나 이 미국이라는 나라는 세계 최강국으로써 세계의 경찰로써 겉으로는 정의롭게 큰 희생을 치르고 있는 것이 분명한 사실이지만 그 이면에는 바로 국가 이익 혹은 자국 내 기업 이익이라는 보이지 않는 거대한 목적이 있는 것 또한 사실이야. 바로 미국의 이면에 숨겨져 있는 그 거대한 목적 때문에 세계의 저소득 국가, 약소국가 또는 개발 도상 국가의 국민들이 알게 모르게 고통을 받고 있는 것 또한 부인할 수 없는 사실이야. 우선 아주 쉬운 예를 한 가지만 짚어보자고. 얼마 전 리비아의 독재자 카다피라는 대통령이 있었어. 그는 아주 지독한 독재 정치를 하면서 리비아 국민들에게 돌아가야 할 많은 돈을 해외 은행으로 빼돌렸어. 그 금액이 얼마냐 하면 거의 리비아 정부 1년 예산에 버금가는 막대한 금액이었어. 미국은 리비아의 카다피 대통령에게 빨리 독재 정치를 청산하고 대통령직에서 물러나라고 계속 요구하였어. 그런데 우스운 것은 카다피가 빼돌린 막대한 금액의 돈이 어디에 있냐하면 결국 그 돈은 미국의 「월」가에 있었단 말이야. 그리고 결국 리비아 대통령 카다피는 리비아를 탈출하지 못하고 반군에게 죽음을 당하고 말았어. 그러면 카다피가 빼돌린 막대한 양의 그 돈은 지금 어디에 있을까? 과연 미국이나 서방 세계는 카다피의 그 많은 돈을 고스란히 리비아 국민들에게 되돌려 주었을까? 아니야. 절대 그렇지가 않아. 물론 생색용으로 일부는 리비아 국민들에게 돌려주었겠지. 그러나 리비아 국민들의 피와 땀이 섞인 그 많은 돈 대부분은 미국에 그리고 몇몇 서방 국가에 그대로 남아있단 말이야. 그러면 과거 이란 「팔레비 왕」, 아프리카 우간다의 「이디아민 대통령」, 아시아 필리핀의 「마르코스 대통령」등등이 맡긴 그 어마어마한 금액의 돈들은 지금 다 어디에 있으며 누가 다 차지하고 있을까? 이것이 바로 미국이라는 나라의 이중성이야. 미국은 그들의 군대를 「평화 수호, 혹은 민주주의 확장」이라는 명목으로 세계 여러 나라에 파병시키고, 혹은 전쟁을 일으키고 하지만 결국 그 모든 행위의 목적은 그들의 패권(覇權:supremacy) 확장과 그들의 국가이익 즉, 돈(貨幣:currency)에 목적을 두고 있음을 명확히 알고 있어야 해.”

여기까지 말을 마친 김정일은 다시금 몸을 바로 가누면서 한 모금의 물로 목을 축인 다음 약간 긴장된 표정으로 말을 이었다.

“그런데 아들아. 내가 방금 이야기한 「론스타」 사건은 사실 미국과 남조선과의 문제일 뿐인데 왜 내가 화가 나고 분통이 터지는지 모르겠구나. 마치 중국의 해적 같은 어부들이 남조선 해경을 살해했을 때처럼 내가 화나는 구나. 물론 그 이유는 나 역시 우리 공화국이니 남조선이니 하는 문제를 떠나 모두가 한민족이라는 이유 때문일 거야. 결국 '팔은 안으로 굽는다' 하는 당연한 진리 때문이겠지. 어쨌거나 이 「론스타」 사건이 나를 화나게 하는 이유는 바로 이 사건을 둘러싸고 있는 배후에 남조선의 고위 관료들이 깊게 관여하고 있다는 사실 때문이야. 언뜻 보면 미국 대기업의 자본이 남조선의 은행을 샀고, 그 은행이 이익을 남겨 배당금을 챙겨갔고 또 그 은행을 다시 팔아 큰 시세 차익을 남겼고… 등등의 문제인데 좀 더 자세히 보면 그렇게 단순한 문제가 아니란 말이야. 첫째, 이 모든 것이 국제법상으로 문제가 없는지, 은행을 사고 팔 때 그 자산 평가가 제대로 정확히 평가되었는지, 「론스타」가 생색용으로 낸 세금에는 문제가 없었는지, 법률상으로 과연 「론스타」가 남조선 은행을 구입할 자격이 있는 회사인지, 그 외 「론스타」가 은행 외의 사업에 손을 댄 경위와 끝마무리까지의 과정에서 문제는 없었는지 등등의 문제를 파헤쳐 보면 이건 의혹에 의혹이 꼬리를 물고 있는, 전혀 이해가 가지 않는 일들이 한두 가지가 아니란 말이야. 이 과정에서 남조선 고위 관료들의 이상한 행동과 판단들은 내가 보기에는 '「론스타」가 남조선의 돈을 훔쳐갔다'라는 표현보다는 '남조선의 고위 관료들이 남조선의 돈을 「론스타」에게 갖다 바쳤다'라는 표현이 더 어울릴 것 같단 말이야. 만약 내 판단이 맞다면 여기에는 엄청난 부정·부패·뇌물·비리·검은 뒷거래 등이 당연히 도사리고 있을 것이란 말이야.

사실 말이야 바른말이지만 남조선 고위 각료들의 부정부패는 어제 오늘의 일이 아니란 말이야. 만약 남조선이라는 나라가 망했다면 그 원인은 틀림없이 고위 관료들, 정치인들, 거짓 교육자들, 재벌들 등에 의한 부정부패가 가장 큰 원인일거야. 그것은 틀림없는 사실이야. 우선 전직 대통령들부터가 부정부패에 벗어난 사람이 아무도 없어. 물론 지금 대통령 역시 아직 임기 중인데도 불구하고 주위 친·인척들로부터 가까운 참모들 등에 의한 부정부패로

잡혀가고 있는 마당에 만약 임기가 끝나고 난 후라면 현 대통령 본인마저도 어떤 미래가 기다리고 있을 지는 아무도 모른다고. 그런데 더 큰 문제는 이런 부정부패를 확실하게 뿌리 뽑고자하는 사람이 아무도 없다는 것이야. 돈 있고 권력 있는 자들은 요리조리 법망을 피해 다 도망가고 설령 이들이 감옥에 간다 하더라도 휠체어 타고 얼굴 가리고 모자 푹 눌러쓰고 병원과 재판정에 몇 번 왔다 갔다 하면 죄다 풀려나 버리니 그로인해 남조선 국민들이 느끼는 허탈감과 분노는 충분히 짐작이 간단 말이야. 내가 보기에 그 원인은 역시 허술한 법과 솜방망이 법 집행이 가장 큰 원인일 수밖에 없어. 내가 보기에는 우리 공화국 같았으면 철퇴로 내리쳐도 속이 풀리지 않을 범죄자도 돈만 있고 권력만 있으면 솜방망이로 맞는 시늉만 하고 풀려나 버리니 일반 국민들은 통탄할 노릇이겠지 그러면 결국 법을 바꿔야 한다는 말인데 그 법을 바꿔야 하는 국회의원들은 또 어떠냐 말이다. 한마디로 말해 참으로 가관이지 뭐. 부정부패는 기본이고 책상치며 삿대질하고 고함지르는 것은 물론이거니와 심지어는 쇠망치를 휘두르고 전기톱이 춤을 추고 공중 부양하는 자도 있고 최루탄까지 국회 안에서 터지고 국민의 피 같은 세금으로 해외여행이나 다니고… 등등 말할 수가 없는 추태가 벌어지고 있는 곳이 바로 오늘날 남조선의 국회야. 그렇다면 남조선 국민들이 할 수 있는 일은 지방 선거, 총선, 대선 등을 통해 사람을 바꿔야 하는데 문제는 남조선 국민들이 선거를 통하여 착하고 겸손하고 정의롭고 애국심 많은 사람을 국회의원으로 뽑았는데 그 사람역시 국회에만 들어갔다 하면 거만해지고 부정부패에 휩싸이고… 이렇게 사람이 확 변해버리니 남조선 국민들의 가슴에 더 큰 멍이 들고 있다는 거야. 더구나 이런 부정부패를 방지하기 위해 목숨을 걸고 법부터 바꾸겠다고 나서는 사람이 없다는 거야. 내가 보기에는 남조선의 법이 가장 먼저 바뀌어야 할 부분은 적어도 관료, 정치인, 재벌 등에 의해서 저질러진 부정부패에 대해서만큼은 '최대 징역 몇 년 이하. 벌금 몇 원 이하'가 아니라 '최소 징역 몇년 이상,

최소벌금 몇 원 이상'으로 바뀌어야 한다고. 그런데도 그런 공약을 내걸고 있는 자가 한 명도 없다는 것이야. 남조선 국민들의 고민이 바로 여기에 있어. 한 가지 우스운 이야기를 한다면 남조선의 애국가 중에 이런 가사가 있어. '하나님이 보우하사 우리나라 만세'라는 이 가사를 가만히 보면 여기서 말하는 '하나님'이라는 본뜻이 무엇인지 잘 알 수는 없으나 저렇게도 대통령들을 비롯한 정치인들, 재벌들, 관료들, 거짓 교육자들 등등에의해 저질러지는 범죄 행위가 끊이지를 않는 데도 불구하고 저 남조선이라는 나라가 저렇게도 발전을 하고 있는 것을 보면 그 '하나님'이라는 존재가 남조선을 보우하고 있는 것 같기도 해. 그러나 사실은 역시 말없이 자기 일에 묵묵히 열심을 다하고 있는 남조선의 일반 국민들에 의해 남조선이 꾸준히 발전하고 있다는 것은 누구도 부정할 수 없는 사실일거야. 그건 그렇고 그런데도 불구하고 그 숱하게 많은 남조선 고위 각료들, 정치인들의 부정부패 소식을 보고도 나는 단지 우스울 뿐이지 이렇게 화가 나지는 않았어. 저축 은행들의 엄청난 비리, 부정 대출, 꼭 도둑놈 소굴 같은 남조선의 외무부 등등의 사건을 보면서도 그것은 남조선 내의 그들 문제였단 말이야. 그런데 이「론스타」사건을 보니까 내가 화가 나고 분통이 터진단 말이야. 내가 이렇게 화가 나는데 남조선 국민들은 얼마나 분통이 터지겠냔 말이다. 그런데 더욱 이상한 것은 그들 남조선의 국부(國富)가, 그것도 무려 칠조 원이라는 천문학적인 국가의 돈이 해외로 빠져나가고 있는데 과연 남조선 대통령은 그런 사실들을 모르고 있었단 말인가? 만약 몰랐다면 남조선 대통령은 뭐하는 사람이란 말이냐? 그리고 남조선 대통령 주위에 있는 그 똑똑하다고 설치는 참모들은 모두 다 뭐하고 있었단 말인가? 만약 대통령이 이런 사실을 알고도 모른 체하고 그냥 있었다면, 그것은 대통령이나 혹은 그 주위의 친인척 중 누군가가 이 사건과 깊은 연관이 있다는 이야기인데 만약 그랬다면 현 대통령은 자기가 대통령에 당선된 직후 자기의 모든 재산을 사회에 헌납하겠다고 한 것은 완전히 국민들의 눈을 속이기 위한 생쇼였단 말인가?

여기까지 말을 마치고 난 김정일은 얼굴에 약간 우스운 모습을 띄우며 다시금 목을 축였다. 그리고 다시금 말을 이었다.

"얘, 아들아. 나는 남조선의 이 「론스타」 사건을 보면서 가장 궁금한 것이 한 가지가 더 있어. 자, 이렇게 생각해보자. 한 사오 년 후에 다시 말해서 「론스타」 사건이 남조선 국민들의 기억에서 사라질 듯한 몇 년 후 미국의 월가 중심에 있는 「론스타」 본사의 어느 화려한 스위트룸에서 「론스타」 회장을 비롯한 몇몇 고위 간부와 이 사건에 적극적으로 참여한 남조선의 몇몇 고위 간부들이 최고급 와인을 들이키며 비열한 웃음소리와 함께 서로 축배를 들고 있다고 하자. 그때 그 자리에 참석한 전직 남조선의 고위 각료들 중 가장 높은 지위에 있었던 고위 각료는 과연 누구일까? 소위 그들이 말하는 '몸통'은 과연 누구일까? 그것이 제일 궁금하단 말이야. 전직 금융 감독 위원장일까? 아니면 전직 경제부총리? 그런데 이런 큰 도박판은 아무나 낄 수가 있는 자리가 아닌데. 이런 거대한 음모는 적어도 대통령과 연관있는 자라야 하는데…… 그렇다면 혹시 형님이?

아들아, 지금 내가 말한 이 모든 것이 내가 바라본 미국이다. 결국 우리는 미국이라는 나라 역시 끝까지 믿을 나라는 못 되는 것 같구나. 오늘 내가 우리 아들과 같이 정말 많은 말을 나누는구나. 내 기분이 몹시 상쾌하구나. 그래서인지 내가 몹시 시장하구나."

이윽고 단출한 식사가 들어왔다. 두 부자는 식사를 하면서도 대화는 계속 이어지고 있었다. 역시 가르치는 쪽은 아버지 김정일이고 그런 아버지의 말을 한마디라도 놓치지 않으려는 듯이 아들 김정은은 바짝 긴장한 상태로 양 귀를 곤두세우고 있었다.

"자-. 이제 러시아로 한 번 눈을 돌려보자. 이 러시아라는 나라는 과거 소련(蘇聯:the soviet union 소비에트 연방 공화국)일 당시에는 우리 공화국의 최대 우방국이었다. 정치·군사는 물론 경제·기술·과학·교육 등 모든 분야에서 우리 공화국은 이 「소련」이라는 나라의 영향을 가장 많이 받아왔던 나라이다. 그러나 불행스럽게도 1991년 사회주의 붕괴로 인하여 「소련」이라는 나라가 없어지고 「러시아」로 다시 태어난 지금 그 러시아는 아직까지도 사회주의의 부작용으로 발생된 후유증(後遺症)에서 벗어나지 못하고 있는 실정이다. 물론 그 나라는 엄청난 지하자원 특히 천연 가스의 다량 수출로 어느 정도 경제 회복을 하고는 있지만 아직까지는 남의 나라를 적극적으로 도와줄 수 있는 그런 나라는 아니다. 따라서 우리가 러시아에게도 큰 기대를 가질 수 있는 그런 나라는 아닌 듯싶다. 이제 전체적인 결론을 한번 내려 보자. 중국은 한 가지를 도와주면 열 가지를 뺏어갈 나라이면서 우리 한반도의 통일을 가장 원하지 않고 오히려 한반도의 통일을 가장 반대하고자 하는 나라이고, 늘 「동북아공정」이라는 야심을 갖고 있는 나라이다. 그러나 그것도 그들의 힘이 즉, 과학 기술·군사력·경제력 등이 미국을 앞질렀다고 생각될 때면 그들의 야심(野心:a simister)은 야욕(野慾:desire)으로 변할 것이다.

그리고 일본은 한마디로 요약해서 우리 한반도에서 전쟁이 일어나기를 가장 원하는 나라이다.

다시 말해서 우리 한반도에서 또다시 전쟁이 일어난다면 춤을 덩실덩실 추면서 가장 기뻐하는 사람이 바로 일본인들일 것이다. 그것은 단순히 지난 과거 6·25 통일 전쟁 때처럼 그들이 한반도 전쟁을 통하여 경제적 이득을 얻었던 것과는 전혀 차원이 다른 이유로 인해 기뻐할 것이다. 그 이유가 무어냐 하면 사실 일본인들의 군사적 최후 목표는 바로 미국이다. 그들은 미국에 의해서 지구상에서 유일하게 핵 공격의 피해를 입은 나라이다. 그리고 그들은 소위 그들이 말하는 사무라이 정신에 입각해 「은혜와 원수는 꼭 갚는다」라는 대명제가 은근히 그들 가슴 깊숙이 도사리고 있다는 것이다. 그들은 그들이 왜 지구상에서 유일하게 핵 공격의 피해국이 되었는지에 대해서는 전혀 반성하지 않는다. 오직 그들의 생각은 그들이 전쟁에 패배하였고 그들이 전쟁에 패배한 원인은 그들이 핵무기가 없었기 때문이었고 그래서 미국으로부터 핵 공격을 받아 결국 패배하였다. 하는 결론만 생각하고 있는 사람들이다. 그런데 지금 당장 그들이 미국을 공격한다는 것은 불가능하므로 그들은 그들의 군사적 최후 목적을 달성하기 위해 바로 중국이라는 나라를 이용하고자 하는 것이다. 그들은 만약 그들 일본과 중국간에 전쟁이 일어난다면 자연히 미국이 개입할 것이고 그리고 미국과 중국 간에 본격적인 전쟁이 일어나서 양측이 피투성이가 된 채 지쳐 허덕일 때면 그들은 중국을 공격하는 것이 아니라 바로 그들의 우방국이라고 생각하며 방심하고 있는 미국을 향하여 어느 날 갑자기 과거 진주만 기습 공격 때처럼 미국 본토에 핵폭탄으로 공격을 감행하여 미국에게 치명적인 일격을 가한 후 중국과 러시아에게 협상 제안을 할 것이다. 그리고 지금까지 미국이 누려왔던 세계 군사권, 경제권, 외교권을 사이좋게 나누자고 제안할 것이다. 그래서 그들은 틈만 나면 중국인들에게 약을 올리고 있는 것이다. 그런데 만약 우리 한반도에서 또다시 전쟁이 일어난다면 대륙 국가인 중국과 해양 국가인 미국이 우리 한반도로 인하여 자연히 전쟁이 발발될 확률이 지극히 높아지게 됨으로 일본인들의 입장에서 볼 때 그들에게는 그들이 바라고 있는 그들의 군사적 최후 목적을 달성할 수 있는 절호의 기회가 될 것이고 어쩌면 그들은 큰 희생 없이 그들이 세계를 제패할 수 있는 기회가 올지도 모른다는 망상을 가질 수 있을 것이다.

어쨌거나 그들은 만약 우리 한반도에서 전쟁이 일어날 경우 아무리 그들의 계산기를 두들겨 보아도 그들 일본에게 손해 갈 것이 없다는 결론을 내릴 것이다. 그러면 미국은 여러 가지 정황으로 볼 때 우리 한반도가 제발 전쟁도 일어나지도 말고 그렇다고 통일이 되지도 말고 그냥 이대로 남북이 분단이 된 채 약간의 긴장감 속에서 그냥 이대로만 유지되었으면 하고 간절히 바라고 있는 나라이다. 그런 중에도 그나마 우리 한반도가 평화 통일이 이루어지기를 바라고 있는 나라가 바로 러시아다. 왜냐하면 통일 한반도가 경제적으로 급성장을 이루게 되면 국경을 마주하고 있는 그들로서는 그들의 풍부한 원자재를 판매할 수 있는 좋은 소비처가 될 것이고 여러가지 분야에서 분명 그들에게 특히 경제 쪽으로 많은 이득이 있으리라 생각하기 때문이다. 그리고 그들은 특히 우리 공화국과는 전통적으로 우호 관계를 맺고 있었다는 사실을 잊지 않고 있는 나라이다. 자, 그러면 중국·일본·미국·러시아 이 모든 나라들이 우리의 주된 교역국이 될 수가 없다면 그러면 우리는 누구와 주된 교역을 하여야 할까?"

이때 김정은이 아버지 김정일을 쳐다보며 말했다.

"남조선 밖에 없네요."

"그래 맞다. 남조선밖에 없어. 아무리 생각하고 생각해보아도 남조선밖에 없단 말이야. 그런데…"

잠시 말을 끊은 김정일은 담배 한 대를 물어 피우기 시작했다. 아들 김정은이 아버지 김정일을 걱정스런 표정으로 바라보며 말했다.

"아버지, 아버지가 담배 피우시는 모습을 정말 오랜만에 보네요. 아버지 건강이 좋지 않으신데 담배를 피워도 괜찮겠어요?"

그러자 김정일이 다시금 담배 한 모금을 깊이 빨고 내뿜으며,

"어차피 이 애비는 오래 살지 못할 것 같구나. 아무래도 몇 개월 이상을 넘기지 못할 것 같아."

그러자 아들 정은이 난색을 하며 말했다.

"아니에요, 아버지. 아버지는 오래오래 사실 수 있어요. 제 생각으로는 적어도 아버지는 할아버지보다는 더 오래 사실 수 있어요. 조금도 걱정하지 마세요."

그러자 김정일이 얼굴에 약간의 미소를 지으며 말했다.

"그러게 말이다. 내가 너의 할아버지만큼만 오래 살 수 있다면 얼마나 좋겠

453
사상 최대의 음모

냐만은 아무래도 내가 오래 살지는 못할 것 같아. 그건 그렇고 내가 하던 이 야기를 다시 계속 하마. 아무리 생각해도 우리 공화국이 강성 대국으로 성장 하려면 어쩔 수없이 남조선과 교류를 하긴 해야 하는데 그 일이 그렇게 쉽지 만은 않아. 다시 말해서 나의 세대에서는 어려움이 많이 있어.

우선 내가 남조선과 협상을 하고 무역을 하고 하기에는 풀어야 할 일들이 너무나 많이 있어. 그 첫째가 천안함 사태와 연평도 포격 사태가 있어. 물론 그런 일들이 나의 진심이 아니고 내 뜻이 아니었다 해도 그 모든 사태의 최종 책임은 내가 질 수밖에 없어. 그러나 만약 내가 아니고 내 사후 너라면 그것 은 가능해. 왜냐하면 너는 그런 것을 풀어나가야 하는 책임이 일단은 직접적 으로 없는 사람이니까 너라면 그것이 충분히 가능하단 말이야. 그런데 네가 그 일을 해 나가려면 북·남과의 문제가 아니라 먼저 북·북의 문제가 더 큰 난 제인 것이야. 처음에 내가 이야기했듯이 바로 우리 공화국의 군부를 네가 먼 저 확실하게 장악을 해야 한다는 것이야. 만약 네가 초기에 군부를 확실히 장 악하지 못하면 남조선과의 개방은 영원히 불가능하게 될지도 몰라. 자, 이렇 게 생각해보아라. 우리 군부 중 어느 누가 너의 통제를 벗어나서 또다시 천안 함 사태나 연평도 사태와 비슷한 행위를 하였다고 하자. 그때는 정말 북·남 관계가 되돌릴 수 없는 최악의 상황으로 치닫게 될 거란 말이야. 남조선 국민 들은 아니 세계의 모든 국민들은 '역시 북한은 어쩔 수 없는 도발의 나라이구 나.' 하는 생각을 하지 않을 수가 없어. 그렇게 되면 너의 입장은 정말 어렵고 도 난처하게 될 것이란 말이야. 네가 그런 어려운 입장에 처해지지 않으려면 바로 권력 계승 초기에 군부를 완전히 장악해야 한단 말이야. 그것이 가장 중 요한 문제란 말이야. 그런데 이 애비가 아들인 너를 요 몇 년간 가만히 지켜 보면 너는 그럴 배짱과 용기가 충분히 있는 인물이야. 너를 내 아들로서가 아 니라 완전히 남의 입장에서 볼 때 분명 너는 충분히 그렇게 할 수 있는 지도 력을 갖출 수 있는 인물이란 말이야. 그리고 너의 그 지도력이 삼 년간만 잘 버티어 준다면 그 이후에는 나보다 훨씬 더 이 공화국을 잘 이끌어 나갈 수가 있어. 결국은 처음 삼 년이 고비야. 처음 삼 년을 잘 버티어야 된다고. 다행히 너는 우선 너의 할아버지를 너무나 많이 닮은 인물이야. 내가 보아도 내 아들인 너는 만민이 존경하는 너의 할아버지를 너무 많이 닮았어. 이거야말로 하늘이 너에게 내리는 선물이야. 그런데 너는 외모만 너의 할아버지를 닮은 것이 아니라 너의 할아버지가 갖고 있던 대담함·배짱·카리스마적인 지도력 등등 모두를 이어받았단 말이야. 너는 바로 너의 그 장점들을 충분히 활용하여 당과 군과 공화국의 모든 인민을 장악해야 돼. 그리고 진정 인민을 위한 강성대국 건설을 힘차게 추진해야 해. 그것이 바로 너에게 주어진 운명이야."

말을 마친 김정일은 약간 피곤한 듯 의자에 푹 기댄 채 두 다리를 쭉 뻗어 가장 편안한 자세로 아들 김정은을 가만히 바라보고 있었다. 얼마간의 침묵이 흐른 후 김정일의 이야기는 계속되었다.

"자, 이제 네가 완전히 당과 군을 장악하고 나면 먼저 순차적으로 아주 작은 문제에서부터 하나씩 하나씩 남조선과 대화를 시작하여야 한다. 아주 작은 것에서부터 큰 것으로, 민간인에서부터 점차 관료적인 일들로 하나씩 하나씩 순차적으로 교류를 시작해야 한다. 그리고 어느 시점이 오면 적십자사를 통한 회담을 다시 시작하여야 한다. 그리고 북남 적십자 회담이 어느 정도 무르익어 가면 어느 날 갑자기 서울에서 우리 공화국 참석자들이 남조선의 천안함 사태로 숨진 장병들의 묘소로 찾아가서 참배를 하도록 하여라. 그렇게 되면 모든 것이 생각보다 쉽게 해결될 것이다. 너는 사과할 필요도 없고 남조선의 동의도 구할 필요도 없이 일방적으로 해버려라. 그러면 그 이후로 모든 것이 후련하게 잘 풀릴 것이다. 그리고 적어도 북·남 문제의 모든 대화는 우리 공화국이, 아니 바로 내 아들인 너 김정은이가 주도하게 될 것이다. 그리고 남조선과의 정치적이 논의를 할 때는 아주 통 큰 정치를 해야 한다. 이 통 큰 정치는 무엇을 의미하느냐 하면 북·남 대표들이 탁자를 가운데 두고 서로 마주 앉아 '우리가 당신네들의 요구를 이만큼 들어줄 테니 당신네들은 무엇 무엇을 혹은 누구누구를 풀어주시오' 등의 유치한 거래를 하지 말라는 말이야. 다시 말하면 우리가 베풀 수 있는 모든 것들을 그들이 요구하기 전에, 그들이 무엇 무엇을 얼마만큼 원조해 주겠다는 조건을 제시하기 전에, 먼저 우리가 일방적으로 베풀어 버리고 풀어버리고 석방해 버리란 말이야. 그것이 바로 아들, 네가 주도권을 쥘 수 있는 방법이란 말이야. 그것이 바로 우리 아들 정은이가 더 큰 것을 얻어 낼 수 있는 최선의 방법이란 말이야. 그것이 바로 우리 아들 정은이 네가 할아버지처럼 인민들로부터 신임을 얻고 존경을 받을 수 있는 가장 확실한 방법이란 말이야. 바로 지는 것이 이기는 것이요. 먼저 베푼 자가 더 큰 것을 얻을 수 있다는 가장 단순하면서도 보편적인 인간의 진리야. 내가 이 자리에서 분명히 말하건대 너는 아직 젊다. 아니 어리다. 그러나 정치라는 것이 꼭 나이만 가지고 하는 것이 아니란 말이야. 그러니 나이 어리다고 기죽을 필요가 전혀 없어. 오히려 젊은 패기를 잘 활용하면 의외의 좋은 결과를 얻을 수가 있어. 어쨌건 네가 이런 몇 가지 문제만 슬기롭게 잘 풀어 가면 적어도 너는 앞으로 사오십 년은 충분히 이 공화국의 지도자로서 이 공화국을 안정되게 이끌어 나갈 수 있을 것이다.

남조선과의 꾸준한 무역을 통해 그리고 남조선과의 통 큰 정치적 대화를 잘 이끌면 우리 공화국의 앞날은 아주 밝을 것이다. 그런데 한 가지 주의해야 할 것이 있다. 네가 남조선과의 꾸준한 대화, 꾸준한 무역, 꾸준한 상호 협력을 하고자 한다면 그 과정에서 꼭 한 가지 정리해야 할 문제가 있다. 그것이 무엇인고하면 바로 남조선에 있는 소위 '종북파'라고 불리는 자들과는 먼저 소통을 끊어야 한다. 그들과의 소통을 끊지 않고 남측 정치인과 대화를 한다면 남측 국민들은 끝까지 우리 공화국과 너를 의심의 눈초리로 바라볼 것이다. 너도 알다시피 지금 남조선에는 친북파와 종북파가 있다. 친북파는 당연히 우리 공화국과 활발한 교류를 하여 북남간의 긴장을 해소하자는 파이다. 그러면 종북파는 누구이냐. 바로 묻지도 말고 따지지도 말고 우리 공화국에 충성을 하겠다는 사람들이다. 그러니 당연히 우리가 그들과의 소통을 끊지 않고는 우리가 남측과 정상적인 거래를 할 수는 없는 것이다. 쉽게 말해 잔꾀·잔머리 굴리는 정치는 하지 말라는 이야기야.

　그러면 친북파와 종북파는 어떻게 구분하느냐? 그것은 아주 간단하다. 종북파는 과거 너의 할아버지에게 그리고 나에게 그리고 우리 공화국에게 충성서약을 한 사람들이고 또 우리가 주는 얼마간의 공작금, 즉 달러를 받은 사람들이다. 사실 말이야 바른 말이지 그 종북파라는 자들은 사실 진심으로 우리 공화국을 따르는 자들이 아니다. 그들의 목적은 바로 우리가 던져주는 몇 푼의 달러에 목을 매달고 있는 자들이다. 그리고 그들은 남조선 내의 경쟁에서 밀려난 자들이다. 과거 너의 할아버지께서는 나에게 이런 말을 하셨다. '만약 북남 간에 전쟁이 다시 벌어진다면 먼저 우리에게 충성서약서를 제출한 자들부터 처단해 버려라'라고 말씀하신 적이 있다. 왜 너의 할아버지께서 그런 말씀을 하셨냐하면 당시 우리 공화국을 방문하였던 남조선의 문 모라고 하는 어떤 목사가 우리 공화국에게 충성 서약서까지 제출하고 우리 공화국의 극진한 대접을 받은 후 다시 남조선으로 내려갈 무렵 우리 공화국에서 그 목사에게 '그냥 남조선으로 내려가지 말고 우리 쪽으로 귀순하겠다고 발표하고 아예 우리 공화국에서 사세요.'라고 하니까 그 목사가 고개를 설레설레 흔들면서 그렇게는 못하겠다고 완강히 거절을 했었어. 그 보고를 받은 주석님은 크게 화를 내셨어. 그리고 하시는 말씀이 '저 녀석도 결국은 사과 같은 놈이로구나. 겉만 붉지 속은 하얗구먼.' 이렇게 말씀하시면서 '한 번 배신자는 꼭 다시 한 번 배신을 하게 되어 있어. 쓰레기보다 못한 놈들이지.'라고 말씀하셨어. 사실 내 마음도 그래. 얼마 전에도 우리공화국에 소위 종북파라고 하는 여러 명이 방문을 하여 아리랑 공연도 보고 주석님의 동상 앞에서 참배도 했던 사람들에게 아예 우리 공화국으로 귀순을 하라고 권해 보았어. 그런데 모두가 한결같이 고개를 설레설레 흔들었어. 그리고 공통적으로 그들이 하는 말은 '공작금만 충분히 보내주면 우리가 남조선에 있으면서 열심히 이 공화국을 위하여 공작 활동을 수행하겠습니다.'라고 얘기를 한단 말이야. 물론 당장이야 우리가 모른척하고 가만있지만 만약 북남 간에 극한적인 어떤 상황이 닥치면 나 역시 그들부터 처단해 버릴 생각이야. 역시 주석님의 말씀 즉, '한 번 배신한 자는 꼭 다시 배신한다.' 하는 말씀은 분명 옳은 말씀인 것 같아. 그런데 그런류의 종북자들이 남조선 내의 학원, 교육계, 법조계 심지어는 군부에까지 있단 말이야. 한심한 녀석들이지. 그들이 바라는 것은 바로 우리가 던져주는 「달러」야. 특히 그들 중 소위 교사라고 자칭하는 몇몇 조직은 우리 공화국으로부터 정기적으로 공작금을 받고 있는 자들이야. 그들은 하루살이에서부터 낙타까지도 꿀꺽 삼키는 자들이야. 아주 더럽고 치사한 자들이지. 그리고 그들은 그 공작금마저도 서로 많이 차지하겠다고 다투고 있다고. 그들은 돈만 준다고 하면 나라도 팔아먹을 자들이고 그들은 돈만 준다하면 그들의 영혼까지도 팔아먹을 자들이야. 그러니 아들 너만큼은 절대로 그들과 소통하여서는 안 되고 그들의 말을 믿지도 말아야 한다고. 그 모두가 꼼수란 말이야. 그러나 소위 종북파라고 하는 그들은 곧 새끼 잃은 암곰을 만날 것이고 해산하는 여인보다 더 큰 고통을 당할 것이다.

이제 모든 선택은 네가 해야 한다. 바로 너의 몫이다. 이 애비는 이 이상 너에게 해줄 말이 없구나. 마지막으로 딱 한 가지만 더 이야기 한다면 앞으로 우리 이 공화국에 절대로 외국 군인들을 끌어들이지 말아라. 그것이 중국군이든 러시아 군대든 미국 군대든 일본군이든 간에 절대로 외국 군대가 우리 공화국에 들어오는 일이 없어야 한다. 만약 우리 공화국에 외국 군대가 들어오는 일이 일어난다면 그것은 바로 세계 삼차 대전이 일어난다는 뜻과 똑같은 의미가 될 것이다. 내가 마지막으로 하는 이 말을 꼭 명심하여야 한다."

말을 끝낸 김정일은 자리에서 조용히 일어서더니 옛날 김일성 주석이 사용하던 책상 뒤로 가서 바로 김일성 주석이 옛날 앉아서 집무를 보던 의자에 앉았다. 그리고 서랍 한 곳을 열더니 거기서 묵직해 보이는 상자 하나를 꺼냈다. 그리고 그 상자를 들고 다시금 자기가 앉아 있던 소파에 앉으면서 그 상자를 탁자 위에 조심스럽게 놓았다. 아들 김정은은 아주 심각한 표정으로 그 상자를 바라보았다. 화려하지는 않지만 왠지 깊은 비밀이라도 간직하고 있는 듯한 모습을 하며 가만히 놓인 상자는 무거운 침묵을 지키고 있는 듯이 굳게 닫혀 있었다.

이윽고 김정일이 조심스럽게 상자의 뚜껑을 열었다. 그리고 그 곳에서 무엇을 하나 끄집어내어 아들 김정은에게 가만히 건네주었다. 김정은은 떨리는 손으로 책을 받았다. 표지가 새까맣게 생긴 아주 묵직하고 낡고 오래된 듯해 보이는 책이었다. 그리고 책표지에 적힌 글자를 보고는 김정은 깜짝 놀라지 않을 수 없었다. 바로 〈성경전서〉라고 쓰인 책이었다. 김정은이 아버지 김정일을 바라보면서 놀라는 표정을 지으며 물었다.

"아버지, 이 책은 바로 성경책 아닙니까? 이 성경이 누구의 책이지요. 그리고 이 성경이 왜 할아버지의 서랍에 있지요?"

그러자 김정일은,

"그 책 맨 첫 장을 열어보아라. 그러면 그 책이 누구의 책인지 알 것이다."

그 말을 들은 김정은은 책의 첫 장을 열어보고는 또 한 번 소스라치게 놀랐다. 〈평양 칠골 교회 교사 김일성〉, 이렇게 쓰여 있었다.

"아니 그러면 저의 할아버지이신……."

그러자 김정일은 고개를 가볍게 끄덕이면서 상자 안에서 또 다른 책 두 권을 끄집어내었다. 역시 똑같이 〈성경전서〉라고 쓰인 책 두 권이었다. 마찬가지로 책 첫 장을 열어보니 〈평양 칠골 교회 강반석 집사〉, 〈평양 칠골 교회 김형직 집사〉라고 쓰여 있었다. 김정일이 무겁게 입을 열었다.

"그래, 우리 집안은 원래가 아주 충실한 기독교 집 안이었어. 나도 실상은 이런 사실들을 나의 아버지이신 김일성 주석님께서 세상을 떠나시기 몇 개월 전에야 알았어. 그때 주석님이 바로 이 세 권의 성경을 나에게 보여 주셨어. 그때 내가 들은 이야기로는 바로 여기 적힌 나의 할아버지 김형직과 나의 할머니인 강반석은 너무나도 독실한 기독교인이었어. 김형직 할아버지는 그 유명한 기독교 지도자 육성 학교인 평양 숭실 학교를 나오신 분이고, 교회를 중심으로 하여 항일 운동을 주도하셨던 아주 절실한 기독교인이자 애국 투사였던 강반석 할머니는 이름까지도 성경에서 나오는 〈반석:베드로〉 즉 〈기초가 되는 돌〉이라는 뜻의 강반석으로 지으셨고, 더구나 할머니 집안에는 기독교 학교인 평양 창덕 학교 교장이신 강동욱 장로를 비롯하여 강양욱 목사 등을 배출한 엄청난 기독교 집안이셨어. 그런데 중요한 것은 바로 나의 아버지이신 즉 너의 할아버지이신 김일성 주석님도 아주 절실한 기독교인이셨다는 사실이야. 나 역시 주석님이 세상을 떠나시기 몇 개월 전에야 이런 사실을 주석님께로부터 들을 수가 있었어. 나도 처음에는 지금 너처럼 무척이나 당황하고 놀랐던 것은 사실이야. 그때 주석님께서는 나에게 이런 말을 하셨어. 주석님은 너무 기독교에 심취한 나머지 성경에서 말하는 그 〈천국〉을 하늘에서가 아니라 바로 이 땅, 이 한반도에 그 〈천국〉을 만들고 싶었던 거야. 그리고 주석님은 김형직 할아버지의 영향을 받아서 곧 기독교인으로 형성된 조직을 이끌고 항일 운동을 하기 시작했었어. 항일 운동 중 주석님의 가장 큰 업적은 바로 1937년 함경남도 갑산군 보천면에서 일어난 그 유명한 보천보 사건이야. 너의 할아버지는 동북 항일연군을 이끌고 보천보에 있는 일제의 우편소·면사무소·일본인들의 학교·소방서·경찰서 등을 습격하여 일본놈들을 혼내준 사건이었어. 이후 주석님은 〈동북 인민 혁명군〉을 이끌고 계속 항일 운동을 하셨어. 그러나 주석님은 항일 운동을 하면서도 언젠가는 우리 땅에서 왜놈들을 쫓아내고 이 땅에 진정한 〈천국〉을 설립하겠다는 꿈을 한시도 버리지 않고 있었어. 그러던 중 주석님은 〈공산주의〉라는 새로운 사상에 접하게 되었던 거야. 그런데 그 〈공산주의〉라는 내용이 바로 주석님이 늘 꿈꾸어 왔던 〈천국〉혹은 〈지상 낙원:요한계시록 11장 15절〉과 가장 흡사한 내용이었던 거야. 그런데 이 땅에서 〈지상 낙원〉을 건설하려면 강력한 통치력이 필요하였던 거야. 즉 강력한 독재력이 아니고는 이 땅에 〈지상 낙원〉을 건설할 수 없다는 사실을 깨달은 주석님은 주석님의 뜻에 반대하는 세력들을 가차 없이 숙청을 하셨어. 그런데 한 가지 희한한 것은 주석님이 기독교에 심취하여 성경에서 말하는 〈지상 낙원〉을 성취하고자 하는 그 뜻에 가장 반대하는 사람이 바로 기독교인들이였어. 그러니 주석님은 바로 그 기독교인들을 숙청하게 되었던 거야. 그러다 보니까 점점 더 독재 정치가 되어버렸어. 사실 주석님의 그 〈지상 낙원〉 목표는 60년대 말까지는 어느 정도 성공을 하였어. 적어도 우리 공화국에서만큼은 직장이 없는 사람, 헐벗은 사람, 집 없는 사람, 굶주린 사람이 한 사람도 없었어, 그러나 〈공산주의 이론〉을 창시한 칼 마르크스나 〈공산주의〉로 권력을 잡은 레닌도 그리고 주석님도 한 가지 모르는 사실이 있었어. 그것이 뭐냐 하면 탐욕으로 가득 찬 인간의 능력으로 이 땅에 지상 낙원을 이룬다는 것 자체가 불가능한 것이었어. 그리고 또 한 가지는 인간이 본래 갖고 있는 인간 본능 중의 한가지인 〈경쟁의식〉이라는 단어를 미처 생각하지 못했던 거야. 즉 인간은 서로 간에 경쟁의식이 있어야 인간의 능력을 최대한 발휘할 수가 있다는 것이야. 즉 남보다 좀 더 잘 살고 싶은 욕구, 남보다 좀 더 좋은 집을 마련해야겠다는 경쟁의식 등 이런 인간 욕망을 통한 경쟁의식이 있어야 사회가 발전이 있고 그런 동기가 있어야만이 인간 능력이 최대한 발휘될 수 있다는 사실이야. 그런데 〈공산주의〉의 기본 이론은 문자 그대로 똑같이 일하고 똑같이 나누는 그런 식의 이론대로 나아가다 보니까 인간 본성인 경쟁의식이 없어지고 사회가 발전을 하지 못한 거야. 그러다보니 공산주의의 종주국인 소련이 분해가 되어버리고 중국이 공산주의를 포기하고 자본주의로 돌아서 버렸고 결국은 그 어려움이 고스란히 우리 공화국에게도

461
사상 최대의 음모

밀려오고, 그러면 그럴수록 반대자는 많아지고 그래서 더욱 더 독재가 강화되고 결국은 그 독재를 더욱 확고히 하기 위하여 주석님께서는 드디어 성경에서 말하는 〈하나님〉 자리를 주석님이 대신 차지하게 된 것이야. 그런 상태에서 주석님이 세상을 떠나시고 나니 당연히 그 주석님의 자리를 내가 앉게 된 것이야. 이제 만약 내가 세상을 떠나고 내 아들인 너 김정은이가 후계자가 되면 이제 이 자리는 당연히 또 너에게 물려지게 되는 것이야. 이러다보니 삼대 째 권력 세습이 이어져 버린 것이야. 이 시점에서 내가 가장 근심이 되는 것이 바로 네가 너무 어리다는 것이고 나는 적어도 나의 아버님이신 주석님 나이까지는 살 수 있으리라는 안일함 때문에 너에게 일찍 후계자 수업을 시키지 못하였던 것이야. 그러나 이제 너는 네가 원하든 원하지 않든 간에 너는 나의 자리에 앉게 될 것이야. 그리고 인민들의 요구는 더욱 커지게 될 것이야. 다시 말해 이제 지도자가 바뀌었으니 우리 공화국도 뭔가 바뀌게 되겠지, 하는 인민들의 욕구를 너는 절대로 거절할 수가 없어. 이제 선택은 너의 몫이다. 아까 말한대로 남조선과의 개방 없이는 이런 인민들의 욕구를 절대로 충족시킬 수가 없어. 너는 어쩔 수 없이 남조선과 개방을 할 수밖에 없을 것이야. 그러고 나면 인민들의 삶은 틀림없이 나아질 것이야. 자, 문제는 그 이후야. 생활이 조금 나아진 이후 인민들은 더욱더 많은 것을 요구하게 되고 급기야는 〈자유〉를 요구하게 되고 그 요구는 어쩌면 인민들의 봉기로 이어질지도 몰라. 바로 이것이 내가 제일 두려워하는 것이야. 우리 인민군 군부세력보다 더 무서운 것이 바로 이 인민들의 봉기야. 이것이 바로 너에게 다가올 최대의 고비이고 그 고비가 삼년이 최대 고비가 될 것이라는 말이야. 굳이 연도로 따진다면 2015년쯤이 되겠지. 요컨대 인민들이 봉기를 하여 폭동이 일어난다면 처음 한 번 두 번 쯤은 총칼로 막을 수가 있어. 그러나 네 번 다섯 번이 일어난다면 이제는 탱크로도 막을 수가 없어. 그러면 아들 너는 어떻게 처신을 해야 할까. 정말 나로서도 아들에게 해줄 수 있는 뾰족한 해결책이 없어. 이래서 내가 평안하지가 못하다는 것이야. 나의 걱정이 바로 여기에 있다는 것이야."

또 다시 긴 침묵이 흘렀다. 아들 김정은의 긴장된 모습을 차분히 지켜보던 김정일이 조용히 다시금 입을 열었다.

"이제 나의 이야기도 끝날 때가 되었구나. 별 뾰족한 해결책 없이 이야기를 끝내야하는 내 심정이 무척이나 안타깝구나. 그러나 한 가지 방법은 있어. 바로 겸손(謙遜)하라는 이야기야. 물론 어떤 큰일을 해야 할 때는 앞뒤 가리지 말고 단호하게 처리해야 하고 패기 있게 처신해야 하겠지만, 그래도 평소에는 늘 겸손함을 잃지 말아야 한다는 말이다. 얼마 전에도 이야기했듯이 모든 선의 시작은 겸손에 있고 모든 악의 시작은 오만(傲慢)에 있음을 꼭 명심해야 할 것이다. 그 다음으로는 검소(儉素)해야 한다는 것이다. 사실 지금까지 나나 당 간부들, 군부 고위층들, 내각의 고위 각료들이 사치와 호사(豪奢)로 인하여 인민들로부터 원망과 비난을 들어 온 것은 사실이다. 그러나 아들인 너는 이제 이 호화와 사치로부터 벗어나야 한다. 그러기위해서는 우선 소매와 바지를 걷어 올리고 농사짓는 인민들과 함께 직접 모내기도 해보고 추수도 해 보아라. 탄광에서 땀 흘리고 있는 광부들과 함께 직접 탄광에 들어가서 석탄 가루도 마셔가며 그들과 함께 석탄도 캐어보아라. 제철소에서 고생하는 노동자들과 함께 같이 땀 흘려 일해 보고 그들과 함께 식사도 해 보아라. 그것이 바로 인민들로부터 존경을 받고 신뢰를 얻을 수 있는 좋은 방법이 될 것이다. 그러나 겸손과 검소·성실·근면 이런 것들보다 더 중요한 것이 한 가지가 더 있다. 그것이 무엇이냐 하면 바로 인민들을 아끼고 사랑하는 진심(眞心)을 가지라는 말이다. 인민들을 진심으로 아끼고 사랑하는 마음이 없이는 네가 아무리 겸손하고 검소하고 성실하고 근면하게 처신한다 해도 그것은 결국 가식(假飾) 즉, 인민들을 속이는 거짓일 뿐이다. 그러면 너는 네가 하는 모든 일이 실패로 돌아가고 말 것이다. 인민들을 진정으로 아끼고 사랑하는 그 진심이야말로 너의 가장 든든한 방패가 될 수 있을 것이다. 그런데 네가 그 검소와 겸손

등을 실천하고자 하는데 걸림돌이 될 수 있는 가장 두려운 존재가 한 가지 있다. 바로 태자당(太子黨)이라는 것이다. 바로 너와 비슷한 또래인 당·군·내각 등의 고위층 아들로 만들어져 있다는 사조적인 태자당이 바로 그것이다. 그들은 사치와 향락에 젖어 있고 오만과 교만과 게으름이 그들의 온몸을 휘감고 있다. 그리고 바로 그들이 언젠가는 너에게 칼을 겨눌 것이다. 그리고 그들은 언젠가는 너의 등에 비수를 꽂을 것이다. 그들은 네가 성실과 겸손과 근면으로써 100개를 거두어들인다면 그들은 오만과 교만과 사치로 네가 거두어 놓은 100개 중 50개는 바로 그들이 까먹어 버릴 것이고, 분명 언젠가는 너의 앞길에 큰 장애물이 될 것이다. 그리고 그들의 충성심은 제로에 가깝다. 그들을 하루빨리 척결하지 않으면 너는 언젠가는 그들에 의해서 큰 봉변을 당할 것이다. 남조선내에서는 종북파를 경계해야 한다면 우리 공화국 내에서는 바로 이 태자당을 경계해야 할 것이다.

자 -. 이제 이렇게 해서 네가 당과 군 내각들을 장악하고 남조선과의 교류를 통하여 인민들의 삶이 훨씬 나아지고 또 인민들의 봉기도 일어나지 않는 그야말로 평온한 삶의 터전이 이 공화국에 이루어졌다고 하자. 그래, 그것이 바로 너의 할아버지가 꿈꾸던 지상 낙원인 것이다.

오늘은 무엇을 먹을까 걱정하는 사람이 없는 세상.

오늘은 무엇을 입을까 걱정하는 사람이 없는 세상.

오늘은 어디에서 잠을 자야 할까하며 방황하고 있는 그런 사람이 없는 세상.

친구들이 두려워서 학교에 가지 못하고 벌벌 떨고 있는 그런 아이가 없는 세상.

남에게 사기를 당하여 고통과 분노에 차 있는 그런 사람이 없는 세상.

병이 나서 몸이 아파도 돈이 없어 병원에도 가지 못하고 있는 그런 사람이 없는 세상.

사업을 하다가 망하여 절망에 빠져 있는 그런 사람이 없는 세상.

길모퉁이에서 꿇어앉아 벌벌 떨면서 두 손 벌려 구걸하는 그런 사람이 없는 세상.

사채업자들이 풀어 놓은 사냥개들에게 쫓겨 다니는 그런 사람이 없는 세상.

절망의 고통을 이겨내지 못하여 스스로 목숨을 끊어버리는 그런 사람이 없는 세상.

이런 세상이 너의 할아버지가 꿈꾸던 바로 그런 세상이란다.

그런데… 그런데…

세상의 모든 일이 너의 뜻대로만 이루어진다면 오죽이나 좋으련만은 사람의 욕심이라는 것은 끝이 없는 것이다. 한 개를 얻으면 두 개를 얻고 싶고 두 개를 얻으면 다섯 개를 얻고 싶고 다섯 개를 얻으면 드디어는 열 개 모두를 갖고 싶은 것이 사람의 본성이란다.

조금 전 이야기대로 우리 인민들의 삶이 더욱 풍족해지면 풍족하여질수록 인민들은 자유를 요구할 것이고, 한 개의 자유를 얻고 나면 두 개의 자유를 요구할 것이고 두 개의 자유를 얻고 나면 네 개, 다섯 개 그리고 드디어는 마지막 열 개까지 요구할 것이다. 그리고 그 요구들은 폭동으로 이어질 것이다. 이럴 때 우리 아들 정은이는 어떻게 할 것이냐? 아니 어떻게 했으면 좋겠느냐? 한 번 대답해 보아라."

아버지의 이 단호한 물음에 아들 정은이는 아무 말도 못하고 고개를 숙인 채 입을 꾹 다물고 있었다. 그런 아들을 걱정스런 모습으로 물끄러미 쳐다보고 있던 아버지 김정일이 무겁게 입을 열었다.

"그래 방법은 있어. 바로 군대를 동원하여 총칼로 제압을 해버리고 그래도 안 되면 탱크로 밀어붙이는 방법이 있어. 그러나 한 번 두 번은 총칼로 막을 수 있고 세 번 네 번은 탱크로 막을 수 있을지 몰라도 다섯 번 여섯 번은 총칼로도 탱크로도 막을 수가 없어. 한 번 터진 봇물은 연쇄적으로 이쪽저쪽 모두가 일시에 터질 수밖에 없어. 만약 그렇게 되면 어찌해야 될까. 도망을 가야 되겠지. 그리고 잠수함을 타든 비행기를 타든지 하여 중국이나 러시아로 망명을 감행해야 되겠지. 그러다가 탈출에 실패하면 어떻게 되지? 조금 전 말했던 리비아의 카다피 대통령처럼 이리 도망가고 저리 도망가고 이리 숨고 저리 숨어 다니다가 결국 하수구에서 붙잡혀 비참한 최후를 맞이하겠느냐? 아니야, 아니야. 우리 아들은 그렇게 비겁하지가 않아. 아들아. 내 말 명심하거라. 너는 하늘이 두 조각나는 한이 있어도 백두혈통(白頭血統)의 후예(後裔)다. 아무것도 두려워하지 말아라. 피하지 말아라. 당당히 맞서라. 그리고 그들 앞에 당당히 서서 외쳐라. '나는 내가 나의 본의든 나의 본의가 아니든 우리 공화국의 지도자 자리에 앉았습니다. 그러나 내가 우리 공화국의 지도자 자리에 앉은 이후부터 나는 진심으로 우리 인민들을 아끼고 사랑하였습니다. 그래도 여러분들이 나에게 돌을 던진다면 나는 자랑스럽게 인민 여러분들이 던지는 돌에 맞겠습니다. 왜냐하면 나는 진심으로 인민 여러분들을 아끼고 사랑하였기 때문에 나는 조금도 인민 여러분들을 원망하지 않고 여러분들이 던지는 돌을 맞겠습니다. 자 인민 여러분 여기 돌이 있습니다. 그리고 이 돌을 나에게 던지십시오. 피하지 않겠습니다.' 이렇게 당당하게 외쳐라. 그러면 인민들의 반응은 어떨까? 그건 솔직히 나도 모르겠다. 그 결과는 오직 하늘만 알고 있을 것이다. 그러나 만약 네가 인민들이 던진 돌에 맞아 죽었다고 치자. 그래도 카다피처럼 하수구에서 비참한 죽음을 당하는 것보다 당당히 스스로 죽음의 길을 택한 너의 모습은 너에게 돌을 던진 인민들의 기억 속에 아니 우리 공화국 전 인민들의 가슴 속에 영원히 남아 있을 것이다."

말을 끝낸 아버지 김정일은 아주 피곤한 기색이 확연하였다.

얼마 후 다시 정신을 가다듬은 김정일은 다소 긴장된 표정으로 말을 이었다. 아들아 이제부터는 우리 공화국의 역사에 대해서 말해줄 것이 있다. 그리고 김정일은 옛날 리을설이 자기에게 들려주었던 이야기들 즉, 서시비기 도선답기로부터 시작된 육이오 통일 전쟁·황금 동굴·땅굴 사건·잠수정 침투 사건 등등으로 이어진 공화국 역사에 대해서 상세히 이야기를 해주었다. 그 말을 들은 아들 김정은은 깜짝 놀라며 되물었다. 그리고는 그러면 결국 우리 공화국의 역사는 그 한 장의 고문서에 의해서 모든 것이 이루어졌다는 이야기 아닙니까? 이렇게 묻자 김정일이 힘없는 표정으로 쓸쓸한 미소를 지으며

"글쎄 결국 그렇다는 이야기인지 아니면 슬픈 이야기인지 아니면 우리 민족의 운명인지 나도 잘 모르겠구나." 그리고 계속 말을 이었다.

"아들아 내가 많이 피곤하구나. 이제 좀 누워야겠다. 이제 나는 내 별장으로 가서 좀 편히 쉬어야겠다. 그러기 이전에 내가 아들에게 한 가지 더 부탁할 것이 있다. 그것이 무엇이냐 하면 지금 우리 공화국 내에는 소위 말하는 수용소가 많이 있다. 전쟁 포로수용소도 아니고 반란범 수용소도 아니다. 바로 이 공화국에서 굶어 죽기 일보 직전에 할 수 없이 이 땅을 탈출한 자들이 수용되어 있는 곳이다. 한마디로 부끄럽구나. 국가 지도자의 첫 번째 임무가 무엇이냐. 최소한 굶어 죽는 인민이 없도록 하는 것 아니냐. 그런데 우리 공화국에서는 오늘도 수없이 많은 인민들이 굶어 죽어가고 있는 실정이다 참으로 부끄러운 일이다. 결국 굶어 죽지 않으려고 발버둥친 그들을 잡아다가 가두어 두고 죽이고 고문을 하고 있는 것이 현재 우리 공화국의 실정이다. 인민이 굶어 죽어가고 있고 고문당하여 죽어 가고 있는 이 공화국의 지도자가 백두혈통이면 무어란 말이냐. 부끄럽고, 부끄럽고 부끄럽구나. 이런 일은 미개 민족만이 할 수 있는 일이다. 우리는 우리 스스로가 미개인이라고 세계만방에 외치고 있는 것이다. 그 수많은 이탈자들을 다시 잡아들이는데 중국이라는 나라가 많이 협조하고 있다. 그것은 그들 역시 스스로가 미개인임을 증명하고 있는 것이다. 결국 모든 원인은 바로 나에게 그리고 이 공화국의 지도자들에게 있는 것 아니냐. 자기 나라 인민들 밥 한 끼 제대로 못 먹이고 굶어 죽게 하는 지도자가 어디 감히 백두혈통이라고 자랑하겠느냐. 아들아 하루빨리 저 수용소라는 곳을 폐쇄하고 그들을 치료해주고 보살펴 주어라. 이것이 이 애

비의 마지막 부탁이다.

아들아, 너는 되도록 내 곁에서 멀리 떨어지지 말아라. 아들이 셋 있다만은 이제 너 하나만이 내 곁에 있구나. 이제 나는 당장 내일이라도 어떻게 될지 모르겠구나. 부디 멀리 떨어져 있지 말고 내 곁에 가까이 있어야 한다. 아들아, 부디 모든 것을 한 번 더 그리고 또 한 번 더 깊게 생각하고 행동하여라. 그리고 이 세 권의 성경책은 이제 네가 잘 보관하여라. 이 성경 세 권이야말로 우리 집안의 영원한 가보가 될 것이야."

그리고 아버지 김정일은 가까운 별장으로 향하였다.

깊은 잠

....

아주 이상한 냄새가 코를 찔렀다. 생선 썩는 고약한 냄새 같기도 한데 보이는 것은 아무것도 없고 온 천지가 캄캄하였다. 멀리서 사람들의 아우성 소리가 들리는 것 같은 데 가만히 들어보면 들리지 않았고, 그러다가 조금 있으면 또다시 사람들의 비명 소리가 들리는 듯하고, 고약한 비린 냄새는 더욱더 진동을 하는데 보이는 것은 아무것도 없고 도대체 여기가 어디란 말인가?

김정일은 허공을 헤매고 있었다. 얼마 후 멀리서 뿌연 물체가 하나 보였다. 사람의 형체를 한 그 물체는 점점 더 가까이 오고 있었다. 반가운 마음으로 김정일은 그 사람에게로 다가가고 싶었으나 도저히 발을 뗄 수가 없었다. 이윽고 완연한 사람의 형체를 한 그 사람이 정일이 앞으로 바짝 다가왔다. 생긴 외모는 분명 사람인 듯 하였으나 얼굴은 너무나 창백해 있었고 눈동자는 생기를 잃은 채 축 쳐져 있었다. 다급한 마음으로 김정일은 물었다.

"댁은 누구세요? 어디로 가시는 거예요? 여기는 도대체 어디예요?"

그러나 그는 아무 대답이 없이 손짓으로 이쪽으로 오라는 듯이 손을 아래위로 까닥거렸다. 그제야 김정일은 발을 조금씩 움직일 수가 있었다.

얼마 후 어느 곳에 다다랐는데 바로 고약한 냄새의 근원지인 듯한 연못이었다. 그런데 가만히 보니 그 연못의 색깔은 완전히 붉은 피 색깔이었다. 그리고 그 속에는 무엇인가가 꿈틀대고 있었다. 붉은 피못은 부글부글 끓고 있었고 무수히 많은 사람들이 그 속에서 꿈틀대며 몸부림치고 있었다. 그들은 비명을 지르고 있었다. 그들의 표정은 고통에 못 이겨 일그러져 있었고 목에는 기다란 구렁이가 감겨 있었다. 그 구렁이는 가만히 있지 않고 그 사람들의 입속으로 들어가 그들의 혀를 잘라 먹고는 다시금 눈으로 기어 나오고 있었다. 혀도 없어졌고 눈동자도 한 쪽은 없어진 상태였다. 혀가 없으니 비명을 질러도 목소리가 나질 않았다. 그저 우-우- 하는 괴성만 지르고 있었을 뿐이다. 너무나 비참한 모습을 한 그들의 얼굴을 가만히 살펴보니 아는 사람이었다. 평소에 너무나 가까이 지냈던 사람들이었다. 모두가 아는 사람이었다. 그리고 아버지의 모습도 보였다. 김정일은 눈물을 흘렸다. 아니 눈물을 쏟아 내었다.

'아- 모두가 결국은 저렇게 되었구나.' 김정일은 끊임없이 눈물을 쏟아내었다. 앞서가던 사람이 창백한 얼굴로 김정일을 쳐다보며 또다시 따라오라는 듯이 손을 아래위로 까닥였다. 한시 바삐 그곳을 빠져나오고 싶은 김정일은 다급한 마음으로 그 사람 뒤를 따라가고 있었다.

"당신은 도대체 누구세요? 그리고 이곳은 도대체 어디예요?"

앞서가던 사람이 뒤로 돌아 서서 김정일을 쳐다보며 입을 열었다.

"이곳이 바로 성경에서 말하는 〈지옥〉이요. 그리고 나는 당신 할머니 강반석 집사와는 아주 가까운 친척인 〈강양욱 목사〉요."

어이없다는 듯 놀라며 김정일 되물었다.

"강양욱 목사라구요? 아니 당신이 목사라면 이곳 지옥이 아니라 천국에 가 있어야 할 것 아니요. 그런데 왜 이곳 지옥에 있는 거요?"

강 목사는 겸연쩍은 듯 그러나 서슴없이 말했다.

"나는 비록 목사였지만 너무나 많은 기독교인들을 박해하고 교회를 없애는 데 앞장선 사람이요. 그래서 나도 바로 저 지옥 연못 속에 있었소. 그런데 하나님께서 당신의 안내를 맡으라는 명령을 받고 잠시 당신의 길 안내를 하고 있는 중이요."

그리고는 돌아서서 앞서가고 있었다. 김정일은 또다시 그 사람 뒤를 묵묵히 따라가고 있었다.

멀리서 빛나는 광채를 뿜어내는 큰 성이 보였다. 너무나 밝게 빛나고 있는 웅장한 성에서는 신비로운 음악이 흘러 나왔다. 그리고 호화로운 성문 앞으로 다가갔다. 잠시 후 그 큰 성문이 조금씩, 조금씩 열렸다. 열린 성문 안은 너무나 화려하였다. 그 열린 성문 사이로 어떤 할아버지, 할머니. 이렇게 두 분이 나란히 서 있는 모습이 보였다.

김정일이 물었다.

"할아버지 할머니는 누구세요?"

"내가 바로 너의 할아버지 김형직이란다."

옆에 서 있는 할머니도 말씀하셨다.

"내가 바로 너의 할머니 강반석이란다! 그리고 이곳이 바로 〈천국〉이라는 곳이다."

김정일 다시 물었다.

"천국에 들어가려면 어떻게 해야 하나요?"

할머니는 다시금 환한 미소를 띠면서 말씀하셨다.

"교회 나가서 예수님 앞에 무릎 끊고 너의 지난날 잘못을 회개하면서 잘못했다고 빌어야 한다. 그래야만 천국백성이 될 수 있단다."

그리고는 할머니도 할아버지도 아무 말 없이 사라져버렸다. 그리고 열렸던 성문이 스르르 닫혀 버렸다. 지금까지 그를 안내하던 강 목사도 사라져버렸다.

어둠이 다시금 찾아왔다. 어디로 가야할지 알지 못하여 김정일은 혼자서 갈 팡질팡하고 있을 때 멀리서 조그만 어린아이가 생글생글 웃으면서 다가왔다.

"너는 누구냐?"

아이가 대답하였다.

"할아버지, 저를 못 알아보시겠어요? 바로 할아버지의 큰 손자 '한솔'이에 요. 아이 참, 할아버지는 어떻게 큰 손자 얼굴도 못 알아보세요?"

김정일 외쳤다.

"오오, 너 한솔이구나. 너를 본 지가 생전 처음이라 내가 너를 못 알아보았 구나. 그동안 너 참 많이 컸구나. 그래 너는 지금 어디 가는 길이냐? 그리고 너의 손에 들고 있는 그 책은 또 무슨 책이냐?"

손주 한솔이 할아버지를 쳐다보며 웃는 얼굴로 말했다.

"아이 참 할아버지도, 이 책이 바로 성경책이잖아요. 할아버지도 가끔 혼자 서 이 성경책을 아무도 모르게 읽어보셨잖아요. 이게 바로 그 성경책이에요. 그리고 저는 지금 교회 가는 중이에요."

"오~ 그래, 그렇구나. 이제 나도 기억이 나는구나? 그런데 한솔이 너 교회 는 왜 가는 거야?"

역시 한솔이 생글생글 웃는 얼굴로 대답했다.

"에이~ 할아버지도 참, 아 당연히 천국 갈려고 교회 가는 거지요! 할아버지 도 잘 아시면서. 그리고 교회 가는 이유가 또 한 가지 있어요. 바로 할아버지 가 잃어버리신 것을 제가 찾으러 가는 중이예요."

"뭐라고? 내가 잃어버린 것을 찾으러 간다고? 내가 잃어버린 것이 도대체 무엇이지?"

이렇게 되묻자, 다시금 한솔이 말했다.

"할아버지가 잃어버린 것이 무엇이냐 하면요, 그것은 바로 〈권세(權勢)〉예 요. 다시 말해서 하나님과 예수님을 향한 〈믿음의 권세, 즉 신앙〉이란 말이에요. 사실 저의 고조부님은 얼마나 큰 믿음을 갖고 있었어요. 아주 독실한 기독교 가문으로서 정말 자랑스러운 믿음을 갖고 계셨는데 할아버지와 증조할아버지께서 다 잃어버리셨잖아요. 그리고 벌써 신앙을 잃어버린지가 삼 대째에 이르렀다고요. 그러니 이 집 제일 장손인 제가 그것을 다시 찾을 수밖에 없잖아요. 저는 자신 있어요. 할아버지께서 잃어버리신 그 신앙의 권세를 제가 꼭 다시금 찾을 거예요."

김정일은 할 말을 잃었다. 아니, 어린 손주의 말에 그만 넋을 잃고 있었다. 얼마 후 김정일이 손주 한솔이를 안으며 말했다.

"너는 역시 내 종손주로구나. 아니 너는 역시 우리 집안의 종손임에 틀림이 없구나. 어찌 이리 내 손자가 자랑스러울꼬…… 어찌 내 손주가 이렇게 의젓할꼬."

김정일은 손주 한솔이 거의 숨이 막힐 정도로 꼭 껴안았다. 그리고는,

"아참, 내 손자야. 너 아까 교회 가는 이유가 한 가지 더 있었지. 그게 뭐였지?"

그러자 한솔이가 깔깔 웃으면서 할아버지 보고 말했다.

"아이 참 할아버지도, 그새 벌써 제 말을 잊으셨어요? 교회 가는 가장 큰 이유는 천국에 가려고 가는 거지요."

"아, 맞다 맞아. 그런데 이 늙은 할애비가 그 천국에 가려면 어떻게 해야 하지?"

그러자 한솔이 약간 근심스러운 표정으로 대답하였다.

"이 세상에서 가장 쉽고도 가장 어려운 일이 바로 천국 백성이 되는 것이에요. 바로 교회에 가서 여호와 하나님이 이 우주 만물의 창조주이시요, 주인이시며 그 하나님께서 영원한 죄인인 우리 인간을 구원하기 위해 이 땅에 보내신 하나님의 아들 독생자 예수 그리스도를 믿고 따르기만 하면 영원한 천국 백성이 될 수가 있는 거예요."

"그래? 그런데 이 할애비는 여태껏 하나님의 존재를 믿지도 않았고 교회에 한 번도 가본 적이 없는데 어떡하지?"

그러자 한솔이 다시금 웃으면서 말했다.

"하하 할아버지, 지금이라도 늦지 않았어요. 지금이라도 교회 가서 하나님 앞에 무릎 꿇고 기도하며 지금까지 잘못하였던 것들을 하나님 앞에 진심으로 회개하면 돼요."

"그래? 그러면 이 할애비도 빨리 교회로 가 보아야 되겠구나. 그런데 교회 가 어디 있지?"

한솔이는 마치 기다렸다는 듯이 어느 한곳을 가리키며 말했다.

"저기요."

"오- 그래, 저기 붉은 십자가가 보이는 저곳이 바로 교회라는 곳이로구나. 얘, 한솔아. 우리 같이 가자꾸나."

그러자 손주 한솔이는 한 손으로는 할아버지의 손을 꼭 잡고 앞서 가면서 큰 목소리로 노래를 부르기 시작하였다.

〈시온의 영광이 빛나는 아침 어둡던 이 땅이 밝아오네.

슬픔과 애통이 기쁨이 되니 시온의 영광이 비쳐오네.〉

헵시바! 뿔라!

마지막 유언

....

2011년 12월 17일

김정은은 두 손으로 아버지 김정일의 손을 꼭 잡고 세차게 흔들면서 말했다.

"아버지, 눈을 뜨세요. 정신을 좀 차려보세요. 아버지. 아버지!"

그러나 김정일은 여전히 정신을 잃고 있었다. 벌써 삼 일째 혼수상태가 계속되고 있었다. 이 삼 일간을 아들 김정은은 한시도 아버지 곁을 떠나지 않고 계속 지켜보고 있었다. 김정일의 몸에서는 삼일 동안 계속 소나기 같은 땀만 흘리고 있을 뿐이었다. 간혹 김정일은 진땀을 쏟으며 무슨 말을 하는 듯싶었으나 김정은은 무슨 말이진 전혀 알아들을 수가 없었다.

"하… 하… 하… 하…… 님… 제… 제… 제가… 잘… 잘… 못…… 니다…"

힘겹게 가쁜 숨을 몰아쉬고 있는 김정일의 손을 아들 김정은은 다시금 세차게 흔들면서 외쳤다.

"아버지 정신 차리세요. 정신 차리고 눈을 떠 보세요!"

이윽고 김정일은 눈을 떴다. 다시금 김정은이 외쳤다.

"아버지, 저예요. 아들 정은이에요!"

하면서 얼굴을 바짝 아버지에게로 갖다 대었다. 아버지 김정일은 평온하면서도 잔잔한 미소를 얼굴에 띠며 아들 김정은의 두 손을 꼭 붙잡고 말했다.

"오… 내 아들 정은… 이구나. 너… 노도… 하… 하… 한솔이…… 처럼… 꼭… 하… 하… 나… 님을…… 믿어… 라……"

그리고 김정일은 다시금 조용히 그리고 영원히 눈을 감았다.

세월호 7시간

....

2014년 4월 16일

악마 최대민의 악령은 죽어서도 박라임의 영육을 조종하고 있었고 그의 딸 최선실 속에 파고든 악령 역시 합세하여 박라임을 조종하고 있었으니 이제 파란궁의 박라임은 완전히 그 두 사람의 악령에 의해 조종당하는 「아바타(Avatar)」가 되어 버렸다.

2014년 4월 16일 파란궁의 박라임은 아침 일찍 목욕재계(沐浴齋戒)한 후 최대민의 20주년 기일을 맞아 천도재(薦度齋)를 지낼 준비로 분주하였고 최대민의 딸 최선실 역시 함께 분주한 시간을 보내고 있었다. 그런데 파란궁 내의 깊은 내실에는 잘생긴 한 사내가 있었으

〈악마의 딸 최선실〉

니 바로 CF 감독으로 유명한 차일택이었다. 이윽고 천도재가 끝난 후 최선실이 박라임을 향해 의미심장한 말을 걸었다. "언니, 우리 축하 파티해야지."

얼마 후 파란궁 깊은 내실 안 침실에서는 두 남녀의 거친 신음 소리가 들렸다. 한참의 시간이 흐른 후 떡실녀가 된 여인을 바라보며 차일택이 말했다. "누나, 오늘 뽕 했어? 오늘 따라 누나 몸놀림이 예사롭지가 않아."라고 하자 그 여인은 눈을 살짝 흘리며 정감 어린 목소리로 대답한다. "얘는, 뽕은 무슨 뽕"이라고 하자 "아-, 우유했구나!"라고 웃으며 말하자 "응, 쪼금. 그건 그렇고 너 확실히 비아그라 먹은 효과가 있네. 진짜 멋있어 만족스러워. 그런데 너 요즘 발모제는 꾸준히 바르고 있지. 빨리 빨리 발라서 차광택이라는 딱지 떼어버려야지. 날 봐. 나 역시 꾸준히 바르니까 이제 제법 보송보송하잖아. 이제 재수 없다는 소리는 안 듣겠지. 너는 모든 게 다 완벽한데 오직 대머리인 게 흠이란 말이야."라고 말하자 "그게 하루아침에 되나. 그리고 요즘 가발은 완벽하다구. 굳이 발모제 신세 안 져도 돼" 그리고 또 한 차례의 폭풍이 지나

가고 새로 산 킹 사이즈 고급 침대 세
개 위에는 각각 한 남자와 두 여인이
널브러지게 누워 있었다. 이때 최선실
은 속으로 이렇게 뇌까리고 있었다. '
저년이 옛날에는 우리 아버지 첩 노릇
을 하더니 얼마 전에는 내 남편에게까
지 꼬리를 쳐서 결국 이혼까지 하게
하더니 이제는 내 영계까지 뺏어가네.
내가 지금이야. 너가 잠시 필요해서
아무 소리 않고 있지만 이제 얼마 안
있어 내가 너를 완전히 개망신. 아니
생매장을 시켜버릴 거야. 그리고 숨겨
놓은 니 딸 년에 대해서도 확 다 불어
버릴 거야. 흥, 지가 아직까지 공주인
줄 아나 봐."

<박라임의 두 얼굴>

　바로 이때 서해안 목포 인근 바다에서는 침몰한 세월호 속에서 어린 생명
들이 하나씩 하나씩 처참한 고통과 함께 이슬처럼 사라져가고 있었다. 그리
고 몇 년후 2016년 11월 박라임은 대한민국이라는 나라를 전 세계적으로 개
망신을 시키더니 결국 탄핵이라는 처벌을 받았고 그럼에도 불구하고 끝까지
자기의 죄를 뉘우치지 않고 오직 요리조리 법망을 피해서 빠져나갈려고 하는
잔꾀만 부리고 있었다.

　이를 지켜보던 어느 국민이 말했다. "우리가 완전히 정신병자 미친년을 대
통년으로 뽑았네. 에이~ 내 손가락을 잘라버리고 싶네!"

　이후 새로운 유행어 하나가 생겼다. '내가 이러려고 대통년이 되었나'하는
자괴감이…….

〈박라임의 숨겨놓은 딸〉

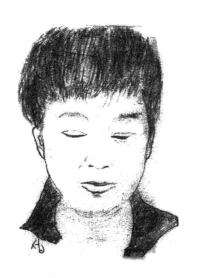

내가 이러려고 파란궁의 대통년이 되었나

아~~ 내가 이러려고 강아지가 되었나

내가 이러려고 통통이가 되었나   내가 이러려고 피래미가 되었나

내가 이러려고 산새가 되었나

내가 이러려고 고양이가 되었나

내가 이러려고 붕어가 되었나

내가 이러려고 냥냥이가 되었나

아이들

....

한민석, 그는 이제 완전히 새로운 사람으로 변모한 듯싶었다. 그는 이제 하나님이라든가 예수 그리스도·구세주·믿음·신앙 등의 단어와 그 의미에 대해 완전히 거부감이 사라지고 그 단어들과 동화된 삶을 살아가고 있었다. 당연히 그들은 북쪽을 향하여 동굴을 파 들어가는 일은 중단이 되었고, 한민석과 부군관은 상·하 사이에서 어느덧 믿음의 동료 사이로 바뀌었다. 다행이도 새롭게 맞이한 아내는 열심히 예수님을 믿는 여자였으므로 그녀를 통하여 민석의 신앙생활도 나날이 은혜스럽게 발전하였다. 그러나 언제까지 그들은 이렇게 굴속에서만 생활을 할 것인가? 더구나 아이들도 자라고 있지 않은가?

어느 여름 날. 비무장 지대 남측 초소에서 북쪽을 향해 경계 근무를 서고있던 어느 초병은 자기 눈을 의심하지 않을 수가 없었다. 비무장 지대 한가운데 어린 아이 몇 명이 뛰어놀고 있는 것을 두 눈으로 똑똑히 보았기 때문이었다. 초병은 즉각 이 사실을 상부에 보고하였고, 이내 지휘관들이 급히 도착하였다.

같은 시각 북측 초소에서도 이 모습을 발견하였다. 그리고 남북 간에는 이 사실을 확인하는 마이크 소리가 시끄럽게 울리고 있었다. 그 순간 그 아이들은 어디론가 감쪽같이 사라져 버렸다. 그러기를 몇 번하는 사이에 휴전선 철책선 부근에는 온통 카메라를 든 기자들로 가득 차 있었다.

어느 날 기자 한 사람이 망원경을 보며 외쳤다.

"저기 아이들이 있다! 저쪽 냇가 수풀 사이에 아이들이 있어!"

그리고는 카메라 셔터를 눌러대는 소리가 수없이 빠르게 들려왔다. 분명히 아이들이었다. 비무장 지대 한가운데, 그것도 무수히 많은 지뢰가 깔려 있는 비무장 지대 한가운데서 아이들이 뛰놀고 있었다. 망원경으로 이 모습을 바라보고 있는 사람들의 입에서 일제히 탄성이 쏟아졌다.

"한 명, 두 명, 세 명, 네 명, 다섯 명…… 아니 여섯 명, 아니 일곱 명이야! 저 아이들이 도대체 어디서 왔지? 외계에서 왔나! 우주에서 왔나!"

멀리 아련히 보이는 아이들은 저희들끼리 물장구도 치고, 깔깔거리기도 하고, 나무에 오르기도 하는 듯싶더니 어느 한 순간 모두가 순식간에 감쪽 같이 사라져 버렸다.

"아니, 애들이 갑자기 어디로 사라져 버렸지! 하늘로 올라가지는 않았을테고, 그렇다면 땅속으로 사라져 버렸단 말인가!"

다음날 그 아이들의 뛰어 노는 모습은 전 세계 큰 뉴스로 장식되었다. 이제 휴전선 옆 철책 선에는 국내 기자들뿐만 아니라 외국 기자들까지도 몰려들고 있었다.

며칠 후 비무장 지대 한가운데 또다시 어린 아이들이 나타났다. 그러나 남측에서나 북측에서나 모두 그들에게 쉽게 접촉할 수는 없었다. 물론 주변에 무수히 깔려 있는 지뢰 때문이기도 하지만 정치적인 문제로도 남북이 서로 동의 없이는 아무도 먼저 이들에게 접근할 수가 없었

기 때문이었다.

남측과 북측은 긴급히 이 문제를 의논하기 시작하였다. 그리고 일단은 남측은 남측에서부터 북측은 북측에서부터 일직선으로 지뢰를 제거하기로 하였고, 동시에 같은 인원이 비무장 상태로 그곳에 가기로 합의를 하였다.

드디어 남측 대표 3명, 북측 대표 3명의 군인이 비무장 지대에 비무장으로 어린 아이들이 뛰놀던 곳에 도착하였다. 그러나 그곳에는 아무도 없었다. 물론 사람의 흔적은 많이 있었다. 아이들의 발자국, 좁은 모래판에서 씨름을 한 듯한 흔적들을 보면 이곳에 사람들 아니 아이들이 뛰어 놀았던 것이 분명한 듯싶었다. 그러나 아무도 보이지 않았다.

남측 대표가 먼저 말을 꺼냈다.

"설마, 우리가 유령을 본 것은 아니지요? 그쪽에서도 분명히 아이들을 보셨죠?"

"그럼요. 유령이 아니라 분명히 이곳 바로 여기에서 아이들이 뛰노는 것을 보았다니깐요. 여기 이렇게 발자국이 많이 있잖아요!"

그리고는 모두가 함께 고개를 갸웃거렸다.

"거 참, 희한하네! 이렇게 온통 지뢰밭인 이곳에 그 아이들이 어디서 어떻게 들어왔지? 그리고 또 어디로 사라져 버렸지? 정말 외계에서라도 왔나?"

그렇게 서로 말하면서도 함부로 주위를 뒤져볼 수는 없었다. 사실 이곳 비무장 지대는 이 지구상에서 그 어느 곳보다도 많은 지뢰가 깔려있는 곳이었다.

그리고 그들이 한참을 이리저리 살피고 있을 즈음, 갑자기 뒤에서 날카로운 여자의 음성이 들렸다. 깜짝 놀라 소리 나는 쪽을 돌아보니 어디서 나타났는지 한 무리의 사람들이 서 있는 것이 아닌가! 모두들 너무 놀란 나머지 한마디 말도 못하고 있는데 무리 중 한 여자가 그들을 쏘아보며 날카롭게,

"누가 함부로 허락도 없이 남의 땅에 들어오는 거요!"

하면서 노려보고 있는 것이 아닌가. 모두가 어안이 벙벙하여 말도 못하고

있다가 겨우 한 사람이 입을 열었다.

"당신네들은 누구요? 어디서 온 사람들이요? 남쪽 사람이요, 북쪽 사람
이요?"

그러자 무리 중 또 다른 여자 한 명이 약간 상냥한 말투로 대답하였다.

"우리는 남쪽 사람도 아니고 북쪽 사람도 아니고 이곳 사람들이요."

라고 말하면서 또다시 묻는 말이,

"거기 있는 사람들은 누구요? 남쪽 사람이요 아니면 북쪽 사람이요? 왜 남
의 땅에 함부로 들어오는 거요?"

라고 말했다. 이렇게 몇 마디가 오고간 후 겨우 그 방문객들이 정신을 차리
고 그 무리의 사람들을 자세히 살펴보니 건장한 남자 어른 두 명에 아랫배가
불룩한 여자 2명 그리고 사내아이 네 명, 여자아이 세 명 모두 열한 명의 사람
이 있는 것 아닌가? 그들 중 건장한 남자 두 사람은 거의 말이 없이 계속 방문
객들을 경계하며 그들의 행동만 주시하고 있었고, 여자 두 사람만이 계속 말
을 하였다. 물론 그 두 여자들 역시 그들을 경계하기는 마찬가지인 듯싶었다.

방문객들은 자기들의 신분부터 먼저 밝혔다. 남측 방문객 세 명의 소개가
끝나고 북측 방문객 세 명이 소개를 하자, 남자 두 사람은 잔뜩 긴장하는 모
습으로 그들을 쳐다보았다. 그리고 북측 방문객의 소개가 끝나자마자 두 사
내가 거의 동시에 입을 열었다.

"우리는 절대로 이곳을 떠나지 않을 것이오!"

그러자 여자 두 사람 역시 그 말에 동의하듯,

"우리도 이곳을 떠나지 않을 거요. 남쪽이든 북쪽이든 우리들은 아무 곳도
가지 않을 거요. 우리를 억지로 이곳에서 쫓아낼 생각은 하지도 말아요. 그리
고 우리를 억지로 찾을 생각도 하지 말고요."

이러고는 열한 명의 모두가 순식간에 무성한 수풀 속으로 사라져 버렸다.
이튿날 남측, 북측은 물론이거니와 온 세상 모든 매스컴이 비무장 지대 안에

살고 있는 열한 명의 이야기로 가득 차 있었다.

과연 이들은 누구이며 어디서 왔으며 언제부터 비무장 지대 안에서 살게 되었는지 온 세상이 시끌벅적하였다.

11명의 가족들

....

드디어 남북이 서로 합의를 하였다. 비무장 지대 안에서 살아가고 있는 11명의 문제는 우선 그들의 신변을 최대한 보장해주고 그들이 생활하는데 필요한 생필품을 공동으로 공급해주기로 합의를 하였다. 그리고 그 뜻이 그대로 그들에게 전달되어졌다. 그러나 그들은 그들의 성명과 나이만 세상에 공개하였을 뿐 그들이 그곳에 살게 된 경우, 그곳으로 들어온 경로, 그곳에서 살아온 방법, 그들이 현재 살고 있는 곳 등에 대해서는 일체 언급을 하지 않았던 것이었다. 물론 언론이나 기자들이야 그곳에 직접 들어가 물어보고 싶은 것도 많고 사진이라도 찍어보고 싶은 마음이야 굴뚝같지만 어디 그게 쉬운 일인가? 그곳이 어디라고 감히 들어갈 수가 있단 말인가? 세계에서 단 한 곳 밖에 없는 비무장 지대 한가운데를……

온 나라가 난리법석이었다. TV만 켜면 비무장 지대가 나왔고 신문만 펼치면 멀리서 찍은 그들의 모습이 나왔다. 그리고 어느 날 11명 모두가 모여 찍은 사진이 대문짝만하게 나왔다. 온 세상이 시끌벅적하였다. 북쪽에서도 남쪽에서도 대문짝만한 사진과 함께 온통 11명의 이야기가 TV에 신문에 톱뉴스 거리였다.

그동안 그들은 그들이 꼭 필요한 곳만 두 남자가 조심스럽게 몰래 지뢰를 제거하였으나 지금 그들이 살고 있는 주위는 남북 공동 작업으로 지뢰가 모두 제거되었고, 제법 널찍한 놀이터하며 아담한 집도 두 채가 생기게 되었다.

그곳에는 남측에서 제공하는 전기, TV, 냉장고, 컴퓨터 등등의 가전제품도 놓이게 되었고 북측에서 제공한 식량, 의복, 의약품 등의 생필품들이 도착하였다. 그러나 무엇보다도 중요한 것은 이제 그들은 남쪽과 북쪽 양측 모두에게 연락할 수 있는 전화, FAX 인터넷까지 설치가 되어 있었다.

그런데 문제가 몇 가지 발생하였다. 그 문제는 당연히 남측 정부나 북측 정부 모두가 언제까지 그대로 저 사람들을 온통 지뢰밭투성이인 저 비무장지대 안에서 살도록 방치해 둘 것이냐가 문제였다. 물론 그들의 뜻대로 그대로 방치해 둘 수도 있겠지만 그렇다고 언제까지나 한없이 그렇게 방치해 둘 수만은 없는 문제였다. 또한 그 문제는 네 사람에게도 큰 숙제였다. 애들은 자꾸 자라고 식구는 늘어나고 애들 교육 문제, 건강 문제 등등을 생각해보면 그들 스스로도 장래가 걱정이 되지 않을 수도 없는 문제였다.

그런데 이곳 11명 전부가 몽땅 남쪽으로 갈 수도 없고 더더구나 북쪽으로 몽땅 갈 수도 없는 문제 아닌가? 만약 몽땅 남쪽으로 간다면 북측에서 그냥 보고 있지 않을 것이고, 그렇다고 북쪽으로 갈 수도 없는 것이고 언뜻 생각해 보면 아무것도 아닌 문제인 것 같으나 곰곰이 생각해 보면 사실 난감한 과제였던 것이다. 특히 북쪽으로부터는 두 남자에게 은근히 부대로 원대 복귀하라는 위협을 가하고 있는 것이 아닌가? 이러다가 사태가 잘 못 풀리기라도 하면 이들은 6·25 동란 때처럼 남북으로 가족들이 생이별을 해야 하는 것이 아닌가 싶은 생각이 들라치면 겁이 덜컥 나는 때도 있었다. 남측, 북측 정부에서도 마찬가지였다. 물론 11명 모두가 다 자기 쪽으로 와주면 좋겠지만 그게 그렇게 쉬운 일은 아니었다. 그렇다고 강제로 몽땅 납치를 해올 수도 없는 문제였다.

동굴 영세 중립 공화국 탄생

· · · · · · · · · · · · ·

어느 날, 이날도 역시 휴전선 외곽에서는 많은 기자들이 카메라, 망원경 등을 들고 비무장 지대를 지켜보고 있었다. 물론 외국 기자들도 많이 있었다. 그런데 그곳을 가만히 보니 무슨 큼직한 플래카드가 걸려 있는데 그 플래카드에는 아래와 같은 문구가 적혀 있었다.

경축: 〈동굴 영세 중립 공화국 창립!〉
대통령 한민석 외 12명 일동 2018년 12월 24일
또 한곳에는 〈동굴 영세 중립 공화국 만세!〉
공화국 대통령 한민석 외 12명 일동 2018년 12월 24일

어느 기자가 말했다.
"벌써 백성이 두 명이나 늘었네!"

동굴 영세 중립 공화국

· · · · · · · · · · · · ·

이제 '동굴 영세 중립 공화국' 은 한반도 내에서 뿐만 아니라 국제적으로도 유명하게 되어버렸다. 사실 비무장 지대라는 곳은 우리 한반도에 살고 있는 사람들은 대부분이 알고 있는 곳이지만 외국 사람들은 거의 알고 있는 사람이 없는 곳이다. 물론 그런 곳이 왜 생겼는지도 모르는 사람이 대부분이다. 그런데 지금 외신 신문들을 보라. 그곳이 왜 생겼는지? 언제부터 생겼는지? 면

적은 얼마정도인지? 아주 세세하게 설명까지 곁들이면서 그곳 백성들의 큼직한 사진이 실려 있지 않은가.

처음에는 남한 정부도, 북한 정부도 '동굴 영세 중립 공화국'이라는 존재에 대해서 전혀 대수롭지 않게 생각하였다.

"쥐방울만한 곳에서 공화국은 무슨 공화국이냐?"

그러나 그들이 보낸 메일을 보라.

〈동굴 영세 중립 공화국을 설립하며〉

현재 우리 백성 13명이 살고 있는 이 비무장 지대는 이미 60년 전에 대한민국도 조선민주주의 인민공화국도, 양측 모두가 버린 땅이다. 다시 말해서 양측 모두가 이곳에는 들어오지 않겠다고 온 세상에 약속한 땅이다. 이제 우리는 우리가 살고 있는 이 땅에 나라를 세워 남측이든 북측이든 어느 누구의 간섭도 받지 않고 자유롭게 살아갈 것이다. 우리는 우리가 어떻게 이곳에 왔느냐, 누가 보내서 우리가 이곳에 오게 되었느냐 하는 것이 중요한 문제가 아니라 우리는 벌써 17년 전부터 이곳에 와서 살아왔고, 이곳에 와서 결혼도 하였고, 이곳에 와서 아들·딸도 낳았고, 그리고 우리 13명이 지금 이곳에서 살고 있다는 것이 중요한 문제이다. 그러므로 우리는 충분히 이 비무장 지대에서 우리의 자유를 지키며 살아갈 수 있는 권리가 있다고 주장한다. 그러나 우리가 남측 국민, 북측 인민 모두에게 꼭 한 가지 약속할 수 있는 것이 있다. 그것이 무엇이냐 하면 이 한반도가 남과 북이 하나로 통일된 국가가 된다면 우리 〈동굴 영세 중립 공화국〉은 즉시 우리의 모든 권리를 포기하고 아무 조건 없이 통일 국가에 합류할 것임을 굳게 약속하는 바이며, 부디 하루 빨리 그날이 오기를 기원하는 바이다.

　　　　　　　　　2019년 새해 아침 동굴 영세 중립 공화국 백성 올림.

이 얼마나 눈물겨운 일인가! 짧고 간략한 이 한마디가 얼마나 우리 한민족 모두의 가슴을 '찡'하게 울리는 말인가! 누가 감히 이들을 이 비무장 지대에서 쫓아낼 수 있단 말인가? 이제 북측 정부에서도 남측 정부에서도 이 '동굴 영세 중립 공화국' 백성들을 가볍게 취급할 수가 없었다. 과거처럼그저 난민 비슷하게 생활필수품이나 조금씩 주면서 대하던 것과는 완전히 달라지게 되어버렸다.

남측 국민들 역시 '동굴 영세 중립 공화국' 백성들의 뜻을 옹호하는 여론이 불길처럼 치솟고 있었다. 동굴 영세 중립 공화국의 이메일은 매일 격려의 편지로 넘쳐나고 있었다. 그리고 그 어느 누구도 동굴 영세 중립 공화국에 대하여 '이래라, 저래라' 하며 간섭할 수가 없는 완전한 자주권을 가진 동굴 공화국 백성들이 되었다.

동막 대교

이제 '동굴 공화국'은 그저 공짜로 생필품이나 얻어 쓰는 그런 가난한 나라가 아니었다. 그들은 그들이 필요로 하는 모든 것들. 예를 들어서 쌀·식료품·의약품·책·의복·신발·공구 등의 제반 물품이 들어오면 그에 상응하는 대금은 틀림없이 지불하였다. 더구나 전기 요금, 전화 요금, 인터넷 사용료, 방송 수신료 등의 대금도 하루도 어기지 않고 제때에 정확하게 지불하였다. 무엇으로 지불하였냐고요? 당연히 금덩어리지요. 어떤 때는 조그만 조약돌 같은 크기에서부터 때로는 주먹만한 크기의 순도 99.9%의 황금 덩어리를 현금과 바꾸어서 사용을 하였다. 어쩌다가 어느 돈 많은 사람이 공짜로 무엇을 기증이라도 하려면 단호히 거절을 하고 심지어는 화까지 낼 정도였다.

이제 그곳에는 비록 좁은 왕복 2차선 도로였지만 시멘트 포장도 하였고 예쁘고 빨간 승용차 한 대와 승합차 한 대, 트럭도 한 대가 생겼다. 아이들은 학교도 다닐 수 있게 되었고, 피아노 학원, 미술 학원도 다니고 있었다. 그러나 무엇보다도 기쁜 일을 빨간 지붕 위에 조그만 십자가가 달린 교회도 생겼으니 어찌 즐겁지 아니하겠는가? 누가 목사님이냐고요? 당연히 한민석 목사님이지요. 그들에게는 부러운 것이 없었다. 그야말로 '등 따습고 배부른' 아무것도 부러울 것 없는 삶을 누렸다.

그러나 시간이 흘러갈수록 그들은 가끔 자신들의 삶이 무미건조함을 느꼈다. 때로는 짜증스럽기도 하였다. 그래서 어느 날, 한민석 대통령을 비롯한 동굴 공화국 사인방이 한자리 모여 심각한 의논을 하였다. 그들은 좀 더 생기 있고 좀 더 보람 있고 좀 더 신바람 나는 삶을 찾기로 결심하였다.

어느 날, 금광 발굴 전문가가 초빙이 되었다. 또 어느 날, 토목 공사 전문가, 동굴 개발 전문가, 관광산업 개발 전문가 등등이 그곳을 찾았다. 그리고 그들은 매일매일 그곳으로 출퇴근을 하였다. 그들 모두는 바쁘게 움직였다. 동굴 공화국 안에서는 분명 새로운 어떤 일이 벌어지고 있음이 확실한 듯싶었다. 어느 날, 신문에 큼직하게 나 있는 '공사 계약 입찰 공고'를 본 어느 종합 건설 회사 대표는 자기 눈을 의심하지 않을 수 없었다.

〈공사 계약 입찰 공고 제1건〉

1. 공 사 명 : 동막 대교 건립 공사
2. 공사내용

   내용 1) 대한민국 강원도 철원군 갈말읍 동막리에서 조선민주주의 인민 공화국 강원도 평강군 중강 사이에 있는 비무장 지대 상공을 통과하는 왕복 6 차선 육교 공사.

내용 2)   총 육교 길이 4km 외에 남북 양측 진입로 4km 포함한 총합 8km공사.

내용 3)   육교 4km 내에는 차로 6 차선 외에 양측 갓길 1 차선, 주차로 1차선, 인도로 1 차선이 포함됨.

내용 4)   육교 4km 정중앙 상공에서 지상으로 수직 엘리베이터를 설치하되 2.5톤 트럭 탑재 가능한 화물 전용 엘리베이터와 15인승 2기를 설치함.

내용 5)   육교 4km 정중앙 상공에는 상하행선 양측에 휴게소·매점·식당· 주차장·주유소·가스 충전소·전망대·가로등 등의 부대시설 포함.

3. 추정 예상 공사 금액 : 약 6억 US달러

4. 공사 대금 지급 방법 : 현금 지급

공사 진척도를 10%단위로 나누어 매 10% 진행될 때마다 공사 계약 금액의 10%를 현금 지급함.

통일 관광 대교

....

〈공사 계약 입찰 공고 제2건〉

1. 공 사 명 : 통일 관광 대교 건립 공사

2. 공사내용

내용 1)   대한민국 강원도 양구군 동면(두타연)에서 조선민주주의 인민 공화국 강원도 금강군(금강산)으로 이어지는 31번 국도의 비무장 지대 상공을 통과하는 왕복 6차선 육교 공사.

내용 2) 총 육교 길이 4km외에 남북 양측 진입로 4km 포함한 총합 8km.

내용 3) 육교 4km내에는 차로 6 차선 외에 양측으로 갓길 1 차선, 주차로 1 차선, 인도로 1 차선 포함됨.

내용 4) 육교 4km 정중앙 상공에서 지상으로 수직 엘리베이터 2기를 설치할 것.

내용 5) 육교 4km 정중앙 상공에는 상하행선 양측에 휴게소·매점·식당·주차장·주유소·가스 충전소·전망대·가로등 등의 부대시설 포함.

내용 6) 육교 4km 정중앙 아래에 있는 동굴(길이 약 10km)의 내부를 관광객들이 다니며 관람할 수 있는 길과 안전 가이드 조명등등의 설치 공사(필히 자연 훼손을 최소화할 것).

3, 추정예상공사금액 : 약 7억 US달러

공사 진척도를 10% 단위로 나누어 매 10% 진행될 때마다 공사 계약 금액의 10%를 현금 지급함.

삼팔 희망 고속도로

....

〈공사 계약 입찰 공고 제3건〉

1. 공 사 명 : 삼팔 희망 고속도로 공사
2. 공사 내용

내용 1) 조선민주주의 인민공화국 황해남도 해주에서 시작하여 황해남도 배천, 황해남도 개성, 대한민국 경기도 장남면 고랑포, 경

기도 전곡, 경기도 일동, 대한민국 강원도 춘천호, 강원도 소양
호, 강원도 인제군, 강원도 하조대까지를 잇는 총연장 264km
의 왕복 6차선 고속도로 공사(북위38도 선상 일직선 고속도로 공사).

내용 2) 왕복 6차선 외 갓길 각 1차선, 인도로 1차선, 주차로 1차선,
가로등, 교량, 요금소 공사 및 양측 차선 공히 각 5개소의 휴
게소·매점·식당·주차장·전망대·주유소·가스충전소 등의 공
사 포함.

내용 3) 6개소의 인터체인지 및 진입로 공사 포함.

※ 특기사항 : 민족의 한이 맺힌 삼팔선을 민족의 희망으로 바뀔 수 있는 삼
팔선 일직선 고속도로를 만드는 공사이므로 제반 공사 기간 중 어떠한 안
전사고도 발생하지 않아야 하고, 공사 완료 후에도 하자가 발생하지 않도
록 완벽한 시공을 하여야 함.

3. 추정 예상 공사 금액 : 약 140억 US달러

4. 공사 대금 지급 방법 : 현금 지급
공사 진척도를 10% 단위로 나누어 매 10% 진행될 때마다 공사 계약 금
액의 10%를 현금 지급함.

※ 상기 3개 공사 시공시 유의 사항

1. 지뢰 제거 작업 비용 포함됨.
제반 공사 시공 시 자연 훼손이 최소화될 수 있도록 하여야 하며, 특히 공
사 완료 후 잔여 자재를 깨끗이 처리해야 함은 물론이거니와 공사로 인
하여 발생된 자연 훼손 부분은 완전 원상 복구하여야 함.

2. 만약 공사 도중이나 공사 후 잔여 자재 혹은 철거 잔재들을 강 속이나 호
수 아래에 무단 폐기하는 경우 또는 땅속에 무단 매립하는 경우가 발생
하면 즉각 공사비 지급 정지는 물론 공사 최고 책임자에게 형사고발 조
치를 감행할 것임.

3. 공사 기간 도중 공사 근로자 임금은 각 해당사별로 근로자 본인에게 직접 현금으로 지급하는 것을 원칙으로 하되, 임금 지급을 제때에 시행하지 않는 업체는 즉시 공사 중지 및 공사비 지급 중단을 단행할 것임.
4. 제반 공사 시공 시 현재 비무장 지대 남북으로 설치되어 있는 철책 선의 파손을 최소화하고 공사 진행상 부득이 파손을 하여야 할 경우에는 공사 완료 후 필히 원상 복구하여야 함. 이러한 조치를 취하는 이유는 세계에서도 드물게 60여 년간이나 자연 상태 그대로 보존된 이 비무장지대 내 원시 상태의 환경을 하루아침에 파괴하는 일이 없도록 하고자 함에 있음. 즉 육교 위에서 구경은 하되 그곳에 들어갈 수는 없도록 조치하고자 함.
5. 제반 공사 시공에서부터 완료 시점까지 안전사고가 발생하지 않도록 유념할 것.

〈공사 입찰 개시 전 정치적 해결 요구 사항〉

상기 3개 공사는 남측 대한민국과 북측 조선민주주의 인민공화국 모두가 연관되어 있는 공사이므로 공사 입찰 개시 이전에 아래 사항이 필히 이루어져야 함.
1. 동굴 공화국과 대한민국 간에 상호 불가침 조약이 맺어져야 함.
2. 동굴 공화국과 조선민주주의 인민공화국 간에 상호 불가침 조약이 맺어져야 함.
3. 조선민주주의 인민공화국과 대한민국 간에 상호 불가침 조약이 맺어져야 함.

상기의 모든 사항에 문의 있으신 분은 동굴 공화국 외교통상부로 전화 또는 인터넷 주소 www.donggol.co.kr로 연락할 것

2019년 8월 15일
동굴 영세 중립 공화국 외교통상부 장관 박동숙

실로 엄청나고도 충격적인 광고 내용이었다. 물론 모든 사람이 놀라는 그 첫 번째 이유는 당연히 돈 문제였다. 즉 저런 대공사를 감당할 돈이 과연 어디에 있단 말인가? 모두가 어안이 벙벙하였다.

시중에는 '대한민국 전도'라는 지도책이 불티나게 팔리고 있었다. 동막 대교, 통일 관광 대교, 삼팔선 일직선 희망 고속도로가 지나는 곳에 붉은색 연필로 그어 보기도 하는 사람이 있는가 하면 군침을 흘리는 부동산 업자들, 땅가진 주민들의 탄성 등이 쏟아져 나왔고, 정부는 발 빠르게 토지거래 허가제를 발동하기도 하였다.

그러나 대부분 사람들은 새로운 희망을 꿈꾸고 있었다. 바로 통일에 대한 새로운 꿈과 희망이 솟아나고 있었던 것이었다. 특히 그들은 그 신문에 난 마지막 사항, 즉 '정치적 요구 사항'에 나오는 '상호 불가침 조약'이 거론된 항목이었다. 이 항목을 본 어느 사람이 중얼거리듯 말했다.

"이제는 싫든 좋든 억지로라도 남북이 서로 껴안아야 되겠구먼!"

동굴 공화국의 금광이 일반인에게 일부 공개가 되었다. 동굴 공화국의 황금 계단 동굴도 일반인에게 공개가 되었다. 그러나 노스님의 무덤과 3마리의 큰 새 무덤은 끝까지 세상에 공개되지 않았다.

이제 동굴 영세 중립 공화국은 DMZ의 2억 7천 2백만 평에 이르는 국토와 그동안 꾸준히 영입된 인구 증가와 함께 연 예산만 해도 50조 원이 넘는 부유한 나라가 되었다.

그리고 동굴 영세 중립 공화국 백성들은 이 세상에서 가장 풍요로운 삶을 누리는 백성이 되었다.

'내 감히 말하건대 이곳을 얻는 자는 천하를 얻는 자보다 나으리오. 이 동굴의 주인이 천하를 통일하리라.'라는 도선 대사의 낭랑한 목소리가 귀에 들리는 듯 하지 않는가?

그러나 막상 한민석의 머릿속에는 끝까지 지워지지 않는 한 구절이 있었으니 그것은 바로 한민석이 동해 바다 밑 깊은 동굴 속에서 곰치에게 발을 물려 죽음 직전에 이르렀을 때 목사 할아버지께서 환한 빛 가운데서 나타나셔서 한민석에게 해주신 말씀이었다.

"자, 힘을 내어라, 그리고 항상 선한 목적과 예수님을 바라보는 생활을 하도록 하여라. 그리고 이 땅의 통일은 틀림없이 네 손으로 이루어 질 것이다."

한민석은 목사 할아버지의 말씀을 가슴속 깊이 되새기고 또 되새기고 있었다.

정치권력이란 참으로 마약과 같은 것이다. 그런데 비록 마약이라 할지라도 조금씩 잘 쓰면 약이 될 수 있지만 이게 습관이 되어버리면 중독이 되어버려 끊을래야 끊을 수 없는 마약 중독자가 되어버리듯이 한번 정치권력을 맛본 사람은 바로 권력 중독자가 되어버리는 것이다. 그래서 많은 사람들이 국회의원 뱃지 한번 달아보려고 재수 삼수까지 하면서 (물론 다른 사람들은 저 양반이 이번에 또 출마하면 떨어질 것 인줄 뻔히 아는데 오직 본인만 모르고 이번에는 꼭 당선될 것이라는 환각에 빠져 있는 사람들) 출마하여 급기야는 모든 재산까지 탕진해 버리고 빛만 잔뜩 쌓인 초라한 모습으로 인생을 끝내버리는 사람들이 허다하다.

이제 북한의 김정은이가 꼭 그러한 사람이다. 그는 아버지 김정일의 간곡한 충고에도 불구하고 어느새 자기도 모르는 사이에 절대 권력이라는 마약에 완전히 중독이 되어 버렸다. 그리고 그 절대 권력을 놓치지 않으려고 무자비한 탄압 정치를 자행하고 있었다. 이 21세기 과학과 변화와 개방의 세계에서 그는 김일성·김정일 시대보다 더 문을 꼭꼭 잠그고 세계 사회와 고립이 된 채 살아가고 있었으며 북한이라는 사회는 여전히 기아와 질병, 폭력에 의한 인권 탄압, 인권 유린, 거짓말, 위선, 독재, 강제 노동 등등의 모습에서 조금도 변하지 않았고 그러면 그럴수록 인민들의 삶은 핍박해지고 급기야 김정은이가 필요로 하는 통치 자금마저도 고갈되어 가고있었다. 그리고 김정은의 눈길은 자연히 동굴 공화국의 황금에 쏠리게 되었고, 김일성이가 그랬듯이 이곳저곳 가리지 않고 땅굴 파기에 급급하였다. 그런 와중에 공사 개시를 협의하기 위한 삼국 장관급 회의가 판문점에서 열리게 되었다. 먼저 남측 대표 외교통상부 장관과 건설교통부 장관이 회의장에 도착하였다. 그리고 북측 대표 외무상·무역상 두 사람이 도착하였다. 그러나 무수히 몰려 있는 내·외신 기자들은 그들에게는 눈길 한 번 제대로 돌리지 않았다.

이윽고 멀리서 빨간 소형 승용차 한 대가 소리 없이 조용히 회의장 입구로 들어오자 그 승용차 주위로 기자들이 우르르 몰렸다. 그리고 빨간 승용차의 문이 열리더니 아랫배가 불룩한 아주머니 두 사람이 내렸다. 이를 본 어느 여기자가 물었다.

"어머 축하해요! 임신하셨나 보네요?"

그러자 그 두 여자 중 한 여자가 퉁명스럽게 대답하였다.

"그럼 우리가 다른 할 일이 뭐가 있겠어요?"

라고 대답하자 또 다른 여자가 말했다.

"우리 공화국도 빨리 한 명이라도 인구를 더 늘려야 하지 않겠어요?"

드디어 공사 개시를 위한 삼국 장관급 회의가 개시되었다.

그러나 회의 시작 10분 만에 회의는 종료되었다. 아니 '종료되었다'라는 표현보다는 '깨져 버렸다'라는 표현이 훨씬 나으리라 싶다.

이 세상이 다 변해도 딱 한 가지 변하지 않는 것이 있으니 그것은 바로 '북한'이라는 나라였다. 이 21세기 과학과 변화의 세상에서 끝까지 꿈적도 않고 요지부동으로 살아가는 나라가 바로 '북조선'이라는 나라였다. 그들은 여전히 잔꾀, 꼼수, 얼토당토않은 억지 고집, 거짓말, 위선, 독재, 강압, 인권 유린, 질병, 기아 등등에서 한 발자국도 벗어나지 못하고 있는 나라였다. 그 결과 김정일의 간곡한 부탁이 있었음에도 불구하고 아들 김정은은 너무 어린 나이에 너무 일찍 권력의 맛을 본 탓일까? 이제 권력의 맛을 본 아들 김정은의 행패는 극악으로 치닫고 있었고 그로 인해 인민들의 고통은 그야말로 생지옥 그 자체였다. 그가 가장 주장하고 있는 핵 보유와 경제 발전을 동시에 이루겠다는 생각은 가히 꿈속에서 허공을 헤매는 것보다 더 허망한 꿈이었으나 이제 패륜아로 바뀌어 버린 김정은은 도저히 그것을 깨닫지 못하고 있었다.

그러면 왜 삼국 장관급 회담이 십 분도 채 되지 않아 깨어져 버렸을까? 그것은 딱 한 가지 바로 '지도'였다. 그들이 회담 시작하자마자 요구한 것이 바로 동굴 영세 중립 공화국의 지하 위치 지도였다. 그것은 무엇을 의미하는 것일까? 당연히 그들은 그들 북조선에서 황금 동굴을 바로 파 들어가겠다는 의미 아니겠는가? 그것은 그들의 꼼수 내지는 억지 고집을 여지없이 보여주는 것이었고 다행히 동굴 공화국에선 한마디로 '절대 안 돼'였다. 그리고 남, 동, 북 간에는 오히려 전보다 더욱더 험악한 긴장감이 감돌고 있었으며 이미 이성을 잃어버린 듯한 김정은은 그럴수록 땅굴 파는 일에 혈안이 되어 있었다.

동굴 공화국 한민석 대통령은 깊은 생각을 하였다. 이대로는 안 돼, 저 북한의 김정은은 절대로 믿을 수가 없어. 도저히 협상이 될 수가 없는 사람이야. 그런데 우리의 힘만으로는 저들을 이길 수가 없어 그렇다고 미친 듯이 땅굴을 파고 있는 이 상황을 이대로 보고만 있을 수는 없는 노릇이야. 어떻게 해야 하나. 어떻게 해야 하나.

어느 날 갑자기 아주 갑자기 대한민국과 동굴 공화국이 합병한다는 내용이 대서특필로 발표가 되었다. 그리고 한민석을 비롯한 동굴 공화국의 백성들은 자연스럽게 대한민국의 완전한 국민이 되어 버렸다. 그리고 2017년 12월 어느 날 대한민국에서는 새 대통령을 뽑는 대선이 시작되었다. 자, 모두들 한민석 후보의 선거 공약을 한번보자.

〈선거 공약〉

1. 임기 중 통일을 위한 확실한 기반을 다지겠습니다.

2. 현행 지방 자치제를 폐지하고 강력한 중앙 집권제를 실시하겠습니다.

3. 현행 5년 단임제의 대통령 임기를 4년 연임제로 하겠습니다.

4. 국회 내에 국회의원 의자를 대학 강의실 의자로 바꾸겠습니다.

5. 복지 예산을 동결하고 국방 예산을 아주 대폭 늘리겠습니다.

6. 우주청을 신설 하겠습니다.

7. 첨단 과학 기술 발전에 힘쓰겠습니다.

8. 부정부패 공직자에 대해서는 불구속입건, 형집행정지, 병보석, 사면, 복권 등의 혜택을 일체 적용치 않겠습니다.

9. 불명확한 법규, 솜방망이 처벌 법규 등을 재정비 하겠습니다.

10. 모든 세(稅)의 명칭을 혈(血)로 바꾸겠습니다.

11. 감사원 사관학교를 설립하고 감사원과 경찰에게도 수사권을 부여 하겠습니다.

12. 국가 정보원의 신분을 확실히 보장하고 국가 보안법을 더욱 강화하겠습니다.

13. 지역 이기주의, 특정 단체 이기주의를 일체 용납하지 않겠습니다.

14. 정부 투자 공기업 및 정부 지원을 받는 대학 및 교육 기관의 임직원에 대한 대대적인 구조 조정 및 통폐합을 실시하겠습니다.

15. 대학 지도 교수 재임용 시 평가를 대학생·대학원생·교수들로 하여금 평가 하도록 하겠습니다.

16. 바둑을 초등학교 정규 교과목으로 채택하겠습니다.

17. 현재 매 4년마다 열리고 있는 올림픽 및 월드컵 경기를 매 2년마다 열릴 수 있도록 국제 사회 지도자들과 협의해보겠습니다.

18. 갓 입사한 신입 사원처럼 열심히 일하겠습니다.

그리고 한민석은 드디어 대한민국 대통령으로 선출되었다.

대혼란의 서막

2018년 8월 15일 대한민국 대통령은 이제 막 8·15 경축 행사를 끝내고 청와대로 들어와 평안한 휴식을 취하고 있었다. 참으로 오랜만에 취하는 휴식이었다. 그동안 일국의 대통령으로서 그 많은 일정을 소화하느라고 얼마나 바쁜 나날들을 보냈던가. 이제 참으로 오랜만에 낮잠이라도 한숨 자려고 소파에 몸을 맡긴 채 조용히 눈을 감았다.

얼마간의 시간이 흘렀을까? 누군가가 그의 몸을 조용히 그리고 아주 조심스럽게 흔들고 있음을 느꼈다. "내가 어지간한 일이 아니면 깨우지 말라고 당부를 했건만…… 순간 그럼에도 불구하고 이렇게 나를 깨운다는 것은 무언가 국가적인 큰일이 일어났다는 얘기가 아닌가?!" 그리고는 본능적으로 몸을 일으켰다. 몹시 송구스러운 자세로 대통령을 깨운 비서의 손에는 전화 수화기가 들려 있었다. "대통령님, 국방장관님의 전화입니다. 몹시 급한 일이라고 합니다." 급히 전화기를 가로챈 대통령이 말했다. "국방장관, 무슨 일이요?" "네. 대통령님 우리 해군 잠수함 한 척이 서해안 바다에서 원인 모르게 침몰했다고 합니다. 아직 승조원들은 모두 무사한 듯합니다. 그런데 긴급히 구조 작업을 시행해야 하는데 약간의 문제가 있습니다. 그것이 뭐냐하면 우리 잠수함이 가라앉아 있는 위치가 중국 해역으로 2마일 정도 들어가 있다고 합니다. 그래서 중국 해군의 동의 없이는 우리 구조대가 중국 해역으로 들어갈 수 없는 상황이라고 합니다." 이어 대통령이 되물었다. "아니 우리 해군 잠수함이 왜 중국 해역으로 들어갔어요?" 그러자 국방장관이 "대통령님 사실 그런

일은 자주 있었습니다. 물론 중국 잠수함도 가끔은 우리 해역으로 들어 올 때도 있고요." "그러면 지금 그곳 상황은 어떻습니까?"

"아무래도 중국 해군도 자기 영내 바다 밑에 우리 잠수함이 가라앉은 사실을 알고 있는 듯합니다. 이미 중국 군함 몇 척이 주위를 맴돌고 있다고 합니다." 그러자 대통령이 다급한 듯이 다시금 물었다. "그러면 지금 우리 정부나 우리 해군이 어떤 조치를 취해야 합니까? 이렇게 지켜보고 있을 수만은 없지 않습니까?" "예 맞습니다. 우선 중국 대사를 불러서 자초지종을 얘기하고 중국 정부의 양해를 구하는 수밖에 없습니다." 그러자 대통령이 짜증스럽게 말했다. "아니 지금 바다 밑에서는 우리 젊은 장병들의 목숨이 촌각을 다투고 있는 상황인데 언제 대사를 부르고 할 시간이 어디 있어요. 일단 알았으니 내가 직접 중국 주석과 핫라인으로 통화를 하겠소. 그리고 만약의 사태에 대비해서 우리의 함정 모두를 서해안으로 집결토록 하시오" 전화기를 놓은 후 대통령은 중국 주석과 직접 통화를 할 수 있는 핫라인으로 중국 주석과 통화를 시작하였다. "중국 주석님 대한민국 대통령입니다. 시간이 촉박하니 본론부터 말씀드리겠습니다. 우리 해군 잠수함 한척이 지금 중국 영내 2마일 지점에서 원인 모르게 가라앉았다고 합니다. 아직 우리 해군 승조원은 살아있다고 하는데 긴급히 구조 작업을 시행해야 할 것 같습니다. 우리 잠수함을 인양하려면 부득이 우리 세종대왕함 및 인양 장비, 선박 등이 중국 영해로 들어가야 할 것 같습니다. 그래서 주석님의 허락을 얻고자 이렇게 급히 전화를 드리는 것입니다" 그러자 중국 주석이 아주 빈정대는 말투로 "아니, 대한민국 잠수함이 왜 우리 중국 해역으로 들어 왔습니까? 이것은 엄연히 침공 아닙니까?" 그러자 대한민국 대통령이 즉각 대답을 하였다. "주석님, 우리 솔직히 이야기 해봅시다. 얼마 전 중국 잠수함이 우리 해역 3마일 안쪽까지 들어와서 무려 세 시간을 머물러 있지 않았습니까? 나는 그때 그 보고를 받고 일단 지켜보고 있으라고 했습니다. 만약 그때 우리 구축함이 지금 주석님의 말대로 우리가 침공으로 가정하고 중국 잠수함을 격침시켜 버렸다면 어떤 결과가 발생되었겠습니까? 알다시피 서로가 알면서도 모른 체하면서 조금씩 밀고 당기는 것이 현실 아닙니까?"

대한민국 대통령의 말에 약간 당황한 듯한 중국 주석이 다시금 말을 이었다. "알았습니다. 나도 일단 우리 정부 내각 수뇌부와 군부와 협의를 해보고 다시 연락드리도록 하겠습니다." 그러자 대한민국 대통령이 언성을 크게 높이며 짜증 섞인 목소리로 말했다. "아니 주석님, 지금 우리 해군 장병들의 목숨이 촌각을 다투고 있는 판국에 언제 내각을 소집하고 군부와 의논하고 할 시간이 어디 있습니까? 나는 일단 중국의 주석님께 이런 사실을 확실하게 통보를 하였으니 우리는 우리 젊은 장병들의 생명을 위하여 우리 해군함정을 어쩔 수 없이 중국 해역으로 들여보내겠습니다. 물론 이런 모든 사실을 세계 언론에게 확실히 통보하여 우리 함정의 구조 작업을 생생하게 생중계할 수 있도록 조치를 취할 것입니다." 그리고 대한민국 대통령은 일방적으로 전화를 끊어 버렸다. 전화 통화를 끝낸 대한민국 대통령은 이런 생각을 하였다. "중국 주석 저 친구 왜 저래 아마추어 같이, 혹시 나를 시험해 보는 것인가?" 그리고 즉각 대통령은 헬기를 대기시키도록 지시하였다. 총총걸음으로 헬기를 타려고 집무실을 나서던 대통령은 잠시 무언가를 생각하는 듯 하더니 다시금 집무실로 들어와 무엇인가를 챙겨서 나왔다. 바로 그때 국무총리가 허겁지겁 뛰어 들어오고 있었다. 국무총리의 모습을 본 대통령은 "마침 잘 왔소. 총리도 소식을 들었지요. 나하고 같이 현장에 직접 가봅시다."라고 말하면서 총리와 함께 헬기장으로 향했다. 그리고 대통령과 국무총리를 태운 헬기는 즉각 서해안 쪽으로 향하여 급속도로 날아가기 시작했다. 대통령은 헬기 안에서 국방부장관과 통화를 시작하였다. 그리고 다시 한 번 모든 함정을 서해로 집결하도록 명령하였다.

바로 그 시간 중국 주석은 약간 화가 난 듯이 중얼거렸다. "뭐라고, 우리 중국의 허락도 없이 군함을 우리 해역으로 들여보내겠다고, 어림없지 이판에 저 대한민국을 한번 혼을 내주어야지." 그리고는 국방부 부장에게 지시하였다. "만약 대한민국 해군 함정이 우리 해역으로 들어오면 가차 없이 공격하도록 하시오 물론 처음에는 몇 번의 경고 사격을 하고 그래도 물러서지 않고 계속 우리 해역으로 들어오면 그때는 조준 사격을 하시오."

이제 서해안은 서서히 긴장감이 고조되고 있었다.

대통령은 다시금 국방부장관에게 전화를 걸었다. "국방부 장관 우리 함정 중 세종대왕함은 지금 어디 있습니까?" "예, 이제 현장에 거의 도착하고 있다고 합니다." "알았어요, 내가 지금 국무총리와 함께 헬기로 가고 있으니까 내가 타고 있는 이 헬기가 직접 세종대왕함에 도착하도록 하겠소. 착륙 준비를 좀 해주시오."

그러자 국방부 장관이 약간 놀라는 음성으로 물었다. "아니 대통령님께서 직접 세종대왕함으로 가시겠다고요?" 장관의 물음에 대통령이 단호한 어조로 대답하였다. "그래요 내가 직접 세종대왕함으로 가겠소. 가서 구조 현황을 직접 살펴보도록 하겠소." 그러자 국방부 장관이 약간 근심 어린 음성으로 대답을 하였다. "대통령님 지금 우리 서해안의 일기가 무척 불안정합니다. 곧 태풍이 몰려 올 것 같기도 하고 강풍과 돌풍도 심하다고 합니다. 그러니 대통령님께서 직접 세종대왕함으로 간다는 것은 상당히 위험하다는 생각이 듭니다. 다시 한 번 생각을 해 보시지요" 그러자 대통령이 언성을 높이면서 말했다.

"지금 태풍이 문제입니까? 저 차가운 바다 깊은 곳에서는 우리의 장병들이 죽음과 맞서 싸우고 있는데 이깟 태풍이 문제란 말이요? 그리고는 대통령과 국무총리를 태운 헬기는 드디어 세종대왕함 갑판 헬기장에 안착을 하였다. 이제 서해안은 한국 중국 양측의 군함이 집결한 가운데 긴장감이 최고조에 다다라 있었다. 이윽고 대통령과 국무총리를 태운 우리 세종대왕함이 서서히 중국 영해를 향하여 진입하고 있었고 중국 해군의 함포 모두는 우리 함대를 향하고 있었으며 우리 함대 역시 모든 포문을 열고 중국의 함대를 겨냥하고 있었다. 일촉즉발의 순간이 다가왔다. 드디어 우리의 세종대왕함이 중국 국경을 통과하는 순간 중국 함포의 경고 사격이 시작되었다. 그러나 우리의 함포는 조용하였다. 몇 분후 중국의 2차 경고 사격이 시작됨과 동시에 중국 함정에서 경고의 마이크 소리가 시끄럽게 울려 퍼지고 있는 순간 대통령이 품속에서 뭔가를 꺼내었다. 그것은 대한민국 대통령을 상징하는 깃발이었다. 바로 짙은 황금색의 봉황 두 마리가 서로 마주보고 있는 대통령 깃발이었다. 그리고 그 깃발은 어느새 세종대왕함의 제일 높은 꼭대기에서 펄럭이고 있었다. 대한민국 대통령은 함정 높은 곳에 위치한 조타실에서 마이크를 가지고 직접 중국 함대를 향하여 외쳐 대었다. "중국 해군 장병 여러분 나는 대한민국의 대통령입니다. 나는 대한민국 국군 통수권자인 대한민국 대통령입니다. 여러분도 알고 있다시피 우리 함정이 중국 국경을 넘어 온 것은 결코 여러분의 바다를 침공하려고 하는 것이 아닙니다. 바로 이곳 바다 밑에 침몰 되어 있는 우리 해군 잠수함의 장병들을 구출하고자 어쩔 수 없이 여러분의 영해에 진입하게 되었습니다. 중국 해군장병 여러분 만약 중국 해군 잠수함이 우리 한국 영해에서 침몰하여 여러분의 전우가 차가운 바다 밑에서 사투를 벌이고 있다면 여러분은 그냥 구경만 하고 있을 것입니까? 지금 나는 이 상황에서 누가 잘하고 잘못하고를 가리려고 이곳에 온 것이 아닙니다. 당장 급한 것은 지금 이 차가운 바다 속에서 사투를 벌이고 있는 우리 장병들의 생명을 구하고자 하는 마음뿐입니다. 부디 중국 해군장병 여러분의 이해와 협조를 바라겠습니다." 대통령의 말이 끝나기가 무섭게 대한민국 해군의 구출 작전이 개시되었다. 사실 바다 밑에 침몰한 잠수함 구출 작전은 참으로 어려운 작전이다. 다행히 서해 바다는 수심이 그리 깊지 않아 구출 작전은 생각보다 쉬울 수가 있다. 그러나 문제는 날씨다. 이미 태풍의 위세가 서서히 다가오는 지금 무엇보다도 높은 파도와 세찬 강풍은 구출 작전을 감행하는 장병들에게는 아주 큰 난관이었다. 그러나 목숨을 걸고 구출 작전에 임하는 장병들은 이런 어려움정도야 아무것도 아니다 라는 듯이 용감하게 작전을 수행하고 있었다.

대한민국 대통령이 중국 함대를 향하여 외쳐 대던 연설이 끝나는 순간 중국의 함대 사령관은 '멈칫, 하지 않을 수가 없었다. 아니 아무리 위급한 상황이라 할지라도 대통령이 직접 이 험난한 바다 한가운데까지 와서 구출 작전을 진두지휘하다니 참으로 대단한 대통령이로구나!' 이렇게 생각한 중국 함대 사령관은 즉각 이 사실을 중국 주석께 직접 보고를 하였다. 이 보고를 받은 중국 주석은 몹시 당황하였다. 사실 중국 주석의 생각으로는 중국함대가 경고 사격까지 하면서 한국 함대의 월경을 허락하지 않는다면 한국 함대는 해양 경계선 근체 머물면서 계속 중국에게 한국 함정 및 구조선이 구출 작전을 펼칠 수 있도록 해양 경계선을 넘게 해달라고 애걸할 것이 분명할 것이고 그렇게 되면 중국 측에서는 마지못한 듯이 아니 자비를 베풀어 주는 듯이 월경을 허락해 줄 심산이었다. 그런데 전혀 예상치 못한 상황이 벌어지고 만 것이었다. 이런 상황을 곁에서 유심히 지켜보고 있던 중국외무부장이 주석에게 조용히 말하였다.

"주석님 더 이상 우리 함대가 저들을 저지한다는 것은 무리인 것 같습니다. 이미 온 세상이 이 사태를 지켜보고 있고 이 상황에서 대한민국 대통령이 탑승한 함정을 우리가 공격을 한다면 분명 두 나라 사이에는 전쟁이 벌어질 것이 뻔한 사실입니다. 그러면 모든 사태가 정말 어려워질 것입니다 이쯤에서 우리 중국 해군이 저들을 저지할 것이 아니라 차라리 저들의 구출 작전을 도와주는 편이 훨씬 나을 것 같습니다. 이 말을 들은 중국 주석은 가벼운 신음 소리를 토해내며 어쩔 수 없이 외교부장의 의견에 따랐다.

중국의 협조를 받은 대한민국 구조대의 구조 작업은 거친 태풍이 불어 닥치는 험난한 날씨에도 불구하고 악천 고투 끝에 완벽한 구조 작업이 이루어졌다. 드디어 바다 밑에 수장되었던 대한민국의 잠수함이 굵은 로프에 묶인 채 대형 크레인선에 의해 천천히 물 위로 그 모습을 드러내었고 잠수함에 갇혀 있던 해군 승조원 모두가 단 한 명의 희생자도 없이 구출이 완료되었을 때 TV를 통하여 이를 숨죽이며 지켜보고 있던 모든 국민들은 열광하고 있었다.

대한민국 해군은 완벽한 구출 작전을 이루어 내었고 중국 해군과의 기싸움에서 완벽한 승리를 얻었다. 구출 작전을 완료한 대한민국 세종대왕함에서도 승리의 함성이 울려 퍼졌다. 대한민국 대통령은 이런 어려운 난관을 뚫고 구출 작전을 성공적으로 이루어낸 장병들을 일일이 껴안으며 칭찬과 위로를 아끼지 않았고 그들의 사기는 하늘을 뚫을 만큼 기세 충전하였으며 이로써 구출 작전은 완료가 되었다.

대혼란의 제1막

....

그러나…… 이런 것을 두고 '호사다마.'라고 하였던가?

작전을 성공적으로 끝낸 후 대한민국 대통령과 국무총리는 서울로 돌아오기 위하여 세종대왕함상에 대기 중인 바로 그들이 타고 왔던 헬기에 몸을 실었다. 물론 거칠었든 날씨가 어느덧 쾌청하게 바뀐 터라 대통령은 내심 '하늘도 우리를 축하해주고 있구나.' 하는 심정으로 헬기에 몸을 실었던 것이었다.

<세종대왕함에서 이륙하는 헬기>

그리고 세찬 엔진 소리와 함께 헬기의 프로펠러가 힘차게 움직이는 듯 하더니 이윽고 헬기가 서서히 공중으로 뜨고 있었다. 그 순간 어디서부터 시작되었는지 알 수가 없는 세찬 돌풍이 세종대왕함과 헬기를 휩쓸어 버렸다. 그리고 공중으로 부상한 헬기가 다시금 함정 갑판에 부딪히는 듯 하더니 또 다시 뜨고 또다시 닿는 듯 하더니 결국 헬기의 몸체 전체가 한쪽으로 휙 젖히면서 헬기의 프로펠러가 갑판을 치며 떨어져 나가 버리고 옆으로 누운 헬기는 함정의 갑판 위에서 몇 바퀴 빙그르르 도는 듯 하면서 갑판 난간에 부딪혀 버렸다. 그리고 몇 초 후 헬기는 그 자리에서 폭파되면서 붉은 불길에 휩싸여졌고 꼬리 일부는 바다로 떨어지고 있었다. 순식간에 함정의 갑판은 아수라장이 되어 버렸고 어느새 소방 호스를 든 장병들이 불길을 향하며 물줄기를 뿜어 대고 있었다.

그날 밤 뉴스에서 대통령의 사고 소식이 퍼졌고 온 나라는 슬픔과 경악에 휩싸여 있었으며 사망자는 국무총리와 대통령 경호원 2명, 조종사, 부조종사 이렇게 다섯 명이 사망하였고 함께 탑승한 대통령은 심한 부상을 입고 의식을 잃은 채 병원으로 긴급 호송되었다.

사고 직후 즉각 장·차관 회의가 이루어졌고, 청와대와 국방부는 물론이거니와 전 공무원은 비상 대비 태세가 되었다.

이제 장·차관 회의에서는 아주 중요한 결정을 내려야 할 시점에 이르렀다.

그것은 당연히 대통령을 대신할 인물을 선정하는 것이었다. 즉 대통령 서리(署理)가 누구인지를 결정하는 일이었다. 그런데 아주 묘한 문제가 발생하였다. 우리나라 정부 조직 법상에 보면 권력 구조에 있어서 행정 수반 즉 국가의 모든 행정 업무 및 국군 통수권을 행사함에 있어서 삼권분리 주의 원칙에 의해 일단 입법부(국회의장)와 사법부(대법원장)는 제외되고 행정부 서열 1위는 당연히 대통령이며 2위는 국무총리 3위는 외교 통상부 장관 4위는 국방부장관 5위는 경제기획원 장관 6위는 지식경제부장관…… 등등의 순으로 이루어져 있다. 그래서 일단 유사 시 즉 대통령 유고 시 대통령을 대신할 대통령 서리는 바로 대통령 다음 순위인 국무총리로 이어지게 되어있고 그리고 국무총리에게도 무슨 일이 발생하면 3위인 외교 통상부장관 그리고 4위인 국방부장관…… 의 순서로 직무가 이관되게 규정이 되어있다.

그런데 지금 대통령이 아직 의식을 회복하지 못한 채 국군 수도 통합 병원에 입원한 상태에 있고 국무총리는 사망하였고 그렇다면 다음 순위인 외교통상부 장관이 당연히 권력을 승계하여야 하는데 문제는 바로 외교 통상부장관에게 있었다. 왜냐하면 외교통상부 장관은 현재 아프리카에 있기 때문이었다. 다시 말해 현재 외교통상부 장관은 자원 외교 차 서아프리카 삼 개국을 순방 중에 있고 현재 마지막 일정으로 아프리카 콩고 민주공화국(DEM. REP. OF. CONGO)에 머물고 있기 때문이었다. 그러면 현재 대통령의 건강 상태는 정확히 어떤 상태에 있냐하면 헬기가 함정 갑판에 부딪힐 때 다행히 대통령은 헬기 바깥으로 그의 몸이 튀어 나왔기 때문에 사망은 면하였지만 헬기 파편 조각이 대통령 머리에 깊이 박혀 우측 뇌가 크게 손상을 입었기 때문에 이제 막 파편을 제거 하고 뇌 봉합 수술을 끝낸 상태라 의식 불명은 물론이거니와 담당의사조차도 대통령이 언제쯤 완전히 건강을 회복할지 장담을 못하고 있었다. 더군다나 다른 곳도 아니고 뇌가 손상을 입었다니 이것은 상당히 심각한 문제였다. 그렇다면 이제 중요한 것은 현재 아프리카에 머물고 있는 외교통상부 장관이 최대한 빨리 귀국을 서둘러 서울에 도착할 때까지 시간이 얼마나 걸리느냐하는 게 최대의 쟁점이었다. 결론부터 이야기 한다면 최소한 3일이 소요되고 많게는 5일까지 소요될 전망이다. 왜냐하면 현재 대한민국의 외교통상부 장관이 아프리카의 콩고에 가 있지만 콩고의 수도인 킨샤사(Kinshasa)에 머물고 있는 것이 아니고 수도 킨샤사에서 동쪽으로 800km나 떨어진 콩고 최대의 광산 도시인 음부지마이(MBUJI-Mayi)에 현지 시찰 중에 있기 때문이다. 앞에서 이야기한 3일은 대한민국 대통령 전용기가 콩고 수도 킨샤사로 직접 날아가서 외교통상부장관을 바로 모시고 오는 방법이지만 알다시피 콩고의 도로 사정이 워낙 열악하기 때문에 음부지마이에서 킨샤사까지 오는데 걸리는 시간이 얼마나 될지 아무도 예측을 할 수가 없고 최대 5일은 외교통상부 장관이 킨샤사 공항에서 에어 프랑스 편을 이용해 일단 파리로 와서 파리에서 대한항공 편으로 서울로 오는 방법이다. 물론 대한항공도 남아프리카 공화국의 요하네스버그까지 주1회 직항로가 있지만 킨샤사와 요하네스버그까지의 거리를 감안한다면 오히려 시간이 훨씬 더 소요된다는 계산이 나오기 때문에 일단 최소 3일은 기본이라는 게 의견이 일치되었다.

자. 이제 어떻게 해야 하나, 이제 장·차관 회의에서는 난상 토론이 벌어지고 있었다. 첫 번째 일치된 의견은 대한민국 대통령이라는 이런 중요한 대통령의 자리를 3일 동안 공석으로 비워둔다는 것은 국정을 포기하는 것과 마찬가지 인 것이었다.

그렇다면 당연히 서열 4위인 국방부 장관이 권한을 승계하여야 된다는 이야기인데 그러면 3일 내지 4일후 외무부 장관이 도착하면 어떻게 해야하나 또한 병석에 누워있는 대통령이 국정을 수행할 수 있는 최소한의 건강을 회복한다면 또 어떻게 해야 하나. 이런 문제들이 발생했을 때 어떻게 해야 한다는 문구는 대한민국 헌법 어디에도 없다. 또 설령 국방부 장관이 정식으로 대통령 서리로 임명이 되었다. 할지라도 그 기간은 언제까지 해야 할 것인가? 아직 대통령의 임기가 4년 이상이나 남아 있는데 임시 대통령이 그 남은 기간을 다 채워야 하는지 등의 문제도 도사리고 있었다. 그러나 이런 문제들로 인하여 대한민국 대통령이라는 중요한 자리를 이렇게 난상 토론하는 것으로 시간을 소비할 수는 없는 것이었다.

결국 서열 4위인 국방부 장관을 대통령 서리로 임명하자는 결론을 내렸고 곧이어 모든 매스컴이 지켜보는 가운데 국방부 장관이 대법원장 앞에서 서약하는 것으로 이제 대한민국의 대통령은 국방부 장관이 대통령 서리로 임명되어졌으며 이제 모든 시선은 국방부 장관으로 아니 대한민국 대통령 서리로 집중되었다.

바로 이 시각 짙은 선팅으로 가려진 검은색 승용차 한 대가 양화 대교를 건너 연희동으로 향하고 있었다. 그리고 그 승용차는 정두한의 집 앞에 도착하더니 승용차 안에서 짙은 선글라스를 낀 한 남자가 황급히 정두한씨의 집안으로 곧장 들어가서는 정두한에게 넙죽 큰절을 올리고는 "각하, 제가 왔습니다. 참으로 오랜만에 찾아뵙는 것 같습니다." 라고 말하자 정두한은 지긋이 그 사내를 바라보면서 천천히 입을 열었다. "그래 제동이 잘 왔네. 참으로 오랜만일세. 나는 말이야 이번 사태를 가만히 지켜보면서 이 사태로 인해 과연 누가 제일 먼저 나를 찾아올까하고 생각하면서 누군가를 기다리고 있었네. 그런데 역시 제동이 자네구먼. 그래, 역시 제동이 자네뿐이야. 내 속마음을 정확히 알고 있는 사람은 역시 제동이 자네뿐이란 말이야 하하. 이봐 제동이 지금 새로 임명된 대통령 서리 저 친구 분명 우리 가족이 맞지?"라고 말하자 장제동은 약간 상기된 듯한 표정으로 "네. 맞습니다. 각하. 분명 우리 가족이 맞습니다. 이제 때가 온 것 같습니다. 다시 한번 각하께서 천하를 호령하실 때가 온 것 같습니다. 저는 이번 사태의 처음과 끝을 가만히 들여다보면 분명 이번 사태는 하늘이 각하에게 다시 한 번 기회를 내려준 것이라 확신하고 있습니다." 라고 말하자 정두한이 다시 입을 열었다. "그래, 제동이 자네 말이 맞아, 맞는 말이야. 암, 맞는 말이고 말고, 내 비록 지금 팔십 여덟의 나이이지만, 아직도 팔팔하다고 아직도 정력이 펄펄 넘쳐난다고 아직도 내가 할 일이 많이 남아 있단 말이야. 그리고 손 좀 봐주어야 될 놈들도 아주 많이 있어. 그런데 이제 때가 왔단 말이야. 이봐 제동이 이제 또다시 때가 왔단 말이야. 그동안 내가 바로 이때를 위하여 지속적으로 우리 가족들을 보살피고 키워왔단 말이야. 그런데 그 보람이 있어 이렇게 또다시 우리에게 기회가 왔단 말이야" 아주 흥분된 표정과 억양으로 정두한이 한참 이야기하고 있을 때 그의 아내

이숙자가 간단한 주안상을 들고 들어와 소반을 바닥에 놓고 정두한 옆에 앉으면서 입을 열었다. "지난번에 말이에요. 우리 집에 쳐들어와서 우리 집 안방은 물론 장롱까지 뒤져대던 그 녀석들부터 먼저 혼쭐을 내주어야 돼요. 삼청 교육대를 다시 만들어서 그 녀석들부터 집어 쳐 넣어 아주 반죽음으로 만들어 놓아야 돼요. 내가 지금 그때 일만 생각하면 분해서 아직도 몸이 부들부들 떨려요. 여보 안 그래요?" 그러자 장제동이 입을 열었다. "제가 어찌 영부인님의 그런 심정을 모르겠습니까? 가만히 두고 보세요. 이 장제동이가 그 자식들을 어떻게 혼쭐을 내주는지 영부인님께서는 즐거운 마음으로 가만히 지켜보시기만 하시면 됩니다." 그러자 다시 정두한이 입을 열었다. "하하. 생각만 해도 벌써 마음이 즐거워지네 그려, 안 그래 여보. 이봐 제동이 그건 그렇고 현재 우리가족이 모두 몇 명이나 되지? 그리고 현역에는 몇 명이나 있어?"라고 묻자 "예, 우리 하나회 회원으로 정식 등록된 인원이 정확하게 총 666명입니다. 그중 약 절반은 예편한 상태이고 절반은 현역에 있는 사람입니다."라고 대답하자 정두한이 다시 물었다" 그럼 현역으로 근무하고 있는 사람 중 계급 분포는 주로 어떻게 구성이 되어있지?"라고 하자 장제동이 호주머니에서 작은 수첩을 꺼내더니 육군 소위에서부터 삼성장군까지 아주 고르게 분포되어 있습니다. 지금 대통령 서리로 있는 녀석이 사성장군이었을 때는 그야말로 소위에서부터 사성장군까지 우리 가족들이 골고루 분포되어 있었습니다." 장제동의 말이 끝나자 정두한이 다시 한번 껄껄 웃으면서 "아주, 환상적이야. 아주 환상적이라고 이봐, 제동이 우리 자금 여력은 어때?"라고 묻자 "예. 각하, 각하께서 주신 이천억 원 중 매년 십오억 정도가 지출이 되었습니다. 각하께서도 아시다시피 저희 가족으로 확실히 입회하는 녀석들에게는 입회 축하금으로 한 명당 일억 원씩 지급되고 있으니까 그 금액이 매년 십 억 정도 소요되고 그 외 운영비 등으로 매년 삼사억 정도 그리고 기타 소요 비용 등 합해서 매년 십오억 정도씩 소요되었으나 아직도 절반 이상이 남아 있고 더구나 남아 있는 자금도 현금화하여 각하와 저만이 알고 있는 지하 금고에 아주 잘 보관이 되어 있습니다." 장제동의 말이 끝나자 정두한이 말을 이었다. "그래 자금은 아직 넉넉하군. 앞으로도 자금 걱정은 할 것 없어. 내가 얼마든지 조달을 할 테니까 말이야 그리고 우리 가족 중 현역에서 제대한 사람들 중에서도 자금을 끌어들일 여력이 있는 녀석들이 아주 많이 있어 국회의원에서부터 대기업 최고 경영자등 자금 여력이 있는 녀석들이 아주 많이 있으니까 자금은 조금도 걱정하지 말라고 그건 그렇고 이제부터 제동이 자네가 할 일이 아주 많아. 그 첫 번째 임무가 바로 군 인사이동이야 군 인사야말로 대통령이 행세할 수 있는 고유의 권한 아닌가. 그런데 나야 당연하지만 자네도 절대로 대통령 서리 그 녀석을 직접 만나서는 안 돼. 단지 나와 자네가 확실히 믿을 수 있는 녀석들을 일단 대통령 서리 주위에 배치를 시키란 말이야. 당장 지금 공석으로 있는 국방부 장관부터 우리 가족을 앉혀두고 그 외 외교안보 수석비서관, 국가안전보장회의 (NSC)상임 위원 등의 자리에 우리 가족들을 배치시키고 특히 중요한 것은 수도방위사령부 사단장과 그 휘하 연대장 자리에는 꼭 우리 가족을 앉히란 말이야. 그리고 육참총장, 기무사령관 등의 요직에는 확실한 우리 가족을 배치하란 말이야 또한 수도권에 가까이 있는 사단의 사단장, 공수특전 사령관등의 요직도 하나도 빠트리지 말고 우리 가족들을 앉히란 말이야. 내 말이 무슨 뜻인지 알겠지!"

그러자 장제동이 맞장구를 치면서 "예, 각하. 각하의 뜻이 무엇인지 제가 확실히 알겠습니다." 라고 대답하였다. 그러자 정두한은 다시금 "아참 내가 깜빡했네, 새로 임명된 대통령 서리에게 내 말을 꼭 전해. 뭐냐 하면 지금 대통령 임기가 아직 4년도 더 남아있어. 그러니까 대통령 서리는 되도록 오랫동안 서리 자리에 있어야 해. 섣불리 그 자리를 빼앗기지 말고 오래, 오랫동안 그 자리를 꼭 잘 지키고 있으라고 하란 말이야. 이것은 아주 중요한 문제라고 물론 그렇게 될 수 있도록 내가 배후에서 모든 것을 지원하겠지만 말이야" 정두한의 이 마지막한마디는 무엇을 의미하는 것일까? 혹시 부상당해 누워 있는 대통령을 시해라도 하겠다는 의미인가? 그리고 그들의 술자리는 호쾌한 웃음소리와 간드러진 웃음소리가 교체되면서 오랫동안 계속되었다. 그들은 그들이 무엇을 잘못했는지 전혀 알지 못하였고 그들로 인하여 얼마나 많은 사람들이 큰 고통과 슬픔을 당하였는지 전혀 깨닫지를 못하고 있었다.

대혼란의 제2막

....

항간에 무수히 많은 소문들이 떠돌아 다녔다. '과거 군 내부에서 조직된 하나회라는 사조직이 다시 부활하였고 새로 임명된 대통령 서리 역시 그 하나회라는 조직의 일원이고 대통령 서리의 배후에는 하나회의 수장인 정두한이 버티고 있어서 사실상 대통령 서리를 정두한이 직접 조종하면서 이 나라를 움직이는 실세는 바로 정두한과 하나회 출신들이다'라는 소문이 거의 사실인 듯 무성하게 떠돌아 다녔다. 대통령 사고 후 대통령 서리가 새로이 임명된 지도 어느덧 넉 달이 지났건만 나라가 안정을 찾기는커녕 자꾸만 뒤숭숭해지는 듯한 분위기였다. 특히 새로 임명된 대통령 서리는 하루빨리 정치 일정을 밝히라는 국민들의 여론을 무시한 채 묵묵부답으로 일관하고 있었다. 그리고 또 하나의 괴소문은 대통령의 건강이 이미 회복이 되었는데도 정두한이가 군부의 권력을 이용하여 대통령을 강제로 감금하고 있다는 소문도 소리 없이 떠돌아다니고 있었다. 이런 가운데 하나회라는 사조직에 대한 소문이 나돌기 시작하자 군부와 관료들 그리고 일반인들마저 이곳저곳에서 술렁거림이 동시 다발적으로 일어나고 있는 듯하였다. 이제 민심은 '정식적으로 대통령 선거를 다시 하자'라는 의견과 '이참에 아예 헌법을 개정하여 현재 5년 단임제를 4년 연임제로 하여 정식으로 대통령 선거를 치르자.'는 등등의 의견들이 쏟아져 나왔고 이제 여·야 정치권은 후자 쪽으로 거의 의견이 일치되는 듯이 보였다. 그러나 일부 야당들은 이 의견에 절대 동의할 수 없다며 강력히 반발을 하였다. 그들이 후자의 의견에 강력히 반발하는 이유는 '현재의 정부는 거의 중요 요직에 소위 하나회 출신이라고 하는 자들이 거의 다 차지하고 있는 마당에 현 상태에서 총선을 치른다는 것은 그들에게 대통령 자리를 정식으로 갖다 바치는 것과 조금도 다를 게 없다'라는 것이었다.

곰곰이 생각해 보면 그들의 주장에도 상당히 일리가 있는 것 같았다. 결국 여야는 다시금 합의한 결과 '그러면 대통령 사고 당시로 다시 돌아가 당시 권력 승계 3순위였던 외교통상부 장관을 정식적으로 대통령 서리로 임명하고 야당이 추천하는 인사 1명을 새로이 국무총리로 임명하여 새 대통령 서리와 새 국무총리 협의 하에 장·차관을 추천하여 여야 국회의원 합의로 승인한 새 정부 관리 하에 새롭게 총선을 치르자.'라는 내용으로 최종합의가 이루어 졌다. 그러나 이런 사태를 뒷짐만 지고 가만히 쳐다보고 있을 정두한이 아니었다.

어느 날, 대통령 서리의 특별 담화가 발표되었다. 그 내용인즉 '정식적인 절차에 의하여 임명된 대통령 서리라는 직책을 정치권의 이해타산에 얽힌 정치논리에 의해 결코 물러나지 않을 것이며 국민들의 소망대로 현정부 하에서 1년 이내에 개헌 후 총선을 치르겠다.'는 담화를 발표하였다. 그러자 온 나라가 벌집을 쑤셔놓은 듯 시끄러워졌고 촛불 시위를 비롯한 데모행렬이 매일매일 끊임없이 이어졌다.

바로 이때 한반도에는 또다시 엄청난 사태가 발생하였다. 바로 북한이 5차 핵실험을 강행해버린 것이다. 그리고 북한의 장사포, 방사포, 각종 미사일 등등이 모든 포문을 남쪽을 향하여 열어젖히고 즉각적인 공격 태세에 돌입을 하더니 어느 일요일 새벽에 기어이 국군 참호를 향하여 무차별 장사포 공격을 감행하였고 국군 역시 즉각적인 대응으로 북한 초소 및 후방지원 본부에 엄청난 포탄을 퍼부었다. 이제 한반도는 다시금 전면 전쟁 일보 직전까지 이르렀다.

사실, 이 무렵 북한의 상황은 그야말로 최악이었다. 경제의 궁핍은 지난 날 고난의 행군 때와는 비교도 할 수 없는 최악의 상황이었고 요동치고 있는 인민들의 분노는 뭔가 곧 폭발할 것만 같은 험악한 상황이었다. 그런 험악한 상황에서 그들은 왜 핵실험을 강행했으며 왜 그들은 또 전쟁 일보 직전의 상황으로 치닫고 있는가? 물론 그 이유야 뻔하다. 김정은을 비롯한 북한 지도자 및 군부 실세들은 '현재 남조선에서 정권을 장악한 군부 및 군부출신 실세들이 그들의 존립 자체가 위험한 상황에 이르자 그들의 정권을 계속 유지하기 위하여 북침을 강행할 준비를 끝낸 상황이다.'라고 선동선전을 하여 그들 역시 그들 정권을 유지하기 위하여 공포 분위기 즉 전쟁 분위기를 연출하였던 것이었다.

그리고 북한의 연출이 시작되자마자 대한민국 대통령 서리는 기다렸다는 듯이 그 누구의 동의나 승인이 없이 독자적으로 전국에 비상 계엄령을 선포하였고 전후방 모든 국군 병사들에게는 실탄이 지급된 채 시동이 걸려 있는 트럭위에서 비상 대기하고 있었으며 바로 39년 전 그러니까 1980년 어느 날처럼 국회의사당 정문에도 방송국 정문에도 대학 정문에도 광화문 한복판에도 삼엄하게 장갑차가 주둔하고 있었다. 그런데 그 어느 곳보다 더욱 삼엄하게 군인들이 지키고 있는 곳이 한 곳 있었으니 바로 한민석 대통령이 입원해 있는 성남시 분당구 율동에 위치한 국군 수도 통합 병원이었다.

대혼란의 제3막

....

이 무렵 또다시 이상한 괴소문이 온 나라를 휩쓸고 다녔다. 바로 '정두한이가 은밀하게 북한 김정은을 부추겨 북한이 핵실험을 하도록 유도하였다'라는 소문이었고 또 어떤 '카더라' 방송은 정두한이가 북한 김정은을 부추기면서 그가 감추어 두었던 비자금 중 아주 극비로 천억 원을 김정은에게 현찰로 갖다 바쳤다.'라는 소문도 있었고 또 어떤 이는 정두한이가 김정은에게 현찰을 보낼 때 현금 제일 윗 장에 붉은색 사인펜으로 딱 한 문구를 써보였는데 그 내용이 뭐냐 하면 「相生」이였는데 그것이 소문으로는 '너도 살고 나도 살자'로 바뀌어서 나돌아다녔다.

이제 또다시 대한민국은 데모로 휩싸여 버렸고 거리 곳곳에는 최루탄이 만발하였으며 지랄탄도 백골 부대도 다시금 등장하였다.

어쩌다 대한민국의 역사가 이렇게 거꾸로 돌아가는 꼴이 되어 버렸을까?

이즈음 성남 국군 수도 통합 병원 특실에 감금되어 있는 한민석 대통령에게는 무수한 협박이 들어오고 있었다. 사실 대통령의 건강은 이제 거의 정상인에 가까워졌다. 그러나 대통령은 병원을 에워싸고 있는 많은 군인들에 의해 포위되어 있었으며 그 누구의 면회조차 허락되지 않은 채 통제와 감시와 억압을 당하고 있었다. 그리고 소위 정두한이 보내서 왔다는 사람들로부터 정계를 은퇴하라는 협박을 끊임없이 받고 있었으나 대통령은 조금도 굴하지 않고 "내가 현 상황에서 당신네들의 협박이 무서워서 당신네들이 시키는 대로는 절대 하지 않을 것이요. 내 목에 칼이 들어오는 한이있더라도 이 상황에서 내가 정계를 은퇴하는 일은 절대로 없을 것이요!"라면서 그를 찾아와 협박하는 사람 모두에게 호통을 쳐서 보냈다. 사실 정두한으로서는 대통령인 이 양반이 눈에 가시와 같은 존재임에 틀림없었다. 그러나 그는 생각보다 강직

하고 고집불통인 사람이었다. 그러던 어느 날 대통령에게 한 통의 전화가 왔다. 자기를 밀착 감시하고 있는 부사관이 건네주는 수화기를 받아들자 조용하고 나직한 남자 음성이 들렸다. "이봐, 나 정두한이요, 당신이 그렇게 고집불통이고 말을 듣지 않는다며 사람이란 모름지기 융통성이 있어야 돼. 그리고 때로는 고개를 숙일 줄도 알아야지 안그래요?" 그러자 한민석 대통령이 언성을 높이며 대답하였다. "이봐 정두한! 당신이 이 나라와 이 국민들에게 저지른 죄가 얼마나 많고 큰지 알기나 하시오? 그런데도 뉘우치기는커녕 아주 비열한 방법으로 또다시 국정을 농락하고 대통령을 감금하고 더구나 대통령인 나를 협박까지 하고 있으니 하늘이 당신을 그냥 보고만 있을 것 같소? 당신이 나를 아무리 협박을 해도 내가 당신의 협박에 굴복할 것 같소. 내가 이 상황에서 당신 뜻대로 물러선다면 나는 국민들을 배신하는 것이 돼요. 나는 절대로 아니 내 목에 칼이 들어온다 해도 절대로 정계 은퇴를 하지 않을 것이요."라고 대답하자 정두한이 약간 빈정대는 어투로 "그래, 목에 칼이 들어와도 내 말을 안 듣겠다 이거지. 그럼 당신 소원대로 내가 당신 목에 칼을 꽂아주지 뭐." 그리고 전화는 끊겼다. 지금 한민석 대통령이 머물고 있는 이 병동에는 다른 사람은 아무도 없고 오직 한민석 대통령 한 사람만 머물고 있다. 아니 감금되어 있다. 그는 이제 TV도 볼 수 없고 신문도 읽을 수 없으며 당연히 외부 어느 누구의 방문도 허락되어지지 않았다. 그에게 주어진 자유가 있다면 오직 하나 즉 몇 권의 책을 읽을 수 있는 자유만 허락될 뿐이었다. 그런 와중에서도 그는 정두한의 측근들로부터 정계 은퇴를 선언할 것을 끊임없이 협박당하고 있는 중이었다. 이제 한민석 대통령은 옛날 바다 밑 동굴 속에서 곰치에게 발을 물려 죽음 직전까지 이르렀을 때와 같은 어려운 상황에 이르러 있었다. 어느 날 한민석은 환한 웃음과 빛나는 모습으로 나타난 할아버지 목사님의 또렷한 목소리를 다시 한 번 되새겨보았다. 그리고 그가 할 수 있는 마지막 방법인 기도를 하기 시작하였다. 마치 그는 그 옛날 동굴 속에서 누구인지 알지도 못하는 괴한들과 총격전을 벌이다가 포위되어 절망에이르렀을 때 그가 했던 것처럼 기도를 하기 시작하였다.

"주여! 지금 저는 무서운 원수들에게 꼼짝없이 붙잡혀 있는 신세가 되었습니다. 저들 원수 마귀들은 이제 저의 목을 서서히 죄어 오고 있습니다. 저는 그들을 이길 힘이 없습니다. 그들은 비열한 모습과 흉악한 웃음을 지으며 저를 짓누르고 있습니다… 주여. 이 어려운 순간을 이겨낼 수 있도록 도와주시옵소서. 그리고 이 나라와 민족을 구할 수 있는 힘을 주시옵소서…… 아멘!

한민석 대통령이 갇혀 있는 이곳 국군 수도 통합 병원은 문자 그대로 국군에 의해서 운영이 되는 병원이다. 따라서 의사도 환자도 모두가 군인이다. 그리고 지금 한민석 대통령의 주치의인 의사 채 모 중령이 바로 언젠가 귀신 소동 때문에 쌍숙이와 함께 기절하였던 그리고 '등신'이라는 소리를 들었던 그리고 지금은 쌍숙이의 남편이 된 그 멍청한 소방관이다. 그러면 한때 멍청한 소방관이라는 소리를 듣던 그 소방관이 어떻게 지금은 군의관으로 근무하고 있을까? 이야기는 이렇다. 귀신 소동이 일어난 그날 인연으로 인하여 결국 쌍숙이와 멍청한 소방관 아저씨는 결혼까지 하게 되었다. 그리고 쌍숙이의 헌신적인 배려와 뒷바라지로 과감하게 적성에 맞지 않는 소방관직을 박차고 나와 의과 대학에 입학한 후 지금은 의젓한 대한민국 육군 중령 군의관으로 변신한 것이다. 역시 쌍숙이와 그 멍청한 소방관 아저씨와는 하늘이 맺어준 천생연분임에 틀림이 없는 모양이다.

이제 대통령의 주치의로 근무하고 있는 채 모 중령은 깊은 생각에 잠겨있다.

'아무래도 뭔가 잘못되고 있어 한때 같은 민족에게 총부리를 겨누어 무고한 시민을 무수히 살해한 정두한과 그 무리들이 또다시 총칼을 앞세워 국정을 농락하고 심지어는 멀쩡한 대통령까지 환자로 둔갑시켜 이렇게 감금을 하다니 이건 말도 안 되는 일이야. 절대로 이건 말도 안 되는 일이야. 그렇지만 나 역시 대통령 주치의로 있다고는 하나 저렇게 중무장한 군인들이 내일거수

517
코리아 환타지

일투족을 감시하고 있으니 난들 어떻게 해볼 도리가 없구나. 그렇다고 내가 이렇게 저들의 앞잡이 노릇이나 하고 있어야 한단 말이냐! 물론 나와 대통령은 한 가족 이상으로 더 친분이 있는 사이야. 그렇지만 그것이 지금 와서 무슨 도움이 된단 말인가. 보다시피 내가 지금 저들의 감시 아래 있는 신분인지라 대통령에게 조금도 도움을 줄 수도 없고 심지어는 출퇴근도 금지된 상황에서 차라리 모른 채 하고 있는 것이 훨씬 나을지도 몰라 이런저런 생각으로 깊은 상념에 잠겨 있는 주치의에게 어느 날 대통령이 나지막한 목소리로 말했다.

"이봐 주치의 내게 책 몇 권만 구해줘. 우선 아주 큰 성경책을 좀 갖다줘. 그리고 음 그래 「F학점의 천재들」이라는 책을 좀 구해봐. 내가 옛날 아주 재미있게 읽었던 책이야. 꼭 한번 구해봐. 음- 그리고 「쇼생크의 탈출」이라는 영화가 있었지. 그게 책으로 나온 게 있을까? 그래 서점에서 한번 찾아보고 있으면 구해오고 없으면 그냥 둬." 이렇게 말을 하는데 말을 하고 있는 대통령의 얼굴 표정이 아무래도 이상했다. 그가 주치의를 쳐다보며 감시하고 있는 부사관 모르게 자꾸만 한쪽 눈을 깜박거리는 것이었다. 대통령의 표정을 지켜보고 있는 주치의는 어느새 대통령이 자기에게 무언가 신호를 보내고 있음을 직감하고 있었으나 얼굴에 내색은 하지 않았다. 이윽고 주치의가 문을 열고 바깥으로 나서려 할 때 대통령은 깜박 잊은 듯 마지막으로 한마디 하였다. "아참- 이봐 주치의 다음에 올 때 일회용 면도기 몇 개만 갖다 줘. 여기 있는 전기면도기는 영 마음에 들지 않아. 쓰기가 불편해 알았지"라고 대통령이 말했다 대통령의 말을 듣고 나온 주치의는 뭔가 깊은 생각에 잠겨 있었다. 분명 대통령이 나에게 무슨 사인을 보내긴 보낸 것 같은데 그것이 무엇일까? 이렇게 생각한 주치의는 대통령이 요구한 것을 조용히 다시 한 번 나열해 보았다. 첫째 성경 한 권, 아니야, 아니야 큰 성경책이었어. 그래 큰 성경책이 맞아. 그리고 「F학점의 천재들」, 대통령이 말씀하실 때 이 책은 꼭 구해달라고 하셨어. 그다음 「쇼생크의 탈출」이었지
그런데 「쇼생크의 탈출」은 책이라기
보다는 영화로 잘 알려져 있는데 왜
굳이 서점에 가서 알아보라고 했을
까? 그리고 서점에 가서 알아보고 있
으면 구해보고 없으면 그만두고. 아
까 「F학점의 천재들」은 꼭 구해오라
고 하고 「쇼생크의 탈출」은 없으면
말고 왜 그럴까? 그리고 마지막으로
일회용 면도기 몇 개…… 이런 것들
이 무엇을 의미하고 있을까? 그리고
다시 한 번 순서대로 나열을 해보았다. 큰 성경책, 「F학점의 천재들」, 「쇼생
크의 탈출」, 일회용 면도기. 주치의는 이 네 가지를 나열해 놓고 서로 간의 공
통점이 있나 없나를 곰곰이 생각해 보았다. 한참 곰곰이 생각하던 주치의는
무언가가 번쩍하며 뇌리를 스치고 있음을 깨달았다. 그래 맞아. 있어, 공통점
이 있어. 바로 쇼생크의 탈출이라는 영화에 성경책이 등장해. 그것도 아주 큰
성경책이 등장했어. 주인공인 앤디 역의 팀 로빈슨, 그가 탈출하기 위하여
시멘트 벽에 구멍을 뚫을 때 사용했던 작은 망치를 성경 속에 숨겨두었어. 두
꺼운 성경책 속을 망치 모양으로 파내고 그 속에 망치를 숨겨두었어. 그러면
일회용 면도날은 바로 성경 속을 파내기 위해 사용할 연장을 의미하겠지. 자
그러면 「F학점의 천재들」 이것은 무엇을 뜻하는 것일까? 그리고 이것은 꼭
구해달라고 했단 말이야. 「쇼생크의 탈출」은 없으면 말고 라고 한뜻은 그 영
화를 회상 혹은 생각해 보고 성경책과의 연관성을 암시해 주었으니 책은 굳
이 구해올 필요가 없다는 얘기인데 그러면 꼭 구해달라고 한 F학점은 뭘
까?…… 맞아, 맞아.

대통령께서 분명히 이렇게 말씀하셨어, 옛날 그 책을 재미있게 보셨다고 그렇다면 F학점…… F학점…… 그래 권총 학점이야 대부분의 학생들이 F학점을 권총 학점이라고 했었지. F와 권총이 닮았으니까 여기까지 생각한주치의는 화들짝 놀랐다. 아니 대통령께서 권총을! 그리고 권총을 가지고 무얼 하려고 하는 거지?!

어느 날, 대통령이 감금되어 있는 병실에 또다시 정두한이가 보냈다는 한 사내가 들어왔다. 들어오자마자 그 사내는 단호한 어조로 대통령에게 말했다. "오늘이 우리 각하께서 당신에게 베푸는 마지막 기회요. 어떡하시겠소. 정계 은퇴를 선택할 것이오. 아니면 당신 목에 칼이 꽂히는 것을 택할 것이요?" 그러자 한참을 깊게 생각하는 듯하던 대통령은 천천히 입을 열었다. "좋소이다. 당신들이 정 나의 정계 은퇴를 원한단면 내 그리하겠소. 그러나 나도 조건이 있소"라고 말하였다. 그 말을 들은 사내는 전혀 의외라는 듯이 놀라면서 "아니 정말 그렇게 하겠소, 그렇다면 그 조건이라는 것이 무엇이요?"라고 되묻자 대통령은 전혀 뜻밖의 조건을 내걸었다.

"그래 좋아요 내가 요구하는 조건을 말할 테니 정두한에게 가서 내 뜻을 확실하게 전하시오. 첫째 큰 것 한 장을 주시오, 그리고 두 번째로는 현 대통령 서리께서 직접 이곳으로 와서 나와 한번 대면할 수 있도록 해주시오. 내말이 무슨 뜻인지 알겠소? 라고 말하자 그 말을 들은 사내는 무척이나 황당해하는 모습이었다. 사실 그동안 그렇게 어르고 달래도 꿈쩍도 않고 대쪽 같았던 대통령이 정두한에게 돈을 요구하다니 실로 어이가 없는 요구 조건이었던 것이었다. 그 사내는 약간 당황하는 표정을 지으며 물었다."아니 큰 것 한 장이라면 10억을 이야기 하는 것이오?"라고 묻자 이번에는 대통령이 큰 소리로 "아니 사람을 어떻게 보는 것이요. 북한 김정은에게는 천억이라는 큰돈을 쥐어주면서 나에게는 10억이라니 그 무슨 얼토당토 않는 소리요 10억이 아니라 그 열 배인 100억이란 말이요. 내 손에 현금으로 100억 원을 쥐어달란 말이요" 그 말을 들은 사내는 무척 당황하는 말투로 아…… 아… 알았습니다. 내가 각하께 꼭 그리 전하겠습니다. 그건 그렇고 왜 이 시점에서 군이 대통령 서리를 직접 만나겠다는 것입니까? 라고 묻자 대통령은 그 사내를 약간 째려보는 듯한 표정을 지으며 "이봐요. 지금 내 위치가 어떤 위치에 있는지 당신네들도 잘 알잖소. 알다시피 지금 내가 비록 병원에 갇혀 있지만 그래도 내가 이 나라 대통령이요. 그런데 당신 같은 조무래기 몇 명이 와서 나를 협박해서 내가 무릎을 꿇었다고 소문이 나 보시오 내 체면이 뭐가 되겠소. 적어도 격이 맞는 사람끼리 만나서 의견을 나눈 후에 나의 뜻을 밝히는 것이 내 체면도 살리고 당신네들에게도 확실한 도움이 될 거 아니요. 어때 내 말이 틀렸소?"라고 말하자 그 사내는 "알았습니다. 대통령님의 뜻을 각하께 그대로 전하겠습니다."라고 말하고는 쏜살 같이 달려 나갔다. 얼마 후 연희동 자택에서 보고를 받은 정두한은 냉소적인 웃음을 지으며 "역시 돈 앞에는 장사가 없구먼. 이봐 제동이 이래서 통치 자금이라는 것이 필요한 것이야. 안 그런가? 하-하."

어느 날 서울 어느 한 아파트에서 아주 비밀스럽게 몇 사람이 모여 무언가 중요한 이야기를 나누고 있었다. 바로 언니 쌍숙이와 동생 똥숙이 그리고 똥숙이 남편 이 세 사람이었다. 모두의 얼굴은 몹시 심각해 보였다. 언니 쌍숙이가 먼저 말을 끝냈다. 내 남편이 비록 대통령이 갇혀 있는 저 국군 수도 통합 병원의 의사라고는 하나 대통령을 위하여 아무것도 해줄 수 있는 것이 없는 것 같아. 저 무지막한 군인들의 감시가 무척 엄할 것임에 틀림이 없어. 그렇다고 무턱대고 멍청히 저들에게 당하고만 있을 내 남편은 아닌데 그런데 내가 제일 안타까운 것은 내 남편하고 일체 연락을 할 수 가 없으니 그것이 제일 안타깝단 말이야! 그리고 대통령 영부인인 인어 공주는 지금쯤 어디에 있을까? 허긴 이 상황에서 대통령 영부인 역시 청와대에 꼼짝없이 갇혀 있는 신세이겠지. 그리고 그 세 사람은 아주 은밀히 서대문 경찰서장을 만나 무언가 비장한 표정으로 심각한 의논을 하고 있었다. 이 서대문 경찰서장은 또 누구인고? 바로 몇 년 전 5층 옥상에서 귀신 사건이 일어났을 때 쌍숙이와 함께 기절했던 멍청한 소방관(현재 쌍숙이 남편이자 대통령 주치의)을 보고 '등신'이라며 째려보았던 바로 그 출동 대장 경찰관이었다.

사실 지금 현 상황의 분위기에서 국민들 90% 이상은 정두한이가 다시금 강압적으로 국정을 장악하고 있다는 사실에 대해 큰 불만을 가지고 있었으며 그들 대부분은 정두한이와 그 일당들이 곧 망할 것이라는 사실에 조금도 의심을 품지 않았고 민심은 하루하루 악화되고 있었다. 그리고 서대문 경찰서장은 자기 휘하의 기동 타격대를 비롯한 모든 가동 병력을 중무장시키고 언제든지 출동할 수 있도록 비상 대기토록 하였다.

어느 날 대통령의 주치의인 채 모 중령이 조심스럽게 대통령을 만나서 이야기를 나누고 있었다. 물론 두 사람의 이야기는 그들을 감시하고 있는 부사관에 의해 낱낱이 기록되고 보고되어 지고 있었다. 주치의는 약간 풀 죽은 음성으로 나지막이 대통령께 이야기하였다. "대통령님 전번에 대통령님께서 부탁하신 책을 사실 구하지 못했습니다. 「쇼생크의 '탈옥'」이나 「F학점의 천재들」 이 책들은 도저히 시중에서 구할 수가 없어요. 물론 큰 성경책은 이렇게 가져왔습니다만은 다른 두 권은 전혀 구할 수가 없었어요. 정말 죄송합니다. 이렇게 말하자 대통령은 "할 수 없지 뭐. 그 성경책이나 이리 줘."라고 말하는데 감시하고 있던 부사관이 두꺼운 성경책을 가로채 책 표지에서부터 맨 끝 장까지 휘리릭, 휘리릭 훑어보며 검사를 하였다. 아마 그 감시 부사관은 혹 두꺼운 책 속에 무엇이라도 숨겨져 있지 않나 의심을 한 듯 해보였다. 그렇지만 책 속에 아무것도 없다는 것을 확인한 부사관은 성경책을 대통령에게 건네주었다. 이때 주치의가 "대통령님 방 안 공기가 무척 탁한 것 같습니다. 창문을 열어 환기를 좀 자주 시켜야 건강에 좋습니다."라고 말하면서 창가로 다

가가 유리 창문을 활짝 열어젖
히는데 주치의 옆으로 대통령
역시 창가로 다가가 바깥 풍경
을 응시하고 있었다. 순간, 아
주 짧은 순간 주치의가 대통령
의 옆구리를 '쿡' 하고 찔렀다.
그리고 재빠르게 손바닥을 펴
서 주치의는 다시금 재빠른 동

<현재 대한민국 군인·경찰이 사용하고 있는 38구경
(3/8인치, 9.525mm) 권총>

작으로 낚싯줄 뭉치를 1층 아래로 풀어 내리고는 한쪽 끝을 창틀 틈새에 꼭
끼워 떨어지지 않도록 고정을 시켰다. 이어서 잠시 후 유리창문은 다시금 주
치의에 의해 닫혀 버렸다.

늦은 밤, 잠을 이루지 못하고 이리저리 뒤척이던 대통령이 조용히 침대에
서 일어나더니 천천히 창문으로 다가가 소리 없이 창문을 열었다. 그리고 얼
마동안 바깥을 응시하는 듯하더니 이내 아까 낮에 주치의가 묶어둔 낚싯줄을
천천히 잡아당기기 시작하였다. 그리고 정원 수풀 속에 숨어 있던 묵직한 물
체 하나가 낚싯줄에 매달려 3층 유리 창문을 넘어오더니 이내 대통령의 안주
머니로 모습을 감추어 버렸다. 그 물체는 바로 주치의가 차고 있던 실탄이 장
전된 당직 사령관용 3·8구경 권총이었다.

대혼란의 끝

....

사회는 더욱 혼란스러워지고 있었다. 거리는 매일 최루탄으로 가득했고 빡
빡머리 백골단은 더욱 미친 듯이 날뛰었으며 지랄탄은 문자 그대로 개지랄을

부리고 있었다. 그런데 더 큰 문제는 도저히 혼란의 끝이 보이지 않고 있다는 것이었다. 당연히 시위대의 구호는 '정두한 물러가라', '꼭두각시 대통령 서리 물러가라', '하나회 물러가라'였고 그들의 요구 조건은 하나회 소속인 현 대통령 서리와 현 국무총리, 현 국방부 장관 그리고 모든 내각이 총사퇴하고 대통령의 건강 상태를 국민 앞에 낱낱이 공개하고 정말 대통령의 건강 상태가 좋지 않다면 여야가 합의한 대로 외무장관을 새 대통령 서리로 임명하여 4년 중임제로 개헌 후 국민 직접 선거를 통해 정식적으로 새 대통령을 선출하자 하는 것이었다. 그러나 정권을 쥐어틀어 쥐고 있는 실세들은 요지부동이었고 그들이 쥐고 있는 권력을 조금도 내려 놓을 생각이 없었다. 오히려 그럴수록 그들은 많은 사람들을 잡아들였다. '해군 해적'이라고 외쳐대던 여인도 '너희들 해적 맞다.'라고 발언한 어느 작가도 국회에 최루탄을 터트린 어느 국회의원도 어느 날 신문 1면을 장식했던 '끄땡이녀'도 모두가 체포되어 말할 수 없는 수모를 당하였고 급기야는 시위대를 진압하기 위하여 전경 대신 군인들이 그것도 특전사 군인들이 곧 투입될 것이라는 소문도 자자하게 떠돌아다녔다. 마치 모든 사태가 꼭 1980년으로 되돌아간 듯하였다.

이때 대통령 주치의는 혼자 곰곰이 생각을 해 보았다. "아무래도 알 수가 없어 도대체 대통령이 무슨 생각을 하고 있는지 알 수가 없단 말이야 도대체 병원에 감금되어 꼼짝도 못하고 있는 사람이 권총 한 자루를 가지고 무얼 하겠단 말인가? 혹시 자살이라도? 아니야, 아니야 절대 그럴 리가 없어 대통령이 자살을 할리는 없어 또 자살할 이유도 없고 그렇다면 누굴 쏘겠다는 뜻인데 도대체 갇혀 있는 사람이 누굴 쏘겠다는 것인가. 아무리 생각해봐도 대통령의 속셈을 알 수가 없네!"이렇게 생각하고 있을 즈음 이상한 소문이 들려왔다. '조만간 현 대통령 서리가 지금 감금되어 있는 대통령을 찾아가 현재 위기에 처한 이 정국을 타개하기 위한 무언가 큰 타협이 있을 것이다. 그 타협이라는 것이 아마 두 사람이 동시에 정계를 은퇴하고 제3의 인물을 대통령 서리로 두 사람이 동시에 추천을 한다던가…' 등의 소문을 들었던 것이었다. 대통령 주치의는 이 소문을 듣자마자 "그래 바로 이거였구나, 대통령이 생각하고 있는 것이 바로 이것이었다. 역시 우리 대통령다운 생각이야!" 이런 생각을 한 그는 '내가 이러고 있을 때가 아니야. 내가 이러고 있을 때가 아니라고'라고 생각하면서 자리에 벌떡 일어나 어디론가 쏜살같이 향하였다. 그리고 그는 이미 친숙한 듯한 경비대 장교 몇 명과 심각한 이야기를 나누고 있었다.

2019년 5월 10일 오전 11시경 대통령 서리가 경호원들의 삼엄한 호위를 받으면서 대통령이 감금되어 있는 병원에 도착하였다. 그리고 이 회담을 취재하려는 기자들을 태운 많은 차량들이 병원 안으로 들어가려고 함께 정문 앞에 도착하였으나 기자들은 정문을 굳게 지키고 있는 군인들에 의해 제지를 당하였다. 승용차에서 내리는 서리의 표정은 아주 굳어 있었고 이내 대통령이 감금되어 있는 병원 3층으로 오르는 계단을 도보로 성큼성큼 오르고 있었다. 물론 엘리베이터도 바로 옆에 있었으나 그는 엘리베이터를 마다하고 도보로 직접 계단을 오르고 있었다. 아마 그의 마음이 무언가에 쫓기는 듯한 초조함을 안고 있었던 것은 아니었을까. 그런데 방문객은 대통령 서리 혼자만 있는 것이 아니고 서리 양측에 별을 두 개씩 달고 있는 군인 두 명이 함께 동행을 하고 있었다. 그리고 세 명은 대통령이 감금되어 있는 병원 특실의 문을 열고 안으로 들어섰고 안에서는 대통령이 이미 기다리고 있었다는 듯이 대통령 서리를 맞이하였다. 그리고 그들의 대화가 시작되었다.

대통령　　어서 오게, 서리. 바쁜데 일부러 여기까지 오느라 수고 많았소.

그러자 서리는 허리를 굽히며 두 손을 내밀어 대통령에게 악수를 청하자 대통령은 꼿꼿이 선 채로 한 손을 내밀었고 서리는 뭔가 송구스러운 듯이 연신 허리를 굽히며 대통령의 양손을 잡고 악수를 나누었다.

이윽고 대통령과 서리 두 사람은 소파에 서로 마주보고 앉아 이야기를 나누기 시작했다. 그러나 같이 온 두 장군은 바로 선 자세로 서 있으며 두 사람이 대화하고 있는 모습을 응시하고 있었다.

대통령   아니 나는 대통령 서리 혼자만 올 줄 알았는데 저 두 사람은 누구요?

서 리   아 그래요. 제가 소개를 하지요. 여기 이 사람은 바로 수도경비 사단장 H소장이고 또 이 사람은 기무사령관 Y소장입니다. 저와 대통령님과의 회담이 시작되면 이 두 사람은 곧 나갈 것이니 대통령님께서는 신경 쓰실 것 없습니다.

대통령   신경을 쓰지 말라구요? 저렇게 뻔쩍뻔쩍 빛나는 별을 두 개씩이나 달고 있는 현 군부 실세 중의 실세인 두 사람이 저렇게 턱버티고 서 있는데 신경을 쓰지 말라니 그게 말이나 됩니까? 이봐요. 서리, 우리 솔직하게 말해봅시다 애초에 서리와 나 단 두사람만 단독 회동을 하기로 약속하지 않았소. 그런데 지금 민간인도 아닌 현역 소장 두 사람이 저렇게 버티고 서 있는 이유가 무엇이요? 혹 서리도 저 두 사람의 조종을 받고 있지나 않소? 마치 자기들 뜻에 위배되는 의논이라도 나누면 지금 허리에 차고 있는 저 권총으로 나나 서리 가릴 것 없이 쏘아버리겠다는 자세 아니요?

이렇게 대통령의 입에서 거침없는 이야기가 튀어나오자 약간 뚱뚱하고 능글스럽게 생긴 한 장군이 입을 열었다.

장군 Y   그래요, 맞습니다. 저는요 대통령님께서 정말 정계를 은퇴할 의사가 있는지 없는지를 확실하게 파악해오라는 지시를 각하로부터 받았습니다. 그러니 이야기를 이리저리 질질 끌지 말고 단도직입적으로 그 이야기부터 시작하시지 그래요. 그 이야기만 끝나면 저희들은 바로 이 자리에서 물러 나가겠습니다.

대통령   이봐요 Y장군, 방금 누구요? 누구의 지시를 받았다고요? 각하라고 했소? 이것 보시오 서리 양반 방금 이자가 말한 각하라는 자가 누구요? 혹시 시중에 나도는 소문처럼 서리도 방금 이자가 말한 각하라는 자로부터 국정의 모든 지시를 받고 있소? 그 각하라는 자가 도대체 누구요? 정말 소문처럼 서리도 그 각하라는 자의 꼭두각시인거요?

그러자 Y장군이 험악한 표정으로 대통령을 노려보며 말했다.

Y장군   이봐요, 대통령 양반. 어차피 우리도 이판사판이고 목숨 걸어놓고 이 자리에 온 거요. 정말 당신 우리한테 험한 꼴 제대로 한번 당해 봐야 정신 차리겠소?

대통령   뭐라! 자네 지금 나한테 협박하는 거야? 머리통에 별 두 개 달고 있으니 눈에 뵈는 게 없어? 어디서 똥 별 두 개 달았다고 국군 최고 통수권자인 대통령을 협박을 해! 지금 법적으로는 엄연히 내가 대통령이야 이 새끼들아, 어디서 건방지게 함부로 대통령을 협박하고 있어 그딴 버릇 누구에게 배워 쳐 먹었어?!! 정두한이야? 정두한 그 자식한테 그런 버릇 배웠어? 이 새끼들아 지금 너희들이 말한 각하라는 자가 바로 정두한이지. 그리고 방금 우리라고 한 그 '우리'가 바로 하나회라는 무리들이지. 지금 너희들이 말하는 그 정두한이라는 자가 누구야. 바로 40여 년 전 선량한 국민들을 총으로 몽둥이로 대검으로 쏴죽이고 찔러 죽이고 찢어 죽인 그 사람들

아니야? 국민을 지키고 보호하라고 국민의 세금으로 군대를 만들고 국민의 세금으로 그들의 손에 총칼을 쥐어 주었더니 그 총칼로 오히려 국민을 향하여 쏘고 그 칼로 국민을 찔러 죽인 자들 아니야? 그 마귀 같은 자들 때문에 고통 받고 울부짖고 한 맺힌 자가 얼마나 많은데 지금 너희들은 바로 그런 마귀 같은 자를 너희들 우두머리로 삼고 각하라고 부르고 있는 것이야? 그런데 그날 이후 그 마귀 같은 자들의 행태는 또 어떠했어. 뉘우치고 자숙하기는커녕 마치 보란 듯이 호화호식하며 떵떵거리고 살면서 전 재산이 이십 몇 만원 밖에 안 된다느니 나에게 당해보지도 않고 라는 등등 얼토당토 않는 소리나 지껄이고 심지어는 그들의 자식새손주들까지도 수십억, 수백억의 갑부로 떵떵거리며 살아가지 않아? 그런 그들의 행위야말로 그들의 손에 고통 받고 신음하며 죽어간 무수히 많은 영혼들, 그리고 남은 그 가족들을 농락하고 조롱하는 짓거리들이 아니야? 그런데 그런 자를 지금 너희들은 각하라고 불러? 이 미친 새끼들아 내 분명히 이야기하건데 너희들이 각하라고 부르고 있는 정두한이나 하나회 무리들은 내가 보기에는 분명 마귀들의 무리야 언젠가는 천벌을 받을 것이라고 확신하고 있어.

이렇게 말하자 곁에서 아무 말 없이 대통령을 노려만 보고 있던 H장군이 허리에 차고 있던 권총을 뽑아 총구를 대통령 이마 한가운데 갖다 대면서 험악한 표정으로 말했다.

H장군   이봐요. 나 역시 여기 올 때는 죽을 각오를 하고 왔소. 내가 당신한테 그러 설교나 들으려고 내가 여기 온 줄 알아요. 잔말 그만 지껄이고 여기에 이름 쓰고 서명이나 하란 말이야. 이 양반아! 어차피

내가 이 자리에서 당신의 서명을 받아가지 못하면 나도 죽고 우리 하나회 모두가 죽어. 알아?

하며 미리 준비된 종이 한 장을 내미는데 내용이야 당연한 것 아니겠는가. 그러자 대통령이 갑자기 자리를 박차고 일어서서 험악한 표정으로 H장군을 뚫어지게 쳐다보며 외쳤다.

대통령   야, 이 자식아. 너 지금 나한테 총 겨누었어!? 어디 한번 쏴봐, 날 쏠 배짱 있으면 한번 쏴보란 말이야. 야 이 자식아! 오늘 너 이 자리에서 나 못 쏘면 내가 널 쏘아 죽여 버릴 것이야. 어디 쏴 봐, 이 자식아. 쏴 보란 말이야 어서!

라고 대통령이 큰 소리로 발악하듯이 외쳐 대자 대통령 서리가 자리에서 벌떡 일어나서 험악한 분위기를 진정시키려는 듯 두 손을 좌우로 설레설레 흔들며 두 사람을 진정시키려고 애를 쓰고 있었다.

H장군   이봐요, 대통령 양반. 지금이 누구 세상인지 알아요. 그래요 방금 당신이 말한 우리 하나회 세상이란 말이오. 지금 이 세상에서 말이요 우리가 마음먹고 무엇을 하기로 작정만 한다면 못할 일이 없는 세상이란 말이오. 알겠소?

라고 말하자 대통령은 아직도 분이 풀리지 않는 표정으로 세 사람을 번갈아 보며 말했다.

대통령   이봐, 방금 너희들이 말한 그 하나회라는 조직 말이야. 그것이 얼마나 큰 반역죄인지 알기나 해? 국가에서 국민의 세금으로 만들어진 녹을 받아먹고 있는 군인들이 몇 명 개인들의 이익을 챙기기 위하여 사조직을 결성한 것 자체가 반역죄란 말이야. 만약 이런 일이 과거 역사에서 발생했다면 그것은 삼족을 멸할 중범죄란 말이야, 당장 보라고 지금 너희같이 탐욕으로 꽉 찬 미친놈 몇 명이 모여 조직한 그 하나회라는 것이 이렇게 온 나라를 어지럽게 하고 있지 않아? 그런데 너희들이 이런 행동을 하는 목적이 뭐야? 바로 너희 미친 무리 몇 명만이 권력을 휘어잡아 너희들 몇 명만이 잘 먹고 잘 살자는 것 아니야. 그 가장 대표적인 인물이 너희 새끼들이 방금 각하라고 부른 정두한이란 말이야 안 그래? 내 분명히 말하건대 정두한을 비롯한 하나회 모두는 언젠가는 천벌을 받을 것이야, 천벌을. 알아? 너희들이 천벌이 뭔지나 알아! 이 무식한 족속들아!

이렇게 대통령의 말이 어느 정도 끝이 난 듯하자 이번에는 Y 장군이 혼자 중얼거린다.

Y 장군   저 양반이 정말 우리 하나회가 얼마나 무서운 조직인지 모르는 모양이군. 정말 혼쭐을 한번 내주어야 되겠네. 한번 혼이 나야 입을 다물고 있을 모양이네.

이렇게 말하자 대통령은 단호한 표정을 지으며 말했다.

대통령   모두들 내 말을 똑바로 들어 이 자식들아. 나를 말이야 하나회가 아니라 지옥에다 나를 던져놔 봐. 내가 눈썹 하나 까딱하는가. 응. 이 자식들아!

라고 말하자 이번에는 H장군이 대통령 서리를 보고 말했다.

H장군   아니 이거 보세요. 우리가 여기 오기 전 이야기 했던 내용과 지금
          이 양반의 이야기와는 완전히 정반대 아니요. 우리가 여기 오기 전
          에는 지금 이 양반이 정계에서 완전히 은퇴하기로 결심했다고 이
          야기 했잖소. 그런데 가만히 보니까 그게 아니잖아요. 오히려 우리
          를 협박하고 있잖소!

라고 짜증 섞인 목소리로 대통령 서리에게 말하자 대통령 서리가 말했다.

서 리   아참 그러네. 대통령님, 오늘 우리가 이렇게 만난 이유가 바로 대
          통령님의 향후 처신에 관해 이야기하려고 온 것 아니요. 내가 이야
          기 듣기로도 대통령님께서 분명 정계를 은퇴할 것이라고 이미 약
          속을 한 것으로 이야기 들었고 그에 대한 충분한 보상도 이미 협의
          가 된 것으로 아는 데요….

라고 하자 대통령은 대통령 서리의 말에는 전혀 신경을 쓰지 않는 모습으
로 자신이 생각하는 정국 이야기만 이어나갔다.

대통령   내가 결론적으로 이야기 하겠소. 지금 당장 내일이라도 폭발해 버
          릴 것 같은 이 험악한 정국을 해결할 수 있는 가장 확실한 방법은
          하나회에 소속된 모든 사람들이 정치와 군에서 물러나야 한다는
          것이오. 방법은 그것 밖에 없소 만약 여기 있는 당신들 세 사람만
          이라도 그렇게 약속을 한다면 나 역시 미련 없이 당신들의 뜻대로
          정계에서 은퇴하겠소. 언제 그렇게들 하겠소? 지금 이 자리에서 나

와 확실히 약속할 수 있소?

그러자 이번에는 다시금 H장군이 권총을 뽑아 들고 대통령을 향해 말했다.

H장군   아니 이자식이 미쳐도 제대로 미쳤군. 지금 누구보고 이래라저래
            라 하는 거야. 이 새끼를 정말 이대로 두어선 안 되겠네. 제대로 한
            번 손 좀 봐줘야 되겠어. 그래야 정신 차릴 것 같애.

그러자 대통령은 어이없다는 듯이 빈정대는 말투로 두 장군을 번갈아 보며
말했다.

대통령   아니 이 애들이 쏠 배짱도 없는 것들이 왜 이렇게 총을 함부로 뽑
            아 들고 난리야. 애들 장난 하는 것도 아니고 말이야. 이 자식들 참
            으로 어리석은 자들이로군. 정말 총을 쏠 배짱이 있는 사람은 말이
            야. 이렇게 쉽게 총을 뽑지 않아. 알겠어? 너희들 이런 속담 들어봤
            지. 물어뜯는 개는 막상 짓지 않는다. 이 말이 무슨 뜻인지 알아 몰
            라. 이 멍청한 자식들아.

그리고는 천천히 자기가 사용하는 큼직한 업무용 책상 옆으로 다가가더니
책상 위에 있는 두툼한 성경 한 권을 지긋이 바라보는 듯싶더니 천천히 책상
서랍을 열고는 이내 그 속에서 권총을 꺼내는 순간 권총이 탕 소리와 함께 불
을 내뿜었고 동시에 한 손에 권총을 들고 있던 H장군이 아무 소리없이 그 자
리에 쓰러져 버렸고 또다시 한발의 총성이 울리면서 옆에 있던 Y장군도 그
자리에서 비명 한마디 없이 푹 꺼꾸러져 버렸다. 놀란 대통령 서리가 눈을 휘
둥거리며 쓰러진 두 사람을 멍하니 바라만 보고 있는데 이번에는 대통령이
들고 있는 총구가 천천히 대통령 서리를 향하고 있었다. 동시에 대통령은 대

통령 서리를 똑바로 쳐다보며 말했다.

대통령   이봐, 서리. 아무래도 방법은 이것뿐인 것 같아 안 그래. 아무리 생
각해도 방법은 이것뿐인 것 같아, 당신은 불행스럽게도 아주 잘못
된 선택을 하였소.

그리고 또다시 한 방의 총성이 울림과 동시에 대통령 서리 역시 쓰러져버
리고 말았다. 순간 문이 활짝 열리면서 대령 한 명과 중령 한 명이 급하게 뛰
어 들어왔고 방안의 피비린내 나는 모습을 보는 순간 두 사람은 깜짝 놀라면
서 허리에 있는 권총을 뽑아들었다. 그러나 두 사람의 눈앞에는 이미 대통령
이 들고 있는 총구가 두 사람을 향해 있었고 지금이라도 쏘아 버릴 듯한 자세
로 대통령은 두 사람에게 말했다.

대통령   두 사람 다 총 내려놔. 빨리 총 내려놓으란 말이야 내가 이 나라 대
통령이야, 빨리 명령에 복종해 어서! 그리고 자넨 누군가?
대 령   네, 저는 수도경비사단 50연대장입니다. 그런데 도대체 이게 무슨
일입니까?

부들부들 떨리는 목소리로 대령과 중령은 바닥에 쓰러져 있는 세 사람을 동
시에 번갈아 바라보며 어찌할 바를 모르고 있었으나 그들 손에는 여전히 권
총이 쥐어져 있었다.

대통령   자네가 그 유명한 수경사 50연대 연대장이로구먼, 그러면 당연히
자네도 하나회 일원이겠구먼, 이봐 자네 천벌이라는 것이 무엇인
지 알지. 이게 바로 천벌이라는 것이야. 도대체 하나회라는 일개

사조직이 이 나라를 온통 공포와 혼란의 도가니로 몰아가고 있지 않은가. 이게 바로 그런 망나니 같은 행동을 저지른 자들의 최후야. 이런 것을 두고 천벌을 받았다고 그러는거야. 두 사람 모두 총 내려놓고 내 명령에 따라 그렇지 않으면 자네들 역시 천벌을 면치 못할 것이야. 어서 총 내려놓아!

대령은 여전히 부들부들 떨리는 몸으로 대통령과 쓰러져 있는 세 사람을 번갈아 쳐다보며 어찌할 바를 모르고 있었으나 대령과 중령 이 두 사람은 여전히 대통령을 향하여 권총을 겨누고 있었다. 바로 이때 두 사람의 등 뒤에 약간의 인기척이 들리는 듯 하더니 곧이어 몇 발의 총성이 들렸고 대령과 증령, 두 사람은 그 자리에 쓰러져 버렸다. 누가 쏜 것일까? 바로 대통령 주치의가 이끌고 온 병원 경비대 병력이었다. 그리고 중무장을 한 20여 명의 병사들이 우르르 대통령과 병원장을 에워싸며 그들을 후위하기 시작할 무렵 또 다른 병사 한 무리가 아래층에서 계단을 따라 올라오는 소리가 들리는 듯 하더니 곧이어 복도 끝에 많은 무리의 병사들이 멈추어 선 채 대통령 입원실 쪽으로 총구를 겨누고 있었다. 얼핏 보아도 병원 정문과 병원 주위를 감싸고 있던 병력인 듯하였다. 이때 지휘관인 듯한 대위 한 사람이 앞으로 나오더니 대통령 입원실을 향하여 큰소리로 외쳤다.

중 령 나는 이곳 병원 경비를 책임지고 있는 중대장이다. 모두들 손들고 한 명씩 천천히 나오너라. 만약 그렇지 않으면 우리가 진입하겠다. 다시 한 번 반복한다. 모두들 손들고 한 명 씩 천천히 나오너라. 시간은 2분 주겠다. 2분 내에 나오지 않으면 우리가 진입하겠다.

이제 이대로 2분만 시간이 지나면 같은 나라 군대끼리 치열한 전투가 벌어질 판이다. 이때 대통령이 무언가를 지시하자 대통령을 호위하던 몇 명의 사병이 쓰러져 있는 시신을 두 명이 한 조로 양편에서 시신의 양어깨를 들쳐 올려 메고 천천히 출입문을 열고 앞으로 나아가기 시작하였다. 맨 앞에는 대통령 서리의 시신을 선두로 수도 경비 사단장, 기무사령관, 연대장인 대령, 대대장인 중령의 순서로 한걸음, 한걸음 나아가기 시작하였다. 물론 그 다섯 구의 시신 얼굴에는 총알을 맞은 상처가 뚜렷이 보였고 그 상처에서는 아직도 붉은 핏방울이 뿜어져 나오고 있었다. 이 광경을 목격한 대위는 아연실색을 하고 말았다. 그리고 그의 머리는 복잡해지기 시작하였다. 과연 중대장이라는 직책으로 이곳 경비를 책임지고 있는 내가 지금 어떤 행동을 취해야 하나. 나의 직속상관인 대대장·연대장·사단장 그리고 대통령 서리까지 저렇게 총을 맞고 쓰러져 버린 지금 내가 무슨 행동을 취해야 하나 그렇게 생각하는 순간 '그래, 하나회가 있지, 나 역시 하나회의 일원이야. 일단 저들 모두를 체포해서 우선 육군 본부로 데려 가자. 그곳은 우리의 본거지 아닌가.' 그렇게 생각한 그는 또다시 고함을 질렀다.

중대장   모두들 꼼짝 말고 제자리에 서! 모두들 양손을 머리 위로 올려 내 말을 듣지 않는 자는 모두 사살해 버리고 말거야 모두 꼼짝말고 손 올려!

그때 시신들 앞으로 대통령이 천천히 나오면서 모두를 바라보며 말했다.

대통령   장병 여러분 내가 바로 이 나라 대통령이요. 내가 바로 국군 최고 통수권자인 대통령이란 말이요. 그러니 지금부터 장병 여러분은 이 대통령의 명령에 복종해야 하오. 먼저 그 무기들부터 내려놓으시오. 어서.

그러자 중대장은 더욱 다급한 목소리로 부하들에게 외쳤다.

중대장   안 돼. 모두들 내 명령에 따라. 저들은 살인자들이야. 모두 체포해
            야 돼. 어서 모두 저들을 체포해. 어서 내 명령에 따라!

　자, 이제 사병들은 어떻게 해야 하나. 한 사람은 자기들을 직접 지휘하는 그
들의 직속상관인 중대장이고 또 한 사람은 이 나라 국군 최고 통수권자인 대
통령이 아닌가. 이제 그들은 누구의 명령을 따라야 하나 한참 분위기가 이상
야릇할 무렵 중대장 뒤에 있던 부사관인 중사 한사람이 그가 들고 있던 K2
소총으로 중대장을 겨냥하는 듯싶더니 그대로 중대장을 사살해 버렸다.
　그리고 중사는 사병들을 향하여 힘차게 외쳤다

중 사   자, 지금부터 우리는 대통령을 호위한다. 지금부터 우리의 임무는
           대통령을 안전하게 보호하는 것이다. 모두들 대통령께 경례!

　그러자 모든 장병들이 일제히 차렷 자세로 대통령을 향하여 '충성' 하며 외
치자 대통령은 거수경례로 응답하며 모두를 보고 말했다.

대통령   장병 여러분, 지금부터 여러분을 대통령 특별 호위대로 임명합니
           다. 그리고 여기 있는 중사는 물론이거니와 여러분 모두를 일 계급
           승진시킵니다. 아울러 여기 있는 중사를 아니 상사를 대통령 특별
           호위대장으로 임명하니 모두들 상사의 명령에 따라 대통령을 호위
           하시오.
　말을 끝낸 대통령은 흐뭇한 표정으로 옆에 서 있는 주치의에게 악수를 건

네며 말했다.

| 대통령 | 채 중령 수고 많았소. 곧 다시 한 번 연락하겠소. 내가 우선 급한 일들부터 처리해야 하니 채 중령은 이곳 뒤처리를 잘해주기 바랍니다. 그리고 저 시신들을 신속히 기자들에게 공개하고 난 후 이곳 병원에 안치하시오. |

    말을 마친 대통령은 특별 호위대의 호위를 받으며 어디론가 급히 사라졌다. 그리고 바로 이때 서대문 경찰서장이 이끄는 전경을 포함한 일련의 경찰 무리가 중무장을 한 채 연희동 정두한 사저를 급습하였다. 그리고 정두한은 장제동과 함께 체포되었고 장제동의 호주머니에 있던 666명의 하나회 명단이 빼곡히 기록된 작은 수첩은 서대문 경찰서장에게 넘겨졌고 그 명단은 아주 극비리에 어느 날 대통령께 전달되었다.

    대통령은 특별 호위대의 경호를 받으며 먼저 방송국에 도착했다. 물론 방송국 입구에 몇 명의 군인들이 경비를 서고 있었으나 대통령은 큰 어려움 없이 방송국에 진입했다. 그리고 온 나라 TV 방송국은 모든 방송을 중단한 채 오직 대통령 모습만 보였다. 단호함과 긴장감으로 굳어 있는 대통령은 그러나 또박또박한 말투로 한 점 흐트러짐 없이 연설을 하기 시작하였고 온 국민의 시선은 TV 속 대통령으로 집중되었다.

    국민 여러분, 나는 오늘 대통령 서리와 수도 사단장 그리고 기무사령부사령관. 이 세 명을 내 손으로 직접 처단하였습니다.
    나는 내가 한 행위가 법적으로 타당한지 생각할 겨를이 없었습니다.
    나는 내가 한 행위가 도덕적으로 타당한지 생각할 겨를이 없었습니다.

나는 내가 한 행위가 인간적으로 타당한지 생각할 겨를이 없었습니다.

나는 내가 한 행위가 신앙적으로 타당한지 생각할 겨를이 없었습니다.

나는 오직 지금으로부터 사십여 년 전 그러니까 1980년 5월의 따가운 햇살 아래 이 나라 광주에서 일어났던 그 엄청난 불행한 사태가 또다시 이 땅에서 일어나지 않게 해야겠다는 그 생각뿐이었습니다. 그런데 그런 불행한 사태를 막을 수 있는 유일한 방법은 단 한가지였습니다.

1980년 5월에 그 잔인한 만행을 저지른 자들은 아직도 그들의 잘못을 인정하지 않고 있습니다. 그들은 아직도 그들의 만행을 뉘우치지 않고 있습니다. 그들은 그들의 잘못을 뉘우치기는커녕. 그들은 그들의 잘못을 사과하기는커녕 오히려 그 이전보다 더 호화호식하며 망발과 오만으로 그때 억울하게 희생된 영혼들과 그 가족들을 조롱하고 있습니다. 그런데 그들은 그 당시 그들이 조직한 하나회라는 마귀 집단을 지금 다시 일으켜 이 나라 국정을 다시금 틀어쥐고 나라의 기반을 흔들고 국민을 우롱하고 있습니다. 그리고 그들은 이 사회를 다시금 혼란의 도가니 속으로 몰아가고 있습니다.

정치도 정치인도 정당도 그들을 이길 수 없었습니다. 정의라는 이름도 그들을 이길 수 없었습니다. 민주주의라는 이름도 그들을 이길 수 없었습니다.

국가라는 존재도 그들을 방치해 두었기에 그들의 오만과 탐욕은 이제 극에 도달했습니다. 그런데 그런 그들을 이대로 방치해 둔다면 지난날 그들에 의해서 저질러졌던 불행보다도 몇 배나 더 큰 아주 끔찍한 참사가 또다시 이 땅을 휩쓸 것입니다.

그러면 누가 그들을 어떻게 심판할 것입니까? 누가 이 끔찍한 참사를 어떻게 막을 수 있습니까? 그것은 오직 한가지밖에 없었습니다. 바로 '눈에는 눈 이에는 이'라는 방법밖에 없었습니다. 나는 오늘 법도 팽개치고 도덕도 팽개치고 인격도 팽개치고 신앙도 팽개치고 그들을 사살했습니다. 아니 그들을 처단했습니다. 아니 그들을 심판했습니다. 과거 그 당시 국정 책임자였던 최

규환 대통령은 그들에게 무릎을 꿇었을지 모르지만 오늘의 국정 책임자인 나는 결코 그들에게 무릎을 꿇을 수 없었습니다. 만약 오늘 내가 한 행위가 법적으로 잘못되었다면 나는 당당히 법의 심판을 받겠습니다. 만약 오늘 내가 한 행위가 신앙적으로 잘못되었다면 나는 겸손한 마음으로 하늘의 심판을 받겠습니다. 그러나 그 이전에 이 나라 국정 최고 책임자로서 먼저 해야 할 일이 있습니다. 그것은 하루 빨리 혼란 속에 빠져 있는 이 나라를 안정시키는 일입니다. 그러기 위해서는 국민 여러분들의 협조가 절실히 필요한 시기라고 생각합니다. 따라서 국민 여러분께서는 첫째로 무엇보다도 조금도 동요하지 마시고 성실히 국민 여러분들의 생업에 성실히 임해 달라는 것입니다 두 번째로는 범죄 행위를 하지 말라는 것입니다. 나라가 어수선한 틈을 타서 범죄 행위가 빈번할 수가 있는데 이는 결코 용서하지 않을 것입니다. 셋째 유언비어를 배포하지 말라는 것입니다. 나라가 혼란한 틈을 타서 근거 없는 악성 유언비어를 퍼트리는 행위는 더욱더 나라를 혼돈 속으로 빠지게 하는 행위임으로 이 또한 결코 방관하지 않을 것입니다. 그리고 끝으로 국군 장병 및 지휘관 여러분께 국군 최고 통수권자로써 단호하게 명령합니다. 먼저 군 지휘관 및 모든 국군 장병 여러분들은 모두가 예외 없이 군인 본연의 업무에 충실하라는 것입니다. 특히 나라가 혼란한 틈을 타 북한이 잘못 판단하여 어떤 도발 행위를 할 것인지 예측할 수가 없습니다. 아울러 철저한 경계 태세를 유지함과 동시에 어떤 도발을 감행해 온다 할지라도 이를 격퇴할 수 있는 만반의 준비를 갖추어야 할 것입니다. 둘째로 군 지휘관은 북한의 도발과 통상적인 훈련을 제외하고는 군통수권자의 허락 없이 함부로 병력 이동을 하지 말아야 할 것입니다. 아울러 군은 현재 비합법적으로 파견되어 있는 모든 부대를 원위치 할 것을 명령하는 바입니다. 상기와 같이 군은 정치나 사회에 어떤 혼란이 있더라도 추호도 흔들림 없이 군 본연의 자세에 임할 것을 다시 한 번 강력히 명령 하는 바입니다.

대국민 담화를 마친 대통령은 발걸음을 청와대로 향하였고 나라는 이제 점차 안정을 되찾아 가는 듯하였다. 그리고 비록 형식적인 절차였지만 어쨌거나 살인은 살인이므로 대통령에 대한 희대의 재판이 열렸다. 그리고 결과는 정당방위에 따른 무죄였다. 즉 사살된 3명이 먼저 대통령을 협박하고 대통령에게 먼저 총을 겨누었으므로 정당방위라는 결론이었다. 대신 대통령에게는 불법 무기 소지죄가 일부 적용되었고 주치의에게는 불법 무기 반출죄가 성립되어 집행유예 선고를 받고 이 사건은 일단락되었다. 대통령이 재판을 마치고 나오자 어느 기자가 물었다. '대통령님께서 정두한 에게 100억을 요구하셨고 또 직접 100억을 받으셨다고 하셨는데 그것이 정말입니까?'라고 묻자 '예 맞습니다. 확실합니다. 그런데 내가 왜 그렇게 했냐하면 만약 내가 그런 요구 없이 그냥 하루아침에 정계 은퇴를 하겠다고 하면 정두한이가 내말을 믿었겠어요. 그리고 내가 대통령 서리와 개별면담이 이루어지지 않았다면 내가 그들을 처벌 할 수가 있었겠어요?'라고 대답하였다.

그러나 대통령은 아직 해결하지 못한 아주 중대한 일이 한 가지 남아 있었다. 바로 국기를 문란케 한 장본인들과 하나회에 속한 민간인 및 현역 군인들에 대한 처벌이었다. 그리고 당연히 여론은 그들을 이번에만큼은 그냥 두어서는 안 된다는 것이었고 어떤 방법으로든 끝까지 색출해서 국가 반란죄로 엄중히 다스려야 한다는 것이었다.

이제 대통령은 이들을 얼마나 빨리 어떻게 처벌하느냐에 따라 앞으로 이 혼란스러운 국정을 어떻게 잘 마무리 지을 수 있는 지의 여부와 또 그의 남은 임기동안 국정의 주도권을 좌지우지할 것이라는 것을 너무나 잘 알고 있었다. 그리고 대통령은 서대문 경찰서장으로부터 넘겨받은 666명의 하나회 명단을 아주 세밀하게 훑어보면서 내심 회심의 미소를 짓고 있었다.

'내가 감금되어 있던 병실에 기무사령관과 수도사단장이 제 발로 걸어 들어온 것은 정말 천운이야 천운, 만약 그날 그 자리에서 이 두 사람을 처벌하

지 못했다면 정말 정국을 안정시키는데 아주 큰 걸림돌이 될 뻔했어,'라고 생
각하면서 이제 혼자 조용히 작전을 구상하고 있었다.

어느 날 갑자기 군 검찰이 일시에 각개전투 형식으로 이들 현역 하나회 회
원들을 덮쳤다. 마찬가지로 검찰 역시 일시에 이미 민간인이 된 하나회 회원
들을 순식간에 체포했으며 모든 하나회 회원들의 집집마다 압수 수색이 벌어
졌다. 이런 것을 두고 전광석화라고 표현해야 하나. 어쨌건 회원들의 자필 입
회서 및 자금으로 쓰다 남은 현금 자금의 사용 내역 등등 모든 것이 압수되고
이들 조직은 그야말로 운동화 한 짝까지 백일하에 다 들통이 나 버렸다. 그리
고 현역은 물론이거니와 민간 회원들까지 모두가 군사 재판에 회부되었다. 그
리고 1979년 12월 12일 즉, 12·12 사태까지 소급하여 처벌이 이루어졌다.

정두한 사형, 노태후 사형, 정효용 사형, 장제동 사형…….

전 재산 몰수…….

코리아 환타지

....

이렇게 대한민국이 큰 혼란을 겪고 이제 막 그 혼란에서 벗어나 안정을 찾
아가고 있을 무렵 북조선의 사정은 어떠한가. 한마디로 사회 곳곳이 금방이
라도 폭발해 버릴 것만 같은 공포와 불안감이 온 나라에 퍼져 있었다. 5차 핵
실험으로 인하여 인민들의 삶은 궁핍할 대로 궁핍해졌고 국제 사회에서는 완
전히 고립된 상태였다.

김정은을 비롯한 북한 지도자들은 이제 그들이 감당할 수 없는 거대한 물
결이 서서히 밀려오고 있음을 알고 있었다. 그렇다면 이 위기를 돌파할 수 있
는 해법을 찾아야 하는데 그 해법이란 오직 한가지뿐이었다. 바로 전쟁이었

다. 즉 남침 선제공격밖에는 없었다. 북한 주민들 역시 마찬가지였다. 이대로 살 바에는 차라리 전쟁이라도 한번 터져버리는 것이 훨씬 나을지도 모른다는 생각과 다행히 전쟁에 이기면 풍부한 남쪽 물자로 배불리 먹을 수 있고 전쟁에 지더라도 남쪽 국민들이 자기들을 굶어 죽게 하지는 않을 것이라는 생각들을 하고 있었다. 그러나 선제공격이라는 것이 그렇게 쉬운 일인가. 자칫 잘못하면 북조선 전체가 멸망을 당할 수도 있는 일이라는 것을 모두가 잘 알고 있다. 어느 날 김정은은 군 간부들을 극비리에 소집하여 중대한 회의를 하고 있었다. 모두들 이 회의의 중대성을 알고 있기에 그들의 표정은 몹시 굳어 있었다. 이윽고 그들의 회의가 종료되었고 이제 남은 것은 공격 날짜를 결정하는 일만 남았다. 그들의 계획은 이렇다.

일단 서울만 먼저 점령하자는 것이다. 사실 그들은 삼 개월 이상 전투를 계속할 능력이 없었다. 식량도 탄약도 연료도 모두가 부족한 상태다. 그렇다고 선제 핵공격을 할 수도 없는 노릇 아닌가. 따라서 그들은 최대한 빠른 시간 내에 서울을 점령하여 남조선의 정치 지도자, 군 간부, 재벌, 고위 공무원 등등을 포함하여 되도록 많은 서울 시민들을 포로로 생포하여 인질로 삼겠다는 심산이다. 그리고 남조선을 일시에 혼란에 빠트리겠다는 계획이다. 그러면 짧은 시간 안에 서울을 점령할 수 있는 방법은 과연 무엇이란 말인가. 그렇다

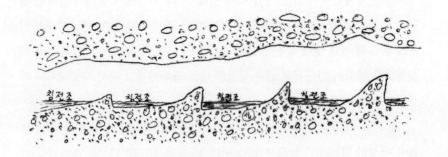

<북한의 땅굴 단면도>

바로 '땅굴'이다 알다시피 북한은 1974년 고랑포에서 제1땅굴이 발견된 이후에도 꾸준히 남침용 땅굴을 파고 있었다. 그리고 2020년 8월 현재 서울을 관통하는 땅굴이 이미 세 개나 있고 이 세 개는 다시 좌우로 거미줄 같은 작은 지선 땅굴을 뚫어 서울 시내 중요 국가 기관, 군부대, 중요 인사 사저 등등의 아래에까지 뻗어 있었다. 더욱 놀라운 것은 그들이 파고들어 온 땅굴 중 하나는 수원, 천안을 지나 이미 대전까지 이르러 있었으니 과연 북한의 땅굴 파는 솜씨는 두더지를 능가하는 수준이었고 세계 최고의 땅굴 기술 선진국이었다. 사실 땅굴을 파서 수백 키로 떨어져 있는 적진에 침투하여 공격한다는 것은 참으로 어려운 작업이다. 우선 땅굴을 팔 때 필연적으로 발생되는 흙탕물을 배출하기 위해서는 땅굴이 직선이 아니라 4°도 정도 기울어진 상태로 파들어가야 하는데 그렇다면 땅굴이 어느 정도 길이에서는 끝이 땅 위로 뚫어져 버리고 또 배출되는 황토물 때문에 적의 인공위성에 의하여 바로 발각이 되어버린다. 그러면 북한은 어떻게 땅굴을 대전까지 뚫고 내려갔을까. 그들은 「그림」에서처럼 톱니식으로 땅굴을 팠으며 땅굴 내에 침전호를 몇 개 만들어 황토물을 맑은 물로 바꿔서 밖으로 배출을 하고 있다. 혹자는 땅굴을 팔 때 발생되는 물의 양이 폭포수처럼 콸콸 나오는 줄 아는데 사실은 작은 실개천처럼 졸졸 흐르는 정도의 물이 나온다. 그 정도 물이 맑은 상태에서 바깥으로 나온다면 여름날 우거진 수풀 사이로 흐르는 개울물 정도인데 이 정도는

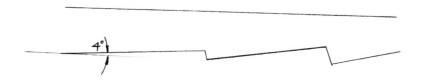

<북한의 땅굴>

아무리 인공위성에서 찾아본들 거의 발각되지 않는다. 어쨌거나 2020년 무더운 8월 어느 날 드디어 북한 내 땅굴 입구 속으로 대규모 병력이 줄을 이어 들어가기 시작하였다.

바로 그 시간 대한민국 대통령 역시 국방부 지하 벙커 내에 긴급 소집된 참모들과 숨 가쁜 회의가 진행되고 있었다. 대통령은 심각한 표정으로 참모들을 번갈아 돌아보며 말했다. "확실히 북한군의 동향이 이상하단 말이지요?"라고 하자 국방부 장관이 확실한 어조로 대답하였다. "예, 확실합니다. 그리고 우리 군과 정보부등에서 사전 입수한 정보 역시 북한 김정은과 지도부가 더 이상 물러설 곳이 없자 최후의 발악으로 남침을 결정한 것이 확실합니다." 그러면서 대통령 앞으로 몇 장의 사진을 내밀며 다시금 설명하기 시작했다. "이 사진들을 좀 보십시오. 그저께만 해도 이곳과 이곳 그리고 저쪽 세 곳에 약 10만여 명의 병력이 집결해 있었는데 지금은 한 명도 보이지 않습니다. 그들이 집결해있던 이 세 곳이 바로 땅굴 입구가 있는 곳입니다. 그러면 그 많은 병력들이 하루아침에 다 어디로 갔겠습니까? 바로 땅굴 속 아니겠습니까? 대통령님 급합니다. 시간이 없습니다. 어서 확실한 결정을 내려야 할 것 같습니다." 재촉하는 듯한 국방부 장관의 보고가 끝나자 대통령은 곁에 있던 또 다른 군 지휘관에게 질문을 한다. "이봐요. 북한이 땅굴을 통하여 남침을 감행할 경우 우리 국군의 대비 태세는 확실히 마련이 되어 있지요?"라고 묻자 "예, 대통령님 그기에 대한 대비 태세는 완벽하게 준비가 되어 있습니다. 대통령님의 명령만 떨어지면 우리는 세 시간내로 작전을 완벽하게 수행할 수 있는 만반의 대비 태세가 준비되어 있습니다."라고 대답하자 대통령은 참석한 모든 사람들을 번갈아 돌아보며 물었다. "그러면 우리가 취할 수 있는 것이란 역시 기습 공격으로 역공을 감행해 전면전을 벌이는 것 외에는 방법이 없다는 것이요?"라고 묻자 곁에 있던 국방장관이 대통령을 향하여 단호하게 대답하였다. "예. 그렇습니다. 대통령님. 어차피 저들이 육상으로 휴전선을 넘어오나 땅 밑으로 휴전선을 넘어오나, 바다로 혹은 하늘로 휴전선을 넘어오나 그것은 엄연히 남침이고 그들이 분명 우리에게 선제공격을 가한 것입니다. 그러니 우리로서는 절대로 이 기회를 놓쳐서는 안 될 것입니다. 오히려 이번 기회가 우리민족이 통일할 수 있는 가장 좋은 기회라고 생각합니다." 이렇게 말하자 대통령이 자리에 벌떡 일어나면서 "좋습니다. 내가 곧 결정을 내릴 테니 각자 위치로 돌아가서 내 명령을 기다리시오." 그리고 회의는 끝이 났다.

똥물 도시

....

2020년 8월 14일 온 도시가 똥물 냄새로 가득했다. 다른 곳도 아닌 대한민국의 수도 서울에서 말이다. 짓궂은 장맛비는 부슬부슬 내리고 있는데 도시 전체의 하수도가 모두 꽉 막혀 버렸는지 빗물은 조금도 빠지지 않고 거리로 골목골목으로 빗물이 차오르고 있었다. 그런데 가만히 보니 차오르는 물이 그냥 빗물이 아니라 똥물이었다. 큰 거리, 작은 거리, 좁은 골목 할 것 없이 물이 차오르는데 누런 똥 덩어리도 함께 둥둥 떠다니고 있었다. 시민들의 불편도 불편이지만 우선 악취 때문에 정신을 차릴 수가 없었다. 그냥 하수도 물만 차도 냄새가 날 지경인데 똥 덩어리까지 보란 듯이 떠돌아다니고 있으니 말이다. 누런 똥 덩어리에서 뿜어 대는 악취는 가히 살인적이었다. 날씨는 후덥지근하고 열대야로 인하여 시민들은 제대로 잠을 자지도 못하고 온 사방은 똥 냄새로 가득하니 이제 시민들의 불만이 폭발할 듯이 커져만 가는데 이게 또 웬 난리야? 서울시 전체가 정전이 되어 버렸다. 아니 서울시뿐만 아니라 서울 이북의 경기도 북부, 강원도 북부 전 지역이 일시에 정전이 되었던 것이었다. 온 천지는 순식간에 암흑 세상으로 변하여 버렸고 시민들이 공포와 어둠 속에서 불안해지기 시작하려는 순간 다시 전기가 들어왔다. 그것도 정전이 된 전 지역에 갑자기 일시에 전기가 정상적으로 들어왔다. 정전된 시간은 정확히 5분이었다. 마치 누가 조종이라도 한 듯이 정확하게 전 지역이 5분간 정전이 되었던 것이었다. 그 순간 그 악취를 뿜어대던 똥물들이 일시에 빠지기 시작하였다. 도대체 어디로 빠져 나가는지는 모르겠지만 그 많던 똥물, 빗물이 마치 약속이라도 한 듯이 빠져나가기 시작하였다. 그리고 TV에 대통령의 모습이 보였다. 채널 1번도 2번도 3번도……

모두 똑같이 대통령의 모습이 비친 화면이었다. 그리고 대통령이 TV 속에서 외쳤다.

"친애하는 국민 여러분, 저는 오늘 이 나라 국정 최고 책임자로서 그리고 국군 통수권자로서 2019년 8월 15일 23시 05분을 기하여 북한에 대하여 전면 전쟁을 선포하는 바입니다.

전군 공격하라!

전군 공격하라!!

전군 공격하라!!!"

이렇게 우렁찬 목소리로 공격 명령을 내린 대통령은 이제 국제 사회를 향하여 외쳤다.

"이제 우리 한반도를 둘러싸고 있는 외국 여러 국가에 확실히 우리의 뜻을 전합니다. 오늘 우리 한반도에서 일어난 이 상황은 오직 우리 한반도 내부 우리 민족 간의 일입니다. 그러므로 외국 어느 나라도 오늘 우리 한반도에서 일어날 이 사태에 절대로 간섭하지 않기를 강력히 경고합니다. 다시 한 번 강력히 경고합니다. 오늘 우리 한반도에서 일어난 이 사태에 대해 어느 나라도 간섭하지 않기를 강력히 경고합니다."

바로 그 시간 서울의 지하 즉 북한군이 웅크리고 숨어서 공격 기회를 엿보고 있던 땅굴 속으로 똥물이 폭포수처럼 밀려들어왔고 땅굴 속에 숨어 있던 북한군 10만여 명은 소리 한번 제대로 지르지 못한 채 전멸하고 말았다. 그리고 바로 그 시간 수백여 명이 또다시 군 검찰에 의해 연행되었다. 소위 종북파라고 자처하던 무리들이였다.

북진 통일

  이것은 가히 예술이었다. 전쟁이 아니라 예술이었다. 대한민국 국군이 쏘아 대는 미사일은 정확하게 목표물 정중앙에 내리꽂혔다. 서부전선에서 중부전선에서 동부전선에서 그리고 서해 바다와 동해 바다에서 일시에 쏘아 대는 국군의 미사일은 가히 예술이라고 표현할 만큼 정확하게 목표물 중앙에 명중이 되었다. 메이드 인 코리아의 미사일 정확도는 가히 세계 최상위급 수준이었다. 그리고 그 미사일들은 북한군의 중요한 군사 시설물들 예를 들어 비행장, 항구, 교량, 철도 등은 물론이거니와 금수산 태양 궁전 그리고 그 궁전 앞에 세워진 두 개의 큰 동상, 대동강 변에 있는 거대한 주체사상탑 등을 비롯하여 국방위 총 참모부를 비롯한 군 지휘 본부 등등 군사 관련 건물들이 순식간에 굉음과 함께 공중분해되어 버렸다. 그러나 무엇보다도 제일 먼저 폭파된 곳이 있었으니 핵탄두가 장착된 미사일 기지였으며 그 외 우리에게 가장 위협적인 장사포 진지, 방사포 진지 등등이 순식간에 잿더미로 변하고 말았다. 그리고 대한민국의 국군은 3일 밤낮을 가리지 않고 북쪽을 향해 계속 미사일과 포탄을 퍼부었다. 그런데 한 가지 이상한 점은 북한이 아무리 선제공격을 당했다 할지라도 그들 역시 미사일이나 전투기 대포 등으로 남쪽을 향하여 공격할 수 있는 능력이 충분히 있을 텐데 어찌 저들의 대항이 저렇게도 전무하단 말인가, 그 이유는 바로 대한민국 국군이 보유한 신형 무기인 EEFP

탄의 효능 때문이었다. 이 EEFP(Electron Explosively Formed Penetrators)라는 폭탄은 문자 그대로 '전자 폭발형 관통체'라는 고성능의 폭탄으로 이 폭탄을 어느 지점 3km 높이의 상공에서 공중 폭파를 시키면 그 지점을 중심으로 반경 300km 내지 400km 이내에 있는 모든 전자 기기는 치명적인 손상을 입어 그 기능을 상실해 버리는 것이다.

그러면 전쟁 초기 상황을 다시 한 번 들여다보기로 하자. 우선 2020년 8월 15일 19:00 정각에 대통령과 참모들이 회의를 시작하여 19:30에 회의를 끝냈다. 그리고 대통령은 20:00 정각에 공격 준비 명령을 각 부대에 하달하였고 그리고 대기 하고 있던 땅굴 폭파 팀은 북한이 파놓은 땅굴 바로 위에 지하 30m 깊이까지 파놓은 굴속 그러니까 땅굴 바로 위 10m 위치에 TNT(Trimitrotolueme) 폭약 설치를 완료하였고 23:00 정각에 대북 미사일 발사 팀에 의해 EEFP탄이 북한 평양 상공에서 폭파가 되면 북한 전 지역의 컴퓨터, 전자기기, 통신기기 등등의 장비가 손상을 입게 되지만 그 EEFP탄의 위력이 워낙 강하기 때문에 대한민국의 북부 지역까지 상당한 영향을 끼칠 수 있으므로 그 피해를 당하지 않으려면 폭파 순간에는 컴퓨터 및 전자 기기를 사용하지 않아야하기 때문에 그 5분간 피해 가능 지역에 일시 정전 조치를 취하였던 것이었다. 그리고 23시 03분에 평양 상공에서 EEFP탄을 폭파하였고 북한군이 숨어 있던 땅굴 속으로 똥물 폭포가 밀려들었으며 23시 05분에 대통령이 북한에 대한 전면 공격을 선포하였던 것이었다. 따라서 북한 전 지역의 컴퓨터는 거의 먹통이 되었고 전자 기기가 부착된 모든 군사 기기 역시 모두 사용할 수 없게 되었고 더구나 통신체계가 완전히 끊어져 버렸으니 군 지휘부에서는 공격 명령을 내릴 수도 없고 피해 지역으로부터 보고도 받을 수 없었으니 그야말로 북한군은 완전히 눈면 장님이 되어버려 3일 밤낮을 그냥 얻어맞고만 있는 신세가 되어버렸던 것이었다. 어쨌거나 북한군은 이 3일 동안 거의 전멸 하다시피 모든 군의 시설물, 무기 등이 파괴되었으며 그나마 남아 있던 구식 야포, 고사포 등도 대한민국 공군 F-35기, 아파치 헬기, 수리온 헬기에 의해 무참히 파괴되어 버렸다. 그리고 어느 날 갑자기 헬기 부대가 평양을 비롯한 전 도시 상공에 불쑥 나타나더니 지방 주권 기관인 인민 위원회, 도 사무소, 시 사무소, 군 사무소와 노동당의 도, 시, 군 사무소 등을 비롯하여 내무서(파출소) 하부 사무소까지 파괴하기 시작하였다. 대한민국의 아파치 헬기, 코브라 헬기, 수리온 헬기 등에 장착된 발칸포의 위력은 대공 방어력을 완전히 사실한 북한군으로서는 전혀 방어할 능력이 없어 벌건 대낮에 그냥 멍하니 쳐다보면서 당하고만 있을 뿐이었다. 그중 가장 특이한 것은 그 악명 높은 요덕 정치범 수용소를 비롯한 전 북한 각처에 흩어져 있는 크고 작은 정치범 수용소 스무여 곳 역시 정확하게 관리 동, 관사, 무기고 등만 골라서 벌집으로 만들어버렸으니 이제 북한 정권은 붕괴된 것이나 마찬가지였다. 그들이 가장 믿고 의지하고 있던 핵탄두도 미사일 기지가 완전히 박살이 나버렸으니 무용지물이고 전투기, 탱크, 함정 등 역시 고철로 변해버렸다. 그러나 북한군에게 아직도 막강한 그 무엇이 있었으니 그것은 다름 아닌 인민군 지상 병력이었다. 그들은 AK소총과 수류탄, 박격포 등으로 무장을 한 채 백만여 명이나 되는 북한군이 참호에서, 지하 동굴에서 이제 곧 벌어질 정규전에 대비하고 있었다.

이즈음 다시 대한민국 국방부 지하 벙커에서는 대통령을 중심으로 하여 참모 회의가 열렸다. 대통령을 에워싸고 있는 각료나 군 고위 간부들은 이제 북한국의 기세가 완전히 꺾였으니 전군이 북진을 감행하여 압록강, 두만강까지 진격하자고 주장을 하였다. 그러나 대한민국의 대통령은 그들의 건의를 거절하고 국군의 북진을 허락하지 않았다. 아니 허락하지 않은 것이 아니라 완강히 반대를 하였다. 이를 의아하게 여기며 고개를 갸우뚱하고 있는 참모진들을 바라보며 대통령이 입을 열었다. "물론 북한군의 기세가 완전히 꺾인 것은 나도 잘 알고 있습니다. 그러나 휴전선 바로 위에는 중무장을 한 북한군 백만여 명 이상이 곧 있을 정규전에 대비하여 몸을 숨기고 우리 국군이 올라오기만을 기다리고 있습니다. 물론 그들은 이미 기세가 꺾였고 사기도 떨어졌고 식량도 실탄도 연료도 모두가 부족한 상태에 있기 때문에 우리가 탱크를 앞세우고 훨씬 우세한 화력과 장비로 밀고 올라간다면 분명 우리 국군이 승리하리라 생각합니다. 그러나 그 과정에서 우리 국군 장병의 희생 또한 만만치 않을 것으로 생각합니다. 나는 이번 전쟁을 선포하면서 단 한명의 우리 장병도 희생하지 않고 승리 할 수 있는 계획을 줄곧 구상하여 왔습니다. 이제 나의 그 구상을 여러분에게 밝히겠습니다." 그리고 대통령은 정말 어느 누구도 생각 할 수 없는 기발한 공격을 명령하였다.

휴전선 바로 북쪽에는 수없이 많은 인민군 전사들이 이제 곧 물밀 듯이 밀어닥칠 국군의 공격에 대비해 참호 속에서 몸을 잔뜩 웅크리고 긴장하고 있었다. 그리고 식사 시간에는 오늘도 어김없이 쌀 몇 알과 옥수수를 섞어서 지은 밥 속에 짠 김치 한조각과 멸치 몇 마리가 들어 있는 주먹밥 한 개로 끼니를 때웠다. 그리고 앉은 채로 소총에 몸을 기댄 채 꾸벅꾸벅 졸고 있었다.

바로 그때 그들의 눈앞에는 실로 말로 표현할 수 없는 휘황찬란한 광경이 펼쳐지고 있었다. 남조선 국군이 설치한 아주 큰 이동식 대형 전광판에서 길고 늘씬한 하얀 다리와 함께 매혹적인 의상과 몸매로 현란한 춤을 추며 노래를 하는 여자들의 모습이 보였던 것이었다. 선명한 화질 속에서 현란한 춤과 노래를 북한 인민군 전사들에게 선물하고 있는 미녀들은 바로 소녀시대였다. 그리고 얼마 후 또 다른 여자 아이돌 그룹이 등장하여 북한 인민군 전사들을 유혹하였다. 그리고 그들의 현란한 쇼는 끝없이 계속되었고 이를 바라보고 있던 인민군 전사들은 이미 얼이 빠져 버렸고 입만 헤하니 벌린 채 그들의 시선은 화면 속으로 깊이깊이 빨려 들어가 버렸다. 그리고 얼마 후 선녀보다 아름다운 어느 여성 아나운서가 나타나 인민군 전사들을 향하여 그녀의 새하얀 살결보다 더 부드러운 목소리로 말하기 시작하였다.

"…… 인민군 전사 여러분 우리 대한민국 국군은 절대로 여러분을 공격하지 않을 것입니다……. 1992년 새해에 여러분이 수령님이라고 불렀던 김일성이 여러분의 부모님들께 무슨 약속을 하였는지 아십니까? 바로 '올해에는 인민 모두가 하얀 쌀밥에 고깃국을 먹고 명주옷을 입고 기와집에서 잠잘 수 있게 하겠다.'라고 약속을 하였습니다.

그런데 지금 고향에 계시는 인민군 전사 여러분의 부모님들은 과연 하얀 쌀밥에 고깃국을 먹고 명주옷을 입고 기와집에서 편안히 잠을 자고 계십니까? 지금 고향에 계신 여러분들의 부모님들이 어떻게 살아가고 있는지는 여러분들이 더 잘 알고 계시지요. 여러분은 그나마 군인이기 때문에 지금 여러분들의 손에 쥐어져 있는 짠 김치 한 조각이 들어 있는 옥수수 주먹밥 한 덩어리라도 먹고 있지만 지금 고향에 계시는 여러분들의 부모님들은 그것도 못 먹고 옥수수 몇 알 섞인 죽 한 그릇으로 한 끼를 때우고 있습니다. 그런 여러분들의 어머니가 아버지가 누이동생이 불쌍하지도 않으십니까? 오늘도 굶주린 배를 움켜지고 그래도 군에 나가 있는 아들을 걱정하고 있는 여러분의 어머니가 여러분의 누이동생이 보고 싶지 않으십니까?

인민군 전사 여러분 혹시 리설주라는 사람을 아십니까? 예 맞습니다. 여러분들이 장군님이라고 부르는 김정은의 부인입니다. 그런데 그 리설주가 손에 들고 있는 까만 손가방 하나가 얼마짜리인지 아십니까? 바로 리설주가 들고 있는 이태리에서 만든 세계 최고급품인 그 작은 손가방 하나의 가격이 지금도 주린 배를 움켜지고 울고 있는 여러분들의 아버지, 어머니 누이동생같이 불쌍한 사람 삼사천 명이 한 끼를 한꺼번에 배불리 먹을 수 있는 가격입니다. 그런 여러분들의 현실이 분하지도 않습니까?

여러분 지금 여러분들의 손에 쥐어져 있는 옥수수 주먹밥 한 덩이가 지겹지도 않습니까? 그러나 여러분 조금도 걱정하지 마십시오. 바로 지금부터 인민군 전사 여러분 하늘을 쳐다보십시오.

인민군 전사 여러분, 지금 곧바로 밖으로 나가 하늘을 우러러 보십시오, 하늘에서 선물이 펑펑 쏟아질 것입니다."

그러자 병사들은 너나 할 것 없이 밖으로 뛰어 나와 양팔을 벌린 채 하늘을 올려쳐다보고 있는데 진짜 하늘에서 선물이 펑펑 쏟아지고 있었다.

그런데 그 선물은 인민군 전사들 머리위에뿐만이 아니라 배고픔으로 굶주려 있는 어느 시골에도, 어느 작은 도시 뒷골목에도, 어느 큰 도시 광장에도, 그 무시무시하던 정치범 수용소 지붕 위에도, 꽃제비들이 힘없이 쓰러져 있는 어느 국경 마을 뒷골목에도 펑펑 쏟아지고 있었다. 그리고 어느 날 휴전선 바로 위에 있는 어느 인민군 사단장이 국군에게 항복을 통보해왔다. 그리고 그 인민군 사단장은 모든 무기들을 버리고 만여 명의 인민군을 이끌고 남쪽으로 자진 월남을 하였다. 그리고 항복한 사단장의 첫마디는 이랬다.

"초코파이가 총알보다 무서워요. 하늘에서 떨어지는 초코파이가 하늘에서 떨어지는 미사일이나 포탄보다 훨씬 더 무서웠어요. 도대체 우리 전사들이 싸울 생각은 않고 시도 때도 없이 다들 하늘만 쳐다본다니까요!"

사실이 그랬다. 대한민국 대통령은 참모진들에게 초코파이 공격 명령을 내렸던 것이었다. 국군의 선제공격으로 대공 방어력을 완전히 상실한 북한 상공에는 매일 같이 대형 수송기들이 북한 인민들이 살고 있는 곳이라면 어느 곳 하나 예외 없이 '초코파이를 쏟아붓고 있었던 것이었다. 그런데 초코파이

라는 것은 바깥에 종이 박스가 포장이 되어 있고 그 종이 박스 안에 18개씩 낱개 초코파이가 비닐로 포장되어 있는 것이 대부분이다. 헌데 하늘에서 뿌려 대는 초코파이에는 바깥 종이 포장 박스가 없는 그냥 비닐포장만 입혀져 있는 낱개로 하여 뿌려지고 있었다. 왜 그랬을까 그 이

유는 어느 힘 있는 자가 자기 힘을 이용하여 다른 사람이 주운 것을 박스 채 뺏어가지 못하게 낱개로 뿌렸던 것이었다. 낱개로 뿌리면 힘없는 어린아이라도 재빨리 호주머니 속에 바짓가랑이 속에 몇 개 집어넣을 수 있기 때문이었다. 그리고 낱개 초코파이는 가벼워서 아무리 하늘 높은 곳에서 집어던져도 결코 깨어지지 않기 때문이었다. 이제 북한 전역에는 강아지마저도 입에 초코파이를 물고 다닐 지경이었다.

어느 날 대한민국의 대통령에게 어느 참모가 조용히 물었다. "아니 대통령님 어떻게 초코파이 공격을 생각했습니까? 정말 놀랐습니다."라고 묻자 대통령이 빙그레 웃으면서 말했다. "돈 때문에 그랬어."라고 하자 "아니 돈 때문이라니요. 그게 무슨 말씀이십니까?"라고 되묻자 "이봐요, 당신은 우리 장병들이 사용하는 총알 한 발의 원가가 얼마인지 알아요?" 그러자 그 참모는 자신 있는 듯이 "예 압니다. 우리 사병들이 사용하는 총알 한 발의 구입가가 이천원이라고 알고 있습니다."

그러자 대통령이 다시 한 번 씩 웃으면서 하는 말이 "초코파이 한 개의 원가는 백 원이 조금 안 된다네."라고 대답한 후 다시금 낮은 목소리로 하시는 말씀이 "우리가 북한에 뿌린 초코파이의 구입비용을 누가 지불했는지 알아? 바로 정두한이야, 정두한이라고 왜 그 내가 언젠가 정두한이를 협박해서 뺏은 돈 100억 원 있지 바로 그 돈으로 초코파이 값을 지불했다고 어때 재미있지!"

이제 시간이 흐르면 흐를수록 투항하는 인민군 수는 점점 늘어만 갔고 그럴수록 초코파이는 더욱더 많이 북한 전역에 투하되었다. 그리고 어느 날 북한 정권은 공중분해가 되어버렸고 소리 소문 없이 슬그머니 지구 상에 사라져 버렸다.

드디어 어느 날 탱크를 앞세운 국군의 북진이 시작되었다. 그러나 국군의 진격에 대항하거나 국군의 진격을 방해하는 장애물은 거의 없었고 오히려 대부분의 인민군이나 북한 주민들은 국군을 환영하였다.

그리고 2019년 12월 24일 오전 10시 평양의 한복판 그러니까 꼭 111년 전 이 나라에 성령의 세례를 입은 평양 장대현 교회가 있었던 바로 그 자리에서 대한민국 대통령은 전쟁 종료와 함께 통일을 선포하였다. 이 얼마나 꿈꾸어 왔던 일인가! 이 얼마나 애타게 바라고 바라던 일이었던가! 우리 온민족의 염원이 아니었던가! 감격에 눈물 흘리는 착하고 순진한 저 백성들의 모습을 보라. 드디어 대한민국 대통령이 천천히 연단 앞으로 올라섰다. 그의 표정 역시 흥분된 듯하였으나 냉정함과 침착함을 잃지 않았다. 그리고 천천히 입을 열었다.

"친애하는 한민족 여러분! 친애하는 국민 여러분! 드디어 오늘 우리는 통일을 이루었고 새로운 대한민국이 출발하게 되었습니다. 이 기쁨을 어찌 말로 다 표현할 수 있겠습니까? 이 기쁨과 이 감격을 어찌 바깥으로 다 나타낼 수가 있겠습니까? 오늘 우리는 이 통일을 이루어내기까지 얼마나 많은 눈물을 흘렸고, 얼마나 많은 고통과 슬픔을 겪어 왔습니까? 그러나 지금 이제 와서 누가 누구를 원망하고 누가 누구를 손가락질할 수가 있겠습니까? 이제 우리는 오직 서로가 용서하고 합심하여 한마음 한뜻으로 굳게 뭉쳐서 우리에게 주어진 이 통일된 나라를 굳건히 지키고 이 나라가 발전하고 번성하여 세계 중심에 우뚝 설 수 있는 국가가 되도록 노력하여야할 것입니다. 그리고 북한 주민 여러분, 우리는 남한이 북한을 점령한 것이 아닙니다. 우리는 결코 여러분을 정복한 것이 아닙니다. 우리는 통일을 이룬 것입니다. 그래서 우리는 늘 여러분과 동등한 위치에서 여러분을 아끼고 사랑하며 여러분을 도울 것입니다. 한민족 여러분! 국민여러분! 우리는 지난 70년간의 고통을 잊지 맙시다. 그리고 이제 우리 모두 다시는 헤어지지 맙시다. 다시는 서로서로 분열하지 맙시다. 그리고 다함께 뭉치고 다함께 우뚝 서서 세계 평화를 향하여 함께 전진하는 우리 한민족이 됩시다."

그가 연설을 마치고 연단을 내려올 때 그의 눈에는 어느덧 눈물방울이 맺혀 있었다. 그러나 통일을 이루었다고 모든 것이 해결 된 것은 아니었다. 이제부터 한 가지, 한 가지 해결해야 할 과제들이 너무나 많이 산적해 있었다. 그중 제일 큰 문제는 역시 남과 북의 경제 불균형 문제였다. 그리고 이제 공산주의에서 자본주의로 바뀐 북한의 토지를 어떻게 개인에게 분배할 것인가 하는 문제와 북한 주민에 대한 선거권, 국방 의무, 교육, 북한인들의 정치 참여 등등의 문제들이 산더미처럼 산적해 있었기에 통일 정부로서도 해결해야 할 많은 난제들에 대해 엄청난 부담감을 떠안고 있었던 것은 사실이었다. 이제 대한민국 대통령은 차분히 마음을 가라앉히고 크게 심호흡을 한후 한가지 씩, 한가지 씩 해결 방안을 구상하고 있었다.

그리고 어느 날 통일 대한민국 대통령은 앞으로 통일 대한민국이 나아갈 남북 국정에 대한 기본 정책을 발표하였다. 이제 휴전선 이북에 대한 기본 정책 몇 가지를 살펴 보도록 하자. 그 가장 첫 번째 내용은 「통일 대한민국의 기반을 흔들고 통일국가를 전복하려는 음해 세력에 대해서는 단호하고도 철저한 응징을 가할 것」이었고 두 번째로는 「북한은 북한 주민의 것이다. 정부는 다만 북한 주민 스스로가 경제를 일으키고 발전해 나갈 수 있도록 최대한의 지원만 한다」라는 것이었다. 이제 북한은 식량 전기 원자재 기술 등의 풍부한 지원을 받으며 서서히 자립의 기반을 다지기 시작하였다. 그리고 북한의 토지는 농지, 임야, 주거지, 상가, 공장, 공공용지 등으로 세분화되어 아주 치밀한 계획 아래 새로운 거대 계획도시로 변모하고 있었다. 그중 가장 특이한 것은 토지 분배였다. 토지는 다시금 등급별로 세분화되어 철저하게 평등한 조건으로 북한 주민 전체에게 골고루 분배되었고 남한의 어떤 자본도 추후 50년간은 북한 땅을 절대로 구입할 수 없도록 조치되었다. 사실 지금까지 북한의 경제는 거의 빈사 상태에 있었다. 그 주원인은 국제적 고립과 막대한 군사비용 지출 때문이었다. 그러나 이제 북한은 군사비 지출이 전무하였기에 그들의 모든 역량을 경제 활동에 쏟아 넣을 수 있었고 북한의 경제는 빠르게 성장하였다. 그러기 이전에 또 하나의 특이한 특별 구역이 있었으니 바로 동굴 공화국이었다. 대한민국 정부는 동굴 공화국을 비무장 지대 특별 경제 자치 구역으로 설정하여 국방과 외교 정책만 정부 관리 하에 두고 그 외의 모든 정책은 비무장 지대 특별 자치 구역 스스로 결정 운영하도록 하였다.

그리고 어느 날 「DMZ 특별시 시민 유입 공고」라는 문구가 남북 전 지역에 발표되었다. 다시 말해 DMZ 특별시도 하나의 특별시로 변모하기 위해서는 인구가 필요하였기 때문이었다. 그러면 누가 그곳 시민이 될 수 있을까?

총 유입 인구를 약 300만 명 정도로 규정해 놓고 그곳 시민이 될 수 있는 조건을 가만히 들여다보도록 하자. 첫째는 6·25 동란으로 인하여 가족이 생이별의 아픔을 당한 남북 이산가족이 그 첫 번째였다. 그리고 두 번째 북한 땅에서 탈출하여 죽음의 고비를 넘기고 남한에 정착한 탈북자와 북한에 남아있는 그 가족 또는 해외에 흩어져 있는 그 가족들이었다. 이제 사랑하는 남편을, 사랑하는 아내를 부모를, 자식을 그리고 형제를 잃어버리고 원한에 사무치고 사무친 그 한을 그들은 이곳 비무장 지대에서 하염없는 눈물 속에, 그리움 속에, 반가움 속에, 환희의 기쁨 가운데 서로 얼싸안고 그 회포를 풀었다. 그중 특별히 한 맺힌 어느 누가 있었으니 1941년 4월 16일 동독의 라이프치히에서 사랑하는 남편과 생이별을 한 홍옥근 씨와 그의 아내 레나테 홍이었다. 그들은 서로 부둥켜안고 하염없는 눈물만 흘렸다. 비록 몸은 늙고 늙었으나 서로를 바라보는 눈빛 속에는 여전히 사랑과 그리움으로 가득 차 있었다. 이 땅이 지구상에서 이들만큼 더 큰 슬픔을 겪은 사람이 어디 있었겠으며 이들보다 더 큰 한을 품고 살아왔던 사람들이 어디 있었겠습니까? 「사상」이라는 이말 한마디로 인해 이렇게 큰 고통을 당해야 했던 이들의 지난 아픔을 누가 어떻게 달래 줄 수가 있겠습니까? 그러나 그들은 이런 가슴 아픈 과거가 있었기에 더욱더 큰 사랑으로, 더욱더 큰 가족애로 똘똘 뭉쳤으며 바로 이 큰 사랑이 힘의 원천이 되어 DMZ 특별시는 그 어느 곳보다 더욱 발전하는 특별 자치 구역으로 발전하게 되었다. 어쨌거나 이제 한반도는 마치 활활 타오르는 용광로 불꽃처럼 국운(國運)이 피어오르고 있었다. 무엇보다 신기한 것은 남한 정부의 일부 통일 회의론자들이 가장 걱정하던 통일 비용이 생각보다는 훨씬 적은 수준에서 잘 풀려가고 있었던 것이었다. 이들이 발표했던 통일 비용이라는 것은 북한 주민들이 아무것도 하지 않고 그냥 가만히 앉아 있는 상태에서 북한 경제를 남한 수준으로 끌어 올리려고 할 때 소요되는 비용이었다. 그러니 그들이 발표한 통일 비용은 자연히 천문학적인 비용일 수밖에 없었다. 그러나 사람에게는 자생 능력이라는 것이 있다. 예를 들어 어떤 사람이 큰 부상을 입고 아무도 없는 어느 곳에 방치되어졌다고 해도 그래도 그 사람이 스스로 살아나려고 본능적으로 애를 쓰고 애를 쓰면 자기도 모르는 사이에 상처가 아물어지고 다시 소생할 수 있는 자생 능력이라는 것을 누구나가 가지고 있다. 마찬가지로 언뜻 볼 때는 북한 경제가 마치 회복할 수 없을 정도로 피폐된 것 같지만 그래도 북한 주민 그들 역시 우수한 능력을 가진 우리 한민족이다. 그런 그들에게 가장 기본적인 몇 가지만 지원해준다면 그들 역시 스스로 일어설 수 있는 힘을 가진 민족이었다. 또 한 가지 우리가 잊고 있는 것이 있었다면 통일이 됨으로 해서 줄일 수 있는 것들이 생각보다는 훨씬 많았다는 것이다. 예를 들어 남과 북이 공통적으로 수없이 많이 경쟁적으로 지출되던 그 많은 군사 비용도 대폭 줄일 수가 있었고 중국과 러시아가 육지로 연결됨으로 해서 철도, 파이프라인이 직접 연결되어 수입 수출의 물류비용 역시 엄청나게 줄일 수 있게 되었던 것이었다. 이제 DMZ 자치시가 추진하던 동막 대교, 통일 관광 대교, 삼팔 희망 고속도로 등의 공사도 본격적으로 공사가 시작되었고 통일 대한민국은 어느 누가 말했듯이 용이 날개를 달고 입에 여의주를 물었으니 그 용은 문자 그대로 용틀임을 일으키며 서서히 세계 중심을 향해 비상(飛翔)하기 시작하였다. 이제 한반도에는 그토록 한민족을 괴롭혀 왔던 「사상」이라는 말은 감쪽같이 사라져 버렸고 모든 민족이 오직 힘을 합쳐 한마음 한뜻으로 전진하고 있었다. 그러나 통일 대한민국 대통령이 아직 마무리 하지 못한 것이 두 가지 있었으니 그것은 바로 북한이 보유하고 있던 핵탄두 처리 문제와 과거 북한 정부가 중국 정부와 맺은 여러 가지 조약·협정 외에 북한이 헐값으로 팔아넘긴 광물 자원 채굴권이었고 이 문제는 국내 문제가 아니라 완전히 외교에 관계되는 국제 문제였기 때문이었다. 통일 대한민국 주위에 있는 열강들은 이제 저 나라가 과연 그들 손에 쥐고 있는 핵탄두를 어떻게 처리하려고 하는지 다들 눈에 불을 켜고 쳐다보고 있었고 '앗차' 하면 어떤 방법을 강구하더라도 그 핵탄두를 제거하려고 안간힘을 쓸 것이 분명한 사실로 다가오고 있었으며 그러면 그럴수록 대한민국 대통령의 고민이 커져만 가고 있었다. 그리고 어느 날 통일 대한민국 대통령은 단호한 결정을 내렸다.

그리고 대통령의 결정은 곧 전파를 타고 세계 곳곳으로 퍼졌으며 주위 열강들은 놀라움을 금치 못하였다.

〈통일 대한민국의 기본 대외 정책 및 핵에 대한 정부의 기본 방침〉

1. 우리 통일 대한민국은 통일이 되기 전 존재하였던 조선민주주의 인민공화국이 대외적으로 체결하였던 어떠한 조약이나 협약 협의 약속 등의 일체를 무효화 할 것임을 선언하는 바이다. 이제 이 지구상에는 조선인민민주주의 공화국이라는 존재 자체가 영원히 없어져 버렸으므로 우리의 이런 조치는 너무나 당연한 조치라고 판단하고 세계 어느 국가에도 예외 없이 이 내용을 적용할 것임을 선언한다.

2. 우리통일 대한민국은 통일 이전에 대한민국이 그러하였듯이 핵을 보유하지 않을 것임을 다시 한 번 천명하는 바이며 아울러 지금 현재 우리가 소유하고 있는 핵탄두 및 핵탄두 제조에 필요한 고농축 우라늄 플루토늄 등을 세계에 공개 입찰로 판매 처리하고자하니 관심 있는 단체나 국가는 국적 불문하고 응모하기를 바란다. 참고로 구매자 혹은 구매 국가가 없

거나 입찰이 유찰될 경우 우리 대한민국은 자동적으로 세계가 공인한 핵 보유국이 될 것이다.

이 소식을 들은 미국 대통령이 혼자 중얼거린다.

"거참 살 수도 없고 안살 수도 없고 입장 참 더럽네."

이 소식을 들은 중국 주석이 혼자 중얼거린다.

"거참 살 수도 없고 안 살수도 없고 입장 참 더럽네."

이 소식을 들은 일본 수상이 혼자 중얼거린다.

"이참에 우리가 싹쓸이해 버리고 아예 우리도 공개 핵보유국으로 갈까?"

이 소식을 들은 러시아 대통령이 혼자 중얼거린다.

"우리야 뭐 그저 바라만 보고 있지"

이 소식을 들은 영국 수상이 혼자 중얼거린다.

"우리도 먹고 살기 빠듯한데 우리가 왜 저걸 사냐구요?"

이 소식을 들은 프랑스 대통령이 혼자 중얼거린다.

"솔직히 우리 혼자서는 힘들고 NATO 저 친구 옆구리나 쿡쿡 찔러봐?"

이 소식을 들은 어느 테러 단체 두목이 혼자 중얼거린다.

"왜 하필이면 공개 입찰이냐구요. 다른 좋은 방법도 많이 있는데 우리도 마약 판 돈 있다고요."

이 소식을 들은 이란 대통령이 혼자 중얼 거린다.

"거참, 입맛 당기네 입찰가를 얼마로 쓸까?"

이 소식을 들은 이스라엘 수상이 혼자 중얼거린다.

"빨리 정보부에 연락해서 이란이 얼마로 쓰는지 알아봐야지."

이 소식을 들은 대만 수상이 혼자 중얼거린다.

"우리도 한번 참가해 볼까? 중국 저 친구들 어떡하나 보게"

이 소식을 들은 파기스탄 대통령이 혼자 중얼거린다.

"아-돈이 원수로다. 혹시 할부로 살 수는 없을까?"

이 소식을 들은 남미의 어느 대통령이 혼자 중얼거린다.

"너무 위험해. 돈도 돈이지만 수송 도중에 막강 조직의 마약 밀매 업자들에게 탈취당할 지도 몰라."

이 소식을 들은 어느 대한민국 국민이 신문을 펼쳐 보며 혼자 중얼거린다.

"거참! 우리나라 대통령 머리 한번 잘 돌아가네. 대통령 똥배짱 짱이야! 역시 우리가 대통령 하나는 잘 뽑았어!"

기적(奇跡)

....

이것은 기적이었다. 그 매서운 추위와 배고픔을 이겨내고 이 척박한 강원도 화평군 어느 초라한 집에서 혼자 살아가고 있는 올해 98세의 전은혜 사모가 아직까지도 생존해 있다는 것은 하나의 기적이라고 표현할 수밖에 없었다. 다른 사람들이 보기에는 그 할머니의 삶이 비록 비천해 보일지는 모르지만, 그러나 전은혜 사모 스스로는 늘 하루하루가 은혜롭고 감사한 생활이었다.

통일 공화국이 선포된 이후 그 할머니는, 아니 98세의 전은혜 사모는 그녀가 그토록 애타게 찾던 손주 한민석 대통령과 손주 며느리 그리고 증손자들이 지켜보는 가운데 통일된 조국을 바라보며 조용히 눈을 감았다. 조용히 눈을 감은 그녀의 기도는 이제 다 이루어졌다. 그녀의 얼굴은 너무나 평안한 모습이었다. 어느덧 그녀는 그녀의 남편인 한성수 목사와 아들 한학성, 며느리 정주은 그리고 이 땅에 첫 새벽 기도의 문을 연 전계은 장로, 그리고 예수님 모두의 영접을 받으며 밝고 빛난 길을 천천히 걸어가고 있었다. 찬연스런 빛살이 그녀 앞을 비추고 있었다.

끝맺음 말

....

　지금 우리나라 주위를 둘러싸고 있는 동북아시아의 세계정세를 보면 참으로 걱정스러울 때가 많이 있습니다. 우리 주변의 강대국들 다시 말해 중국, 일본, 러시아, 미국 이 네 나라의 힘겨루기 강도가 하루하루 더해지는 것 같습니다. 그리고 그 한가운데 우리 한반도가 위치하고 있습니다. 만약 이 동북아시아에서 어떤 급박한 사태가 발생한다면 이는 중동이나 아프리카처럼 국지전으로 끝날 것 같지는 않습니다. 어쩌면 3차 세계 대전으로 확산될지도 모릅니다. 그런데 만약 우리나라가 남북이 통일이 되어 안정된 나라로 정착된 상태에서라면 우리 주위에서 어떤 급박한 사태가 일어나더라도 우리는 이를 잘 이겨낼 수 있으리라 생각합니다. 왜냐하면 우리 한민족은 우리가 생각하는 것 보다 훨씬 강하고 끈기 있고 총명한 민족이기 때문입니다. 그런데 만약 지금처럼 우리나라가 남북으로 분단이 된 상태에서 어떤 급박한 상태가 발생한다면 이는 구한말보다 더 불행한 사태로 이어질 것입니다. 그런데 한 가지 크게 염려스러운 것은 현재 우리나라의 많은 사람들, 특히 젊은이들이 평양이니 신의주, 나주, 청진, 혜산 등을 이야기 하면 이런 이야기가 우리나라 이야기가 아니라 먼 남의 나라 이야기인 것처럼 여기는 사람들이 많이 있다는 사실입니다. 그것은 무엇을 의미하는 것일까요. 바로 우리 한민족이 현재의 분단국가 상태가 점점 더 고착화되어 간다는 뜻 아니겠습니까? 어떻게 보면 참으로 안타까운 일이 아닐 수 없습니다. 그래서 저는 우리 민족이 하루 빨리 통일이 이루어져야 할 텐데 하는 심정으로 이 책을 썼습니다. 하루빨리 그날이 오기를 고대합니다.

이번 브라질 리우에서 열린 올림픽 경기의 성적표를 한번 볼까요?

우리 대한민국이 획득한 메달 수를 보면 금 9개, 은 3개, 동 9개로 종합 8위였고 북한이 금 2개, 은 3개, 동 2개로 종합 34위였습니다. 이제 남북이 획득한 메달을 합쳐보니 금 11개, 은 6개, 동 11개이지요 그렇게 되면 종합 순위가 올라 7위가 되지요. 체력은 국력이라는 말이 있습니다.

남북이 이렇게 합친다면 우리 한민족의 국력은 정말 우리가 상상하는 것이상으로 상승할 것입니다. 그때는 7위가 아니라 어쩌면 3위까지도 가능할 것입니다. 우리 모두가 그날을 꿈꾸어 봅시다.

소설책을 한 권 쓴다는 것이 참으로 어려운 일인 줄 이 책을 쓰면서 느꼈습니다. 사실 저는 문학을 전공한 사람도 아닙니다. 그렇다고 다른 책(예를 들어 수필, 산문, 시 등등)을 써본 경험도 전혀 없는 사람입니다. 그럼에도 불구하고 이 소설을 완성할 수 있었던 것은 몇 가지 나름대로 저만의 비결이 있었습니다. 그것이 무엇이냐 하면 첫째로는 "메모"였습니다. 저는 어떤 아이디어가 생각날 때마다 손바닥만한 조그만 수첩에 바로 메모를 하는 버릇이 있습니다. 잠잘 때 어떤 생각이 떠오르면 바로 벽에다가 낙서처럼 메모를 합니다. 어느 누가 말했듯이 「아이디어는 잠깐이요 메모는 영원하다」는 말이 있듯이 이 작은 메모들이 저에게는 큰 재산이었습니다. 둘째로 저는 세계 지도를 참으로 열심히 보는 습관이 있습니다.

이 책 첫머리 말에서도 잠시 언급했듯이 저는 세계 지도를 가만히 보고 있을 때는 마치 어린아이처럼 상상의 세계로 빠져버린 듯한 느낌을 받습니다. 셋째로 저는 자연스럽게 세계사 서적을 아주 흥미롭게 읽는 습관이 있습니다. 그런데 저는 세계사 서적을 읽을 때는 사건 중심보다는 인물 중심으로 역사를 이해하려고 애쓰고 있습니다. 예를 들어보면 BC 34년 지중해에서 '악티움 해전'이라는 전쟁이 있었습니다. 바로 로마의 장군 옥타비아누스가 클레오파트라와 안토니우스의 연합 함대를 격파하는 전쟁이었지요. 여기서 저는 단순히 역사 사실을 해석하기보다는 내 스스로가 옥타비아누스의 입장에서 보기도 하고 또 클레오파트라 입장에서 또 안토니우스의 입장에서 보기도 한답니다. 이왕 클레오파트라 이야기가 나왔으니 한 가지 하고 싶은 이야기가 있네요. 흔히들 "클레오파트라의 코가 1센티만 높았어도 세계의 역사가 바뀌었을 것이다"라는 말이 있습니다. 이것이 무엇을 의미하는 말일까요? '클레오파트라가 좀 더 예뻤더라면'일까요 아니면 '클레오파트라가 좀 못생겼더라면'일까요? 그리고 클레오파트라의 코가 정말 1센티만 높았더라면 세계 역사는 어떻게 바뀌었을까요? 참으로 흥미로운 이야기지요. 잠시 이야기가 본질을 벗어났군요. 다시금 돌아와서 네 번째로는 저는 신문을 아주 열심히 읽습니다. 신문이라는 것 자체가 아주 훌륭한 책이며 소설이고 또 정보의 근원입니다. 그래서 저는 신문을 읽다가 유익한 내용이라고 생각되면 바로 그 부분만 찢어서 호주머니에 집어넣습니다. 처음에는 스크랩을 하기도 했는데 워낙 양이 많다보니까 스크랩으로 보관하기에는 어림도 없고 해서 그냥 40Kg짜리 누런 마대 자루에 꾹꾹 눌러 보관하고 있습니다. 그게 자루로 몇 자루나 되냐구요. 언제 한번 정리를 해 보니까 다섯 자루나 되더라구요. 그것 역시 제게는 소중한 재산임에 틀림이 없는 것 같습니다. 어쨌거나 이런 것들이 원동력이 되어 한 권의 소설이 만들어 졌다는 것을 독자 여러분께 말씀드리고 싶습니다. 그런데 이 책을 쓰면서 가장 어려웠던 것이 무엇이냐 하면 바로 시간이었습니다. 늘 시간이 부족했어요. 왜냐하면 저 역시 생업을 위한 직업이 따로 있었기에 늘 시간에 쫓기는 생활이었고 때로는 지치고 짜증날 때도 많이 있었습니다.

　이런 어려운 와중에서도 제게 늘 힘이 되어 주는 사람은 역시 제 아내였습니다. 제 아내는 참으로 재주가 많은 사람이에요. 그리고 눈치도 아주 빠르다구요. 제가 글을 쓰다가 힘들어한다 싶을 때면 제 아내는 어김없이 하늘나라에 주렁주렁 달려 있는 천도복숭아 하나를 살며시 따서는 그것을 아무도 몰래 훔쳐 와서 생글생글 웃으면서 제게 갖다 주곤 한답니다. 그러면 저는 그것을 덥석 받아먹지요. 그리고는 새로운 힘이 솟아나서 다시금 글을 쓰곤 한답니다. 만약 제가 쓴 이 책으로 인하여 얻을 수 있는 영광이 있다면 저는 그 모든 것을 제 아내에게 바치고자 합니다.

갑자기 어느 시인의 시 한 구절이 생각

나네요.

　그리움이여.

　그리움이여.

　그리움이여.

　그리움이여…….

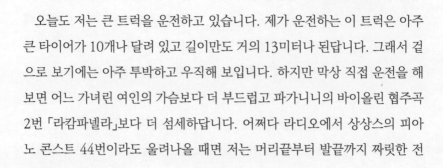

　오늘도 저는 큰 트럭을 운전하고 있습니다. 제가 운전하는 이 트럭은 아주 큰 타이어가 10개나 달려 있고 길이만도 거의 13미터나 된답니다. 그래서 겉으로 보기에는 아주 투박하고 우직해 보입니다. 하지만 막상 직접 운전을 해 보면 어느 가녀린 여인의 가슴보다 더 부드럽고 파가니니의 바이올린 협주곡 2번 「라캄파넬라」보다 더 섬세하답니다. 어쩌다 라디오에서 상상스의 피아노 콘스트 44번이라도 울려나올 때면 저는 머리끝부터 발끝까지 짜릿한 전율(戰慄)을 느끼며 나도 모르게 오른쪽 발끝에 힘이 꽉 들어갑니다. 그러면 380마리의 말(馬)들이 까만 아스팔트 바닥을 힘(力)차게 두들겨 대는 말발굽 소리와 함께 이 우직한 녀석은 아무리 가파른 고갯길도 단숨에 훌쩍 넘어 버린답니다.

다시 한 번 가만히 귀를 기울여 봅니다. 상상스 44번에서의 피아노 건반 두들기는 소리와 까만 아스팔트 바닥을 두들겨 대는 말발굽 소리가 어찌 그리도 닮았는지요. 갑자기 굵은 빗방울이 후드득거리며 널찍한 유리창을 마구두들겨 댑니다. 「토스카」가 말하는 「오묘한 조화」가 바로 이런 것이겠지요.

이제 제 나이도 어느덧 환갑, 진갑을 훌쩍 뛰어넘은 나이가 되었습니다. 지난 저의 육십오 년을 회상해보면 초록색 그라운드 위로 데구루루 구르는 이차원적인 안타 하나 제대로 때리지 못한 삶을 살아왔습니다. 그런데 이 책의 원고를 다 끝내고 보니 답답하고 우중충한 잿빛 색깔의 저 높은 담장을 훌쩍 넘기는 3차원적인 장외 홈런 하나를 치고 난 것처럼 후련한 생각이 듭니다.

우리 인간이 풀지 못한 큰 수수께끼 중 하나가 바로 외계인의 존재 여부일 것입니다.

저 거대한 이집트의 피라미드를 과연 지금부터 4500년 전에 인간에 의해 만들어졌을까?

비행기를 타야만 볼 수 있는 페루의 거대한 나스카라인. 거미, 나비, 벌새 이런 거대한 그림을 과연 그 당시 인간의 기술로 그렸을까? 이스트 섬의 거대한 거인 석상은 과연 누가 왜 만들었을까? 미국 네바다 주의 황량한 사막 한가운데 있는 51구역 안에는 과연 무엇이 있으며 그곳에서는 진정 어떤 일이 벌어지고 있는 것인가요?

이 거대한 우주 속에서 인간과 같은 지적 존재가 살아가고 있는 곳이 과연 지구뿐일까? 얼마 전 NASA에서 발표하기를 이 우주에서 지구처럼 생명체가 살아갈 수 있는 조건을 갖춘 일명 골디락스 존(goldilocks zone)이 수천억 개가 존재한다고 발표했는데 그것이 사실이라면 이 우주 어느 한곳에는 인간과 같은, 아니 인간보다 훨씬 더 과학이 발달한 인간 비슷한 존재가 있지는 않을까? 그렇다면 기독교에서 말하는 「예수」라는 존재는 과연 누구일까? 혹 우주에서 온 외계인은 아닐까?

저 역시 이런 무수한 의문을 안은 채 이 소설을 쓴 것이 사실입니다. 그러나 한 가지 확실한 것은 이 광대한 우주를 창조하신 분이 바로 하나님이시고 그 하나님은 우리 눈으로 볼 수 있는 육신의 모습이 아니고 바로 육신의 껍질을 벗은 영(靈)의 존재라는 것입니다. 이 영의 존재는 우주의 중력의 법칙에 따르는 것이 아니고 중력을 벗어난 영의 법칙에 의해 존재한다는 것입니다. 따라서 예수님 역시 외계인도 아니고 우주 중력의 법칙에 의한 존재도 아닌 우주 영의 법칙에 의한 존재이기 때문에 3차원의 세계와 4차원, 5차원을 넘어 영의 세계를 자유롭게 오갈 수 있는 하나님 영의 일부라는 것을 저는 확실하게 믿습니다. 그리고 이 영 역시 아인슈타인이 주장한 광입자설과 마찬가지로 저 역시 영입자설(靈立子設: 靈 역시 작은 알갱이의 집합체)을 주장하고 싶네요. 이 책은 비록 겨자씨보다 적은 믿음이지만 기독교적인 신앙을 바탕으로 쓰여 졌다는 말씀을 드리고 싶습니다.

그리고 비록 겨자씨보다 적은 기독교적 믿음이지만 이 믿음 갖게 해준 안행래 목사님께 감사를 드리며 늘 제 아내를 아껴주시고 사랑해주셨던 이순애 장로님께도 감사를 드립니다. 또한 이 책의 편집 교정을 맡아주신 임병천 편집장님과 김지해 에디터님께 깊은 감사를 드립니다.

아주 오래전, 아주 아주 오래전 그러니까 제가 초등학교 삼사 학년쯤 되었을 때라고 기억이 됩니다. 어느 라디오 방송 연속극 주제가가 생각이 납니다. 물론 제가 그 연속극을 들은 것은 아니고 저의 어머님이 하루도 빠지지 않고 듣다보니 자연히 제가 그 주제가를 익히게 된 것입니다. 그리고 아직까지도 잊지 않고 있습니다.

-아들 낳고 딸 낳고 둥글둥글 둥글게. 서로 돕고 위하는 우리우리 집 자랑 사노라면 흐린 날도 갠 날도 있지요. 그렇지만 우리 집은 웃음꽃 피네. 아들 낳고 딸 낳고 정다운 집에 웃음꽃이 너울지네. 즐거운 하루-

제게는 손녀 윤이가 있습니다. 손자 율이도 있습니다. 그리고 며칠 전 외손녀도 태어났습니다. 이름을 아인으로 지었다네요. 정아인입니다.

세상 살아가면서 이보다 더 즐거운 일이 어디 있겠습니까?

우리 모두 아들 낳고 딸 낳고 둥글둥글 둥글게 살아갑시다.

아참! 그리고 부양가족 두 녀석이 또 있네요. 바로 개구쟁이 강아지 통통이와 새침데기 고양이 냥냥이랍니다. 이 두 녀석은 때로는 싸우기도 하고 때로는 어울려 뒹굴면서 잘 놀기도 한답니다. 지금 이 두 녀석 어디 있을까요? 아-저기 있네요.

아마 뒹굴며 뛰놀다 지쳤나 봅니다. 쉿! 모두들 좀 조용히 해주세요. 우리 애기들 방금 잠들었어요.

이 책을 끝까지 읽어주신 모든 분들께 깊은 감사를 드립니다.

부디 하나님의 은혜가 늘 함께 하시기를 기원합니다. -아멘-